Journalism & Communication

The World History of Journalism & Communication

(3rd Edition)

世界新闻传播史

(第三版)

陈力丹 著

上海交通大学出版社
SHANGHAI JIAO TONG UNIVERSITY PRESS

内容提要

本书第一篇是对世界新闻传播的宏观概述。第二至七篇,以洲或大区域为范围,首先用较少文字概述这个洲或区域新闻传播的发展特点,然后从中选择代表性的国家,较为详尽地叙述和研究其新闻传播发展的历史和特点。本书尝试在论述史实的过程中,呈现各国的历史和文化传统对新闻传播业发展的影响。

本书自 2002 年出版,2007 年再版,累计印刷 12 次。这次改版,对所有的材料进行了修订,加大了关于网络传播的内容,为每章增添了较多的图片。

读者对象为高等院校学生及新闻传播学研究者。

图书在版编目(CIP)数据

世界新闻传播史/陈力丹著. —上海:上海交通大学出版社,2016(2022 重印)
ISBN 978 - 7 - 313 - 14130 - 9

Ⅰ.①世⋯　Ⅱ.①陈⋯　Ⅲ.①新闻事业史-世界
Ⅳ.①G219.19

中国版本图书馆 CIP 数据核字(2015)第 281030 号

世界新闻传播史(第三版)

著　　者:陈力丹
出版发行:上海交通大学出版社　　　　　地　　址:上海市番禺路 951 号
邮政编码:200030　　　　　　　　　　　电　　话:021 - 64071208
印　　制:上海天地海设计印刷有限公司　经　　销:全国新华书店
开　　本:710mm×1000mm　1/16　　　印　　张:30
字　　数:564 千字
版　　次:2002 年 4 月第 1 版　2016 年 1 月第 3 版　　印　　次:2022 年 3 月第 18 次印刷
书　　号:ISBN 978 - 7 - 313 - 14130 - 9
定　　价:68.00 元

前　言

　　本书讲述历史,使用的"现代"概念是指 15 世纪末以来至今的现代化过程(在中国的起点是 19 世纪中叶);"当代"是"现代"的一部分,指 1945 年二战结束以来。"近代"这个以意识形态标准和政治事件划分历史阶段的概念,不再使用。

　　世界新闻传播史应是新闻传播学的基础研究之一。由于历史的原因,我国关于这个课题的研究比中国新闻史薄弱得多,直到 1988 年才有书出版,而且是教材。其中采用世界范围内横向发展为主线结构的居多数。这样写的优点,可以对世界新闻传播业整体发展的脉络有所了解,但是各个国家的新闻传播史被割断,难以形成一种完整的印象。由于各国新闻传播业发展差距很大,横向写史,当然只能以工业发达国家的发展进程为主线,这样一来,许多发展中国家就难以被提及。各发达国家新闻传播史的特点也很不相同,一旦以某种标志、时间划线,就只能简单地将一个一个很不相同的国家的新闻传播史,硬纳入一种实际上并不合适的框子里。

　　我们与世界打交道,只能表现为与一个一个具体国家打交道,这就需要一种符合实际需要的研究思路。首先有一个较为宏观的关于世界新闻传播业发展的大体脉络,接着是世界各大洲(或大板块区域)新闻传播业的发展脉络,最后是具体国家在世界和地区范围内所处的地位、该国新闻传播业的具体历史及其特点。前面几点只需要总体了解,而最后一点则应较详尽地知悉,因为我们接触的新闻传播媒介总是处于某个具体国家,跨国传播的媒体毕竟是少数。

　　鉴于以上的理由,本书分为七篇二十三章。第一篇是对世界新闻传播业发展的宏观概述,只用一万多字提纲挈领。第二至七篇,以洲或大的板块区域为范围,首先用少量文字概述这个洲或地区新闻传播的发展,然后选择有代表性的国家较为详尽地叙述和研究其新闻传播业发展的历史和特点。根据我们与外国新闻传播界交往的频率,世界上的主要国家,特别是西方七国十俄国,需要较为详尽地了解;发展中国家中较为主要的,也应当重视。所以,现在就形成一个总体概述、6 个大的地区概述、16 个主要国家详述的写作格局。

新闻传播史不能简单地叙述史实,研究各个国家新闻传播的发展特点,特别是文化特点,是本书的目的之一。本书重视各国的国家形成、文化历史传统、政治和经济体制、内部民族和语言分布状况、在世界交往中的地位等因素,对该国新闻传播业发展和新闻体制形成的影响。于是提出并力求回答以下问题:

为什么英国新闻传播业总是平稳而渐进地发展?

为什么法国的新闻传播业总是因为政治原因而出现断代?

意大利古代和中世纪末期发达的新闻传播,为什么到了现代反而落后了?

为什么德国新闻传播业总是呈现分散的状态?

为什么俄国的新闻传播业具有不同程度的、持续的集权控制特征?

为什么美国的新闻出版自由体制能够在二三十年内一气呵成,而英国却用了 200 多年?

为什么同是西方人开拓美洲,拉丁美洲国家的新闻传播业落后于美国和加拿大? 为什么加拿大的新闻传播业发展又相对落后于美国?

巴西为什么不像拉美西班牙语国家那样出现频繁的新闻政策反复?

为什么东亚是现代新闻传播业较晚到达的地区?

印度的种族、宗教、语言冲突如何造成媒介种数繁多的状态?

中国接触新闻文化以后为什么出现的主要不是新闻纸而是数量巨多的言论纸?

为什么历史上的日本新闻媒介大多主动鼓动侵略战争,为什么日本报纸至今保持着二战时期形成的报纸大合并格局?

韩国的新闻传播业为什么经过 40 年才得以进入新闻自由体制?

为什么埃及的新闻传播体制最近 50 多年形式上僵持不变?

南非白人和黑人两两相对的矛盾如何构成了一部南非新闻传播史?

澳大利亚的新闻传播业如何形成了世界上垄断程度最高的格局? 等等。

除了史实,本书各个国家的叙述结构、各新闻传播发展阶段的划分,以及对以上问题的回答,绝大多数没有参照系,只能依据笔者对该国历史、地理、民族人类学、政治、经济、文化的了解和感悟。本书尝试着在叙述史实的过程中,呈现各国新闻传播业发展的特征,适当回答上面提出的问题。由于在现有的结构中难以详尽展开,所以这里只能点到为止,待有机会再以单独论著的形式深入讨论。现在第一本这样的论著已经出版,即我与董晨宇的合著《英国新闻传播史》(人民日报出版社 2015 年版),我组织的另外两本论著,即陈继静著《法国新闻传播史》和吴璟薇著《德国新闻传播史》也将完成。本版书的材料截至 2015 年。

关于世界新闻传播史的很多观点会有不同,这很正常。我们通过共同研究世界新闻传播史,更多领会这个已经须臾不可缺少的产业走过的历程,讨论中一定会有更好的深刻理解和认识。

　　本书自 2002 年以来已经 12 次印刷,感谢十几年来攻读新闻传播学学位的一批批同学对本书的信赖。这次再版,对所有的材料进行了修订,加大了关于网络传播的内容(特别在第一章),为每章增添了较多的图片。

　　本书中的中国新闻传播史一章 3 万多字,也是各章中字数最多的,因与其他国家的新闻传播史是平行的,不能再扩展论述。笔者在叙述结构上做了较大的变动,宗旨是回归中国新闻传播业本身,避免把新闻传播史写成中国国家发展的历史,或政治斗争、思想斗争史。

　　朱至刚、陈辉分别参加了本版中国和外国部分的资料增补工作,在这里向他们致谢。

陈力丹
2015 年 9 月

目　录

第三篇

第五篇

第一篇

第一章

从一般信息传播到新闻 传播的历史发展轨迹

信息的传播,是流经人类全部历史的水流,不断延伸着人类的感觉。但是,关于传播信息中的一类——新闻,能够分门别类地从一般信息传播中分离出来,传播新闻成为一种独立的社会行业,仅是最近几百年的事情。然而,新闻信息是始终存在的,只是在人类活动的早期,融于一般信息的传播之中,难以以一种绝对的标准予以辨别。远古时代几乎不存在时间观念;上古、口古时代的信息传播,数月甚至数年的信息也许可被视为新闻,历史记载与新闻报道,只是从不同时间角度来看同一件事情。

简单回顾现代新闻传播之前的传播史,对于研究现代新闻传播业史来说,在历史与观念的衔接上都是必要的。

一、人类无语言时代的信息传播

从猿到人,经历了数百万年。语言仅出现于约 10 万年前。此前人类的祖先能够用于传播信息的符号,不过以下几种:

1. 触觉和嗅觉

人是从动物进化来的,凭借触觉和嗅觉来寻求和接受信息的方式,自然是最为原始的,但也是无法超越的。

2. 视觉符号

通过手势、面部表情、实际的动作(例如孩子因害怕而紧紧抱住大人),或利用物体

西班牙卡斯蒂略岩洞上的女性手印图案,3.73 万年

(彩色矿物、植物、火光等),或描绘简单图形,向别人传递信息。对接受者来说,这些均为原始的视觉符号。

3. 听觉符号

通过发出原发性声音(例如哭叫、笑声、哀鸣等)、模拟性声音(例如模仿某种动物走动和自身发出的声音),或通过简单的敲击发出声音,向其他人传递信息。如果这类声音被接受和理解,即为原始性的听觉符号。

以上的非语言传播,即使在当今最为现代化的信息传播中,依然是不可或缺的辅助信息符号,从香水的使用、亲吻,到言语中的声调、轻重、停顿,体语的广泛运用,甚至传播中空间、文化色彩的选择,都能够察觉到潜伏着的原始符号传播的能量。

二、基本的传播媒介——语言

人类语言的产生,是实际交往的需要所致。恩格斯谈到人类驯化的狗和马想要说话的设想,可以推及 10 万年前人类语言产生时的情形:

"在自然状态中,没有一种动物感觉到不能说或不能听懂人的语言是一种缺陷。如果它们经过人的驯养,情形就完全不同了。狗和马在和人接触中所养成的对于分音节的语言的听觉是这样的敏锐,以致它们在自己想象所及的范围内,能够容易地学会懂得任何一种语言。此外,它们还获得了如对人的依恋、感谢等等表现感情的能力,而这种能力是它们以前所没有的。和这些动物常接触的人不能不相信:这些动物现在常常感觉到不能说话是一种缺陷。"

当然,现在被驯化的狗和马,至少在我们生命延续的几十年内,不可能看到它们改变其生理结构,但是人类语言的产生,确实是百万年进化的结果。恩格斯就此写道:"正如语言的逐渐发展必然是和听觉器官的相应完善化同时进行的一样,脑髓的发展也完全是和所有感觉器官的完善化同时进行的。"[1]

从 10 万年前人类形成使用语言的能力至今,无论人类创造的传播技术发展到何等高度,现代信息传播已经无法摆脱语言这个基本的传播媒介,毋宁说,现在和未来的任何高级传播媒介,都必须以语言这个传播媒介为媒介,而词语则是传播的基本单元。

但是,语言又不单纯是一种传播媒介,语言同时也是人的思维本身。即使人沉默着,只要在思想,甚至做梦,其实也是在使用语言进行自我传播。因此,马克思说:"思维本身的要素,思想的生命表现的要素,即语言,是感性的自然界。"[2]

然而,由于自然环境、各人类文明发祥地出现时间的差异,最初的语言在从

---

[1] 《马克思恩格斯全集》第 20 卷 512、513 页,人民出版社 1971 年版。
[2] 《马克思恩格斯全集》第 42 卷 129 页,人民出版社 1979 年版。

最初的几个文明发祥地向四周蔓延的过程中,衍生出无数种新的语言。存在于现实人群中的语言,作为一种"感性的自然界",实际上就是人类信息传播最早的历史记录,只是这种历史需要语言学家通过对当时语言的语法结构、发音和词汇进行分析,从中找寻当年的信息痕迹。对分布于世界各地的无数种语言进行分析,可以像描绘化学元素周期表那样,描绘出语言的谱系,指出某种语言的发生、发展和随人类群迁徙的轨迹,并根据词汇的形成和发音的变化,破译出人类无文字传播时期留下的信息。

而具体的人,由于10万年的基因延续,其思维已经和出生之时习得的母语无法分离了。人思维着,即是在用自己的母语思想着,甚至包括无意识的思想——梦。

语言是文化的边界,因而语言一方面扩大了人们的信息传播,但是同时也局限了信息的传播,这是一个问题的两面。当然前者的功能是主要的。

要了解人类信息传播的历史,就要了解语言的发生和发展,语言中所蕴含的声形实体以外的丰富信息。这里有个线索,便是世界语言的谱系。世界上绝大多数语言都可以被编排到十大语系中,"语系"之下是"语族",语族之下是"语支",语支下才是具体的语言。从具体的语言往上推,语言→语支→语族→语系,可以看到现在各种具体语言之间在远古时代关系的远近,当然这也相当程度涉及讲各种语言的民族(种族)之间血缘关系的远近,以及交往的疏密程度。

当今世界上分布的十大语系,实际上表达着人类社会流动和语言传播的轨迹。其中分布较广大的六大语系,反映了公元以来人们传播的信息流动和分布。特别是印欧语系从欧洲向世界的传播,则是最近几百年的事情。

1. 分布最广的印欧语系

这一语系的起源地在现在巴基斯坦北部和印度西北部。公元四五千年前,居住在那里的一部分雅利安人,分别途经里海北岸和南岸,向西和西北方向迁徙,到达欧洲。在历史的发展、变迁中,在原来语言的基础上,形成不同的语言族群。这些族群有共同的语言特点,故称"印欧语系"。15世纪末世界地理大发现之后,欧洲国家将市场经济向全球拓展,于是西班牙、葡萄牙、荷兰、英国、法国、普鲁士、奥地利、比利时、丹麦等国,以及后来的美国、俄国,先后在全球范围内建立了许多殖民地、保护国、托管地,这些国家的语言也传播到世界各地。因此,印欧语系在最近几百年内成为分布最广的语系。如果谈到语族,那么以当年迁徙时的先后顺序,逐渐形成12个语族,现存的10个语族和主要代表语言如下:

印度语族(印地语、乌尔都语、孟加拉语、吉卜赛语等)

伊朗语族(波斯语、库尔德语、阿富汗语等)

斯拉夫语族(俄语、塞尔维亚语、波兰语、捷克语、保加利亚语等)

亚美尼亚语族(以亚美尼亚语为主)

波罗的语族(立陶宛语、拉脱维亚语等)

日耳曼语族(德语、丹麦语、瑞典语、荷兰语、英语等)

拉丁(罗曼)语族(意大利语、西班牙语、葡萄牙语、法语、罗马尼亚语等)

希腊语族(以希腊语为主)

克尔特语族(以爱尔兰语为主)

阿尔巴尼亚语族(以阿尔巴尼亚语为主)

2. 拥有最多讲话人口的汉藏语系

这个语系以中国为中心,略向西南辐射,讲话的人口占世界人口的 1/4,但是地理分布上较为集中。下分 4 个语族,即汉语族、藏缅语族、壮侗语族、苗瑶语族。

3. 阿尔泰语系

以现在中、俄、哈、蒙交界的阿尔泰山为中心,广泛分布于亚洲腹部的荒漠和草原地区。下分 3 个语族,即突厥语族、蒙古语族、通古斯满语族。一些语言学家认为,朝鲜语、日本语的主要成分,属于这个语系。

4. 闪含语系

分布于西亚北非地区,分为 2 个语族,即西亚的闪语族、北非的含语族。

5. 班图语系

分布于撒哈拉以南的整个黑非洲地区,拥有数千种语言,大部分是部族语言。代表性语言是斯瓦希利语。

6. 南岛(马来-波利尼西亚)语系

广泛分布于东南亚的马来半岛和印度尼西亚群岛、大洋洲各国。中国台湾岛的高山族语言,即属于南岛语系。

其他的语系还有达罗毗图语系(印度半岛南部)、南亚语系(中南半岛南部)、芬兰-乌戈尔语系(主要在芬兰和匈牙利,以及俄罗斯北极圈内少数几个地点)、伊比利亚-高加索语系(高加索山脉一带),分布地区较狭小,对世界交往的影响有限。

三、传播的文字媒介

文字与语言的不同在于,它基本是一种改变了的语言形式,使听觉符号转变为视觉符号,使语言有形和得以保存。文字的出现是人类进入文明社会的标志。文字构成了一个相对独立的世界,它的功能体现在历时性上,即使时过境迁,以文字表现的世界可以较长久地明确记录或报道历史上的信息。传播的文字作为一种媒介,由于带有更为明确的传播目的,因而相对语言的使用,要认真和严肃得多。马克思说："一种象征如果不是任意的，它就要求那种表现它的材料具有某些条件。例如，文字符号有自己的历史，拼音文字等等。"①文字对于减少语言沟通的障碍，至少在同一语支内减少方言的障碍，也有明显的增强沟通的效果，所以马克思写道："由于有了文字，方言的差异已不可能成为隔离的障碍（即互不了解）。"②

　　文字最早出现在公元前 5000 年的古埃及和公元前 3500 年的地中海东岸腓尼基一带。所有古老的文字都起源于象形符号，古埃及的象形文字是人类最早的文字体系，那里也诞生了人类最早的书写文字载体——纸莎草和泥板。

古埃及第 18 王朝的泥板历书

　　随着各个文明发祥地后来的变迁，全世界的文字发展，在公元前 1500 年前后，呈现出两个发展方向。一个继续向完善象形文字的方向发展，使之抽象化，形成现在世界上唯一的现代象形文字体系——汉字。另一个发展方向是原始象形符号转变为各种以字母为基础的拼音文字体系。形成这种文字格局的主要原因之一，前者在于中华民族历史上基本生活在东亚大陆，移动性很小，因而以周围自然环境作为参照系而形成的象形文字可以长久地具有稳定的内涵，一个发音一个字，一个字一个或多个含义。后者的起源地位于亚、欧、非三洲相连的地中海东部，各民族在交往中使用象形文字就会因自然环境差异（海洋、沙漠、温带平原与高山）过大而难以理解；因而逐渐转以不同的音节组合与变化，而不是以共同的自然环境为参照系（因为相当程度不存在这种参照系）来表达意思，这就自然促使文字向拼音方向发展。

　　腓尼基文字经过古希腊人而改造为最初的希腊拼音文字，古罗马人将古希腊文字改造为最初的拉丁文字，经古罗马帝国将古拉丁文字传遍欧洲。再过千年，由于欧洲向全球市场的开拓，拉丁文字传播到整个美洲和大洋洲、大半个非洲和小半个亚洲。二战后独立的国家，很少不采用拉丁字母作为法定文字的。现在任何非拉丁字母的文字，都有拉丁字母的拼写设计，这也是这种文字体系传播的结果。鉴于这种情况，对于拉丁文字的发展脉络，需要作为常识来了解。拉丁文字的历史变化脉络如下：

　　　　公元前 15 世纪的腓尼基象形-拼音混合文字→

---

① 《马克思恩格斯全集》第 46 上册 90 页，人民出版社 1979 年版。
② 《马克思恩格斯全集》第 45 卷 521 页，人民出版社 1985 年版。

公元前 4 世纪的古希腊拼音文字→

公元前后古罗马的拉丁文字→

公元 16 世纪欧洲文艺复兴前后的现代拉丁文字→

公元 20 世纪后半叶遍及全球的各种当代拉丁文字

文字不同于语言,它作为一种较纯粹的媒介工具,可以被各种语言借用来制造相对应的表达语言的文字体系。语言是自然形成的,与思维同轨迹,任何人不可能根本改变祖先传下来的语言结构和体系。文字是为语言服务的,因此,历史上经常发生同一种语言使用过不同文字的事情。例如历史上的越南文和朝鲜文曾经使用汉字作为其文字的基础,后来分别使用了拉丁文字和彦文,形成新的越南文字和朝鲜文字。前苏联境内原来有许多非斯拉夫文字体系的少数民族文字,在当时政府的指令下,大多改而用斯拉夫字母作为与本民族语言相对应的文字基础。印度和巴基斯坦都有乌尔都语,1947 年印巴分治后,同一种语言,巴基斯坦转而使用阿拉伯文字。中国的维吾尔语,历史上使用过回鹘文字和阿拉伯文字。新中国成立后,国务院于 1964 年批准推行以拉丁字母为基础的维吾尔文。后来接受维吾尔族人民的意见,仍使用阿拉伯字母,但对原来不大完善的以阿拉伯字母为基础的维吾尔文做了技术完善。语言结构和基本词汇不会有很大的变化,但是文字变化了。

有了文字,就产生了超出语言时空范围的信息传播。公元前 59 年至公元 330 年古罗马的"每日纪闻",以及中国汉代(公元前 1 世纪始)的木简"府报"、唐代以后的手抄邸报,是人类最早使用文字进行有系统新闻传播的尝试。在古代,只有个别强大的王朝,在拥有较通畅的信息传递系统的条件下,才可能维持这种成本较大的官方新闻信息传播,而且这种文字传播的能量和范围也是很有限的。

历史上的文字种类很多,经过数千年的演变、融合、创新和衰退,现在世界上跨国使用的文字体系,只有六种,除汉文外,均是字母文字。

1. 遍及全球的拉丁文字体系

2. 使用人口最多的汉文字体系

3. 阿拉伯文字体系

阿拉伯文字原是写作伊斯兰教教义的文字,文字跟着宗教走,随着伊斯兰教的广泛传播,阿拉伯文字成为阿拉伯文化圈的标记。现在阿拉伯文字所普及的国家数量,仅次于拉丁文字。除了阿拉伯民族的国家外,还有仅由于宗教信仰而使用这种文字的非阿拉伯民族国家,如伊朗、阿富汗、巴基斯坦。中国的维文、哈萨克文也属于阿拉伯文字体系。

4. 斯拉夫文字体系

这是从拉丁文字体系中分化出来的,现在独立成为一种较完善的文字体系。主要在俄罗斯、乌克兰、白俄罗斯、蒙古、中亚各国、前南斯拉夫地区各国、捷克、斯洛伐克、保加利亚等国使用。波兰语属于斯拉夫语族,但是现在使用以拉丁字母为基础的文字。

5. 梵文字体系

它与阿拉伯文字、回鹘文字属于同一祖先,均是从公元前 11 世纪两河流域的阿拉马文字转化来的。梵文是印度古代宗教界使用的一种高雅文字,传播到世俗社会后,其字母几经转化,现在成为南亚次大陆、东南亚各国许多文字的基础。中国的藏文即属于梵文字体系。

6. 希腊文字体系

由于许多科学技术最早发明于古希腊,鉴于这种历史渊源,现代物理、医学、数学等等领域,有不少希腊字母成为通行世界的科学符号。因此,希腊文字在这个意义上(即使用希腊文的字母),亦属于世界性文字。

还有一种文字体系在最近几十年内,从跨国的文字变成了地方性文字,即回鹘文字体系。它最早是由回纥人于 8 世纪创造的,后来衰退。随着蒙古人的崛起,建立横跨欧亚的帝国,于是这种文字体系于 14 世纪以后得到复兴,成为蒙古文以及后来满文的基础。由于满文到中国清末几乎不再使用、蒙古国于 1941 年废止回鹘文字而改用斯拉夫文字、前苏联境内属于回鹘文字的布里亚特文字也向斯拉夫文字看齐,现在只有中国境内的蒙古族使用的蒙文,属于回鹘文字体系。回鹘文字的衰落,除了中国满文的消失是一种自然的文化融合的结果外,现在的中亚各国和蒙古国停止使用回鹘文字,改为斯拉夫文字,是苏联在政治上实行大俄罗斯文化霸权的结果。这种摧毁文化的行径应该受到谴责。

就当代文字体系的发展而言,拉丁文字还有继续扩张的趋势,而阿拉伯文字、梵文字则已经历了自身发展的高峰期,多少呈萎缩的状态。不过,总体上似乎大局已定,扩张或萎缩的程度都有限。

文字对于信息传播来说,同样存在帮助扩大信息传播和局限信息传播的二律背反现象。不过,鉴于文字是可以留下实在东西进行研究的,因而对于专业文字学家来说,不同文字间的转换相对于抓住即时的声音语言,还是较为容易的事情。

中国不仅是一个拥有多种语言的国家,也是一个拥有多种世界性文字体系的国家。中国人民币纸币上,就体现了文字体系的多元。除了汉文字外,上面的汉语拼音、壮文属于拉丁文字体系,蒙古文属于回鹘文字体系,藏文属于梵文字体系,维吾尔文属于阿拉伯文字体系。

四、走近现代新闻传播的先导——印刷术的发明

文字虽然保留了语言信息,但是人工手抄无论如何形不成规模传播,手抄的文字一定程度可以变成一种很容易禁锢的信息。于是,印刷术的发明通常被视

为信息传播史上又一座里程碑。但是，这座里程碑实际上并不在最早发明印刷术的中国。

［加］阿·曼古埃尔《阅读史》
中文版封面

能够规模化地复制文字的技术，最早出现于中国，即 6 世纪的雕版印刷术，这种对工艺要求过于专业化的发明，可以适应宗教教义的传播，但难于在时效上适应真正的新闻传播。11 世纪，中国人毕升发明泥活字印刷术，对于规模化的信息传播，其重要意义大于雕版印刷术。但是，由于缺乏社会需要，以及原材料无法适用于笔划繁多的汉字等原因，中国在几百年内没有将其用于新闻传播。在 15 世纪中叶德国人约翰·古登堡（Johann Gutenberg）重新发明出金属活字印刷术，并迅速应用于宗教传播和新闻传播。直到 17 世纪中叶，中国才将活字印刷用于邸报。这种现象，马克思和恩格斯曾经论证过，他们写道：“某一个地域创造出来的生产力，特别是发明，在往后的发展中是否会失传，完全取决于交往的扩展的情况。当交往只限于毗邻地区的时候，每一种发明在每一个地域都必须单另进行；一些纯粹偶然的事件，例如蛮族的入侵，甚至是通常的战争，都足以使一个具有发达历史和有高度需求的国家处于一切必须从头开始的境地。历史发展的最初阶段，每天都在重新发明，而且每个地方都是独立进行的。”①

古登堡发明欧式印刷术不久，恰好遇上 15 世纪末的世界地理大发现，于是伴随着西班牙、葡萄牙、荷兰商人向全球的扩张，印刷术和最初简单的新闻公报式的新闻纸传到了全世界。马克斯·韦伯（Max Weber）对此的历史回顾是准确的：“中国很早便有了印刷术，但专为印刷而设计、并且只有通过印刷才可能制成的印刷品，特别是报纸和期刊，最早仅出现于西方。”②

欧洲对规模印刷的社会需要，以下情况可见一斑：1448—1450 年，欧洲 246 个城市建立了 1 099 个印刷所，印刷了 4 万种共 1 200 万册书籍。③ 1502 年，有记录的最早印刷新闻纸《来自东方的新报纸》（*Newe Zeytung von Orient und Auffgange*）问世。如果没有 16 世纪开拓世界市场、文艺复兴运动对于信息传播需求的急速升温，可能古登堡这位普通印刷业主的发明也会遭到毕升的境遇。

---

① 马克思、恩格斯《费尔巴哈》第 54 页，人民出版社 1988 年版。
② ［德］韦伯《文明的历史脚步》第 4 页，上海三联书店 1988 年中文版。
③ 董进泉《黑暗与愚昧的守护神——宗教裁判所》第 347 页，浙江人民出版社 1988 年版。

但是,古登堡是幸运的,他客观上成了自由交流思想的化身,因为印刷术使得信息得以规模化地传播,禁锢信息的政策遭遇到公开化的威胁,以致西班牙诗人金塔纳(M. J. Quintana)在其《咏印刷术发明》的长诗中赞颂道:"古登堡说吧,印刷术问世流行,看,刹那间欧罗巴吵吵嚷嚷,多么激动,多么震惊:熊熊的火焰,宛若狂飙,喷射而出,它曾在黑暗的地心沉睡,它曾在高耸的熔炉藏身。""赞美他吧,是他把傲慢的黑暗势力化为灰烬,是他载着智慧的凯歌穿越无垠的天陲;真理讴歌他胜利归来,赋予他无穷的才智! 将无数赞歌献给为幸福而斗争的战士!"(恩格斯译自西班牙文)①

欧式印刷术为现代新闻传播做了技术上的准备。但是现代新闻传播的出现,还需要多种因素共同发生作用,才可能出现并持续下来。

五、现代报刊得以在欧洲起源的五个相互依存的条件

现代报刊是现代新闻传播的第一种载体,最早出现于欧洲,然后缓慢地推向全世界。为什么会最早出现于欧洲? 对此我国新闻学界曾经长期有所讨论。20世纪50年代的主流意见是:阶级斗争的需要产生了报刊,而且是资产阶级与封建阶级的阶级斗争产生了对报刊的需要。80年代初的主流意见是:当时的社会需要产生了报刊。前者显然过于片面,而且也不符合历史事实,因为当时的主要矛盾是王权联合资产阶级(平民)与割据的地方诸侯进行斗争。资产阶级与封建阶级的主要代表——王权的斗争,是在报刊出现几百年以后的事情。后者是对前者的拨乱反正,应该说是正确的,但表述过于笼统,适用于说明任何社会化的新生事物出现的原因,等于没说。

这里使用的"现代"(modern)概念,与我国通常将俄国十月社会主义革命之后的历史称为"现代"不同,"文艺复兴以来的欧洲历史学家们一直把君士坦丁堡自1453年陷落之后的历史称之为'现代史',……至今西方国家在使用 modern这一词时,在意义上并没有多大的变化。……他们在使用 modern 这一词说明历史进程时仍包含着我们现在所说的近代和现代两个时代。"②

恩格斯在分析1453年君士坦丁堡被奥斯曼帝国攻陷后欧洲形势时的一些要点,对于我们综合分析现代报刊的起源很有借鉴意义。由于拜占庭帝国的首都君士坦丁堡陷落,新形成的奥斯曼帝国堵塞了欧洲通往亚洲的陆路交通,迫使欧洲商人找寻通往亚洲的海路;而找寻海上的世界交通通道启动了世界地理大发现,使得欧洲的商业和工业逐渐转变为全球性的商业和工业;加上当时欧洲各国先后兴起的文艺复兴运动、王权与地方诸侯的斗争等等,多种因素促成了科学

① 《马克思恩格斯全集》第41卷43-44、50页,人民出版社1982年版。
② 钱乘旦、陈意新《走向现代化国家之路》第10页,四川人民出版社1987年版。

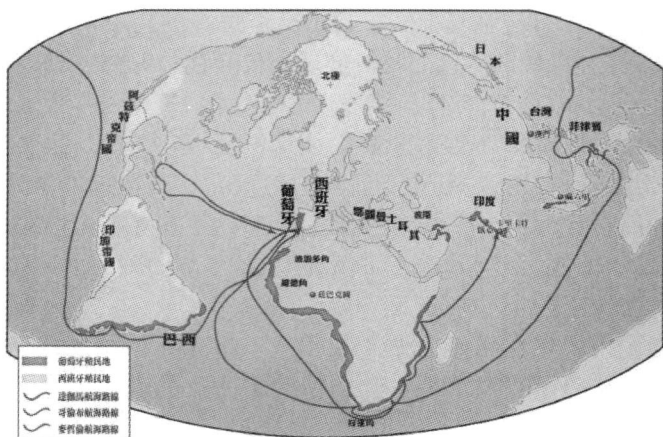

世界地理大发现示意图

的兴盛与传播。① 那么,报刊不也是在这种大背景下产生的吗? 根据恩格斯的分析,考察 15 世纪末欧洲与世界的状况,现代报刊在欧洲得以产生的原因,在于以下五个相互依存的条件:

1. 世界地理大发现使得欧洲的商业和工业从地中海贸易转向全球贸易,因此造成对新闻传播的规模化需求

这是一个大环境背景,如果没有这个背景,欧洲中世纪的地中海贸易仍然会继续下去,意大利仍然是地中海贸易的中心地带,中世纪的手抄新闻仍可以大体满足商人对于新闻信息的需求。但是,当大批商人转向全球贸易时,简单的手抄新闻显然不够了。市场经济向全球的拓展,要求规模化的新闻传播。1566 年意大利的威尼斯城出现定期手抄新闻,这是衰退中的地中海贸易对新闻需求的最高反应(正由于买卖太难做,才需要专门的人从事信息的搜集和传播)。意大利的贸易很快衰落,发生了城市人口向乡村倒流的现象,使得意大利这个文艺复兴的摇篮,此后 300 年才出现像样的现代报刊。严格地说,威尼斯不是现代新闻传播的开端,而是欧洲中世纪"新闻信"传播发展的顶点,到了顶点,接下去就是急遽的衰落。

2. 此时,欧洲地理上正在形成连成一片的文明地区,地理上进行贸易的关卡减少,传递信息的障碍也随之减少

任何规模化的新闻传播都需要畅通的渠道,而在中世纪的欧洲,由于封建割据,商品流通极不方便,当然信息的流通同样也受到阻碍。15—16 世纪,正是欧洲大陆王权削减诸侯势力的高涨时期(特别在法国),平民为了自身贸易的利益,

---

① 参见《马克思恩格斯全集》第 20 卷 524、530－531 页,人民出版社 1971 年版。

大多站在王权一边。相对统一的国家,提供了商品(包括信息)相对自由流通的空间条件。尽管这一过程是渐进发生的,但割据减少的趋势,对于现代报刊来说,无论如何是一个必要的生存条件。

3. 6 个主要的欧洲民族(意、西、葡、德、法、英)经过文艺复兴运动,自然形成了各自的标准语言和文字,奠定了规模化新闻传播的语言文字基础

在意大利,由于但丁、佩脱拉克、薄伽丘、马基雅弗利等著名大家的作品,使用的都是托斯卡纳方言,通过他们作品的传播,这种方言便自然而然地逐渐成为意大利通行的标准语。在西班牙,由于西班牙戏剧和塞万提斯小说采用的都是加斯梯里亚方言,于是通过戏剧和小说的广泛传播,这种方言逐渐变成了西班牙的标准语。葡萄牙由于出现传播广泛的卡蒙斯的叙述诗(歌颂达·伽马绕过好望角发现印度),于是他的作品的语法结构和语言成为葡萄牙的标准语。德国16 世纪在席卷全国的宗教改革运动中,马丁·路德用低地德语翻译的《圣经》,以及他创作的一些赞美诗广泛传播,使得德语获得了以这些作品为依据的标准语。法国文艺复兴运动中拉伯雷、蒙田等大家的作品采用的都是北方法兰西语,于是这种语言替代了南方法兰西语成为法语的标准语。最后,英国作家乔叟、戏剧家莎士比亚等的作品,使得当时不完善的英语有了自己的标准语形式。

报刊的规模化传播,至少需要在一国或一种民族语言的使用区域内,采用通行的标准语,而相对应的文字又要以通行的标准语作为前提。当这些条件具备时,规模化的报刊生产和传播才成为可能。

4. 古登堡印刷术的发明,提供了规模新闻传播的新技术条件

这个发明本来适应宗教传播和德国宗教改革酝酿时期的需要,又恰好与世界地理大发现衔接,于是它先是成为大量传播《圣经》的技术条件,接着成为全球性新闻传播的必要技术条件。

5. 文艺复兴后,文化从僧侣阶层的垄断下逐步解放出来,转向世俗社会,为规模化新闻传播提供了一定的读者群

这 5 个条件,相互依存,缺一不可。没有第一个大背景条件,单独的其他条件都不可能造成新闻传播的规模化;而其他 4 个条件,缺少任何一项,都可能使新闻传播的规模化难以为继。

六、现代报刊遍及全球的三个环节

现代报刊的起源与其说是一个具体的"点",不如说是一个在全球的历史发展过程。因为现代报刊从欧洲传播到全球,历经数百年,只有当全世界主要国家都出现现代报刊,这个起源的过程方可说结束。考证起源的"点",今天说是甲报,明天说是乙报,如果时间差距只在几天到几年之间,对于历史的发展来说,意

义不大。重要的是从宏观上把握和理解"起源"过程。从这个角度看，现代报刊的起源表现为三个发展的环节：

1. 15世纪中叶德国印刷术的发明和出现印刷新闻纸

就传播内容和简陋的程度而言，印刷新闻纸应看作是中世纪的新闻传播类型。但是，由于恰好赶上了不久后世界新航路的发现和开通，于是原本属于中世纪的新闻传播与未来的现代报刊直接联系了起来，成为现代报刊起源的第一个环节。

2. 整个16世纪，西班牙、葡萄牙、荷兰等商业民族在全球的经商中，无意中传播了欧式印刷术和简单的公报式的报纸。这构成了现代报刊起源的第二个环节

3. 从17世纪开始，英国作为工业民族逐步替代了西、葡、荷等国，有目的地在世界各地建立殖民地，发展工商业，传播西方文化，将报刊移植到世界各地

只是在这个时候，新闻传播才具有一定的影响力，正如哈贝马斯(Juergrn Habermas)所说，直到17世纪末，社会才具备让大众知晓信息的条件，这时的情形如他所说："只有当信息定期公开发送，也就是说能为大众所知晓的前提下，才有真正意义上的新闻可言。"[①]18—19世纪，现代报刊遍及世界各个角落，完成了起源的全过程。

在这里，德国中世纪的印刷新闻纸是最初的源头，16世纪三个欧洲商业民族在全球的贸易是一个不可超越的历史过渡，最后才发生以英国为主的将现代新闻传播业移植到世界各个角落的文化传播过程。

七、西方报刊发展的三个历史阶段

西方国家的新闻传播史虽然各有自身的文化传统和发展特点，但是多数国家报刊发展的历史，都经历了较为明显的依次发展的三个阶段。如果考察某个西方国家的新闻传播处于哪个发展阶段，通过横向比较，可以较为准确地判断它当时在整个西方报刊业发展中所处的较强或较弱的地位。特别是对后两个阶段转换的考察，尤为重要。

1. 封建集权制下的"官报时期"

现代报刊出现于欧洲中世纪末期，因而在报刊诞生的时候，便受到王权的直接控制，或直接由政府部门创办报刊（例如1665年时的英国、1702年时的俄国），或者特许少数王权信任的出版商出版报刊（例如1631年时的法国），对报刊内容实行书报检查；同时严格查禁其他非官方的出版物。在殖民地，则由殖民当局代表王权行使书报检查。这个时期封建王朝对报刊内容的检查，主要是禁止

---

① ［德］哈贝马斯《公共领域的结构转型》第16页，学林出版社1999年中文版。

报道和讨论与本国政治相关的问题，禁止对官员的批评（任何批评，即使批评是真实的，均被视为诽谤），禁止一些当时宗教道德不允许报道的内容，而对于外国的政治新闻，只要不涉及本国政治，一般允许报道。

2. 新闻自由条件下的"党报时期"

资产阶级革命时期（包括临近革命前夕的短暂时间）和革命成功以后的一段或长或短的时期，由于国家的基本政治体制、许多具体政策尚未确定，各阶级和各利益群体都要为自身赢得更多的革命果实而进行宣传活动。在结社自由和新闻自由的条件下，人们的热情集中在政治问题上，政党活动极为频繁。在这种情况下，政党报刊成为报刊的主体，即使是商业性的报刊，也带有明显的政治倾向，投入到各自选择的政治宣传和讨论中。这种情况的典型国家是美国（独立战争至 19 世纪中叶，大约 60 年），其他西方国家的党报时期与商业报刊时期，有时存在一个较为长久的并存期。

3. "商业报刊时期"（又称自由报刊时期）

一般来说，一个国家大规模地出现廉价的大众化的报刊，是商业报刊时期到来的标志。此前的报刊属于党报时期，此后或者很快进入商业报刊时期（例如美国），或者从党报时期的发展顶点走下来，逐渐转向商业报刊时期。此前，报刊主要被看作一种事业；此后，报刊主要被看作一种产业。现在，西方国家的大众传媒（包括后来出现的广播和电视）已经成为仅次于金融业的高回报产业，新闻传播业的跨国性经营显示出强劲的发展势头。

历史上，有的西方国家的政党报刊和商业报刊并存的时间较长，甚至公营广播电台和电视台也一度实际上被各政党分别掌握（例如意大利、法国），但是政党报刊的衰落和商业报刊的兴起，包括政党不再控制公营广电，到 20 世纪下半叶形成一种无法阻挡的趋势。在有些西方国家，由于政治斗争的反复，第二阶段和第三阶段出现过几次交替。无论如何，到 20 世纪 80 年代，几乎所有西方国家已经完全进入了商业报刊时期（包括广播电视）。

20 世纪传媒集团的跨国、跨洲性经营显示出强大的实力。起家于澳大利亚的传媒集团老板默多克（Keith Rupper Murdoch）五六十年代即开始向美国、英国发展，八九十年代向亚洲发展，如今已经成为广度最大的世界级传媒大王，掌握全球数百家报刊、几家影响世界的广播电视公司和覆盖全球的卫星电视公司。八九十年代，加拿大传媒大王康拉德·布莱克（Conrad Black）进军英国、澳大利亚、以色列，掌握那里的代表性报刊，拥有美国数百家小报刊，并一跃成为本国最大的报业主。1996 年美国传媒集团的大兼并影响全世界，各种关于美国时代华纳、迪士尼、维亚康姆、欧洲施普林格、贝塔斯曼、维旺迪等等超大型传媒集团的评价大相径庭。它们的出现和发展让人们思考新的问题。

八、电子媒介的几何级数发展

1844 年 5 月 24 日,华盛顿-巴尔的摩之间的电报线路开通,莫尔斯用电报代码发出了第一句话:"上帝创造了何等奇迹!"当然,不是上帝,而是人创造了令人感到惊异的东西:在较长的距离之间,信息可以瞬间传递。1847 年年底,马克思和恩格斯所著的《共产党宣言》,将"电报的发明"列入资产阶级创造的巨大生产力的表现之一,尽管当时电报并不普及。19 世纪中叶,欧洲与美洲(包括南美)间铺设了海底电缆,通讯社开始利用电报传递重要新闻。1835 年,第一家通讯社——哈瓦斯社出现于法国巴黎。1862 年,电报首次用于战时随身的新闻传递。

通讯社的出现意味着报纸已经规模化,各报自行采集新闻高成本的问题通过由通讯社提供新闻稿而大大降低成本。1870 年 1 月 17 日,法国哈瓦斯社与英国路透社、德国沃尔夫社签订《通讯社联盟条约》,又称"联环同盟"(Ring Combination)协议,对全世界新闻报道的范围做了分工,以避免重复和竞争。后来美联社也加入其中,故称"三边四社"协定。哈瓦斯社负责法国、瑞士、意大利、西班牙、葡萄牙、中美洲、南美洲、埃及(同路透社共享);路透社负责大英帝国、埃及(同哈瓦斯社共享)、土耳其、远东;沃尔夫社负责德国、奥地利、荷兰、斯堪的纳维亚、俄国和巴尔干各国;美联社垄断美国的新闻采访与发布,其采集的新闻经由伦敦供给欧洲三社,欧洲三社发往美国的消息也只供给该社。

1876 年,电话首先在美国出现。仅仅由于英国邮政部门的总工程师认为他们有的是邮差,不需要电话,认识的差距使得英国 10 年后才开始发展电话。

也是在 19 世纪,真实图像的记录和传播也取得了辉煌的成就。1822 年,法国拍出了第一张静物照片,1839 年照相术公之于世,得到不断的改进,推广速度较快,于 1853 年用于战地新闻采访。1895 年法国首次出现真实再现活动影像的电影技术,并很快在世界范围内得到推广。

以上 19 世纪传播技术的发明和应用,为 20 世纪电子媒介的快速发展奠定了技术基础,提供了观念准备。

1920 年 11 月,美国匹茨堡的 KDKA 电台的播音,标志着世界上出现了一种新的面向社会的大众媒介——无线广播电台。几年内,广播技术遍及世界各主要国家。既然声音可以跨越空间传播,图像可不可以?从 20 年代末到 30 年代,世界主要国家,美国、英国、德国、法国、苏联,都在研究无线电视。1936 年德国的实验电视部分转播了柏林奥运会。现在一般把英国 BBC 电视台 1936 年 11 月定时播出节目,视为世界电视广播的开端。具体哪个国家的电视算第一并不重要,重要的是 20 世纪 30 年代,在广播电台出现十几年后,电视技术就被推向社会了,只是由于第二次世界大战中断了电视的发展,使之在 40 年代末 50 年代初重新开始。然而,又是仅过了十几年,苏联和美国于 1962 年将通信卫星送上天空,并成功地进行了卫星信号的洲际传播试验。

计算机技术从 20 世纪 60 年代起,被运用于发展大众传播媒介,先是报刊和通讯社业务(编务和印务)的自动化控制,接着是数字化技术武装卫星广播和电视。如果将现代新闻传播的历史做一简单的年代分析,不难看出,20 世纪之前的发展处于相当缓慢的算术级数,而 20 世纪内的电子大众传播媒介,其发展则是几何级数。

1502 年　第一张印刷新闻纸

1561 年　现存最早的印刷新闻纸

1605 年　第一份连续出版的报纸(斯特拉斯堡)

1615 年　第一张"真正的报纸"(法兰克福)

1650 年　第一张日报(莱比锡)

1835 年　第一家通讯社(巴黎)

1920 年　第一家广播电台(匹茨堡)

1936 年　第一家电视台(伦敦)

1969 年　欧美之间最早正式开播卫星电视

20 世纪 80 年代中期　美国最早开始普及计算机技术(1969 年首次互联网试验成功)

从最为简陋的只印刷一条新闻的传单,到出现定期出版、每张纸上有若干条新闻的所谓"真正的报纸",历经 100 多年! 从较为像样的报纸到出现专门为报纸采写和批发新闻的通讯社(这需要存在数量很大的报纸群),再次历经 200 多年! 显然,早期报刊的发展是相当缓慢的。一些谈论欧洲早期报刊如何促进社会发展的论文,也许太看重自己的研究对象了。其实,19 世纪以前报刊对社会的影响力,除了政治动荡时期起些煽动作用外,远不及文学、哲学、自然科学的影响那样巨大而深远,报刊在社会中处于"文途末座"的地位。

但是在 20 世纪,广播电视的出现和发展循着萨弗(Paul Saffo)的"一代人法则"[1],十几年到 20 年发生一次重大的载

现存最早的印刷新闻纸(1561 年)

① [美]罗杰·菲德勒《媒介形态变化》第 7 页,华夏出版社 2000 年中文版。

体形态和传播内容、形式的革命性变化,大众传播媒介对社会的影响力,由于无处不在、深入到家庭所有成员而具有举足轻重的作用。

1969 年 9 月 1 日,美国"高级研究计划署网络"(ARPANET,简称"阿帕网")的四个节点(加州大学洛杉矶校区、斯坦福研究所、加州大学圣芭芭拉分校、犹他大学)的联系开通。随后这个网络逐渐延伸,几经变化,现在互联网已经遍布全球。互联网的发明和普及,更是影响当代的社会结构和人的思维方式。

如今,全世界每天有 5.34 亿份[①](2013 年)报纸在传播,全社会拥有几十亿架收音机和 20 多亿台电视机。21 世纪世界新闻传播面临的情形是:无止境的传播技术创新,高度的商业化操作,全面的全球化趋势。

九、世界新闻流通的不平衡和内容趋向大众化

20 世纪的第一年,美联社的法人地位得到确认。随着美国综合国力的上升,1870 年由欧洲的三大通讯社,即哈瓦斯社、路透社、沃尔夫社瓜分世界报道范围的格局,从 20 世纪初起逐渐被打破。第二次世界大战后形成美联社、路透社、合众国际社、法新社四大通讯社垄断世界新闻流通的新格局。世界上 80%的新闻稿是由这四家通讯社发出的,很少涉及发展中国家,而它们所代表的地区人口不及全球的 1/5。于是从 20 世纪 70 年代开始,争取"世界新闻新秩序"的口号得以提出;而发达国家(包括部分发展中国家)也以《塔鲁瓦尔宣言》的形式反批评这个口号。他们认为,这个口号的实质是鼓励政府实行新闻检查。虽然这场观念上的斗争在 80 年代中期,由于美英等国退出联合国教科文组织而被削弱了,但是实际问题并没有解决。

代表思想深刻程度的是印刷媒介。从世界主要国家报纸的发行和书籍的出版数量和影响力看,源头大多来自发达国家。但近年发展中国家的报纸进入世界报纸发行量前 100 位的逐年呈上升趋势,其中有发达国家互联网普及造成印刷媒体衰退、发展中国家还没有完全进入互联网时代的原因,但报纸发行量的增长本身亦是发展中国家文化实力提升的表现。

互联网从美国开始普及以来,其 PC 机用户的渗透率从 1995 年占世界人口的 0.6%(3 500 万人)发展到了 2014 年的 39%(28 亿)(根据国际电信联盟的数字,为 30 多亿人)。互联网用户的分布也发生了显著变化,1995 年美国(61%)和欧洲(22%)的用户占绝对多数,到了 2014 年,亚洲的用户已经占一半以上,其中中国占 23%,亚洲其他地区占 28%。而手机移动用户,已经超过 PC 机用户,2014 年移动用户的渗透率达到人口的 73%,即 52 亿(根据国际电信联盟的数

---

① WAN-IFRA REPORT, World Press Trends 2014, p. 6.

字,为 70 亿),其中智能手机占 60％。[1] 但是,在尚未使用互联网的 43 亿人中,90％生活在发展中国家。世界上 42 个连接程度最低的国家有 25 亿人口,ICT(信息和通信技术,即电信服务、信息服务、IT 服务及应用的有机结合)接入在很大程度上仍遥不可及,拥有大量农村人口的国家尤其如此。世界上有 4.5 亿人的居住地仍然没有移动通信服务。[2]

这是一个悖论:新闻和其他信息流通能力的大小建立在一个国家和地区综合经济实力的基础之上,这不是道义的问题。经济不发达的国家要求给予它们较多的新闻流通机会,就意味着发达国家必须主动"让利",这在市场经济条件下不可能作为常态;而在道义上,这又是公正、合理的要求。发展中国家只有努力发展自身的综合国力,才能改变世界新闻和其他信息流通不平衡、不合理的状况。

20 世纪伊始,英国的"三每"报(《每日邮报》、《每日镜报》、《每日快报》)称雄报界,开创了新世纪报业大众化的风貌;与此同时,美国的黄色新闻潮汹涌而来,接着又是 20 年代以图画为特色的"小报"热。不论人们怎样从道德角度批评它们,报纸的大众化,以媚俗、迎合读者为特征,为报业主们带来了滚滚财富,养育了年轻的新一代受众。与此同时,少量报纸脱俗成为相对应的"高级报纸",适应了社会精英的需求。这种分化很快就"传染"到世界各主要国家。自 20 世纪 50年代《花花公子》流行美国和世界后,各种色情期刊风靡世界,长盛不衰,利益的驱动轻易地掀开了这个无底的欲望需求的领域。另一类休闲娱乐、轻松话题的期刊,在和平环境下也得到突飞猛进的发展,特别是以妇女为读者的杂志,办得成功的,都有几十至几百万份的发行量。

20 世纪 70 年代,以英国《太阳报》为代表,以视觉冲击为特征的新一代大众报纸开始风靡世界,以满足更新一代年轻人的需求,90 年代香港《苹果日报》与较"老"的《东方日报》的竞争,即是新老大众报纸交替的世界性潮流的一部分。就连《泰晤士报》这样的传统高级报纸,现在也在改变面貌,变小而多彩的版面和相对活泼的文字,似乎要与当年的风格告别了。广播电视,特别是电视,本来就是面向大众的,特别是面向文化程度不高的大众,因而它们迅速成为广泛而廉价的大众文化的载体,其影响力超越报纸成为传统媒介之首。

进入互联网时代以后,网上传播的信息中,娱乐内容远远超过其他内容。人们在道德上对商业性色情、暴力内容的批评,能否抗住原始欲望市场的需求带来的利益驱动,仍然是让道德精英们头痛的问题。

---

[1] Mary Meeker《2015 年互联网趋势报告》,http://www.askci.com/chanye/2015/05/28/85554lpe0.shtml.

[2] 国际电信联盟(ITU)《衡量信息社会报告》2014,http://www.199it.com/archives/295780.html.

十、网络传播——信息社会的到来

1969 年,美国国防部资助了一个有关广域网络的项目,开发出"包交换"(packet switch)技术的网络,称作 ARPANET(阿帕网)。运用这项技术把四台电子计算机顺利连通。这个美国国防部高级研究计划署的实验性网络仅有 4 个节点,但它标志着"天下第一网"的诞生,宣告了网络时代的到来。当时,谁也没有想到 90 年代会形成全球性的无数台计算机联网的壮观景象。网络传播的出现是人类信息传播史上的又一次革命,它动摇了原有大众传播的基本形态,对人类社会的信息交流模式已经并且还将持续发生着深远的影响。

拥抱信息社会

"信息社会"是相对于"农业社会"和"工业社会"而言的又一种社会形态。一般来说,"农业社会"对应的媒介是手抄书,"工业社会"对应的媒介是可以进行批量复制的现代报刊、广播和电视。而到了以"信息工作者"为社会主流人群的"信息社会",相对应的主导媒介是"帮助创造、储存并加工信息的计算机",而全世界计算机之间的联合——"互联网"则已经成为"信息高速公路"的同义词。[①]

无论是互联网、信息高速公路还是大数据,现在有一个统称,即新媒体。"媒体"的概念不能在原有传统媒体的意义上理解,包括各种新的传播途径、发送和接受方式或形态。

这方面的历史在我国开始于 1994 年。那年中国与国际互联网相连的 64k 网络信道开通,尝试进入互联网,于是中国进入 Web1.0 时代,随后有了第一个互联网上的网站瀛海威。随着博客的出现,互联网进入 Web2.0 时代,有了博客、播客、掘客、维客等"自媒体"形式,使人有了更大的自我表达权。

SNS(社交媒体)越来越多,加速了网络虚拟社会的构建,使得虚拟社会成为现实社会的延伸,例如早期的偷菜游戏。从微博、微信开始,Web 已经开始从2.0向 3.0 过渡。

网络的未来发展,将进入 Web3.0 时代,其技术特征是:万物感知-智慧控制;物质世界与人类社会的全方位信息交互;人与物质世界的联接。人与人的交往仅是信息交流的组成部分之一,而不是唯一的了,而人与物质世界的交流将成

---

① [美]约瑟夫·斯特劳巴哈、罗伯特·拉罗斯《信息时代的传播媒介》第 8-11 页,清华大学出版社 2002 年版。

为一个非常丰富的部分。1999 年在美国召开的移动计算和网络国际会议，基于 RFID 技术和 EPC 标准，利用射频识别、无线数据通信等技术，构造了一个能实现全球物品信息实时共享的实物互联网，简称物联网。2009 年美国将新能源和物联网一同列为振兴经济的两大重点。同年 8 月，物联网被正式列为中国五大新兴战略性产业之一，写入政府工作报告。

从报纸到个人手机接收终端

21 世纪，以数字技术为支撑的媒介形态变化无穷，几乎隔不了几个月就会出现一批新名词。可以肯定的是，数字化媒体的网络正越来越深地渗透进人类社会的每个角落。未来传统新闻传播模式会发生怎样的变化？"信息社会"能否带来更多的传播自由？在全球化的信息流通中，各种不同政治体制和不同传统文化的国家，多大程度上能够彼此认同？是否存在信息帝国主义？答案在未来的发展中，但也在历史中。辩证法有一个著名的原理：历史与未来两极相通。

十一、研究世界新闻传播史的意义

一位历史学家说过，人人都是他自己的历史学家。其意思是：每个人都必须知道自己是何人、从何而来、在何处、去何方或做什么，否则就不能做任何事情。如果一旦早上醒来失去了记忆，一定会不知所措，原因就在于他失去了自己的历史，他不知道自己是谁，要做什么或去哪里。而当一位新闻工作者完全不知道本行业的历史（许多行业的知识其实就是由历史构成的），也会出现类似情况，他不知道什么是新闻，也不会抓新闻。现在的问题是，许多新闻工作者知道一些新闻传播的历史，但较肤浅，一般地写写新闻还过得去，若涉及本行业的一些规律性问题，则会由于缺乏行业史知识而出现偏差。在这个意义上，关于新闻传播的历史知识越丰富，面对现实的新闻工作就越自由（哲学意义上的）。世界新闻传播的发展历史，至少有两点给人以启示。

（1）全球性的市场经济的发展，是推动现代新闻传播业发展的基本动力。如果没有现代世界市场和世界交往，现代新闻传播业是不可想象的。

历史上以意大利为中心的古罗马帝国，建立在奴隶劳动基础上的局部市场经济，曾经造就了古罗马十分发达的公共信息传播系统。罗马帝国灭亡，这种经济形态一旦消失，当时最繁忙的信息传播系统便顷刻瓦解，随之而来的是千年中世纪的沉寂。中世纪末期意大利处于地中海贸易的中心，因此也就再次成为欧洲信息传播的中心和欧洲文艺复兴的摇篮,然而全球性的地理大发现使得局部的地中海贸易转向全世界,意大利第二次失去信息传播中心的地位。19世纪60年代,只是随着现代市场经济在意大利的重新出现,才出现现代报刊,由于新闻传播业的整体发展比其他国家落后一步,该国长期处于政党报刊时期,其新闻传播远远落后其他工业国家。只是到了20世纪80年代,意大利新闻传播业才基本摆脱政党报刊时期的特点,较全面地进入市场经济的运行轨道。

无论是出现现代新闻传播的萌芽,还是从欧洲封建社会末期的王权报刊转变到政党报刊、从资产阶级取得政权后的政党报刊转变到大众化的商业报刊,以及通讯社的建立、广播电视业的普及、互联网传播的推进,其基本的动力始终是市场经济的发展,它顽强地为现代新闻传播业的发展开辟着道路。

政治斗争的需要会造就一定的社会对于政治信息的需求,但是不会持久地拥有最广泛的社会性市场。英、法、德、日等国新闻传播业发展历经波折,都是在新闻业全面进入市场经济以后才最终稳定发展起来。亚太、非洲、拉美的现代新闻传播业,也是在市场经济向全球的推进中产生的。对新闻传播的社会化需求,只能来自市场经济,而不可能来自其他经济形态。

(2)新闻自由政策的实行,需要各种综合条件,例如较完善的市场经济环境,政治、文化历史中的民主政治传统,公众和领袖人物基本的民主政治素养等等。否则,新闻自由只能成为频繁的政治事变的直接牺牲品。

巴西早在帝国时代就由皇帝恩准了相当程度的新闻自由,墨西哥1824年第一部宪法也规定了新闻自由,但是由于频繁政变中的政治领导人无视这种自由权利,公众对于这种自由也没有真正的了解和迫切的需要,新闻传播业历经数百年的磨难,直到现在新闻自由才初步有了实行的经验。这些国家的新闻工作者为此付出的代价实在太大了。

法国自《人权宣言》后近百年内,由于政治文化传统(特别是法国启蒙家者卢梭关于"公意"、"众意"的悖论对后世的影响)、市场经济条件的不完善和当权者的民主政治素养,新闻自由在欧洲大陆只表现为一些志士仁人的理想。第二次世界大战中法西斯主义的新闻政策得以横行,其中有经济萧条民众寻求出路的背景、民族的黩武传统,同时更重要的是公众崇拜克里斯玛(charisma)人物的心态,支持着法西斯主义新闻观拥有了市场;而一旦这种新闻观占据主导地位,由于已经形成极权主义的政治、军事体制,尽管多数人后来意识到需要改变,改变本身也付出了极大的代价。法西斯国家的新闻传播业因此走过曲折的道路,教训值得深思。

基于历史经验,在法律确立信息自由流通的前提下,衡量一个国家或地区实行某种形式的新闻政策是否符合时代的要求,需要综合考察其政治历史传统、经济形态、公众和领袖人物的民主政治素养等。历史上一些发展中国家新闻传播业的情形,有的似乎超前了些;现实中似乎滞后的多一些。从最近数百年新闻政策发展变化的历史看,实现自由的信息流通的政策是不可逆转的,这里所谈的是如何以较小的代价较顺利地实现它。

也许会有不同看法,那么我们共同研究世界新闻传播史,更多地了解这个世界已经须臾不可缺少的行业走过的历程,讨论中一定会有更好的理解。

第二篇

第二章

欧洲新闻传播业历史发展概述

世界现代新闻传播业是随着市场经济向全世界的拓展而发展起来的,欧洲是世界现代新闻传播业拓展到世界各个角落的起点。考察"欧洲"这个总体概念的时候,应注意到欧洲不同地区新闻传播业发展的差异性,并在这种历史差异性的基础上全面地把握欧洲当代新闻传播发展的特点。

一、四个地区新闻传播业历史发展概述

欧洲新闻传播业的发展,由于历史的原因而存在一些差异,因而可以划分四个地区:

（1）西欧和部分中欧工业发达国家,包括英国、法国、比利时、荷兰、爱尔兰、卢森堡等西欧家国,以及中欧的德国、奥地利、瑞士等国;

（2）北欧诸国,包括瑞典、丹麦、挪威、芬兰、冰岛等国;

（3）地中海沿岸的其他工业化国家,包括意大利、西班牙、葡萄牙、希腊等国;

（4）苏联在欧洲的各加盟共和国以及欧洲中部和南部的原社会主义国家,包括俄罗斯、乌克兰、白俄罗斯、波罗的海三国、波兰、捷克、斯洛伐克、匈牙利、保加利亚、罗马尼亚、前南斯拉夫六国、阿尔巴尼亚等国。

除了第四个地区,其他地区各国的现代新闻传播业大多出现在 17—18 世纪。俄国由于文明发展较晚(公元 9 世纪进入文明时代,16 世纪形成集权制国家),现代新闻传播业出现于 18 世纪。东南欧各国由于长期处于几个大国的统治下,现代新闻传播大多是在 19 世纪出现的。而波兰、捷克、匈牙利等国,则受宗主国德语区文化传统的影响,17—18 世纪也出现了印刷报刊。但报刊出现后的发展,则受制于各国历史传统和政治、经济、文化发展的牵制,总体是缓慢的。到 19 世纪末,第四个地区的多数国家,已出现民营报刊业,并在 20 世纪上半叶

形成一定的规模。

1. 第一个地区的新闻传播活动起步早，发展迅速，对世界影响巨大

德语区诸国和荷兰、比利时（当时是一个国家）是最早流传印刷新闻纸的地区，但是由于前者长期处于专制统治下和诸侯多年混战，后者作为商业民族缺乏工业发展的基础，新闻传播业都长期形不成规模。而英国的工业革命奠定了其稳定发展的基础，现代新闻传播的出现虽然略晚于海峡对岸的荷兰、德国，但是发展迅速，很快就领导世界新闻传播新潮流达一个多世纪。法国的工业革命也不晚，但 18—19 世纪接连不断的革命、复辟、政变持续了近一个世纪，政治的不稳定造成新闻传播业经常出现"断代"现象，影响了其发展进程，不过其每次革命，都对周边国家输出了不少启蒙思想，包括新闻自由的观念。

这个地区，特别是英国、法国，作为欧洲工业革命和政治变革的中心地带，其确立的新闻自由体制对于欧洲其他地区，甚至全世界都产生了举足轻重的影响。德国二战后，其新闻传播业的恢复和发展很快。现在除了英、法、德三大国外，荷兰、比利时、奥地利、瑞士等都是新闻传播业十分发达的国家。只有爱尔兰的新闻传播业相对弱些。卢森堡弹丸之地，却通过发展广播电视业而成为欧洲的媒介大国，卢森堡通过输出资本，属于该国资本的广播电台、数字化卫星电视台覆盖欧洲，成为欧洲电子媒介业的一个中心。

2. 第二个地区的新闻传播活动和平渐进、内向发展，水平很高但对世界影响不大

第二个地区受到西欧工业革命和政治变革的影响，由于地理上偏于一隅，各国内部的矛盾较为缓和，基本以和平、渐进的方式接受了现代民主体制和现代人权观念，没有发生激烈的阶级斗争。这些国家的新闻传播业不仅较早地采纳了新闻自由的体制，制定新闻业职业道德守则和新闻评议制度也早于英、法等国。由于它们以内向发展为主，自成一体，其新闻传播业对世界的影响较小。

冰岛公营 RUV 电视台新闻片头和片尾标示（2015 年 8 月）　张怡摄

二战后，北欧各国的主要执政党是社会民主党，长期实行福利主义政策，因而人民生活水准较高，文化教育程度也高。北欧诸国严寒时间较长，公众也养成在房内阅读的习惯。为防止媒介的过度垄断，各国均以不同的形式对弱小报刊给予补贴。这些国家的报刊大多为节约费用采用送报合作制，使得偏远地区的读者也能及时看到报刊。不经意间，这些国家每千人拥有报纸的份数平均达

500 多份,成为世界上报业最发达的国家,但对外影响力很小。

3. 第三个地区新闻传播活动萌芽较早,但长期发展较缓,20 世纪 70—80 年代后步入发展的快车道

第三个地区曾经在中世纪末期活跃着地中海贸易,并且是欧洲文艺复兴的中心地带,因而中世纪的手抄新闻较为发达。但是,意大利随着欧洲贸易从地中海向全球贸易的转移而衰落;希腊古代曾经创造过灿烂的文明,随后的一千多年一直是许多强大的王朝的附属;西班牙、葡萄牙作为商业民族,借助地理大发现而在 16 世纪的商业贸易中称霸世界,17 世纪败在工业民族英吉利之下而逐渐衰落。这些国家由于长期处在本国或外族的专制统治下,虽然现代新闻传播萌芽较早,但自身的工业革命出现较晚,新闻传播业的发展相当缓慢。

意大利 19 世纪中后期实现统一,出现较大的商业报刊,再历经法西斯统治,二战后才进入新闻业相对稳定的发展时期,现在北部工业区的新闻传播业十分发达,南部较弱。西班牙、葡萄牙经历了无数国内的矛盾冲突,直到 20 世纪 70 年代才进入较完善的民主制阶段;希腊 19 世纪上半叶摆脱奥斯曼帝国的统治后,历经多次战争和军事政变,国内政治动荡了许多年,直到 20 世纪 80 年代才进入文官统治的相对稳定时期。西班牙、葡萄牙 20 世纪 70 年代以后进入民主政治后经济腾飞,新闻传播业在最近 30 多年内发展较快。例如西班牙《国家报》(El Pais)1976 年创刊,现在成为该国代表性的报纸。希腊的新闻传播业,则相对较弱。

现在的西班牙《国家报》

4. 第四个地区新闻传播活动历史上受专制主义影响较大,发展不快,经过 20 世纪 90 年代政治制度变革的混乱阶段,现已逐步走上稳定发展的道路

第 4 个地区的西部诸国,虽然较早就出现了现代新闻传播的萌芽,但由于经济不发达,又长期受到宗主国的压迫,民族新闻传播业的发展缓慢。第一次世界大战后,这些国家纷纷独立,其政治体制复杂多样,不论是形式上的民主制还是直接的君主制,专制成分相当大,虽然这些国家的新闻传播业大多是民

营,受到的政治压迫依然较为直接。东部即沙皇俄国,则一向是以专制统治著称的欧洲最后一个封建堡垒,其新闻传播政策是典型专制性质的。

俄国沙皇 1917 年"二月革命"中被推翻。在经历了半年的共和国后,1917年后转变为苏维埃俄国,1922 年在苏俄的基础上形成联盟国家苏联。1925 年以后,苏联形成一种独特的社会主义新闻体制,消灭新闻传播的私有制,实行执政党和国家行政高度统一的政体,除了中央级的媒介外,再按横向的社会构成(青年、妇女、工会、军队、工业、农业等)和纵向的行政区域划分为若干系列媒介。第二次世界大战之后,邻近苏联西部的诸国转变为社会主义国家,效仿实行苏联式的新闻传播体制。

20 世纪 90 年代初,苏联瓦解,俄罗斯联邦继承前苏联在国际上的地位;苏联以西诸社会主义国家放弃了原来的政治制度。这些国家的新闻传播业经历了一段转变体制的混乱期,从 90 年代末起,逐步趋向较为稳定的新的自由主义体制。其中转变相对顺利、新闻传播业发展重新获得稳定的典型国家是波兰。这一地区最大的国家俄罗斯联邦,其新闻传播业在经历了较长时间的调整后,现在基本趋向稳定。

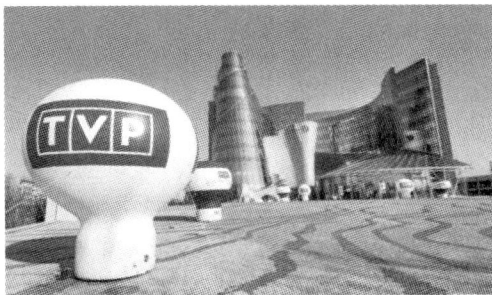

波兰公营 TVP 电视台大厦

二、现在欧洲新闻传播业的几个特点

1. 世界日报发行量最为集中的地区

由于历史的原因,欧洲的报业依然是世界报业发展的重心,其日报发行量是世界日报发行量的大约 40%。尽管近年来受到数字媒体的冲击,收费日报的发行量有所下降,但免费日报的份额增长很快。多数国家每千人拥有报纸份数超过 250 份。根据一些传播学者的假设,每 4 人拥有一份报纸(即千人 250 份)的国家即可算达到报纸发行的"饱和"度。① 欧洲属于这样的地区之一。

2. 收音机和电视机几乎完全饱和的地区之一

其中收音机每 3 个人中就有两架(欧洲国家人口 7.3 亿);拥有电视机的家庭已经达到百分之百。

3. 政党报刊基本消失,让位给完全的商业报刊时代

欧洲除第四个地区外,多数国家的报刊业经历了较长时间(一二百年)的政

---

① 李明水《世界新闻传播发展史》第 438 页,台湾大华晚报社 1985 年第二版。

党报刊与商业报刊并行发展的时期。英国 19 世纪中后期基本结束党报时期,进入商业报刊时期。法国、意大利的政党报刊在 20 世纪 50—60 年代还多少对社会有些影响,但到 80 年代,其影响已经微乎其微。意大利的几个主要政党一度分别掌握公营广播和电视的几个台,随着政党本身的瓦解,这种现象也消失了。德国二战后,政党媒介对社会的影响很快变得十分微小。北欧诸国的主要报纸,从第一次世界大战时期起,大多有社会民主党的背景,但在 80 年代后,这种政党色彩也明显地减弱了。

第四个地区的新闻传播媒介,1990 年以前均由执政党或国家行政机构直接掌握。随着这些国家政治体制转向自由主义,民营报刊业很快占主要成分,政党报刊迅速萎缩。

4. 广播电视大多实行公营与民营并行的体制

自 1927 年英国对广播(随后包括电视)实行单一公营体制以后,除第四个地区外,欧洲主要国家大多追随其后,也采取了这种单一公营体制,但具体的管理形式各有自身的特点。例如法国、意大利、荷兰、比利时和北欧国家的公营广播公司,曾经在较长的时期内,政府对其业务干预程度要比英国大些。只是在 20 世纪 80 年代之后,随着逐步开放民营广电业,政府的这种干预才基本消失。德国没有全国性公营广播公司,而是州或跨州的数家公营广播公司联合经营全国性的广播电视台。50 年代和 70 年代英国先后开放民营电视、广播之后,欧洲大陆各国在 70—80 年代也陆续开放民营广电,于是形成现在欧洲广电公营和民营并行的局面。在欧洲的第四个地区,广播电视业现在也形成不同程度的公营(俄国是以国家在广电公司中投股的形式,带有相当的国营性质)与民营两个系列竞争的局面。

欧洲广电公营与民营并行的体制,对世界其他国家的影响较大。日本、韩国、印度(一定程度上)、南非、澳大利亚、加拿大等国实行的也是这种体制。由英国 BBC 开始的这种体制,造就了一种介于国营和民营之间的媒介体制。广播电台和电视台既不属于国家所有,也不属于个人所有,而属于社会所有。其经费来源主要靠收听、收视费和公司的其他经营收入;另外,议会或政府拨一点钱,社会上筹集一点钱。公营的广播电台和电视台一般不播广告,以防止受控于财团利益。各国政府或议会对它们有一定的监督权或任命董事会主要负责人的权

位于伦敦的 BBC 电视新闻中心

力,但不得干预其具体的工作。其工作由社会人士、部分政庲或议会委派的人士、新闻工作者代表组成的董事会负责。各国这类公营广电公司的具体情况差异很大,但大体情况如上所述。

鉴于欧洲是世界新闻传播最发达的地区,因而这里重点研究英国、法国、德国、意大利、俄国这五个欧洲主要国家。它们的各自历史传统很不相同,因而新闻传播业的发展走过了差异很大的道路。但从 20 世纪末开妁,全球经济的发展和欧洲共同体各国的相互作用,各国的新闻传播业又呈现一种殊途同归的迹象,相同点开始大于不同点。

第三章

英国新闻传播史

　　英国的新闻传播业史,特别是 20 世纪上半叶以前的历史,代表着当时世界新闻传播业发展的潮流。它的当代史,在西方发达国家中也具有典型意义。在西方新闻传播业发展史中,英国创造了典型的渐进式商业性新闻传播业发展模式,这种模式对于比较研究世界新闻传播体制的发展,具有重要的历史借鉴意义。

　　英国有文字记载的历史开始于公元前 55 年。初期为古罗马帝国的一部分,西罗马帝国灭亡后形成 7 个小王国并立的局面。9 世纪初,七国之一的西撒克斯王国统一了英国,社会制度尚属于原始的农村公社制度。1066 年,法国诺曼底公爵率军渡海征服英国,带去了欧洲大陆的封建制度,并在那里建立了英国第一个封建王朝——诺曼底王朝,诺曼底公爵称"威廉一世",以后历经金雀花王朝(安茹王朝)、都铎王朝、斯图亚特王朝、汉诺威王朝,直到现在的温莎王朝(早期称古塞王朝)。金雀花王朝以下,历代国王都具有上一王朝女系的血统。

　　历史的延续性和英国政治的非绝对对立的发展传统,使得英国新闻传播业的发展保持了相当的延续性,商业性新闻传播业的发展遇到的阻力较小,发展呈渐进型;新闻传播史上没有因政治原因而出现断代的现象,媒体的消失基本上是经济竞争的结果,由于政治原因而封闭媒体的情况偶尔发生,但没有形成传统。

　　在英国历史上,"自由大宪章"的订立对后来国家的发展影响很大。1215 年 6 月,国王"无地王约翰"(1199—1216 年在位)在丧失了大部分法国领地、失去教皇支持的情况下,不得不与贵族、市民订立《自由大宪章》来保障自己的权力,从而形成英国三种政治势力(王权、贵族、市民)长期鼎立的局面和"斗争-妥协"的传统。

　　在英国历史上,只有两种力量的联合才可能战胜第三种力量,因而社会的发展通常是各种力量妥协的结果。这种传统对于英国新闻传播业的发展具有相当的影响,虽然新闻传播业发展的每一步都经过反复的斗争,但斗争的形式通常不呈现"你死我活"的激烈场面,每次斗争的结果往往只表现为"量"的变化,经过相当长的时间才可能看到较为明显的"质"的变化。英国的这种传统对于新闻传播业的影响，可以说是理解英国新闻传播发展特点的钥匙。

第一节　英国早期的现代新闻刊物

英国像其他欧洲国家一样，中世纪已有各种手抄新闻供贵族阅读。例如爱德华三世(1327—1377)时的米诺特(L. Minot)、伊丽莎白一世(1558—1603)时的怀特(R. White)，都是当时颇为有名的手抄新闻书人。当15世纪末由于世界地理大发现而开始世界现代化进程的时候，英国并不是走在最前面的国家。西班牙、荷兰(当时受西班牙统治)、葡萄牙等商业民族国家在将德国的印刷术和印刷新闻纸传播到世界各地时，本国内亦同时出现各种印刷新闻纸，并进一步出现本册式的新闻书。英国的这种雏形现代新闻媒介，即是从海峡对岸的荷兰传过来的。

1476年，英国有了第一架欧式印刷机，所印内容主要是宗教、文学性质的，社会对新闻的需求尚没有达到需要利用印刷媒介的地步。为了引起印刷业的竞争，国王理查三世(1483—1485)于1484年发布了一项鼓励外国人在英国经营印刷业的诏令。

然而，随着欧洲政治、宗教斗争的复杂化，印刷业的不断扩大和印刷品的广泛传播对王权的威胁已经可以使人感觉到了，于是，从1528年起，历任国王对出版业实行了一系列管制措施，主要包括两项，即一，建立皇家出版特许制，最早起于1530年。在这一制度的基础上，于1557年建立皇家特许出版公司，这是最早的官方控制的出版同业公会，出版成为一种特权行业。二，建立皇家出版法庭(即星室法庭)，最早起于1570年。严厉惩罚各种印刷品对政府的批评。当英国出现现代新闻媒介的雏形时，便处于这种严格的出版管制之下。

1605年，出版商伯特(N. Btter)作为特许的皇家出版公司成员，出版了可能是英国最早的印刷新闻书《约克郡谋杀案》，他同时亦是荷兰新闻书刊的贩卖人。荷兰出版商看到英国人对德国消息的关注，便把在阿姆斯特丹印刷报道德国"三十年战争"消息的英文新闻周刊运往英国销售，现存此类刊物系1620年12月至1621年9月间的。

1622年5月23日，英国出版商鲍尔尼(N. Bourne)和阿切尔(T. Archer)经国王特许，首次将荷兰或德国的新闻刊物翻译成英文，出版定期的《来自意大利、德国、匈牙利、波希米亚宫廷、法国和低地各国的新闻的周刊》(*Weekly News From Italy，Germanine，Hungaria，Bohemaia the Palatinate，France and Low Countries*)，历史上一般简称《新闻周刊》，英文"News"一词首次出现在刊名上。这家刊物为本册式,每期 20 页,出版了数年。从 1622 年到英国大革命,伯特、鲍尔尼等出版商或合作出版,或单独出版了多种这类新闻刊物。根据英国政府的规定,不得报道国内政治新闻,所以这类新闻刊物的政治新闻仅限于国外的。

第二节　从英国大革命到"光荣革命"时期的报刊和新闻理论

这是英国历史上少有的政治激荡时期,新闻政策变化很快。1640 年,英国资产阶级和新贵族在国会选举中取得胜利;1641 年 6 月 5 日,皇家特许出版公司被取消;7 月 5 日,星室出版法庭被取消,出版得到完全的自由。于是出现多种专门报道国会消息的刊物,打破了不许报道国内政治新闻的禁令。发生革命后的 10 年内,英国出现各种新闻性出版物 300 多种。

1641 年 11 月,托马斯(J. Thomas)创办的《国会活动纪要》(*The Heads of Several Proceedings in this Present Parliament*)是首家专门报道国内政治新闻的报刊。在各种报道国会消息的报刊中,较为著名的是 1642 年至 1655 年持续出版的《国会辩论每日纪闻》(*A Perfect Diurnall of Some Passages in Parliamant*),该刊并非日报,而是逐日记录国会主要辩论事项的周刊或旬刊。

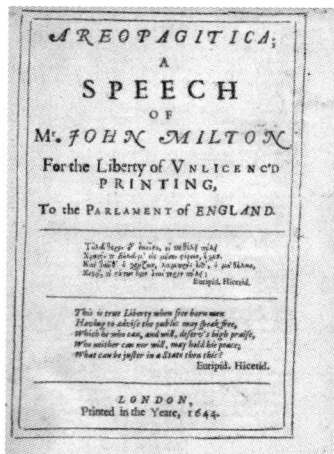

《论出版自由》1644 年封面

大革命中形成国会派和保皇派,于是在英国新闻传播史上,从 1643 年开始出现党派报刊。国会派的代表报刊是 1643 年创办的《英国信使》(*Mercuius Britannicus*),保皇派的代表报刊是同年创办的《宫廷信使》(*Mercuius Aulicus*)。还有一家在伦敦出版的较著名的保皇派报刊《公民信使》(*Mercuius Civicus*),创刊于 1643 年 5 月,以国王和王后的画像作为封面,副标题为"来自……的伦敦情报",尽列各种信息来源。当时的党派还很不成熟,随着国会中又出现长老派和独立派,革命初期较为一致的"国会派"不复存在。

各种限制出版的禁令被大革命冲垮后,由于出版的混乱无序和批评国会的言论急遽增多,1643 年 6 月 13 日,国会恢复了出版特许制度,并成立出版检查委员会。英国政论家弥尔顿(J. Milton)在此后出版了两本未经许可的关于离婚的小册子,因为这件事,他于当年 11 月 24 日被国会出版委员会召去质询,于是产生了他的著名演说辞《论出版自由》。这篇演说辞 1644 年年底以小册子的形式正式出版。

这篇文献有以下三个要点：

第一，揭示书报检查制度中存在的无法解开的矛盾，从而说明人在接受智慧方面应有的"知"的权利。他认为，书报检查和许可制即使是为了查禁坏书也是无用的、有害的。他反诘道：如果一本坏书对读书者是不宜的，那么就可以信赖检查官本人不被腐蚀吗？书不在于好坏，而在于读者。一个蠢人拿不拿书都是笨蛋，我们没有理由因为要限制蠢人而剥夺聪明人增加智慧方面的便利条件。意大利、西班牙的宗教法庭对书籍的限制极为严格，而那里的风气却比其他地方更坏。书报检查制度会使人民除了用斗衡量过的东西以外就不知道旁的东西。

第二，强调革命者绝不能因集团利益而自食诺言，重复封建王朝钳制出版的政策。国会议员大都由于参加了革命而当选，于是弥尔顿对他们说："你们自己英勇而又指挥如意的谋划给我们带来了这种自由，……它解放了、扩大了并大大提高了我们的见识。现在除非培育我们的诸位议员对于纯正自由的爱已经不如往昔，否则就无法使我们在能力、知识和追求真理的热情上倒退。我们可能再变成诸位当初所发现的那种愚昧、粗暴、拘泥而奴化的情况，但那时诸位就首先必须变成旧统治者一样的暴虐、武断和专横。"

第三，第一次明确提出，言论出版自由是一切自由中最重要的自由权利。他呼吁："让我有自由来认识、发抒己见、并根据良心作自由的讨论，这才是一切自由中最重要的自由。"[1]

1649 年 5 月，英国被宣布为共和国、实行一院制，但是实际上由军队的主要领导人克伦威尔（O. Cromwell）控制着政权，1653 年他被拥戴为世袭"护国主"后，实行的是专制性质的新闻政策，只有两家政治性周刊被特许出版。

1660 年国王查理二世（1660—1685）复辟，在 3 年内陆续恢复了他父亲箝制出版的一系列政策，重新宣布不经许可不得报道国内政治新闻的禁令，另外两家周刊被特许替代了克伦威尔时期的两家刊物，他还于 1663 年任命了王室新闻检查官。

查理二世当政时《牛津公报》（*Oxford Gazetee*）的诞生，在英国新闻史上具有里程碑的意义，这是英国第一家真正的报纸。1665 年伦敦发生瘟疫，宫廷暂时迁到牛津。国务副大臣威廉逊（J. Williamson）派穆迪曼（H.

《牛津公报》创刊号

---

[1] 弥尔顿《论出版自由》第 44 - 45 页，商务印书馆 1958 年中文版。

Muddman)在牛津创办了这份王室的官报。这是英国第一种单页纸式的、刊载新闻的、定期出版的印刷品,于1665年11月16日创刊,"Newspaper"(报纸)一词首次出现于该报。该报当时对开单张,两面印刷,每逢周一和周四出版,有较多的官方新闻和一些社会新闻,但没有言论。从第24期起,迁回伦敦出版,改名《伦敦公报》(*London Gazetee*)。该报出版至今,现在每周出版四次,是世界上最古老的报纸之一。

大革命至1688年"光荣革命",英国的新闻传播业虽然得到了较大的发展,但也遭受到新闻政策反复变化的折磨。国会派实行较开放的新闻政策缺少经验,因而出现了旧政策的回归。出版自由的理论提出来了,但不能贯彻到底。即使像约翰·弥尔顿这样的政论家,也只是在有教养的人中讲出版自由,他认为那些生命短促的"新闻书"不配谈出版自由,而且他本人还在1651年担任了克伦威尔的新闻检查官。由于英国历史上对立的政治势力之间经常妥协的传统,以及市场经济在英国的悄然兴起,也造成不少报人和报刊的政治倾向经常游移于各派之间,并不过分坚持某种信念。例如报人奈德海姆(M. Nedham),他曾是国会派报刊《英国信使》的主编,后来又效忠查理一世,接着成为克伦威尔最得力的文化人和特许报刊的出版人。1657年,他是英国第一家全广告的报刊《公共广告者》的创办人之一。看来,他的生意人眼光也很敏锐。

即使在政治动荡时期,英国的报刊同时也表现出报刊的某些职业特征。例如1666年伦敦发生特大火灾,《伦敦公报》刊登有关火灾的消息和各种广告,包括寻人启事、供亲人寻找的搬迁地址等,并为无家可归者暂时提供食宿,这在英国新闻传播史上首开报刊为社会服务的记载。

英国政治发展的"妥协中渐进"的特点,使得封建专制主义新闻政策的变化经历漫长的过程才转变为较为彻底的现代新闻政策;西方新闻史上特有的所谓"党报时期"在英国虽有表现,但不强烈,出现不明显,发展缓慢,消失也是不知不觉的。

第三节　1688—1855年：英国新闻政策的渐变与报刊业缓慢而持续的发展

1688年的"光荣革命"确立了君主立宪制,王权削弱,逐渐资产阶级化的贵族实际上掌握着政权,而出身较为低微的工业资产阶级,则把精力主要投身于经济活动。直到19世纪中后期,资产阶级化的贵族和从事经济活动的资产阶级才在政治上基本融为一体;与此同时,英国资本向全世界的扩张,使得英国成为所谓"日不落的帝国"。这种情形对英国新闻政策的变化、新闻传播业的发展,以及英国主要媒介在世界上的地位,都产生了很大影响。在这个时期,英国新闻传播史上有以下几个要点：

一、新闻政策的渐进变化

"光荣革命"后，查理二世时期恢复的皇家特许出版公司势力渐弱，最终导致 1694 年原有的各种限制出版的法案失效。但是，新的控制报刊的政策很快又出台了，原有的一些传统、法律仍对报刊的发展构成巨大障碍。下面从几个方面加以分析：

1. 知识税的建立和废除

从 1712 年起，英国政府开始对报刊征收"知识税"（Tax on Knowledge）。知识税包括印花税、广告税、纸张税，以及后来增加的报纸副刊税等。政府通过不断完善这种税收政策，既增加了财政收入，又达到了控制报刊的目的。这种通过经济手段对新闻业的控制（简单地概括，便是"欲禁于征"），较之强行政的直接干预，应该说还是一种进步。但是它一开始就是新闻传播业发展的沉重负担，实行半年，就有一半报刊因无法承受税赋而被迫停刊。

反抗知识税的斗争在英国持续了百年。其中较早的是 1744—1745 年出版的日报《便士伦敦邮报》（*The Penny London Post*），该报拒绝缴纳印花税持续出版约 300 天，因价格低廉和刊登的新闻较多，人们疯狂抢购，引起很大的震动。这也是世界上最早的廉价报纸。后期较著名的廉价报纸是 1830 年 1 月由赫瑟林顿创办的《穷人卫报》（*Poorman's Guaidian*）（最初叫《人民便士报》），该报公开抵制知识税，坚持出版了 5 年，表达了英国工人阶级在这个问题上的态度。随着新闻传播产业化程度的逐步提高，出于商业利益，报业主们的反抗呼声愈烈。在 1832 年英国议会改革的背景下，各种对报刊征收的税金开始逐步减少。1853 年广告税被废除，1855 年印花税被废除，1861 年最后一项知识税——纸张税被废除。由于英国的法律属于海洋法系，所有限制新闻出版的法律被废除即意味着英国新闻出版自由的最后确立。

2. 禁止报道和评论政治新闻的惯例被废除

冲破禁止报道和评论国内政治新闻的禁区，是"光荣革命"后英国报刊争取新闻自由的重要斗争目标。斗争中较为著名的人物是约翰·威尔克斯（J. Wilkes），他于 1762 年在自己创办的杂志《北方英国人》（*North Briton*）上发表文章批评国王乔治三世。司法大臣认定他犯有煽动诽谤罪，发布总逮捕状，将作者、印刷者、贩卖者等 48 人一并逮捕。威尔克斯因议员身份被释放后，反诉政府非法逮捕，结果首席法官宣布总逮捕状非法，被捕人全部释放，总逮捕状制度也从此被废除。后来威尔克斯重印杂志合订本而被下院于 1764 年认定犯煽动诽谤罪，逐出国会，他被迫出逃法国。1768 年他返国后因这件事被监禁 22 个月。1771 年，有两位报人因批评国会而被捕，市民群情激愤。此时任伦敦市参议员和代理市长的威尔克斯负责审理案件,宣布逮捕非法,无罪开释,并向国务大臣提出强烈抗议。恩格斯对这件事评论道:"1771 年,议院对报纸发表议会辩论情况(因为本来只有议院本身才有发表辩论的权利)这种大胆妄为非常愤怒,并先后逮捕了报纸发行人和释放这些发行人的官吏,企图以此来制止这种大胆妄为的举动。自然,这种企图并没有成功;不过它说明了议会的特权究竟是什么样的性质。"①

1771 年以后,国会对报刊报道和评论政治新闻采取了默认的态度。1803 年,国会允许记者在后排旁听;1831 年,增设记者席,因此出现了记者是国会"第四等级"之说;1868 年通过法案,承认记者报道和评论国会新闻不属诽谤罪。1907 年,英国国会自设新闻处,专门负责国会新闻发布的事务。

3. 以煽动诽谤罪压制新闻媒介的传统削弱

除了直接管制出版的法案和法规外,"光荣革命"后英国的报刊在内容上还受到从封建时代流传下来的煽动诽谤罪以及更重的叛国罪的威胁。18 世纪初期,尚完全沿用 17 世纪的法律,凡是批评国王和国会的,均以煽动诽谤罪论处。1730 年以后,陪审团可以对这类案件作出独立的判决,亦是一种进步。1769 年英国的多家报纸刊登笔名"朱尼斯"(Junius)的批评国王的来信,第二年作者和这些报纸的发行人因此而被司法大臣起诉犯有煽动诽谤罪,但陪审团经过长时间的讨论而宣布当事人无罪。从此,"批评国王无罪"的原则确立。1792 年经过国会的激烈辩论,通过了由辉格党议员福克斯(C. Fox)提出的妥协性的诽谤法案,明确给予陪审团以判决权,并使得诽谤罪开始有法可依,不能完全凭国王和大臣的好恶定罪。这是英国新闻法史上的一次有限的进步举措。

虽然英国政府并不经常运用这一法律,但在政治斗争较为激烈的时候,这类法律就成了对付革命报刊的手段,例如 19 世纪三四十年代英国工人运动高涨时期,工人报刊的编辑就曾以叛国罪和煽动诽谤罪受到迫害。这是海洋法系国家的特点,平常时期以不成文的习惯法为依据,一旦利益需要进行压制,于是一些似乎已经被人忘却的过时法律还会发挥作用,因为毕竟没有宣布废除。所以恩格斯在 1844 年分析说:"诽谤法、叛国罪和渎神法都沉重地压在出版事业的身上;如果说对出版事业的迫害还不算多,那末这并不是由于法律,而是由于政府害怕因采取压制出版事业的措施而丧失民心。英国各党派的报纸每天都在违反出版法,因为它们既反对政府也反对个别的人,但人们对这一切都假装没看见,等到时机成熟便来一场政治诉讼,那时再连报刊一起拿来算总账。……英国的出版自由 100 年来苟延残喘,完全是靠政府当局的恩典。"②

---

① 《马克思恩格斯全集》第 1 卷 691 页,人民出版社 1956 年版。
② 同上,第 695 页。

随着英国新闻传播业的成熟和产业化,这种以诽谤罪压制大众媒介的情况越来越少了。

二、政党报刊时期的形成和逐渐消失

英国大革命时期的国会派和保皇派尚属于政党的雏形。1679 年,在国会讨论国王查理二世的王位继承人问题上,形成辉格党(Whig)与托利党(Tory),名称均为对骂的结果,"辉格"为苏格兰语"强盗";"托利"为爱尔兰语"歹徒"。辉格党一般代表工商业资产阶级和新贵族的利益,托利党代表地主贵族和高级僧侣的利益。两党在"光荣革命"中联合起来确立了君主立宪制度。王权的衰落必然造成原来封建王朝的官报《伦敦公报》影响力的减弱。18 世纪初执政的托利党曾试图通过该报进行官方的宣传,但没有成功。于是一种新形式的政治性报刊得以出现。

为了影响选举、争取公众的支持,两党都创办了自己的报刊。1710 年 8 月,《观察家》(*Examiner*)成为托利党的党刊,由著名作家斯威夫特(J. Swift)任主笔;辉格党也不示弱,于同年创办《辉格观察家》。托利党于 1720 年创办日报《每日刊》(*Daily Journal*),这是最早的政党日报;辉格党则津贴英国的首家日报《每日新闻》(*Daily Courant*),使其成为实际上的党报。在以后的较量中,由于辉格党代表的势力渐渐成为社会的中坚,其报刊的势力亦相对大些。1735 年,辉格党将它的三家报刊合并为一家新的日报《每日公报》(*Daily Gazette*),出版到 1748 年。18 世纪上半叶,是英国政党报刊最为明显的时期。

这些政党报刊不仅在政治宣传中彼此展开恶毒攻击,还雇佣很多新闻写手,与对手展开笔战。英国学者亚历山大·安德鲁斯(Alexander Andrews)称这些人是"专为金钱工作的三流文人,他们毫无羞耻之心,轻蔑自大,毫无原则,手段卑鄙……他们既可以为了一顿饱餐将一个人捧上云端,也可以因为遭到拒绝把这个人踩在脚下"[1]。在党派宣传的热潮之中,这些为了生计而挣扎的写手们迅速聚集到了一起,居住在伦敦城的格拉布街(Grub Street)。格拉布街以"肮脏"著称,"Grub"一词的本意便是"垃圾坑"。在那里聚集着众多逃犯、逃债者以及贫民。英国大革命之后,随着这些新闻写手们的涌入,格拉布街成为英国历史上第一个出版业中心。

英国政党报刊时期还有一个显著的特征,即各党都以半公开的形式津贴非政党报刊的主办人或编辑,用这种方式使得许多报刊在一定时期倾向于某个党,以致这种做法形成一种传统。1704 年托利党领袖哈莱(R. Harley)首开津贴报人的先例,每年给政论性杂志《评论》(*The Review*)的创办者、著名作家笛福(D.

---

[1] Andrew, A., *History of British Journalism*, London: R. Bentley, 1859, p. 48.

Defoe)津贴 400 镑。津贴制度做得最过分的是辉格党的领袖沃尔波（R. Walpole），根据政府秘密委员会记载，在他担任首相的 20 多年里，每年这类津贴高达 5 万镑；各主要政党报刊的发行人接受的津贴，高的每年达到数千镑。

这种制度使得报人难以摆脱政治而独立发表意见，经常游移于两党之间。像笛福、斯威夫特、菲尔丁（H. Fielding）、约翰逊（S. Johnson）、斯摩莱特（T. Smoollett）这样著名的 18 世纪上半叶的英国作家、戏剧家、诗人，都接受过这种津贴。但这也造成多数英国文化人在政治上难以形成道德信仰的传统，因而报刊政治观点的经常变化，并不会引起这些当事人内在道德的忏悔和遭到外部的道德谴责，反倒为随后商业化报刊时代的到来奠定了基础。

英国政党津贴报刊的传统到托利党人皮特（W. Pitt）任首相（1783—1801）时期基本结束，因为随着工业革命的兴起，报刊的广告急遽增多，发行量比以往大增，已经不需要津贴而自足了。此后，明确隶属关系的政党机关报基本消失。

19 世纪上半叶还有一些代表两党利益的报纸，较为明显的是代表托利党的《旗帜报》（*The Standard*，1827 - 1917）、代表辉格党的《每日新闻》（*Daily News*，1846 - 1930），但这些报纸创办时就不是党的机关报，后期党派色彩渐弱，在所有者更换后，不再代表党派利益。

随着工业革命的深入，19 世纪 30—40 年代，资产阶级中较为激进的一部分直接参与了议会改革和反谷物法运动，他们的代表报纸是在工业发达的中心城市曼彻斯特出版的《曼彻斯特卫报》（*Manchester Guardian*）。该报 1821 年由泰勒（J. Taylor）创办。随着这两项斗争的胜利，以及该报 1855 年起从周报改为日报，报纸的党派色彩渐弱。1872 年，该报由斯科特（Charles Prestwich Scott，1846 - 1932）掌管，完全变成了商业性的日报。

很难界定某一年是英国政党报刊时期的结束，1801 年是党的机关报消失的年头，经过一段时间的过渡（半党报），到 1855 年便士报的普及，开始了大众报刊的时代。和多数欧洲国家一样，由于有较长的政治文化传统，政党政治在 20 世纪的英国对报刊还有些影响，只是这种影响日趋微弱。一些小的党派曾经有过影响很小、昙花一现的机关报；新形成的两大党——保守党和工党，后者也曾有过非正式的报纸，但仅在 20 世纪 50 年代冷战背景下略微火了几年。

现在英国的主要媒介已完全不能从党派角度划分，仅尚存一些诸如某报倾向于某党的不确定的说法。

三、新闻传播业稳步、全面的发展，《泰晤士报》的崛起

"光荣革命"后，新闻政策从直接的强行政控制，转为间接的征收知识税；政党对报刊的影响也主要表现为经济上的津贴制度；与此同时，英国工业革命前后经济的迅速发展，亦推动着新闻传播业摆脱政党政治的控制而走向产业化。尽

管还存在着种种限制,这一时期英国新闻传播业的情形可以用"稳步、全面的发展"来概括。下面分报纸、杂志两部分叙述:

1. 报纸

1702 年英国首家日报的出现,是英国新闻传播史的又一个里程碑。这家名叫《每日新闻》(*Daily Courant*)的日报由马利特(E. Mallet)于 3 月 11日在伦敦创办。它本身并无什么特色,对开一张,单面印刷,第一期两栏共 10条新闻,注有消息来源、地点和日期。但是,每日出版意味着新闻的连续发布,编辑部的组织和工作效率都必须发生较大变化,这标志着英国新闻传播业的业务发展,走到一个新的阶段。马利

1702 年的英国油画,Edward Collier 作

特在首期的告白中说:"本报创办之目的,在迅速、正确而公正地报道国外新闻,不加评论,相信读者的智慧,对刊载消息的确切含义一定有正确判断。""报纸的义务在于将事实叙述出来,结论应由读者来作。"①这是关于新闻报道客观性原则的最早论述。第 9 期后,马氏转任《伦敦公报》主编,该报由巴克利(S. Buckley)接手,第二个月变成两面印刷,年底达到每期 4～6 版。该报一度停刊,后接受辉格党津贴,成为该党日报,1735 年合并于《每日公报》。

《每日新闻》之后出现了多家日报,其中 1730 年 2 月由詹诺(M. Jeonur)创办的《广告人日报》(*Daily Advertiser*)可视为英国现代商业性日报的开端。该报以广告为主,广告养报,商业方面的消息很全面。该报是 18 世纪初英国党报时期不接受津贴出版的少数日报之一,出版至 1807 年。

从 18 世纪持续出版到 19、20 世纪的日报还有 1770 年创刊的《纪事晨报》(*Morning Chronicle*,至 1862 年)、1772 年创刊的《晨邮报》(*Morning Post*,至1937 年)和 1794 年创刊的《广告人晨报》(*Moring Advertiser*,至 1934 年)。这几家日报历史上多次更换所有人,前两家不同时期曾分别做过辉格党和托利党的代言人,从它们身上也可看出英国报纸党派色彩变化不定的特点。《广告人晨报》在 19 世纪中叶属于伦敦小酒店主互助会所有,从该报身上也反映出摆脱政党色彩的商业性报纸的特点。马克思曾在 1855 年写道:"(它)无疑又是伦敦除《泰晤士报》外发行最广的日报。……它倒像是个辩论俱乐部,每个读者都可以在上面发表自己的意见。……除了给自己的读者外,有时也给那些不投靠任何

---

① 陶涵主编《世界十国新闻史纲要》第 8 页,文津出版社 1989 年版。

党派的较著名的作家腾出一些篇幅。"①

由于星期日在英国为宗教安息日,人们不从事商业活动,于是英国的日报便有星期日不出报的传统。1779 年,约翰逊夫人(E. Johnson)大胆出版一份《英国公报暨星期日箴言报》,是为英国第一家星期日报。而持续出版至今最老的星期日报,则是 1791 年创刊的《观察家报》。英国的星期日报大多数是独立出版的报纸。

英国的第一家晚报《晚邮报》(Evening Post)出现于 1706 年,不过它仅是每周出版三次。每天出版的正式的晚报,第一家是 1788 年由斯图亚特(P. Stuart)创办的《明星和广告人晚报》(Star and Evening Advertiser)。然而,英国新闻传播史上真正的晚报时代,是在 19 世纪下半叶。到 20 世纪末,晚报已经日薄西山,因为信息时代的信息传播不再受到印刷报纸时间间隔的限制了。

1785 年《泰晤士报》创刊号

在 18 世纪众多的日报中,一家于 1785 年元旦创刊的《每日环球记事报》(Daily Universal Register)后来出了名,他的创办人叫约翰·沃尔特(J. Walter)。沃尔特原是伦敦的煤炭大王和一家保险公司的老板,因业务逆转而另辟财源,买下一项新式排字机专利。为使用和推广这项专利而创办这家报纸做广告,所以该报头版持续很多年都是广告。同其他报纸出版人一样,沃尔特当时也接受政府的津贴,但不多,每年 300 镑。由于他在言论上批评过国王、约克公爵、司法大臣等,因此数次被罚款、监禁和戴枷示众。1788 年 3 月报纸改名《泰晤士报》(The Times),并逐渐在当时伦敦的 9 家日报中高人一筹。1789 年法国爆发大革命,英国对这方面的新闻需求急遽上升,数年内《泰晤士报》派出的记者及时报道了革命时期发生的重大事件,从而在英国形成良好的声望。

1803 年,与沃尔特同名的次子接掌报纸,不再接受政府津贴,从而《泰晤士报》成为独立报纸。1805 年,该报首次出版号外,报道奥地利军队向拿破仑投降的消息。沃尔特二世于 1808 年试行总编辑制,1817 年确立这种制度,任命巴恩斯(T. Barnes)为总编辑。过去由于报纸规模小,报纸所有者(或所有者聘请一

---

① 《马克思恩格斯全集》第 10 卷 658 页,人民出版社 1962 年版。

个人)同时掌管经营和编务。《泰晤士报》首次实行所有者主管经营、另聘专业人员担任总编辑的制度,这是报业发展的一个新标志,对于报纸编务质量的提高和报业经营的扩大都具有重大意义。

在巴恩斯主持报纸编务的 25 年间,《泰晤士报》成为英国影响舆论的最大报纸,不论是辉格党还是托利党的内阁,从 19 世纪 30 年代初起(当时正是英国 1832 年议会改革前后),为了赢得舆论而要考虑得到《泰晤士报》的支持,而得到内阁支持对报纸来说当然亦会得到好处。不过这时《泰晤士报》是以舆论界的代表身份与它们合作,它与执政党内阁的关系不完全是依附,相当程度上是互相利用的对等关系,这与最初沃尔特一世接受政府津贴有所不同,反映了英国报刊作为一种行业的社会力量已经形成。报界与当权者有千丝万缕的联系,但也有自身的利益,这种利益的箝制高于政治信仰,在这个意义上马克思引证说:"《泰晤士报》不过是一家'商业企业',只要决算对它有利,它对决算是怎样作出的毫不介意。"[1]因而,这时的英国报界已不是简单的当权者的喉舌。

1847 年,德兰恩(J. Delane)在沃尔特二世逝世后担任总编辑 30 年,他对报纸业务进行过多次改革,聘请最好的作家为报纸撰写稿件,努力使报纸办得高雅不俗。该报历经许多世界重大事件和战争,例如法国路易·波拿巴的政变、克里木战争、美国内战、奥普战争和普法战争等,总的来说,《泰晤士报》的报道是及时而丰富的,因而进一步巩固了它已有的声誉。尤其在克里木战争中,《泰晤士报》多次揭露英国政府和军队领导人由于官僚主义而造成数万伤病员死亡的事实,从而促成当时阿伯丁内阁的垮台、远征军总司令的撤职和红十字会的诞生。马克思对《泰晤士报》在这个问题上的揭露予以过肯定。

威廉·霍华德·拉塞尔

报道克里木战争的记者威廉·霍华德·拉塞尔(William Howard Russell, 1821-1907),由于报道出色,成为英国第一个被封为骑士的记者。

马克思和恩格斯著作中提到最多的报纸便是《泰晤士报》,约有 1 000 次,这一事实也说明了该报在社会中的影响力。他们经常批评它的政治立场,但也承认它在新闻界的地位。恩格斯 1844 年批评该报时首先肯定"《泰晤士报》在大陆上素负消息灵通报纸的盛誉"。马克思 1858 年时也谈到,该报是"一家极有威望的英国报纸"[2]。马克思在纵向论证人类的传播从古代到现代的发展时,把古代

---

① 《马克思恩格斯全集》第 30 卷 635 页,人民出版社 1974 年版。
② 《马克思恩格斯全集》第 41 卷 398 页、第 12 卷 419 页,人民出版社 1982、1962 年版。

神话中的传闻女神法玛与现代传播的典型代表《泰晤士报》联系了起来,写道:"随着这些自然力实际上被支配,神话也就消失了。在印刷所广场旁边,法玛还成了什么?"①印刷所广场,即是《泰晤士报》编辑部的所在地。

《泰晤士报》的这两任总编辑在编务上经常有创新,但他们在政治、社会发展观的总体认识上是保守的,因而又限制了报纸对许多重大事实公正而全面的报道,只是新闻工作追随事实发展的职业本能,迫使该报及时改变立场从而跟上了形势。就此马克思于1861年回顾该报的历史时说:"'英国人民靠阅读《泰晤士报》参加对自己国家的管理。'这是一位出名的英国作者就所谓英国的自治制度发表的意见。这一意见只有涉及王国的对外政策时才是正确的。至于国内改革,就从来没有在《泰晤士报》的支持下实现过;相反,《泰晤士报》在确信自己完全无力阻挠实现这些改革之前,是从不停止反对它们的。天主教徒的解放、议会改革法案,谷物法、印花税和纸张税的废除,都可以作为例子。每当改革的拥护者胜利在握时,《泰晤士报》就来了一个急转弯,从反动阵营溜掉,并且能想出办法在紧要关头和胜利者站在一起。"②即使在国际新闻方面,《泰晤士报》的保守态度有时也造成新闻报道的不公正和不全面,例如对美国内战,该报初期支持南方叛乱者,攻击北方的合法政府,因而对于南北双方的情况报道,不可避免地有所曲解。

除了《泰晤士报》总编辑的努力外,该报的成功与沃尔特家族不断改进传播技术也有关联。1814年它率先使用蒸汽印刷机;1847年又率先采用轮转印刷机技术,同年就使报纸达到每天12版,这在当时世界上是少见的。1848年它的发行量3万份,而当时英国其他报纸中最高的不过5 000份。1855年,它的发行量又翻一番,达到6万份。

《泰晤士报》的成功还有赖于英国对世界的扩张造成的强大的政治、经济影响。由于英国从17世纪起,200年内持续在全球扩张领土,因而英国最大的报纸《泰晤士报》的文化影响,也就到达了世界各地。在这个意义上,世界新闻传播史上的19世纪,一定程度上是《泰晤士报》的世纪,其他报纸的影响力远没有该报大。

19世纪上半叶,除了《泰晤士报》外,英国其他需要提及的报纸首先是这个世纪初由科贝特(W. Cobbett)于1802—1835年创办的《政治纪事报》(*Political Register*),该报揭露了新闻界在津贴制度下丧失表达自由的各种情形。他认为:"贿赂报纸,是国家祸患的根源。设若报纸让自由而独立的人士主持,代替那些被雇佣的奴才,将是国家的福祉。"他敢于批评报界同行的腐败现象,因而被马

---

① 《马克思恩格斯全集》第46卷上册49页,人民出版社1979年版。
② 《马克思恩格斯全集》第15卷335页,人民出版社1963年版。

克思称为"报刊鉴定家"①。科贝特也是抵制报刊印花税的著名报人,多次受到罚款和监禁。《不列颠百科全书》"威廉·科贝特"条,称他是"最伟大的英国人民的新闻工作者"。

19世纪30—40年代以维护"人民宪章"为标志的英国工人运动高涨,出现了众多的工人报刊。其中最为著名的是《北极星报》(*Northern Star*)周报,1837年由工人领袖奥康瑙尔(F. O'Conor)在利兹创办,该报坚持出版到1852年,最高期发数达到过10万份。这是19世纪上半叶欧洲最大的工人报纸。该报后期的主要编辑是哈尼(G. Harney)、琼斯(E. Jones)。马克思和恩格斯1846年曾致信奥康瑙尔说:"我们还应当感谢您和您的助手们在领导《北极星报》方面所表现的高贵而开通的风格。我们可以毫不犹豫地声明,唯有《北极星报》这一英国的报纸了解英国各党派的真正状况,只有它在实质上是真正民主的,只有它没有民族的和宗教的偏见,只有它同情全世界的民主主义者和工人。"②

2. 杂志

最初的新闻印刷品都是本册式,因而只能用含糊的"报刊"这个集合名词来概括。"光荣革命"后,报纸与杂志的职能开始逐渐分开,报纸以报道时事新闻为主,间或有一些文艺副刊;杂志则以时效性不大强的小型文学作品和评论文章为主,间或有一些新闻综述和新闻背景材料。埃斯特拉格爵士创办的《雅典娜信使》(*Athenian Mercury*,1690 - 1696)和《绅士杂志》(*Gentleman's Journal*,1691 - 1694)都以文学作品和评论文章为主要内容,因而被视为英国最早的杂志。

在18世纪的英国杂志中,第一家首推笛福的《评论》(1704—1713)。杂志上的文章几乎都出自他一人之手。他的论题大都是公众关心的政治问题,论述相当通俗和有趣味。该刊期距从周刊、双日刊到月刊不等,被迫经常变化,有时是他在监狱里编辑的。1719年,笛福在当年创刊的《每日邮报》(*Daily Post*)上连载他的小说《鲁滨逊飘游记》,从此开了报纸连载小说的先河。

由斯蒂尔(R. Steele)和艾迪生(J. Addison)于1711—1714年出版的《旁观者》(*Spectator*)杂志(日刊),是英国最早的有代表性的文学杂志。这家杂志刊登许多小品文,将哲学、经济学文学化,以轻松、乐观和趣味化的形式表现出来。它是当时发行量最高的杂志,达到3 000份。尽管出版了不到两年(共555期),但对后世影响较大。马克思1859年三次引证过该刊的经济学小品文。

1731年凯弗(E. Cave)创办的《绅士杂志》(*Gentleman's Magazine*)是份月刊,内容五花八门,初期因打破禁区报道国会新闻而出名。在英国新闻史上,它

①《马克思恩格斯全集》第15卷465页,人民出版社1963年版。
②《马克思恩格斯全集》第4卷28 - 29页,人民出版社1958年版。

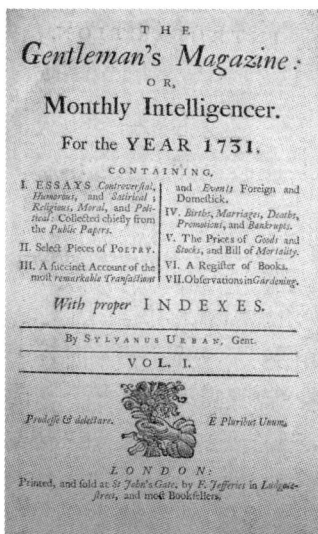

《绅士杂志》创刊号

首次使用了"Magazine"(杂志)这个英文词作为刊名。该刊出版至 19 世纪。

　　19 世纪上半叶创办的杂志,呈现专业化趋势。1802 年,由霞飞(F. Jeffrey)等 4 人共同创办《爱丁堡评论》(Edingburgh Review)。这是一份档次很高的哲学、文学和政治学学术杂志,第一期 8 开 625 页,发表 29 篇论文,发行 800 份。后来该刊的发行量超过 1 万份,1929 年停刊。创办于 1808 年的《观察家》(Examiner)和创办于 1828 年的《旁观者》(Spectator),属于具有一定学术性的综合性周刊。马克思认为它们是"最高尚、最有名望的伦敦周刊"[①]。前者于 1881 年停刊,后者是仍在出版的英国最古老的杂志。还有一家周刊《经济学家》(Economist),由经济学家和政治活动家威尔逊(J. Wilson)于 1843 年创办。马克思认为该刊是"资产阶级最稳健、最理性、最温和的刊物"[②]。

第四节　1855 年至 20 世纪上半叶,英国的新闻理论与报刊大众化的趋势,通讯社的诞生

　　1855 年 6 月 30 日,英国废除了知识税中最主要的印花税,尽管完全废除知识税是在 1861 年,但从这一新闻政策的主体动摇之时,英国的报刊业就迫不及待地发生着重大变化,这一年英国的许多报纸转变为便士报,新创办的报纸几乎是清一色的便士报。在已经得知即将废除印花税之时,地方城市的《设菲尔德每日电讯报》(Sheffield Daily Telegraph)于 6 月 8 日创办,每份 1 便士,是为英国便士报持续发展的开端。第一张便士报办得并不成功,但是它标志着英国大众化新闻传播业的开端,过去政治家办报、文人办报,开始转变为报刊企业家办报。在这一时期,英国新闻传播史上的以下几点需要掌握:

一、新闻传播业的实践推动新闻理论发展

　　随着知识税的废除,英国所有束缚报刊业发展的旧法律全部取消,这意味着

① 《马克思恩格斯全集》第 28 卷 504 页,人民出版社 1973 年版。
② 《马克思恩格斯全集》第 8 卷 399 页,人民出版社 1961 年版。

英国的新闻自由得到法律上的最后确立。经历了数百年争取新闻自由的斗争，英国的新闻事业终于得以在市场经济的条件下自由发展。英国的新闻理论也及时与新的环境相适应，提出了具有新内容的新闻政策理念。在这方面，代表人物是穆勒(J. S. Mill, 1806 - 1873，又译为"密尔")。

英国争取新闻自由的斗争实际上经过了几个阶段。首先是争取出版自由，反对出版特许制度；当赢得出版自由以后，便是争取新闻报道和评论的自由，打破各种对报道和言论的限制；赢得报道和言论自由以后，接着是争取经济意义上的新闻传播自由，即反对知识税。当英国的新闻出版自由在法律上确立、人们可以自由无阻地报道事实和发表言论之时，一个新的问题便凸显出来，即多数人的意见有可能以其拥有的现实力量压制少数人意见的发表，这个问题并不是由法律规定的，但是在自由的环境中，实际上会造成新形式的不自由。

穆勒于 1859 年出版《论自由》(*On Liberty*)，及时指出了这个问题。他总结了法国大革命的经验和教训，提醒人们注意防止"多数人的暴虐"。他担心，对自由的威胁现在并不来自政府，而是社会上多数人不能容忍非传统的见解，他们对持不同意见的少数人投以怀疑的目光，以人数上的优势压制和整肃少数人。

他说："对于文明群体中的任一成员，所以能够施用一种权力以反其意志而不失为正当，唯一的目的只是要防止对他人的危害。……任何人的行为，只有涉及他人的那部分才须对社会负责。"基于这个信念，他认为实行言论自由的政策对社会是有利的。人们的言论中必然会有正确的和错误的。如果这个意见涉及社会利益而不让它表达出来，那么，倘若它是对的，社会就失去纠正错误的机会，倘若它是错的，社会也失去在真理与错误的冲突中使真理更加清楚的机会。"假定全体人类凝一执有一种意见，而仅仅一人执有相反的意见，这时，人类要使那一人沉默并不比那一人(假如他有权力的话)要使人类沉默较可算为正当。"①

穆勒还谈到，一个时代被认为是正确的东西，常常被后来人证明是伪误的和荒谬的。有时恰恰相反，在某一个时期提出世人公认为荒谬意见的那些人，历史却无情地证明他们是真正的伟人。既然如此，每个社会都应允许人们自由地表达自己的意见。对意见的不宽容，给人带来的是精神迫害，使人不敢讲出自己的真实意见。精神奴役的最大危害莫过于使人民和民族的思想消沉、智力下降、精神怯懦。

穆勒的父亲詹姆斯·穆勒(James Mill, 1773 - 1836)在新闻自由理论方面也有贡献。1811 年他发表的《论出版自由》一文，将出版自由置于公共领域与私人领域两个范畴加以考察(公共领域应是自由的，但私人领域要受到一定限制，不能诽谤、侮辱)，进而讨论了媒体的权利侵害与媒体权利的保障、报业与政府和

---

① 密尔《论自由》第 4、10、17、35 页，商务印书馆 1959 年版。

公众的关系。他的观点,奠定了新闻出版自由的法治基础。

1861年,最后一项知识税——纸张税被废除。第二年,马克思在他的《资本论》手稿中多次论证了这样一个观点:"可能存在一些变化,例如,报纸就包括在英国城市工人的必要生活资料之内。"①他敏锐地注意到发生在英国的新现象,并且从经济学角度把精神消费——阅读报纸,与面包、牛奶、肉、啤酒、衣服等物质消费资料并列为工人的必要生活资料。1880年,他在生前最后公开发表的文章《工人调查表》中,把"买报"列为一般工人(已经不仅仅是英国城市工人)的"日用必需品"。② 这里讲的报纸,是指工人能够买得起的便士报,而不是工人阶级自己的政治性报纸(当时英国工人运动处于衰退中,这类报纸很少,影响力也很小)。马克思提出的这一思想,是对英国报刊发展的一种深刻认识。

二、英国大众报刊发展的三个阶段

自1855年起,英国大众报刊经历了三个发展阶段,即初创阶段、形成英国特色的大众化报刊阶段、当代大众报刊阶段。

1. 初创阶段(1855年至19世纪末)

便士报是英国报刊全面大众化的起点。最初,便士报的创办者们大都以为只要降低了报价、扩大了读者就能够赚钱,在新闻业务方面并没有多少改进,不适应新的读者群。报纸大都没有重点地罗列新闻,段落很长,标题呆板,以枯燥的政治新闻为主,全文刊登演说,缺少轻松的娱乐性新闻。于是,大部分新创办的便士报在竞争中被自然淘汰,成功者的代表是《每日电讯报》(*Daily Telegraph*)。

该报最初由斯雷(A. Sleiph)于1855年6月29日创办,售价2便士。没过多少天就转手于斯雷的债权人利维(J. Levy),9月17日《每日电讯报》改为便士报。更换了主人的报纸不惜花费,注重采写第一手新闻,刊登特约作者的文章,注意以大众化的形式推出新闻和评论,迅速打开了销路。1856年1月的发行量达到2.7万份,是当时《泰晤士报》发行量的一半。同年利维的儿子爱德华·利维·劳森(E. L. Lawson)接手报纸编务,大胆采用美国式的编辑方式,重视新闻标题的制作,聘请高水平的记者和作家参加报纸工作,扩大报道面,根据读者的特点采写新闻。到1888年,《每日电讯报》发行量30万份,成为当时世界上发行量最大的报纸。

尽管大批的便士报昙花一现,但成功的便士报的经验对同一时期的其他报刊是一种很大的诱惑,于是在19世纪末,一批有志于开拓报刊业的新报人崛起。例如当时颇为著名的新闻工作者斯特德(W. Stead),他1883年担任一家保守的

---

① 《马克思恩格斯全集》第48卷12页,人民出版社1985年版。
② 《马克思恩格斯全集》第19卷255页,人民出版社1963年版。

日报《派尔-麦尔公报》(*Pall Mall Gazette*，1865－1921)的主编时,学习美国的风格,在英国首先采用新闻导语,报道中采用小标题,将报道重心转向社会新闻,揭露社会下层的各种问题,曾引起社会的广泛注意。1890 年创办《评论的评论》杂志,这是早期大众化文摘杂志的一次尝试,第二年便行销美国和澳大利亚。恩格斯就这份杂志写道:"大有益处,每月只需 6 便士,材料却很多。……斯特德尽管是个地道的狂妄之徒,但仍不失为出色的生意人。"①

1881 年在曼彻斯特出现的《点滴》(*Tit-Bits*)杂志可以视为英国大众化杂志的开端,创办人纽恩斯(G. Newnes)将大众感兴趣的内容集为杂志,定期出版,一举成功,随即编辑部迁往伦敦。

2. 形成英国特色的大众化报刊阶段(19 世纪末 20 世纪初)

积累了二三十年的经验以后,英国传统风格、美国大众报纸的风格与现实英国大众的兴趣结合,形成了具有英国特色的一批新的大众报刊,其代表是"三每"报。

1896 年,英国报人哈姆斯沃思（A. Harmsworth)总结以往大众报纸的经验,认为应当根据英国的传统,办一份既高雅、温和又接近大众的报纸。他于这年 5 月 4 日创办《每日邮报》(*Daily Mail*),定价半便士。报纸提供的新闻相当全面而丰富,文字简洁,标题生动但不煽情,精编、易读是该报处理新闻的中心政策,读者对象不仅包括下层大众,也涵盖中产阶级,创刊号新创 39.72 万份的当时世界纪录。该报在以后的 50 年内连续发行欧洲大陆版、各种越洋版,1947 年的发行量达到 208 万份。

1918 年 6 月 30 日《每日邮报》

1900 年,又一位英国报人皮尔逊（C. Pearson)创办《每日快报》(*Daily Express*),成为《每日邮报》的主要竞争对手。该报适应英国较为年轻的一代人,使美国风格英国化。1930 年起,该报发行量超过了《每日邮报》,成为当时世界上发行量最大的报纸,1947 年达到 386 万份。

1903 年,哈姆斯沃思再创办《每日镜报》(*Daily Mirror*),这是以妇女为主要读者对象的小型报纸。第一年不成功,第二年改为半便士画报后获得巨大成功。该报 1947 年的发行量达到 370 万份,1951 年一度发行 500 万份,居当时世界第一位。

晚报作为大众报刊的一种,进入 20 世纪后而变得成熟起来,1928 年几经合

① 《马克思恩格斯全集》第 38 卷 189 页,人民出版社 1972 年版。

并,伦敦的晚报剩下 3 家,即《明星晚报》、《新闻晚报》(*Evening News*,1881 年创办)和《旗帜晚报》(*Evening Standard*,1857 年创办)。但随着广播和电视的普及,晚报逐渐退出英国新闻传播的舞台。1960 年,《明星晚报》合并于《新闻晚报》,1981 年《新闻晚报》停刊,英国只剩下一家《旗帜晚报》了。

3. 当代英国的新型大众化报刊阶段(20 世纪 60 年代以后)

在更新一代的英国读者面前,20 世纪初形成传统的大众报纸,已经显得老气横秋了。于是,从 60 年代开始,富于视觉冲击和内容煽情的大众化报纸取得了成功,其代表便是星期日报纸《世界新闻报》(*News of the World*)和日报《太阳报》(*The Sun*)。前者创办于 1843 年;后者创办于 1912 年,原名《每日先驱报》(*Daily Herald*),换了几任老板后于 1964 年改名《太阳报》。1969 年,澳大利亚报业主鲁伯特·默多克(Rupert Murdoch)买下了这两家报纸,将《太阳报》改造为面向下层公众的报纸,刊登的消息短小,较多报道中下层民众的生活,社会新闻很多,进一步加强娱乐性,也有一些色情内容,发行量从几十万份急遽上升到 400 万份,成为英国,也是英语世界发行量最大的日报。该报读者主要为白领工人和中产阶级。《世界新闻报》集中报道一周以来的体育新闻、黑色与黄色新闻,以图文并茂的形式冲击视觉,也得到了迅速发展,发行量达到 500 万份,成为英国和英语世界发行量最大的周报(星期日报纸)。

新的大众报纸对英国传统的报纸风格冲击较大,也波及到高级报纸原有的严肃的风格,这在一定程度上反映了当代英国读者兴趣和接受特点的变化。但是,长期以来形成的读者群不会很快变化,原来的"三每"报依然保持着相当数量的读者。

三、高级报纸与大众报纸的自然划分

知识税废除以后,内容较为严肃的报纸在很短的时间内便失去了独霸报坛的地位。首先是《泰晤士报》,1877 年德兰恩退休后,沃尔特三世仍然想保持报纸在言论和消息方面的首席地位,但面对便士报的挑战,力不从心了。1887 年该报因连续报道了一个假信件,陷入新闻官司,声誉大减,经济上也损失了 20 万镑。当时该报曾在很短的时间内改为便士报,因内部意见不一而仍保持原有风格。1908 年,哈姆斯沃思从沃尔特四世手中购得只剩下 3.8 万发行量的《泰晤士报》主要股份,1914 年改为便士报,由于正逢第一次世界大战,消息的社会需求大增而保持了 30 万份的较高发行量。1922 年哈姆斯沃思逝世,报纸又面临财政困难,于是主要股权转手于与沃尔特家族有血缘关系的阿斯特(H. Astor)。此后在总编辑道森(G. Dawson)持续 20 年的主持下,该报继续保持了高雅风格。

与此同时,改为日报的《曼彻斯特卫报》,1872 年起由斯科特(Charles Scott,

1857－1952)主持编务,他将报纸办得高雅而生动活泼,风格与便士报有明显的不同,奠定了该报后来发展为全国性高级报纸的基础。

《每日电讯报》在劳森(Edward Levy Lawson,1833－1916)的主持下一度辉煌,1916年他逝世后报纸走下坡路。1928年该报被贝瑞(Berry)兄弟购得。在哥哥W.贝瑞的主持下,对报纸的内容作了调整,格调较过去庄重一些,开始脱离大众报纸行列,演变成相对"高级"的报纸。

20世纪初,经过报纸大众化风潮的洗礼,各报刊逐渐确定了自己的读者对象和风格,形成在便士报基础上发展起来的所谓"大众报纸"、沿袭传统的严肃风格的所谓"高级报纸"两大类型。前者拥有巨大的发行量,格调相对低下,往往被社会上层和知识界看不起;后者发行量一般保持在每日几十万份,但提供的信息有较大的参考价值,通常被视为国家的代表性报纸。

四、报纸大众化过程中通讯社的诞生

英国大众化报刊的崛起与通讯社的辅助作用是分不开的。1851年,当德国人路透(Paul Julius Reuter,1816－1899)来到伦敦创办他的路透通讯社的时候,他只能为一些银行家和证券经纪人提供商业信息,几年后刚刚发展起来的便士报并没有意识到需要通讯社为它们提供新闻稿。当1858年路透本人挨家推销他的新闻稿的时候,只有《广告人晨报》答应试用两周。结果该报主编感到很划算,因为报纸的采编人员毕竟有限,如果各地(特别是欧洲大陆和北美)的新闻都由自己派员采访,费用远大于使用通讯社的新闻稿。路透从此打开局面,当年包括《泰晤士报》、《每日电讯报》在内的一批较著名的报纸成为他的订户,业务量大增。1859年路透

伦敦的路透雕像

社抢先报道法国皇帝拿破仑三世的演说,成为壮大其声誉的第一炮。1865—1873年间,该社连接欧亚、北美、澳大利亚的电缆,成为世界性通讯社。路透本人加入英籍,1899年逝世前受封男爵。

路透社主要提供国际性的新闻稿,与此同时支撑大众化报刊发展的还有另外几家通讯社。1868年,由各地方性报纸合作建立的报纸联合社(Press Association,简称"报联社")成立,该社主要为众多的报纸提供地方性新闻稿,有相当的实力。

成立于1870年的中央新闻社(Central News)是专为各报提供国会新闻的通讯社,对新诞生的许多便士报来说,这是很需要的。随着国会新闻重要性的下降,后来该社主要经营广告业务,20世纪60年代停办。

　　交换电讯社(Exchange Telegraph)成立于 1872 年,是一家英国国内的股份制通讯社,它是唯一有权从伦敦证券交易所直接向外发布最新行情的通讯社,同时它还为各报提供各种商业、体育新闻,因而商店、俱乐部、旅馆等方面的订户较多。

　　通讯社的出现,结束了伦敦大报垄断新闻来源的局面,首都较小的报纸和地方性报刊不再仰仗大报纸的消息,从而使得大众化报刊的发展得到了可靠的动力。

第五节　19 世纪末至 20 世纪,英国报团的形成和发展

　　随着大众化报刊的急遽发展,报刊业已经成为一个巨大的商业行业。与其他商业行业一样,在资本垄断的趋势出现以后,报刊业也随后逐步形成较大的行业集团,各报刊的相互兼并、重新组合不断发生。英国是世界上最早出现报刊业垄断的国家之一,其发展可分为三个阶段。

一、初期阶段,形成大型报团

　　英国第一个报团即是哈姆斯沃思的报团,因为他于 1905 年受封北岩勋爵(Lord Northcliffe),这个报团通常被称为"北岩报团"。北岩于 17 岁(1882 年)开始从事新闻工作。1888 年自己创办首家刊物《回答》获得成功,接着创办了一系列杂志,1894 年购买《新闻晚报》进行改造又取得经验。他于 1896 年创办《每日邮报》、1903 年创办《每日镜报》、1905 年购买老牌的星期日报纸《观察家报》、

北岩勋爵

1908 年控股《泰晤士报》,这时期还收购了许多地方报刊,从而在 19 世纪末成为英国第一个报团的业主。他开创了富有英国特色的大众化报刊的事业。在第一次世界大战中,北岩面对巨大的舆论压力,敢于揭露陆军元帅的战略错误,并提出了一系列建议,后来担任对敌宣传总监,为英国取得胜利作出了贡献,因而具有很高的威望,1917 年再受封北岩子爵。1921—1922 年北岩环游世界。1921 年 10 月 26 日他经香港到广州,从广州乘船径直去日本;11 月中旬从日本经韩国到达中国东北,与张作霖会面后到北京,再到上海,受到中国新闻界的欢迎,并发表演讲。1922 年 8 月他在巴黎逝世,伦敦万千市民夹道迎接他的灵柩。

北岩逝世后,他的报团面临较多困难,与他一同经营报团的弟弟 H. 哈姆斯沃思(1914 年受封罗瑟米尔勋爵,Lord Rothermere)继承了该报团的大部分报刊,该报团称"罗瑟米尔报团"或联合报业公司(Associated Newspapers)。但《泰晤士报》转让给了阿斯特家族,《每日镜报》于 1931 年分离出去。

稍后于北岩在报刊业发家的是贝瑞兄弟,他们于 1901 年创办《广知世界报》(*Advertising World*),接着买下《星期日泰晤士报》,收买并合并了许多报刊,从而成为一个较大的报团。特别是他们 1928 年购得《每日电讯报》,成为英国新闻传播史上的轰动事件。1937 年兄弟分家,哥哥 W. 贝瑞(受封凯姆罗斯勋爵,Lord Camrose)得到《每日电讯报》等主要报刊,该报团被称为"凯姆罗斯报团";弟弟 J. 贝瑞(受封肯姆斯莱勋爵,Lord Kemsley)得到《星期日泰晤士报》等几十家报刊,该报团被称为"肯姆斯莱报团"。

与此同时,还有一位出生于加拿大的艾特肯先生(W. Aitken,1917 年受封比维布鲁克勋爵,Lord Beaverbrook),到英国经商成功后开始进军报业,于 1915 年买下《旗帜晚报》、1916 年控股《每日快报》、1918 年创办《星期日快报》,从而形成又一较大的"比维布鲁克报团"。

还有几个规模相对小些的报团,如威斯特敏斯特报团、奥丹斯报团等。

20 世纪上半叶,在激烈的报业竞争中,许多著名的老报纸,例如《每日新闻》(1846 年创办)、《晨邮报》(1828 年创办)、《旗帜报》(1827 年创办)、《广告人晨报》(1794 年创办)、《派尔-麦尔日报》(1865 年创办)等,在一次又一次的合并、改组中相继消失了。地方城市中的日报减少,并且大都属于同一个报团所有。

二、报团相互兼并的阶段

第二次世界大战后,报业竞争十分激烈。早期形成的报团至今只有罗瑟米尔勋爵的后代还掌握着先人留下的产业,而且也变成了更大的联合企业公司的子公司。

1953 年,一个加拿大人汤姆森(R. Thomson,1963 年加入英籍,1964 年受封男爵)来到英国经营电视业和报业,先购买了一些地方报纸,接着于 1959 年吞并了肯姆斯莱报团,从而形成"汤姆森集团"。该集团于 1966 年从阿斯特家族手买下严重亏损的《泰晤士报》,轰动一时。汤姆森将《泰晤士报》和《星期日泰晤士报》合并为泰晤士报公司。1981 年,在《泰晤士报》职工连续罢工 11 个月以后,汤姆森二世无法承受经济损失,将整个泰晤士报公司出让给了默多克报团。

1951 年,北岩的外甥塞西尔. 金(C. King)掌握了《每日镜报》。接着他于 1958 年买下最早属于北岩报团、几经转卖的"混合出版公司",从而形成一个较大的媒介集团,被称为"镜报集团"。1961 年,金与汤姆森在吞并奥丹斯报团问题上激烈竞争,最后金取胜。然而只几年时间,金在原奥丹斯报团基础上组建的国际出版公司(代表性报纸《太阳报》)于 1969 年变成了默多克报团的产业;1970年整个镜报集团并入一家大型造纸企业集团——里德国际公司。1984 年,一个英籍捷克出版商马克斯韦尔(R. Maxwell)又买下镜报集团。

1960 年,在 30 年代合并组建的《新闻纪事报》和《明星晚报》被罗瑟米尔报团收买,分别合并于该报团的《每日邮报》和《新闻晚报》。此事对于社会震动颇大,因为前两张报纸当时还是有一定声望的。

老牌的比维布鲁克报团(原"快报集团")1977 年陷入经济困难,比维布鲁克二世不得不将 70%的股份出售给一家房地产公司——特拉法加投资公司。

另一老牌的凯姆罗斯报团的主要报纸《每日电讯报》,1986 年 4 月其产权转入加拿大新崛起的报业大王布莱克(C. Black)之手。早期地方性的威斯特敏斯特报团也已经换了几次所有者,现在属于纽斯奎斯特媒介集团(Newsquest Media Group)。

三、目前以报刊媒介为主的英国主要媒介集团

百年来,英国的报团没有任何一家能够独领风骚,总是你上我下几回合。竞争依然继续着;而且已经很少存在单一的报刊媒介集团,几乎所有公司都属于更大的联合企业公司。媒介集团公司之上有母公司,公司之下亦有子公司,即使是独立的公司,还会受到其他大公司的间接控制,情况相当复杂。所以,这里只能以拥有较多的报刊或控制了主要报刊作为选取标准,介绍几家主要的媒介集团:

1. 新闻公司(News Corp UK & Ireland Ltd)

原名国际新闻公司,2013 年更名。这是默多克的新闻公司(News Corporation)在英国的子公司,目前占有英国全国性报纸广告份额的 34%[①]。其下面的两个主要公司是新闻报业集团公司(News Group Newspapers Ltd)和泰晤士报公司(Times Newspapers Ltd)。前者主要出版《太阳报》;后者主要出版《泰晤士报》和《星期日泰晤士报》。

2. 三一镜报集团(Trinity Mirror Plc.)

原先名为镜报集团,1999 年与拥有 110 多份地区性报纸的三一集团合并,改名三一镜报集团,成为英国最大的报纸出版商。目前主要出版《每日镜报》和《每日镜报星期日刊》和一些地方性报纸,2013 年每周平均读者数量为 1 610 万人,居英国首位。[②]

---

① "About Us", http://news. co. uk/about-us/.
② "Trinity Mirror PLC Annual Report 2013", http://www. trinitymirror. com/documents/annual-reports/trinity-mirror-ar-2013-final. pdf.

3. 联合报业集团（Associated Newspaper Ltd）

原北岩报团的主要部分，后由其弟罗瑟米尔勋爵继承，现在已是罗瑟米尔四世掌管，属于每日邮报信托机构的一部分，主要出版《每日邮报》《每日邮报星期日刊》《地铁报》等报纸。每日邮报信托机构如今已非纯粹的报业集团，而是涉足广播、电视、运输、码头设备、汽车、航空、探险等行业。

4. 北方壳牌公司（Northern & Shell Plc.）

创建于 1974 年。2000 年 11 月，英国出版软性色情杂志的出版商理查德·戴斯蒙德（Richard Desmond）以 1.25 亿英镑的价格从特拉法加房地产投资公司那里购买其下属的快报集团，成为他的北方壳牌公司的子公司。现在该公司为英国较有影响力的媒介公司，主要出版《每日快报》《每日快报星期日刊》《每日明星报》等一系列报纸，还拥有三个流行电视频道以及一些成人频道。

5. 皮尔逊集团（Pearson Group）

世界最大的教育和图书出版公司，其中关于出版方面的子公司主要有两个：拥有朗曼、Prentice Hall、Addison Wesley 三大品牌的全球最大的教育出版集团皮尔逊教育（Pearson Education）；以出版高质量的小说、经典名著和通俗作品著称的企鹅集团（Penguin Group）。另外，该集团拥有《经济学家》杂志 50% 的股份，同时参加英国大型广播电视业的投资。

6. 卫报媒体集团（Guardian Media Group Plc.）

该集团成立于 1972 年，是斯科特信托的子公司，1993 年改为现名。该集团主要出版《卫报》《观察家报》等 43 家报刊。

7. 电讯媒介集团（Telegraph Media Group）

原先名为电讯报集团（Telegraph Group Limited），现由巴克利兄弟所有，主要出版《每日电讯报》《每日电讯报星期日刊》等报纸。

第六节　英国广播电视业的诞生和发展

就在英国报业激烈竞争、走向垄断的时候，一种新的媒介正在悄然兴起。早在 1897 年，马可尼（G. Marconi）就在英国成功地运用无线电技术将信息传播 34 英里之遥。随后无线电传播技术运用于海岸信号、船舶联络、商业无线电通信等方面。为此，1904 年英国开始立法，管理无线电传播媒介。理解英国广播电视业的发展，需把握以下要点：

一、广播电台的诞生，BBC 公共广播独占体制的形成

1922 年 11 月 14 日，马可尼公司联合另外五家电器制造商，集资组建英国广

1922 年民营英国广播公司的播音室

播公司（British Broadcasting Company），播出节目，这是英国面向公众广播的开端，该公司主管为瑞斯（John Reith，1889－1971）。当时的目的是为推销收音机，没想到第二年就销售了 12.5 万台。节目内容有文化、社会服务，第二年增加了新闻节目，除周日外，每天广播 6 小时。该公司的广播节目不播送广告。收听费用通过收取收音机附加费和执照费来解决。这些做法形成传统后，对后来英国的广播体制产生了长时间的影响。

几年后，英国国会鉴于广播对社会的影响重大，决定采用公共企业的形式经营广播事业，使之既不为私人占有，又不为政府直接控制。于是从 1927 年元旦起，由英王发布"特许状"，将民营的英国广播公司改组为公共机构英国广播公司（British Broadcasting Corporation，缩写 BBC），授予它在全国经营无线电广播的特权。这一特权以邮政大臣（后来改为内务大臣）与该公司签订"执照协定"、国会批准的形式来确认。公司最高领导机构是理事会（Board of Governors），理事由政府提名（一般包括主要政党领袖、社会人士代表和四大地区的代表等）、国王任命，任期 5 年。日常工作由理事会任命的总经理（首任总经理即原民营 BBC 主管瑞斯）主持，下设若干职能部门。重大传播政策、财政、人事问题，由理事会和总经理共同讨论解决。特许状若干年（一般为 10 年或 12 年）续签一次，内容大同小异，规定性质、职责、义务等。BBC 不播广告和付费节目，经费来自收音机（后来加上电视机）的附加费和每年的接收执照费（此点继承了民营 BBC 的传统）和政府津贴。BBC 组建后发展十分迅速，到 1937 年出现电视时，收音机已发展到 830 万台。1932 年 BBC 开设对外广播，起初只有英语，后来发展到使用 39 种语言广播。

随着电子媒介的普及，英国的收音机社会拥有量人均 2 台，而电视机则普及到每户 1 台以上，BBC 征收广播收听费已没有意义。1977 年，广播收听费停止征收，而改为只征收电视收视费，这项收费占 BBC 经费的约 40％，支持 BBC 的经费还有该公司所属企业公司（Enterprises）商业经营（诸如出售书籍、唱片、电视片）的收入，以及政府的拨款。

二、电视台的诞生，独立电视局进而独立广播局的建立

早在 1929 年，英国人贝尔德（J. Baird）就在伦敦进行了无声电视的演示。

1930 年 BBC 在考文垂播出有声电视图像,内容为世界上第一部电视剧《花言巧语的人》(不过扫描仅 30 行,相当模糊)。1934 年英国为发展电视建立电视委员会。1936 年 11 月 2 日,设在伦敦亚历山大宫的 BBC 电视台正式定时播放节目。初期每周播放 13 小时,1937 年 5 月,转播英王乔治六世加冕典礼引起轰动。1939 年 9 月 1 日晚间,电视节目因第二次世界大战爆发而突然中断,当时英国有电视机 2 万台。1946 年 6 月,BBC 电视台恢复正常的电视节目播出。

英国电视台的建设,真正的开始是在二次大战以后。战后英国社会对电视的需求急遽发展,1950 年时社会拥有电视机 34.4 万台,1953 年起,英国的电视观众超过了广播听众。到 1956 年,电视机社会拥有量达到 574 万台。从这年到 1959 年,被称为英国电视史上的"革命时期",不论是设备的改进,还是人员的扩充,新闻节目的充实,都使人处于激昂状态。1964 年,BBC 建立第二电视频道。1967 年,开播彩色电视节目。1986 年、1989 年,BBC 被分别允许直播上下院议会实况。

随着广播电视业的发展,战后英国就打破广播电视的垄断展开了多年的争论。在这种情况下,1952 年续签 BBC 新的特许状,仍然授予它 12 年独占广播的权力,作为一种让步,1954 年 8 月,国会通过电视法案,允许开办民间商业电视台,组建独立电视局(Independent Television Authority)负责管理。法案规定,电视局由邮政大臣(后改为内务大臣)聘任名流组成理事会,理事会任命局长主持日常工作。独立电视局负责建设电视发射设备和广播网,审批并通过业务合同管理商业电视台。商业电视台可以播放广告,以此支付节目成本和作为电视台的收入,节目由民营的节目制作公司提供。广告客户不得成为节目的主办人,一个节目中间不得插播广告,广告时间不得超过总时间的 10%,邮政大臣有权禁止不当广告和纠正不妥广告。各地的电视台可自由安排自己的节目。1955 年 9 月,英国第一家商业电视台——伦敦电视台开播。

又经过 18 年,即 1972 年,议会才同意开放商业广播电台,于是独立电视局改为独立广播局,简称 IBA,这里的"广播"(Broadcasting)是广义的,包括广播电台和电视台的广播。对商业电视台的管理、广告和节目要求等,原则上适用于广播电台,但广播广告的时间可以扩大到整体时间的 15%,另外还有半小时之内的节目不得附加广告,学校、国会、王室和庆典活动节目不得播送广告等规定。1973 年 10 月,英国第一家商业广播电台——伦敦广播公司开播。

这对于打破 BBC 的单一垄断是有意义的。但是英国的商业电视台和广播电台在行政、设备、业务上要受到 IBA 的多方控制。独立广播局的经费由来自各商业台缴纳的发射设备租赁费(1960 年以前亏损,1987 年后由该局出面兴建的第四频道电视网的广告收入超过各台提供的费用),虽然它不是政府机关,但一些职能又很像政府机关。一旦按地区批准各台的建立,获得营业执照,就在各自的地盘上形成垄断。这种垄断有些类似公私合营性质,与 BBC 相形对照,被称为"双头垄断"。

三、独立广播局的撤消,真正形成公营、民营两大广播系统

随着欧洲各国商业广播电台和电视台的迅速发展,英国上下要求改革现有广播体制的呼声不断。1988 年英国政府发表关于广播体制的白皮书,1990 年 9 月,国会通过新的广播法,规定从 1992 年起开放广播电视市场。1991 年初,独立广播局撤消,分别建立独立电视委员会和广播管理局。这是两个带有行政立法和纯粹行政管理的机构,负责颁发电视台(包括有线电视和卫星电视)和无线广播电台的许可证、制定相关的行政法规和监督其执行。

这一重大变化的要点在于,原来的商业台在发射设备和业务上受控于独立广播局,节目制作与各台分家,各台无法真正独立,实际上也不允许出现全国性的商业台(只有以各地方电视台联合的形式出现的全国性商业电视台)。现在各个民营商业台在设备和业务上可以独立运行,原 IBA 各地方电视台联合性质的全国电视台(独立电视台、第四频道电视台、独立电视新闻公司等)通过招标,已完全作为独立的民营公司经营。1992 年,英国第一家全国性的民营广播电台开播。1997 年元旦,英国第五家(也是最后一家)全国性电视台"第五套电视节目广播公司"(C5B)开播,这是通过招标由三家国内外民营公司合办的。

从 90 年代初起,英国公营和民营两大广播系统才名副其实地形成。如同英国的报业体制从专制到自由经历了漫长的渐变过程一样,古老的传统依然在广播体制的变化方面显示出它的影响。不过,历史还是进步了,人们为此付出的代价,毕竟比过去小多了,历经的时间也减少了许多。

第七节　20 世纪 80 年代中期英国报业的转折,多数报纸迁出舰队街

古老的英国报业在现代信息技术冲击下的改革,每一步都意味着员工的裁减,因而罢工事件不断。《泰晤士报》就是由于职工 1979 年连续 11 个月的罢工,使得汤姆森报团无力承受而转手默多克报团的;另外,伦敦中心街区地价的上涨也给改革带来经济困难。然而,矛盾必须解决,新技术必须采用,不然就会被新的报刊所淘汰。作为转折起点的是 1985 年 3 月 4 日第一家彩色电子排版的全国性新报纸《今日报》,创办者是一位实业家艾迪·沙阿。该报成本仅为其他报纸的一半,创刊号就发行了 150 万份。它还是英国第一家每周七日刊的日报。几年内,有 9 家全国性新报纸诞生,全部采用新的排印技术,虽然现在只剩下两

家(《独立报》和《星期日体育报》)仍然在出版,但表明了原有铅与火的报业印刷方式已经过时。

在新技术条件的逼迫下,老报纸的生产方式必须改革。默多克首先采取了果断的行动,1986年1月25日,仅在一夜之间,将他的新闻国际公司搬出了200年来伦敦报业最集中的街道舰队街,迁到伦敦东郊的新式印刷厂街区——瓦坪。其后两年,又有17家全国性报纸迁出舰队街,多数迁到东南郊的道克兰茨地区。还有一些报纸离开伦敦,迁到英格兰北部,那里的成本更小,空间更大。然而,总计约3万人的舰队街报业人员,在这次转折中有一半多(1.54万人)被裁减,导致新的更加激烈的新闻竞争。例如,默多克所属的工人从2 000人减到570人;1986年《每日电讯报》的所有员工共3 900人,引进新印刷技术后裁减1 500人,引进新排版技术后又裁减700人,1993年仅剩下1 000人。一位记者就此说:"这是一个时代的结束。我们将失去彼此交换新闻的酒友间的友爱和信任,而这正是使舰队街的车轮滚滚向前的保证。"①

这一转折并非仅仅是排版技术的变化和为各报带来更多利润,它也引发了一系列编辑部结构、报纸内容和发行方式的改革。报纸将更多地受技术和市场变化的影响而不断改变着编辑部之间的相互作用模式、采集新闻的工作方式以及销售模式。

第八节　英国新闻传播业目前的格局

英国现代新闻传播业经历了300多年的发展,现在的格局可从不同方面作一简单叙述。

一、小报化改革

从20世纪80年代开始,英国报纸的销售量开始呈现下滑趋势。这种下滑的趋势至今也没有任何扭转的态势。根据最新一份调查报告,除了《泰晤士报》,2014年6月的英国各大全国性日报发行量都比去年同期有所下降,《太阳报》下跌了9.37%,《每日镜报》下跌了7.71%,《每日邮报》下跌了7.36%,《金融时报》的下跌幅度14.68%。《泰晤士报》的增长幅度仅为0.66%,换算成报纸份数的话,增长了不到3 000份②。在星期日报市场,所有英国全国性星期日报纸

---

① 《国际新闻界》1990年第3期43页。
② "ABCs：National daily newspaper circulation June 2014", http://www.theguardian.com/media/table/2014/jul/11/abcs-national-newspapers.

2014 年 6 月都比上年同期有所下降，无一幸免，下降幅度自 2.53% 到 12.81% 不等①。

在报业竞争急剧升温的 21 世纪初，英国高级报纸面临着来自通俗小报的极大威胁，越来越多的人认为小报化改革（Tabloidization）是刺激高级报纸发行量的最佳途径，但很多批评者坚持认为这种改革不仅意味着报纸版式风格的改变，更是一种报格的堕落。在诸多争论之中，《独立报》新主编西蒙·科尔纳（Simon Kelner）2003 年推出小报版，与原先的大报一起出售，内容上并没有差别。次年，变成了一份完全的小报。这是英国第一家进行小报化改版的全国性高级报纸。为了与小报（Tabloid）加以区别，《独立报》将改版后的报纸风格命名为紧凑型报纸（Compact Newspaper）。这一改革在一年之后使得《独立报》的发行量增加了将近 5 万份②。

随着《独立报》的成功改版，其他全国性的高级报纸纷纷效仿。2004 年，《泰晤士报》也开始进行小报化改革，并于 2005 年 11 月 1 日正式成为了一份小型报纸。《卫报》2005 年进行了类似的改革，改为一份开本介于大报与小报之间的报纸，称为柏林版式（Berliner Format）。《每日电讯报》仍坚持对开大报版式，但它的体育副刊采取小报版式。

小报化改革从字面的意思来讲，仅仅是报纸版式的缩小。高级报纸小报化的过程中，一种广泛担心是：这种转变意味着高级报纸变得越来越煽情。从内容的角度看，这次高级报纸的小报化确实带来了一定的立竿见影的效果——更广泛的读者群、更多的销量，但既然仍然是高级报纸办报思路和风格，经济上成效是很有限的，高级报纸小报化对报纸来说其实没有发生实质性变化。英国学者迪克·鲁尼（Dick Rooney）就此写道："在英国，报纸的性质不能仅仅依靠尺寸来定义。所有红顶报纸都被归类为小报，但不是所有尺寸为大报一半的报纸都是小报。"③

二、英国报业现状

从发行地区角度分类，英国的报纸可分为全国性报纸与地方报纸两大类，前者只有十几家，后者超过 1 300 家。其中日报约 100 家。根据 2014 年 6 月报纸

---

① "ABCs：National Sunday newspaper circulation June 2014"，http://www.theguardian.com/media/table/2014/jul/11/abcs-national-newspapers1.

② Griffiths D.，*Fleet Street：Five Hundred Years of the Press*，London：The British Library，2006，p. 398.

③ Rooney, D.，"Thirty Years of Competition in the British Tabloid Press：The Mirror and the Sun 1968-1998"，in Sparks，C. & Tulloch，J.（eds.），*Tabloid Tales：Global Debates over Media Standards*，New York：Rowman & Littlefield Publishers，2000，p. 92.

的发行量①，英国报纸从高到低的排名如下：《太阳报》平日版 203 万/星期日版
164 万；《每日邮报》平日版 167 万/星期日版 153 万；《每日镜报》平日版 96 万/
星期日版 92 万；《每日电讯报》平日版 51 万；《每日快报》平日版 48 万/星期日版
42 万；《每日明星报》平日版（*Daily Star*）47 万；《泰晤士报》平日版 39 万/星期
日版 82 万。《卫报》虽然发行量只居第 11 位（19 万），但仍属英国有影响力的大
报，该报网站阅读量居全球英语报纸网站第二位②。

下面是目前英国有代表性的主要报纸：

（1）《泰晤士报》。《泰晤士报》具有最悠久的历史，至今被视为世界第一大
报，素有消息灵通可靠、言论权威的声望。自 1785 年创刊以来已经换过了五任
老板，即连续四代的沃尔特家族 123 年（1785—1908）、北岩报团 14 年（1908—
1922）、阿斯特家族 44 年（1922—1966）、汤姆森家族 15 年（1966—1981），1981
年至今默多克拥有该报。默多克使得该报的版面较过去活泼了一些。1988 年，
因为默多克扣发关于美军击落伊朗民航航班导致将近 300 人遇难的文章，该报
记者罗伯特·费斯克（Robert Fisk）愤而辞职。然而，2007 年在上院调查委员会
的质询中，默多克否认自己干预了《泰晤士报》的编辑政策。《泰晤士报》发行量
目前保持在 40 万份左右，现任主编为约翰·威瑟罗（John Witherow）。

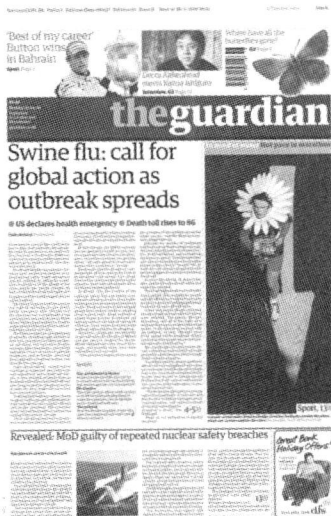

现在的《泰晤士报》和《卫报》

（2）《卫报》。该报原是地方性的周报《曼彻斯特卫报》，斯科特 1872 年接手

---

① 引自 Media Guardian ABC，June 2014.
② 辜晓进《当代中外新闻传媒》第 56 页，中国人民大学出版社 2012 年版。

该报以后,发展成为一家全国性日报。1936 年他的儿子约翰·斯科特放弃继承权并成立斯科特信托基金会(The Scott Trust),把报纸的所有权转移给基金会。基金会章程规定:《卫报》不再属于任何家族或个人,报纸不得为谋求所有权人或股东的私利而改变立场,不允许把报纸卖给任何个人或财团。办报盈余必须全数投入报纸的经营,使品质得以提高,报纸必须坚持该报中偏左的自由主义立场。1959 年报纸更名为《卫报》,随后从曼彻斯特迁入伦敦。在高级报纸中,《卫报》的风格较《泰晤士报》活跃一些,设计精美,多次荣获全球报纸设计大奖。现在该报的发行量不高,仅 19 万份,在英国全国性日报中居第 11 位,但报纸网络十分活跃,影响世界。

（3）《每日电讯报》。《每日电讯报》曾是英国第一家成功的便士报,但现在已经是"半高级报纸",读者从社会下层转换为以社会中层为主。报纸换了六任老板,金融家巴克利兄弟(David Barclay & Frederick Barclay)于 2004 年以 6.65 亿英镑的价格从霍林格国际集团(Hollinger Inc.)手中购得该报经营至今。如今《每日电讯报》的报头下印有"英国最畅销的高级日报"(Britain's Best-selling Quality Daily)的宣传语,现任主编伊恩·麦克格雷格(Ian MacGregor)。该报与《泰晤士报》《卫报》有些不同,内容层次居于"高级"与"大众"报纸之间,发行量约 50 万份左右。现在该报还是对开大报,这在英国全国高级报纸中反而显得突兀了。该报与《泰晤士报》2002—2011 年的发行量跌幅均为 36%,从这一点也可以看出报纸开本的变化对于报纸发行量的影响也许并没有之前预计的那么大。①

（4）传统的"三每报"(《每日邮报》《每日快报》《每日镜报》)。如今这三份报纸依次属于每日邮报信托机构(Daily Mail and General Trust)、北方壳牌公司(Northern & Shell)和三一镜报集团,发行量依次为 170 万份、50 万份、100 万份左右。《每日邮报》是最有代表性的传统大众报纸,以英国新闻为主,国际新闻较少,但融入新媒体比较快。《每日快报》相对严肃一些,有些倾向于《每日电讯报》的模式。《每日镜报》则有较多图片,标题醒目,内容以社会新闻为主。前两份报纸主要走中间市场(middle-market)路线,《每日镜报》则是一份较为彻底的下游市场(down-market)小报,与《太阳报》为伍。

（5）《太阳报》与《太阳报星期日刊》。《太阳报》是英国最畅销的全国性日报,从属于默多克的新闻公司,发行量目前保持在 200 万份左右。社会新闻和花边娱乐新闻较多,每天第三版有色情图片。2014 年巴西世界杯开幕时,《太阳报》推出了世界杯特刊,免费邮寄给英国 220 万户家庭,这是英国全国性报纸第一次大规模免费派送。2011 年之前英国最畅销的星期日报纸是《世界新闻报》,

---

① 辜晓进《当代中外新闻传媒》第 54 页,中国人民大学出版社 2012 年版。

该报因电话窃听门事件而在这年停刊。默多克随后创办《太阳报星期日刊》填补市场空白并迅速获得成功,现在该报是英国最畅销的星期日报,发行量约在 160 万份。

1969 年默多克展示改版后的《太阳报》第 1 号、2012 年默多克展示新创刊的《星期日太阳报》第 1 号

(6)《金融时报》。《金融时报》是英国最大的金融类日报,1888 年创刊,最初名为《伦敦金融指南》(*London Financial Guide*),创办后一个月改名《金融时报》。1945 年,该报与主要竞争对手《金融新闻》(*Financial News*)合并。《金融时报》属于皮尔逊集团(Pearson PLC)已经 58 年,该报内容着眼于世界经济,英国新闻处于次要地位,读者广泛分布在世界各地。2015 年 7 月 23 日,日本日经新闻(Nikkei)以 8.44 亿英镑的价格从皮尔逊集团收购金融时报集团(不包括原来属于该公司的《经济学家》杂志)。现在该报发行量约 20 万份,网络改革走在了前列,最大的竞争对手是美国《华尔街日报》(*The Wall Street Journal*)。

三、英国杂志业现状

英国的杂志用较广的标准统计,约有 7 000 家;用较严格的标准统计,约 2 400 家。英国国内拥有最多订户的杂志是周刊《广播时代》(*Radio Times*)和《电视时代》(*TV Times*),发行量均在 300 多万份。这种杂志主要功能是预告广播电视节目的,属于实用而非真正的阅读。

就具有悠久的历史而言,经过激烈的竞争,现在保留下来的古老杂志已经不多了。较著名的尚有 1828 年创刊的《旁观者》周刊,政治性综合刊物,读者对象为知识分子、议员和商人,2013 年发行量 5.4 万份,现在该刊的老板已是第十任了,即《每日电讯报》的老板巴克利兄弟。就对世界影响而言,目前是《经济学家》(*The Economist*)。该刊历史也很悠久,创刊于 1843 年。现在已不是纯粹的经济学刊物,而是综合性新闻周刊,读者定位为高收入、富有独立见解和批判精神的社会精英,每两周就一个特定地区或领域进行深入报道。该刊发行量约 55 万份。该刊稿件编撰严谨,有较多的图表和统计材料,其他方面的新闻质量也很高。该刊的一半股份受控于皮尔逊集团。

四、英国通讯社的发展现状

英国的主要通讯社(也是国际性通讯社)是路透社。该社老板路透二世于1915年自杀身亡后,1916年改为股份有限公司,由路透社前驻南非的专员琼斯爵士(R. Jones)控股。1941年,路透社改组为报联社体制。几经加入、退出的调整后路透社由"三国四方"控制,即英国报联社、英国报业主联合会、澳大利亚报联社、新西兰报联社共同持有主要股份。2007年5月,路透社被加拿大汤姆森集团以87亿英镑并购,现在名为"汤姆森—路透社"。

路透社伦敦总部

在该社成为世界性通讯社以后,它的发展方向重点转向了经济和金融信息,在外汇交易信息和服务市场的信息方面一直居于领先地位,现在它是世界上最大的金融信息提供者。全世界258个主要证券和商品交易所里,都有它的工作人员;每秒更新8 000次市场价格、新闻和数据;每天为42.7万客户提供550万条金融信息。2004年该社的利润是3.64亿英镑,90%以上的收入来自所从事的金融、经济、财政信息产业。

1984年,路透社全面买下了世界上最大的电视新闻通讯社之一维斯新闻社(Visnews),1985年将其改名为路透电视台(Reuters Television)。路透社在世界120多个国家除了拥有1 770家报社的订户外,还拥有400多家电视台的订户。它在全世界有104个下属公司,在91个国家和地区设有196个分社或记者站;每天通过358条线路(包括12条通信卫星线路、4条无线多路线路)用19种语言向158个国家和地区发送超过800万字符的新闻稿件。2001年10月路透社买下Bridge Information Systems,完成了历史上最大的一次兼并。2003年3月,路透社又买下了提供全球金融信息的Multex.com Inc。

英国最大的地方报纸联合通讯社"报纸联合社"是路透社的股东。该社对英国国内报纸具有重要意义,路透社的英国新闻即由该社提供。报联社在路透社大楼内办公,因为房产属于报联社。

五、英国广播电视业现状

在21世纪的头几年,英国广播电视业的管理架构发生了一些重要的变革。

根据《2003 年传播法案》（*Communication Act of 2003*），英国传播管理办公室（Office of Communication，简称 Ofcom）成为了英国通信行业新的管理机构。作为一个独立的管理机构，Ofcom 实际代表英国消费者的利益，通过设立一系列指导原则促进英国广播电视行业的竞争。具体来讲，Ofcom 的工作需要保证英国广播电视行业可以为公众提供多样化、高质量的电视与广播服务，满足不同人群的利益和品味，同时也要保证服务商的多元化，避免垄断的发生。

就总体媒介消费习惯而言，广播仍是英国人早餐时间最常接触的媒介，但英国人晚间最常接触的媒介已经是电视和互联网了。

英国广播电视业分为公营与民营两大类。BBC 仍旧是英国最受欢迎的广播电台，现拥有 11 个全国性电台，其中 BBC 第二广播的收听率最高。但是相较于 20 世纪 90 年代之前的一家独大，如今 BBC 全国性广播电台的收听率份额已经跌破了 50％，为 46.6％。英国最大的全国性民营商业广播公司是环球广播公司（Global Radio），占据英国收听率份额的 17.6％；鲍尔媒介集团（Bauer Media Group）收听率份额为 13.4％，位居第二位；位居三、四位的分别是 UTV 和 Communicorp，共占据 6％的收听率份额。其余的 16.6％则被 BBC 的地方性电台和其他地方性商业电台瓜分。

相对于广播媒体的逐渐没落，英国电视业的总收入一直在稳步攀升，2013 年为 129 亿英镑，相比 2012 年增加了 3.4％。数字电视在英国的发展速度非常快，2014 年第一季度，英国 98％的家庭都已经配备数字电视设备。英国家庭收看最多的电视平台依次为地面数字电视、卫星数字电视和有线数字电视，分别占 44.3％、40.9％和 14.5％。从市场份额来讲，英国六大广播公司主导了全国电视市场，它们分别是：

（1）英国广播公司（BBC）。它的收视率份额已经从 2004 年的 29.5％上升至了 2013 年的 32.4％。BBC 现拥有多家全国性电视频道，包括 BBC1、BBC2、BBC3、BBC4、BBC 新闻、BBC 议会以及两个儿童频道 CBBC 和 CBeebies，其中 BBC1 是英国收视率最高的电视频道，收视率份额达到 21％。除此之外，BBC1 和 BBC2 两个历史最为悠久的电视频道已实现 HD 高清播放。根据 BBC 2013—2014 年度报告，BBC 的年收入达到了 50.66 亿英镑，其中收视费仍是 BBC 最为主要的经济来源，为 37.26 亿英镑，商业收入和政府资助 13.40 亿英镑[①]。

（2）独立电视公司（ITV）。2004 年开始，ITV 的收视率份额开始回升，2013 年达到了 23.1％。ITV 是英国最大的商业电视公司，主要频道包括 ITV、ITV2、ITV3、ITV4、CITV 和 ITV Encore 等。ITV 推出了《X 元素》（*X Factor*）、《我是名

---

① "BBC Annual Report and Accounts 2013/14", http://downloads. bbc. co. uk/annualreport/pdf/2013-14/bbc_annualreport_201314. pdf.

人》(*I'm a Celbrity*)等选秀类真人秀节目,以及以《加冕街》(*Coronation Street*)为代表的英式肥皂剧。这些节目的热播让人们看到 ITV 越来越浓的商业色彩,批评者认为 ITV 在收视率的竞赛中明显丧失了以往的多样性①。

(3)第四频道电视集团(Channel Four Television Cooperation)。它的运营机制较为特殊,是一个主要靠商业利润维持运营的公共电视公司,这一运营模式要求它在公共服务和商业内容上取得平衡。该集团的经营活动主要由 Ofcom 委任的监管委员会进行管理,经营的所有收入会被再次投入到公共服务节目的制作之中。现在它横跨电视、电影和电子媒体等多个领域,在电视媒体方面拥有 Channel4、E4、More4、Film4 和 4Music 多家电视台。该集团近年的收视率份额保持在 11% 左右。2013 年它的总收入为 9.08 亿英镑,其中广告和商业赞助收入 8.46 亿英镑②。

(4)第五频道电视公司(Channel 5)。它是英国第五家同时也是最年轻的一家全国性地面电视公司,建立于 1997 年,其所有权被转手过数次。2014 年 5 月,第五频道的所有权被美国维亚康姆公司(Viacom Inc)出资 4.5 亿英镑买下,成为了维亚康姆欧洲媒体网(Viacom International Media Networks Europe)的一部分。现在第五频道在原有基础上还有两个数字频道 5* 和 5USA,以及一个视频点播频道 Demand 5。第五频道的收视率份额 2004 年达到最高的 6.6% 后有所下滑,2014 年 2 月为 4.0%③。

(5)英国天空广播公司(BskyB)。作为英国最大的付费电视运营商,根据 2014 年 1 月的统计数据,BskyB 拥有超过 2 万名员工,年收入超过 7.6 亿英镑,订购用户为 1 053 万人④。现在的 BskyB 更像是一个综合性的通信公司,而不仅仅是一家电视公司,它的服务范围

停在伦敦皇家地理协会门口的天空一台采访车(2012 年 8 月) 陈力丹摄

① "ITV has dumbed down and appeals to 'lowest common denominator' say its bosses", http://www.dailymail. co. uk/tvshowbiz/article-1325962/ITV-dumbed-appeals-lowest-common-denominator-say-bosses. html.

② "Channel Four Television Corporation Report and Financial Statements 2013", http://www.channel4.com/media/documents/corporate/annual-reports/C4_AR_2013_LR. pdf.

③ "Channel 5", http://en. wikipedia. org/wiki/Channel_5_(UK).

④ "About Sky", http://corporate. sky. com/about_sky/key_facts_and_figures.

包括数字电视、游戏、视频点播、网络宽带、电话通信等业务。在电视业务方面，BskyB拥有天空体育（Sky Sports）、天空电影（Sky Movie）、天空新闻（Sky News）、天空一台（Sky One）、天空二台（Sky Two）、天空旅游（Sky Travel）、天空艺术（Sky Arts）等多个频道。BskyB在英国的收视率份额近年有所下降，2013年为8.3％，仍是英国首屈一指的付费电视公司。2014年，BskyB从21世纪福克斯公司（21ˢᵗ Century Fox）收购了意大利天空电视台（Sky Italia）100％的股份以及德国天空电视台（Sky Deutschland）57.4％的股份[1]，重组为欧洲天空电视公司（Sky Europe），一跃成为了欧洲最大的付费电视公司。

六、数字时代的英国新闻传播业

英国是当今世界上互联网发展速度最快的国家之一。《2015年路透社数字新闻报告》显示，英国互联网的普及率为90％，27％的英国人获取新闻的主要渠道是智能手机，18％的英国人获取新闻的主要渠道是平板电脑。英国国内最受欢迎的移动新闻APP是BBC News[2]。

另一份《2013年牛津互联网调查报告》所提供的数据，强调一个被称为"新生代网络使用者"（New Generation Internet User）的社会群体。这个群体的手机上装载两个以上的互联网应用程序，电脑之外拥有两种以上的网络连接设备，已经从2011年的32％上升到2013年的52％。同时，第一代网络使用者（即只使用电脑上网的人群）的比例从2013年的40％缩小到了26％。互联网使用者的代际更替表明，人们接触互联网的时间、地点和接触方式都发生了很大改变；英国人移动中使用互联网的比例也从2009年的20％上升到2013年的57％[3]。

互联网吸引了相当一部分年轻读者，同时也瓜分了很大一部分广告收入。2009年上半年，英国网络广告销售额第一次取代电视成为英国最大的广告媒介；英国地方性报纸的广告业务受到各大型免费分类广告网站和互联网零售商的威胁。作为一种应对的措施，1994年《每日电讯报》首开先河创办英国第一家报纸网站。在后来的摸索中，越来越多的报纸将报纸网站与报纸分离，成为独立的新闻载体。

英国的报纸网站中，《卫报》网站办得尤其成功。这家报纸于1999年建立新

① "British Sky Broadcasting Group PLC Results for the twelve months ended 30 June 2014"，http://corporate. sky. com/documents/pdf/latest_results/fy1314_press_release. pdf.

② "Reuters Institute Digital News Report 2015"，*Reuters Institute for the Study of Journalism*，https://reutersinstitute. politics. ox. ac. uk/sites/default/files/Reuters%20Institute%20Digital%20News%20Report%202015_Full%20Report. pdf.

③ "Oxford Internet Survey 2013 Report"，http://oxis. oii. ox. ac. uk/sites/oxis. oii. ox. ac. uk/files/content/files/publications/OxIS_2013. pdf.

闻网站 theguardian. com,2006 年采取"网络优先"的经营策略,将网站服务从英国扩展到全世界。《卫报》网站实行"全媒体"策略,即将视频、音频素材嵌入到文字新闻之中,让报纸编辑出镜解说,或派记者前往新闻现场进行拍摄。在 2013年 5 月统计数据中,《卫报》网站位居英国报纸网站访问量第一,月均 820 万人次,紧随其后的是《每日邮报》网站,月均 760 万人次①。

英国第一家设立付费墙的全国性报纸是《泰晤士报》。2010 年 7 月起,访问《泰晤士报》网站的读者需要支付每周 3 英镑的费用。这一措施导致其网站读者迅速减少了 2/3。在经历了最初的阵痛之后,《泰晤士报》网站的订阅人数开始逐渐上升,2013 年超过 15 万人。其他一些全国性报纸在观望之后也开始采取付费墙策略。

现在英国报纸网站的付费模式主要有三种:

第一,全订阅付费模式(Total Paywall),即用户通过支付不同等级的费用,便可以在报纸、网站、智能手机、平板电脑等多个平台上阅读订阅内容,这种付费模式的代表是《泰晤士报》。

第二,计量付费模式(Metered Model),即未订阅付费服务的读者也可以在网站上浏览一定数量的文章,超出这一数量之后则必须支付订阅费才能继续阅读。这种付费模式的代表是《每日电讯报》。

第三,微量付费模式(Micropayment System),即读者为感兴趣的内容进行单篇支付。这种支付方式使得用户不必为自己不感兴趣的内容付费,但缺点在于支付方式繁琐。这种付费模式的代表是《金融时报》,自 2009 年开始读者可以按照自己的需求为这份报纸的每篇文章付费(Pay-per-article)②。

英国广播电视业在互联网时代也进行着改革。BBC1998 年建立的网站bbc. co. uk 现在仍旧是英国最受欢迎的网站,它既是介绍 BBC 节目的平台,也是发布各类新闻信息的综合性网站,每周约有 47%的英国人访问这家网站③。BBC 的手机客户端在英国是最受欢迎的移动新闻供应商,2014 年 4 月的用户总量 1 450 万人,约有 1/5 的移动用户每天在手机上阅读 BBC 的新闻④。除此之外,BBC 还积极开拓网络视频服务 iPlayer,用户可以在各种电子终端上通过下

---

① "Guardian. co. uk most read newspaper site in UK in March", http://www. journalism. co. uk/news/nrs-guardian-co-uk-is-uk-s-top-monthly-news-site/s2/a553108/.

② 喻国明、李慧娟:《从"付费墙"到"付费门":报业数字化的进路与策略》,《中国传媒科技》2013 年第 4期,第 56—61 页。

③ "Reuters Institute Digital News Report 2014", https://reutersinstitute. politics. ox. ac. uk/sites/default/files/Reuters%20Institute%20Digital%20News%20Report%202014. pdf.

④ "The Communications Market Report", http://stakeholders. ofcom. org. uk/binaries/research/cmr/cmr14/2014_UK_CMR. pdf.

载收听、收看各种 BBC 的音频和视频节目。另一个值得注意的趋势是网络电视的快速发展。2013 年,英国网络电视的收入比上一年提高了 41%,达到 3.6 亿英镑。而这一数字在 2008 年仅为 5 000 万英镑[①]。

---

① "Online TV revenue continues to increase steeply",http://stakeholders. ofcom. org. uk/market-data-research/market-data/communications-market-reports/cmr14/uk/uk-2. 04.

第四章

法国新闻传播史

公元 843 年在凡尔登公约的基础上形成的后来欧洲 3 个主要国家中，只有法国作为一个完整的"国家"从那时起存在到当代，历经加洛林、卡佩、华洛瓦、波旁 4 个封建王朝（最后两个王朝的更替经历了一场残酷的"三亨利战争"）。接着便是法国大革命以后近百年接连不断的革命、复辟、政变。这种以政治斗争为中心的历史进程，对法国的社会制度和舆论的影响是长远的。

历史上严格的封建等级制使得法国平民与贵族之间无法沟通，而王权则正是利用这种特殊的隔阂与平民结成同盟，削平了地方贵族的势力，使得法国在 15 世纪空前的统一，成为封建集权的典型国家。这种局面形成以后，王权与平民之间的矛盾显露。法国这种只有两种社会力量对抗的传统，使得妥协很难达成，许多问题的解决除了使用暴力手段外，缺乏其他的选择，政治在很长的时期内是人民热情得以释放的主渠道。受这一传统的影响，如果说英国的新闻传播业史是以产业革命的发展为主线的话，那么法国的新闻传播业史则是以政治斗争的发展为主线。

第一节　法国 250 年王权对报刊的集权控制

法国中世纪的新闻传播还是较为发达的。1485 年法国出现第一张印刷新闻纸。1488 年起，巴黎出现两种手抄报纸"偶然"和"小报"，前者官方消息多些，后者社会新闻和论战多些。至今欧洲的一些图书馆还藏有 1554—1605 年间巴黎、马赛、里昂等地的手抄报纸。1494 年，法国国王查理八世入侵意大利。报道这次入侵的已发现的印刷新闻书有 41 种之多。1538 年，一本法国印刷的新闻书，刊载有一篇维苏威火山爆发的目击报道。显然，法国中世纪的新闻传播还是较为发达的。然而，由于法国封建王朝的高度集权统治，法国早期新闻业的发展较英国落后。这一时期需要掌握的要点如下：

一、三家官方报刊一统天下

从路易十一(1461—1483 年在位)时起,法国实现大一统,权力集中于国王。从 1474 年起,法国官方开始着手管理出版业;1537 年建立出版检查制度,严格控制思想的传播。1535 年,法国国王弗朗西斯科一世下令编制禁书目录,1544 年发布。凡出版、传播和阅读禁书者,开除教籍、坐牢,直至遭受火刑。因而,当定期的印刷报刊出现的时候,一开始就处于王权高度集权的控制下。1561 年,在法国开始用鞭打惩罚那些散发诽谤性或煽动性的传单或小册子的人。

1631 年 1 月,让·马丁和书商路易·旺多姆出版了法国第一家新闻性周刊《普通新闻》(Les Nouvelles Ordinaires de Divers Endroits),该刊只存在了 10 个月。另一家周刊是于 5 月 30 日创刊的《公报》(Gazette),由于创办者泰·勒诺多(T. Renaudot,1586－1653)有当朝首相黎塞留的支持,经其推荐,获得国王路易十三的出版特许状,因而该报头下有注云:"地球上所有国王及强国的报纸。"该刊最初是周刊,开本如书本大小,发行两年后在欧洲产生影响。该刊的主要内容为新闻,国内政治新闻主要来自宫廷的管理部门,即掌玺大臣公署,有时路易十三亲自提供军事消息。1632 年起,该报设"问询处专版",这是广告版的雏形。1635 年起每周出版两期,一期为国内新闻和宫廷闲话,一期为国外新闻。最初每期 4 页,以后增加到 8 页,开本也扩大了。

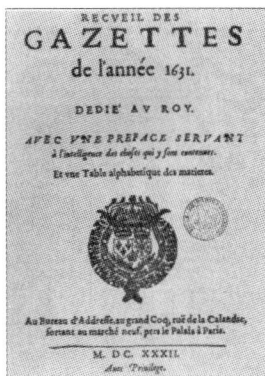

1631 年法国《公报》和主持该刊的特诺多一世

1634 年,《公报》报道了由于伽利略坚持"太阳是宇宙的中心"而对其进行的审讯,然而作者赞同的是伽利略"荒谬和虚假"的观念而不是宗教裁判所。看来,在具体的事件评价上,该报还是有一定的自主权的。就新闻报道业务而言,勒诺多坚持职业理念。他每年出版刊物文章合集,在合集的前言中他写道:"我希望权贵和国家不必徒劳无益地设法堵塞新闻流通的渠道,因为,新闻流通始终在进行自卫,二新闻的本性又如同瀑布一样,阻力越大,激起的水花也就越高。"①特诺多家族出版该刊前后达 131 年,直到 1762 年由外交部接办,改名《法国公报》,这时的发行量已由最初的 1 200 份上升到 1.2 万份。1780 年,法国另一亲官方的书商潘寇克(C. Panckoucke)买下了该刊。

1665 年 1 月,在官方的支持下由议员萨洛(D. Sallo)创办了《学者报》(*Le Iovrnal des Scavans*,现在的拼法是:*Le Journal des Savants*)。该刊旨在发表科学和文学报告、对作品的评价,以及对发明的评审。初为周刊,1724 年改为月刊。

1672 年,另一位王国的宠信者维泽(D. Vize)创办《文雅信使》。这是一份开本较小、却厚达 200 多页的文学月刊,开始内容较杂,有新闻、文学记事、演剧附刊、诗歌、大学招待会、高级官吏的任免、婚丧事、趣闻、猜谜等,后来以刊载文学作品为主。1724 年该刊改名为《法国信使》(*Mercurie de France*),由外交部赞助。1786 年时发行量达到 1.5 万份。1788 年潘寇克买下该刊产权。

这三家官方特许的报刊(当时"报"与"刊"不分)分别在新闻、科学、文学方面垄断了法国的思想传播。18 世纪的法国著名剧作家博马舍(P. Beaumarchais)曾经在他的名剧《费加罗的婚礼》中讽刺了这种对思想的控制:"只要我的写作不谈当局,不谈宗教,不谈政治,不谈道德,不谈当权人物,不谈有声望的团体,不谈歌剧院,不谈别的戏园子,不谈任何一个有点小小地位的人,经过两三位检查员的审查,我可以自由地付印一切作品。我因为想利用这个可爱的自由,所以宣布,要出版一种定期刊物,我给这个刊物起的名字是《废报》"。②

二、众多冲破禁令出版的未经特许的报刊

尽管法国的王权控制是严厉的,但是由于路易十四上台时年幼、路易十五的荒淫,以及王权内部的政治斗争,这种对思想的专权有时也是松动的,于是在整体的集权统治下,法国这一时期出现了较多未经特许的报刊。这些报刊多数在荷兰出版后运到国内秘密发行。其中较著名的有全部用诗的体裁报道宫廷和巴黎新闻的《滑稽新闻》(*La Gazette burlesque*,1650-1665),该刊出版了 760 期,作者和出版者是让·洛莱;皮·培尔创办的《共和国文学和新闻报》(1684—1687);厄·勒诺布尔创办的抨击性月刊《政治试金石》(*La pierre de touche politique*,1689-1691);哲学方面的如皮·卢梭出版的《百科全书报》(1756—1793)、修道院长弗雷隆出版的《文学纪事》(1754—1776)等。

路易十四统治的末期,曾为满足公众的好奇心,批准出版过一些小报,均为

---

① 阿贝尔、泰鲁《世界新闻简史》第 11 页,中国新闻出版社 1985 年中文版。
② 阿贝尔、泰鲁《世界新闻简史》第 17-18 页,中国新闻出版社 1985 年中文版。

昙花一现。1748 年,法国首家外省报纸《里昂广告报》创刊,到大革命爆发之时,法国已有外省报纸 30 来家。

三、第一家法国的日报

1777 年元旦,法国才出现第一张日报,即由印刷商科朗塞和化学家卡德·沃创办的《巴黎日报》(*Le Journal de Paris*)。该报虽经批准出版,但无法与《法国公报》等特许的报刊在政治新闻方面竞争,它主要是为社会生活服务,刊登一些实用资料和琐屑传闻。无论如何,这在法国新闻史上是一件重要的事情。

专制时期法国报刊的内容逐渐形成一种传统,即真正的新闻报道并不发达,而采用文学色彩进行报道却较为普遍,同时政治性文章占有较多的篇幅。这在随后的较长年代里,尽管不断发生重大政治事件,这一报刊的特点却得到了继承。

第二节 1789—1881 年:法国确立新闻出版自由的近百年磨难

1789 年法国大革命爆发之前,新闻出版自由问题已经成为一个焦点。1788 年 12 月,国民议会宣告:报纸应享有最大的自由权。著名政治活动家米拉波伯爵(H. Mirabeau)将约翰·弥尔顿的《论出版自由》译成法文广为传播,他在议会上说:"法律应赋予报纸永久之自由权。报纸若无自由权,其他法律将无效可言。"马克思曾给予米拉波很高的评价,他写道:"法国革命时最伟大的演说家米拉波的永远响亮的声音直到现在还在轰鸣;他是一只狮子,你想要和人们一起叫一声'吼得好,狮子!',就必须亲自倾听一下这只狮子的吼声。"①1789 年 5 月 19 日,国王路易十六不得不在自由出版报刊方面作出让步,旧制度掌握下的报刊体系顷刻瓦解。

在大革命爆发前的 6 月,国民议会(7 月 9 日改为制宪议会)就开始讨论人权宣言中关于新闻出版自由的条文(第 11 条)。革命爆发后的 8 月 26 日,《人权宣言》公布。革命中的几位主要代表人物西哀士(E. Sieyes)、拉斐德(M. Lafayette)、罗伯斯比尔(M. Robespierre)、莱维-米尔普瓦斯公爵、罗什福科尔公爵等都提出了自己的条文。议会经过辩论,润饰几处文字,最后采纳了较为全面的罗什福科尔公爵的条文:

---

① 《马克思恩格斯全集》第 1 卷 44 页,人民出版社 1956 年版。

"无拘束地交流思想和意见是人类最宝贵的权利之一,每个公民都有言论、著述和出版的自由,只要他对滥用法律规定情况下的这种自由负责。"①

然而,写入宪法性文件并没有保障法国获得了新闻出版自由。由于法国总是处于两种政治力量绝对对立的环境中,人们热衷于政治斗争,新闻出版自由的最后确立经历了一系列的革命、政变,在工业革命的催动下,才最后得以确立。下面是各政治变动时期新闻出版自由政策的遭遇:

一、法兰西第一共和国时期(1789—1799)

这是政治激荡的时期。这期间共出版报刊 1 350 种。初期,各个派别,包括极左派和保皇派的报刊都可以自由出版。1791 年 8 月 22 日,制宪议会通过新闻责任法,对滥用出版自由做出规定。至此新闻出版自由的法律已经较为完善,但是很快就被一系列的政治权力的更迭打破。

1792 年 9 月吉伦特派替代斐扬派掌握政权,保皇派的报刊被取缔。1793 年 6 月雅各宾派替代吉伦特派掌握政权,开始恐怖统治。该派主要领导人一改他们主张的无限制的出版自由,于 8 月公布监护者法令,民间的报纸要么封闭,要么成为雅各宾派的喉舌。当时各种报纸依然很多,但是只有一个声音,因为取缔了所有非雅各宾派的报刊。

1793 年 8 月 25 日,《巴黎新闻》的迪罗苏瓦被推上断头台,这是革命法庭处死的第一个职业记者。10 月,吉伦特派领袖、《法国爱国者》报(*Le Patriote francais*)的创办人布里索(J. Brissot)等一批吉伦特派领导人被推上断头台。此后这类事情不断,连著名的雅各宾左派报纸《杜申老头》(*Le Pere Duchesne*)主编阿贝尔(J. Hebert),也因与雅各宾派主要领袖罗伯斯比尔(M. Robespierre)政见分歧,而于第二年被推上断头台。1793 年 9 月,国民公会颁布"嫌疑律",凡"其行动或联系、言论或著作表现为拥护暴政"者,都可任意加以逮捕。1794 年 6 月,救国委员会(当时实际上的权力机构)提出"牧月法令",以"内心确信"作为确认"人民公敌"的依据,而"人民公敌"的适用范围包括"传播假新闻的人"、"通过叛乱性文字迷惑舆论的人",刑惩只有一种——死刑。②

然而,雅各宾政权却在 1793 年通过了一部最为革命的宪法,宪法第 122 条规定实行"无限制的出版自由"。马克思分析了这种字面与现实之间的矛盾,指出:"一方面'无限制的出版自由'(1793 年宪法第 122 条)作为人权和个人自由的后果得到保证,一方面出版自由又被完全取缔,因为'出版自由一旦危及公共

① 王德禄、蒋世和编《人权宣言》第 15 页,求是出版社 1989 年版。
② 朱学勤《道德理想国的覆灭》第 264-265 页,上海三联出版社 1994 年版。

自由,就应取缔'(小罗伯斯比尔语)。换句话说,自由这一人权一旦和政治生活发生冲突,就不再是权利,它一旦和自己的目的即这些人权发生矛盾,就必须被抛弃,而在理论上,政治生活只是人权、个人权利的保证。实践只是例外,理论才是通则。"①

1794 年 7 月底,雅各宾政权被热月党人推翻,虽然结束了恐怖统治,但是为压制反对派,仍然在新闻出版方面实行高压政策,津贴拥护政府的报刊。1797—1799 年间,被热月党政权取缔的报刊共有 97 家,督政府于 1799 年 9 月重新建立了新闻检查制度、开征出版物印花税。由于没有从根本上取消新闻出版自由,巴黎的政治性报刊还增加了一些,共有 73 家。

二、法兰西第一帝国时期(1799—1814)

1799 年 11 月,拿破仑发动政变,成为第一执政(以后变成终身第一执政、帝国皇帝)。他于 1799 年 12 月 24 日公布的《共和八年宪法》,不包括对人权的宣言和保证,也不提自由、平等或博爱,更没有提到公民的言论自由和出版自由。宪法实际上取消了大革命的重要成果——新闻出版自由。1800 年 1 月,他颁布法令,一下子取缔了 60 家报刊,并规定巴黎只准保留 13 家,重新建立出版许可制。至此,在新闻出版方面,法国退回到了封建王朝时期。1805 年起,各报编辑部内设立新闻检查官。1810 年 2 月 5 日,拿破仑政府颁布出版业和图书业管理条例,巴黎 157 家印刷所被关闭 97 家。1810 年 8 月政府又作出规定,每省只准出版一种报纸(1807 年大查封之后外省还有报纸 170 家,这次只剩下 60 多家)。1811 年时巴黎只剩下 4 家报纸,并全部被收归国有。

拿破仑新闻政策的出发点,如他 1805 年所说:"大革命的时代业已终结。在法国,只能存在独一无二的党派,我决不容忍报纸说出或做出有损于朕利益的事情来。"因此,在报道新闻方面他主张:"每当传来一个对政府不利的消息时,那么直至它在为众人所周知、人们信而不谈之前,切莫将这一消息公布于众。"②

这个时期,出版物的言论和报道遭到最无情的删除,凡是谈及 18 世纪百科全书派著作家的地方、谈到波旁王朝的地方都会被删除。人们不能提及此前大革命时期的事件和人物。拿破仑希望人们永远不要回忆起革命时代。报刊只能过问戏剧和生活方面的问题,以及刊登一些无足轻重的文艺简讯和广告。拿破仑指定人写了两三部示范的作品,要求人们按照这样的模式写作和思考。警务大臣约瑟夫·富歇,长期督导法国新闻业,是实际上的首席书报检查官。

无数十分具体的禁令使得法国的记者们无所措手足。法国政府明令报刊不

---

① 《马克思恩格斯全集》第 1 卷 440 页,人民出版社 1956 年版。
② 阿贝尔、泰鲁《世界新闻简史》第 32 页,中国新闻出版社 1985 年中文版。

得报道自杀,因为法国人很幸福。有 3 家报纸先后因为无意中报道了有人自杀而遭到制裁。政府要求报道经济的欣欣向荣,因而 1810—1811 的农业歉收是不准报道的。一家报纸《布鲁塞尔圣言》本想强调马铃薯的质量很高,文章以"在谷物价格上涨的时刻……"开头,无意中泄露了涨价,于是记者德拉克洛克(Delacroix)遭到警察署的指责:论调愁闷,影响恶劣。1807 年 7 月 4 日,《信使报》的作者夏多布里昂发表一篇谈论古罗马帝国时代的暴君尼禄和历史学家塔西陀的文章,拿破仑看到后,将他驱逐出巴黎,并禁止他公开发表文章。

三、波旁复辟王朝时期(1814—1830)

拿破仑失败以后,波旁王朝复辟,国王路易十八于 1814 年 5 月保证尊重新闻出版自由,但是 1814 年 10 月的法令却借口整顿报刊,维持出版特许制和印花税制度。由于处罚程度较过去轻,少量政治性报刊试探着出版。1815 年 3～6 月拿破仑百日复辟时期,法国的新闻出版一度完全自由。

1819 年 3～6 月,复辟王朝较为开明的司法大臣塞尔在法国新闻史上第一次尝试制定新闻法。该法废除了预审制,报刊案件交陪审团审理。但是该法只存在了 3 个月便被他的继任者维莱尔废除。1820 年以后历任内阁对新闻出版的管制愈加严厉。1830 年 7 月,由于首相波林尼雅克公爵(A. Polignac)颁布法律,废除所有报纸的发行权,实行新闻检查制,由此引发七月革命,复辟的波旁王朝长系被推翻。

四、七月王朝时期(1830—1848)

七月革命后建立了君主立宪的波旁王朝幼系政权。鉴于革命发生的直接原因是对新闻界的迫害,因而新政权不得不宣布取消一切新闻检查,减少了出版保

证金,新闻出版获得了相对自由。1835 年发生刺杀国王的事件之后,当局再次加紧对报刊的管制,保证金增加了一倍,对报刊政治漫画实行预审制。总的说,七月王朝时期的新闻政策相对宽松,但离出版自由还有相当的距离。由于连年经济危机和政府的腐败,1848 年爆发二月革命,推翻了七月王朝。法国新闻工作者德·日拉丹(E. Girardin, 1806-1881)主办的《新闻报》(La Presse)连续揭露基佐政府的丑闻,和《改革报》(La Reforme)、《国民报》(Le National)等反政府报纸一起,点燃了二月革命的导火索。

日拉丹

五、法兰西第二共和国时期(1848—1851)

法兰西第二共和国初期,新闻出版自由得到 1848 年 3 月法令的保障。法令规定,废除印花税和保证金,报刊享有不受限制的自由,几天内巴黎一下子出现了 450 家新创办的报刊。但是三个月后,巴黎工人发动了六月起义。起义被残酷镇压以后的 7 月和 8 月,资产阶级的政府公布的两项法令又恢复了保证金和对报刊连载文学作品的印花税。1848 年 11 月的新宪法,名义上规定了人民的出版自由,马克思当时便分析说:"宪法一再重复着一个原则:对人民的权利和自由(例如,结社权、选举权、出版自由、教学自由等)的调整和限制将由以后的组织法加以规定,——而这些'组织法'用取消自由的办法来'规定'被允诺的自由。"①

六、法兰西第二帝国时期(1851—1870)

1851 年拿破仑的侄子路易・波拿巴发动政变成功以后,建立了第二帝国。他立即恢复伯父老拿破仑的做法,只允许巴黎保留 11 家报纸的发行权,在外省则对"红色"报纸进行讨伐。从这年的最后一天起,新闻犯罪被视为刑事罪而不再由轻罪法庭审理。1852 年 2 月的法令,完全恢复对报刊的新闻检查制度,并且政府有权占用报纸版面发表官方公告。从 1860 年起,波拿巴对新闻出版的控制有所放松。1868 年在无法控制局势的情况下被迫于 5 月废除了新闻检查制度,但经济上对报刊的各项制约没有废除。即使如此,仍有大量新报刊涌现。

七、法兰西第三共和国初期(1870—1881)

第二帝国在法国皇帝 1870 年发动的普法战争中垮台。9 月 4 日巴黎爆发革命,宣布建立共和国,开始了法兰西第三共和国的历史。新闻出版自由立即完全恢复,尽管战争仍在继续,许多报刊出版,自由发表言论。

1871 年 1 月普法停战后,资产阶级的政府于 3 月以戒严令为依据查封 6 家革命报纸。随后在法国形成巴黎公社和在凡尔赛的梯也尔(A. Thiers)政府两个政权。巴黎公社在成立第三天便宣布,除了波拿巴派的报刊外,保证各党派的出版自由。公社初期各种派别的报纸都允许存在,后来查封了约 30 家梯也尔方面的报纸。公社的报纸每天公布公社的会议记录(军事内容除外)。马克思写道:"公社并不像一切旧政府那样,自以为永远不会犯错误。公社公布了自己的言论和行动,它把自己的一切缺点都告诉民众"。② 但是在公社后期的危机时

---

① 《马克思恩格斯全集》第 7 卷 588 页,人民出版社 1959 年版。
② 《马克思恩格斯全集》第 17 卷 368 页,人民出版社 1963 年版。

刻,多数派(布朗基派)"要求把全部权力最严格地专制地集中在新的革命政权手中",①于是连公社的重要报纸、蒲鲁东派的《公社报》竟被自己的政权查封。在凡尔赛,资产阶级政府禁止发行任何新报刊,重新对报刊征税;查禁所有从巴黎流出的报纸,不论其倾向如何,一律当众销毁。凡尔赛政府随后在"五月流血周"残酷地镇压了巴黎公社,数万起义者被杀害,包括许多新闻记者。

公社失败后,法国的报刊再次被置于历届保守派政府的控制下,共和派与保守派的斗争构成了新的斗争格局。共和派的报纸,前后计有 28 家日报被查封、20 家日报停刊、173 家报纸不准公开在街市发行。1877 年 5 月,总统麦克马洪(M. MacMahon)企图建立军事独裁,启用保皇派布洛利公爵(A. Broglie)组阁。布氏对共和派报刊进行了空前的压制,几个星期内的报刊诉讼案达到 2 000 多件。在法国新闻史上,这是最后一次政府控制报刊的尝试。在随后的大选中,共和派获胜,从 1878 年起制定新闻法。经过议会的多次辩论,"法国新闻自由法"终于在 1881 年 7 月 29 日通过。该法取代了过去的 42 项法令中的约 300 多个关于报刊的条款,宣布了较为彻底的新闻出版自由,并且实际上剥夺了政府当局对报业实行监督、施加压力的一切手段,授予报刊企业较多的活动权利。至此,法国的新闻出版自由政策最终确立。恩格斯就此写道:"法国的资产阶级共和派在 1871—1878 年间彻底战胜君主政体和僧侣统治,给法国带来了过去在非革命时期闻所未闻的出版、结社和集会自由"。②

八、1881 年以后相对稳定的法国新闻出版自由政策

1881 年新闻出版自由法的颁布,标志着法国的新闻传播业进入了较为稳定的发展时期。但是其后仍然发生一些政策变动的问题,例如第一次世界大战期间 5 年多的战时新闻检查、第二次世界大战初期的战时新闻检查,以及随后德国法西斯对法国新闻传播业实行的专制政策、1944 年光复了的法国政府禁止所有战时在敌占区出版 15 天以上的报刊、1959 年戴高乐的第五共和国宪法对新闻传播业实行的紧缩控制政策等等。就法国新闻媒介自身的问题而言,它们中的多数长期在经济上依附于政治势力,这是新闻出版自由法所不能解决的问题。但是总的说,除了 1944 年的那次较大变动之外,法国的新闻事业从 1881 年起,算是进入新闻政策的一个新时期。

即使如此,鉴于法国历史上政治干预新闻传播业发展的传统,后来还是有一些"习惯"性做法偶然出现,例如 1958 年戴高乐总统当政后一度实施新闻检查,还出现过没收、查封报纸的事情。1959 年制定的第五共和国宪法规定,国家元

① 《马克思恩格斯全集》第 22 卷 226 页,人民出版社 1965 年版。
② 《马克思恩格斯全集》第 38 卷 176 页,人民出版社 1972 年版。

首认为必要时对报业可采取任何行动。这使得总统权力凌驾于法律之上。

第三节　从大革命到二战的法国新闻传播业

由于不停的政治事变,法国报刊的发展较为曲折,经常出现断代现象。政治在法国的现代史中占据着很大比重,因而法国的党报时期相当长久,商业性大众报刊的发展处于政治性报刊的夹缝中。第二次大战前的法国报刊史,不得不以政治事变来划分时期。也正是由于法国不断的政治变动,以及法国所处的西欧大陆中心的位置,巴黎成为政治、社会新闻的集散地,出现了世界上最早的通讯社。法国的广播电台和电视台出现得也不晚,但是管理体制因政治变动而长期稳定不下来。下面是各个政治时期的情况:

一、报刊

法国的报纸与杂志相比,影响面更大些。法国从封建王朝时期起,就有很多非特许出版的杂志,官方特许的《学者报》即是一份历史悠久、至今仍存的杂志。但是法国的杂志多数为大大小小的政治社团创办,存在时间短促,发行量很小,影响不大,例如 19 世纪 40 年代的各派社会主义的杂志。法国出现广泛影响社会的杂志还是在二战之后,因此这里重点谈到的是报纸而不是杂志。其实,法国的报纸也因为政治造成的断代现象,数量繁多但持续出版、影响社会的大报并不多。

法国的报纸中,只有两家报纸自大革命持续出版到二战,第一家是 1789 年创刊的《总汇通报》(*Le Moniteur universel*)。自 1799 年该报成为拿破仑一世政府的机关报以后,始终是当朝政府的机关报。1869 年该报改名《帝国官方日报》(*Journal officiel de* ……),以后报纸名称的变化,只是改动定语,例如第三共和国时期,就叫《法兰西共和国官方日报》,中心词"官方日报"不动。而且在 1871 年巴黎公社时期,公社政府和凡尔赛政府同时出版同一名称的官方报纸,只是内容不同。即使在德国法西斯 1840 年占领巴黎时,该报仍然作为统治当局的机关报出版。1944 年最后停刊。严格地说,这只是一种定期出版的政府公告纸。

第二家是民营的《辩论日报》(*Le Journal des Debats*),该报自 1789 年创刊后不断随着政治形势的变化更换老板,政治立场始终是保守或温和的,依附于当朝政府,得以在政治风云变化中存在到 1944 年,只在第一帝国时期一度被拿破仑一世收归国有并改名。

下面是法国历史上各不同政权时期的主要报刊:

1. 法兰西第一共和国时期

这一时期虽然报刊很多,但是绝大多数属于政论性质的,通常只是由一位作者撰写文章,几乎不刊登政治新闻,连报道议会辩论的也不多。1789 年创刊的少数新闻性的报纸中,代表性的有两家,即由三位地区的议员创办的《辩论日报》和由正统王朝时期的书商潘寇克创办的《总汇通报》。前者当时旨在为选民们提供确切的消息,后来该报的所有人多次更换;后者为自己争得在议会设记者席旁听的权利,初期对议会有较详细的报道。1799 年《总汇通报》成为拿破仑的政府机关报。

大革命时期的"观点报刊",较著名的如:1789 年初由吉伦特派领袖布里索创办的日报《法国爱国者》。该报对于大革命的发展起到了推动的作用,出版了1 000 多期,在布里索 1793 年被杀后停刊。1789 年 9 月由雅各宾派领导人之一

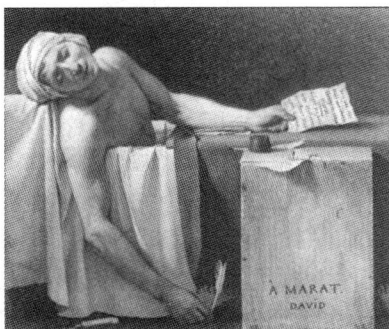

马拉之死(雅克·路易·大卫 作)

马拉(J. Maral)创办的《人民之友》(L'Ami du Peupe)。该报几乎每日一期,宣传较为激进的革命观点,在马拉 1793 年被刺身亡后停刊。1790 年由阿贝尔创办的《杜申老头》。其观点更为激进,语言较为粗俗,在下层群众中影响很大,在阿贝尔 1794 年被杀后停刊。巴贝夫(G. Babeuf)于 1793 年 8 月创办的《人民论坛报》。该报代表法国早期平均共产主义的观点,在巴贝夫 1797 年被杀后停刊。

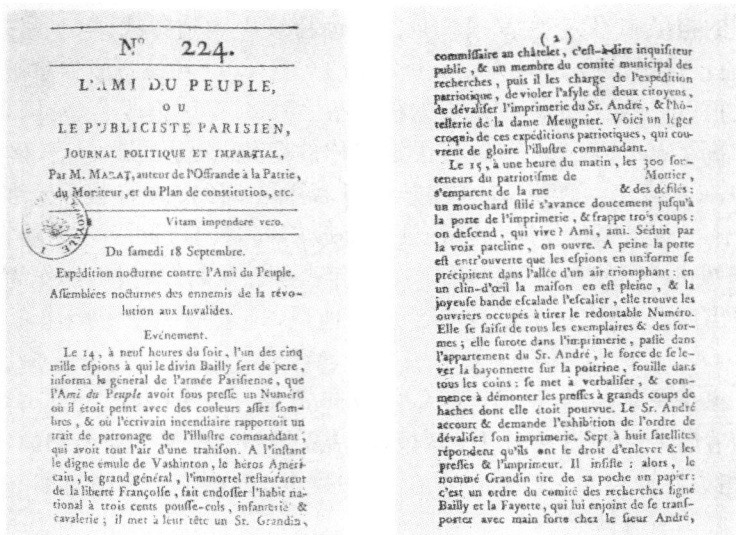

《人民之友》第 224 期(1790 年)

2. 法兰西第一帝国时期

这是拿破仑一世高度集权专制的时期，主要报纸只有政府机关报《总汇通报》。拿破仑说："我把《总汇通报》变为政府的灵魂，变为一种强大的力量，而且让它成为我与国内外公众舆论之间的调解人……。对于那些支持政府的人士来说，《通报》犹如一声号令。"[1]《辩论日报》当时的所有人贝尔坦（Bertin）兄弟因为坚持前王朝的保皇派立场，大贝尔坦被流放，报纸没收，改名《帝国日报》。这个时期军营报纸《大军公报》（La Grande Armée）在军队内部较为有名，该报狂热吹捧拿破仑，文字较为生动幽默。

1807 年的《总汇通报》

3. 波旁复辟王朝时期

这个时期官方政治上的主要报纸，是修道院长热努德控制的保皇派报纸《法兰西公报》。1830 年初由一批共和派人士创办的《国民报》，成为七月革命的舆论先导之一。持温和态度的两家主要新闻性报纸是 1815 年创刊的《立宪主义者报》（Le Constitutionnel）和贝尔坦兄弟的《辩论日报》。前者拥有较多的中下层读者；后者拥有巴黎上层资产者和地方显贵读者，发行量达到 2 万份。

4. 七月王朝时期

这个时期报纸得到一定程度的发展，《立宪主义者报》和《辩论日报》成为实际上的官方报纸。在社会上影响最大的是日拉丹开创的报刊业。他于 1831 年创办《益知》杂志，旬刊，每份 1 苏，极为成功，销行 13 万份。此事促使他在 1836 年创办《新闻报》。当时报纸每年的订阅费为 80 法郎，而他的报纸只需 40 法郎，为一般工人和乡村教师月平均工资的 1/20，每份报相当于十生丁（2 苏）。其他报纸效仿，结果巴黎报纸的总发行量在几年内增加了一倍多。这是法国廉价报刊的开端，尽管尚不是最低价，但为后来出现更廉价的报刊奠定了基础。

原是日拉丹合伙人的迪塔克（Dutacq）也于 1836 年创办了同样价格的《世纪报》（Le Siecle）。报纸连载小说的传统开始于《新闻报》和《世纪报》。1836 年，《新闻报》首先连载巴尔扎克的小说《老处女》；接着《世纪报》1838 年连载巴尔扎克的《保尔船长》、大仲马的《三剑客》。欧仁苏的《巴黎的秘密》，1842 年连载于《辩论日报》；大仲马的《基度山伯爵》，也连载于该报。

在舆论方面为二月革命造成先导的主要报纸，理论上作出贡献的是 1843 年

---

[1]　阿贝尔、泰鲁《世界新闻简史》第 32－33 页，中国新闻出版社 1985 年中文版。

由赖德律-洛兰(A. Ledru-Rollin)创办的《改革报》和《国民报》;在揭露政府丑闻方面,《新闻报》发挥了很大作用,恩格斯当时写道:"'日拉丹'把自己那个装满丑事秘闻的潘多拉的盒子拿出来了,通过揭发那些甚至会动摇众议院之'腹'对内阁的信任的丑事,彻底击溃这个已经摇摇欲坠的内阁。"①

5. 法兰西第二共和国时期

这个时期很短暂,新出版了450多家报刊,其中有一些无产阶级报刊。但是在社会上有影响的还是小资产阶级的《改革报》、资产阶级共和派的《国民报》,以及《新闻报》《辩论日报》等。随着革命进程的步步倒退,政治性的《改革报》和《国民报》分别于1850年和1851年停刊。

6. 法兰西第二帝国时期

第二帝国对较为进步的报刊实行坚决限制的政策,但是对于各种持保守立场的报刊则较为宽容,于是保皇派、教权派、正统派的各种报刊较多,但对社会的影响并不大。帝国后期对报刊的控制相对松动,出现一批新报刊,大众报纸在这个时期的后期得到发展。这个时期除了官方机关报《总汇通报》外,还有一家官方机关刊物《现代评论》(*Revue contemporaine*,双周刊,1851—1870)。

这个时期的后期,出现两家有些像英国《泰晤士报》那样的"高级报纸",即《费加罗报》和《时报》。前者原是一家复辟王朝时期出版的周刊,所有人维尔梅森(I. Villemessant)1854年将它改名为《费加罗报》(*Le Figaro*)周报,1866年变成日报。该报以18世纪法国作家博马舍的剧本《塞维勒城的理发师》和《费加罗的婚礼》中塑造的主要人物作为报名。费加罗是一位泼辣、勇敢、聪明的小伙子,揭露了贵族们的荒淫生活。该报的实际立场却是保守的,但新闻业务方面有较高水平,所以马克思在批评它的立场的同时,又称它是"帝国的唯一真正的报纸"。②《时报》(*Le Temps*)由讷夫策(A. Nefftzer)创刊于1861年,这是一家帝国反对派报纸,消息翔实,但文采不足,以外交新闻为主,马克思说:"(它)大概是所有法国报纸中最枯燥的报纸。"③该报在国际上较有影响。

帝国末期由于解除新闻检查,涌现很多各种派别的报刊,其中较为激进的代表是左派共和党人的两家日报,即德勒克吕兹(L. Delescluze)创办的《觉醒报》(*Le Reveil*,1869-1871)和罗什弗尔(H. Rochefort)创办的《马赛曲报》(*La Marseillaise*,1869-1870)。

第二帝国时期报业的重要发展体现在完全廉价报纸的出现方面。1863年2

---

① 《马克思恩格斯全集》第4卷201页,人民出版社1958年版。
② 《马克思恩格斯全集》第29卷119页,人民出版社1972年版。
③ 《马克思恩格斯全集》第33卷670页,人民出版社1973年版。

月 1 日,米洛(P. Millaud)创办的《小报》(*Le Petit Journal*)价格只有五生丁(1 苏),相当于英国的便士报或美国的美分报。该报以朴实的文风取胜,社会新闻和怪诞的连载小说是其主要内容,创刊几星期就拥有了 8 万份的发行量。它于 1867 年首先采用新发明的高速轮转印刷机印刷,19 世纪末的发行量达到 100万份。

与《小报》同时发展起来的还有日拉丹首创的企业化报业管理公司。19 世纪中叶以后,这种管理形式缓慢地替代了靠政府或政党津贴生存的政治性报纸的经营方式。

7. 法兰西第三共和国时期(1870—1940)

这个时期的初期,为最后确立新闻出版自由进行了激烈的斗争。日拉丹 1872 年以后买下《小报》,1874 年主持《法兰西共和国官方日

1896 年 1 月 26 日法国《小报》头版李鸿章的画像

报》的政治版,这两家报纸为共和派最后取胜奠定了舆论基础。1881 年以后,法国报刊终于进入了一个较为稳定的发展时期。由于以往政治斗争的传统,这个时期报刊的特点,仍然是政党报刊与大众报刊混杂并举地发展。

法国 19 世纪后半期发生了一系列轰动欧洲的政治、社会事件,客观上为报刊提供了丰富的消息来源,吸引着众多的公众,无形中刺激了大众报业的发展。除了《小报》外,又新出现几家大众报纸。1876 年创刊的《小巴黎人报》(*Petit Parisien*),自 1888 年转入议员迪皮(J. Dupuy)之手以后,采用《小报》的传统办报,成为又一家成功的大众报纸,1917 年发行量达到 200 万份。1883 年由美国人创办的《晨报》(*La Matin*),采用美国大众报纸的风格。初期并不成功,1896年莫·比·瓦利亚买下该报后,报纸发展很快,1917 年时发行量达到 200 万份。1892 年由菲迪南·贺创办的《日报》(*Le Journal*),是一家具有一定文学色彩的大众报纸。1889 年由富翁莱特利埃(O. Letellier)买下,1914 年时的发行量也达到 100 万份。19 世纪末,法国的这 4 家大众报纸(《小报》、《小巴黎人报》、《晨报》、《日报》)成为主要的面向大众社会的报纸。

到 20 世纪初,1884 年创刊的右翼政治性报纸《巴黎回声报》(*L'Echo de Paris*)由于接近总参谋部而拥有较大的发行量。该报与上面的四家报纸在1914 年因经济衰落而在发行和广告方面与哈瓦斯通讯社、阿歇特发行公司联合经营,于是便有了"五大报纸"之说。

大众报纸中出现较为稳定的晚报,是在 1923 年,当时由欧仁·梅尔创办了

《巴黎晚报》(*Paris Soir*)。1930 年该报被工业家让·普鲁沃斯特买下后改为新闻画报式晚报,发行量从接手时的 6 万,上升到 1940 年时的 200 万份。普氏 1938 年买下了一家杂志《竞赛画报》,一年后就达到 110 万的发行量。

也许由于形成了一种关注政治的传统,法国这一时期的政治性报刊仍然很发达,但受到报刊大众化的影响,价格也纷纷变成了五生丁;开本也以小型为主,于是出现了一系列“小”字头的政治性报纸,例如《小共和国报》《小马赛曲报》等等。有代表性的左翼报纸,如后来成为法国总统的克列孟梭(G. Clemenceau)创办的激进党报纸《正义报》(*La Justice*,1880–1930);1904 年创刊的《人道报》(*L'Humanite*,原是社会党机关报,1920 年以后变成共产党机关报)。右翼的代表性报纸如《巴黎回声报》和后期宣扬民族沙文主义的《不妥协报》(*L'Intransigeant*),以及亲法西斯的《法兰西行动报》(*L'Action Francaise*)。一般被视为法国代表性的“高级报纸”,例如《辩论日报》《时报》《费加罗报》等,通常观点温和偏右。

19 世纪下半叶法国开始了创办宗教报刊的传统,有代表性的报纸是《十字架报》(*La Croix*)。该报初期为不定期的信徒公告,1877 年起为定时出版的期刊,1883 年改为日报。

1939 年“二战”爆发,法国向德国宣战。宣战之前一星期,鉴于苏联与德国签订互不侵犯条约,被视为苏联控制的法共《人道报》于 1939 年 8 月 24 日被法国政府查封。

8. 德国法西斯占领时期(1940—1944)

德国占领巴黎和法国北部以后,许多法国报刊停刊或南迁,巴黎的《晨报》《劳动报》(*L'Oeuvre*,1914 年创刊的一家社会主义日报)、《小巴黎人报》等报采取与德国合作态度,于 1940 年 6～10 月陆续重新出版,因而被称为“合作派”。新出版的“合作”报刊还有《社会主义法兰西报》《人民呼声报》,以及杂志《无所不在》《示众柱》等。

另一部分报刊迁到南部,在维希傀儡政府下继续出版。1942 年《费加罗报》和《时报》分别在德军侵入南部后于 11 月 11 日和 11 月 30 日停刊。其他原来法国较重要的报纸,如《日报》《辩论日报》等,仍勉强出版到 1944 年。

在敌占区,法国抵抗运动出版了约 1 000 种报刊。1939 年 9 月《人道报》秘密复刊,持反法西斯立场。1942 年“全国抗战运动委员会新闻报刊局”出版机关报《综合新闻》。1943 年各地下报刊成立“全国地下报刊联合会”,与在阿尔及尔的法国临时政府建立联系,并筹划战后报刊的新格局。

二、二战之前的法国报团

由于法国新闻传播业长期处于政党报刊时期,各报与众多的政治、经济势力有联系,得到它们的资助,报刊本身难以形成垄断规模。同时,外省报刊逐渐发展,对巴黎报刊向外省的扩展实行抵制。于是,法国形成现代报团比英国、美国晚得多,比德国也晚,而且规模也小。

其实,法国很早就有了报团的萌芽。正统王朝末期的潘寇家族,可算是法国萌芽状态的"报团",当时他们拥有《法国公报》《文雅信使》《总汇通报》等法国的主要报纸和杂志。日拉丹在19世纪中期也曾同时拥有几家报刊。但是这些报团或被政治变动冲掉了,或因报业主追求政治目的而自行消失。香水大王科蒂(F. Coty,原名弗·斯波蒂诺),20世纪20年代曾一度收购《费加罗报》、创办《人民之友报》,形成一个报团,但随即在1930年的经济危机中顷刻瓦解;糖业大王帕特诺特(R. Patenotre)1936年购买《小报》,想形成一个报团,但是《小报》两年后即被法国的法西斯组织"火十字团"夺得。一般认为,法国的现代报团形成于20世纪30年代,最初的几个报团有:

(1)迪皮(Dupuy)家族自购得《小巴黎人报》以后,又创办和购买了一些报刊,例如《快晚画报》,从而在30年代形成一个小型报团。

(2)纺织业大王普罗福斯特(J. Prouvost)从1917年兼营报刊,1930年买下《巴黎晚报》后,逐步形成以该报为中心的一个小型报团。

(3)军火商温德(Wendel)家族30年代逐步控制了《时报》《辩论日报》《日报》等主要报纸,从而成为一个相对大的法国报团。

三、通讯社

哈瓦斯通讯社,也是世界最早的通讯社,1835年诞生于巴黎,创办人查·哈瓦斯(Charles Havas,1783-1858),通讯社即以他的姓为名。哈瓦斯精通多种外语,1825年起在巴黎开办新闻翻译社,将周边国家的报纸剪裁、翻译,再提供给法国的报纸。1832年雇用的译员中,有后来德国和英国通讯社的创办者沃尔弗和路透。哈瓦斯通讯社于1835年正式建立,1845年开始在欧洲主要城市建立分社。1850年哈瓦斯二世(A. Havas)接手工作。1870年该社与路透社和沃尔弗社划分报道范围,哈瓦斯社负责报道法国、瑞士、意大利、西班牙、葡萄牙、埃及(与路透社分享)及中南美各国。

法国当时的其他通讯社均很小,1866年哈瓦斯社与通用广告社合并,从而控制了绝大多数法国的新闻稿和广告业务。20世纪初哈瓦斯社又兼并了无线电通讯社。至1934年,该社订户超过2 000家。

哈瓦斯社在经营上需要较大的资金,因而对当朝

哈瓦斯

政府的依附性较大。虽然它是民营通讯社，但政府给予了大量补助，因而实际上长期是半官方通讯社。1879 年该社由爱兰奇男爵(B. Erlanger)接办，改组为股份公司。由于法国缺乏大型的报刊与之相对，于是哈瓦斯社得以控制众多的法国报纸。至 1921 年，该社的广告部控制着法国报业 80％以上的广告。对此，1930 年一位法国驻美国的记者说："一家报纸离开哈瓦斯社就会丧失全部广告收入。广告社有这样大的权力，对报纸及大众的影响是十分可怕的"。[①] 1938 年 7 月起，法国外交部开始全部承担该社新闻业务的巨额亏损，实际上该社国有化了。

1940 年法西斯德国的军队占领巴黎前夕，哈瓦斯社的股票被维希傀儡政府全部收买，改组为广告社、法国新闻社和世界电讯社三个社，后者实为德国通讯社的支社。

四、广播电台和电视台

法国广播的实验工作开展得较早，1903 年法斯赖特(L. Forest)就在巴黎埃弗尔铁塔上设立了实验广播电台。一次大战中法国曾较为广泛地使用无线电广播用于战争。1922 年 2 月，发射装置架设在铁塔上的国营广播电台巴黎邮电电讯台(Paris PTT)正式播音，此为法国广播业的开端。随后巴黎和外省出现一批民营广播电台。1923 年财政法第 85 条规定，广播业为国家专利所有。但实际上民营电台所有者可以领到"临时和可撤消"的执照，最早的民营电台是拉迪奥拉台(Radiola)。二战前法国的广播，国营和民营并行发展。1933 年，法国政府赎买了最大的民营电台巴黎电台（Radio-Paris），改组为国家电台（Poste-National）。1936 年，法国有民营广播公司 12 家。

法国广播电台的出现对报业是一种冲击。法国的广播新闻开始于 1924 年 4 月，在报业的压力下，广播新闻必须推迟到日报销售高峰之后，即只能在每天的晚间七点钟以后播报。为了保证报纸的优先地位，一些报纸开始控制广播电台，例如《小巴黎人报》控制着"巴黎电台"、《不妥协报》控制着"斯德电台"、《日报》控制着"37 电台"。直到 1939 年，广播电台才摆脱了报业的各种束缚，使自己的业务独立。然而，接着便是法西斯德国的占领，当时只有维希电台和巴黎电台两家运转，均在德国控制下，发射功率从 1939 年的 1 600 千瓦降到了 1944 年的 200 千瓦。

法国的电视实验开始于 1935 年，1938 年正式开播电视节目。二战爆发时电视中断。

---

① 李瞻《世界新闻史》第 335 页，三民书局 1983 年第 7 版。

五、两次世界大战期间法国新闻界的受贿风气

法国长期处于政党报刊向商业报刊的过渡时期,传媒的企业化水平低,管理不善,报价过低,因而多数报刊需要外部津贴才能维持。这给法国报刊带来一种毁灭性的积习。

法国政府自 1881 年起,每年都有专项的资金用于秘密津贴报刊(一战期间除外)。同时,外国政府和政治集团对法国报刊的贿赂也是巨大的。例如1904—1908 年俄国向法国贷款期间,几乎所有法国报刊都收到一份数额不小的俄国提供的广告资金,结果法国报刊对俄国的腐败政治和落后经济保持沉默。二战前夕,德国每年使用 2 400 万马克对法国报刊高价行贿,1939—1940 年这方面的费用高达 1 亿马克。方法包括在报纸上大量刊登德国广告、定期款待亲德的法国记者、付费刊登法德友谊的文章,直至直接收买报刊。意大利法西斯政府、西班牙佛朗哥独裁政府都曾花费巨额资金贿赂法国报刊。

1939 年时的法国政府曾禁止任何法国报刊受贿,并将接受德国贿赂的《时报》采访部主任、《费加罗报》经理(这两人分别受贿 100 万法郎和 350 万法郎)等人送上军事法庭。但是法国报业和通讯社的这种积习太深,当德国入侵法国之际,一位法国新闻史学者写道:"此间倒闭的报纸寥寥无几,整个新闻界对这场'奇怪的战争'漠不关心,麻木不仁。"①

第四节　1944 年的法令,法国重新开始新闻媒介的格局

德国战败后,被德国接收的哈瓦斯通讯社瓦解,广播业瘫痪。光复的法国政府对于一些著名的投敌记者如费尔多内、罗贝尔·布拉希、白里安等判处死刑。对于报刊,法国光复政府于 1944—1946 年颁布了一系列政策法令,其中以 1944 年 9 月 30 日的法令最为重要。该法令规定,1940 年德国占领法国后,凡在德占区发行 15 天以上的报刊、1942 年德军全部占领法国领土之日后在南方继续发行 15 天以上的报刊,一律永久停刊。根据这项法令,法国战前的报刊中只有 7 家报刊(巴黎 5 家,外省 2 家)可以继续存在,其中著名的仅《人道报》和《费加罗报》两家。战前法国第二大报纸《时报》,因为比规定的期限多出版了几天而被宣布为敌伪财产予以没收。战时秘密发行的众多反法西斯报刊纷纷接收敌伪报刊,公开出版。这样,法兰西第四共和国(1944—1958)的新闻媒介格局几乎完全变化了。其要点如下:

---

① 阿贝尔、泰鲁《世界新闻简史》第 123 页,中国新闻出版社 1985 年中文版。

一、报纸

抗德的《法国防卫报》接收《巴黎晚报》，改名《法兰西晚报》(*France-Soir*)出版。《费加罗报》在停刊两年后恢复出版，得到较快的发展。《人道报》随着法共的发展而形成以该报为主的共产党报刊集团。其他较重要的新报纸还有 1944 年初创办的《解放了的巴黎人报》(*Le Parisien Libere*)、1942 年创办的《震旦报》(*L'Aurore*)、1944 年 12 月 18 日，由于伯尔·伯夫-梅里(H. Beuve-Mery)等 30 多位年轻记者共同创办的《世界报》(*Le Monde*)出版。该报第一篇社论宣布了他们的新闻理想："本报的第一个宏愿就是保证读者得到明确、真实和尽可能迅速、完整的新闻。"①伯夫-梅里还为报纸确定了四大原则：国际视野、保持质量、维护独立、信守承诺。

当时各种新报刊的名称，诸如解放、战斗、自由射手、游击队等，反映了报刊诞生的背景。1946 年全国有日报 200 多家(巴黎 28 家，外省 175 家)，总发行量 1 500 万份。政党主办的报刊，除了共产党的报团外，开始呈现衰退趋势。巴黎这时形成所谓"四大报纸"，即《法兰西晚报》《费加罗报》《解放了的巴黎人报》《震旦报》。从 50 年代起，法国报刊开始从以政论为主急遽转向以报道新闻和娱乐为主。

一位法国新闻学者就此变化指出："战前许多报纸具有的那种唯利是图的特征业已烟消运散。在新出版的这些报刊中，大部分是由报人出身的领导来经营管理，这些报刊对商界具有相当大的独立性。"另一位新闻学者则认为："过了 30 多年以后再来看这个问题，我们可以说，当时这种一切重新开始的做法终究弊大于利。……报刊和读者双方都停步不前。本来就已经落后的状况更严重了，旧有的误会更加深了，以至在许多人心中留下了强烈的失败感。"②

法新社办公楼

二、通讯社

根据 9 月 30 日的法令，二战中的反法西斯通讯社(伦敦的法国独立社、阿尔及尔的法非社、沦陷区的自由社和新闻资料社)合并为

---

① 马丁·沃克《报纸的力量——世界十二家大报》第 92 页，新华出版社 1987 年中文版。
② 阿贝尔·泰鲁《世界新闻简史》第 141 页，中国新闻出版社 1985 年中文版；瓦耶纳《当代新闻学》第 115 页，新华出版社 1986 年中文版。

法国新闻社(AFP),社址在原哈瓦斯社。由于当时的法国报纸无力承担联合经营通讯社的费用,于是作为过渡,暂时规定法新社是接受政府补助的企业,社长由政府任命,但以后该社要转变为法国报业合作经营的通讯社。

三、广播电视

根据 1945 年 3 月的政府行政命令,取消民营广播电台。同年 11 月成立法国广播电视局(RTF),该局直属政府新闻部,作为临时性公共事业机构领导法国境内的所有广播电台和电视台,经理由总理任命,经费来自收音机和电视机执照费,以及国家财政的资助。1950 年,法国恢复电视播出,当时全国只有 3 000 台电视机。

四、巴黎的日报失去全国性报纸的地位

1944 年法国报刊格局的变化,使得巴黎的日报失去了以往在全国的主导地位。原因在于:第一,尽管新报纸相对廉洁并热衷于改造社会,但它们缺少经验,质量不高,传统的巴黎读者难以接受,只有继承老报传统的几家报纸得以维持和发展。第二,全国通讯网恢复缓慢,巴黎的报纸很晚才流布到外省,而不熟悉新面孔的外省读者已经订阅了地方报纸,地方报纸更能够向他们提供最感兴趣的地方新闻,对巴黎的报纸则敬而远之。第三,战后传播技术的发展,使得外省已能够与巴黎一样同时接收消息,不再像过去那样晚于巴黎一天时间,外省掌握的传播技术比巴黎还要先进些,外省人对首都的自卑感逐渐消失。第四,巴黎的日报既不屑于作为巴黎地方的报纸,又不能很好地适应外省读者的需要。光复以来各日报的社长基本没有变动,直到年龄老化退休,报纸自身的改进很少。因此造成一种奇特的现象,即战前全国 1 100 万份的总发行量中,巴黎占 700 多万份;而战后的 50 年代,报纸总发行量回落到 1 100 万份时,巴黎的报纸只占 400万份。到 80 年代,外省发行量仍保持在 700 万左右,而巴黎只剩下 200 多万,其中 3/4 以上的读者是巴黎居民。法国发行量最大的日报已不在巴黎,而是《法兰西西部报》(在雷恩出版)。至今这种局面仍无法改观。

第五节 20 世纪 50 年代至今法国新闻传播业的发展和现状

战后法国新闻业的发展较为曲折,多少有些停滞。特别是报刊,战后实行的政府补贴报刊和抑制资本集中的政策,最终造成法国传统报业处于不景气的形势之中。从 1972 年到 2001 年的 29 年间,法国报纸销量下跌了 40%。目前,法国总人口中只有 17%的人经常阅读报纸,即每千人中只有 157 人买报纸,而在

英国这一人数为 393 人。在年轻人群中,表示会从报纸上获取信息的人更只有 1%。与此同时,法国的电子媒介有所发展。下面按媒介形态分别予以说明:

一、报纸

光复后的法国报纸进入 50 年代后遇到涨价和发行方面的危机,1952 年巴黎的日报一下子减少了一半,外省也减少了几十家。50 年代中期一度稳定,随后又进入停滞状态。70 年代以后,随着电视(以及后来的卫星电视、数字电视)的普及,日报的数量继续下降,现在全国日报不足 80 家,巴黎的日报不足 10 家,总发行量只有八九百万份。70 年代巴黎有几家新报纸创刊,但都不成功。战后初期的"四大报纸"中,《法兰西晚报》影响已不如当年,《震旦报》于 1985 年被埃尔桑报团合并于《费加罗报》。法国历史上有过大众报纸的发展时期,但是战后没有像英、美那样形成高级报纸群和大众报纸群。目前法国报纸中,《费加罗报》和《世界报》可以对外作为法国报纸的代表(高级报纸);《法兰西晚报》和《巴黎人报》可算是大众报纸的代表。

现在的《世界报》和《费加罗报》

《费加罗报》(*Le Figaro*)是仅存的历史悠久的法国主要报纸。1950 年普罗福斯特买下其多数股份,1975 年该报转手埃尔桑(R. Hersant)。该报目前在非假期每天出 35 版到 37 版,除正版的言论、消息外,另有一个粉红色的经济专页和一个黄色的体育专页,还办有企业金融、文化娱乐、文学出版、旅游信息、服装服饰、电视节目、时尚女士等专版，以此吸引读者。每天报纸刊登一幅时事政治漫画。报纸内容丰富，综合性强，无所不有。版面安排恰当，被认为是最能体现法兰西"贵族风格"的报纸。该报收入的 3/4 来自广告，广告所占篇幅较大。周末同时出版几份专刊杂志。该报是少数发行量保持相对稳定的报纸，1999 年至今，大体维持在 35 万份上下[①]。2004 年，该报从埃尔桑报团转手到索克（Socpresse）报业集团。

《世界报》（*Le Monde*）是法国唯一独立自主编辑发行的主要报纸，至今不属于任何媒介集团，产权为报纸人员合作所有。1944 年创办时，戴高乐要求该报"无论在法国还是在世界上都具有参考价值"，主持人伯夫-梅里基本做到了这一点，报纸 60 年如一日，办得极为严肃，版面紧凑，没有照片，有少量图表和漫画，广告较少。直到 2004 年才改变，有了大量照片并彩色化。

该报对时事的评论水平很高，文字考究，在国际上颇有声望。该报每天 83 个版，读者对象为高层知识界和专业人员。该报多次渡过经济方面的困难，发行量大体保持在 30 万～40 万份的水平上。伯夫-梅里 1989 年逝世后，为纪念他，每天报头右下侧写着他的名字。总统密特朗评价他："正直坦率、一丝不苟，忠于理想。"

《世界报》的管理模式这里特别谈一下。成立初期的该报由一个三人小组进行管理，即克里斯蒂昂·方克-布朗塔诺、勒内·库尔和于伯尔·伯夫-梅里（Hubert Beuve-Mery）。而伯夫-梅里则成为了这家报纸此后 25 年的核心。世界报公司共拥有 200 股，报纸的三位管理者各拥有四十股，其余的由独立的显要公民分享。这加强了《世界报》的独立原则，报人私人出资，而非政府、党派或财团出资，体现出了报纸的同人性质。

1951 年，世界报公司设立 80 份新股，报纸编辑成为《世界报》的共同拥有者。根据合同，报社的任何重大决策或人事任免，若没有编辑的同意，不能获得通过。这意味着，从此编辑就和报社最高领导在一起，形成一个"利益共同体"，分担责任，共享利益。这使报社内部决策较为民主，避免了领导层的独断专行，也降低了因领导层的某种关系而受外部力量控制的可能。这是《世界报》资本结构基本的特点，是同人报纸的一种更彻底的实践形式。

1968 年，股权进一步向报社除新闻工作者以外的其他人员开放，5％的股权出售给普通干部，4％的股权出让给普通职工，至此，《世界报》所有员工都有了股权。不过，创办人和编辑拥有的是 A 股权，普通干部和职工拥有的是 B 股权，这种独特的内部资本结构一直维持到 80 年代中期。

[①] Le Figaro. Wikipedia. https://en. wikipedia. org/wiki/Le_Figaro＃Circulation_history. Retrieved 20 July 2015.

1985 年该报设立"读者股":凡在银行、邮局或货币兑换所购买了《世界报》一份股或以上的人,都是读者股股东。那年《世界报》用这个办法吸收了 1 500 万法郎的资金;1987 年获 2 100 万法郎资金。现在,读者股占到了总股权的 11.3%。1985 年以后,《世界报》继续对外开放资本,外来的资本已占总股权的 47%。但是,外来资本无权干涉编辑工作。外来资金参股的章程中明确写道:"股民关心报纸的独立性,关心报社的经济发展,希望对报纸的发展作贡献,而无意干涉报纸的编辑业务。"①除了分红之外,外来参股人还可参加一年一度的股东大会,参加《世界报》组织的文化活动,参加与该报领导人会谈等活动。这些资金持有人不具有参与编辑决策的权力。《世界报》的这种独特的资本结构,为报纸内容追求独立打下了坚实的基础。

2001 年《世界报》实现报业集团化,报纸发行量上升一度超过 40 万份。但在 2004 年,该报连续 3 年亏损,总额高达近 5 000 万欧元。2003 年的发行量下跌了 4.4%,2004 年发行量再次下滑 4.5%,降到了 37 万份。为了走出困境,《世界报》进行改版,从严肃转向活泼,开始采用照片,而且数量较多,从单色转向彩色,使报纸更贴近读者。目前《世界报》日常的印刷量是 30 万份左右。②

《法兰西晚报》(France Soir)曾经在法国很有名气,原是二战期间游击队的《法兰西防卫报》,1944 年占据《时报》社址,以《法兰西晚报》的名称出版。20 世纪 50 年代发行量一度为法国第一,报头旁曾写着"法国发行量到达 100 万份的独家报纸"字样。该报原为阿歇特出版集团所有,1976 年主要股份转手于埃尔桑报团。该报以巴黎中下层公众为读者对象,内容通俗,深入浅出,有较多的公众关心的社会新闻,娱乐内容也较多。2009 年被俄国富豪亚历山大·普加乔夫收购,2011 年 12 月停刊。

《巴黎人报》(Le Parisien)原名《解放了的巴黎人报》(Le Parisien Libéré),1944 年 8 月由艾米勒·阿牟里(Emilien Amaury)创办,1986 年 1 月更名。该报在巴黎外的其他地区叫《今日报》,为小开张的大众报纸,50 年代时的发行量达到过 90 万份。该报长期居于《法兰西晚报》之后,后来的影响力超过了前者,总发行量 40 万份。该报注意反映公众关心的切身利益问题,淡化政治色彩,受到工薪阶层的欢迎。该报属于阿莫里报团所有,2014 年发行量接近 23 万份。

另外,《解放报》(La Libération)、经济类报纸《回声报》(Les Echos)、体育报纸《队报》现在也有一定的声望。

其中《解放报》创刊于 1973 年 5 月,由著名哲学家萨特(Jean Paul Sartre)和

---

① 《法国〈世界报〉的改革实践》,郑园园,人民网新闻战线,2003 年第 6 期。
② Le Monde. Wikipedia. https://en.wikipedia.org/wiki/Le_Monde#Recent_circulation_history. Retrieved 20 July 2015.

该报法人、现任董事长 Serge July 等一批法国 1968 年 5 月风暴的左翼激进分子创办。现发行量约 9.7 万份,法国左翼最大的报纸,法国第三大全国性日报,同时还向比利时、瑞士等法语国家发行。读者主要为知识分子、高级行政人员和大学生。该报在法国最早拥有报纸网站,现在的控股人为爱德华·罗斯柴尔德。

1995 年创刊的《我的日报》,是一家富有特色的儿童报纸。目标读者群是 10 岁至 14 岁的儿童,现今发行 6 万份。这份报纸不仅为儿童而办,儿童也参与了报纸的一部分出版过程。该报日出 8 版,每份报纸售价 0.46 欧元,报纸图文并茂,标题生动。

外省日报中,以《法兰西西部报》(Ouest-France)的发行量最大,2005 年发行量为 78 万份。该报 1944 年 8 月创刊,出版地点伊尔-维兰省省会雷恩。里昂的《进步报》(Le Progres)、波尔多的《西南报》(Sud-ouest)、马赛的《普罗旺斯报》(Le Provencal)、里尔的《北方之声》(La Volx du Nord)也都是地方大报,发行量均在 30 万份以上。

除了以上的付费报纸,法国近几年出现了免费报纸,并且发展迅速,对付费报纸形成巨大挑战。2002 年 2 月 18 日,巴黎和马赛分别发行首份免费报纸《地铁报》和《马塞更好日报》,此后,法国的免费报纸越来越多,付费报纸加入到了同免费报纸的竞争中,如索克出版集团的付费报纸《前进日报》出版了免费报纸《里昂更好日报》。2003 年,免费报纸《地铁报》和《二十分钟日报》的纯营业额达 8 000 万欧元,比法国男性杂志和电影杂志营业额的总和还多,其 2004 年的发行量又比前一年上升了 37.60%。现在世界上免费发行的日报中,发行量最大的是法国的《地铁报》(160 万份)。法国现在有 37 份免费报纸,总发行量达 320 万,成为报业发展的一个令人瞩目的现象。

二、杂志

杂志在战后法国获得了发展的机会,杂志周期相对长,可以发行全国,外省对巴黎的杂志不像对日报那样具有独立性;广告客户对杂志的投入超过日报,因为阅读人次多,在家庭停留时间长。法国通过商业渠道发行的杂志大约三四千种,发行量居前 100 位中超过 100 万份的有 6 种,超过 50 万份的有 8 种。

在国际上有名气的首推新闻周刊《快报》(L'Express),该刊仿照美国《时代》的风格,是法国最大的时事政治性新闻周刊。1953 年由塞尔旺-施赖贝尔(J. Servan-Schreiber)创办,1977 月因经济困难将 45% 的股份转给了英、法合资的西方总公司。该刊注重调查性报道和新闻分析,政治倾向属右翼自由派,主要面向中、高级职员和知识阶层。发行量近 60 万份,其中 70% 为长期订户。

另外两家较为有名的新闻周刊分别是 1972 年创办的《观点》和 1950 年创刊的《新观察家》(Le Nouvel Observateur)。前者的发行量 42 万份,创始人兼社长安贝尔(Claude Imbert)是法国新闻界有影响的资深记者,与政界人物关系密切。后者原名《观察家》,1964 年实行改革,改为现名。该刊为左翼党团的机关杂志,注重深度报道和连续报道,其言论观点较为激进,经常对社会政治、经济体制及文化、道德观念等采取批判立场。该刊面向左派知识分子和大学生,发行量近 50 万份。

还有一家政治讽刺周报《鸭鸣报》(Le Canard Enchaine),1916 年创刊,由于近年经常揭露政要的丑闻而闻名世界,最高发行量达到过 120 万份,现在的发行量约 40 万份。

战后法国发展最快的是生活类杂志。其中最著名的当属《巴黎竞赛画报》(Paris Match),1949 年 3 月由达·费里巴奇创办,主要刊登戏剧、电影、绘画方面的消息和明星专访,发行量 87 万份。1976 年以后该刊由费氏和阿歇特集团共同所有。妇女杂志中现在最大的是老牌的《玛丽-克莱尔》(Marie-Calire),该刊 1937 年由普罗福斯特创办,现在发行量约 60 万份。1945 年由阿歇特公司创办的周刊《她》(Elle),现在是居第二位的妇女杂志(发行 37 万份),有中文版。随着法国社会的老年化,老年杂志《我们的时光》(Nortre Temps)出人意料地成为法国发行量最大的杂志,近 100 万份。该刊 1968 年 4 月创刊。1961 年创刊的男性月刊《他》(Lui),附有精美的裸体女郎照片,一度较火,现在只有 20 万的发行量,不及当年的一半。

三、媒介集团

1944 年法国媒介的新格局和当时的新闻政策,限制媒介集中化的进程,制止了过分强大的媒介集团的出现。而战前的几个雏形报团,除普罗福斯特尚有些实力外,已经消失。现在法国的综合媒介集团不够发达,印刷媒介集团向电子媒介渗透不多,规模较小,在世界上排不上名次。20 世纪 80 年代以后,法国形成几个较大的电子媒介集团,由于印刷媒介的市场已经被原有的报团占领,新的电子媒介集团较少介入印刷媒介。几经竞争,现在法国在世界上占有地位的主要电子媒介集团有以下几家:

(1)维旺迪环球公司(Vivendi Universal),其前身为通用水务公司(Compagnie Générale des Eaux),创建于 1853 年,是法国最大的自来水供应、垃圾处理和环保设备制造公司,1998 年改名为维旺迪,2000 年更名为维旺迪环球(VU),截至 2012 年在全球拥有 58 万名员工。1983 年起,该公司涉足通信和传媒业;2000 年以来,相继兼并加拿大娱乐业西格拉姆(Seagram)公司的环球电影和宝丽金音乐、美国霍顿-米夫林出版公司、eMusic 音乐网站、网上音乐服务商 mp3. com、USANetwork 等。2001 年 2 月,与索尼组建互联网公司,在网上销售音像制品,两家公司共在全球音像市场占据 40% 的份额,年销售量高达 400 亿美元,并买下全球第二大卫星电视运营商美国 Echostar10％的股份。一系列的收购之后,"维旺迪"这个名字成了世界媒体巨头的一个代名词,一度成为继时代华纳公司之后的世界第二大媒介集团。1996 年出任公司 CEO 的让·玛丽·梅西耶(Jean Marie Messier)因此获得法国最高荣誉——拿破仑首创勋章。

然而,维旺迪过度依赖负债增长,导致了高度的财务风险。2002 年 VU 净亏损 233 亿欧元,梅西耶离职,公司面临分崩离析。2002 年 7 月,新任 CEO 让-雷诺·福图(Jean-Rene Fourtou)上台,重组维旺迪环球公司。经过两年濒临破产的挣扎之后,到 2004 年年底,VU 的净债务减少到 31.35 亿欧元(约合 42 亿美元),2004 年净利润达到 7.54 亿欧元(约合 9.953 亿美元),实现了盈利。2007 年 12 月,维旺迪将游戏部门暴雪(Blizzard)与动视(Activisior)合并,合并后的动视暴雪(Activision Blizzard)成为全球第二大电子游戏供应商。

此后,该集团业务重心重新聚焦到媒体和内容行业,经营状况持续好转。2013 年,该公司总资产 491.8 亿欧元,营业收入 243.3 亿欧元,利润达到 27.8 亿欧元。2013 年 11 月,该公司成为法国最大的收费电视台(Canal＋)独家所有者。2015 年维旺迪收购了全球第二大视频分享网站 Daily Motion 80％的股份。现在的维旺迪公司共有 7 个分部,分别是音乐、出版、电影电视、游戏、远程通信、互联网和环境事业。

(2)哈瓦斯公司(Havas),法国 20 世纪 80 年代初建立的一家公私合营的大型电子媒介公司,国家股份占较大比例。1997 年 3 月起,成为法国最大的民营卫星电视台"新频道"的头号股东,法国其他主要的电子媒介中,它大多占有一定股份。

(3)新频道电视台公司(Canal＋),法国最大的付费电视公司。该公司是建立于 1984 年 11 月的民营公司,初期经营地面有线电视,1992 年开始播出卫星电视节目,接着又于 1996 年 4 月在法国率先播出卫星数字电视。同时,它向德国、波兰和南欧、非洲以及南美洲的智利发展,建立了一系列属于新频道的电视台。2013 年 11 月,该公司成为维旺迪环球公司的全资子公司。

(4)法国电视一台公司(TF1)。该公司始建于 1987 年布依格建筑公司收购公营的法国电视一台,电视一台是法国最大的无线电视台。初期该公司只是经营电视一台,现在在法国和欧洲的许多电子媒介中占有股份。2015 年以来,市场占有率维持在 20％稍强。

几经竞争和变化,法国目前形成了四个比较大的报业和出版业集团,它们分别是:

法国 TF1 主持人 Melissa Theuriau

（1）索克（Socpresse）报业集团。该集团在法国和比利时共拥有超过 70 家法语媒体，营业额达 15 亿欧元，总部在巴黎，有 1 000 多员工，300 多名记者。该集团控制全国性大报《费加罗报》及区域报纸如《北方之声》《西邮日报》，还控制新闻周刊《快报》及经济类杂志《扩张》。2004 年 6 月，达索工业集团又收购了索克报业集团，成为其母公司，拥有该公司 82％的股权。

（2）世界报报业集团。1998 年，《世界报》网络版诞生。1999 年该集团占有拉加代尔公司 34％的股份。2000 年春天，该集团收购"自由南方"报业集团，这个集团旗下有南部法国十多个出版物。2002 年 11 月，该集团创办《世界报 2》，是一本图文并茂的月刊，刊物做得很精致，现发行量已达 13.2 万。现在世界报报业集团成为法国举足轻重的报业集团之一，但也面临报刊业普遍不景气的局面，经营仍十分艰难。

（3）阿歇特（Hachette）新闻出版集团。这是法国最大的出版企业，创办人路易·阿歇特。1826 年他从办书店和兼营出版图书开始了阿氏家族的事业，目前该集团是法国另一个大型综合公司拉加代尔（Lagardere）集团的下属集团。阿氏占主要股份的联合发行公司相当程度上垄断了法国主要报刊的发行业务。1975—1976 年，阿氏将拥有的日报转让其他报团，主要经营杂志和书籍。该集团出版众多的书籍，经营 107 种杂志（其中 62 种在国外出版），在一些电子媒介中也有股份，还承担部分电视节目和广告的制作业务。最近几年，该集团在法国南部省份大量收购报纸，很有势力。2003 年，阿歇特出版集团营业额为 9.59 亿欧元，占法国 200 强出版社营业额的 17.2％，通过一连串的国际购并，阿歇特集团是法国和西班牙的第一大、英国第二大出版商。2013 年 6 月，阿歇特集团宣布从迪斯尼公司购入成人大众类图书出版公司亥伯龙（Hyperion Books）。

（4）阿莫里报团（Amaury）。埃米利安·阿莫里曾任哈瓦斯通讯社长，1944 年与人合作创办《解放了的巴黎人报》，从而以该报为中心形成一个报团。阿莫里 1977 年逝世后，该报团一度衰落。在菲利普·阿莫里的主持下，《巴黎人报》注重反映工薪阶层呼声，在《法兰西晚报》衰退的背景下，《巴黎人报》地位得到巩固。该报团还拥有巴黎的体育报《队报》（L'Equrpe）等主要报纸，并控制法国体育界新闻，如环法自行车赛的报道，它同时拥有印刷集团。

（5）埃尔桑报团（Hersant）。法国 20 世纪 70—90 年代最大的印刷媒介集团，创办人罗·埃尔桑。他于 1950 年开始其新闻工作生涯，1957 年起购买一系列报纸，1975 年从普罗沃斯特手中购得《费加罗报》，第二年又从阿歇特集团那里买走了《法兰西晚报》，1978 年控制了《震旦报》。该报团曾经拥有报纸十几家、杂志二十多种、一家广告公司、一家广播电台等媒介，法国日报的 24％的发行量一度属于该报团。该报团自埃尔桑 1996 年逝世以后走向衰落，原来拥有的主要报刊，现在大多已不在其旗下。

2004 年,法国图书业大变革,一年之内,约有半数法国的出版社经历了转手。现主要有以下几家:

(1) 阿歇特(Hachette)图书出版集团。

(2) 埃迪蒂出版集团(Editis)。其前身是维旺迪环球出版集团(Vivendi Universal Publishing),2003 年 10 月更为现名,一度为法国第一大出版集团。2004 年,阿歇特将其并购,但由于欧盟反垄断机构强行干预,阿歇特不得不放弃了埃迪蒂 60% 的股权。数月后,这部分股权被一家老牌钢铁公司以 6.6 亿欧元购得。

(3) 马蒂尼埃(Martinière)出版社。埃尔韦·马蒂尼埃(Hervé dela Martinière)创办于 1992 年,以出版图文书和外版书而迅速发迹。2004 年并购老牌出版商瑟伊的公司,新公司的年营业收入将达到 2.8 亿欧元,位列阿歇特和新埃迪蒂之后,成为法国第三大出版集团。

四、广播电视

1. 公营体系的广播电视的发展

法国维持国营广播电视体制一直到 1964 年。这年 6 月 27 日,议会通过法令,成立法国广播电视公司(ORTF)以替代 RTF。该公司作为一家公营企业运作,管理委员会的一半成员由政府任命,另一半由受众代表、专业新闻工作者和公司工作人员代表组成,经理由总理任命。形式上有些像英国的 BBC,但政府对其的控制比英国大得多。该公司发展成为一个庞大的机构,工作人员 1.2 万人,却只有 650 名记者。由于公司经营不善,1974 年议会通过法令,将 ORTF 划分为七个公营的小公司,实行所谓"国家垄断下的分工与竞争"。1984 年建立统管各公营电视台的法国公共电视公司。

1968 年 10 月政府作出决定,允许公营广播电视台有限度地播放广告。1994 年法国公共电视公司放宽公营台对广告的限制,可以在综艺、体育、谈话、竞赛节目中穿插广告,但不允许在电视剧、电影、纪录片中穿插广告。

2. 法国民营广播电视的发展

虽然 1945 年的法令规定不许发展民营广播电视,但是就在当时亦存在法国人从邻国建立广播电台向国内广播的情况。60 年代周边电台遍布,鉴于这种情况,1982 年 7 月起法国政府允许民营广播电台存在,一年内便出现 1 000 多家民营电台;接着政府于 1985 年 1 月开放商业电视台。这样,法国就逐步形成了公营和民营并行的广播电视体制。为改变公营电视一统天下的局面,1987 年,公营的法国电视一台出售给民营公司经营。

3. 法国广播电视台的发展

从 20 世纪 50 年代起,法国官方的索菲拉德公司与邻国共同创办了数家广播电台。法国国际广播电台出现于 1982 年;第一家全天候的新闻广播电台(法兰西新闻台)于 1987 年 6 月开播,均为法国广播公司(小公司)开办。

自法国电视恢复播出以后,直到 1964 年才开办电视二台,1967 年播出彩色节目。1972 年建立电视三台。1984 年出现商业电视台,并于同年出现最早的有线电视台。1992 年开始卫星电视播出。1996 年出现数字卫星电视。

4. 目前法国的主要电子媒介

(1) 广播电台。法国现有公共和商业广播电台 1 500 多家(包括社区台),其广告营业额占全国广告总投入的 7% 以上,法国人平均每天收听广播的时间超过 3 个小时,为 3 小时 16 分钟。

法国全国性公营广播网一个、商业广播网 11 个。由法国广播公司(小公司)管辖的公营广播电台包括法国国内台、法国国际台(使用 17 种语言对外广播)、法国新闻台(滚动播出)、文化台和音乐台。法国目前有三个比较大的商业电台运营集团,分别是 NRJ 集团、卢森堡集团、拉加代尔集团(拥有欧洲一台、欧洲二台和 FRM)。商业电台中最强大的仍然是当初建立在邻国边境的几个电台:卢森堡台(建于 1931 年)、蒙特卡罗台(建于 1942 年)、设在德国鲁尔地区的欧洲一台(建于 1955 年)、设在安道尔的南方台(建于 1961 年)等。

在法国,公营台的影响是主要的,其总收听率占七成,民营广播电台的收听率三成,居第二位。以下是较主要的广播电台的情况:

法国新闻台。成立于 1987 年 6 月,欧洲第一家新闻专业电台,全天 24 小时播出,覆盖整个法国。海湾战争后,该台收听率与卢森堡台、NRJ、法国国内台、欧洲一台一道成为在法国排名前五的电台。

卢森堡电台(RTL)。法国开办最早也是最有影响的商业电台,曾经连续 15 年位居民营法国电台收听率榜首,代表了法国商业电台的最高水平,最近一次的调查收听率占全国的 11.8%。该台属于法国卢森堡电台集团。2002 年,卢森堡电台集团收入 2 亿多欧元,RTL 占了 70%。

蒙特卡罗电台。该台隶属 NextRadio 集团。2000 年 12 月,该台由综合台改为新闻谈话台。2002 年,集团的 3 000 多万欧元的总收入中,该台占了 70%。

(2) 无线电视台。法国全国性电视台按数字序列编排的有 6 个台。法国电视一台(TF1)原是战后于 1950 年最早建立的国营电视台,1964 年以后为公营电视台。1987 年为减少公营电视台而出售给了布伊格建筑公司。该台成为民营企业后发展很快,现为法国影响最大的电视台,主要听众为 50 岁以下的家庭妇女。该台在 1994 年收视最高的前 100 个节目中,占有 89 个。该台现为自负盈亏的上市股份公司,主要股东是布依格集团和兴业银行,办台经费主要靠广告收入。该台实行集团化经营,拥有许多专题有线频道,2015 年以来市场份额维持在两成稍强。

法国电视二台（A2）和三台（FR3）是公营台，1994 年法国公共电视公司规定二台为"唯一为公众全面服务的公共电视台"；而三台"有对地区和地方广播的使命"。二台是综合性的对全国广播的电视台；三台除了对全国广播外，还负责管理法国海外领地和地方的 22 个电视台，播放地方新闻节目。

电视四台即新频道电视台（Canal＋），这是第一家法国有线电视台，也是最大的付费电视频道。该台主要为娱乐节目，每周放映 7 部新故事片，反复播出 6 次，吸引了相当的观众。

现在的电视五台（La Cinquieme）建于 1994 年 12 月，为公共教育电视台，由公共电视公司出面创办，经费的 50％为国家预算拨给，43％来自收视费。最初的电视五台（La5）为民营台，1986 年 2 月由埃尔桑报团、阿歇特集团等四大集团投资。由于经营不善而于 1992 年停办。

电视六台（M6）建于 1986 年，由多家民营公司联合创办，主要内容为电视连续剧和文化艺术专题节目，影响较小。

（3）数字卫星电视台。法国第一家数字卫星电视台 Canal Satellite 于 1996 年 4 月由新频道电视台开办。第二家也于 4 月开办，只比前者晚了几天，由卢森堡电台集团与法国电视一台、公共电视公司等联合开办。1997 年初，法国电视一台、六台等 6 家公营或民营公司组建"法国卫星电视公司"（TV Par Satellite），当年用户达到 35 万。

Canal Satellite 公司是法国主要的数字电视运营商之一，其数字电视用户数在 2003 年 6 月至 2004 年 6 月期间新增 25 万用户，其用户总数达到 283 万户。2004 年，法国数字电视家庭用户为 532.3 万户。

2005 年 4 月，法国总共有 14 个免费频道开播了数字电视，初期覆盖面达到了 35％。但在初步阶段中只有少数电视观众可以收看这些画面和声效质量较佳的数码电视台节目。根据法国视听委员会的计划，2005 年 9 月将增设 15 个发射台，使得 50％的家庭能享受数字电视节目，2006 年 6 月扩大至 65％的家庭，2007 年法国将建立 115 个发射台，覆盖 85％的家庭，2011 年法国所有的电视节目以数字形式播出。

第五章
德国新闻传播史

现在的德国，其历史可以追溯到公元843年凡尔登公约之后查理大帝的第三个孙子路易，他统治的日耳曼加洛林王朝是德国的雏形。919年萨克森王朝替代加洛林王朝。962年，萨克森王朝的国王鄂图一世，被教皇加冕为德意志神圣罗马帝国皇帝。帝国只在初期相对稳定，随后便陷入了近千年的诸侯混战。最多的时候，帝国分裂为3 000多个各自为政的大小邦国（选帝侯国、诸侯国、自由市、骑士领地）。后来法兰克尼亚、霍亨斯陶芬、哈布斯堡、卢森堡等王朝先后或轮流当朝，不过"皇帝"只是个虚名。16世纪初德国骑士暴动失败后，邦国减少到300多个。19世纪初，拿破仑横扫德国，邦国减少到30多个。1806年，德意志神圣罗马帝国的国号和最后的一个皇帝被拿破仑废除。1815年形成的德意志联邦，是30多个邦国和几个自由市的松散联合体。直到1871年，后起的邦国——普鲁士王国，通过俾斯麦的铁血政策统一了德国，普鲁士国王当上了德意志帝国皇帝。

由于近千年的国家分裂、混战，了解外部情况成为德国人民生存的必要条件，而邦国多如牛毛又造成关卡林立，这在一定程度上反而刺激了德国中世纪的新闻传播。1450年前后，美因兹人古登堡（J. Gutenberg）发明欧式印刷术。目前可考证的德国的也是世界最早的印刷新闻纸是1502年问世的《来自东方的新报纸》（*Newe Zeytung von Orient und Auffgange*）。1568—1604年，不定期的单条印刷新闻纸《德国特别新闻》在德国流行。与此同时，手抄新闻更是发达，16世纪德国最大的银行家族富格尔（Fuggers Familie）的矿产业遍及欧洲甚至南美，家族中专门有书记室，编辑手抄的"富格尔商业通讯"，用于传递商业新闻。

第一节 德国早期的现代报刊

德国长期分裂的历史虽然刺激了新闻的传播，但也是由于这个原因，使得

200 多年内德国的印刷新闻纸难以发展为拥有一定数量的读者、定期出版的报纸,单页、单条、不定期的状况持续了太长的时间。德国新闻业的传统也由此形成:地方性媒介众多而弱小,长期缺乏较大的全国性媒介。即使在德国统一之后,仍然可以看到这一数百年传统的痕迹。

1594 年,在科隆创刊了拉丁文的《传言者报》,但是期距长达半年。1597 年,在当时属于神圣罗马帝国的布拉格出现最早的定期刊物《时装报》(*Le Noviny*……)。1609 年,在斯特拉斯堡(当时属于德国)和奥格斯堡出现每周定期出版的单条印刷新闻纸。1615 年,艾莫尔(E. Emmel)创办《法兰克福新闻》(*Frankfurter Journal*,周报),因为该报每期刊登数条而不是一条新闻,于是被视为德国也是世界上最早的“真正的报纸”。1631 年,正值三十年战争时期,德国城市马格德堡被天主教的军队血洗,当时有 20 多种报纸、41 种传单、205 种小册子描述了马格德堡的恐怖,并将这个消息传遍欧洲。

也是在 1631 年,入侵德国的瑞典国王古斯塔夫在莱比锡设立邮局,发行《日常邮报》等多种德文报纸。随着邮路的改进,出版日报成为可能。1650 年书商里兹(T. Ritzsch)在莱比锡创办了世界上第一家日报《新到新闻》(*Einkommende Zeitung*)。这在世界新闻史上是一个里程碑,但对于德国来说,不过是个偶然事件。由于政治制度落后,经济不发展,德国的报业很长时间处于小型化、分散和停滞的境地。

不过,国家如此动荡的局面却造就了德国理论思维的传统,这种传统也体现在早期的杂志上面。1682 年,奥·门克在莱比锡创办了德国第一家科学杂志《学术纪事》;接着 1688 年

1650 年最早的日报《新到新闻》

克·托马斯在汉堡创办文学与哲学杂志《每月论坛》,其思辨色彩比其他国家的杂志要浓厚。

1670—1790 年间,德语地区前后共出版了 3 494 种报刊,超过了同时期世界其他地区出版报刊的总和。可惜的是,很难指出哪家报刊产生了较大的社会影响。

第二节　1524—1949 年:实现新闻出版自由漫长而曲折的历程

由于德国争取新闻出版自由的历程十分复杂,这里按不同的时期分别阐述:

一、神圣罗马帝国时期

除了教会的审查制度以外,从 1524 年起,德国各邦国政权陆续建立起书报检查制度。1608 年,德意志神圣罗马帝国皇帝鲁道夫二世,要求各邦国的教会或地方长官对印刷出版物进行预审。1628 年,皇帝斐迪南二世实行出版特许制度,获得出版特许的大多是各城市的邮政局长和较大的印刷商。1795 年,为防止法国革命思想的输入,皇帝弗兰西斯二世指令加强对进口出版物和翻译书刊的管理。德国皇帝没有预算,没有常备军,但是在防范出版物这一点上,与各邦国的当权者是一致的,所以即使没有皇帝的指令,多数邦国政府也会对新闻传播采取遏制政策。

封建王权新闻政策的一个突出特点表现在国王或皇帝个人的任性上。那时帝国最大的邦国是哈布斯堡王朝统治的奥地利,它在信息方面的封闭是出名的,恩格斯称它是"欧洲的中国"。就其封锁的方法,恩格斯写道:"在所有奥地利与文明接壤的地方,除了税关官员的警戒线,还有书报检查官的警戒线;不经过两次三番的详细审查,不查明它们丝毫没有沾染时代的恶毒精神,这些检查官是决不让一本外来书籍和报纸进入奥地利国境的。"①

1701 年,一个新的邦国——霍亨索伦王朝的普鲁士王国形成于德国东北部。这个依靠军事征战兴起的王国后来成为德国发展的主脉。奥地利则在 1866 年普奥战争失败后退出了德意志联邦。普鲁士的新闻出版政策对德国的影响最大。该国第二位国王弗里德里希-威廉一世(1713—1740)当政期间,除了官报外,禁止一切民间报刊出版,并在经济上实行广告垄断制度,由各城市的官方出版附带部分商业新闻的广告报,其他出版物一律不得刊登广告。第三位国王弗里德里希二世(1740—1786)以"开明专制"自居,1740 年 6 月宣布给报纸以"无限制的自由"。但是很快就在 1743 年 7 月颁布书报检查令,以后又多次颁布命令予以强化。这种严格的新闻出版管制在神圣罗马帝国垮台后基本如旧。

二、1815—1918,霍亨索伦王朝被迫缓慢地放宽新闻出版政策

拿破仑失败后,反法同盟召开维也纳会议,1815 年德国组成松散的德意志联邦,承诺新闻出版自由,但只有萨克森、符登堡、巴伐利亚等少数邦国一定程度上履行了诺言。1819 年,德意志联邦议会在卡尔斯巴德(今斯洛伐克首都布拉迪斯拉发)召开会议,通过一系列倒退性质的决议,恢复书报检查,并有系统地迫害所谓"蛊惑者"。奥地利首相梅特涅为倡导者,普鲁士积极配合,造成马克思所

---

① 《马克思恩格斯全集》第 8 卷 33 页,人民出版社 1961 年版。

1848 年革命前夕德累斯顿市上层的阅报室(画)

说的德国持续 20 年的"精神大斋期",①书报检查横行,到处是一片死气沉沉。

1840 年,普鲁士新国王弗里德里希-威廉四世上台,为显示他的"开明"而颁布了相对放宽了的书报检查令,此举对其他邦国也有影响,于是德国出现了一些具有民主主义意识的报刊。但是仅一年多时间,政策紧缩,重新开始箝制新闻出版。

1848 年欧洲民主革命席卷德国,沉寂了五六年的德国重新活跃起来。只是在这个时期,德国第一次较为全面地获得了新闻出版自由。恩格斯曾就《新莱茵报》当时的自由程度写道:"在莱茵河地区,我们却享有绝对的出版自由,并且我们充分利用了这个自由。"②随着革命的失败,王权重新实行钳制新闻出版的政策。

几经专制与自由的较量,加上欧洲其他国家代议制的影响,在镇压了革命之后,普鲁士当局不得不在字面上执行了革命的遗嘱——即从宪法上承认新闻出版自由。1850 年的普鲁士宪法规定:"每一个普鲁士人都有权利以口述、书写和印刷的方式自由表达自己的意见。"但在实践中依然是专制政策,原因如马克思所说:"普鲁士宪章所恩准的这一切自由受到一个重大的保留条件的限制。这些自由只是在'在法律范围内'被恩准。但现行的法律恰好是专制独裁的法律,它是在弗里德里希二世的时候制定下来的,而不是随着普鲁士宪法的诞生问世的。"③

1871 年德国统一后,德意志帝国于 1874 年颁布新闻出版法,禁止各种书报

---

① 《马克思恩格斯全集》第 1 卷 45 页,人民出版社 1956 年版。
② 《马克思恩格斯全集》第 21 卷 20 页,人民出版社 1965 年版。
③ 《马克思恩格斯全集》第 12 卷 655 页,人民出版社 1962 年版。

检查和其他预防性措施。但为保持官方意见占主导地位,俾斯麦设立了收买报刊的专门基金(俗称"爬虫基金")。帝国议会多次通过限制或废除新闻出版自由的决议。1872—1878年开展所谓"文化斗争",打击天主教会和其代表政党中央党的报刊,该党主要报纸《日耳曼尼亚》受到610件新闻官司的骚扰,一天之中最多遭到11次审讯。1878—1890年实施"反社会党人非常法",德国社会主义工人党及其同情者的608家报刊和700多种出版物遭到查禁。1890年以后,由于俾斯麦逝世和新皇帝上台,德国才获得相对自由的出版环境。第一次世界大战爆发后,新闻出版政策再次被紧缩。

普鲁士王权和德意志皇权新闻出版政策的变化,几乎总是进一步退半步,甚至完全退回原地,除了环境的影响外,"人治"特征极为典型。只是借助于统治者恩赐的自由,19世纪末20世纪初德国的新闻传播业得到了一定的发展,1914年全国已有报纸2 200种。

三、魏玛共和国时期的新闻出版自由政策

1918年11月民主革命后,德国成为共和国。1919年在魏玛城通过了宪法,宪法第118条规定:"每个德国人在一般法律的范围内,都有权通过言论、印刷品、图画以及其他方式自由发表自己的意见。劳动关系或雇佣关系均不能损害这种权利。当他使用这种权利的时候,任何人都不得予以歧视。不再实行书报检查……"[①]为防止再出现帝国时期议会随意废止自由权利的情况,宪法规定重新实行书报检查必须取得修改宪法的2/3的多数。

共和国时期新闻出版自由基本得到了保障,德国的新闻传播业获得了一个短暂的全面发展的机会。报纸在1932年达到4 703种,总发行量2 600万份,为当时历史最高纪录。1933年1月,各种政党的报纸和杂志多达2 700种。

约瑟夫·戈培尔

四、1933—1945,法西斯主义的专制主义新闻政策

1932年7月,以法西斯主义为指导思想的希特勒的纳粹党(国家社会主义工人党的缩写发音)夺得政权,1933年2月28日,法西斯通过总统兴登堡宣布:"为了保障国家与人民的安全,宪法规定的新闻自由暂时中止。"3月,成立由约瑟夫·戈培尔(J. Goebbels)

---

① 赫尔曼·麦恩《联邦德国大众传播媒介》第13页,联邦德国驻华大使馆1994年中文版。

主管的人民教育与宣传部（Reichsministerium für Volksaufklärung und Propaganda），负责对报刊、广播和电影进行集中控制。纳粹党党纲规定："报纸在国家中为最有影响力的工具之一。因此所有报纸如与公众利益抵触，必须予以禁止。"希特勒在《我的奋斗》中写道："报纸的重要性在于能以一致而坚定的重复方法施教。报纸上的言论应该趋于一致的目的，不要被出版自由的谬误所惑。"①

　　1933 年 1 月，纳粹党徒制造国会大厦纵火案，以此为借口封闭了所有社会民主党和共产党的报刊（共约 180 多种）。随后用暴力夺取了犹太人摩塞家族的报团，在后来的反犹运动中又强行没收了犹太人乌尔施泰因的报团。将乌尔施泰因报团的出版社变成了国立德意志出版社。沃尔夫通讯社收归国有，改组为国家集中控制的"德国通讯社"（DNB）。民营广播电台全部收归国有。

　　1933 年 5 月 10 日，宣传部长戈培尔煽动大学生和冲锋队的暴徒们在各大学门口设置柴火堆，焚烧各种被法西斯视为"不利于人民教育"的犹太人的书籍，长长的书单几乎涵盖所有人类文化的重要遗产。戈培尔在柏林大学门口发表煽动性演说："这次行动将在全世界面前表明：十一月共和国的思想基础现在已经被踩在脚下。从它的废墟中，飞出了代表新的精神的凤凰。旧的一切被投入火焰，新的一切从我们内心的火焰中高高升起。在火焰中闪耀着一个尽忠的誓言：万岁！万岁！万万岁！我们的帝国，我们的民族，我们的元首阿道夫·希特勒！"②此后，焚书持续了较长时间，毁掉了无数德国和世界文明史上的文化遗产。同时，戈培尔拼命推销希特勒《我的奋斗》一书，仅在 1933 年该书就印刷了 100 万册，到 1940 年该书印刷了 600 万册，而在希特勒上台前，此书 8 年内总共才发行了 1.5 万册。

　　从 1933 年 9 月起，所有文化人被纳入以戈培尔为主席的御用机构德国文化协会（下面设立新闻、广播、电影等七个分会），政治上被认为不可靠的人不得为会员，而不是会员即意味着不得从事这方面的工作。10 月颁布"报刊主编法"，规定报刊主编必须经过宣传部长接见后才能任用，排除犹太人和马克思主义者，从此开始新闻记者思想行动的一体化。每天的记者招待会上，由宣传部发布各种具体得无以复加的指示。1938 年，戈培尔在演说中指出："正如我早已强调的那样，新闻界不仅要发布消息，而且还必须发布指示。在这里，我首先要奉劝已公开声称为国家的报刊，先生们，你们会看到这样一种理想的状况：新闻界被组织得那么好，以至于它在政府手里可以说是可以随意演奏的一架钢琴，是能为政

①　李瞻《世界新闻史》第 369 页，三民书局 1983 年第 7 版。
②　魏岷编著《戈培尔传》第 137 页，时代文艺出版社 2004 年版。

府效劳的影响群众的极为重要、极为有意义的工具。"①

德国政府宣传部在戈培尔的统领下,建立了极为严格的管理思想领域的一套制度,把它们完全置于宣传部的监督之下。宣传部的编制为 10 个处:法制和行政管理处、宣传处、无线电广播处、报刊处、电影处、文献资料处、国外处、戏剧处、音乐处、美术处。也就是说,所有文化领域都要由这个政府的宣传部的审查才能面世,从新闻、广播、电视到戏剧、电影、书籍、展览会。

1933 年 10 月,戈培尔颁布"写作领导法",所有新闻作品都被概括为"由国家……管理的公开出版发行物"。新闻工作者成为"类似国家公务员的,和政府有密切的关系的职业"。新闻工作者不允许发表不符合政府意志的言论。新闻工作者和配偶必须具有雅利安人种的证明书。②

德国法西斯对于文化传播专制统治还直接表现为对知识分子的迫害。1933—1941 年,仅被迫流亡美国的德国人就有 13.2 万人,其中包括德国所有大学教师的 43%,所有社会学家的 48%。

五、1949 年,联邦德国最终确立新闻出版自由体制

1945 年法西斯德国战败后,同盟国的军队占领德国。西部由美英法三国军队占领,经过几年的新闻出版许可证制度后,于 1949 年 5 月通过联邦德国基本法(即宪法),其中第五款规定:"①每个人都享有以语言、文字或形象发表和传播其意见,以及不受阻挠地从可利用的一般信源获得信息的自由权利。保护新闻自由以及广播和电影的报道自由。不得进行新闻检查。②上述权利仅受到普通法、保护青少年以及个人名誉权有关法律的限制。"根据基本法,否认公民订阅外国报刊的权利、禁止收听电台和其他广播、制定违禁文学作品的官方名单等,是宪法所不允许的。根据基本法,政府对新闻机构通过听证程序传唤、根据政治观点分配新闻纸限额、停止提供新闻等来加以控制,是违反宪法的。③ 在具体的实行过程中,有过许多根据新情况的法律解释,但基本的新闻体制从那时起没有发生变化。

由前苏联军队占领的德国东部,1949 年 10 月建立民主德国,实行社会主义的新闻体制。1990 年民主德国归并入联邦德国,统一的德意志联邦共和国的新闻体制,继续原联邦德国的法统。

---

① 赫尔曼·麦恩《联邦德国大众传播媒介》第 16 页,联邦德国驻华大使馆 1994 年中文版。

② 魏岷编著《戈培尔传》第 153 页,时代文艺出版社 2004 年版。

③ 赫尔曼·麦恩《联邦德国大众传播媒介》第 19 - 20 页,联邦德国驻华大使馆 1994 年中文版。

第三节　从神圣罗马帝国到第三帝国，
德国新闻传播业的发展

一、神圣罗马帝国后期的报刊

德国现代新闻传播业可以从 1615 年的《法兰克福新闻》算起。由于德国政治制度的落后、经济不发展，国家长期处于四分五裂和战争状态，德国前期的新闻业发展极为缓慢，各邦国的报刊虽然众多，但是均为很小的地方性刊物，没有一家是有影响的。神圣罗马帝国时代后期的两个主要邦国，封闭守旧的奥地利帝国和相对有些开拓精神的普鲁士王国，它们的报刊情况基本可以代表当时的德国。

1703 年，奥地利皇室出版了官报《维也纳报》，仅是份周报。除此以外，奥国几十年内也没有其他特许出版的报刊。直到 1780 年，这份报纸才变成了《奥地利帝国维也纳日报》(*Oesterreichisch Kaiserliche Wiener Zeitung*，1780 - 1931)。由于 1749—1790 年女皇玛丽娅和皇帝约瑟夫二世先后实行了一些"开明专制"的改革，维也纳在 80 年代出现少量报刊，并有了一定的发行量。但是 1791 年新皇帝上台后，恢复了一切旧有的箝制报刊的政策。奥地利一片死寂。

1701 年新形成的普鲁士，正在忙于巩固自己的地位，一时尚没有专门的官报。一位姓福斯(Voss)的出版商 1704 年在柏林创办了他的小报纸。经过几代人的努力，1772 年改为日报，1785 年成为官方特许的"柏林政治和学术问题王国特权报"，但是人们还是习惯上叫它《福斯报》(*Vossische Zeitung*)，后来一直出版到 1934 年。1740 年，另一位姓施本纳(Spener)的出版商在新国王弗里德里希二世宣布出版自由的时候，出版了他的小报。该报后来也有了一个大报名"柏林政治和学术问题新闻"，但是人们仍然习惯于叫它《施本纳报》(*Spenersche Zeitung*)，该报出版到 1874 年。在东普鲁士首府科尼斯堡(今俄罗斯加里宁格勒)，1752 年经特许出版《普鲁士王国国家、军事和和平日报》，可算是普鲁士首都外最大的报纸，俗称《科尼斯堡报》(*Konigsber Zeitung*)，一直出版到 1850 年。

由于专制的环境，其他邦国能够留下报名的报纸大多是邦国的官报或经特许出版的报纸。例如《法兰克福总邮报》(1619—1866)、《罗斯托克报》(1711—1927)、《汉堡记者》(1731 年创办)、《西里西亚报》(1742 年创办)、《杜塞尔多夫报》(1745—1926)、《卡尔斯卢厄报》(1757 年创刊)、《格拉茨报》(1785 年创刊)、《罗海姆报》(1790 年创刊)、《汉堡消息报》(1792 年创刊)等。马克思家乡特利尔

1814 年的《总汇报》

1926 年的《福斯报》

市,18 世纪时是个很小的选帝侯的首府,于是从 1757 年起也有了一份《特利尔报》。

民营小报中,由德国姓科塔(Cotta)的出版家族于 1798 年创办的《总汇报》(*Allgemeine Zeitung*)留下了最大的声望。该报初期在杜宾根出版,1810 年转到南德巴伐利亚的奥格斯堡出版至 1882 年。19 世纪上半叶,由于科塔第二聘请水准较高的编辑,又善于经营,该报勉强可算是德国的最大报纸,立场较为保守。

在帝国名义上存在的最后几年里,唯一值得提及的新报纸是 1802 年创刊的《科隆日报》(*Kolnische Zeitung*)。该报 1831 年属于杜蒙(J. Dumont)以后,业务发展较快,在 19 世纪上半叶,勉强可算是德国第二大报,立场属于温和自由派。

二、1815—1871 年的德国新闻传播业,沃尔夫通讯社的诞生

这个时期普鲁士逐渐统一德国、奥地利于 1866 年退出德意志联邦。除了革命年代外,德国仍然基本处于专制统治之下。普鲁士官方于 1819 年创办了《普鲁士国家通报》(*Preussischer Staats-Anzeiger*),该报名称几次略有改动,一直出版到 1871 年。

在法国革命的影响下,德国开始出现具有民主意识的政治性报纸,最早的是格雷斯(J. Gorres)在科布伦茨创办的《莱茵信使报》(*Rheinische Merkur*,1814-1816)。1842—1843 年在科隆出版的《莱茵政治、工业和商业日报》(*Rheinische Zeitung Fur Politik Handel und Gewerbe*,简称《莱茵报》),恩格斯称它为"德国现代期刊的先声"[1],马克思参与了该报的创办并是该报后期实际上的主编。这

---

[1] 《马克思恩格斯全集》第 8 卷 20 页,人民出版社 1961 年版。

两份报纸均在出版不长时间后被当局查封。其他较著名的进步报刊还有文学周刊《德意志电讯》(1838—1948,汉堡)、《莱比锡总汇报》(1837—1842)、哲学和文学日刊《哈雷年鉴》和《德国年鉴》(1838—1843,哈雷、莱比锡出版)等。

1848年维也纳和柏林发生三月革命,奥地利和普鲁士这两个邦国的革命带来了全德空前的新闻出版自由的环境,从最革命的到最反动的,出现数百家政治性报刊。其中革命民主派的代表是马克思和恩格斯创办的《新莱茵报,民主派机关报》(*Neue Rheinche Zeitung*);温和自由派的代表是《国民报》(*National Zeitung*,1848-1915,柏林)和《科隆日报》《总汇报》等;拥护普鲁士王权的国家派代表是《新普鲁士报》,由于报头上有条顿骑士团的十字

用红色油墨印刷的最后一期《新莱茵报》

徽章,因而俗称"十字报"(*Kreuz-Zeitung*,1848-1939,柏林)。

《新莱茵报》是共产主义者同盟的机关报,被视为第一家无产阶级的日报,1848年6月1日至1849年5月19日在普鲁士王国莱茵省的城市科隆共出版了301期,最后一期是用红色油墨印刷的,发行量6000,是当时德国发行量居第三位的报纸。编辑部共8人,均为共产主义者同盟盟员,主编马克思,他外出时由恩格斯代理主编。该报以民主派的名义出版,在欧洲1848—1849年民主革命中实际上代表无产阶级的利益。

曾经在哈瓦斯通讯社担任译员的德国人沃尔夫(B. Wolff,1811-1879),1848年在柏林创办《国民报》,并于1849年创建了沃尔夫通讯社。这是德国第一家通讯社。1859年起与路透社、哈瓦斯社签订新闻稿交换合约,成为19世纪欧洲三大通讯社之一。1870年三社划分了在世界的报道范围,沃尔夫社负责的地区包括德国、奥地利、北欧、俄国、巴尔干等地。1875年后,由于接受国家的津贴而成为半官方通讯社。

1848年革命失败后,左翼报刊遭到查禁,温和自由派报刊依附于各封建王权,成为德国的主要报刊,新闻事业的发展陷入停滞状态。50—60年代值得一提的报纸只有《奥得总汇报》(*Allgemeine Oder-Zeitung*,1846-1855,布勒斯

劳)和《北德总汇报》(*Norddeutsche Allgemeinr Zeitung*，1848－1918，柏林)。前者偏于一隅，革命后改名《新奥得报》，宣传了一些民主思想，马克思是它的通讯员。后者由于变成俾斯麦的半官方机关报而有些影响。

三、德意志帝国时期的新闻业，大众报纸的兴起，报团的出现

德意志帝国统一后，名义上宣布了新闻出版自由，但是实际上反对党的报刊，先是天主教中央党的报刊，后来是社会主义的报刊，19世纪70—80年代持续遭到俾斯麦政府镇压。这个时期中央党的主要报纸是《日耳曼尼亚》(1871年创刊)，社会主义的主要报纸是《社会民主党人报》(*Sozialdemokrat*，1879－1990，先后在苏黎世、伦敦出版，德国秘密发行)。

然而，政治性不强的商业报纸和面向市民的大众报纸在夹缝中却得到了发展的机会。1856年，出版商宗内曼(L. Sonnemann)创办《法兰克福报和商报》(*Frankfurter Zeitung und Handelsblatt*)，该报19世纪下半叶成为影响全国的综合性报纸。

莫泽主办的《柏林日报》

在首都柏林，大众化报刊悄然出现。广告商莫泽(R. Mosse)于1865年首先创办《广告电讯报》，成功后再于1871年创办《柏林日报》(*Berliner Tageblatt*)，虽然带有一些自由主义倾向，但已是商业性报纸。1883年出版商舍尔(A. Scherl)创办《柏林地方新闻》(*Berliner Lokal Anzeiger*)，两年后改为日报，因为接近市民生活，发行量大增。1889年，印刷商乌尔施泰因(L. Ullstein)首先创办《柏林画报》，成功后于1898年再创办《柏林晨邮报》(*Berliner Morgenpost*)和一系列"柏林"字头的地方报纸，其中1904年创办的《柏林午报》(*Berliner Zeitung an Mittag*)，在德国新闻史上被视为第一家真正的大众报纸，该报头版全部是图片和大字标题，街头零售为主。

19世纪末至20世纪初，帝国的新闻政策相对宽松，德国社会民主党的报刊得到较大发展，形成了以中央机关报《前进报》(*Vorwarts，Berliner Volksblatt*，1884－1989，先后在莱比锡、柏林、波恩出版)和最大的党的地方机关报《汉堡回声报》(*Hamburger Echo*，1887－1933)为核心的党报集团。

1914年第一次世界大战爆发前，莫泽、舍尔、乌尔施泰因分别以《柏林日报》《柏林地方新闻》《柏林晨邮报》为核心报纸，形成大众化报刊的报团。其中乌尔

施泰因报团最大,《晨邮报》1913 年发行 40 万份,该报团 1918 年还收买了历史悠久的《福斯报》。1916 年,由于舍尔报团出现财政问题,全部转手于胡根堡(K. Hugenberg)。

另外,通讯社也有所增加。1913 年出现另一家民营的"联合通讯社",1918 年被胡根堡买下;1915 年建立国营海洋通讯社(Transocean),主要用于对外发稿。

四、魏玛共和国时期的德国新闻传播业,政党报刊与大众报刊并行发展

魏玛共和国时期德国的新闻事业得到了较为全面、自由的发展,其特点是各党报极为兴盛,同时大众化报刊也十分发达。由于长期政治上的专制,民主机制一旦到来,各派政治力量需要有一个显示意见的时期;然而英、美的报业已经进入商报时期,德国的报业商人们当然也不会错过机会,于是德国呈现出这种特殊的新闻传播业的发展局面。

魏玛时期的日报大都声称自己倾向于某政党,1933 年 1 月,德国有政治性报刊 2 700 多家。中央党和巴伐利亚人民党的报刊最多,1932 年时有 600 多家,其代表报纸是老牌的《科隆日报》。1931 年社会民主党的报刊数字达到最高峰,计有 174 家。共产党的报刊如果将该党国会议员明策堡的媒介康采恩算在内,有 100 多家,代表报纸是中央机关报《红旗报》(*Rote Fahne*,1918 - 1939,柏林;1935 年后依次在布拉格、布鲁塞尔出版)。纳粹党的报刊势力一向很小,1932 年当年发展较快,达到 94 家,但绝大部分是周刊,期发量总共 100 万份,不到当年德国报纸总发行量的 4%。其代表报刊是中央机关报《人民观察报》(*Volkischer Beobachter*,1920 - 1945)和戈培尔创办的《进攻报》(*Angriff*,1926 - 1945)。

与此同时,以大众报刊为主的胡根堡、乌尔施泰因、莫泽三个报团继续发展。《柏林晨邮报》成为最大的大众报纸,发行量增加到 60 万份(政党报纸中《前进报》达到过 125 万份,但持续时间不长)。法兰克福印刷社、德意志外省出版社是当时最大的两个杂志出版集团的核心。这些报团虽然有一定规模,但都是地方性的。

从 1903 年起,德国始建港口电台。1923 年 10 月,第一家广播电台——德意志广播电台在柏林开播,创办人是以私营企业主身份进入政府部门主管广播事务的布莱多(H. Bredow),因而该台为公私合营性质。当时德国在各州设立 9 家广播电台,由州广播协会管理,公私合营,政府邮电部在每家电台拥有 17% 的股份,州拥有 34%,社会私人股份 49%。由于报纸在新闻方面的抵制,广播电台发展不快,以音乐和其他娱乐节目为主。1929 年政府开办对海外领地的广播电台。

五、法西斯"第三帝国"的新闻传播业

纳粹党当政后立即实行新闻传播业法西斯一体化,只有雅利安血统的胡根堡报团合法存在,得到发展,最多时该报团拥有报纸 1 600 家。全国报纸从 1932 年的 4 700 多家减少到 1944 年时的 977 家。1939 年,报纸发行量减少到 1 600 万份。1944 年,虽然报纸种数大大减少,但是发行量却接近 1932 年的数字,达到 2 510 万份。

由于只允许忠于法西斯主义的报刊存在,政治性质的报刊通过暴力镇压,1934 年迅速从 2 700 家减少到 1 200 家,随后几年非纳粹党的报刊几乎完全消失。纳粹党的报刊急遽发展,到 1944 年增加到 352 家,发行量占当年报纸总发行量的 82.5%。其他 625 家报刊则只占 17.5%,也必须宣传法西斯主义。这个时期的主要报纸是《人民观察报》,每天在柏林和慕尼黑同时出版,主编罗森堡(A. Rosenberg)。

沃尔夫通讯社被政府接管,改组为德国通讯社(DNB)。二战爆发后,德国在占领地设立多个分社,加强对新闻传播的箝制。

纳粹德国重视电波宣传战,因而广播事业十分发达,1941 年时仅设在本土的对外短波电台就有 88 座。对内的广播强迫人民按时集体收听,并设计了廉价的只能收听到国内广播的"人民的收音机"。1935 年 3 月,实验播出电视节目,1936 年曾数小时转播柏林奥运会。1938 年德国电视台正式开播,随后建立了全国电视网和电视机生产线。二战爆发后电视台毁于战火。1943 年,德国在巴黎建立过电视台。

第四节　1945—1990 年:东、西德新闻传播业的不同体制

纳粹德国 1945 年 5 月投降后,德国通讯社瓦解,广播电台瘫痪,同盟国占领军命令原德国的全部报刊停刊,仅有 1945 年 1 月 24 日创刊的反法西斯的《亚琛消息报》例外。1949 年美英法占领区合并为联邦德国,苏军占领区组建民主德国,东西德国形成不同的新闻传播业的体制。

一、民主德国的新闻体制

苏军占领东部德国之际,便创办了《柏林日报》(Berliner Zeitung),后来交给了柏林市政府,改为由柏林出版社出版的报纸,实际上是统一社会党柏林市委的报纸。从 1945 年 6 月起,苏军只允许认可的德国党派、团体创办报刊。6 月 13 日,得到许可证的第一家报纸是德国共产党的《德意志人民报》;7 月 7 日,德

国社会民主党的《人民报》获准出版。1946年德国统一社会党成立后，两报于 4 月 23 日合并为党的中央机关报《新德意志报》(*Neue Deutschland*)，该报为民主德国的主要报纸。6 月 13 日规定为民主德国的新闻节。

《新德意志报》

1945—1952 年间，其他几个依附于统一社会党的民主党派、自由德国青年联盟、农民互助协会、妇女联合会、工会等社会团体的报刊陆续出现。50 年代，14 个专区党和政府的机关报亦陆续出版，形成了民主德国报刊体系的主流框架。1990 年前，民主德国共有 39家日报，属于统一社会党的机关报 17 家。另外还有 31 家周报、500 多家专业杂志和 600多家教会和企业报刊。党性原则是报刊工作的最高原则，每星期二党的政治局和星期三中央秘书处会议后，宣传部门立即在柏林召开各大报总编辑吹风会，传达党的指示，并通过他们用电报电话通知各专区的报社。各报编辑部每天都能得到关于报道口径、编排、字号、标题的具体指示。

1946 年 10 月，苏军占领区的各报刊和广播电台联合成立股份公司，建立了报联社体制的德意志通讯社(ADN)。1953 年 4 月，该社被收归国有，改为国家通讯社。

1945 年 5 月 13 日，东柏林的柏林广播电台开始播音。民主德国的广播电台全部国营，共有电台 16 家，其中中央级 5 家(包括 2 个对外台)，主要的是"德意志民主共和国电台"，地方台 11 家。

1952 年 12 月 21 日，民主德国电视台开播，是为电视一台。电视二台建于1969 年，同年开始播出彩色节目。1968 年前，广播电视均由国家广播委员会领导。此后成立国家广播委员会和国家电视委员会，分别领导广播电台和电视台的工作。

二、联邦德国的新闻体制

美、英、法军占领德国西部，军方各自在占领区出版一种报纸，即第一家战后西德的报纸《新日报》(1945 年，美)，以及《世界报》(英)、《新法兰西》(法)。盟军总部则发行《德意志简报》，免费分发给德国人民阅读。随后允许德国人领取许可证出版报纸(法西斯分子除外)。这项工作 1947 年后移交各州总理。1949 年9 月 21 日，盟军废除许可证制，除法西斯分子以外的德国人均可自由办报。至此,领取许可证出版的报纸 129 家(另外西柏林 20 家)。

自从允许自由办报以来,德国形成以下特点的报刊结构:民营、主要依赖广告、报纸和杂志种数很多、日报设有较多的地方版、多为区域性报纸、政党报刊迅速衰落、报业呈集中化趋向。显然,地方性、分散化的传统数百年没有发生根本的变化。

盟军占领初期,美、英、法各建立一个通讯社。1949 年 9 月 1 日,三家通讯社合并为德意志新闻社(DPA),总社在波恩。该社为民营性质的股份公司,但带有报联社的性质,500 万马克基本资金为 200 多家媒介共同所有。它是联邦德国的主要新闻源。

在联邦德国成立前不久,三国占领军将没收了的前法西斯德国的电台移交各州政府,分别建立了各州或州际的公营广播公司。这些公司独立于官方控制,但服从国家法律监督,有权管理自己的事务,资金来源于收听收视费和部分的广告收入。于是在联邦德国形成以州广播公司为基础的相对分散的公营广播体制。1950 年 10 月,组建德国公共广播电视联盟(ARD,简称德广联),各州公营的广播公司都是它的成员,以组建和领导全国性的广播电台和电视台,联合组织和协调节目。

1953 年,各州协议在汉诺威组建国家的短波"电波电台"(DW),是为对全世界广播的电台。1960 年各州在科隆组建国家的长波"德国广播电台"(DLF),主要对欧洲(包括本国)广播。根据 1960 年联邦广播法,这两家电台成为独立的全国性公营电台、德广联成员。

在英国的帮助下,州际的西北广播公司于 1950 年首次战后播出电视节目。1952 年 12 月 25 日,各州在汉堡组建全国性的德意志电视台(电视一台),内容主要是各州电视台的联播节目,由德广联直接领导,因而它的缩写即 ARD。1963 年 4 月,经过各州协议,全国性的电视二台(ZDF)在美因茨开播。

经过多次辩论、各方利益的协调以及试行,80 年代中期德国公营广播电视体制改变为公营与民营并行。1985 年元旦,第一家民营的电视台卫星一台(Sat1)开播。1986 年 7 月 1 日,第一家民营广播电台 RSH(石荷州)开播。1986 年 11 月,联邦宪法法院作出裁决,确认公营与民营并存的广播电视体制。

第五节　联邦德国和民主德国新闻传播业的统一

1990 年德国统一,原东、西德新闻传播业也需要在体制上统一,实际结果是原民主德国的新闻事业,纷纷被原联邦德国的媒介集团收购,具体负责这项工作的是一个临时国家行政机构——德国托管局,它负责对东部 1 万多家原民主德国的国营企业(包括大众媒介)进行私有化处理。名义上任何德国人都可以购买原民主德国的媒介,但原民主德国没有人掌握必要的大量资金,同时也缺乏市场经济条件下经营媒介的经验,于是原民主德国的各媒介基本形成这样的局面:原联邦德国的大、中媒介集团作为老板派出自己的代表担任媒介的主要领导,从事具体工作的基本上是人员精简之后的原来的记者编辑。由于公众的接受习惯已经形成,现在东部的受众依然主要接受原来东部的媒介(尽管更换了老板),原联邦德国的媒介集团在东部开辟很大市场的设想,实现程度有限。

德国民主社会主义党(原德国统一社会党)的机关报《新德意志报》,统一后改组为股份公司制,人员从520人减少到243人,发行量减少到8万份以下。东部发行上百万份的报纸,例如工会的《论坛报》、民主党派自由民主党的《晨报》,被西部收购后于1991年停刊。但是原东部的区域性报纸,有不少被收购后经过改造而得到发展;西部媒介集团在东部新创办的报纸,获得成功的不多。例如西部一杂志出版商与默多克合作创办的《超级画报》轰动一时,但只存在了14个月。

统一后,德通社与德新社的联合谈判失败,改组为股份公司,职工从1 500人裁减到300人,经营尚好。但是托管局还是在1992年将它卖给了德意志电报服务中心的主要股东巴·霍夫曼。德通社的档案馆被设在科布伦茨的联邦档案馆接收。

根据统一协定第36条,原民主德国的国家广播电台和电视台作为公共的、独立于国家的机构工作到1991年12月底,然后转变为州或州际的公营广播公司的台。这些台后来或消失或联合为新的台,例如原来的电视一台和二台合并为新联邦连环电视台(DFF),原来的东德国际广播电台合并于德国电波电台。原民主德国区域内新组建的两个州或州际公营广播电视公司,即东德公司(勃兰登堡州)、中德公司(包括三个州)成为德广联的新成员;而北部三州的广播电视台联合开办广播公司协议未成,并入原联邦德国州际北德广播电视公司。1993年起,东部也开始出现民营广播电台。

第六节　德国统一后新闻传播业的基本格局

德国统一后的媒介格局,只是在原联邦德国的基础上略有变化。1997年元旦,德国放宽对民营电视台所有权,允许一家电视机构可拥有全国性电视台的全部股份,只要其市场占有率不超过30%。此后德国电子媒介集团的分布发生较大变化。下面分几个方面叙述:

一、报纸

鉴于德国媒介文化的传统和二战后的一些具体情况,德国的报纸以地方性的为主,以几个州或一个州、一个大城市为发行范围的报纸即为大报纸(这种报纸共 60 家,发行量均在 10 万份以上),其余的发行范围更小。只有几家报纸在自然的发展中逐渐向全国发行,于是它们被视为全国性报纸,但发行量并不很大,也没有任何"全国性报纸"的特权。1998 年德国有日报社 398 家,为了节约开支,这些报纸中有 137 家编辑部另行出版各种报纸的地方版共计 1 650 种,很多地方报纸加入这样的编辑部,综合版内容相同,仅地方版在本地编辑。于是,人们可以从任何报纸上了解到重要的国内外的政治、经济、文化新闻。

德国报业现在的一般数字是:报纸 1 500 多家,总发行量大约 2 500 万份,《图片报》就发行量而言,为德国,也是欧洲第一大报。德国还有很多免费报纸,达 1 200 家,总发行量 7 000 万份。

据德国报纸出版商协会 2005 年 1 月至 3 月的统计,按出版日计算,德国各报社每天销售日报、周报和星期日报共 2 737 万份,其中约 1 800 万份为读者直接订阅,占 65%。按印数,德国日报类每天发行 2 167 万份。

德国有代表性的报纸是以下几家:

(1)《世界报》(*Die Welt*),1946 年 6 月由英国占领军当局在汉堡创办,1952 年招标出售,被阿克塞尔・施普林格(Axel Springer)买下大部分股份,现在是阿克塞尔・施普林格出版集团的核心报纸,全部股份归施氏出版社所有。该报总编辑部 1976 年迁波恩,1993 年迁至柏林。该报综合要闻版 20~30 个版,时事社评水平较高。另外还有同样数量版面的各种副刊,如"精神世界"、"文化世界"、"旅游世界"、"汽车世界"等。在国内有 11 个分社,世界主要国家驻有记者。主要读者是政界、经济界领导人,发行量不大,2015 年以来日发行量 20 万份稍强,在世界 130 多个国家发行,因而被视为德国的代表性报纸。

(2)《法兰克福总汇报》(*Frankfurter Allgemeine*),全国发行的报纸。1949 年 11 月创刊。该报重视经济新闻和国际新闻,2014 年的发行量为 32 万份,2015 年以来发行量在 26.5~27.8 万份。它的"经济透视"专栏每天对经济形势作出分析;它的"致读者"专栏对读者意见随时作出反馈。其他栏目 40 多个,涉及面较齐全。每天 30~40 版。国内设有 15 个分社,世界主要国家驻有记者,拥有遍布世界的通讯网。主要读者是政府和企业领导者。该报政治立场中右,所有权属于"法茨特基金会"。

(3)《南德意志报》(*Sueddeutsche Zeitung*),全国发行的报纸。1945 年 10 月在慕尼黑创刊,当时领取的是社会民主党执照,以后变为民营报纸,主要读者为自由派知识分子。报道面较宽,每天 40~50 个版,有专门性的编辑室 30 多个,

现在的《世界报》和《法兰克福总汇报》

编辑记者阵容庞大，2015年以来日常发行量维持在38万份稍多。在国内设有11个分社，14个国家驻有记者。所有权为五个私人集团共有。

（4）《西德意志总汇报》(*Westdeutsche Allgemeine*)，最大的区域性报纸。1948年创刊于埃森，读者集中在鲁尔工业区，主要是企业职工，2014年的发行量为62万份左右。居德国日报发行量的第二位。有专门的编辑室40多个，出版24种地方版。国内有4个分社，国外8个国家驻有记者。埃·布鲁克斯和雅·冯克各占该报一半股份。

（5）《图片报》(*Bild*)，德国，也是欧洲发行量最大的日报，以零售为主的大众报纸。1952年7月24日在汉堡由阿克塞尔·施普林格创办。除了一般的政治经济新闻外，该报以图画和社会新闻为主，每天十几个版，大城市另加地方版，第九到十三版是《图片报》的王牌版块：体育。该报标题醒目，文章简短，读者几乎覆盖所有社会人群，普通职工最多。《图片报》历史上最高发行

一位德国老人在看《图片报》

量超过500万份。目前该报发行量为210万份。在政治立场上，该报较为保守。

大多数的《图片报》都是在报摊上出售的，因此报纸的第一版"市场线"（德语

为 Knick,意为折缝处,即报纸的中间对折线)以上的部分是美编特别关注的地方,因为每天报纸折叠着放在报摊上,过路人眼光的"一秒钟效应"决定着报纸当天的发行量,在这条线以上的大字标题及图画要尽可能地引起人们的注意。该报注重让图片说话,使新闻故事形象化;简化语法和内容,使阅读更加方便,报纸近半数的句子不超过 4 个词;永远采用"我们"的语态,以激起读者的共鸣;标题中感叹、疑问标点超过陈述标点。德国文化历史学家保罗·费希特(Paul Fechter)关于该报有这样一句格言:Heute aktuell, morgen Wurstpapier, in zwanzig Jahren Kulturgeschichte,即今天看,它是关注现实的报纸;明天看,它是香肠纸;20 年后看,它是文化史。

(6)《周邮报》(*Wochenpost*)和《时代》周报(*Zeit*)。前者为德国最大的周报,1952 年创刊于柏林,每周四出版,原民主德国向全世界发行的报纸,政治色彩较弱,有文化趣味的综合性文章较多。统一后为格鲁纳+雅尔集团所有,发行量115 万份。后者为原西德全国发行的周报,1946 年创刊,每周五在汉堡出版,主要刊登详细的时事评论和分析文章,内容广泛,发行量49.3 万份。为几个家族共有,发行人麦·登霍夫女士等。

(7)《商报》(*Handelsblatt*)。德国第一大经济类日报,是德国工商企业界人士必读的一份报,号称德国的华尔街日报。2015 年以来,日发行量为 12.3万份。

其他区域性的报纸中,原东德的《柏林日报》《自由新闻报》和《中德意志报》(原名《自由报》)等,内容、版面有所改进,传播技术提高,发行量上升,分别为11、60、53 万份,已属于大型地方性报纸。

德国的免费报纸发行量很大,对传统报业产生了强烈的冲击,竞争相当激烈。1999 年底科隆首份免费报纸《科隆 20 分钟》问世,每日派发 15 万份。除广告外,该报有自己的记者,每日刊登大量地方新闻和地区性新闻。随后,舍贝格出版社为应对免费报纸的冲击而主动出版免费报纸《科隆晨报》,施普林格出版集团为了同样的目的出版免费报纸《科隆号外》。2001 年《科隆 20 分钟》停刊,这两家出版社也停止出版免费报纸。

二、杂志

德国的杂志,包括专业刊物在内,总计将近 10 万种,从刊物名称来说,专业杂志数量最多,有 3 450 种;其次是大众杂志,1 800 种。读者日益增多的还有所谓的"特殊兴趣"刊物,它们面向一定的读者群。除此之外还有教会刊物、消费者杂志和广告杂志等。各类组织和联合会的刊物占据期刊市场的三分之一。《ADAC-马达世界》是这类杂志中发行量最大的一份。主要杂志如下:

(1)《明镜》(*Der Spiegel*),新闻周刊,德国在世界上影响最大的杂志,1947

年在汉诺威由鲁·奥格斯坦因从一家英国军官办的杂志改组而来,第 1 期仅发行 1 500 份。1952 年迁汉堡。它仿照美国的新闻周刊《时代》,但厚度超过《时代》,每期 350 页。在国内 13 个城市设立编辑部,国外 22 个国家驻有记者。2015 年日发行量为 83.7 万份。股权方面奥格斯坦因和格鲁纳＋雅尔集团各占 1/4,杂志职工拥有 49.5％。1993 年,在慕尼黑出现了一家与它竞争的同类杂志《焦点》(*Focus*),属于布达尔媒介集团,目前发行量 50.8 万份。

《明镜》周刊

(2)《明星》(*Der Stern*)每周画报,德国最大的画报,1948 年创刊,原为较低级的画报,50 年代后期转变为政治时事画报。拥有高级的编辑和摄影师 200 人,建立了 200 多万张照片的资料库。现在发行量 74.1 万份,每期 300 多页,一半为广告。总发行人罗·施密特霍-尔茨。

(3)《请听》(*Hoerzu*),发行量最大的广电周刊,1946 年创刊于汉堡,2015 年以来日发行量 108.6 万份。其他广电杂志发行量也较高。

(4)《布尔达时尚》(*Burda Style*),发行量最大的妇女杂志,1949 年创刊于欧芬堡,原名《布尔达服装》(*Burda Moden*),目前发行量 112 万份,属于布达尔媒介集团,该集团还拥有《焦点》等几十家杂志。其他较为著名的妇女杂志发行量也很高。

(5)《ADAC-马达世界》(*ADAC-Motorwelt*),德国发行量最大的汽车上阅读的消费杂志,全德汽车俱乐部主办,现在发行量 1 386.5 万份。

三、通讯社

德国主要的通讯社即德新社(DPA),几乎所有德国的媒介都订购它的新闻稿,有 1/5 的德国日报完全从该社获取意义重大的新闻。为防止德新社的新闻垄断,该社成立时规定,不允许任何团体占有 1.5％的原始股;持股者中必须包括不同政治倾向和世界观的代表;禁止国家购买公司的股票。该社基础新闻每天发稿 6 万字词,地方新闻 8 万字词,在世界上有订户 700 家,职工 700 人,其中编辑 300 人,另外,世界各地有大约 1 000 名自由撰稿人为其服务,年营业额约 6 000 万马克。

除了德新社外,与之竞争的通讯社是德意志电报服务中心(杜塞尔多夫),以及美联社、路透社、法新社发的德文稿。另外,1949 年建立的联合经济新闻社,是德新社和 10 个企业家、30 家出版社联合的经济通讯社。其他小型通讯社很多，均为专门题材的通讯社。

四、广播电视台

德国除了对外广播的两个国家电台外，没有公营的专门对内的全国性广播电台，主要以州和州际的 10 个公营广播电台为主，其中较大的是汉堡的北德意志台。

德国民营广播电台有约 180 家，其中全国性的较大台是萨克森 FNN 台、RSH 台、巴伐利亚天线台（1988 年建）、柏林 Hundert-6 台（1987 年建）、汉堡台（1990 年建）。

电视台中，公营的全国性的即电视一台和电视二台。一台为德广联直接经营，各成员广播电视公司提供节目，收取收视费。二台在德广联协议下，采用中央运营方式，节目都从美因茨播出。德广联各成员将其收视费的 30％移交二台（占它费用的一半），其他收入来自广告费和各项杂收入。州级的公营电视台共 9 座，其中规模最大的是西德意志电视台（科隆）。1956 年以后，允许德国公营电视播广告，但是每天只限 20 分钟，禁止晚上 8 点以后和星期日播放广告，禁止把广告插播在节目中间。

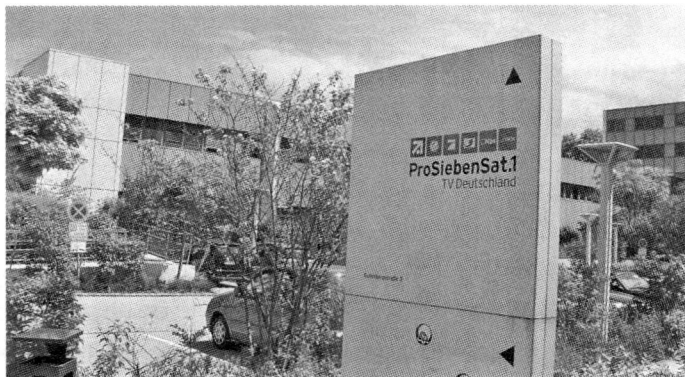

德国卫视 1 台标识

德国有民营电视台 50 多家，全国性的 10 家，原来最大的是设在科隆的卢森堡电视台新频道（RTL Plus），现在居第二位，1985 年开播。该台分为一台和二台两个频道，一台综合娱乐节目，卢森堡广播公司（CLT）拥有最大的股份（88％）；二台主要为电影，鲍尔出版社和慕尼黑出版社拥有相同的最大股份（各 37.55％）。

现在德国最大的民营电视台是设在美因茨的卫星电视 1 台（Sat1）。2000 年

6 月,德国的 ProSieben 媒介公司与卫星一台合并为 ProSieben-Star1 媒介公司,扩大规模的卫星 1 台拥有 4 个频道和全德 1/4 的观众,可覆盖德国、奥地利、瑞士等国。2005 年 8 月 5 日,施普林格集团宣布兼并德国最大的广播电视公司卫视 1 台(ProSiebenSat.1),由于反垄断法,于 2006 年 2 月放弃。2006 年 12 月,覆盖欧洲北部和东部的 SBS 电视集团的控股公司 KKR 和 Permira 宣布,收购卫视 1 台 88% 的股份,成为该台的新老板。它们下一步的计划是,将该台与 SBS 合并,使 SBS 进一步覆盖中欧。民营电视台中,卫星电视 1 台以播报新闻为主的是"新闻频道"(N‑TV)。

德国电视台的市场占有率,居前六位的分别是卫星 1 台、卢森堡台、电视二台、电视一台、电视三台(电视二台与奥地利、瑞士的联合卫星台)、第七频道台(PRO7,阿尔考夫集团所有)。

1996 年 7 月 28 日,德国首家数字电视台"DF1"(当时属于基希集团)在慕尼黑开播。到 1998 年有用户 13 万,可收看 30 多个频道的节目。2002 年 11 月,德国在柏林-勃兰登堡正式开播地面数字电视。2003 年 8 月 4 日,模拟电视完全停播,从而柏林成为世界上第一个完全过渡到数字电视的城市。此后,德国其他城市也开始了数字化进程。德国地面数字电视(DTT)的发展很大程度上要归功于家庭数字用户的增加。自德国部分地区推行 DTT 业务以来,接收数字电视的家庭用户数上升了 45%。截至 2005 年 3 月,已经有超过 600 万户的家庭收看数字电视,而 2004 年 5 月时还是 372 万家庭用户。

五、媒介集团

联邦德国在 50 年代形成报团和杂志出版集团。80 年代以后,随着电子媒介在大众传播媒介中地位的上升,以及开放民营广播电视,出现了电子媒介集团。德国统一后,原来的报团、杂志集团和电子媒介集团正在互相渗透,集团与集团之间相互占有股份,已没有纯粹的报团或电子集团。以拥有报纸看,最大的报业集团是施普林格集团,第二个是西德意志总汇报集团;以拥有杂志看,最大的杂志集团是贝尔特斯曼集团,第二个是鲍尔集团;从对电子媒介的投资看,最大的三家集团是施普林格集团、贝尔特斯蔓集团、基希集团(2002 年破产)。根据综合实力,德国主要的媒介集团有以下几家:

(1)施普林格出版集团(Axel Springer)。该集团的创始人阿克塞尔·施普林格 20 世纪 30 年代起从事新闻工作,二战中曾印刷反法西斯的书刊。1946 年创办广电杂志《请听》获得成功后,开始一系列的收购和创办报刊的活动,1960 年购买下老牌的乌尔施泰因报团(战后将该报团的财产发还)。逐步形成欧洲大陆最大的出版集团,占有德国报纸发行量的 1/4。该集团拥有欧洲发行量最大的《图片报》、德国的代表性高级报纸《世界报》等 60 多家报纸、100 多家杂志、许多出版公司和广告社。同时还通过直接或间接的方式控制着德国其他几十家报纸、民营电视台和广播电台。2014年该集团年收入30亿欧元，其业务遍及世界32个国家，拥有员工1万人。

（2）贝塔斯曼集团(Bertelsmann)。该集团拥有全球最大的图书出版商和欧洲最大的广播电视公司。它的最早创始人卡·贝塔斯曼从1924年起就从事印刷装订业务，历经六代，成为德国最大的杂志出版集团。其业务范围包括报刊出版、广播电视、新媒体和娱乐、专业信息、印刷和媒体服务、图书和音乐俱乐部、传媒电子商务等多个领域。现在的贝塔斯曼股份公司的原始资本68.8%属于该家族。

位于德国小城居特斯洛(Gütersloh)的贝塔斯曼集团总部

贝塔斯曼公司还控制着德国另一特大型杂志集团格鲁纳＋雅尔(Gruner＋Jahr)的多数股份。通过直接或间接的方式，贝塔斯曼公司掌握着《明星》画报、《柏林日报》和德国许多较为重要的杂志，同时参与国外图书市场的竞争。20世纪80年代起，该公司进入广播电视领域，直接或间接地控制着几十家电视台和广播台。1996年4月，该公司所属的乌发电影公司(Ufa)与卢森堡广播公司合并，从而与卢森堡广播公司共同拥有了德国民营的卢森堡电视频道(RTL Plus)的最大股份。2000年4月，该公司兼并了英国皮尔逊公司的广电部门。2002年，收购全球首屈一指的免费音乐下载网站Napster。该集团的业务遍及世界50多个国家，拥有员工8万人；2014年的收入为167亿欧元。

该集团公司直接或间接控制着7个传媒集团：RTL集团(RTL Group)，欧洲最大的广播电视公司；兰登书屋(Random House Inc)，世界最大的图书出版集团；格鲁纳＋雅尔(Gruner＋Jahr)，欧洲著名报纸杂志出版集团；BMG，世界著名音乐集团；阿瓦特(Arvato AG)，著名国际传媒服务公司；贝塔斯曼-施普林格(Bertelsmann Spinger)，是一家与施普林格集团合营的专业信息出版和服务集团；贝塔斯曼直接集团(Direct Group Bertelsmann)，是一家通过俱乐部和互联网发行图书、报纸、期刊的集团。

（3）卢森堡广播公司（CLT）。该公司是比利时和法国金融公司集团所属的公司，在欧洲 19 家电视台和 23 家广播电台中拥有股份。严格地说，它不是德国的媒介公司，但是自从 1996 年乌发公司与之合并以来，该公司占有德国两家最大的民营电视台之一的"卢森堡新频道台"的最大股份，同时亦直接间接地控制着其他十几家德国的广播电台和电视台，因而需要将它视为德国的主要媒介集团之一。

（4）基希集团（Kirch）。创始人是慕尼黑的电影制作商 L. 基希，形成于 20 世纪 80 年代。曾经拥有卫星一台的最大股份，同时在民营电视五台、七频道中拥有较大的股份，通过直接和间接的方式控制着德国几十家广播电台和电视台，该集团是第一家数字电视台 DF1 的创办者，还持有施普林格集团的 1/3 股份，1996 年在世界媒介集团的排名中居第 14 位。基希集团包括三个子集团：基希媒体公司、基希付费电视和基希参股公司，旗下共有 65 家子公司。其中，基希媒体公司是基希集团的核心，以商业免费电视节目、许可证和版权交易，电影、体育节目、娱乐节目、文献纪录片和音乐节目等的制作为主营业务。基希集团购得过 2002 年和 2006 年世界杯足球赛的转播权。然而，巨额的债务使基希集团走向衰亡。2001 年，基希集团的盈利大幅度下降，2002 年，该集团的危机开始连续发生，2002 年 4 月，基希集团由于超过 65 亿欧元的巨额债务而宣布破产，德国传媒业的格局也随之发生重组。

第六章

意大利新闻传播史

古意大利拥有世界上最早的文字记载的新闻传播历史。公元前 59 年,凯撒被选为罗马共和国的执政官,为限制元老院对他的约束,他发布的第一道命令是:"嗣后元老院工作的报告,务需每日写出公布之。"于是便产生了置于公共场所的《每日纪闻》(*Acta Diurna*),这是一块涂了石膏的白木板,上面除了元老院的会议记录外,还有政府政令、远征军战绩、司法消息、税收情况,以及一些社会新闻。有专职人员抄录编辑,转送到罗马各重要城市,不少上层人士是这种手抄新闻的订户。凯撒被刺杀后,罗马共和国转变为罗马帝国,帝国的第一位皇帝屋大维,公元前 27 年也发布过类似的出版《每日纪闻》的命令。这种官方的每日手抄新闻,持续到公元后 330 年罗马首都东迁时止。

古罗马帝国四通八达的陆路交通大道和繁忙的海上交通网,既便利了商业贸易和军队的调动,也大大便利了新闻的传播。"条条大道通罗马"的成语,反映了古罗马人流、物流和信息流的繁荣。信息传递之迅速,是维系庞大的横跨欧、亚、非的帝国存在的基础之一。公元 79 年,那不勒斯南部的罗马小城庞贝被火山吞没。根据考古挖掘,这座仅 2 万人口的城市,街头的公共事务布告和竞选标语、商业广告等就有 3 000 多条;拥有一座容纳 2 万人的角斗表演场、一座容纳 5 000 人的大型音乐厅和一座容纳 1 500 人的小型音乐厅。

但是,随着西罗马帝国的灭亡,作为古罗马中心地带的意大利,在以后 1 000 多年的历史中,只是一个地理名词,而不是一个完整的国家概念。现在意大利的境内曾前后出现过许多封建性质的王国、公国和代议制雏形的城市共和国,以及以罗马城为中心的教皇国。部分领土也曾经为奥地利、法国、西班牙占领。直到 19 世纪中叶意大利实现统一前后,才出现较为现代化的报纸。在现代新闻传播业的起源过程中,意大利曾经有过发展的机遇,但都错过了。不过,即使在相当封闭的中世纪,由于古代社会遗留的传统,各种新闻信的传播虽然大大减少,但并没有完全消失。

鉴于意大利的这种特殊的新闻传播历史,在西方工业化国家中,它的新闻传播业相对落后。在其发展中，由于一步未跟上，随后便处于步步跟不上的境地。当然，比起发展中国家，意大利的新闻传播业还是比较发达的。

第一节　文艺复兴时期，新闻传播发展的机遇和机遇的丧失

中世纪末期，意大利处于地中海贸易的中心，再次成为欧洲商业发展的交通枢纽。这种商业交往的繁荣，使意大利成为文艺复兴运动的摇篮，而"文艺复兴时期人们最感兴趣的两件东西——书籍和建筑"[1]也随之兴盛起来，构成新的传播体系。到处都可以看到勤奋抄写的人，从教皇到普通教士。被赋予"写本人员"称号当时是一种光荣。1466 年德国印刷术传播到罗马，使得意大利的印刷出版物迅速兴起，15 世纪内出现了一批印刷所，印刷的书籍和活页文字、木刻宗教宣传图画等，其技术水平超过当时的德国，其中有的带有新闻性。1530 年以后，出现印刷书信集。16 世纪，手抄新闻在港口城市得以恢复和发展。1536年，威尼斯重新出现职业手抄报人，专事编写和传递新闻。现存最早的意大利手抄新闻，是 1554 年起在罗马发行的。1566 年，威尼斯开始出现定期发行的有系统的手抄新闻，张贴在公共场所，交一文钱即可上前阅读。这种手抄新闻被称为《威尼斯公报》。

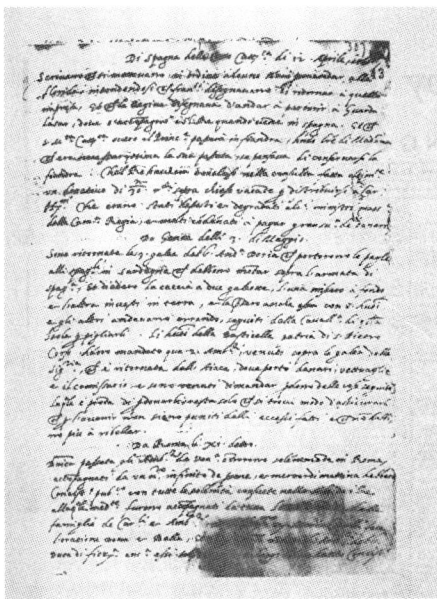

1566 年手抄《威尼斯公报》

然而在意大利中部的罗马，教皇保罗四世于 1559 年发布第一版《禁书目录》，在教皇国的范围内（当时意大利中部和南部大部分属于教皇国），出版业受到极大的限制。

16 世纪后半叶，手抄新闻在意大利较为流行，而活页的印刷新闻纸由于被一些高级文化人视为"德国城市野蛮人的发现"[2]，一时没有得到较为广泛的发展。如果意大利继续是欧洲贸易的中心之一，意大利的现代新闻传播业有可能

① 雅各布·布克哈特《意大利文艺复兴时期的文化》第 183 页，商务印书馆 1979 年中文版。
② 雅各布·布克哈特《意大利文艺复兴时期的文化》第 190 页，商务印书馆 1979 年中文版。

随之形成。由于世界地理大发现和新航路的开通、奥斯曼帝国阻断东西方陆路贸易等原因,欧洲的商业,随后是欧洲的工业,逐渐从地中海转向世界大市场,地中海贸易开始衰退。于是意大利出现马克思所说的情形:"在15世纪末开始的世界市场的革命破坏了意大利北部的商业优势之后,产生了一个方向相反的运动。城市工人大批地被赶往农村,给那里按照园艺形式经营的小规模耕作带来了空前的繁荣。"①一旦意大利从初期的资本主义经济倒退回小农经济,在文艺复兴带动下新闻传播的初步繁荣便消失了。此后约200年,意大利在欧洲事务中再次被人们所遗忘。

第二节 17—19世纪中叶,新闻传播业的缓慢发展

虽然意大利四分五裂,社会对新闻的需求不大,但各地方性封建政权对报刊的控制与欧洲其他封建王国没有什么两样。15世纪,威尼斯共和国出现最早的世俗政权对印刷出版物的检查制度。16世纪,教皇发布谕旨,禁止手抄新闻的传播。

1645年,当时意大利最大的诸侯政权萨丁王国(位于意大利北部),授予教士沙西尼(Socini)办周报的特权5年,这是意大利关于定期印刷报纸的较早记录,也是最早的特许出版的记录。1646年,另一位叫阿萨林诺(L. Assarino)的人,在意大利南部的热那亚出版报纸《诚实报》,这成为最早留下报名的意大利报纸。

18世纪的《罗马公报》

18世纪的意大利已经相当落后于欧洲主要国家。教皇国于1714年创办的《罗马公报》(*Gazzetta di Roma*),是18世纪意大利唯一有些影响的报纸。另外还有一家创办于1770年的威尼斯共和国的官方《公报》,本来影响就不大,随着1797年威尼斯被拿破仑占领,这家报纸便消失了。

1796年法国督政府任命拿破仑指挥南路军进攻意大利北部,占领北部主要城市米兰。出于军事需要,拿破仑在那里创办了《意大利军事邮报》(后改名《意大利军队观察法国报》),这家报纸客观上传播了法国革命的

---

① 《马克思恩格斯全集》第23卷784页,人民出版社1972年版。

思想。法军进入意大利后,许多地区发生革命,建立共和制,出现了一些不大的具有民主意识的刊物。

1815 年拿破仑失败,奥地利占领意大利北部地区,奥当局在米兰出版了官报《米兰公报》(*Gazzetta di Milano*,1816 - 1875)。意大利统一之前,北部的《米兰公报》和中部的《罗马公报》是意大利的主要报纸,均属于官报性质。由于意大利北部经济较为发达,加之报纸分布百年来形成的传统,以致现在意大利的新闻中心首先是米兰,其次才是罗马,新闻媒介主要集中于北部,其次是中部,南部所占比例较小。

从 19 世纪 20 年代起,意大利开始统一复兴运动。烧炭党于 1820 年创办《意大利周报》。1829 年和 1831 年,革命家马志尼(G. Mazzini)分别创办《热那亚消息报》《意大利青年报》。这些报刊虽然规模有限,大都非法出版,但是对意大利民族意识的崛起影响颇大。1847 年加富尔(C. Cavour,1852 - 1861 年任萨丁王国首相)创办的《复兴报》和 1860 年创办的《人民公报》(*Gazzetta de Popolo*),是统一复兴运动后期主要的政治性报刊。

1848 年欧洲革命也波及到意大利,许多大城市爆发革命,萨丁王国、教皇国、那不勒斯王国等被迫颁布自由主义宪法,承认新闻出版自由。这是意大利历史上第一次从法律上确认新闻出版自由。虽然革命失败后这些当权者的诺言均没有兑现,但是长期封闭的出版环境毕竟被打开了一条缝隙。革命中涌现出一批代表不同党派的报刊,例如佛罗伦萨的《黎明报》(*L'Alba*)、罗马的《现代人报》(*Il Contemporaneo*)、都灵的《协和报》(*La Concordia*)等,但均存在时间不长。

1853 年,在北部皮蒙特王国首相卡沃尔伯爵的赞助下,来自的里亚斯特的新闻记者斯蒂芬(G. Stefano),在罗马创办了一家服务于皮蒙特王国的通讯社,是为意大利第一家通讯社。意大利统一后该通讯社定名为斯蒂芬电讯社。

第三节　国家统一初期新闻传播业的迅速发展,20 世纪初的法西斯化

一、统一初期新闻传播业的发展

意大利王国 1861 年形成,这是意大利统一的第一步,首都佛罗伦萨。萨丁王国国王为意大利国王。于是在佛罗伦萨于 1859 年出版的《民族报》(*La Nazione*)和于 1868 年在原萨丁王国首都都灵创刊的《皮蒙特报》开始显露头角。后者于 1895 年改名《新闻报》(*La Stampa*)以后,影响渐大,成为全国第二大报。在米兰,1865 年出现一家有较多手绘新闻图(素描)的报纸《图片论坛报》

现在都灵《新闻报》销售大厅（李歌吟摄）

（*L'emporio Pittoresco*）。

1866 年，借着普奥战争，威尼斯从奥地利手中回归到意大利。1870 年，借着普法战争，意大利军队占领教皇国，教皇被剥夺世俗权力，退居罗马城西北一隅梵蒂冈。意大利王国迁都罗马，最终完成国家的统一。罗马教会于 1861 年创办的报纸《罗马观察家报》（*L'Osservatore Romano*），主要通过精神、道德的方式影响公众。

统一后意大利的现代报业迅速发展，其特点是政党报刊与商业报刊同时发展，而且一定程度上政党意识对报刊发展的影响更强些。因为意大利没有经过真正的社会革命，政治制度不稳定，各派政治力量的斗争长期以来成为舆论的主要话题，这影响到报业的商业性发展，但无论如何，统一本身亦是意大利报业商业化的开端，尽管它所走的道路较为漫长。

1876 年，一位年轻而富裕的专业人员卡里多·帕韦西为了自己进入政界，在两位朋友的协助下投资 3 万里拉，在米兰创办了《晚邮报》（*Corriere Della Sera*），他聘请记者托雷利-维奥利尔（*E. Torelli-Violier*）担任总编辑，副总编辑是贾科莫·拉伊蒙迪，他是国际工人协会（第一国际）会员。报纸持温和自由主义倾向，初期每期发行 3 000 份，到 1880 年达到 1 万份。虽然不久该报就改为早报，但是这个报名一直保留了下来。1885 年，该报由纺织工业家克雷斯皮（Crespi）买下，投资更新设备，实行企业化管理。这位企业家后来被评价为"意大利第一个不把一家日报的所有权看作是政治讲坛，而看作是利润的来源和公众的一种责任的出版商"。① 因而，报纸总编维奥利尔获得了相当大的编辑权。到 1898 年，报纸发行量增加到 5 万份。1899 年维奥利尔逝世，他的秘书路易吉·阿伯蒂尼（L. Albertini）接任总编辑，他进一步采用美国办报经验，逐渐使该报成为意大利最有影响的商业报纸，报社也变成了一个出版多种报刊的企业集团。1902 年报纸发行量超过了 10 万份，1915 年曾一度飙升到 100 万份。

统一后各城市创办的报纸中较有影响的还有罗马的《论坛报》（*La Tribuna*，1883 年创刊）和《信使报》（*Il Messaggero*，1878 年创刊）、波洛尼亚的《古钱报》（*Il Resto Del Carlino*，1885 年创刊）、热那亚的《十九世纪报》（*Il Secolo XIX*，1886 年创刊）、那不勒斯的《晨报》（*Il Mattino*）等。

---

① 马丁·沃克《报纸的力量》第 151 页，新华出版社 1987 年中文版。

　　政党报刊中,国家统一后发展最快的是众多的不同派别的社会主义报刊,但大多很小。1896 年创刊于罗马的意大利社会党机关报《前进报》(Avanti),渐渐在其中成为当时影响最大的政党报纸。1912—1914 年,厄贝托·墨索里尼(Benito Mussolini),即后来法西斯主义的创始人任该报主编。

　　这一时期意大利的杂志也有所发展。学术性的杂志以意大利哲学协会出版的《哲学评论》为代表,1870 年创刊于佛罗伦萨,并同时在罗马发行(至今仍在出版)。大众杂志以《晚邮周刊》为代表,1899 年创刊,当时发行量达到 80 万份。

　　国家统一后,斯蒂芬电讯社也得到较大发展。该社先后与沃尔弗社、奥地利通讯社、哈瓦斯社建立发稿协议,因而名声扩大,有欧洲第四大通讯社之称。

二、意大利新闻传播业的法西斯化

　　意大利长期以来缺乏民主制的传统,一旦出现经济危机,人们就寄希望于某位"救星",这就为法西斯主义当道提供了条件。20 世纪初,意大利经济凋敝,债台高筑,民怨沸腾。于是许多不满现状的下层民众投到了墨索里尼法西斯党的麾下。墨索里尼1914 年离开社会党后,在米兰创办《意大利人民报》(Il Popolo d'Italia),进行法西斯主义的鼓动。1919 年正式成立法西斯党,同年在热那亚创办《法西斯工人报》(Lavoro Fascists)。1922 年 10 月,墨索里尼率领 4 万名法西斯党徒完成"向罗马进军",迫使国王任命他为总理。

　　墨氏上台后一度亲自在内政部新闻处兼职(后来负责人为墨氏的女婿西阿诺),直接控制各新闻机构,并于当年颁布行政法规,限

墨索里尼

制社会党、共产党、天主教党、自由党等反对派报刊。意大利的主要商业报纸《晚邮报》初期一度支持法西斯党,后来感到应该实行法治,从而反对法西斯党。1924 年,意大利共产党和左翼社会党在米兰创办《团结报》(L'Unita),不到半年就获得 6 万订户。

　　1925 年起,墨索里尼公开而全面地实行新闻传播业的法西斯化。此前,法西斯当局连续暗杀了多位反法西斯的著名记者。1925 年 6 月 20 日,墨索里尼出其不意地向议会提出一项出版法案,只经过半小时辩论,以仅 5 票反对的绝对多数通过。政府随即颁布的"新闻记者登记法"规定:"凡不对法西斯效忠者,均

不得从事新闻事业"①。接着从地方到中央成立法西斯记者公会，从组织上有系统地控制新闻工作者。在法西斯分子向《晚邮报》大楼投炸弹的情况下，总编辑阿伯蒂尼被迫于1925年10月辞职。1926年，当局又制造所谓刺杀墨索里尼事件，以此为借口实行全国大搜捕，所有反法西斯的报刊全部被封闭。《团结报》创刊的前13天有11天被没收，被迫转入地下出版达18年。《晚邮报》《新闻报》等报纸被迫宣传法西斯主义。《新闻报》的所有者于1926年被迫出卖报纸，法西斯党的前任秘书长成为该报主编。

斯蒂芬电讯社于1922年被改组为国家通讯社，其他通讯社不得向外发稿和派驻记者。1935年，该社全部经费由政府负担，从而完全置于法西斯党的控制之下。

1924年10月，罗马广播电台在两家无线电公司的支持下开播。同年12月，这两家公司组建意大利广播联盟，并获得邮电部6年的经营特许权。1927年该公司改名意大利广播收听公司，实际上成为官方的控制机构，获得25年的垄断经营特许权。出于宣传法西斯主义的需要，意大利的广播事业发展较快，各大城市陆续建立广播电台，至1943年法西斯垮台前，意大利已有广播电台41座，全国性广播网2个。

墨索里尼曾经严厉抨击反动的书报检查制度，然而他当权后则大肆宣传：报纸仅次于教育下一代人民的学校，它担负着教育大众及启发其知识的双重使命。报纸应为政府事务的一部分，不能由私人自由经营。为达成法西斯所赋予之使命，意大利报纸须经常接受内政部新闻管理处之工作指示。为保证言论一致，一个地区只许有一种报纸。② 各报接受的指示包括每天的版面安排、标题字号和言论基调等。

1925年6月，法西斯党召开了最后一次代表大会，这次大会原定开三天，但是几小时就结束了，因为墨索里尼要求：从此以后，党内再也不允许有批评，不允许存在分歧和派别，只准有唯上是从的严格纪律，而且这种纪律不只是形式上的，它实实在在，甚至神圣不可侵犯。很多准备发言的法西斯党的代表撤回了发言申请。从此，法西斯党内一切争论绝迹。③

这个党内的政策很快进一步扩大到了社会文化层面。墨索里尼认为，法西斯主义因为主张"文化专制"，可以对艺术发展所起的作用比以往任何一届政府都大。他以委派的方式组成各种委员会以结束不同艺术派别之间的争论。他认为争论只能使人们思想混乱，似乎显得法西斯政府没有主见。艺术家和知识分

① 李瞻《世界新闻史》第431-432页，三民书局1983年第7版。
② 李瞻《世界新闻史》第432页，三民书局1983年第7版。
③ 丹尼斯·麦克·史密斯《墨索里尼传》第125页，时代文艺出版社2004年版。

子必须满足于自己在国家中的从属地位,不允许再有什么"保持中立的思想"。意大利在支持艺术家方面比任何其他国家都做得好。因此,艺术家理应做政府的工具,在他们的创作中表现生活在"法西斯和墨索里尼世纪"的无比幸福无比荣幸。①

法西斯统治时期,意大利政治上的指导性报纸是《意大利人民报》,该报1922年后由墨氏的胞弟安纳尔杜和侄子先后主持工作。其他法西斯报纸中,较重要的有《意大利日报》(Il Giornale D'Italia)和《邮报》(La Tribuna)。前者在罗马出版,实际是外交部创办的报纸,主编盖达(V. Gayda),是对外进行法西斯宣传的主要报纸;后者在都灵出版,是对内以提供消息的形式宣传法西斯主义的主要报纸之一,社长是法西斯党前任秘书长杜瑞蒂(A. Turati)。社会性报纸中,《晚邮报》《新闻报》等仍然较有影响,但必须宣传法西斯主义。只有《罗马观察家报》尚能够以谈论国民教育、种族偏见、超国家主义等方式,间接发表一些反对法西斯的言论。至1939年,意大利有日报66家,总发行量460万份,其中2/3集中在北部和中部。

第四节　二战后至70年代,新闻体制的确立和新闻传播业的发展

1943年7月,盟军在意大利登陆。与德国不同的是,意大利存在长期进行武装抵抗的各党游击队,它们乘机解放了许多地方乡镇,以地主的身份欢迎盟军的到来,并接管了各地法西斯党的报刊。例如共产党、天主教民主党分别接管了《意大利人民报》的米兰版、罗马版。《晚邮报》米兰版在被接管前,其内部的反法西斯主义记者于1945年4月出版《新晚邮报》,宣布起义。除了原法西斯党的各级机关报被禁止出版外,其他意大利报纸大多经过内部改组、转变立场,继续出版。盟军1944—1946年初实行过战时新闻检查,1946年取消检查。同年,经过全民投票,决定废除君主制,建立意大利共和国。1947年12月通过的宪法第21条规定:"任何人均有以言论、著作及其他任何传布思想之方法·自由表达其思想之权利。出版无须得到准许或经过检查。"②从而以宪法形式确立了意大利新闻出版自由的体制。以后意大利关于新闻出版的专门法律陆续出台,涉及对记者职业的要求、报刊经费管理的透明度、限制媒介所有权的集中等,没有动摇过基本的体制。

---

① 丹尼斯·麦克·史密斯《墨索里尼传》第165页,时代文艺出版社2004年版。
② 李瞻《世界新闻史》第455页,三民书局1983年第7版,根据提供的英文做了重译。

各种传播媒介在战后发展的情况如下:

一、报刊

由于历史的原因,经过长期压抑的各党派在获得解放后迅速地发展自己的报刊业,使得意大利党派报刊得到急遽发展。其中共产党以《团结报》为核心形成意大利最大的政党报刊集团。《团结报》40年代的发行量40万份,为全国第三大报。天民党的机关报是1923年创刊的原人民党报纸《人民报》(Il Popolo),1943年秘密重新出版。社会党仍然以《前进报》为机关报。它们各自以中央机关报为核心形成党报集团,但规模没有共产党报团大。还有一些小党的报纸,例如共和党、社会民主党等,也在40年代分别恢复或创办机关报《共和之声》、《人道报》。

意大利政府为发展报业,从1946年起规定,不问报刊政治倾向,一律以2/3的价格供应新闻纸,并根据情况减税或免税。这样的政策持续到70年代。得益于对报刊出版的优惠政策,意大利报业的发展较快。除了19世纪统一后十几年内创刊的老报刊外,又有一批新报刊在20世纪国家从法西斯控制下解放后诞生。其中较著名的,有40年代在罗马创刊的《时代报》、在米兰创刊的经济金融报纸《24小时报》;50年代在米兰创刊《今日报》;60年代在罗马创刊的《12小时报》;70年代在米兰创刊的《日报》(Il Giornale)、在罗马创刊的《共和国报》(La Repubblica)等。但较长的时间内,《晚邮报》《新闻报》的发行量和威望依然在全国居第一位和第二位。

杂志在战后发展也很快,形成新闻性、娱乐性两大类,妇女杂志成为新的出版热点。战后发行量曾超过100万份的杂志是综合性大众杂志《晚邮周刊》和《今日周报》(Oggi)。新创刊的新闻性杂志中,以1955年在罗马创办的《快报》(L'Espresso)、1950年在米兰创办的《时代》(Epoca)和1962年在米兰创办的《全景》(Panorama)较为有名。

战后的第一个10年,是意大利报刊的快速发展时期,随后的近20年发展缓慢。除了国家经济发展总体缓慢外,报刊接受政府优惠政策的同时,亦要在售价方面受到政府规定的限制,没有经营的活力,广告意识薄弱,一定程度上依赖于各政党。总之,市场经济的因素不强,是这种情况长期存在的根本原因。由于法律对报业集中的限制,到70年代初,意大利尚没有出现明显的报业集团。

二、通讯社

斯蒂芬电讯社随着法西斯的垮台而瓦解。1945年1月13日,12家日报以合作的形式在罗马成立全国新闻联合通讯社(Agenzia Nazionale Stampa Associata),缩写发音即安莎社(ANSA)。创办后不久,又有一些报纸加入,多达

50 多家,从而它成为意大利的第一大通讯社。到 70 年代,该社已有国内分社 14 个,国外分社 69 个,每天用五种文字发稿约 30 万字符。

1950 年,意大利国有的碳化氢公司(埃尼集团)在罗马创办了意大利通讯社,当时为执政的天民党控制。这是意大利第二大通讯社。

其他的通讯社均很小,二战后的解放初期共约 350 家,半数为专业性通讯社,有 50 家为政党通讯社。政党通讯社中最大的是社会党通讯社,1962 年创办于罗马,后来转变为集团公司性质的"阿德恩·克罗诺斯通讯社",现在成为意大利的第三大通讯社。

三、广播电视业

意大利广播业在战争末期有所损失,但广播收听公司没有被解散,而是被反法西斯的新政府接收,于 1944 年改名意大利广播公司(Radoi Audizioni Italia)。1952 年,当初公司与政府的特许经营合同期满,续签新合同,其名称改为意大利广播电视公司(Radiotelevisione Audizioni Italiana),但仍简称为 Rai。Rai 由国有的复兴工业公司掌握大部分股份,而该公司又为执政的天民党控制。1954 年 1 月,公司开始播出电视节目。公司主要收入是收视费、零部件货物税和有限制的广告费。形式上的公营实际上是国营,国营也是名义上的,而是执政党经营。这是意大利 20 世纪中期广播电视业的一种说不清楚的独特体制。到 70 年代,意大利有两个全国性广播电台、三个电视台。

第五节　20 世纪后半叶至 21 世纪初意大利新闻传播业的变化和发展

20 世纪 70 年代中期,由于新传播技术革命的影响、新一代人接受信息观念的变化,以及经济的不景气等新情况,迫使政府放弃长期优惠报业的政策(但纸张价格和报纸零售价格直到 1988 年才放开),意大利新闻事业开始发生重大的变化。

一、报业的变化

在报业方面,议会于 1981 年通过出版法(1984 年和 1987 年又对之修订),以种种限制报业集中的形式(例如所有权透明、股份不得暗中转移、限制集中的比例、公布账目等),实际上承认了商业性报团的存在;趁着经济的不景气,几个实力较强的财团迅速占有主要商业报刊。与此同时,老的报纸开始摆脱政党的影响而注重于社会的警示作用;新创办的报纸注重吸引新一代的读者,努力适应他们的接受习惯。于是从 80 年代起,形成罗马的新报纸《共和国报》(La Repubblica)与米兰的老报纸《晚邮报》之间的竞争态势。

政党报纸这一时期开始衰落,随着 90 年代初原来几个主要政党的分裂和瓦解(天民党和社会党分裂为多个小党,共产党先是分裂为几个小党,后来又形成"重建共产党",最后改名"左翼民主党"),它们原来的机关报已经成为独立报纸,只是由于传统的联系,一定程度上还代表原来那些党的成员们的利益。2000 年 5 月 22 日,曾经是意大利最大党报的《团结报》宣布停刊,这标志着意大利并且是西方世界完全进入商报时期。《团结报》于 2001 年 1 月复刊,但不再是党派报纸,而是隶属私营公司。

二、广播电视业的变化

20 世纪 70 年代中期民营地方性广播电台和电视台不顾禁令而纷纷出现,迫使议会考虑广播体制的改革问题。1975 年通过新的广电法,重申 Rai 在全国广电的垄断地位,同时将 Rai 改造为真正的公营广播公司,Rai 所属的广播电台和电视台分别改为独立经营的公营台。1977 年形成公营电视一台和二台,接着又于 1979 年建立电视三台,以图引起竞争。初期,这几个台实际上被几个主要政党分别控制,随着这些政党的分裂和瓦解,意大利广播电视公司在 90 年代以后才基本上成为由议会电视委员会制定方针、国有的复兴工业公司操作的公营性质的公司。意大利复兴工业公司现在占有它 99.55% 的股份,而该公司由政府完全控股,另 0.45% 属于意大利作家和编辑协会。

1976 年议会通过法律,开始允许地方性民营广播电视业存在。这个口子一开,三年内意大利一下子涌现广播电台 3 000 家,电视台 900 家。不过,其中一半并没有运转,只是为了抢占频道。1980 年 11 月,米兰的富商贝卢斯科尼(Silvio Berlusconi,1936 -   )将其所属的 20 多家地方电视台联合为"电视五频道"(Canal 5),实为意大利第一家全国性民营电视台。1982 年,蒙达多利-快报出版集团(Mondadori-L'Espresso)创办全国性的民营电视台——四网(Rete 4)。

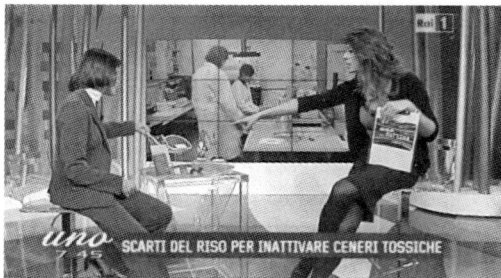
Rai 一台节目画面

但是就在当年,贝卢斯科尼的菲宁维斯特公司(Fininvest)买下四网和另一富商鲁斯科尼(Rusconi)的意大利电视一台(Italia 1),从而贝卢斯科尼成为拥有三个全国性电视台的老板。到 1986 年,他占据了全国商业电视 80% 的市场,其 2000 年营业收入高达36 305亿意大利里拉。

Rai 为保持全国广播电视的垄断地位,长时间与贝卢斯科尼打官司,这种现状持续到 1990 年,才由议会通过"公共和私人广播电视体制之规定",首次明确了私人拥有经营全国性广播电视业务的权利,于是形成公营的意大利广播电视公司与民营的菲宁维斯特公司这两大广电集团的竞争。接着,贝卢斯科尼在当年(1990 年)建立特莱比乌付费电视台(Telepiu)。双方竞争大体处于均衡状态,Rai 的三套电视节目观众占有率在 45% 左右,略高于贝卢斯科尼的三套节目;但贝卢斯科尼集团的广告收入却占到全国的 1/3,是 Rai 的两倍半左右。但 Rai 还有一笔可观的视听费收入。

1996 年 3 月,意大利签署欧洲委员会卫星通信自由化指导原则。这意味着将允许民营卫星进入传播业。1997 年初,议会批准的新广播和电信法规定,任何广播机构都不能单独控制 20% 以上的地面频道或 30% 的全国电视收入。

1997 年 9 月,意大利广播公司新建的 RaiSat 电视台首播数字卫星电视节目。

三、20 世纪 70 年代以后形成的主要报团

这时期形成的商业报团中,最大的有四个(实为三个),即蒙达多利-快报出版集团、里佐利(Rizzoli)-晚邮报出版集团、菲亚特出版集团(Fiat)、蒙蒂-里费塞出版集团(Monti-Riffeser)。

(1)蒙达多利-快报集团拥有全国报纸发行量的 13.5%,全国期刊发行量的 23%。以该集团创办的《共和国报》为核心报纸,另外还拥有 9 家省报。

(2)里佐利-晚邮报集团的核心报纸是《晚邮报》,该报 1974 年从克雷皮斯家族转手菲亚特公司和莫拉蒂公司,不久,意大利的出版商里佐利买下该报的全部资本。80 年代曾抛售该集团公司 41% 的股票。该集团还拥有全国性的日报《体育报》(发行量 60 万份),共占有全国报纸发行量的 16%、全国期刊发行量的 17%。

(3)菲亚特出版集团是意大利最大的汽车工业制造企业菲亚特集团的附属公司,该公司 1926 年起拥有《新闻报》。现在它还拥有《新闻晚报》等其他一些报刊,占全国报纸发行量的 7%。

由于菲亚特集团通过财政手段又控制着里佐利-晚邮报集团的经营业务,因而如果把它与里佐利集团看作一个联合集团,那么"里佐利-菲亚特集团"就是意大利最大的报团。

(4)蒙蒂-里费塞集团控制着 5 家地区性报纸,占有全国报纸发行量的 9%。

四、21 世纪初代意大利新闻传播业的格局

1. 报纸杂志
由于政党长期直接间接地控制着各种报纸,意大利大众化的商业报纸没有

得到发展,因而几乎不存在其他发达国家大都有的那种廉价大众报纸,报业只能分为全国性和地方报纸两类,共有日报 101 家。全国性的综合报纸 17 家,专业(政治、经济、体育等)报纸 14 家。意大利日报的总发行量 700 万份,其中全国性报纸占 73.5%。北部和中部依然是主要的发行区域,南部仅有 16 种地方日报,发行量均不超过 10 万份,而人口却占 34%。意大利有读报习惯的人相对少,大约占人口的 60%。

有代表性的主要报纸是《晚邮报》《共和国报》,以及《新闻报》。

《晚邮报》(*Corriere della Sera*)是意大利历史悠久、最具代表性的报纸,较为严肃。现在隶属于 RCS 媒介集团。每天 48~56 版,截至 2014 年 12 月日平均发行量 41.1 万份。它代表北方工业区域的利益,总部在米兰,有编辑人员300 人,在世界 16 个主要城市驻有记者。

现在的《晚邮报》和《共和国报》

《共和国报》(*La Repubblica*)是新一代的代表性报纸,开本略小,彩色印刷,现在每天 56 版,各地还有地方版,2014 年 12 月资料显示日平均发行量 40.3 万份,总部罗马,有编辑记者 350 人。该报现隶属于快报出版集团(Gruppo editoriale L'Espresso),风格相对活泼,每周有"生意与金融"、"找到罗马"等增刊。在世界 13 个主要城市驻有记者。

《新闻报》(*La Stampa*)拥有更为悠久的历史,长期在意大利报纸中居第二位,现在不得不让位于《共和国报》,但还是拥有相当的威望。现在每天 44 版,较为严肃,截至 2014 年 12 月日平均发行量 30 万份,总部在都灵,有编辑记者 110

人,在世界 8 个主要城市驻有记者。

杂志中影响最大的是综合性周刊《全景》,属于蒙达多利集团,总部在米兰。该刊内容丰富,国内政治的分析文章很著名,同时提供较多的文化和社会生活方面的报道,发行量 45 万份。其次是图文并举的综合性周刊《时代》,图片占有更重要的地位,也属于蒙达多利集团,总部在米兰,发行量 14 万份。《快报》周刊也占有相当重要的地位,涵盖政治、经济、文化方面的内容。其他的主要综合性期刊还有《欧洲人》周刊、宗教性期刊《基督教家庭》。

1990 年贝卢斯科尼收购蒙达多利(Mondadori)出版集团。该集团所出版的图书占有意大利 30％的市场份额,并出版 50 多种杂志,占有意大利 38％的杂志市场份额。

2. 通讯社

意大利最大的通讯社依然是安莎社。70 年代以后在传播技术方面进展较快。现在国内有分社 22 个,国外有分布在 78 个国家的 83 个分社和记者站,布宜诺斯艾利斯设有一个总分社,负责拉美地区的新闻发布。全社工作人员 1 000人,其中记者 500 多人。每天使用意、法、英、西班牙、葡萄牙 5 种文字发稿 30 万字符。拥有订户 2 156 家。重视拉美和发展中国家新闻。

3. 广播电视台

意大利的广播电台中,公营 Rai 的 3 个全国性调幅广播电台和两个立体声台拥有最大的收听率(52.4％)。该公司还拥有 21 座地区性的广播电台,覆盖面 100％。民营广播电台 90 年代纷纷联合,已有 20 家全国性的,但影响力远没有Rai 的大。

电视台主要有 6 个台,形成两大体系,即公营的 Rai 一台、二台和三台;民营菲宁维斯特公司的五频道(Canale 5)、四网(RETER4)和意大利一台。Rai 还设有独立的电视新闻一台、电视新闻二台,行政上平行于电视一、二、三台和广播新闻一台、二台和三台,新闻节目代表各政党的观点和见解。其他的民营电视台虽然数量较多(700 多个台),但是只占全国各种大众媒介广告份额的 5％以内,微不足道。而 Rai 则占 15％左右,菲宁维斯特占了三成以上。

意大利 1990 年广电法律规定,全国性公营的广播电台和电视台广告不得超过每周总节目时间的 4％以及每小时的 12％;全国性民营广播电台和电视台则不得超过全天总节目时间的 15％以及每小时的 18％。

意大利几乎没有电缆有线电视。1991 年 Rai 首先试验卫星电视的播出。特莱比乌付费电视台拥有三个频道(Tele＋1、Tele＋2、Tele＋3),分别提供电影、体育和综合文化教育节目。从 1989 年 12 月起,Rai 使用"奥林帕斯"卫星开办卫星直播电视,每天广播 15 个小时,内容选自地面播出的 3 套节目。另外通过"欧洲卫星"1 号向欧洲各国传送对国内广播的第一、二套电视节目,还通过泛美卫星系统向拉丁美洲的电缆电视网传送节目选辑。1997 年该台试行播出 20 多个频道的数字卫星电视节目。1999 年，RAI 还与法国的新频道电视台合作开办了意大利最主要的数字电视频道——新数字频道，现在 Rai 的数字信号已经覆盖了 62％的意大利人口。

美国《时代》杂志封面上的贝卢斯科尼

鉴于 1997 年初通过的新广播和电信法，意大利的广播电视媒介的格局继续发生着变化。根据这项法律，贝卢斯科尼在 1999 年中止他的电视四网的地面传送，转为卫星传送。Rai 电视三台则停止播出广告，完全依靠收视费收入，2002 年意大利收视费标准是每台电视机 97.1 欧元。其他意大利广播电视公司的部门，在任命新的执行委员会之后，进行部分私有化。1998 年，特莱比乌电视台（Telepiu）的 90％股份 1998 年已由法国新频道电视台购买。然而 2002 年 9 月，默多克的新闻集团耗资 10 亿欧元，又从维旺迪集团手中成功收购了特莱比乌电视台。

由于贝卢斯科尼从政，根据法律规定，必须部分出售其产业，菲宁维斯特公司从贝卢斯科尼家族控制转变为集体管理型企业。2015 年 7 月 9 日，贝卢斯科尼因涉嫌收买议员被判入狱三年。

4. 媒介集团

由于意大利的新闻传播业在主要发达国家中落后一步，现在该国的媒介集团尚可区分为报团、电子集团，但两者之间的相互渗透已经开始，未来也正向综合性媒介集团的方向发展。

菲宁维斯特集团：现在的菲宁维斯特集团，已成为国内极具影响的多门类集团企业，是欧洲第二大"传媒帝国"。除拥有意大利最大电视网络公司梅迪亚赛特传播集团（Mediaset）近一半的股权外，旗下还包括美杜莎影业集团（Medusa）和蒙达多利出版集团（Mondadori），以及著名的 AC 米兰足球俱乐部。Mediaset 创办的 Mediaset on line（MOL）是意大利访问量极高的门户站点。2005 年，蒙达多利集团对 101 电台的并购，使得菲宁维斯特集团首次进入了广播领域。菲宁维斯特集团的印刷媒介占全国日报发行量的 3％、周刊的三成以上、月刊的约 1/7。其媒介部分的年经营额 1996 年为 35.4 亿美元，在欧洲居第六位。该现任总裁是现任意大利总理的长女玛瑞娜·贝卢斯科尼。

RCS 媒介集团：2003 年 5 月 1 日，HDP（Holding di Partecipazioni Industriali）公司和里佐利-晚邮报集团重组完成，遂有了现在的 RCS（Rizzoli Corriere della Sera）媒介集团。RCS 是在国际市场上颇有影响力的媒介集团，在西班牙和法国的一些重要媒介集团中持有股份。随着数字技术的推广,以印刷媒介为主的 RCS 也开始在广播、网络、在线新闻等方面尝试采用新的技术。

快报出版集团:意大利又一主要的媒介集团,涉及出版、广播、广告、网络、电视等各个领域。出版《共和国报》和意大利两份主要新闻周刊之一的《快报》周刊,同时通过一系列附属机构出版许多地方报纸。快报集团经营着三家全国性的商业电台以及一个全国性的电视网。2005 年上半年收益 5.7 亿欧元。

第七章

俄国新闻传播史

　　俄罗斯形成民族国家很晚,9 世纪前尚处于半原始社会(奥列格时代,约公元 878—912 年)。882 年在基辅一带出现雏形的国家形态"基辅罗斯"。俄国的王(皇)权只有两朝,第一个王朝是罗立克王朝(912—1598),这个王朝的头两位国王分别是伊戈尔(912—945 年)和斯维雅托斯拉夫(945—972 年)。第二个王朝是罗曼诺夫王朝(1613—1917)。两朝之间有过 15 年的王位争夺战争。基辅罗斯的后期,实际上是 15 个小公国的松散体,臣服于蒙古。1328 年莫斯科大公国建立,开始了民族统一的事业。1547 年莫斯科大公始称"沙皇"。罗立克王朝1598 年无嗣,1613 年全俄僧绅会议推举罗曼诺夫当沙皇。在莫斯科大公国时期的 1480 年,俄罗斯形成中央集权,直到 1917 年二月革命前,俄国 400 多年来一直处于王(皇)权的高度集权统治之下,其新闻传播业史也是典型的专制制度控制下的发展历史。

　　俄国古代的新闻传播,有据可查的是 1600 年出现的为沙皇及政府要员手抄的官报。那时西欧处于文艺复兴后期,沙皇为了解国外政治动向,开始让驻外机构提供西欧各国的情报,由专人编辑成手抄《钟声报》,不定期出版。有一说,11世纪末在诸小公国首府存在手抄《记录报》,但无证可考。

　　俄罗斯的现代新闻传播史分为沙皇俄国、苏联、俄罗斯联邦三个历史时期。沙皇俄国时期是典型的新闻专制史。苏联时期,其社会主义新闻传播业的模式对世界产生过一定影响。苏联解体后,俄罗斯实行自由主义的新闻政策,新闻传播业开始商业化转型,但由于历史传统和现实政治的原因,媒体受国家的控制仍然较多。

第一节　18—19 世纪中叶,俄国早期的现代报刊

　　由于俄国长期处于高度集权统治之下,信息封闭,绝大多数人没有文化,俄

国没有从民间新闻纸转向官方报刊的新闻传播的发展过程,加上西欧早已出现现代报刊,所以俄国最早的现代报刊是由沙皇直接钦命创办的。1702 年 12 月,为了报道俄国与瑞典的战争,沙皇彼得一世下令出版一份印刷报纸,于是便开始了俄国的现代新闻史。1703 年 1 月 2 日该报以《莫斯科王国和邻国发生的值得知道和记载的军事和其他事件新闻》为报名出版。1719 年该报改名《圣彼得堡新闻》,简称《新闻报》。该报发行量从初期的 200 份逐渐上升到 4 000 份,主要读者是政府官员。尽管具体管理机关有过变动,但该报始终是沙皇政府的官报。最初,报纸出版不定期,1728 年确定为周二刊,由俄国科学院出版;1815 年起变成日报,是为俄国最早的日报。1875 年该报又由国民教育部出版,直到 1917 年停刊。该报存在了 214 年;由于俄国皇室与德国王权的姻亲关系,该报还在 1727—1914 年出版了德文版,持续时间长达 187 年。

　　鉴于这种情况,俄国最早的杂志也是官办的,即 1728 年俄国科学院接管《新闻报》(*Ведомости*)后出版的《新闻报每月注释》(*Примечания*)。俄国人写的第一篇新闻学论文,当然也只能出自这份官报的编辑人员,即 18 世纪中叶主编该报的 M. B. 罗蒙诺索夫写的《论新闻业者的责任》。

　　1756 年,俄国的第一张非官方报纸《莫斯科新闻》(*Московские Ведомости*)由莫斯科大学创办,全国发行,每周发行两次,初期偏重于传播

《新闻报》的最早出版地点:圣彼得堡要塞内的印刷所　陈力丹摄

科学知识和介绍西方思想观念。1917 年,被苏维埃政权查封。

　　18 世纪中期,俄国出现了有进步倾向的民营报刊,接着出现了一系列讽刺杂志,例如《勤劳的蜜蜂》(1759)、《雄蜂》(1769—1770)、《精灵邮报》(1789)等,但影响微小。18 世纪末,沙皇叶卡捷琳娜二世(1762—1796 年在位)为维护统治,开始对民办报刊实行压制,传播民主主义思想的报刊全部被查封。1796 年,正式建立书报检查制度。此后,历代沙皇对报刊出版的控制程度常常依个性而时松时紧,成为沙皇统治时期俄国新闻政策的特点。俄国争取新闻出版自由的斗争,经常以进一步退半步或退大半步的方式,缓慢地向前推进。

　　19 世纪初,俄国一些政府部门开始出版自己的机关报,例如内务部的《北方邮报》(1809)、陆军部的《俄国残废者》(1813)、国家产业和农业部的《农业报》(1834)等。从 1837 年起,俄国的各省政府开始出版省政府的机关报,逐渐形成俄国的官报体系。这类报纸统称"省府公报",内容主要是政府法令、简要的国内

外消息以及地方志或民族志,刊期通常为每周 2～3 期,例如《彼尔姆省新闻》
(1838 年创刊),某些较大城市的这类报纸也有转变为日报的。报纸的读者对象
主要是职能部门或行政机关内的官员,不是面向社会的,实际影响力有限。

19 世纪中叶之前,俄国的报刊发展极为缓慢,除了尚不完善的官报系统外,
面向社会的只有为数很少的几家官方直接或间接控制的报刊。俄国有文化的人
极少,读者只限于官员的圈子和文化人集中的大学。因而形成俄国早期大学办
报刊的传统。1756 年,莫斯科大学模仿《新闻报》创办了《莫斯科新闻》,这是一
家小型报纸,最初发行 600 份,后来发展成大型报纸,1859 年成为日报。该报实
为"公办",受沙皇政府的控制相对间接些,传播了一些科学知识和新思想;由于
不同主编的倾向影响,在不同时期或有民主自由的倾向或有反动的黑帮派倾向。
1791 年,在该大学又出版了最早面向社会的杂志《莫斯科杂志》(只存在两年)。

1825 年,俄国出现向西方学习、主张改革的青年贵族自由派"十二月党人",
他们出版了俄国最早的一批反对派政治刊物,其代表是雷列耶夫(Кондра́тий
Фёдорович Рыле́ев,1795 - 1826)主编的《北极星》。十二月党人的起义失败后,
雷列耶夫等五人被沙皇尼古拉一世绞死。第二年沙皇颁布了更为严厉的书报检
查"铁的法典",规定"无论有意或无意,均不得攻击宗教、君权、政府当局、法律、
道德以及国家和个人的荣誉",并成立由三位大臣组成的最高书刊检查委员会,
"指导舆论,使其符合现实政治形势与政治观点"①。1848—1849 年西欧和中欧
各国发生民主革命,为防止革命蔓延到俄国,沙皇又特别成立了出版监督委员
会,对出版物内容的检查极为苛刻和愚蠢,因而 1848—1855 年被称为俄国新闻
史上"阴暗的七年"。

鉴于严酷的书报检查制度,俄国的反对派报刊,或者只能秘密出版;或者不
得不以谈论文学、哲学、科学等的形式出现。用"伊索寓言"的方式说话,这是俄
国沙皇时期新闻传播的特点之一。例如 19 世纪上半叶创刊的两份著名政治文
学杂志《同时代人》(Современник,1836—1866)和《祖国纪事》(Отечественные
записи,1839—1884),便是典型的这类刊物。特别是后者,著名诗人普希金创
办时谈到它的特点:"它似乎在谈论文艺,又好像是讲解政治经济学;它似乎在谈
论政治,又好像是评论音乐。总之,人们可以无须深虑,不拘任何守则,仅凭传闻
就可了解到社会的大部分情况。"②主持该刊编务的先后有茹科夫斯基、涅克拉
索夫、车尔尼雪夫斯基和杜勃罗留波夫,别林斯基参与了该刊的编辑工作。该刊
曾连载车尔尼雪夫斯基的著名政治小说《怎么办?》。与它们对应的是依附官方
的文学报纸《北方蜜蜂》(1825—1863)。

---

① 李瞻《世界新闻史》第 478 页,台湾三民书局 1983 年第 7 版。
② 傅显明、郑超然《苏联新闻史》第 23 页,新华出版社 1994 年版。

第二节　19世纪中叶至1917年，在"放宽-收紧"政策中顽强发展的俄国新闻传播业

迫于内外形势的压力，1858—1861年俄国开始了自上而下的解放农奴运动，这种社会组织结构的变化使得当局多少放宽了对言论的控制程度。俄国的专制制度本身并没有变化，因而在西方民主制度的参照系下，国内各政党之间由于所持立场的距离过大，政治斗争必然十分激烈，成为社会的矛盾焦点。但是，在已经进入商报时期的西方新闻传播业的参照系下，俄国的新闻传播业又不可能按部就班地走西方新闻传播"官报-党报-商报"的路子，于是呈现出复杂的局面：既有在意识形态上主导的官方报刊，也有较为隐晦的主要以谈论学术为特征的潜在反对派报刊，也有商业性（但大多有一定的党派色彩）的新闻类报刊，包括大众化的戈比报（相当于英国的便士报）。

新闻传播业本身要发展，就要同沙皇当局的专制新闻政策进行斗争，争取更多的新闻出版自由；各政党要实现自己的政治理想，又要通过各自的报刊进行宣传鼓动，同样要争取自由的环境。这两者的斗争有时是联系在一起的，一定程度上为了政治目的（包括依附官方政治）的同时，也是为了经济利益。这是俄国1917年两次革命前，许多影响社会性大报刊的特征。

俄国的新闻传播业，在沙皇新闻政策两次"放宽-收紧"的过程中顽强地发展起来。第一次是19世纪中叶，第二次是20世纪初叶。

一、19世纪中叶放宽-收紧政策中发展着的新闻业

在自上而下地解放农奴的运动前后，沙皇于1858年放宽了报刊不得讨论政治的限制，1865年4月颁布较为宽松的出版法。俄国的民营报刊借着这种相对宽松的政治氛围，得以纷纷出版。较著名的报纸如《俄罗斯新闻》（1863—1918）、《祖国之子报》（1856—1905）、《呼声报》（1863—1884）、《新时报》（1868—1917）；较著名的杂志如《俄国言论》（1859—1866）等。其中在彼得堡出版的《新时报》1876年转手于阿·谢·苏沃林（Алексей Сергеевич Суворин，1834-1912）后，成为俄国最大的商业性日报，苏沃林本人也成为沙皇时期俄国唯一拥有数家报刊的报业主。《新时报》的政治倾向经常发生变化，而商业

沙俄时期唯一的报业主——
阿·谢·苏沃林

利益是主要的。苏沃林也曾出版过温和的反对派日报《俄罗斯报》(1903—1905)。苏沃林可以说是那个时期俄国报人在政治与报业之间徘徊的典型代表。在他去世后出版的日记中,有这样的话:"短期之旅居国外,深感俄国人民之屈辱,但俄国之鱼网,足以将你捕获,而使你成为无能为力及屈服之鱼。"①

这一时期,俄国出现了通讯社。最早的通讯社是1866年在彼得堡创办的俄罗斯通讯社,该社曾在国内一些城市建立分社或办事处,出版《电讯通报》,但只断续存在到1878年。另外还有两个通讯社,即1872年建立的国际通讯社和1882年建立的北方通讯社。这三个通讯社均为民营,由于与德国沃尔弗通讯社(俄国属于该社报道的势力范围)竞争相当吃力,存在时间均不长。

也是在这个时期,俄国出现大众化报纸。1860年,原来的反动文学日报《北方蜜蜂》主编易人,把报纸转变为大众报纸。有的新闻史著作把该报视为"俄国第一家黄色报纸,发行量当时居俄国首位"②。1864年,俄国开始出现开本小型化的大众报纸,一般名称为"××小报"。1866年,俄国第一家晚报《晚报》在彼得堡出版。

大约也是这个时期,流亡国外的俄国民主主义者亚·伊·赫尔岑和奥格辽夫先后在英国和瑞士出版《钟声》杂志(1857—1867),秘密运到国内,发行面很广,连沙皇亚历山大二世也是该刊的读者。该刊抨击专制制度,开展对农奴制的讨论,共出版俄文版245期,每期发行2 000~3 000份。他们还出版了纪念十二月党人的不定期刊物《北极星》(1855—1868,共8辑),封面上印有被沙皇绞死的五位十二月党人的半身像。该刊尖锐地提出了解放农奴和废除书报检查的要求。列宁评价道:"《北极星》杂志发扬了十二月党人的传统。《钟声》杂志(1857—1867)极力鼓吹农民的解放。奴隶般的沉默被打破了。"③

然而,沙皇的改革是很有限的,一旦触及根本利益,这种恩赐的"自由"是可以随时收回的,报人也随时有被捕的危险,例如车尔尼雪夫斯基就在1862年被捕,《同时代人》被勒令休刊八个月。1866年,亚历山大二世遇刺(未遂),立即收回了对政治性报刊的略有放宽的政策,罢黜自由主义大臣,《同时代人》《俄国言论》等较为激进的刊物被查封。1872年当局修改出版法,基本恢复原来的书报检查制度。1884年《祖国纪事》被查封。关于这种放-收政策,恩格斯评价说:"在亚历山大统治的头几年,旧的皇帝专制制度稍微缓和了一些;出版得到了较多的自由,……但是,舆论对政府的善良意愿估计错了。报刊变得太直率

---

① 李瞻《世界新闻史》第484页,台湾三民书局1983年第7版。
② 陶涵主编《世界十国新闻史纲要》第269页,文津出版社1989年版。
③ 《列宁全集》第2版第21卷264页,人民出版社版1990年版。

了。……于是政府又向后转了。残酷的镇压重新提上日程。报刊的嘴被堵住。"①但是已经大量出现的报刊不可能都查封掉，多数商业性的报刊或回避敏感问题，或依附于现实政治而得以生存和发展。

19 世纪 70 年代以后的俄国新闻传播业，呈现一种畸形的发展状态。新闻媒介本身作为企业在发展，但作为专职的传播新闻的媒介，政治上受到无所不在的书报检查的监视。连远在英国的马克思，也感受到俄国媒介遭遇到的这种沉重的精神压力。他在 70 年代写道："书报总检查官把彼得堡的主要报纸的总编辑召到他那里去，吩咐他们注意不要对这位忠于沙皇的普鲁士臣仆(指俾斯麦)作任何非难。这些总编辑中的一个，扎吉利亚耶夫先生，极其疏忽大意，竟把这次警告的秘密在《呼声报》上泄露出去了。他立即被俄国的警察抓起来并被驱逐到某个偏僻的省份去。"《法医学和公共卫生文库》这样的专业科学刊物也受到严密的监视，马克思说："(该刊)在文章中主要引用了我的书(指《资本论》)，并注明了出处。结果引起一场不幸：书报检查官受到内务大臣的严厉申斥，主编被撤职，那一期杂志，凡是他们弄到手的，全部付之一炬。"《新时报》发表了一篇赞扬马克思《资本论》的书评，后来马克思获知："该报因此受到警察局的警告——威胁要查封它。"②

在较为纯粹的商业或专业领域，俄国的新闻传播业还是在继续缓慢地发展，这时出现的较为重要的报纸有《新闻与交易所报》(1872—1906)、《实业记者报》(1886—1898)、《俄罗斯言论报》(1895—1917)，以及官方的《财政与工商业通报》(1883—1917)等。其中《俄罗斯言论报》成为莫斯科最大的日报，也是俄国第一家向国内各大城市和国外一些国家首都派驻记者的报纸。该报 1917 年的发行量超过 100 万份，是那时俄国新闻史上发行量最大的报纸。

《俄罗斯言论报》试刊号

在政治信息的传播权牢牢地控制在政府手中的情况下，官方通讯社的建立成为必要，于是 1894 年俄国的官方通讯社——"俄国通讯社"在彼得堡建立；随

① 《马克思恩格斯全集》第 19 卷 156 - 157 页，人民出版社 1963 年中文版。
② 《马克思恩格斯全集》第 17 卷 301 页、33 卷 177、470 页，人民出版社 1963、1974 年版。

后又在 1902 年成立了另一家官方的"商业通讯社"。1904 年，为加强力量，又以商业通讯社为基础合并两社，建立官方的"圣彼得堡电报通讯社"。1914 年该社改名"彼得格勒通讯社"。

二、20 世纪初叶放宽-收紧政策中发展着的新闻传播业

长期黑暗的专制统治，特别是政治方面的压抑，积蓄愈久，反抗愈烈。1898年 3 月，俄国社会民主工党（后来苏联共产党的前身）成立，但是党的中央领导机构和中央机关报很快被沙皇警察破获，党名存实亡。1900 年 12 月，列宁与国外的马克思主义小组"劳动解放社"共同创办俄国社会民主工党的秘密报纸《火星报》，主编为"劳动解放社"领导人普列汉诺夫和国内组织代表列宁，列宁参与主编了前 52 期。通过报纸的发行系统，《火星报》组织上串连各地的马克思主义小组，思想上通过报纸传播马克思主义，统一党的指导思想，达到最终重建党的目的。1903 年 1 月 3 日，藉纪念俄国第一家报纸诞生 200 周年，俄国社会民主工党彼得堡委员会出版了一期题为《出版不自由的二百年》的小报，号召废除书报检查，消灭专制制度。

在《火星报》的组织下，俄国社会民主工党第二次代表大会于 1903 年 7 月31 日召开，党的组织机构得以恢复。《火星报》此后成为该党的中央机关报至1905 年，列宁因党内意见分歧退出编辑部，该报由在党的领导机构中占多数的党内孟什维克派主持。二大上党分为布尔什维克、孟什维克两派，列宁是布尔什维克的领袖，孟什维克的领导人主要是马尔托夫。他们后来都创办和主编了许多党的报刊。

1904 年在中国发生日俄战争，俄国失败。1905 年，俄国人民反抗沙皇统治的斗争酿成一场全国性的民主运动。1905 年俄历 1 月 9 日（俄历与公历相差 13天），在彼得堡发生镇压人民和平示威的"流血的星期日"，1 000 多人死于沙皇军队的枪口下，5 000 多人受伤。接着在 10 月，莫斯科发生波及全国的大罢工。这一年全国不断发生工人罢工、军队起义等事件，全国各反对党派强烈要求新闻出版自由。经过斗争的反复，沙皇于俄历 10 月 30 日被迫作出有限的让步，承诺建立国家杜马（议会）、开放言论等。

在这种气氛下，俄国新闻界再次获得了有限的政治方面的言论自由，各个反对派政党，从最革命的社会民主工党到最反动的黑帮派，都纷纷公开出版自己的报刊。1903 年重建后的俄国社会民主工党的两派，即布尔什维克和孟什维克，在 11 月分别出版了公开的日报《新生活报》和《开端报》，两派的报纸被查封后又在 12 月共同出版公开日报《北方呼声报》。由于较为激进，沙皇政府很快又将它们查封。就连私人报业主苏沃林办的温和的倾向于立宪民主党的《俄罗斯报》，也不得不多次改名出版，最后还是被查封。

　　这次有限的新闻出版自由的时间短暂,随着 1907 年 6 月 3 日(公历 16 日)沙皇政府首脑斯托雷平(Пётр Аркадевич Столыпин,1862－1911)发动沙皇认可的政变而草草收场。第二届杜马被解散,杜马的社会民主党团成员遭到审判和流放,俄国进入了黑帮派统治的"斯托雷平反动时期"(1907—1910)。这个时期黑帮派的报纸《俄国报》(1905—1914,1906 年改为内务部警察的报纸),以及国家杜马右派的报纸《庶民报》(1909—1917)成为强硬的政治性报纸,其他商业性的大报,如《新时报》《俄罗斯言论报》以及《莫斯科新闻》等,也不同程度地依附于黑帮派。这个时期创办的唯一商业性大报是莫斯科出版的《俄国晨报》(1907—1918),当时它以"非党民主派"的面目出现,实际上倾向于进步党。

　　1911 年斯托雷平被社会革命党人刺杀,接着 1912 年发生"连纳惨案",沙皇的政治控制相对减弱,激进的政党得以再次公开出版报刊。影响较大是社会民主工党布尔什维克派创办的群众性日报《真理报》(1912.5.5—1914.7.21),以及孟什维克派创办的群众性日报《光线报》(1912.9.29—1914.2.5),两报都多次被沙皇政府传讯、查封,为躲避迫害多次更换报名,同时两报之间也进行着激烈的论战。

　　1914 年第一次世界大战爆发,沙皇统治的最后几年已经不能完全控制局势。各党派不断出版报刊,同时又不断被政府查封,这种拉锯战对各个政党来说已经习以为常。仅以列宁个人而言,他 1900—1917 年间,参与创办秘密或公开出版的报刊就有 40 多种,多数只出版几期、十几

1912 年 5 月 5 日《真理报》创刊号

期便被查封或更换名称再出版。正是在这种"放宽-收紧"政策的反复中,在各个政党势力的争夺中,俄国的新闻传播顽强地为自己的发展开辟着道路。到 1913 年,全国公开出版的报纸 859 种,总发行量 270 万份。

第三节　1917—1925 年:苏维埃俄国新闻体制的形成

　　二月革命(公历 3 月 8 日),结束了沙皇的专制统治。资产阶级临时政府于 4 月通过了出版法,规定各种政治派别都可以自由出版报刊和在市场上出售,当时俄国的 30 多个党派都有自己的报刊,封闭的报刊只有少量官报和黑帮派的报

刊。被压制的各社会主义政党纷纷恢复自己的报刊。1917 年 3 月 18 日《真理报》重新出版,并被确定为布尔什维克党的中央机关报。孟什维克出版的机关报是《前进报》(1917—1919),社会革命党的机关报是《人民事业报》(1917—1918),无政府主义者则出版自己《无政府报》(1917—1918),高尔基等一些作家出版了《新生活报》(1917—1918,也是孟什维克国际主义派的报纸)。二月革命中诞生的彼得格勒苏维埃则于 3 月 13 日出版了《消息报》,初期为布尔什维克、孟什维克和社会革命党联合编辑,后来布尔什维克退出编辑部。8 月,在科尔尼洛夫叛乱的背景下,各社会主义政党(布尔什维克、孟什维克、社会革命党)曾联合出版《社会主义公报》。临时政府的报纸,主要是《临时政府公报》和于 4 月创办的《人民报》。沙皇政府的彼得格勒通讯社收归临时政府管辖。

布尔什维克党在"四月提纲"中公开宣布推翻临时政府。7 月 3 日深夜,忠于临时政府的士官生和哥萨克捣毁《真理报》编辑部,接着政府于 9 月查封该报。《真理报》四次更换名称坚持出版。十月革命发生前夕,布尔什维克的报刊共有 75 种,其他社会主义政党的报刊共有 85 种。

1917 年十月社会主义革命(公历 11 月 7 日)取得胜利,苏维埃俄国诞生,开始了俄国历史的一个新时期。苏维埃俄国新闻体制的形成,经历了几个发展阶段。

一、列宁关于出版自由的设想和初期众多报刊并存的局面

十月革命发生前 42 天,即 9 月 25 日,列宁在《工人之路报》(改换名称的《真理报》)第 11 号发表了一篇文章《怎样保证立宪会议的成功——关于出版自由》。他认为目前俄国的大报纸都是资产阶级的,因为它们垄断着广告;而且它们不是建立在大多数人的意志上的。但在两个首都的选举中,绝大多数人站在民主派即社会革命党、孟什维克和布尔什维克一边。因此,要剥夺资产阶级报纸,把所有的纸张和印刷所拿来公平地分配,首先给国家,这是为了大多数人民的利益;第二是给在两个首都获得 10 万~20 万选票的大党;第三是给有一定数量的成员或某些人签名的公民团体。他认为,"这才是供所有人而不是供富人享受的真正的出版自由"[①]。

十月革命后的第 9 天,即 11 月 17 日,列宁起草了一份《关于出版自由的决议草案》,这份文件指出:"工农政府认为,出版自由就是使报刊摆脱资本的压迫,把造纸厂和印刷厂变成国家的财产,让每一个达到一定人数(如 1 万人)的公民团体都享有使用相当数量的纸张和相当数量的印刷劳动的同等权利。"[②]

---

① 《列宁全集》第 2 版 32 卷 231 页,人民出版社 1987 年版。
② 《列宁全集》第 2 版 33 卷 47 页,人民出版社 1985 年版。

十月革命后的苏维埃政权基本上是按照列宁的这个思想行动的,只封闭了属于大资产阶级的商业性报纸和直接对抗革命的反动政党的报纸,其他小型的商业性报纸和众多党派的报纸基本没有动。查封一些报纸是巩固政权的必要措施,在执行过程中也出现了一些区别不当或较为随意的情况,例如斯大林 11 月 9 日下达的一个指示这样写道:"人民委员会委托海军革命委员会没收一个资产阶级报纸(《经纪人》或其他报纸)的印刷厂以满足波罗的海舰队中央委员会的需要。"①显然,这种没收当时带有一定的随意性。而第二天列宁签署的《关于出版问题的法令》则许诺:"在新的秩序确立之后,政府对报刊的各种干预将被取消。到那时,报刊将按照这方面所规定的最广泛、最进步的法律,在对法院负责的范围内享有充分自由。"②

所以,到 1918 年 9 月前,苏维埃俄国尚有商业性报纸 226 家、政党报纸 235 家。彼得格勒通讯社则与苏维埃的新闻局于 1918 年 6 月合并为俄罗斯电讯社,缩写简称"罗斯塔社",作为国家的中央通讯社。《消息报》编辑部在十月革命后改组,由布尔什维克党人主持,仍然是苏维埃的报纸。

二、列宁无商品交换的军事共产主义试验,非布尔什维克报刊的反抗与消灭

列宁于 1918 年 3 月写作《苏维埃政权的当前任务》,开始设想实行取消商品交换的劳动公社的试验。他当时把社会的激励力量寄托于党和苏维埃的报刊,认为报纸保守商业秘密是资产阶级的做法,要把报纸通消息的作用减少到十分之一,甚至百分之一,其他都用来树立模范公社的榜样和在报纸上建立"黑榜"揭露坏人坏事,促进生产建设的发展。他决定取消报刊的订阅制,指出:"在报纸的分配方面,我们取消了订阅的办法。这是从资本主义向共产主义迈进了一步。"③随后几个月内连续发生白卫军的叛乱,全国总动员,这一设想很快以军事共产主义的形式得到实现。

为了指导当时复杂的经济工作,苏俄人民委员会创办了《经济生活报》(1918—1937)和《贫农报》(1918—1931),它们隶属的政府机关多次变化,但基本任务没有变化,即以指导城市经济工作、农村经济工作为主。列宁指导这两家报纸,特别是前者,花费了相当的精力。

当白卫军叛乱之时,许多资产阶级报刊站在了叛乱分子一边。孟什维克党与南部的叛乱军队勾结;社会革命党则制造了炸死德国驻俄大使的事件,使得作

---

① 《布尔什维克报刊文集》第 3 页,人民出版社 1954 年中文版。
② 《列宁论报刊与新闻写作》第 619 页,新华出版社 1983 年中文版。
③ 《列宁全集》第 2 版 40 卷 335 页,人民出版社 1986 年版。

为第一次世界大战中的另一方——德国,有新的借口进攻新生的苏俄。这种情况下,原来与布尔什维克党共同执政的两个党,即孟什维克党和社会革命党被宣布为非法,从而它们的报刊也被查封。在危机的情况下,为了巩固政权,大量的资产阶级报刊在 1918 年白卫军叛乱时被封闭。到 1919 年底,除了布尔什维克的报刊外,其他报刊全部停刊或被查封。

十月革命胜利后,俄国曾存在过三个共产党。1918 年,俄国社会民主工党(布尔什维克)更名俄国共产党(布尔什维克),简称俄共(布)。另外两个是民粹主义共产党和革命共产党,均有自己的党报。1918 年 11 月,民粹主义共产党的非常代表大会决定解散党并与俄共(布)合并,党的机关报《劳动公社旗帜报》(1918 年 7—11 月)停刊。1920 年 10 月,根据共产国际的规定,一个国家只能有一个共产党,革命共产党与俄共(布)合并,党的报刊《劳动意志报》(1918.9—12 为报纸;1918.12—1920.10 为杂志)停刊。

三、列宁实行新经济政策时期的新闻政策

平叛基本胜利后,苏俄的经济状况濒于崩溃,事实已经证明取消商品交换的共产主义试验是失败的。列宁及时调整政策,从 1921 年起实行新经济政策,以市场经济的方式发展生产。在文化出版方面,重新恢复经济核算制,停止报刊的分配制而恢复订阅制。1922 年党的十一大通过的决议指出,文化事业执行经济核算制无疑是正确的,文化事业单位作为经营单位,它们"商业上的独立性"、"经济上的独立性",也是不能破坏的。这年人民委员会发布命令,规定私人经营的报纸按商业方法处理;各级政府应将新闻分发给各友好报纸,并收取费用。[①] 这一时期,重新出现了 400 家耐普曼出版社(民营出版社)和耐普曼报纸(民营报纸)。在新经济政策的指导下,苏维埃人民委员会于 1924 年 7 月 28 日发布了关于允许私人或集体"建造、使用和经营广播电台"的法律。[②]

列宁这一个时期由于患病,身体状况日趋恶化,发表著作量明显减少,只能用有限的精力谈重大问题,没有再就报刊工作发表专门的文章。但从他 1922 年 4 月打破遵守大会民主程序的惯例,在党的十一大上就已经通过的关于禁止《真理报》刊登广告的决议提出意见的情形看,他是坚决主张党报实行市场经济的管理原则的。在列宁未在场时,大会通过了禁止《真理报》刊登广告的决议。列宁知道后给主持会议的加米涅夫写了一个条子:"据说代表大会决定取消《真理报》上的广告? 能否纠正? 因为这显然是错误的。"接着在大会上公开提出了自己的意见,他说:"你们不准《真理报》刊登广告,它到哪里去拿钱呢? 请问,为了使《真

---

① 陶涵主编《世界十国新闻史纲要》第 281 页,文津出版社 1989 年版。

② 马庆平《外国广播电视史》第 4 页,北京广播学院出版社 1997 年版。

理报》不落后于《消息报》,它需要多少钱? 你们不知道吗? 那我也不知道!"①

在列宁的关怀下,苏俄的广播事业在十分艰苦的条件创建。1922 年 9 月 17 日,俄国的第一家广播电台"莫斯科中央无线电话台"正式播音,第一个节目是大型广播音乐会。这个台 11 月 7 日一度命名"共产国际广播电台",后来转变为全苏广播电台。广播电台出现后的几年内,俄国各大城市纷纷建立了广播电台。在新经济政策下,当时苏联的广播体制带有一定的市场经济经营性质,1924 年 10 月建立的"无线电广播股份公司",负责装配全苏的无线电设备和制作广播节目。

1921 年起,苏俄开始逐渐建立党领导的报刊体系。除了党中央机关报《真理报》、苏维埃的《消息报》、经济工作的指导性报纸《经济生活报》和农村工作的报纸《贫农报》外,其他方面中央级的报刊陆续创办,例如工会的报纸《劳动报》于 1921 年创办,军队的报纸《红星报》于 1923 年创办,妇女的刊物《女工》于 1923 年创办,党的理论刊物《布尔什维克》(后改名《共产党人》)于 1924 年创办,《共青团真理报》于 1925 年创办。还有漫画杂志《鳄鱼》、综合画报周刊《星火》等也分别于 1921 年和 1923 年创办。每一方面形成各自的报刊体系,例如以《贫农报》为龙头,截至 1925 年全国有各级农民报纸 141 家。

四、斯大林新闻体制的确立

1924 年 1 月列宁逝世。列宁逝世前评价的六位党和国家的主要领导人中,斯大林逐渐掌握了党和国家的主要权力,并以"莫须有"的罪名和暗杀的方法,在十几年内陆续杀害了其他五位领导人(托洛茨基、季诺维也夫、加米涅夫、布哈林、皮达可夫),其中的尼古拉·布哈林,既是党的理论家,也是党的职业新闻工作者,他 1917—1929 年担任《真理报》主编,1934—1937 年是《消息报》主编,1938 年被处决。

在斯大林领导下,苏联(1922 年 12 月苏维埃俄国扩大为苏维埃社会主义共和国联盟)逐渐建立起党、苏维埃、军队、青年、妇女、农村、文化界等的从中央到基层的报刊体系,所有报刊和广播电台,均由各级党委直接领导。斯大林本人直接干预报刊工作的事情也经常发生。例如 1925 年他致信《共青团真理报》编辑部,点名批判几位作者,因为他们重复了布哈林对农民说的"发财吧",而被判定宣扬走资本主义道路,②报纸创办仅一个月,就因此撤换了主编。另一次他致信《布尔什维克》杂志编辑部,点名批判一位作者说:"我看日罗科夫的舌头在发痒,

---

① 《列宁全集》第 2 版 43 卷 131 页,人民出版社 1987 年版。

② 《斯大林全集》第 7 卷 128 - 130 页,人民出版社 1958 年版。

想说些特别令人惊奇的东西。"①

1930年10月,斯大林写了《论布尔什维克历史中的几个问题(给〈无产阶级革命〉杂志编辑部的信)》,对该刊发表的史学家斯卢茨基的文章(讨论列宁历史上如何看待德国社会民主党)提出抗议,认为这是个公理性的问题,不容讨论。"编辑部容许和我们党的历史的伪造者进行讨论是犯了错误。什么东西竟能推动编辑部走上这条不正确的道路呢?我认为推动编辑部走上这条道路的是目前在一部分布尔什维克中间相当流行的那种腐朽的自由主义"。他要求:"决不能容许和托洛茨基主义的私贩进行文字上的讨论。"②而对作者的定性,在文章开头被称为"半托洛茨基主义",文章结尾则变成了完全的"托洛茨基主义伪造家"。这顶帽子在当时是为犯有极为严重罪行的人准备的。斯大林的这篇文章表现出的蛮横专断、以政治帽子置人死地的做法,影响着苏联的文坛和整个意识形态,报刊上当即掀起了批判"腐朽的自由主义"浪潮。斯大林开创了由党和国家最高领导人亲自出面发表专文,钦定公理、圈划禁区、禁止学者研究和讨论的先例。此后,《无产阶级革命》杂志被勒令停刊一年,编辑部被改组。斯卢茨基被开除党籍和公职,很多与他有过工作关系的人受到株连。很快,批判波及几乎所有党史界的学者,一批作者被捕和被处决,另一些人经过改造,亦步亦趋地按照斯大林的意图改写党史。

斯大林新闻体制的特点是:

(1)逐渐取消以市场经济的方式管理报刊,代之以计划经济的管理模式,通过有比例按计划地发展,逐渐将报刊、广播电台的建设分布于全国,并相互配合,向各专业方向发展。列宁逝世后,新经济政策实际上无疾而终,几年前新经济政策条件下出现的所有非党报刊,包括列宁曾经明确表示可以允许存在的几家非党的文学刊物,均被封闭。

政治上,媒介的领导人直接由同级党委按程序考察、选拔和任免,同时经过严格的业务培训。党中央宣传部对所有媒介的组织、人事、经费、言论,具有直接发布命令、指导监督及考察奖惩的权力。

在党内,从1925年起取消了存在15年之久的《争论专刊》,理由是"党的利益高于形式上的民主"。③ 而即使是白卫军叛乱的危机时刻,列宁和其他党的高级领导人之间,仍然经常在党报上公开就具体问题展开争论,例如1920年在工会问题上他与托洛茨基、布哈林的争论,就是在《真理报》和党的出版社出版的小册子上公开进行的。那时党的活动家可以自由出版代表个人观点的小册子,而

---

① 《斯大林全集》第9卷147-150页,人民出版社1954年版。
② 《斯大林全集》第13卷87、89页,人民出版社1956年版。
③ 《斯大林全集》第7卷319页,人民出版社1958年版。

《争论专页》,则是列宁从 1910 年起就多次倡导出版的。

（2）以保密的名义实行新闻检查。承担这一任务的是 1922 年建立的"国家新闻保密局",采用预检和事后检查两种方式。该局有权禁止煽动反对政府、泄露国家机密、煽动民族主义及宗教狂热的报刊的发行。二战后党和政府的报刊免检,一般团体的报刊仍然要接受事先检查。

同时,党中央的机关报《真理报》负有批评监督全国报刊的责任;各方面的中央级大报,对同类的下级报刊也有这种监督的权力。广播电视亦是如此。

（3）所有新闻媒介的主要作用均是宣传鼓动和组织群众,以事实的政治意义作为选择报道与否的首要标准。内容相当严肃、庄重,情趣高尚。同时,禁止外国报刊在苏境内发行,花费大量资金建立干扰台,禁止公众收听外国电台的广播。

第四节　1925—1991 年:苏联新闻传播业的发展

在苏联存在的 70 多年里,其新闻业对世界产生了一定影响。苏联新闻业的发展可以划分为四个阶段,即二战前、战争时期、战后到 20 世纪 80 年代中期和苏联的改革时期。

一、苏联新闻传播业初期的发展（1925—1940）

列宁逝世后,苏联国内武装的敌对力量已经消灭,正在用新经济政策恢复经济。斯大林领导的苏联尽管处于帝国主义的包围之中,但是国内的主要任务已经是全面的经济建设。斯大林很快实际上停止了新经济政策,以中央集权的方式,迅速建设起相当严密的新闻传播业的全国性网络。苏联人民面对美好的理想,面临外部敌对势力的压力,参与报刊、广播和通讯社工作的热情高涨,而基本体制,则是由联共（布）〔1925 年俄国共产党（布）改称苏维埃社会主义共和国联盟共产党（布）,简称"联共（布）"〕中央确定的。

苏联报刊在 1925 年前后确立中央集权的一元化体制后,发展是迅速的。1919 年在封闭了几乎全部非布尔什维克党的报刊和商业性报刊以后,当年就创办了 100 多家新的党领导的报纸。至 1928 年,全国有报纸 1 197 种,总发行量 940 万份,已经形成了从中央到地方的一元化领导的各级各类报纸的基本格局。到 1940 年,报纸增加到 8 806 种（包括各种企业和集体农庄的报纸约 5 000 多种）,这是苏联历史上报纸种数最高的年份,总发行量 3 840 万份;杂志这年有 1 822 种（专业技术性的占多数 3/4）,全年总发行量 2.45 亿万份。

与此同时,在布哈林（《真理报》主编）和列宁的妹妹玛丽亚·伊里尼奇娜·

乌里杨诺娃（《真理报》主编助理）的领导下，苏联开展"工农通讯员运动"，形成由党和苏维埃的报纸编辑部业务上直接领导通讯员（他本人行政上仍然属于所在单位）的特殊通讯员制度。从 1925 年起出版《工农通讯员》月刊，直至 80 年代。1932 年时，全国有通讯员 300 万人。

原塔斯社，现俄通-塔斯社社址

罗斯塔社 1925 年前已在乌克兰、高加索、中亚建立了分社。1925 年 7 月 10 日，根据苏联部长会议的决定，成立苏维埃社会主义共和国联盟电讯社，简称"塔斯社"（ТАСС）。这个新的国家通讯社实际上是在原罗斯塔社的基础上扩建的，而俄罗斯电讯社（罗斯塔社）的名分，则归于俄罗斯联邦共和国，1935 年 3 月，俄罗斯电讯社的名分取消。塔斯社社长由部长会议任命，各加盟共和国的分社社长由总社社长任命。苏联建国初期，所有新闻媒介上的新闻，均由塔斯社提供，该社在新闻发布上占有垄断地位。

苏联的广播事业发展很快，到 1928 年，全国已有广播电台 20 座，收音机 7 万台；到 1940 年，超过 100 座，收音机 110 万台；同时还有 1.1 万个有线广播站和 600 万个广播喇叭。苏联是世界上最早创办对外广播的国家之一，1929 年 10 月，首次播出的是德语节目。至 1940 年战争爆发前，对外广播增加到 13 种语言，包括 1940 年 7 月开始的对华汉语广播。

在广播体制方面，新经济政策同样停止执行。1928 年 6 月由邮电部领导的"全苏广播委员会"替代无线电广播股份公司。1933 年 1 月，广播委员会不再属于邮电部，而是直属部长会议，成为部长会议的一个官方机构，拥有对全国广播事业的设计、指导和监督的职权。地方的广播委员会直接接受全国广播委员会的监督和指导。这种体制的变化，是新闻事业的管理从新经济政策转向中央集权的一部分。

苏联从 1927 年起研制电视广播，1931 年 4 月试验播出图片式电视，1939 年在莫斯科和彼得格勒开始经常性的电视节目的播出。当时的图象扫描是 343 行。

这个时期的苏联新闻传播业，一方面为社会主义建设事业做了大量的宣传鼓动工作；另一方面也成斯大林排除异己、制造党内一系列政治运动（例如"同托洛茨基的斗争"、同"新反对派"的斗争、"同布哈林的斗争"和 30 年代的肃反等）、陷害党的大批优秀干部的舆论工具。

二、二战时期的苏联新闻传播业(1941—1945)

这是一个特殊的时期,法西斯德国对苏联的突然进攻中断了苏联各新闻媒介的正常发展,它们立即调整,转入了应战状态。

1. 报刊结构的调整

在很短的时间内,苏联的民用报刊或停办,或合并,继续出版的报刊减少篇幅、限期、限发行量,例如中央级的大报《真理报》和《消息报》从 6 版减为 4 版,地方性报纸从 4 版减为 2 版;各报从周六刊改为周五刊;区以下报纸减少一半期数。与此同时,大力发展军事报刊,除了原有的《红星报》《红海军》和几种军事理论杂志外,增加了《斯大林之鹰》《红色战鹰》两个中央级军报,军队总政治部出版了多家用于鼓动的军事杂志,各方面军级的前线指挥部或政治部出版多种"前线报",1942 年时最多,为 19 种。兵团以下的部队,按建制出版各自的报纸,仅兵团、军级的报纸就有 128 种,均为日报。苏联军队在兵力配置上以师为单位,所以师级的报纸最多,在 400～600 种之间。整个战争时期,苏联军事报刊共出版 821 种,期发量超过 300 万份。

另外,在游击区,游击队还秘密出版了各种抗敌的报纸,总计 270 种。

2. 广播电台转入战时状态

战争期间,电视台被破坏,苏联的中央级电台和部分地方电台迁往东部。全苏电台及时播出各种战报 2 000 多件,该台的"前线来信"和"信寄前线"编辑部,播出 8 000 多封信件和 7 000 多篇战地通讯。由于许多重要的战报和最高统帅部的命令是由播音员尤里·列维坦播出的,效果很好,以致 1941 年德国军队兵临莫斯科城下时,德国将他列为斯大林之外需要消灭的第二号人物。战争期间苏联的部分广播电台遭到很大的破坏,但同时又付出很大的努力,将中央级广播电台在 1944 年建成当时世界上功率最大的电台。对外广播到 1944 年增加到 29 种语言、每天总计播出 59 小时。

3. 塔斯社军事化运作

该社的许多记者转变为军事记者,设立专门的"塔斯之窗",报道苏联军队的消息,并组织艺术家和诗人创作了 1 500 幅政治宣传画,进行战地宣传。

苏联的新闻工作者们为战胜法西斯作出了巨大的牺牲,仅《消息报》就有 44 位记者牺牲,占全报社人数的 1/5。同时,战争也锻炼了记者,一批著名记者在战地报道中成名,如波列伏依、西蒙诺夫;许多作家也暂时成为出色的战地记者,如肖洛霍夫。

三、战后新闻事业恢复和发展时期(1946—1986)

战后苏联新闻事业的恢复较快,按媒介种类情况如下:

1. 报刊

1947 年报纸恢复到 7 163 种,发行量猛增到 8 800 万份。60 年代报纸总发行量减到约 5 000 万份;1983 年,报纸 8 273 种(其中日报只有 150 种,多数为各种企业报纸),一次总发行量达 1.7 亿份。这期间新创办的中央级报纸只有几家,即俄罗斯联邦最高苏维埃和部长会议的机关报《苏维埃俄罗斯报》(1956 年,也是苏共中央的报纸)、《社会主义工业报》(1969 年,苏共中央侧重工业和工厂企业的报纸,1990 年与《建筑报》合并为《工人论坛报》)、《苏维埃文化报》(1977年,苏共中央侧重文化文艺的报纸)。

杂志在战后种数和发行量同时上升,与苏联战后恢复经济和发展科技相适应,科技类专业杂志占杂志总数的比重很高,达 85%。较有影响的综合性杂志是 1945 年 6 月创刊的《时代》周刊,用 8 种文字印刷,在世界 100 多个国家发行,代表苏官方立场。80 年代初发行量最大的是《女工》和《健康》,发行量均超过1 000万份。1980 年,苏联的杂志有 5 236 种,年总发行量为 35.9 亿份。

2. 广播电视

1945 年 5 月 7 日苏联在欧洲最早恢复正常广播。到 1946 年,苏联的广播功率超过战前,收音机到 1954 年超过战前,达到 570 万台。从 1947 年起,开始全面采用长、中、短、超短波播出各种节目。苏联的广播一向音乐占主要成分,约占 60%以上,政治性节目 20%,其他还有综艺、儿童等类。到 80 年代中期,无线电覆盖全部国土,州(自治共和国、边疆区)以上电台共 176 座,共使用 71 种语言对内广播。收音机社会拥有量 1.6 亿台。全苏广播电台每天制作五套节目,各套节目共播出新闻节目 130 次。同时,还有有线广播站 3 600 个,广播喇叭 8 500万个。对外广播的投入依然很大,到 80 年代中期,已有 13 座对外广播电台,每天共用 82 种语言对外播出 2 167 个小时,工作人员 1.5 万,每年花费 10 多亿美元,无论语种、时间、人员和功率,均居世界第一位。

1945 年 12 月,莫斯科电视中心在欧洲第一个恢复电视广播,但当时只有420 台电视机。1948 年首次试播 625 行扫描成功。1951 年正式建立中央电视台。1965 年 4 月,苏联开始电视卫星转播,70 年代中期卫星直播。1967 年 10月开办彩色电视节目,五年后电视节目播出全部彩色化。70 年代以后形成世界上最大的电视网(从中央到边疆区、州),横跨 1 万公里,上下 4 000 公里,分为五个电视广播时区。到 80 年代初期,全国有州级以上电视台 125 座,使用 48 种语言、通过 7 颗卫星对内广播,拥有工作人员 8 万人。中央电视台播出节目四套,分不同时区,每天的播出时间共 159.6 小时,最著名的节目是晚上的"时代"新闻节目。1984 年试验性开设有线电视。

广播电视曾经在 1953—1957 年由文化部广播总局领导。1957 年以后重新由部长会议直属的全国广播电视委员会领导。

3. 通讯社

战后塔斯社的工作转入正常,50 年代每天用五种文字发稿,向 36 个国家派驻了记者。1971 年 12 月塔斯社升格为政府一级机关,享有部长会议国家委员会的权利。70 年代以后向世界 100 多个国家派驻记者,拥有 115 个国家的 1 000 多个订户;在国内则建立 52 个记者站。

1961 年 2 月,苏联建立第二个通讯社——新闻通讯社,系以群众性团体名义建立的社会性通讯社,主要负责对外宣传,该社还出版各种文字的 50 多种画报和 7 种报纸。

战后的 30 多年,苏联的新闻传播业获得了巨大的发展,生活、科学方面的传播内容得到一定程度的丰富,但是政治方面的内容僵化和不真实也愈来愈使人难以忍受,于是同整个社会的改革一道,新闻改革提上了日程。

四、苏联的新闻改革时期(1986—1991)

以 1986 年 3 月苏联共产党二十七大为标志,俄国开始了改革的年代,新闻改革首当其冲。苏联总统、苏共中央总书记戈尔巴乔夫(Михаил Сергеевич Горбачёв, 1931 -　)要求:"我们力求与社会生活的一切领域有更多的公开性。人们既应当知道好事,也应当知道坏事,为的是好上加好,而同坏的要进行斗争。"①在这一方针下,苏联的新闻媒介在自主权和内部利益分配方面发生了很大变化,信息量增大,报道面拓宽,批评性报道大大增多,体裁活泼多样,更多地反映了群众的意见。揭露问题较多的报刊,例如《莫斯科新闻》(1930 年创办的对外宣传周报)、《星火》《论据与事实》(1978 年苏联知识分子协会创办的周报)、《共青团真理报》等,发行量几十、上百倍地上升,其中《论据与事实》原来只发行几十万份,这时的最高发行量上升到 3 150 万份。这一时期苏联社会对于报纸的需求量急遽增加,各中央级报纸的发行量,均超过 1 000 万份,其中《劳动报》在 1989 年达到 1 984 万份、《共青团真理报》1 758 万份。1990 年以后,各个新成立的政党也纷纷出版自己的报刊,从主张君主立宪到无政府主义,共约 500 种,但影响力均不大。

苏联的广播电视向来是没有批评报道的。1986 年以后,广播电台和电视台开始全面参与批评性、问题性报道,试图解决人民普遍关心的迫切问题。中央电视台开办了"改革与探照灯"专题节目。广播和电视一改过去对重大突发性事件不报、迟报或低调处理的做法,对亚美尼亚大地震、多次民族冲突等都作了广泛、客观的报道。各广播电视台开办了各种各样的沟通信息的专题节目,例如"实事求是的谈话"、"请注意这个问题"、"电视桥"等。1989 年夏天,中央电视台首次

---

① 戈尔巴乔夫《改革与新思维》第 61 页,世界知识出版社 1988 年中文版。

数天现场直播苏联人民代表大会,直播时间达 95 小时 25 分,两亿多人民收看了大会的主要过程。这一时期,联邦一级的电视台开始播出广告。1990 年 7 月,总统发布了广播电视民主化命令,确认国家广播电台和电视台是独立于政治的社会组织,不允许任何政党垄断;接着于 11 月政府将国家电视台改组为四家在创作和商业上完全独立的公营电视公司。此前已经在莫斯科和彼得格勒出现通过租用政府设备开办的非政府系统的"尼卡"商业电视系列台。1991 年 2 月,全国广播电视委员会改组为"全苏国家广播公司"。

塔斯社在内部引进竞争机制,加强了信息服务的功能。同时宣布播发的消息不完全代表官方,采用不同的电头区分官方新闻与塔斯社新闻,允许同一条消息中包含矛盾的看法。1989 年 5 月,"追溯通讯社"作为独立的合资公司注册,成为苏联首家非官方的通讯社,它主要播发经济新闻稿,影响尚不大。1989 年 9 月,一家与苏联广播电视委员会合作的苏、法、意合资通讯社"国际文传电讯"开始运转。由于其某些消息传播得快速和全面,从而形成与塔斯社的竞争。

1990 年 6 月,苏联颁布新闻法。该法宣布取消新闻审查制度,社会团体和公民有权办报,但不允许垄断任何一种舆论工具,给予了新闻工作者更多的权利。该法生效(当年 10 月)两个月后,有 700 多家报刊登记,其中以个人名义登记的约 100 家。《独立报》于 1990 年 12 月创办,在新报纸中较为闻名。

这种改革使得各种大众媒介有了相当的自主权,内容变得生动活泼了,激发了读者接触媒介的欲望;但是,从原来的强控制到全面开放,步伐太快,法治管理无法跟上,传播中夹杂着许多不负责任的煽动、虚假和低俗的内容,社会观念的转变过急,与过去形成强烈的对比,而经济基础并没有发生根本变化,于是造成社会的不稳定。

1991 年 8 月 19 日,副总统亚纳耶夫等人发动政变,成立了由 8 位主要领导人组成的紧急状态委员会,调动军队进入莫斯科,控制了塔斯社和苏联新闻社、莫斯科广播电台和电视台,并宣布在莫斯科和莫斯科州,只允许《真理报》等九家中央和莫斯科市的报纸继续出版。当天,苏联最大的加盟共和国俄罗斯联邦的总统叶利钦(Борис Николаевич Ельцин,1931－2007)发表讲话,宣布紧急状态委员会的行动是反宪法的政变。莫斯科群众涌上街头冒雨游行拥护叶、戈,阻止军队坦克的前进,三名青年被坦克射出的子弹打死,三辆坦克被烧毁。三天后政变失败,苏共被解散,在政变中被允许出版而没有直接批评政变的 9 家报纸中的6 家被暂停出版(包括《真理报》)。

1991 年 12 月 21 日,原苏联的多数加盟共和国(11 个)发表《阿拉木图宣言》,实际上宣布了苏联的解体。最大的加盟共和国"俄罗斯联邦"继承原苏联在联合国的席位,承担原苏联与外界的条约、债务。

第五节　"8.19"事件后俄罗斯联邦共和国的新闻传播业

一、初期的变化

"8.19"政变失败后一周,叶利钦发布命令,准许自由欧洲电台在莫斯科设办事处。这是一个标志,即说明俄罗斯联邦共和国实行自由主义的新闻政策。同年12月,联邦政府颁布《俄罗斯联邦大众传媒法》,该法规定,所有报刊在政府新闻出版部门登记后,即可在遵守现行法律的前提下,自行经营,自谋发展。

鉴于俄罗斯联邦共和国是前苏联的继承者,因而总统叶利钦在《阿拉木图宣言》公布后的第六天,即12月27日宣布撤消全苏国家广播公司,在它的基础上成立"奥斯坦基诺俄罗斯(Ostankino-Russian)国家广播电视公司";接着于1992年1月22日签署命令,将塔斯社和苏联新闻社合并为俄罗斯新闻社,简称"俄通社"。1月30日起该社使用"俄通-塔斯社"(ITAR－TASS)的电头发稿。为保住世界性通讯社的地位,俄通社仍使用"塔斯"这一原苏联电讯社的缩写和发音,但它被解释为"主权国家通讯社"的缩写和俄文发音。1993年宣布俄通-塔斯社为国家通讯社。1994年原苏联新闻社又从俄通社中分离出来,改称俄罗斯新闻社,也是国家通讯社,侧重提供特稿和图片。1998年5月,俄罗斯新闻社改名俄罗斯消息社,作为全俄国家电视广播公司所属的通讯社。

俄国政府没有接管前苏联的各级党或政府的报刊,也没有保留从中央到地方和企业的金字塔结构的报刊模式。依据新闻出版法,原来苏共和苏维埃的报刊,均变成了各种形式的独立报刊,实行企业化的管理方式。少数报纸更改了名称,但多数还使用原名。

由于人民对于政治的热情减退,加上从1992年起政府逐步取消对报刊的补贴,开放报价后的报纸价格大大提高,前苏联80年代末90年代初极高的畸形报纸发行量,在缩小为"俄国"后迅速下降;报刊种数也急遽减少。1997年征订目录上的报纸只有800家,杂志4600家(多数是技术性的专业刊物)。俄国已经没有全面影响全国的报纸,发行量有几十万份即算是大报了。

二、传媒业的集中

"8·19"事件后的十几年的时间里,俄罗斯传媒完成了从第一批私营媒体到形成媒介集团的过程。

俄罗斯存在三种类型的媒介集团:第一种是以行政方式捏合而成的国家所有的媒介集团,其代表是全俄国家广播电视公司,它享有国家津贴和政府提供的各种优惠政策。

第二种是由工业集团或金融集团组建的媒介集团,它们是通过工业或能源资本、金融资本向媒介市场渗透的途径形成的。由于有强大的资金支持,这类媒介集团通常涉及多个媒介门类并且一般来说实力雄厚、规模较大。如 Газпром-медиа 包括电视公司、广播电台、印刷媒体、电影以及广告公司,而 Проф-медиа 则包括印刷媒体、广播和电影。其中,Газпром-медиа 已经是成为欧洲较大的媒介集团之一。

第三种是传媒自身通过商业化途径发展而来的,其中一些发展成了跨媒介集团,如"论据与事实"、"独立媒体"等媒介集团。它们先是通过市场化途径在报刊市场上积累了足够的资金,之后再向其他媒介领域扩张。这类媒介集团通常拥有较高的市场占有率,商业化程度也是三种媒介集团中最高的。

在俄罗斯大众传播业私有化和所有权集中过程中,俄罗斯石油天然气工业公司、鲁克石油公司、奥奈克姆银行、金融家古辛斯基的"莫斯科媒介公司"、商人兼官僚别列佐夫斯基的"洛戈瓦斯"公司、阿尔法电视台集团等较大的财团,曾是苏联瓦解后控制俄罗斯大众传播业的巨头。经过 2000 年到 2002 年普京政府对大众传播业的整顿,"莫斯科媒介公司"和"洛戈瓦斯"公司媒体巨头地位已不复存在。俄罗斯联邦政府成为控制大众传播业的主导力量。另外,俄国共产党则控制着相对松散的庞大报刊集团,最有影响的报纸是《苏维埃俄罗斯报》(发行量30 万份)、《俄罗斯真理报》、《莫斯科真理报》等,这个政党报团拥有地区级报刊约 700 家,主要依靠某些支持共产党的金融机构和企业的财政后援,维持报刊的影响力。

经过整顿和重组,除政府控制的媒体外,由韦辛列夫任总裁的国家天然气工业集团控制着《劳动报》《农村生活报》《论坛报》(前身《工人论坛报》)等前苏联的传统大报,《总结》周刊、独立电视台、莫斯科回声电台等原来由古辛斯基控制的媒体,以及约 30 个地区级的报刊和电视台。鲁克石油公司总裁阿列克佩罗夫控制着《消息报》、31 频道、ren 电视台,并拥有第一频道电视台(TV‐1)的股份。俄国最大的银行之一奥奈克西姆银行控制着前苏联主要报纸《共青团真理报》《天线报》《快讯报》,同时掌握着《消息报》的相当股份。

近年来,俄罗斯媒介的集中化进程的合并、收购不断发生:2003 年 2 月,"Проф-медиа"集团购买了"独立媒体"集团 35％的股份;2003 年夏天,工业通讯银行(此前拥有"论据与事实"出版公司的控股权)买下了《劳动报》的大量股份。2004 年春天,国际投资基金会 Mint Capital 以 200 万美元买下俄罗斯出版公司 Gameland 20％的股份。2005 年 1 月,芬兰的 Sanoma WSOY 公司(该公司是欧洲重要的媒介集团之一,经营杂志、报纸、电子媒体和书店)下属的 Sanoma Magazines 公司以 1.4 亿欧元的价格收购"独立媒介"集团,这是俄罗斯印刷媒体历史上最大一宗的并购。

俄罗斯媒介集中化的特点之一是：杂志与广播领域的集中度较高，报纸和电视领域的集中度较低。这是由于俄罗斯报纸和电视的政治化程度较高，所以俄罗斯大多数商业化媒介集团集中在杂志和广播领域内。

广播电视方面，奥斯坦基诺公司继续播出前苏联传统的两套广播节目和两套电视节目，费用 1/3 来自政府，2/3 依靠广告和其他收入。1995 月，政府决定将奥斯坦基诺公司改组为公私合营的俄罗斯公共广播电视公司，国家持有 51% 的股份，其余由民间投资。与此同时，有约 300 个民营广播电视台获得执照，多数是租用国营机构的设备播放节目。国外资本进入广电的现象已经较为普遍，但不够稳定，规模也不大。1998 年 5 月，叶利钦总统签署命令，在原俄罗斯公共广播电视公司的基础上，成立国家媒介的控股公司全俄国家电视广播公司（ВГТРК），所有国有资产的电视广播公司，都将隶属于这个公司。

2000 年，政府购回别列佐夫斯基持有的公共广播电视公司股份，几乎全部拥有该公司。2002 年，将其更名为第一频道电视台。同年，收回第六频道，后用于建立体育台并拥有该台。2001 年，普京总统签署命令，组建国内唯一的国有传媒企业"俄罗斯广播电视网"（РТРС），将所有原来由地方政府权力管辖的电视转播中心变成直属机构。此外，修改后的《俄罗斯联邦传媒法》禁止外资拥有电视机构的控股权。

失去公共电视台股份、电视六台后，别列佐夫斯基尚余《独立报》《新消息报》等新报刊，其《星火》杂志现为政府新闻部长列新拥有。另外，莫斯科市长卢日科夫实际上控制着莫斯科地区的许多电子媒介和印刷媒介，这些媒介被称为"莫斯科集团"。一度在政坛上辉煌的列别德，已在西伯利亚建立了自己的克拉斯雅尔斯克电视公司，该公司控制着当地的主要广播电台、电视台和《西伯利亚报》。阿尔法电视台集团控制了 СТС 电视台的 1/3 的股份；到 2000 年底，这个集团控制着 140 家电视台，拥有 0.7 亿～1 亿电视观众。

三、传媒所有制的结构特点

苏联解体后，俄罗斯的传媒所有制结构呈现多元化。俄罗斯印刷媒介市场上近 20% 的全国出版物和约 80% 的地区出版物属于国家所有。国有电视台占据了约 50% 的电视收看市场，70% 的广告市场。俄罗斯的主要发行系统、大部分印刷厂以及广播电视信号的转播和发射设备都处于国家垄断之中。

俄罗斯的媒介市场主要存在三种所有制形式——国家媒介企业、私人媒介企业和混合所有制的媒介企业。在混合所有制的媒介企业中，私人与国家资本共同控制传媒。这种情形制约了俄罗斯传媒市场化的发展。因为国家拥有的传媒可以得到直接的津贴（大约有 40% 的俄罗斯传媒由直接或间接得到津贴的保障）。这类传媒还享受国家提供的其他优惠，例如转播广播电视信号的优惠价格、税务优惠、海关优惠等。这种不合理的竞争机制使得一些私营媒体想方设法与政府建立联系，以获得优惠。已经享受优惠的媒体为了保持下去，也自觉地保持对国家的顺从。根据俄罗斯职业协会的材料，2002 年，俄罗斯只有 40% 的媒体按照市场规则运作。[①]

2002 年，俄罗斯召开了名为"大众传媒产业：改革的方向"的全国会议。在这次会议上，时任报刊与广播电视部（2004 年 3 月该部取消）部长的列辛提出："国家应当大幅度限制自己在市场上的存在，不再充当主要的参与者。"[②]显然，俄政府意识到应当从这一领域内撤出，使媒介产业的发展符合市场规律。2004年 3 月 4 日，全俄国家电视广播公司的全国企业改组为 100% 国家持股的开放式股份公司。

四、俄罗斯联邦新闻传播业的现状

1. 报纸

俄国的报纸呈现多元化，有官方的报纸，但对公众的影响很小；由前苏联的官方报纸转变来的某些独立报纸，目前是对俄国社会影响最大的报纸群；形式上独立但依然一定程度代表党派观点的报纸也有一些，影响较小。有代表性的是以下一些：

（1）《共青团真理报》（*Комсомольская Правда*）创刊于 1925 年，苏联解体后保留原报名，由"共青团真理报"出版公司出版，2007 年起隶属于"媒介—伙伴"集团，早已与共青团组织没有任何关系。《共青团真理报》原为社会政治大报，20世纪 90 年代转型为大众化小报，突出娱乐性，政治题材的内容只占很小篇幅，较为活泼的风格吸引了不少年轻人。《共青团真理报》从 1993 年起另出一份周报，周报发行量远远超过日报，达到 300 多万份，日报发行量 65.5 万份。

（2）《莫斯科共青团员报》（*Московский комсомолец*，缩写 MK）创刊于 1919年，现在是莫斯科地区发行量最大的报纸，大型社会政治日报，与共青团没有关系，读者也不限于青年。该报由"莫斯科共青团员"出版公司出版，20 世纪 90 年代中期在日报的基础上组建了"莫斯科共青团员"媒介集团。该报是对开大报，一周六刊，周日不出报，2009 年 10 月起彩色印刷。该报注重迎合读者，重点报道是大众文化、犯罪和体育新闻，发行量 70 多万份。

[①] Индустрия российских средств массовой информации（проект доклада）. стр. 8. http://prinfo.webzone.ru/stindustrsmi.htm

[②] А. Г. Качкаева. Новейшая история российского телевидения. 1990 – 2002. （опыт периодизации）. Вестник Московского университета. Серия 10，Журналистика. 2003/3.

《莫斯科共青团员报》2014 年 2 月 28 日头版和《共青团真理报》2013 年 6 月 6 日（周日报）

（3）《消息报》(*Известия*)原是苏联最高苏维埃机关报,1992 年 11 月在私有化过程中编辑部组建"消息报"股份公司。该报一度属于天然气工业-媒介集团,2008 年 5 月"民族媒介集团"从其手中购买了 50.19％的股份。该报是全国性日报,一周 5 刊,内容丰富,题材广泛。除俄罗斯外,该报还在独联体国家和欧洲国家发行。2005 年 2 月起,该报与美国《纽约时报》联合出版《消息报中的纽约时报》,随主报发送,带来不少订户,该报发行量在 20 万份左右。2011 年 6 月,采用比对开小比 4 开大的 310x578мм 版面。

（4）《俄罗斯报》(*Российская газета*)创刊于 1990 年,日报,隶属俄罗斯联邦政府。由于拥有行政上的资源,该报得以全国发行,目前发行量 16.7 万份。《俄罗斯报》一周出版 5 期,对开大报,黑白印刷。

（5）《生意人报》(*Коммерсантъ*)。在各种商业日报中,20 世纪 90 年代初创办的这家报纸具有代表性,它适应商人的各种需要,既刊登本国大政方针、国内外重大新闻、市场行情、大公司动态,也刊登各种娱乐内容,几乎无所不包,发行到独联体各国,被称为"独联体日报",发行量在 10 万份左右。该报 2006 年被亿万富翁乌斯马诺夫(*Алишер Усманов*)买下。

（6）《真理报》。"8.19"事件后成为独立报纸,曾经因政治和经济原因停刊三次。该报在观点方面反映左派立场。1992 年 3 月政府拨款 1 800 万卢布,使得该报因经济问题停刊后再度出版。1992 年 8 月,希腊富商杨尼斯·杨尼克斯取得了报纸的控股权。该报一度改为周三刊,后来恢复日刊,每天仅四版。同时,还出版《真理报 5》,作为副刊随星期五的报纸发行。后来出现林尼克主编的《真理报》和伊林主编的《真理报》,这是由于编辑人员分裂造成的现象。1994年,杨尼克斯将《真理报 5》作为独立出版物在国家出版委员会登记注册。1997年因出现三家《真理报》而打官司。最后法庭认定伊林主编的《真理报》为正宗的《真理报》。根据这一判决,1998 年另一家《真理报》改名《言论报》;《真理报 5》停止出版,希腊商人撤资。伊林的《真理报》与俄罗斯联邦共产党达成协议,成为该党的机关报,目前发行量 5.5 万份。

(7)《论据与事实》周报。虽然该报发行量早就从当年的 3 000 多万份跌下来,但是现在的 288 万份发行量,还是俄国周报中最高的。另外,原苏共中央的《经济与生活》周报(前身即 1918 年创办的《经济生活报》),由于经常发表统计材料、经济法规和会计、统计法规,因而也有几十万的订户。该报由工业通信银行和彼得堡强力部门共同拥有。

2. 杂志

"8.19"事件后的俄国杂志,也遭遇到政府逐步减少补贴而带来的经济困难,种数变化不大,而发行量大大减少。原苏共中央的理论刊物《共产党人》改为独立杂志,立即更名为《自由思想》,发行量从 90 万份减少到 2 万份。现在俄国相对受到欢迎的还是《星火》《总结》《女工》《健康》等杂志。

《星火》周刊(Огонёк)创刊于 1902 年,附属于《交易所新闻》报。十月革命后停刊,1923 年恢复出版。它是一份图文并茂的大众化杂志。1986 年 6 月,在苏联总统戈尔巴乔夫的提议下,维塔利·科罗季奇被任命为《星火》杂志的主编。《星火》获得了相当的自主权,公开性、民主化、多元化的新思维很快在其报道中得到了体现,一度发行量数百万份。苏联解体后,该刊在 1994 年落到谷底,发行量仅 1 万份,不能按时刊出。处于危机中的《星火》杂志接受了俄罗斯传媒大亨别列佐夫斯基的投资,开始市场化转型。1995 年《星火》进行改版,向西方新闻周刊的标准看齐,增加篇幅、信息量,运用先进的印刷手段,杂志改头换面,焕然一新。现在《星火》的定位是:"这是一本关于当代人的当代生活的杂志,是关心 21 世纪社会变动的杂志。我们的读者对待生活有自己独立的见解。……《星火》的读者是积极的消费者……它富有高质量的资讯及权威人士的观点,大幅的照片、插图、表格和信息图解。包含很多实用的使用信息。报道的风格是——深入浅出。"

《总结》周刊(Итоги),又译《综述》,属于天然气工业公司媒介集团。它是俄罗斯国内权威的分析类杂志,刊载社会政治题材的文章。1997 年,俄罗斯记协称《总结》是最有影响的周刊。1998 年《综述》获全俄"最佳年度照片"奖。《总结》在莫斯科和俄罗斯的各大城市、独联体国家和欧洲主要国家的首都发行。该刊在俄国社会政治周刊排行中处于领先地位。

3. 广播电视

俄罗斯的广播电台有很多。隶属于全俄国家广播电视公司的两套国营广播节目(俄罗斯广播台和灯塔台)覆盖全国。民营广播电台规模不一,有大台也有众多小台,在莫斯科较有影响的电台是"莫斯科回声台"。

俄罗斯的对外广播电台大大缩减,现在有"俄罗斯之声"台(Голос России),属于单独的"俄罗斯之声国家广播公司",国家所有。"俄罗斯之声"使用俄语和38种外语进行广播,每天广播时间为151小时,报道俄罗斯的经济、文化和科技消息,并有一些广告。

俄罗斯的电视台,主要有公营的俄罗斯国家电视台(Россия)、文化台、体育台(原来的 TV-6),公私兼营的第一频道电视台(Первый канал)。民营电视台中,有影响的是"独立电视台"、"莲"电视台、第五频道电视台,以及首都地区的中心电视台(ТВЦ)。

俄国国家电视台 24 小时滚动播出的新闻节目　　民营首都中心地区电视台(ТВЦ)访谈节目

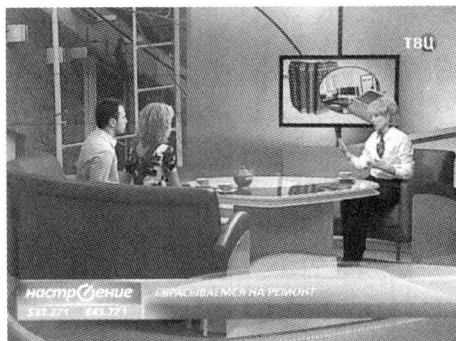

4. 通讯社

目前主要的还是俄通-塔斯社、俄罗斯消息社这两家国营通讯社。俄通-塔斯社比前苏联时期的塔斯社减少了 1/4 多的人员,2005 年为 3 500 人,其中记者900 人。目前该社有国外订户 500 户,国内订户 7 500 户。该社还成立了俄塔电视部,开发商业信息产品,建立科技咨询信息部、信息职业服务公司等,较为活跃。俄罗斯消息社比前苏联时期减少了 1/4 的人员,现在为 1 500 人,但整体服务水平有所提高,提供的新闻稿形式多样,内容丰富,例如热线新闻、俄罗斯经济信息、外汇行情等,并拥有俄国最大的图片服务公司。

除了两家国营通讯社外,俄国还有 16 家非国营全国性通讯社和约 30 家地区性通讯社,以及一些媒介的信息部门(对外也称通讯社,大约有近 300 家)。鉴于传统,60% 的俄国媒介仍采用俄通-塔斯社和新闻社的新闻稿。

民营通讯社中最著名的是国际文传电讯社(Интерфакс)。该社有工作人员

350 人,在英、美、德和国内几个大城市驻有记者。其他非国营的通讯社还有如 RATEX 经济通讯社、西北通讯社、莫斯科新闻社、乌拉尔-承兑公司、西伯利亚信息社和彼得堡的 PR - CMA 通讯社等。

　　5. 网络媒体

　　俄罗斯应用互联网技术始于 1990 年前苏联成立"格拉斯耐特网"(Гласнет)公司。之后很长一段时期,网络发展的中坚力量是"列尔科姆"(Релком)和"杰莫斯"(Демос)两家商业网络服务公司。1993 年底开始使用万维网技术(WWW),欧盟网/列尔科姆网正式与国际互联网相联。1994 年,正式登记注册网络域名 ru,俄罗斯网络正式存在,首次出现以"ru"为后缀的万维网站 www. relcom. ru(列尔科姆公司网站)。同年,政府开始投资网络建设,1995 年建成"俄罗斯联邦大学计算机网"(RUNNET)网络中心,1996 年建立"俄罗斯支柱网络"(RBNET),为高校和科研服务。1996 年和 1997 年,搜索引擎"漫游者"(Rambler)、"地址"(Yandex)相继开始运行。1999 年,俄罗斯互联网协会成立。

　　进入 21 世纪,俄罗斯的互联网用户数量逐年增加,从 1996 年的 40.6 万人增加到 2015 年第一季度的 8 200 万人,网民在 1996 年仅占总人口的 0.27%,而到了 2015 年已占 12—64 岁人口的 66%。俄罗斯主要的新闻网站大多创建于 1999 年以后,如"报纸"网(gazeta. ru)、"链接"网(lenta. ru)、"消息"网(vesti. ru)等,至今仍是俄罗斯主要的新闻网站。各大主流媒体创办起自己的网站,如《共青团真理报》网(kp. ru)、《消息报》网(izvestia. ru)等。

　　俄罗斯的社会化媒体也发展迅速。截至 2009 年 7 月,俄罗斯网民平均每月在社交网络上投入 6.6 个小时,浏览 1 300 个页面,超过同年全球平均的 3.7 小时与 525 个页面。俄罗斯最受欢迎的社交网站之一是"同学"网(Odnoklassniki. ru),该网站的定位是同学和老朋友们的重聚,年龄在 25～35 岁之间的俄罗斯人有 75% 都是该网站的用户。截至 2012 年年底,该网站已有超过 1.48 亿的注册用户。另外一个受欢迎的社交网站是 VKontakte,意为"保持联系"。Vkontakte 是 Facebook 在俄罗斯的翻版,就连页面都有着相同的主题色,在功能上也十分相似,用户群比"同学"网要年轻化。截至 2013 年 3 月,该网拥有 2.03 亿用户。它在俄罗斯的访问量仅次于搜索引擎 Yandex。

第三篇

第八章
美洲新闻传播业历史发展概述

美洲(地理上以巴拿马运河为界,分为北美洲和南美洲)在欧洲殖民者到来之前,是处于原始社会和半原始社会的印第安人生活的地区,其中位于中美洲墨西哥中南部和尤卡坦半岛的阿兹特克文化、玛雅文化和位于南美洲秘鲁东北部的印加文化,是印第安人文明发展的顶点。前者出现了有系统的简单文字记载,甚至简单的口头新闻传播;后者尚没有发现文字,但是建筑符号的运用已经相当高超。

15世纪末,随着哥伦布发现美洲,欧洲人此后陆续来到这块新大陆,直接将欧洲的文化(包括新闻传播文化)移植过来,从而使美洲(开始时主要是中、南美洲)成为世界上第二个现代新闻传播业的早期发展地区。西班牙、葡萄牙、荷兰、法国、英国等国的冒险家、商人、大量贫困的移民先后来到新大陆找寻新生活。几经瓜分新大陆的战争和谈判,在18世纪基本确定了美洲国家区划的格局,以语言的分布,又可大体划分为西班牙语区、葡萄牙语区和英语区。因此,美洲新闻传播的发展和特点,需要以这种划分分别概述。还有几个小国通行的是法语、荷兰语等,无关大局,略去不谈。

一、西班牙语和葡萄牙语区(即语言学上的拉丁美洲)

西班牙人15世纪末、葡萄牙人16世纪初来到美洲。现在拉丁美洲除了巴西,其他绝大多数国家(共18

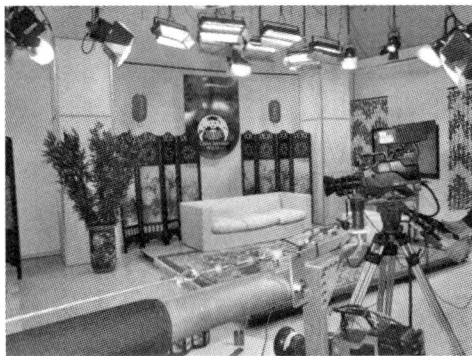

阿根廷有线电视三台拍摄华语节目现场

个)的通行语言是西班牙语,它们均为当年西班牙的殖民地。而南美洲最大的国家巴西(851万平方公里),则当年是葡萄牙的殖民地,通行葡萄牙语。这两种语言均属于印欧语系拉丁语族,故墨西哥以南的美洲在语言划分的意义上被称为"拉丁美洲"。拉美的主要国家均是在19世纪初获得独立的。拉美的新闻传播业的特点如下:

1. 报刊业发展缓慢

在拉美直接引入欧洲现代新闻传播文化的西班牙和葡萄牙,作为商业民族,它们的本土并没有坚实的现代工业基础,除了通过全球贸易赚钱外,对于文化传播是不大看重的,也不鼓励(甚至限制)本国人移民到美洲。16世纪和17世纪,仅在利马、墨西哥城分别出现过殖民当局"公报"性质的早期报刊。18世纪初,西班牙统治下的各殖民地才较为普遍地出现现代报刊。而葡萄牙,更是忽视创办报刊,只是由于偶然的原因,才使巴西在19世纪初出现现代报刊。尽管如此,拉美多数国家在18世纪初出现现代报刊,这在世界上也是相当早的。然而,这些国家现代报刊的发展,却极其缓慢。

其原因,首先在于宗主国对新闻文化的忽视,各殖民地实行的专制制度也严重地阻碍了新闻文化的流通。其二,由于不鼓励欧洲人移民,这些国家的民众主体是以原来的印第安人、从非洲贩运来的黑人与少数欧洲人混血后裔为主。少数来到拉美的欧洲人(当然主要是西班牙人和葡萄牙人),大数不是为了创业而来的移民,而是一些来做官的小贵族、来做买卖的商人,以及一些退役留下来的士兵(他们的身份性质是流氓无产者)。在这种历史基础上形成的拉美民族,他们接受的传统文化带有相当的原始传播特点,对于阅读报刊,即使在文化水平已经大大提高的现在,仍然缺少传统文化的支持。其三,各国独立后,由于缺少民主政治的训练,经常发生内战、军事政变,国家长期处于专制统治下,经济发展滞后。在这种情况下,政党繁多而杂乱,党报时期相当长久,报刊不是服务于民众对于信息的需求,而是满足各政党宣传的需要,商业性新闻传播业真正得到大发展,尚是最近三四十年的事情。因而在拉美国家,发行量10万份以上的综合性报纸,就算是大报了,发行量20万份以上的报纸,总共只有十几家。整个拉美日报的日发行量,只占全世界的3%,约1 000万份,千人拥有报纸约70份。不过,拉美各国报刊的发展较为均衡,已明显地呈现商业性报刊高速发展的趋势。

2. 广播电视业发展相对迅速

形式上接近拉美民众传统传播文化的广播和电视,得到了快速发展。拉美传统的原始色彩的音乐和舞蹈,以及传统的狂欢节、对于现代足球的热衷,刺激了广播和电视业的发展。拉美的收音机社会拥有量平均每2人一台收音机;电视机的家庭平均拥有率2/3以上。这在发展中国家,属于水平较高的。这里还是世界第二大单种语言广播电视的视听市场(即西班牙语市场,共有3.3亿人)

和最大的葡萄牙语视听市场（1.5亿人）。在几个大城市，例如墨西哥城、里约热内卢、圣保罗、利马、布宜诺斯艾利斯、波哥大等，电视机家庭拥有率已经接近饱和。

墨西哥电视公司（音译"特莱维萨"公司）、巴西环球集团分别垄断着西班牙语和葡萄牙语的跨国卫星电视市场，成为世界级的卫星电视媒介集团和这两种语言广播电视娱乐节目的最大输出集团。拉美上空现在的两大卫星电视网，一个是空中娱乐网（由默多克的新闻公司和墨西哥电视公司、环球集团，以及美国一些大型电信公司联合出资建立），一个是拉美银河电视网（由美国休斯电子集团、墨西哥多视角电视台、巴西电视剧频道和委内瑞拉 Cisneros 频道联合出资）。但是，广电在拉美各国的发展尚不平衡，中美洲各国处于相对落后的境地。南美除了巴西、委内瑞拉外，其他国家的广电系统较为分散。

拉美各国政府总要有宣传的渠道，从20世纪30年代开始，拉美主要国家政府陆续制定了通过媒介宣传公共政策和传达一些事项的法规，以不同的方式规定，征用各民营广播电台和电视台1小时或半小时的黄金时间，播出由政府提供的新闻和娱乐节目（包括电视剧）。

3. 基本民营的新闻传播体制

拉美历史上被看作美国的后院，在新闻传播体制方面各国（除了古巴）大多效仿美国，报刊业完全是民营，广播电视业也是民营占绝对优势。公营或国营的公共电视台很少，大多是教育台和文化台，拉美各国总共有这类台105家。公共服务性质的电视台也以民营的为主，"公共服务电视频道是基于与欧洲完全不同的概念之上，虽然拉美的这些频道不是由国家控制，但私有电视台被认为是完全服务于公众的"[①]。

鉴于历史和与美国地理上接近的原因，拉美各国媒介的新闻源主要是美国的两大通讯社（美联社和合众国际社），以及西班牙的埃菲社。巴西19世纪末与葡萄牙的关系疏远，加上葡国的通讯社自身很小，对拉美影响微乎其微。

4. 古巴的社会主义新闻传播体制

古巴是美洲唯一的社会主义国家，地处加勒比海中部，面积11万平方公里，人口1 100万。1959年卡斯特罗、切·格瓦拉等率领游击队推翻巴蒂斯塔政权，建立社会主义制度。古巴共产党是古巴唯一合法的政党，马蒂思想与马列主义并列作为党的指导思想。古巴的代表性报纸是《格拉玛报》（*Granma*），古巴共产党机关报，创刊于1965年10月。其他报刊的结构与前苏联基本相同，有共青联中央机关报《起义青年报》、中央工会机关报《劳动者报》，以及《波希米亚》周刊。通讯社，分为国际、国内两个，建立于1961年的拉美通讯社为官方国际通讯社，

---

① 马赫兹《世界传播概览》第282页，中国对外翻译出版公司1999年中文版。

在世界各地设有 37 个分社;建立于 1974 年的国家通讯社主要负责国内新闻报道。全国性广播电台 5 家:时钟电台、进步电台、起义电台、音乐电台和古巴哈瓦那国际电台。全国性电视台两家,即古巴国家电视台(Cubavision)和起义电视台(Telerebelde)。古巴从 1996 年 10 月宣布建立了互联网的连接,2000 年有 5 万用户。古巴信息自动交换中心领导 Martinez 说:"古巴因特网的问题不是技术的或经济的,70%是政治的。"①古巴直接宣布互联网是资本主义用于控制世界的工具。想上网的公民必须提出正当理由。如果获得批准,需要签订一个条款严格的用户合同。做出口业务的古巴公司只能使用电子邮件,不能浏览。少数拥有计算机的古巴人不得不到黑市买电子邮件地址。古巴人均收入为每月 10 美元,在古巴的上网费为每月 250 美元,企业加倍。

近年来,古巴的互联网政策有所放宽,互联网基础设施的发展也开始加速。至 2011 年年底,古巴电脑总量 78.3 万台,同比增长 8.15%,全国电脑普及率为每百人 7 台,互联网普及率为每百人 23.2 个用户,以古巴国家域名.cu 注册的网站为 2 285 个。目前,古巴开通上网服务仍需获得政府审批,外国人一般在涉外酒店上网。2013 年 1 月底,古巴开始使用链接古巴和委内瑞拉的海底光缆进行互联网通信,改变了过去完全依靠卫星传输提供互联网国际出口的情况。

古巴《格拉玛报》网页(2015 年 8 月 25 日)

5. 西班牙语区与葡萄牙语区的差异

两种语言虽然都属于印欧语系的拉丁语族,由于西班牙和葡萄牙的政治历史传统多少有些差异,这也对拉美各国后来新闻政策的确立和稳定,无形中埋下

---

① Andy Williamson,Impact of Internet on the Politics of Cuba,http://www. firstmonday. dk/issues/issue5-8/williamson/index. html.

了历史的因素。

西班牙历史上是个较为强大的帝国，对拉美殖民地的统治也较为专横，在各殖民地实行种族歧视政策的历史悠久，因而拉美各西班牙语国家的独立，大多是以革命暴力反抗殖民统治而实现的。然而，一旦国家真地独立了，原有的土著文化传统与自由主义政体的矛盾、殖民者造成的种族矛盾，以及本土当权者缺乏掌握政权的经验等原因，造成国内政治冲突和内战不断，国家长期处于动荡之中，其新闻政策不停地在专制与自由之间变动，大大阻碍了国家新闻传播业的正常发展。1917 年的墨西哥民主革命，为拉美西班牙语国家树立了民主化的榜样，此后各国又经过几十年的竞争和内部斗争，才逐渐形成相对稳定的新闻自由政策。

巴西的原宗主国葡萄牙本身较为弱小，对其的控制相对松弛。由于葡萄牙内部的矛盾，巴西的独立是以和平过渡形式实现的，从帝国转变为共和国形式上是一场不流血的政变，实质上是皇帝让权。巴西先后宣布印第安人和黑人为自由人，是官方自上而下运动的结果，因而巴西历史上不存在明显的种族歧视。巴西的新闻自由政策是巴西帝国第一任皇帝恩准的。因而，虽然巴西现代新闻传播业的出现比西班牙语国家晚了一个世纪，总体的发展水平却与它们差不多，甚至比墨西哥以外的拉美国家还要快些。

当然，这些差异总体上是不大的。在 20 世纪，拉美各主要国家为适应自由主义的政治体制，几乎又都再次经历了军人政变（包括巴西），新闻传播业饱受军事独裁者的迫害。直到 80 年代以后，又一次民主化潮流才将拉美各国的军事独裁者纷纷拉下马，恢复文官政府和新闻自由政策。但是，拉美各国的新闻传播业主与当权者之间，存在着传统的利益联系；新闻工作者的职业技能和职业道德意识也有待提高，因此，拉美各国新闻自由实现的程度，是有限的。这些，都是拉美各国新闻传播业面临的共同问题。进入 21 世纪后，拉美的多数国家，随着市场经济的深化，其自由主义新闻政策得到进一步的完善，变化较为显著。

近年来，拉美国家在调查性报道方面取得了较为明显的进展。拉美新闻业的传统和风格与追求客观原则和不偏不倚态度的美国新闻业存在差异。正如巴西记者和学者西尔维奥·韦斯博德（Silvio Waisbord）所言，美国的调查性报道绝对是有影响的，但它不是唯一可能的范式。更有价值的是记者直接揭露不法行为，以及他们优先考虑新闻事实的直率。他主张将拉美传媒的舆论监督称为"监察式的行业"或"黑幕揭发业"。而统领这个行业工作人员的两大理念是揭示真相、政治问责。①

---

① Silvio Waisbord，*Watchdog Journalism in South America*：*News，Accountability，and Democracy*，New York，Columbia University Press，2000，xix、xxiv.

这里选择墨西哥和巴西作为拉美国家的代表,其中墨西哥是西班牙语国家中新闻传播业最发达的,具有代表性。

二、英语区

在墨西哥以北的美洲,法国人于 16 世纪末、英国人于 17 世纪初先后来到这里。18 世纪初法国人在现在美国的东南部和现在加拿大东部建立了殖民区,英国人在现在美国的东北部和现在加拿大西部建立了殖民区。1763 年,经过英法之间的七年战争,英国取得了对现在加拿大东部的统治权。美国建国后,又以各种方式取得了对现在美国东南部的统治权。经过 1848 年的美墨战争,美国又获得对现在美国西部的统治权。1867 年,英国将现在加拿大的东、西部合并,建立加拿大自治领。于是,在北美大陆形成美国、加拿大这两个主要的英语国家(加拿大尚有 30％的人口操法语)。

随着美国工业革命的迅速完成、新闻自由政策的确立,美国的新闻传播业快速发展,并影响到北部邻国加拿大新闻传播业,以致恩格斯 1888 年考察美国时认为,加拿大必然将被美国同化,"尽管会有抵抗,会有阻挡,但是灌注美国佬精神的经济必要性将会表现出来,并将消除这条可笑的边界线"[1]。但是,加拿大仍然存在下来,并形成了与美国多少有些不同的发展模式。不过,这两个国家在新闻传播业的发展方面,共同之处还是远大于不同之处,形成美洲英语区新闻传播的一些特点:

1. 世界上第二个日报发行量最大的区域

这个地区的报刊业后来居上,发展速度远远超过欧洲,其日报发行量是世界日报发行量的 17％,达到 7 000 万份。每千人拥有报纸份数超过 250 份。如果考虑这个地区杂志的高发行量(1 000 万份以上的 4 种,500 万份以上的约十种),其阅读率高于欧洲,已经饱和。

2. 收音机和电视机完全饱和的地区之一

其中收音机平均每个人就有两台,电视机平均一个人就拥有一台。电子媒介的社会拥有量,这两个国家,特别是美国,密度居世界第一位。

3. 广播电视业体制,欧洲模式的加拿大与美国模式相形对照

在加拿大,广电体制仿照英国,先是加拿大广播公司(CBC)一家垄断,后来追随英国,也允许民营广电发展,于是形成公营与民营并行的广电体制。而美国,广播电视出现后即为民营,并很快形成三大广播公司鼎立的垄断局面,21 世纪后又形成四大广播公司竞争的局面。有线电视、卫星电视一出现,也均采用民营体制。一些非盈利目的的广播电视台联合建立的公共广播公司,本身也是民

---

① 《马克思恩格斯全集》第 37 卷 87 页,人民出版社 1971 年版。

营的。只有国营的对外的广播电台是个例外。

4. 美加新闻传播文化的冲突

美国的新闻传播业 20 世纪后领导世界新潮流,尽管与加拿大同为资本主义国家,美国新闻传播业的疾速发展与加拿大的相对稳重的发展还是有所不同。这两个国家获得发展的动力基础,在于大量欧洲移民在那里以新教伦理支撑的创业,他们来到这里的目的就是通过创业找寻新生活;另外,他们自由精神也是保障新闻自由政策很快在新大陆确立的思想基础。但是,其中较激进的一派建立自己的新国家——美国;而另一部分较为保守的一派则败退到加拿大,这就奠定了两个国家最初发展的人的因素的不大差异。这种差异也影响到新闻传播业的发展。

20 世纪 60—70 年代,加拿大对于美国新闻传播文化的倾销开始采取措施适当抵制措施,于是出现文化冲突,加拿大从此注意到在世界上输出自己的形象。这种冲突至今尚存,但并非矛盾很大,两国的共同利益毕竟大于这种文化冲突。另外,加拿大国内英语文化与法语文化的冲突,也要求它适当限制美国文化的入侵。

鉴于美国和加拿大新闻传播业的发达程度,特别是美国对当代世界新闻传播的影响,这里将两个国家均列入详尽研究的国家名单。

第九章
美国新闻传播史

马克思就美国的历史特征说过，它是"这样一个国度：在那里，资产阶级社会不是在封建制度的基础上发展起来的，而是从自身开始的；在那里，它不是表现为一个长达数百年的运动的遗留下来的结果，而是表现为一个新的运动的起点"①。由于没有悠久的历史传统和文化，美国不具有世界现代新闻传播业发展初期的典型特点；但后来者居上，大约从 19 世纪下半叶开始，美国新闻传播业的发展代表着世界新闻传播业进化的大趋势，对当代新闻传播的影响是广泛而深入的。

现在的"美国"，其历史最早只能追溯到 1607 年，当时英国人在北美洲现在美国的东海岸建立了第一座永久殖民据点——詹姆斯镇。而关于美国的第一份政治文件则是 1620 年的"五月花号公约"。1620 年 9 月 16 日，"五月花号"船载着 102 人从英国普茨茅斯启程，11 月 21 日到达马萨诸塞州普罗文斯敦。登岸前，41 名自由的成年男子制定一个共同遵守的《五月花号公约》，主要精神是自由与法治。至 1733 年，在现在美国的东北部建立起英国所属的十三个州，当时总人口约 100 多万人；各州政治体制不同，有直属皇家殖民地、业主殖民地和自治殖民地三种类型，无形中提供了不同政治模式的比较和选择。来到这里的多数人是为摆脱贫困、暴政和宗教压迫而从本国逃来的信仰新教的劳动者，主要是英格兰、爱尔兰、苏格兰人，还有德国、法国、荷兰人，以及少数白人契约奴和从非洲贩运来的黑奴。他们的文化程度不高，但勤劳并富于创造性，热爱自由，反对专制。美国人为争得独立和自由，意见较为一致，斗争也较为坚决。这就奠定了美国新闻传播业后来居上的历史基础；美国新闻工作者争取新闻出版自由的斗争所遇到的阻力，也比欧洲国家小得多，新闻出版自由的理念深入人心。就这一特点，马克思曾写道："自然科学家力求用实验在最纯粹的条件下再现自然现象。你们不需要做任何实验。你们可以在北美找到新闻出版自由的最纯粹、最合乎

①《马克思恩格斯全集》第 46 卷上册 4 页，人民出版社 1979 年版。

事物本性的自然现象。"①

第一节　美国早期的现代报刊

美国最早的印刷机 1638 年出现于麻省(马萨诸塞州)剑桥城的哈佛学院,主要是为了印刷教科书。由于多数公众当时尚无对新闻的需求、英国本土实行出版特许制对殖民地的影响,美国在有了印刷机之后半个世纪,没有出现报刊。直到 1689 年,也是在麻省,出现第一张无标题无期号的印刷新闻纸,报道了英国发生的光荣革命。1690 年 9 月,麻省最大的城镇波士顿出现了第一张有期号的报纸《国内外公共事件》月报,创办人哈里斯(B. Harris)。州总督以未经许可不得发行为理由,予以禁止。

美国现代新闻史的开端,一般以 1704 年 4 月 24 日创刊的周报《波士顿新闻信札》(*Boston News Letter*)为起点,它被视为美国的第一张报纸,创办人是该地邮政局长坎贝尔(J. Compbell)。该报上有经过官方批准出版的字样,内容和形式仿照《伦敦公报》,但社会新闻较多,还有少量广告。1719 年,接替坎贝尔的新任局长布鲁克(W. Brooker)要求把报纸作为职务的附属物,移交给他,但是遭到拒绝。于是布鲁克另行创办了一份也经官方批准的周报《波士顿公报》(*Boston Gazette*)。这两家报纸多少带有官报性质,后来几经转手成为纯粹的民营报纸。两者在独立战争中政治立场对立,《新闻信札》因持效忠派立场而被公众捣毁,《波士顿公报》成为著名的爱国派报纸。

1690 年《国内外公共事件》和 1702 年《波士顿新闻信札》

① 《马克思恩格斯全集》第 2 版 1 卷 182 页,人民出版社 1995 年版。

美国早期的报纸集中在波士顿、费城和纽约，当时这几个城市的人口均为1～2万人。费城最早的报纸是 1719 年创刊的《美洲信使周报》(*American Weekly Mercury*)，创办人是安·布莱德福(A. Bradford)。布莱德福家族是美国早期的报刊出版家族。纽约的第一家报纸是 1725 年创刊的《纽约公报》(*N. Y. Gazette*)，创办人是安·布莱德福的父亲威·布莱德福。

美国早期报纸中较为著名的是富兰克林(Franklin)兄弟所主持的报纸。1721 年，哥哥 J·富兰克林创办《新英格兰报》(*New England Courant*)，该报是美国第一家富有文学和娱乐色彩的报纸，弟弟本杰明·富兰克林参与了该报的编写工作。1729 年，年轻的本·富兰克林来到费城，买下头一年创办的《宾西法尼亚公报》(*Pennsylvania Gazette*)，主持编务 18 年。他注重文化档次，同时又注意刊登较多的广告，在经营方面也有不少新的经验。

在报纸出现 30 多年后，美国才出现杂志。由安·布莱德福于 1741 年 1 月在费城创办了美国第一家杂志《美洲杂志》(*American Magazine*)，但只出版了 3 期。由于当时美国人的总体文化素养不高，没有阅读杂志的习惯，到独立战争时期全国仅有杂志五家，而且均为月刊，内容主要是政治文献，较为枯燥。

从 1783 年 5 月 30 日起，1775 年在费城创刊的三日刊《宾西法尼亚晚邮报》(*Pennsylvania Evening Post*)改为日报，单张两面印刷，相当简陋，是为美国第一家日报，该报创办人为本·汤(B. Towne)。该报作为日报只存在了 17 个月。纽约的第一家日报《纽约晨邮报》(*N. Y. Morning Post*)于 1785 年 2 月创刊，办得也不成功。当时这两个城市均很小，报纸内容主要是船舶消息。

美国出现报刊的时候，欧洲主要国家刚刚区分了报与刊，而美国一开始就报、刊分明，分工明确，没有欧洲国家早期"报"与"刊"不分的现象。美国早期报纸的总体水平不高，基本是仿照某类英国报纸的办报模式。但是美国人那种敢做敢言的风格已有所显示，办报的清规戒律显然比英国少得多。

第二节　1733—1791 年：争取新闻出版自由的斗争一气呵成

得益于没有传统的束缚，美国争取新闻出版自由的斗争，经历了三次典型的事件之后便在法律上得到确立。

一、曾格事件

美国争取新闻出版自由的斗争开始于 1733 年的"曾格事件"。曾格(J. Zenger)是一位纽约的贫苦出版商，1733 年 11 月创办《纽约周报》(*N. Y. Weekly Journal*)。由于该报在 12 月初的一条消息和一则广告中讥讽了州总督,经过一些反复,曾格于第二年 11 月被抓进监狱,报纸在他妻子安娜的主持下坚持出版。一直拖到 1735 年 8 月才开庭审理此案。费城一位年已 80 岁的律师汉密尔顿(A. Hamilton)赶到纽约为他辩护。按照英国的传统法律,凡是批评官员的,越是事实,越是诽谤,理由是会引起社会不安、破坏社会和平。汉密尔顿向陪审团雄辩地论证了"谎言才构成诽谤"的原则。陪审团宣布曾格无罪。此事还推动了英国本土争取新闻出版自由的斗争。美国实行的是海洋法系,案例具有一定的法律效用,从此美国逐步确立了谎言才构成诽谤的原则,对官员进行批评的权利被认为是检验新闻出版自由的试金石。

发生在美国早期的"曾格事件"虽然不大,却是美国新闻出版自由观念的滥觞。这一事件 220 年之后,美国新闻界在当年审判曾格的纽约市政厅原址、现在的国立联邦纪念堂内,开辟了"曾格纪念馆"。纪念堂的走廊里,竖立起一尊曾格的铜像。可见他们对这一传统的珍视。

二、同仇敌忾抵制印花税法案

英国在本土实行印花税以后,决定于 1765 年 11 月在北美殖民地施行类似的印花税法案。美国各地因此发生了相当一致的抵制该税法的抗议活动,以致印花税票运到以后无人敢分送。许多报纸拒绝付税照常出版。《宾西法尼亚公报》和《宾西法尼亚广告人周报》在 10 月的最后一期,各栏采用粗黑框,报头标以黑色骷髅,以示哀悼报纸的末

1735 年曾格案审理现场(画)

日,抗议开征印花税。当时各报共同的座右铭是:"美洲所有英王陛下自由而忠诚国民的共同声音是:自由、财产和没有印花税。"[1]结果,事实上没有一家报纸依照这项法律纳税。在北美殖民地驻伦敦代表本·富兰克林的努力下,这一法律于第二年 3 月被废除。

在英国,尽管不断遭到抗议,知识税还是存在了 150 年(1712—1861)。而在美国,印花税仅名义上存在了 4 个多月;纸张税 1767 年实行时也遭到强烈抵制,当局被迫于 1770 年取消。

---

[1] 李明水《世界新闻传播发展史》第 299 页,根据提供的英文原文重新译出,大华晚报社 1985 年第 2 版。

三、美国宪法第一修正案的通过

1787 年在费城召开的美国联邦制宪会议制定的美国宪法,没有将新闻出版自由等公民权利明确列入其中。该宪法生效后,不主张将这些权利列入宪法的联邦派和主张列入的民主共和派展开了激烈的争论。前者认为出版自由等没有多大的重要性,也无法给它们下一个完备的定义。它们是靠舆论、人民和政府来维系的,没有必要载入宪法。后者基于 1789 年法国大革命的经验,认为将成文的具体人权列入宪法,对于保障人民的权利将起到积极作用。民主共和派领袖托马斯·杰弗逊(T. Jefferson)在法国大革命前的 1787 年曾致友人:"如果让我选择有政府而无报纸,或是有报纸而无政府,我将毫不踌躇地宁愿选择后者。"[1]这在美国新闻思想史上已成为经典格言。在法国大革命的影响下,1789 年 9 月,议会提出对原宪法增加 10 条修正案,但拖到 1791 年 12 月,才经多数州议会批准而生效。其中第一修正案(由詹姆斯·麦迪逊执笔)规定:

> "国会不得通过建立尊奉某一宗教,或禁止宗教自由之法律;不得废止言论与出版自由;或限制人民集会、请愿、诉愿之自由。"[2]

至此,美国的新闻出版自由从法律上得到了确立。这条修正案,使得美国的新政府区别于原来的英国政府。"新闻出版自由是我国根本法的组成部分,而在英国则是议会提供如我国宪法所提供的那种保护"[3]。也就是说,在英国,议会可以提供新自由,也可以剥夺它。而在美国,无论是总统还是国会,一旦限制合法的新闻自由,则要受到美国法庭的抵制。尽管第一条修正案只是具体提到联邦国会,但从后来的司法实践看,适用范围逐渐扩大,联邦各级政府同样不得制定限制新闻自由的地方法律。1791 年美国宪法第一修正案的历史地位,与 1789 年法国人权宣言第 11 条相当,是对现代世界新闻政策理念产生重大影响的两个最早的宪法性文件。

美国记者采访议会新闻,在宪法第一修正案之前就已是现实,众议院 1789 年建立时起就允许记者采访。1795 年,参议院设立记者席。这与欧洲国家在这个问题上遇到传统的阻力相比,美国拥有得天独厚的自由环境。

在以后的年代里,出于政治斗争的需要,美国的当权者出台过多种限制和迫害不同政见者和"外国敌人"的法律,涉及许多新闻媒介和新闻工作者。例如

---

① 李明水《世界新闻传播发展史》第 312 页,根据提供的英文原文重新译出,大华晚报社 1985 年第 2 版。
② 《各国新闻出版法选辑》第 183 - 184 页,人民出版社 1981 年版。
③ 埃默里父子《美国新闻史》第 97 页,新华出版社 1982 年版中文版。

1798 年美国联邦派控制的议会制定"外国人法"和"煽动法",实际上批评总统和两院都有可能被判罪。1801 年这两部法律被民主共和党总统杰弗逊废除,释放所有因此被捕的记者,退回所有罚款及利息。再如 1950 年的麦卡锡法,以反颠覆的名义宣布共产党的报刊非法,上万大众媒体的工作人员遭到迫害,包括一些著名的节目主持人和影视明星。1968 年,对此法造成的错案作了有限的纠正。尽管出现了许多干预新闻出版自由的事件,但美国新闻出版自由的体制可以说从 1791 年起基本确立。

四、"情报自由法"与"政府公开法案"的通过

美国新闻出版自由的当代发展,主要表现在公众获知政府信息的"知晓权"方面。

政府发布新闻是有选择的,认为对政府不利的新闻会以"保密"为由掩盖起来。为了尽可能地获取政府行为的信息,进而实行监督,美国新闻界进行了长期的斗争。于是陆续出台了一些关于这方面的法律,其中较重要的有两个,即 1967 年出台的"情报自由法"和 1977 年出台的"政府公开法案"。前者规定各级政府部门的记录(规定了有限的保密范围),如无特殊情况,应向任何公民开放;公民可就不理会或拒绝查阅政府资料的事实向法院起诉。后者规定政府各部门属于讨论性质的会议向社会公开,各部门首长确定不能公开的秘密议会要征得该部门首席法律官员的同意才具有法律效率;公民认为某秘密会议应当公开者,可向法院投诉。

这类法律虽然是面对一般公民的,实际上真正查阅资料和旁听会议的是新闻记者,他们有了更大的采访权利。

第三节　1775—1872 年:美国的"政党报刊时期"

1775 年独立战争爆发前夕,美国的报纸就已有"效忠"和"爱国"的观念分歧。战争爆发后,几乎全部报纸立即划分为立场分明的两派,或支持独立战争或效忠英国统治者,从此美国的报刊进入了政党报刊时期。这个时期大体可以分为三个阶段。

一、独立战争时期的两派报刊

由于人民群情激昂,独立战争时期的大部分美国报纸属于爱国派,其中最著名的是本·埃兹(B. Edes)主持的《波士顿公报》。以《公报》的作者们为中心,形成了以亚当斯(S. Adams)为首的"自由之子社",社员们,特别是亚当斯本人,在

报纸上发表了一系列的文章，为美国独立运动确立了基本理论。埃兹 1772 年组织通讯委员会，这个委员会的职能有些像通讯社，从事独立战争的新闻搜集、采写和报道工作，亚当斯、杰佛逊等都是它的成员。其他较著名的爱国派报纸，如的《马萨诸塞侦察报》（*Massachusetts Spy*），该报首先报道了莱克星顿的第一枪；《费城新闻报》（*Philadelphia Journal*）的主持者布莱德福第三，因战争中有军功而升至独立军上校。

效忠派的主要报纸是《利温顿氏纽约公报》（*Rivington's N. Y. Gazetteer*），该报创办于 1773 年，报馆曾两次被愤怒的群众捣毁，被迫于 1775 年 11 月停刊；利温顿 1777 年把报纸易名《皇家公报》再次出版。该报捏造新闻，歪曲报道，被爱国派称为"利温顿扯谎公报"，1783 年该报被禁刊。利温顿是个出版商，为经营的利益而投靠英国官方，谈不上政治信仰。

二、建国初期的两党报刊

美国建国后面临着决定国家未来政治体制的诸多问题，争论中形成相对保守的联邦党和比较开明的民主共和党，激昂的政治热情使得美国报刊，包括商业报刊大多卷入了各种政治、社会问题的论战，形成新的两大党派报刊的局面。联邦党最早的机关报是于 1789 年创刊的《合众国公报》（*Gazette of the United States*）；民主共和党最早的机关报是 1791 年创刊的《国民公报》（*National Gazetee*）。两党的报纸编辑从政治论战发展到人身攻击，甚至街头对骂和斗殴，报道亦无真实性可言。这种情况使得一些研究者称这段时间为美国新闻史上的黑暗时期。19 世纪初，两党各有约 150 多家党报。

三、19 世纪 30—50 年代新的两党的报刊

随着美国政治体制的基本确立，美国的政党到 19 世纪 30 年代以后，几经演变而形成新的两大党，即民主党和共和党。民主党的主要机关报是 30 年代的《华盛顿环球报》；共和党的报纸，以 50 年代的《春田共和报》（*Springfield Republican*，1824 年创刊）为代表。这时已经出现大众化报纸，但具有较明显党派倾向的报纸依然居主导地位。

由于 60 年代发生南北战争，全国的报纸大都在是否废除奴隶制的问题上形成两种主要的政治倾向。支持林肯（属于共和党）政府废奴政策的报纸占多数，较著名的如《纽约时报》《纽约论坛报》《纽约太阳报》《纽约晚邮报》等，反对林肯政府立场的有《纽约先驱报》《纽约每日新闻》《纽约世界报》等。后者当时被某些评论家称为"眼镜蛇报纸"。由于美国实行的是新闻出版自由政策，除了个别情况，反对废奴的报纸在北方政府平息南方叛乱之后一般继续出版。

当民主、共和两党老一代的创始人在六七十年代相继逝世后，美国报纸具有

明显党派色彩的情况开始衰退。在美国新闻史上,一般以《纽约论坛报》的创办者格里利(H. Greeley)于 1872 年临逝世前发表"独立报业宣言",作为美国党报时期结束的标志。他说:"自今以后,我将努力使本报成为一份完全独立的报纸。"[1]其实,在此之前美国的政党报刊已经迅速衰落,因为国家的政治体制问题已经基本确立,人们的热情开始从政治转向了经济。

欧洲的政党刊报时期的特征在于:执政的党不同程度地通过权力箝制、禁止反对党报刊,因而一般在党报时期之后才真正形成新闻出版自由的局面。而美国的党报时期是在新闻出版自由的体制已经确立之后出现的,因而党派报刊间可以自由论战,某个党(即使是执政党)通过权力箝制舆论在法理上是不允许的。但是,当各党报刊出于本党利益而相互造谣、攻奸的时候,制约的体制却没有形成,因而美国的党报时期从职业规范的角度看,存在较严重的无序问题。

第四节　1830 年至 20 世纪上半叶,美国持续发展的报刊大众化趋势,通讯社的诞生

美国的大众报刊是在美国形成新的两个主要政党的时期出现的,当时人们对于政治的热情尚未消退,而市场经济的发展也呈现蓬勃发展的势头,因而政党报刊与大众报刊有一段较短的交叉时期。但是,一旦大众报刊出现,在市场经济的刺激下,它的持续发展很快就结束了党报时期,使美国的新闻传播业进入了一个新的发展时期。

这是一个报刊业大发展的时期,以大众化报刊的发展为中心,前后出现过纽约四大美分报竞争、黄色新闻潮和小报热等三次大众化报刊发展的高潮。在这一时期,美国向中西部扩张,那里也出现了大众化报刊;通讯社从分散化到组建美联社;高级报纸从黄色新闻潮中脱颖而出;杂志形成美国特色。从 19 世纪下半叶开始,美国的新闻传播业逐步替代变得衰老的英国,统领世界新闻传播发展的潮流。

一、美分报及大众化杂志的出现和纽约四大美分报

不管政治家们如何争论不休,进入 19 世纪以后,美国的工商业得到了相当大的发展,各大港口和商业中心城市都有了日报,商业行情、航运消息和其他各种经济新闻越来越占据着报刊的主要版面。随着印刷技术的多次改进,30 年代的印刷成本大大下降,于是在 1830 年的费城,首次出现每份报纸只售货币最小

---

① 李瞻《世界新闻史》第 630 页,三民书局 1983 年第 7 版。

单位 1 美分的报纸《美分报》(*Cent*)，创办人康韦尔(C. Conwell)。这家报纸并不成功，但是随后便出现了一系列的美分报。美国本来就没有像欧洲那样的传统高雅报纸，但已有的报纸价格还是较高，美分报的出现使得广大的蓝领工人和城市贫民有可能成为报纸的读者，也带来了报纸间的激烈竞争。

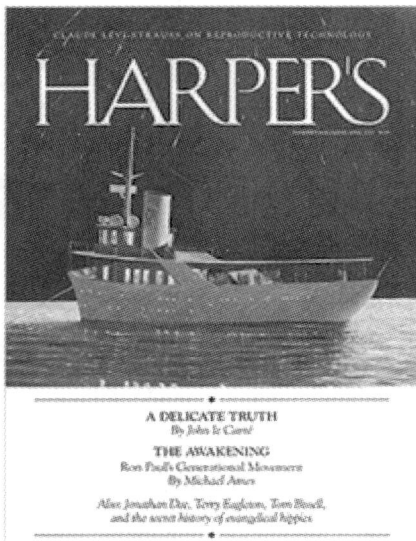

现在的《哈泼斯》杂志

美国的大众化杂志也在这个时期出现。第一家当属 1825 年创刊的《纽约客》(*The New Yorker*)月刊，每本 25 美分，主要刊登国内较著名的作家的文章。但是在社会上叫响的是 1850 年创刊的《哈泼斯》杂志(*Harper's*)，初为月刊，后来一度增出周刊，内容为小说、时事评论和各种时事政治漫画。用公驴代表民主党、用大象代表共和党，即是哈泼斯周刊首次用漫画的形式表达的。该刊 19 世纪 60 年代的发行量超过 20 万份，不仅是美国，也是当时世界发行量最大的杂志。到 20 世纪初，杂志每本再次降到每本 10 美分，甚至 5 美分，最高的发行量达到 80 万份。

19 世纪 30—50 年代纽约四家成功的美分报的创办和竞争，是美国大众化报刊初期的主要事件。1833 年 9 月 3 日，本杰明·戴(B. Day)在纽约创办的《太阳报》(*The Sun*)是首家成功的 1 美分日报。该报为四页小报，内容偏重地方和社会新闻，注重趣味性，广告也较多，出版四个月就成为美国发行量最大的报纸。戴对美分报的简要说明，大体概括了这类报纸的特点，即第一，对当前社会要有自己的观点，不必有任何顾忌；第二，对法院、银行、股票、教会等的弊端要予以揭露；第三，报纸的任务在于供给新闻，而不是支持某个政党或商业界；第四，本地的兴趣性新闻要予以重视。

《太阳报》创刊号就办报宗旨写道："本报主旨，是在读者可承受范围内，提供当天新闻和最大篇幅的广告。"尽管那个时候商业化报刊尚不多，但这种办报理念的变化，让人们认识并接触到了一种全新性质的报纸。报纸上来自政党的声音日渐减少，报纸的独立倾向越来越显现出来。

1835 年 5 月 6 日，贝奈特(J. Bennet)创办《纽约先驱报》(*The Herald*)，该报除了地方新闻和社会新闻外，有较多的经济、金融和社交新闻。在社会新闻方面，该报过分渲染犯罪场面、侮谩教会、随意诽谤其他报人，曾遭受到社会各界对它发动的"道德战争"。由于有这段历史，以及南北战争期间该报又站在南方一边,马克思用"《先驱报》的业主和主编、臭名远扬的贝奈特"[1]来评论该报的创办人。不过,该报在编务方面还是有些经验的,1846 年,《先驱报》最先向欧洲发行海外版;60 年代该报的发行量 6 万份,超过《太阳报》,成为当时美国最大的报纸。

《太阳报》1834 年 11 月 26 日头版

霍拉斯·格里利

　　1841 年 4 月 10 日,霍拉斯·格里利(Horace Greeley,1811－1872)创办《纽约每日论坛报》(*New York Daily Tribune*)。鉴于社会各界对《先驱报》的"道德战争",具有空想社会主义思想的格里利决心创办一家高雅而有思想的美分报。马克思于 1851—1862 年应该报之邀为它撰稿 12 年,他和恩格斯(以马克思的名义)为该报写了 500 多篇通讯。该报的日报发行量略低于前两家,50 年代为 4.5 万份,它还发行《半周论坛报》和《每周论坛报》,1860 年《论坛报》的发行量达到 20 万份,影响面较大。《论坛报》重视采访,文章较有文学味,不详尽报道犯罪新闻,拒绝不道德的广告,对社会下层表现出同情。报纸的股份实行"社会主义"的试验,由全体职工分享。马克思引证说:"在伦敦恐怕没有比这更好的报纸了。这个报纸的名称就是《纽约论坛报》;每天早上,它准时地出现在每一个愿意花费 1 便士买它的纽约工人的饭桌上。"[2]该报编辑部主任德纳(C. Dana)与马克思有十几年的通信交往。

　　1851 年 9 月 18 日,雷蒙德(Henry Raymond)和他的两位伙伴创办《纽约每

---

① 《马克思恩格斯全集》第 15 卷 508 页,人民出版社 1963 年版。
② 《马克思恩格斯全集》第 9 卷 199 页,人民出版社 1961 年版。

日时报》(*Daily Times*),1857 年报名去掉"Daily"。虽然这是一份美分报,但从报纸名称就可以看出,该报风格是模仿《泰晤士报》,对开四页,较为庄重,主张客观报道,国际新闻尤其丰富,出版两个月发行量就达到 2 万份。1864 年雷蒙德成为共和党领袖,但该报不是党报。

这一时期美国的其他较有名的美分报还有 1837 年由三位青年记者创办的《巴尔的摩太阳报》(*Baltimore Sun*)、1847 年由三位实业家联合创办的《芝加哥论坛论》(*Chicago Daily Tribune*)、1850 年在旧金山由三家报纸合并而成的美国西海岸第一家日报《上加利福尼亚报》(*Alta California*)、1855 年由民主党要员创办的《纽约每日新闻》(*Daily News*)等。

二、南北战争时期新闻"倒金字塔结构"的出现

美国报纸最早使用电报传递新闻,是在 1846 年 5 月 13 日。这天《巴尔的摩太阳报》使用电报传递,发出了美国总统向墨西哥宣战的消息。19 世纪 60 年代美国南北战争期间,记者使用简易发报机已经较为普遍。许多报纸派出了随军记者。《纽约先驱报》最多,有三四十人。《纽约论坛报》和《纽约时报》也各有 20 多人。当时的记者没有非战斗人员的特殊身份,他们像一般战士一样随军,首次在行军中使用还很不完善的电报通讯设备,经常发生故障。在这种情况下,报纸的主编要求记者们发回的消息,第一句把最重要的事实讲出来,后面的叙述顺序也要按照重要的程度安排,即使发生紧急情况,只要发回第一句话,新闻也是完整的。于是,无形中诞生了"倒金字塔"式的消息写作结构。这一写作结构对世界其他国家新闻写作的影响颇大。

三、19 世纪 70 年代美国独立报业的形成

南北战争后,美国重大的政治制度问题得到解决,经济发展的速度直线上升,人口从 19 世纪 70 年代的 3 800 万猛增到 20 世纪初的 9 800 万,国民生产总值上升了 10 倍。通信业的各项发明(电报的完善、越洋海底电缆的铺设、新式印刷机的普及、打字机和造纸术的改进、照相制版的使用、电话的发明等)接踵而来,报刊的广告经营额已经占全美广告经营额的 3/4,报刊业成为一种利润丰厚的行业,日报从 19 世纪 80 年代的约百家增加到 20 世纪初的 2 250 家,乡村周报有 1.2 万家,商业报刊明显地占主导地位,政党报刊消亡。从这时起,美国商业化报刊得到急遽发展,开始超过英国,领导世界新闻传播业发展的新潮流。

1869 年,雷蒙德逝世。与他一起创办报纸的琼斯(G. Jones)接手主持该报。从 1877 年起,该报宣布脱离共和党(原来倾向共和党,但不是党报)。1872 年初贝奈特逝世,《先驱报》的民主党倾向消失,小贝奈特对政治不感兴趣,而着

意于发现和制造轰动的社会新闻。1872 年底格里利在他逝世前夕宣布,《论坛报》脱离政党(原来倾向共和党)而独立。而《太阳报》,在衰落之际于 1868 年由原《论坛报》编辑部主任德纳购下,该报原有的民主党倾向消失,德纳致力于采用清新的风格、贴近公众的情调办报,使得报纸中兴了 20 多年。

在首都华盛顿,1877 年出现了一家由哈钦斯(S. Hutchins)创办的新报纸《华盛顿邮报》(*Washington Post*),该报初期倾向于民主党,1888 年成为独立报纸。在西海岸的洛杉矶,由葛丁纳(T. Gdrdiner)和科尔(N. Cole)于 1881 年创办《洛杉矶时报》(*Los Angeles Times*)。1889 年,道(C. Dow)与琼斯(E. Jones)所建立的道·琼斯公司创办《华尔街日报》(*Wall Street Journal*),是为美国专业经济金融类报纸。

四、19 世纪末 20 世纪初的第二次大众化报刊的高潮,黄色新闻

美国报业进入商业化时期以后,竞争十分激烈。19 世纪 30—50 年代的那一批价格以最小货币单位美分为共同特征的报纸显得"老"气了。一种带有创新性质的更加大众化的报纸开始出现,其代表是普利策(J. Pulitzer)1883 年购买的《纽约世界报》(*The World*),以及赫斯特(W. Hearst)1895 年购买的《纽约新闻报》(*N. Y. Journal*)。

《世界报》创刊于 1860 年,到普利策之手已经是第五任老板了。他以占纽约一半多人口的新涌入劳工为读者对象,从三个方面塑造报纸的新形象:其一,经常发表支持穷人的言论,反对富有阶级和贪污腐败,以赢得读者的信任;其二,发起组织一系列具体而细小的有利于一般大众的社会运动,制造社会热点,并对参与的读者实施奖励;其三,要求记者深入社会下层,写作接近读者心理的煽情报道,采用耸动的标题和较多的新闻图片。1883 年 5 月 10 日,普利策的第一期报纸便获得成功,到年底,原 1.5 万的发行量上升为 6 万份。第二年他创办《星期日世界报》,发行 10 万份;1887

1896 年 9 月 6 日《世界报》关于中国李鸿章访美的黄孩子(下方牵羊者)漫画

年再办《世界晚报》,发行 25 万份。《星期日世界报》彩色漫画专栏"木泥屋巷"的主人公——一个光头、无齿、穿着黄色睡衣的小男孩,一时家喻户晓。

《新闻报》原是普利策的弟弟阿尔伯特(A. Pulitzer)1882 年创办的《新闻晨报》,换了一任老板后到了赫斯特手里。他借鉴《世界报》的经验,将该报的一些新闻手法进一步发挥(例如滥用图片,甚至伪造图片;捏造新闻,侈谈科学以迷惑读者;对于被压迫者和弱者表示虚伪同情等),并用重金挖走了《世界报》星期日版从主编到黄孩子漫画作者在内的编辑部全体人员。普利策也不示弱,立即重新组织了一个强有力的新编辑部,继续出版星期日版,并请另一位画家继续画黄孩子漫画。于是,德纳在《太阳报》引证旁人的话,称这两家报纸为"黄色报纸"。以后,它们所特有的那种类型的煽情新闻,被称为"黄色新闻"。到 1896 年年末,两家报纸的发行量都达到 40 万份,第二年《新闻报》超过了《世界报》。

1896 年—1898 年,美国与西班牙之间发生一系列冲突,最后导致美西战争。许多新闻史学家认为,这场战争相当程度上是由《新闻报》《世界报》和其他黄色报纸一再鼓吹战争、制造一系列挑动美国人反西情绪的事件而引发的。美西战争后,《世界报》的黄色新闻有所收敛;而《新闻报》的势头不减。出于对总统麦金莱的不满,《新闻报》一再发表煽动性文章,扬言应当使用暗杀手段除掉坏人和废除不良政府。1901 年 9 月总统威廉·麦金莱真的遇刺身亡,当时凶手衣袋里即有一份刊载攻击总统文章的《新闻报》。黄色新闻闹得过火而引起了人们的反感,社会各界纷纷抵制《新闻报》,继任总统西·罗斯福亦谴责黄色新闻。从此,黄色新闻潮退潮,为避免读者联想到暗杀事件,赫斯特将报纸改名《美国人》。

黄色新闻潮对美国报纸的影响很大,一时间全国 21 个大城市报纸中的 1/3 都是典型的黄色报纸,其他报纸中的多数,也时常刊登黄色新闻风格的特写。普利策晚年赞助新闻教育,1903 年出资 250 万美元筹办哥伦比亚大学新闻学院。1911 年立下遗嘱,拨款 50 万美元建立普立策奖基金。《世界报》于 1931 年被斯克利普斯-霍华德报团合并于《电讯报》,即《世界电讯报》(*World Telegram*)。

五、报刊大众化趋势中通讯社的诞生

19 世纪中叶世界的主要新闻源在欧洲,而美国得到欧洲新闻只能依赖横渡大西洋的邮船。美分报出现以后,对新闻的需求量激增,于是开始出现向报纸提供新闻的通讯社性质的工作。1836 年,克雷格(D. Craig)在波士顿首先开展这项业务,他乘船出海迎邮船,取得新闻后用信鸽传送到陆地上。1848 年 5 月,纽约 6 家报纸(《纽约时报》1851 年创刊时即加入)合作,在邮船进入大陆河口之地哈利法克斯,租了一条快艇迎邮船,以尽快取得欧洲的新闻。1858 年形成纽约联合新闻社,仅有一名专职工作人员。这类通讯社的雏形,美国各地有不少,大都叫联合新闻社(Associated Press)。现在的美联社将自己的创建时间追溯到

1848 年纽约几家报纸无名称、无组织形式的联合采集新闻的活动,有些夸大其词了。在各地的联合新闻社中,芝加哥的"西部联合新闻社"较有影响,1893 年建立伊利诺斯联合新闻社,向全国 700 多家报纸发稿。1900 年经联邦最高法院判决,伊利诺斯社总部迁往纽约与那里的联合新闻社共同改组为现在的美联社(The Associated Press)。

另外还有一些通讯社,较大的如合众新闻社(The United Press Association)和国际新闻社(The International News Service)。前者 1907 年由斯克利普斯(E. Scripps)将三家通讯社合并而成;后者由赫斯特 1909 年创办。

通讯社的出现与大众报刊的繁荣是相辅相成的,通讯社之间也形成竞争局面。其中有影响的人物是斯通(M. Stone),他从伊利诺斯到纽约,担任美联社首任社长 20 多年,对于规范新闻写作颇有贡献,"六 W"的写作要求即由他倡导。

六、《纽约时报》对抗黄色新闻而转变为"高级报纸"

在美国黄色新闻潮涌来时,也有几家报纸并没有追随潮流,例如《纽约时报》《纽约论坛报》等。《纽约时报》在黄色新闻潮中开创了美国高级报纸的新传统。

琼斯主持《纽约时报》后于 1891 年逝世。报纸在总编辑米勒(C. Miller)接手后经营不景气。1896 年奥克斯(Adolph Simon Ochs,1858－935)获得经营权,他针对黄色新闻潮,从 1896 年 10 月 5 日起,每天报纸的左上角均刊登一句话:"本报所有新闻都是值得刊载的。"(All the news that's fit to print)报纸还刊出广告词:"本报不会玷污早饭的餐巾。"(It does not soil the breakfast cloth,美国人习惯于吃早饭时看报纸)。当时美国已在世界上担当主要政治角色,奥克斯注意与《泰晤士报》建立交换关系,在国际严肃新闻方面,独家新闻较多,内容充实可靠,受到各方面的信任;同时报纸多次拒绝接受政府和政党的赞助,树立了独立、公正的好形象;在报价提到 3 美分后再次降至 1 美分,也是该报赢得公众的重要手段。1912 年《纽约时报》在总编辑范安达(Van Anda)的组织下,成功地连续报道了泰坦尼克号冰海沉船的新闻,为该报赢得了良好的声誉。至今该报的走廊里还刻着当年奥克斯的报训:"公正地报道新闻,不畏惧或不偏私,不卷入任何政党、派别和利益之中。"(To

阿道夫·奥克斯

give the news impartially，without fear or favor，regardless of any party，sect or interest involved)

在与黄色报纸相形对照下，以《纽约时报》为代表的一批报纸成为所谓"高级报纸"。为对抗黄色新闻，1908 年 11 月，波士顿的基督教科学教会创办《基督教科学箴言报》(*Christian Science Monitor*)，主持人玛丽·艾迪(M. Eddy)。该报并不劝人入教，是一份以"不伤害个人，但造福所有人"为主旨的严肃报纸，出版5 个月后发行量达到 4.3 万份，成为有良好声誉的高级报纸之一。1878 创刊的美国中部报纸《圣路易斯邮报》(*Saint Louis Post-Dispatch*)，1908 年起由 O. 博瓦德主编 30 年，他开创的"严肃版"社论颇为有名。1924 年由《纽约论坛报》和《纽约先驱报》合并而成的《纽约先驱论坛报》，在《论坛报》第二任老板里德(Reid)家族的主持下，较长时间亦属于美国著名的高级报纸。

也就是在这个时期，美国当代著名的报刊专栏作家李普曼(W. Lippman，1889－1974)开始显露头角。他从 1910 年起从事新闻工作，1921—1931 年为《世界报》撰写社论 1 200 篇(后汇集 10 卷)，1931—1967 年先后在《纽约先驱论坛报》《新闻周刊》开办"今日与明日"专栏 36 年，共写作时事评论文章 1 万多篇(后汇集 81 卷)，另外还出版各种书籍 30 余种，蜚声全球。他的成就证明了高级报刊的路子也有市场。

七、20 世纪 20—30 年代的第三次大众化报刊的创新，小报热

1919 年 6 月，纽约出现一份只有普通报纸一半大的《纽约每日新闻画报》(*N.Y. Illustrated Daily News*，后来去掉"Illustrated"，只叫《纽约每日新闻》)，以芝加哥论坛报纸公司的名义创办，具体负责人帕特森(J. Patterson)。该报到20 年代初与赫斯特起而仿效的系列小报发生激烈竞争。这次的特点是报纸小型化，同时增加页数，所以美国新闻史上称"小报热"，目的是方便读者且经济，以图片为主，仿照英国的小型报纸《每日镜报》。一时间，纽约和美国其他城市出现了很多小型报纸，内容依然以煽情为主，但新闻写作不再遵循老式导语，文章生动简洁。1924 年，《纽约每日新闻》发行量 75 万份，第二年突破 100 万大关，成为美国发行量最大的报纸。人们对老一套的煽情新闻厌倦了，小报热没有持续多久，《每日新闻》及时调整编辑方针，一方面保持自己接近下层的风格，一方面收敛新闻的煽情程度，逐渐成为美国现代大众报纸的代表，长时间保持了美国日报最大发行量的地位，而当时与之竞争的几家纽约的小型报纸，则昙花一现。

八、美国杂志形成自己的系列和特色

历经报刊大众化的几次发展高潮后，美国的杂志在 20 世纪上半叶基本上各

自形成自己的读者群和内容特色。其中种类最多、发行量最大的是大众生活方面的杂志。经过多年历史的检验而受到读者欢迎的,综合性的大众杂志如《星期六晚邮》(1728 年创刊,费城);妇女杂志较早的如《麦考氏》(1876 年创刊,纽约)、近些的如《妇女日》(1937 年创刊,纽约);文摘杂志最著名的是《读者文摘》(1922年创刊,纽约);体育杂志以《体育画报》(1922 年创刊,坦帕)最受欢迎;地理杂志以《国家地理》(1888 年创刊,华盛顿)最有名气。与报纸出现大众报纸、高级报纸的自然划分一样,杂志也出现了类似的自然划分。高级杂志综合性的如《大西洋》日刊(1857 年创刊,博尔德)、《纽约客》周刊(1925 年创刊)。后者以幽默的方式为中产阶级移民构筑了"纽约"、"纽约人"的归属感。

20 世纪上半叶美国出现以报道新闻为主的周刊,这是新闻史上的一个里程碑。美国当时处于极为激烈的商业竞争中,许多报刊不能适应忙人的时间表,以使他们短时间内充分了解世界上发生的事实。1923 年 3 月,两位从耶鲁大学刚毕业的学生哈登(B. Hadden)和卢斯(H. Luce)在纽约创办《时代》(*Time*,应翻译为"时间")新闻周刊获得成功。哈登 1929 年病逝后,杂志由卢斯主持 30 多年,影响全世界。时代出版公司 1930 年创办的大型经济月刊《财富》(*Fortune*)、1936 年创办的大型综合性画报《生活》(*Life*)在全美和世界也有影响。

1933 年 2 月,一家同类的杂志《新闻周刊》(*Newsweek*)在纽约出现,创办人即是原《时代》的国际部主任马丁(T. Martyn)。1948 年,主办《美国新闻》的劳伦斯(D. Lawrence)买下另一家杂志《世界报道》,两相合并,从而在华盛顿形成一家规模较大的新闻周刊《美国新闻与世界报道》(*U. S. News & World Report*)。至此,形成美国三大新闻周刊鼎立的局面。

第五节　19 世纪末至 20 世纪,美国报团的形成与发展

美国是世界上最早形成报团的国家之一。南北战争结束后,经济发展速度极快,报刊业迅速从党报时期进入了商业化时期,竞争加剧,同时出现了报业的垄断。美国是个联邦制国家,各州有较大的独立性,建国时确立的新闻出版自由不允许政治权力出面创办全国性报刊,国土是以州为范围逐渐纳入美国领土的,因而报刊均是地方性的,没有全国性的报刊,是否影响全国完全靠报刊本身的影响力。而实际上影响全国的报刊本身就已有形成报团的能力;掌握许多报刊的报团,多数却不掌握影响全国的一流报刊。所以,美国多数较大的报团,其核心报刊也许在州内有些名气,在全国一般属于二流。20 世纪 70 年代以后,美国原来意义上的"报团"已经被综合性媒介集团取代。这里主要叙述报团的出现与发展。

一、较大报团的形成,对闻名报纸的兼并

美国第一个报团是由爱德华·斯克利普斯创建的。他出身于一个报业家族,19 岁(1873 年)起从事新闻工作,1878 年在克里夫兰首次自己创办报纸《新闻报》(Press)。1880 年起开始收买其他报纸,1892 年形成一个小报团,拥有五家报纸。从 1890 年起,他与同母异父的弟弟麦克雷(M. McRea)合作,出资派人到各地创办报纸,至 1914 年,斯克利普斯-麦克雷报团在美国 15 个州拥有报纸 23 家。同年,因意见不合,麦克雷脱离报团。1922 年,斯克利普斯二世(R. Scripps)接手报团,同时与霍华德(R. Howard)合作,所以称"斯克利普斯-霍华德报团"。

比斯克利普斯略晚些形成的较大报团还有赫斯特报团和孟西(F. Munsey)报团。赫斯特 1887 年起从事新闻工作(在旧金山),1895 年到纽约买下《新闻报》。1900 年向芝加哥发展,随后又向南方发展,1922 年时,他已在 13 个大城市拥有 20 家报纸、6 家杂志。孟西 1889 年起从事新闻工作(在纽约),1901 年开始购买一系列报刊,但经营成功的不多。1916 年他取得《太阳报》控制权以后,成功地合并、经营了一系列报刊,利润丰厚,故有"报刊杀手"之称。他于 1925 年在谈判收购报纸时突然逝世,报团随即瓦解。20 世纪初出现的其他相对小些的报团还有布斯(Booth)报团、甘尼特(Gannett)报团、考克斯(Cox)报团、里德(Ridder)报团等。

由于出现报刊业的垄断,美国的日报在 20 世纪初达到最高数字之后(1909 年 2 600 家)开始减少到现在的 1 400 多家,除大都市外,多数普通城市基本一城一报。一些曾经较有名气的报纸在竞争中消失,例如孟西 1901 年兼并 1855 年创刊的原民主党美分报《纽约每日新闻》。《太阳报》在德纳 1897 年逝世后日渐衰落,1916 年被孟西买下;《世界报》1931 年被斯-霍报团买下,与另一家报纸合并为《世界电讯报》,1950 年该报团又买下《太阳报》与之合并为《世界太阳电讯报》,该报 1966 年停刊;《纽约先驱报》于 1920 年被孟西从贝奈特二世手中买下;《纽约论坛报》在格里利逝世后股权由该报发行人里德(W. Reid)掌握,1924 年里德二世从孟西手中买下《先驱报》合并于《论坛报》,以《纽约先驱论坛报》的名称出版至 1966 年停刊;赫斯特搞黄色新闻的《新闻报》改名《美国人》后,几经周折也于 1966 年被兼并。至此,19 世纪中晚期创办的纽约主要报纸中,只剩《纽约时报》一家了。

二、20 世纪中后期美国的报团

美国的报团除了少数跨州的大报团外,以州和地区经营的占多数,20 世纪中后期,中等规模以上的报团大约有 160 家。20 世纪 70 年代澳大利亚的媒介

大王默多克(K. Murdoch)、80 年代加拿大的媒介大王布莱克(C. Black)进军美国,亦成为美国许多报刊的新老板。

现在美国已经很少有单独经营报刊业的报团了,大多同时经营广播电视业,不少企业集团同时亦是某媒介集团的母公司。经营的报刊较多,现在美国和世界上较有名气或曾经有过名气的媒介集团,可以举出以下几家:

(1) 甘尼特公司(Gannett Co. , Inc.)。该公司形成于 1906 年,现在已经是第四代老板在经营。这个集团从 60 年代起连续兼并了一系列报刊和较小的报团,成为美国发展最快的一个报团。现在美国 43 个州拥有 99 份日报,日报发行量占全国日报总发行量的 15.6%,是美国发行量最大的报团。1982 年该集团创办美国第一家全国性日报《今日美国》。此外,该集团还拥有和运营 21 家电视台、13 家广播电和 1 个有线电视网,以及一些通讯社、广告公司等媒介,在英国还拥有很大的报刊产业。2013 年总收入 52 亿美元。

(2) 论坛报公司(Tribune Company)。目前公司旗下拥有《洛杉矶时报》《芝加哥论坛报》《新闻日报》(*Daily News*)和《巴尔的摩太阳报》等 10 家日报以及 23 家电视台。该集团旗下报纸的总发行量达 200 多万份,在发行上是美国第三大报业集团。2008 年 12 月 8 日,该公司向特拉华州威尔明顿的美国破产法庭申请破产保护,成为首个申请破产保护的大规模报业集团。

(3) 斯克利普斯-霍华德报业公司(E. W. Scripps Company)。由美国最早的报团斯克里普斯报团发展而来,目前总部位于俄亥俄州的辛辛那提。20 世纪 30 年代,斯克利普斯报团开始进军广播业,逐渐发展成为综合性的传媒集团。目前的斯克利普斯公司是 2007 年拆分后的结果,另一个公司名为斯克利普斯网络互动公司(Scripps Networks Interactive),主营五个有线电视网络和两个购物网站。拆分后的斯克利普斯公司拥有 14 家报纸和 19 家电视台,报纸收入占集团收入的一半。

(4) 赫斯特公司(Hearst Corporation)。形成于 19 世纪末,目前的董事会主席是赫斯特的孙子小乔治·R·赫斯特(George R. Hearst, Jr.)。公司业务涉及杂志、报纸、广播、娱乐和互动媒体、商业媒体、房地产等领域。中国市场上的《时尚先生》《好管家》《时尚》等,是与赫斯特公司版权合作的刊物。

(5) 奈特-里德报业公司(Knight-Ridder)。奈特-里德报团由奈特报业公司和里德出版公司于 1974 年合并而成。该集团拥有包括《费城问讯报》《圣荷塞信使报》(*The San Jose Mercury News*)在内的 32 家日报(共 330 万发行量)和 11 家电台电视台。该报团曾 84 次获得美国报业的最高荣誉——普利策奖,但股票长期表现低迷,让股东们失去了耐心。2006 年 3 月 13 日,麦克拉奇公司宣布以 65 亿美元的价格整体收购奈特-里德集团。

(6) 前进出版公司(Advance Publications)。该公司由纽豪斯(Samuel

Newhouse)创建于 1922 年。2009 年该公司在福布斯全美私人企业排名中居第 46 位。公司旗下最引人注目的是康泰纳仕出版集团,它是杂志行业的领跑者,在全球 25 个市场拥有 125 本杂志;其他所属的《时尚》(Vogue)《GQ》《名利场》(Vanity Fair)《纽约客》等,都是世界闻名的品牌。

(7) 纽约时报公司(The New York Times Company)。拥有《纽约时报》《国际先驱论坛报》(2003 年初,时报公司花 7 500 万美元买下华盛顿邮报公司手中的另 50% 股份,独资拥有该报)等 18 家报纸、8 家电视台、2 家电台和 35 个网站,包括两个非常大的网站——纽约时报网站和波士顿网站,与洛杉矶时报网站、论坛报网站并驾为美国四大新闻网站。公司将所有的互联网部门合并成的新的独立公司"数字纽约时报",将网络版的运作与印刷版分开。2013 年该公司的总收入为 15.77 亿美元。

第六节　美国广播电视业的诞生和发展

就在美国报刊业突飞猛进地发展之际,美国的广播业也迅速发展起来。初期不被人注意,但很快就形成报纸、通讯社与广播业的激烈竞争。美国的电视业由于第二次世界大战,真正得到大发展是在 20 世纪 50 年代。美国的广播电视业,包括后来发展起来的卫星通信、有线电视和数字电视等,均领导着世界新潮流。美国在广电体制方面与其他发达国家有一点不同,由于它很早确立了较为彻底的新闻出版自由体制,因而广播电视业始终以商业性经营为主,竞争始终在民营广播电视公司之间进行,没有像欧洲国家那样,多出一种公营与民营之间的竞争。

一、广播电台的诞生,三大广播公司的出现,报纸、通讯社与广播之战

1906 年,在匹茨堡大学的美籍加拿大物理学家费森登(R. Fessenden)实验广播成功;接着,威斯康辛大学于 1919 年建立了最早的教育广播电台 WHA;1920 年 8 月,底特律的 8MK 电台开始向社会播音,但是它领取的是临时执照。一般把领取正式执照、于 1920 年 11 月 2 日播音的匹茨堡 KDKA 广播电台视为美国第一家广播电台,该台为美国西屋电器公司(Westinghouse Electric Corp.)所设,至今仍在播音。两年内,美国的广播电台迅速发展到 556 家。

1922 年,当美国电报电话公司在纽约的 WEAF 广播电台首先播出广告(每 15 分钟 100 美元)时,人们还把这看作是商家对广播的捐助行为,但很快就意识到广播对于广告的重大商业意义。

1926 年 11 月,萨诺夫(D. Sarnoff)在纽约创建全国广播公司(NBC,由通用

电气、美国无线、西屋电气三家公司联合出资），第二年建成红色、蓝色两个广播网，1932 年，该公司变成美国无线电公司的子公司。

1927 年 9 月，纽约 16 家电台建立联播网，第二年 9 月，在该网财政危机之时佩利（W. Paley）接管，改名哥伦比亚广播公司（CBS）。

1938 年，NBC 和 CBS 这两大公司控制了全国广播电台的一半以上。根据反托拉斯法案，最高法院于 1943 年裁决，强迫 NBC 出售蓝色广播网，于是糖果业主诺布尔（E. Noble）以 800 万美元购得该网，于 1945 年 4 月建立美国广播公司（ABC）。

广播对于公众来说是一种新鲜的大众媒介。1938 年 10 月 30 日 CBS 播出韦尔斯（O. Wells）改编的广播剧《星际大战》，许多听众真的以为火星人入侵美国而发生恐慌。传播学者将此事作为典型的"魔弹论"依据；而社会学家则认为这反映出全国公众当时对战争环境的焦虑心情。

美国的广播业发展极快，1930 年全国收音机社会拥有量达到 1 400 万台，1940 年达到 4 400 万台。于是发生了报纸、通讯社与广播电台之间的竞争。1932 年 11 月，广播电台首先播出总统弗·罗斯福当选的新闻，报纸均在第二天才报道。事情起因于合众社与美联社的竞争，合众社在向广播电台提供新闻时要价较高，美联社借机免费提供而造成这一结果。随即报纸与通讯社经过协商，为维护它们的共同利益而成立广播报业局，限制各通讯社向广播电台供稿。而广播电台则自行派遣记者采访，成立广播通讯社。报纸和通讯社出于利益而阻碍传播业发展的做法不得人心，广大听众很不满，首先合众社、国际社于 1935 年停止实行协议，接着美联社于 1939 年也开始向广播电台供稿。

鉴于广播业的丰厚利润，各大报纸的老板们也开始创办广播电台。至 1944 年，美国的广播电台中由报纸老板们直接和间接控制的占了多一半，这种现象美国出现得最早。

二、美国广播体制的确立

在理论上，每个美国公民都可以申办广播电台，但当时的频道在技术上是有限的。为避免频道混乱，需要一个机构进行管理和协调。为此 1927 年美国议会制定广播法并成立联邦广播委员会；1934 年议会通过更完善的"通信法"，并将广播委员会改组为联邦通信委员会（FCC）。该委员会由五人组成，他们必须与任何传播事业无经济上的关系，同党派的委员不得超过三人，经参院提名，总统任命并指定一人为主席。通信法的要点有三：第一，宣布美国领空的所有频道永远属于全体国民（这意味着频道不得"私有"）；第二，频道的使用首先考虑公共利益；第三，频道使用权的授予，通行便利与需要的原则。后两点的施行，主要由通信委员会掌握，委员会可以针对广播中的问题制定法规，有给予广播电台（和后来的电视台)频道和撤消频道的权力,因而该委员会对美国广播电视业的控制权还是颇大的。主要在于审核一个公司拥有的广播电台和电视台的数量和覆盖面,对拥有广播电视台的所有者(公司)亦有一些限制,以防止过度竞争。

美国没有政府建立的对内广播电视台,有少量民营的公共广播电视台。唯一直接由政府控制的是对外广播电台美国之音(VOA),隶属于美国新闻署。在反法西斯的背景下,1942年2月24日,美国之音首次对外播音,使用的语言是德语。以后陆续增加到使用44种语言(1996年)对外广播。二次大战后的"冷战"期间,该台曾是反共的主要宣传机构之一。

1967年11月,美国公共广播法生效。第二年3月,根据这一法律建立了公共广播公司(CPB,即 Corporation for Public Broadcasting),这是全国性的非盈利公共广播电视管理机构,是各公共电视台的会员组织。下设全国公共广播网、公共电视网(PBS,即 Public Broadcasting Services)两个机构,负责分配和管理资金,组织培训和调研工作、安排本系统成员台的节目配置。美国的公共广播电视台指的是各种用于教育的台、非盈利的公共团体办的台,其中广播电台1 570家,电视台365家(首家公共电视台是1953年5月开办的休斯敦大学教育台KUHT),在美国广播电视系统中影响不大。其经费来源于经办单位的拨款、基金会的捐助、大企业的赞助、听众和观众的捐款以及出售广播电视节目报的收入等。

像美国公共电视网(成立于1969年)这样的机构,性质是民间的非盈利公司,总部设在弗吉尼亚州的亚历山大市。PBS负责监督节目的规划和分配、教育服务、宣传、创办新媒体的资金筹措、传播技术的发展和开发影像市场等几个方面的工作。宗旨是:努力实现媒体告知(inform)、启发(inspire)、愉悦(delight)和教育(educate)的社会责任。美国公共电视网通过电视节目、网络或其他媒介向全美50个州、波多黎各岛、美属维尔京群岛、关岛、萨摩亚群岛的公共电视台提供高质量的节目和相关服务。

美国的广播电视体制主要体现在1934年通信法的三个要点上。随着传播新技术的发展,一些限制已经不利于传播业整体的发展,于是1996年美国议会通过了新的通信法案,新的调整主要有:第一,废除一家公司最多拥有12家电视台的规定,允许在50个最大的市场上同时拥有广播电台和电视台。第二,废除一个公司对全国范围内广播电视所有权的限制,但保持同时放松对地区范围内所有权的限制。第三,撤销对有线电视的收费限额。第四,允许电话公司和有线电视台之间相互进入。第五,责成厂家在13英寸以上的电视机上安装V型电路块装置,观众可以用此锁住被认为儿童不宜的节目(此条后来被议会否决)。这些具体的规定扩大了电子传播领域的竞争,有利于刺激电子媒介发展,因而受到电信界的普遍欢迎,两院均以少有的绝对多数票通过该法案。

三、电视台的诞生,二战后电视的发展

美国 1930 年就进行了成功的电视试验播出,1939 年 4 月 30 日,NBC 首次用电视转播世界博览会的场面,并由此开始每日定时的电视节目播出。1940 年美国已有试验性质的电视台 23 家。由于需要制定统一的标准,直到 1941 年 6 月 1 日,FCC 才核准第一家商业电视台。接着美国卷入二战,电视业处于停滞状态,全国仅有 6 家电视台,1 万台电视机,并且一半集中在纽约。

战后,由于频道混乱而在 1948 年冻结频道分配。1952 年这条禁令被取消。1953 年,FCC 制定统一的彩色电视标准。此后,美国电视以前所未有的速度发展起来。至 1958 年,电视台发展到 538 家、电视机社会拥有量 4 500 万台,占当时世界电视台和电视机数字的 2/3。1967 年,美国实现电视节目全部彩色。1948 年创刊的美国《电视导报》(*TV Guide*),其发行急速增加到 1 600 万份,从一个侧面反映了美国电视的发展速度。

世界电视业进一步发展的几项主要成就,大多来自美国。1962 年 7 月 16 日,美国“电星”卫星进行了首次欧美间电视节目的转播,18 个国家、47 家电视台参与,观众 2 亿。1965 年 4 月 2 日,世界上第一颗商业同步通信卫星“晨鸟”(国际卫星 1 号)升空,6 月开始了固定的欧美间的电视节目转播。此为卫星电视普及的起点。

美国早在 1948 年就在个别山区建立了有线电视。由于法律的限制,直到 1972 年 11 月,美国首家有线电视网(时代公司所属“家庭影院网”)开播。1980 年 6 月,特纳(T. Turner)的有线电视新闻网(Cable News Network,缩写为 CNN)在亚特兰大开播,首创 24 小时滚动播出新闻频道。当时,它尚没有引起社会的关注,然而,1990 年柏林墙倒塌事件中,CNN 的连续直播使得它第一次在国际事件中名声大振。接

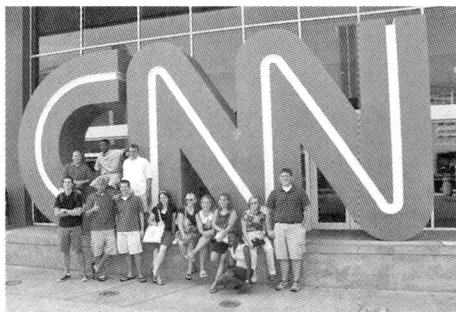

位于纽约的 CNN 总部

着,1991 年第一次伊拉克战争(海湾战争)期间,由于只有 CNN 的记者留在巴格达,得以传送战争的消息,CNN 的名声再次得到扩张。从此,CNN 成为世界上最大的有线电视新闻公司。

1987 年美国 Fox 娱乐集团建立 Fox 广播公司,当时拥有 35 家直属电视台,但并不很有名气。几经努力,到 2002 年,Fox 的电视新闻频道的收视率战胜原来的三大广播公司而居首位。它的口号是:“我们来报道,你来决定。”

最先进的数字式信号传播,声音的数字广播,美国在 80 年代已经实现。1994 年 6 月,美国"直播电视台"(Direc TV)首次通过高频广播卫星播出数字电视节目,可供选择的频道 195 个。1998 年,美国四大电视网(ABC、NBC、CBS 和 CPB)开通了它们的数字电视台。2005 年 7 月 13 日,美国政府通过了 2009 年结束模拟电视信号传输,完成数字电视转换的决定。

第七节　20 世纪末美国媒介集团的大兼并

1996 年 2 月,美国的新通信法案生效。在此之前,美国大众传播业的发展已经超出世界上其他国家,达到了一个相当成熟的新阶段。广播、电视、电影与印刷出版等各种媒介,其所有权和经营管理正在形成统一的整体。随着信息技术的发展,电子媒介,特别是电视(包括最新的数字电视)取代了原先的报纸、杂志,成为大众传播媒介的主导产业,纯粹的"报团"已经消失;纯粹的广播电视集团也不可能完全独立,因为新技术的发展将广义的电子产业与它们联结到了一起。1996 年的新通讯法案试图适应这种新情况,给电子集团(诸如电话、电信、微软产业集团)与各种媒介集团,特别是广播电视集团的兼并提供法律依据。

大兼并在这一法案生效之前就开始了,例如默多克的新闻公司(News Corp. Ltd.)1985 年兼并 20 世纪福克斯公司(Fox),接着于 1996 年购买新世界通信集团公司。1995 年特纳广播公司与时代-华纳公司(Time Warner Corp.)的合并,进一步巩固了 CNN 的地位,也使合并后的时代-华纳公司成为美国,也是世界上最大的媒介集团。美国迪斯尼公司(Walt Disney Co.)兼并美国广播公司(当时它属于大都会公司),也使得迪士尼公司成为美国第二,也是世界第二大媒介集团。

其他较重要的合并或兼并还有甘尼特公司买下多媒体娱乐公司;西屋公司并购无限广播公司(Infinity);大型电器公司维亚康姆(Viacom)兼并派拉蒙通信公司(Paramount);英国电信公司以 230 亿美元买下美国长途电话公司"微波通信公司";芝加哥论坛公司(Tribune Co.)买下复兴通信公司;美国西部媒介公司(US West Media Group)买下美国第三大有线公司大陆有线电视公司(Conitinental Cablevision);钱斯勒媒介公司(Chancellor Media Corp.)买下了科尔法克斯电信公司的 12 家广播电台后,成为美国最大的广播集团;纳尼克斯公司买下贝尔大西洋公司从而成为美国最大的地方电话公司;美国第四大长途电话公司买下 MFC 电信公司;A. H. 贝洛公司买下普罗维登日报公司等。

仅隔三年,即 2000 年,又一轮兼并开始了。首先,刚刚兼并了派拉蒙通信公司的维亚康姆公司,又兼并属于西屋公司的美国三大广播公司之一的 CBS,从而成为美国第四大媒介集团。接着,2000 年 12 月 15 日,美国最大的网络公司之一美国在线(AOL,拥有用户 2 400 万)与时代-华纳公司的合并,一度改名"美国在线-时代华纳",它将最新的传播技术——计算机网络信息平台,与传统的印刷媒介、无线广播电视、有线和卫星电视集于一身,合并交易额达 1 830 亿美元。

这次合并、兼并、买断产权、合作经营、合资经营的高潮是前所未有的,动用美元少则几亿,多则上千亿,从而彻底改变了美国大众媒介所有权的格局。当时的 FCC 主席里德·福特说:"这一新法律拆除了通信领域中的柏林墙。"该法的制定者认为,它将提供几百万个就业机会,同时也促进信息时代自由竞争的高潮到来。新电信法案颁布一周年之际,《纽约时报》发表社论《观众的胜利》。《华尔街》杂志认为这一法律是划时代的法律。议员爱德华·马基甚至说:"1996 年通信法案是目前世界上最佳的总蓝图。"但是也有人担心,例如华盛顿消费者协会副会长盖尔·基梅说:"最使我担忧的是,通过批评、监督来促进竞争已不再需要,因为大多数实力雄厚的竞争者已联合起来了。"国际舆论对这一法案的长远效果,认为仍然是前途未卜。①

不过,由于信息技术和市场力量的加强,面对数百个频道,公众有了更大的双向选择的权利;电话费用已经在竞争中下降。

第八节　美国新闻传播业目前的格局

美国新闻传播业的初期发展较为落后,基本上模仿英国已经走过的路子。19 世纪下半叶开始了突飞猛进的发展,特别在 20 世纪,技术和形式的创新频率均很高,发展极快。目前新闻传播业的格局也许不久即发生变化。这里仅就现状作一简单叙述。

一、媒介集团

美国早期的报团,几个较大的(除了已经垮台的孟西报团)现在仍然存在,随着电子媒介成为新闻传播业的"龙头",它们也同时经营起各种电子媒介,但是比起具有经营电子媒介传统的较新的集团来,已经不可能占据较前的位置。第五节谈到的那些报团,凡是仍以报刊业为主的,一般排不上名次了,例如最早的斯克利普斯-霍华德报业公司。而主动向电子媒介方向发展的原来的报团,则还能保持一定的名次,例如甘尼特公司、赫斯特公司。有的报团,例如考克斯公司,渐渐地以电子媒介为主了,通过这种方式保持了一定的名次。由于 20 世纪 40 年

---

① 《世界广播电视参考》1996 年第 6 期 16 页、1997 年第 11 期 5 页。

代的反托拉斯法,其他产业经营媒介受到一定的限制,1996 年新的通信法案允许与电子媒介相关的产业涉足大众传播媒介,因而现在美国的媒介集团主要以这种类型的集团公司为主,被称为"超级媒介集团"。大规模、高垄断构成了美国大众媒介产业的特色,数十家这种特大型的集团公司控制着美国的广播、无线或有线卫星电视、电影,以及报纸、杂志、书籍等各种印刷媒介。

2003 年 6 月 2 日,美国联邦通讯委员会推出了新法规,进一步给媒体松绑。根据新规定,美国任何一家传媒公司的电视观众覆盖率,可以高达 45%,而此前上限是 35%;过去规定禁止一个媒体公司在同一城市同时拥有电子媒体和平面媒体,新规定允许它们在大、中型市场交叉持股,同时拥有报纸和电台、电视台。现在可以拥有 9 个或 9 个以上电视台的市场,新规定取消了所有交叉持股的限制;同时一家公司在一个城市可以拥有的电视台数量也由两家增加到三家。但对于四大电视网,通讯委员会仍禁止它们相互合并。舆论认为,新法规的出台,可能会带来新一轮的并购热潮。

目前排在前几位的媒介集团有:

时代华纳公司总部(纽约)

(1) 时代华纳集团(Time Warner Inc.),该集团的前身原为四大部分,即以《时代》杂志为基础建立的时代公司、以电视制作业为主的洛杉矶华纳兄弟公司、以 CNN 为代表媒介的特纳广播公司、以网络传播为主的美国在线公司。前两者1989 年 3 月合并为时代-华纳公司,1995 年再与特纳广播公司合并,2000 年再与美国在线合并,成为当时美国和世界第一大媒介集团。但由于缺乏跨行业管理和整合的经验,未能产生预期的"协同效应"。2002 年,美国在线的 CEO 罗伯特·皮特曼(Robert W. Pittman)辞职,集团调整为媒体通信和娱乐广播两部分,美国在线成为集团下属的媒体通信分部下的一家子公司。2003 年,集团宣布季度亏损 542.4 亿美元,名称也随之恢复为"时代-华纳"。2013 年 3 月,时代华纳集团向外界表示,该集团已经决定将旗下时代公司杂志业务部门进行整体剥离。

(2) 迪士尼/ABC 公司(The Walt Disney Company),迪士尼公司是收入最高的传媒集团(2014 年收入 488 亿美元),总部在加利福尼亚伯班克市。它起步于 1923 年沃尔特·迪士尼兄弟的"迪士尼兄弟动画工作室",1928 年凭借米老鼠这一经典形象打开市场。1995 年迪士尼收购 ABC,此举使迪士尼同时拥有了品牌内容与播放渠道。合并后的迪士尼公司有 8.5 万位员工,拥有沃尔特迪士尼制片厂、试金石电影公司等著名企业,以及 11 家电视台和 228 家附属电视台,拥有分布在世界各地的 400 家迪士尼零售店和 4 个主题公园,成为世界上规模最大,经营范围最广的综合性文化娱乐和媒体公司之一。

(3)默多克的新闻公司,自从默多克的新闻公司购买了 20 世纪 Fox 公司、哈珀-柯林斯公司、三角出版公司(该公司出版《电视指南》)以后,默氏的大众传媒产业扩大了很多,拥有了一系列电影公司、电视台、报刊、出版公司和音乐公司。在购买了新世界通信集团公司之后,默氏在美的新闻公司成为美国第三大媒介集团。特别是该集团拥有的 Fox 广播公司,改变了原来美国三大广播公司的格局,挤进去成为美国四大广播之一。2004 年,美国联邦通信委员会和反垄断监管机构批准了新闻集团对全美最大的卫星电视供应商——直播电视公司的收购计划,耗资约 68 亿美元,该集团 20 年来进军美国卫星电视市场的梦想终于实现。2007 年 8 月 1 日,经过拉锯式的谈判,新闻集团以 50 亿美元与道琼斯公司正式签署了收购协议,原道琼斯公司的旗舰报纸《华尔街日报》自然为默多克所有。

(4)维亚康姆/CBS 公司,总部在纽约。1999 年 9 月,维亚康姆宣布以 350 亿美元收购哥伦比亚广播公司。2002 年中期,股票市值超过美国在线时代华纳,一跃成为世界第一大传媒集团,而它当年的收入也高达 246 亿美元。维亚康姆是在董事长兼首席执行官萨默·雷石通(Sumner M. Redstone)坚持的经营思路下获得成功的。公司涉及电影、广播电视、有线电视、户外广告、零售出版各个领域,拥有 CBS、音乐电视网、派拉蒙电影公司和西蒙舒斯出版集团等。2005 年 6 月,公司宣布将被分拆为两家独立的上市公司,意在进一步提升市值,雷石通仍担任两家新公司的董事长兼控股股东。

(5)NBC 环球公司,老牌电视网 NBC 和环球电影一度被通用电气收购。2009 年底,美国最大的有线电视运营商康卡斯特(Comcast)与通用电气达成协议,控股原后者旗下的 NBC 环球。按照协议,NBC 环球的价值约 300 亿美元。在新成立的合资公司中,康卡斯特拥有 51% 的股权,通用电气有 49% 的股权。

二、报纸

目前美国有日报 1 382 种,周报和其他专业性报纸近万种,是世界上报业最发达的国家之一。美国没有由于权力组织而形成的全国性报纸,唯一的全国性报纸《今日美国》是通过商业模式形成的,其他报纸全是地方性的,其影响力在全国的大小,主要依靠报纸本身的业务水平和经营能力。一旦在全国获得声望,由于美国在世界政治经济中所处的重要地位,也就随之带来对世界的影响。此外,传统报纸与新媒体的融合也是近年来发展的新趋向,绝大多数日报已经建立起自己的网站。下面叙述的是在美国,在世界上都较为闻名的美国报纸:

(1)《纽约时报》(*The New York Times*),美国最有影响的高级报纸,就历史与威望而言,一般被看作是仅次于《泰晤士报》的世界第二大报。自 1896 年奥克斯主持工作以来,该报保持了高雅的品位,素以消息灵通可靠、言论权威著称。1934 年底奥克斯逝世,从 1935 年起报纸由他的女婿苏兹贝格(A. H. Suzberger)经营。1961 年苏兹贝格逝世,由苏兹贝格的女婿德夫斯(O. Dryfoos)接手主持,1963 年印刷工人罢工,报纸停刊 114 期,德夫斯因心脏病突发逝世。接着报纸由苏兹贝格的儿子(A. O. Suzberger)主持,他注重开源,买下一批媒介,包括较为有名的杂志《麦考氏》《家庭园地》,以及报纸、电视台等,同时精简管理层人员,首创报纸的专题版。1971 年该报因发表五角大楼关于越南问题的文件并取得发表这一文件的法律上的胜利,增大了声望。1992 年,与父亲同名的苏兹贝格三世(独子)开始担任报纸发行人,逐步接替父亲的工作,投资 4.5 亿美元更新报纸的技术设备。现在该报每天平均 100 版,主要版面彩色印刷,要闻版 24 版,其他为各个专题版。星期日版版数是平日的一倍,1983 年的一个星期日版曾达到 1 000 版,重 5.5 公斤。该报广告收入与卖报收入比例为 3∶1。截至 2014 年 9 月,该报平日版发行 213 万份,星期日版发行 232 万份。由于该报的特点,它对公众家庭的穿透率只有 10% 左右。

现任时报公司董事会主席是奥克斯的曾外孙小阿瑟·奥克斯·苏兹贝格。小阿瑟重视报纸的数字化发展,在报网互动、网络信息付费、开发数字产品和利用社交网络为品牌服务等方面都走在了行业的前列。2011 年 3 月,纽约时报网站开始正式向用户收费,建立收费墙(paywall)制度。到 2012 年 7 月,纽约时报网站已经有 53.2 万订户,纽约时报的主要收入历史上第一次从广告主变成了订户。截至 2015 年 7 月 30 日,付费数字订户已突破 100 万。

报社位于纽约曼哈顿第 43 街,入口处上方有一塑像:一个挥舞长矛的希腊战士和一裸胸女神共同托起巨大的地球。下面有每天报纸左上角的那句铭言,还有一块铜牌刻着:“阿道夫·奥克斯(1858—1934)设定了精确与负责的准绳,使《纽约时报》成为世界上最伟大的报纸之一。”

2003 年 5 月,该报先后曝出的两起“假新闻事件”(杰森·布莱尔和里克·布拉格),成为创刊以来最大的丑闻,导致执行总编和总编双双辞职。

(2)《华盛顿邮报》(*The Washington Post*),美国首都的主要报纸。该报初期历经三任老板,1933 年第四任老板迈耶(E. Meyer)接手时只有 5 万份发行量。1946 年,迈耶出任世界银行董事,报纸由女婿格雷厄姆(P. Graham)任发行人,他于 1954 年兼并了竞争对手《时代先驱报》,使《华盛顿邮报》成为首都的主要报纸,接着扩大经营,购买了一系列电视台和报刊,1961 年取得了《新闻周刊》的所有权。1963 年格雷厄姆因精神分裂症自杀,其妻凯瑟琳(Katharine Graham)接手主持报纸工作。1966 年该报与《纽约时报》共同接手海外的《国际

现在的《纽约时报》《今日美国》和《华尔街日报》

先驱论坛报》。1972 年该报的两名记者追踪报道"水门事件",使报纸名声大振。该报的消息翔实,国际新闻来源广泛,重大国际问题分析较有见地,文章犀利,并有较高质量的漫画和连环画,平日每天约百版,星期日版 200～300 版。后来的报纸发行人已是她的儿子唐纳德(Donald E. Graham)。2013 年 3 月,该报也效仿《纽约时报》建立了网上阅读的"收费墙"。这年该报的发行量为 47 万份。

2013 年 8 月 5 日,网络购物公司亚马逊创始人杰夫·贝索斯(Jeff Bezos,1964 -)以 2.5 亿美元现金收购《华盛顿邮报》。他致信华盛顿邮报全体员工:"华盛顿邮报一定迎来改变,这无关乎它是否换了新主人。互联网几乎在改变新闻业务的每一个元素","我们需要创造,这意味着我们需要试验。"2014 年 8 月,贝索斯裁掉《华盛顿邮报》老社长凯瑟琳·韦茂斯,任命的新社长弗雷德·瑞恩(Fred Ryan)原是政客网站创始人和首席执行官。

(3)《洛杉矶时报》(*Los Angeles Times*),美国西部的主要报纸。创办第二年因财务困难而转手于奥蒂斯(H. Otis)。1884 年建立"时报镜报公司",该报为公司的主要报纸之一。1917 年奥蒂斯逝世后由他的女婿哈利·钱德勒(H. Chandler)接手该报。1922 年首创报纸经营广播电台。1944 年钱德勒二世诺曼·钱德勒主持该报,在二战配给纸张时期他决定增大新闻报道量而减少广告,结果战后报纸由于新闻丰富而受到公众欢迎,广告亦源源而来。但是这份报纸的内容和言论粗野,名声并不好。1960 年钱德勒三世奥蒂斯·钱德勒接手报纸发行人,大力改革报纸,撤换不称职人员,成倍地加薪、加人、加版,使得该报成为世界上最胖(指报纸的开本)最重(报纸平日 200 版以上,星期日 600 版,重 7 磅)的报纸,内容虽然杂乱纷繁,但变得"文明"多了。也使得该报从此异军突起。洛杉矶是个多种族、社会变化很快的开放性大城市,新闻和广告的需求量较大,该报针对这种情况,设有许多地方版和专业版,广告刊载量是全美最多的,具有美国新西岸文化的特色。

2000 年 3 月,芝加哥"论坛公司"以 81 亿美元并购了时报镜报集团,该报完全转换了老板。新任发行人约翰·普尔纳当年就对报纸进行了调整,撤掉了 14 个地方版,加大对国际事务的报道力度,按他的话说,力图将该报改造成全美最佳大都会日报。该报 2013 年平日版发行 65.4 万份。

(4)《今日美国》(*USA Today*),美国唯一的全国性报纸。1982 年 9 月 15 日由甘尼特公司投入较大的资本创办,开始报纸亏损,在甘尼特公司当时的董事长纽哈特(A. Neuhart)的领导下,几年内扭转局面,获得成功。该报适应美国人快速的生活节奏,改变传统的报纸面貌,力求使报纸新闻近似于电视新闻,形象、生动、明快,消息简短且具有吸引力。报纸彩色印刷,图文并茂,要闻版末版用多重彩色地图显示世界和全国天气预报。该报总部设在弗吉尼亚州的罗斯林,通过卫星传送,在全国有 36 个印刷点。国内版每天 56 版,分为五组,A 组为要闻,B 组为商情,C 组为体育,D 组为生活,F 组专栏特稿;国际版于 1985 年开始发行,每天 16 版,发往 51 个国家。该报理念是"最佳文理"("Words in Their Best Order")。截至 2014 年 9 月平日刊发行量为 414 万份,是现在美国发行最大的报纸。[①]

(5)《华尔街日报》(*The Wall Street Journal*),美国最大的,也是世界上最大的金融日报。出版该报的道琼斯公司 1902 年起由艾伦(K. Baron)获得所有权。他为提高该报专业水平、扩大发行量奠定了基础。1940 年以后该报发展为以金融新闻为主的综合性报纸,即除了金融新闻(每天发布道琼斯公司汇编的主要企业股票平均价格)外,也有大量的社会、政治、科学、教育、艺术、娱乐方面的消息。也是在这时,道琼斯公司成为股份公司,考克斯报团占有一半以上的股份。除了出版该报外,该报团还有一家通讯社和几十家小型经济类报纸。平日

---

① 参见 http://www. poynter. org/news/mediawire/277337/usa-today-wsj-nyt-top-u-s-newspapers-by-circulation/根据 AAM(前身是 ABC)的新的审计规则,现在的报纸发行量包括印刷版、网络版和"品牌版"。关于"品牌版本",是指报纸的印刷版在传统的发行范围(订户和零售)之外传播的内容也可计入发行量。这包括在其他报纸上印刷的版面,或为某种特定活动出版的以及在某地发行并非日报频率的版本,唯一要求是相关版面上要有与该报一致的报头和 Logo。《今日美国》充分利用这一新规,借助母公司旗下日报众多的优势,将自己部分版面内容植入母公司旗下 81 种中小型日报与各报读者共享,于是获得 160 万份的"品牌版本"发行量,从而造成了发行量飙升的结果。后面《纽约时报》和《华尔街日报》的发行量也是在这个意义上的。

《华尔街日报》96 个版,在全国 18 个地点设有印刷点。2002 年 4 月 9 日,它一改一个多世纪以来的黑白面孔为彩版,头版内容也由过去的特稿改为突发性的独家报道,迎合了年轻读者的阅读习惯。1976 年和 1983 年,该报分别创办亚洲版(香港)和欧洲版(布鲁塞尔)。1999 年出版周日版,立足提供个人化的财经和职业信息。同时,1996 年创办的《华尔街日报》网络版到 2004 年第二季度订户已达 68.4 万人,成为全球最大、也是最为成功的付费新闻网站。2007 年 8 月,默多克新闻集团以 56 亿美元收购该报。该报 2014 年的平均发行量为 227.6 万份,居美国日报发行量的第二位。该报 85% 为直接订户。

(6)《芝加哥论坛报》(*Chicago Tribune*),美国中部的代表性高级报纸。该报创办后于 1855 年转手梅迪尔(J. Medill)。1895 年他将报纸交与女婿帕特森(R. Patterson)。帕特森 1910 年逝世,报纸由梅迪尔的外孙麦考米克(M. McCormick)接手。后来帕特森的儿子约瑟夫·帕特森与之联合经营,于是麦考米克与帕特森两个家族建立了以该报为核心媒介的"论坛公司"(Tribune Co.)。该报为适应中部地区不同类型读者的需要,每周发行各种针对不同地区和具有不同内容的专版。2013 年平日版发行 44.9 万份。《芝加哥论坛报》近年来很不景气,多次裁员。2009 年《芝加哥论坛报》"瘦身"为窄报。

(7)《纽约每日新闻》(*N.Y. Daily News*),美国最大的大众化报纸。该报曾长期属于芝加哥论坛公司,其发行量曾多年居美国报纸的首位,最高时达到平日 240 万份,星期日 300 万份。1990—1991 年的工人罢工使该报陷于破产,只剩下 30 万份的发行量。1991 年 3 月该报被英国报业主马克斯韦尔买下后发行量增加到 70 多万份。同年 11 月马克斯韦尔神秘死亡。1993 年房地产老板和出版商、加拿大人朱克曼(M. Zhckerman)买下该报。该报 4 开小报,纽约的新闻较多,体育新闻和广告也较多,又有画片新闻的传统,较受纽约下层公众的欢迎。2013 年该报平日版发行 51.6 万份。

在纽约出版的另两份 4 开小报《纽约邮报》和《纽约今日新闻》同样是典型的都市趣味报纸,与严肃大报不同的是,它们往往在头版刊登一幅整版新闻照片。

《纽约邮报》是《纽约每日新闻》在纽约市内的主要竞争对手。1976 年底,默多克的新闻集团购买了《纽约邮报》。该报发行量增长很快,成为美国市场上的主要报纸之一。《星期日纽约邮报》创办于 1996 年 4 月。2005 年 8 月,默多克出任《纽约邮报》发行人。

三、杂志

美国的杂志约有 1 万种,从大众杂志到专业性很强的杂志,各种类型中有代表性的,均对世界有较大的影响。这里只叙述最重要的几家。

(1)三大新闻周刊。在新闻周刊中,《时代》一直保持着声望和发行量(2013

年发行量 328 万份,居世界各种新闻周刊的第一位)。1964 年卢斯退休(1967 年逝世)后,该刊换了两任老板。1989 年时代公司与洛杉矶的华纳兄弟公司合并为时代-华纳公司。该刊的欧洲版在伦敦出版,亚洲版在香港出版,加拿大版在多伦多出版。

《新闻周刊》1961 年被华盛顿邮报公司收购后,发展成为美国第二大新闻周刊。由于认识到与网络在线新闻竞争的劣势,《新闻周刊》于 2009 年 5 月改版,将重点放在观点与评论上,但此举带来发行量的下滑,2009 年度广告收入缩水 37%。2010 年 8 月 2 日,华盛顿邮报公司将《新闻周刊》以 1 美元出售给 92 岁高龄的音响业巨头西德尼·哈曼(Sidney Harman),当时该刊有 4 700 万美元的债务。哈曼去世后,其家族撤回投资。2013 年起《新闻周刊》完全变成一份在线新闻杂志。

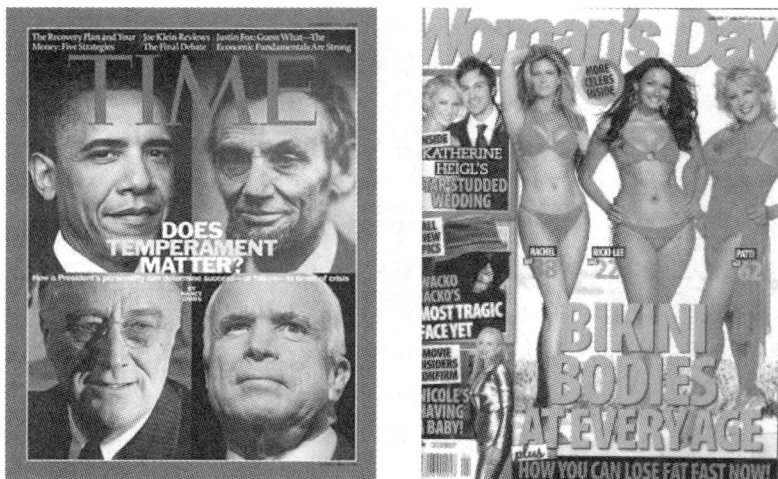

《时代》和《妇女日》杂志

《美国新闻与世界报道》1984 年转手给 M·朱克曼。2007 年起,该杂志推出"全美高校排名"(America's Best Colleges),引发强烈反响。2008 年 6 月,杂志由周刊改为半月刊,并于当年 11 月改为月刊。2010 年 10 月该刊完全转为网络版,但高校和医院的排名报告仍出纸质版。

(2)《读者文摘》(Reader' Digest)。这是美国和世界上发行量最大的杂志,通俗而严肃,由华莱士(Wallace)夫妇创办,华夫人(L. A. Wallace)曾长期主持工作,现在的主持人是托马斯·赖得。该刊目前用 19 种文字、48 个不同版本出版,发行量曾超过 3 000 万份(国内发行 1 625 万份)。目前该刊发行量 565 万份,用 21 种文字、50 个不同版本出版,覆盖 70 多个国家。2005 年 7 月,《读者文摘》出版了第 1 000 期。从这年 7 月 26 日起，所有以往各期被全部搬上网站。2008 年、2013 年，《读者文摘》两度申请破产保护。

（3）《国家地理杂志》（*National Geographic Magazine*）。美国和世界发行量最大的科学杂志，由美国国家地理学会主办。杂志的图文水平都是上乘的，其地图曾被美国联邦政府采用，弥补军方地图资源的不足。有英文、日文、法文、德文、繁体中文等 30 种语言版本。该刊封面的亮黄色边框以及月桂纹图样已经成为杂志的标志，现在发行量 445 万份。

（4）《纽约客》（*The New Yorker*）。美国精英文化的代表刊物。1925 年 2 月，由哈罗德·罗斯（Harold Ross）和他的妻子简·格兰特（Jane Grant）创办，推出了文学评论，原创小说和漫画等栏目。第一期封面是一个带高礼帽夹单片眼镜的卡通绅士形象，这也成了《纽约客》日后的象征。50 年代后，除继续偏重文学内容之外，也讨论一些严肃的社会话题。1993 年，中国网络兴起时被人津津乐道的一句话"在网络上没人知道你是一条狗"，就出自同年的《纽约客》刊登的漫画。该刊目前发行量为 105.6 万份。

（5）众多女性杂志。美国的女性杂志品目繁多，且发行量惊人。根据 2011 年的数据，在美国发行量排名前 10 位的杂志中，女性杂志占有四席，分别是《美好家园》（*Better Homes and Gardens*，发行量 765 万份）、《好管家》（*Good Housekeeping*，发行量 434 万份）、《妇女日》（*Woman's Day*，发行量 386 万份）、《家庭圈》（*Family Circle*，发行量 381 万份）

（6）《AARP》，这是美国，也是世界发行量最高的周刊。2002 年由《现代成熟》（*Modern Maturity*）与《我这一代人》（*My Generation*）杂志合并而来，美国退休人协会（American Association of Retired Persons，AARP）主办，最高发行量达到 3 800 万册，2013 年发行量 2 227 万。庞大的发行量很大程度上基于 AARP 的会员制发行，凡美国老人退休协会的会员都可以免费获寄一本《AARP》。

（7）《花花公子》（*Playboy*）。1953 年由赫夫钠（H. Hefner）在芝加哥创办，当时颇为轰动，因为经常出现裸体女郎的彩色画页。这是以此为招徕的新闻性杂志，亦有一些严肃的政治经济新闻和评论文章。该刊的发行量最高达到 720 万份，以特有的兔子形象为商标的各种花花公子的产业随之在美国和世界各地发展起来。现在花花公子公司由赫夫纳的女儿克里斯蒂主持，付费发行量 311 万份。曾创办中文版《花花公子》（香港版和台湾版），现已停刊。

与该杂志齐名的《阁楼》（*Penthouse*），1969 年由格乔恩（B. Guccione）在纽约创办，其性质与前者不同，基本上是以性为主题的杂志，历史上发行量达到过 500 多万份，十分畅销。由于网络的发展，以图片为主的该刊在 21 世纪初曾一度跌落到 35 万份，现在该刊更换了老版，正在找寻新的办刊方针。目前日发行量约 100.8 万份。

四、通讯社

美国提供各式各样新闻与图片、广播电视新闻与其他节目的通讯社有上万家,有国际性的,也有专业性的,还有的是媒介集团或报社自己办的。但是起主导作用的依然是两家最大的国际性通讯社,即美联社和合众国际社。

美联社华盛顿总部大门

美联社(简称 AP),自 1900 年正式建立以来,其影响力逐渐超过了欧洲的老牌通讯社。该社是报联社体制,有 1 700 家报刊和 5 000 家广播电视台入股,国内外订户 1.5 万户,每天发稿 1 700 万字符,国内有分社 100 多个;国外分社 60 多个,分布在 100 多个国家和地区。总社使用英、德、法、荷兰、西班牙语(主要对拉丁美洲)发稿,分社则译成当地文字,使用语言 100 多种。1998 年 9 月,该社收购了 ABC 的环球电视新闻网,合并于已有的美联电视新闻网(APTN)。这样,美联社就拥有了世界 350 个电视节目和服务的订户。2004 年独家承揽了美国大选计票全过程的直播。美联社共获得过 49 个普利策新闻奖,其中有 30 个是最佳摄影奖。

合众国际社(United Press International),1958 年由原斯克利普斯-霍华德报团的合众社与原赫斯特报团的国际社合并而成的,这是一个民营通讯社,总部华盛顿。原来的主要股东是霍华德,1982 年因经营亏损而出卖,历经四任老板后,于 2000 年 5 月,被美国"新闻世界传播公司"(老板为韩国统一教主文鲜明)从"中东广播公司"手中买下。该社国内外分社共 200 多个,每天发稿 640 万字符,在 114 个国家和地区有 6 400 家订户,使用语言 48 种。

彭博社(Bloomberg),1981 年由纽约前市长迈克尔·彭博(Michael Bloomberg)创办的新型信息公司,它主要提供金融信息,为全球各地的公司、新闻机构、金融和法律专业人士提供时事行情、金融市场历史数据、价格、交易信息、新闻和通信工具。该社在世界各地有 192 个办事处、超过 1.5 万员工;拥有 130 个新闻分社和 2 000 名新闻人员,还拥有彭博电视台(10 个财经频道)、广播电台和《彭博市场》杂志。

五、广播电视业

截至 2012 年美国的广播电台为 21 439 万家,2014 年的数字电视台为 1 003 家。有影响的广播电视台一般属于具体的广播电视系统或公司,尽管传播技术迅速发展,但目前影响力最大的依然是四大无线广播网,以及 CNN 的有线和卫星电视网。这些广播电视网的所有者在不断的兼并中常有变更,但节目的运行基本不受影响。

（1）NBC。四大广播网中资格最老。1942 年开始电视播出,1986 年被通用电气公司收购。NBC 拥有 10 家直属电视台和近 200 家附属电视台(附属台是指签定合同入网的台),在美国 18～34 岁的观众群中,收视率一直稳居首位。1996 年 NBC 与微软合资建立有线电视新闻网 MSNBC,2002 年收购德莱蒙多(Telemundo)和布拉孚

在埃及播出的 NBC 电视新闻画面(2010 年 2 月)

(Bravo)两个西班牙语电视网。2004 年 5 月,NBC 同法国维旺迪环球集团娱乐公司合并组成 NBC 环球(NBC Universal)公司。

（2）CBS。CBS 1955 年第一次超出 NBC 成为美国第一大广播公司,在后来的大多数时间里,它一直占据市场份额的首位。1999 年,CBS 被维亚康姆公司收购。它拥有 14 家直属电视台,附属电视台近 200 家。2006 年,CBS 公司与华纳兄弟公司合作创办了美国第五大电视网——CW。

（3）ABC。ABC 现在属于迪士尼公司,拥有 8 家直属电视台,附属电视台近 200 家。ABC 是三大电视网中起步最晚,也是实力相对弱的。1995 年与迪士尼联手后,它的优势主要体现在娱乐领域。

（4）FOX。建立于 1987 年,其新闻频道在 2003 年第二次伊拉克战争的报道中独占鳌头,名声从国内扩展到国际,开始被视为美国第四大广播公司。目前,FOX 广播公司有 25 家直属台和 175 家附属台。

（5）CNN。自从在海湾战争中显示出实力以来,发展极快。在与时代-华纳公司合并后实力进一步得到增强,成为全球最成功的 24 小时电视新闻频道。早在 2005 年年底,CNN 在全球的订户已经超过了 1 亿,观众十几亿。截至 2015 年 2 月,其美国订户已经达到 9 600 多万。现在 CNN 由特纳三世(R. E. Turner)主持工作。

目前,"清晰频道通信公司"(Clear Channel Communication Inc.)是全美广播电台业实际上的最大控制者,旗下有 1 233 个广播电台,在 50 个州拥有 1 亿多听众,所运作的公司有 230 亿美元的营业额,年获利 80 亿美元。

六、数字时代的美国新闻传播业

美国是互联网的诞生地,到目前为止也一直引领着互联网行业发展的潮流。

华尔街证券分析师和投资银行家玛丽·梅克尔（Mary Meeker，1959－　）的《2015 互联网趋势报告》显示，2014 年美国互联网普及率（Internet Penetration）达 84％；根据美国商务部发布的数据，2013 年美国百兆宽带普及率达 59％。

　　随着互联网的日益普及，美国新闻传播业开始进入数据驱动时代。2008 年互联网首次超越报纸成为美国民众获取国内外新闻的主要来源。2015 年，玛丽·梅克尔指出，越来越多的用户把 Twitter 或者 Dataminr（数据矿工）作为获取新闻的首要来源。鲁珀特·默多克（Rupert Murdoch）2006 年就承认，新一代的媒体消费者们在新闻获取的时间、样式等方面都有了更高的要求，如今全球亿万年轻人都更愿意通过互联网而不是报纸来获取知识和娱乐，这也就意味着报纸与互联网的结合成为了世界报业发展的一个必然趋向。①

　　面对互联网对传统新闻生产与消费方式的颠覆与重构，美国报业也开始艰难转型，许多老牌报纸如《基督教科学箴言报》等停出印刷版（2009），转向网络版。自 2010 年 10 月 1 日起，美国媒体审计联盟（Alliance for Audited Media）将付费数字订户纳入发行量审计。新的统计规则鼓舞了美国报纸数字化转型的热情，引导作用不可低估，目前美国已有超过 2/3 的日报建立了形式多样的付费墙。②

　　早在 1995 年，《纽约时报》就成立了专门的数字媒体公司，将报纸的内容搬到网上。经历免费与付费的挣扎，最终于 2011 年 3 月《纽约时报》重新确立并设计"付费墙"策略，对网站内容进行收费。从 2011 年 3 月到 2015 年 7 月 30 日，短短四年多时间，《纽约时报》付费数字订户已突破 100 万户。2014 年 5 月《纽约时报》一份长达 96 页的内部调研报告《创新报告 2014》被 Buzzfeed 披露，该报告的目的是为《纽约时报》新闻编辑部的数字转型提出建议：①创建受众拓展职位；②组建数据分析团队；③创建战略分析团队；④鼓励跨部门合作，零距离贴近受众；⑤优先招聘数字人才，助力"数字优先"战略。这些建议表明《纽约时报》试图从团队建设、应用开发和人才引进等多方面对自身新闻编辑部进行改造，以求适应数字时代新闻生产方式与消费习惯。

　　《华尔街日报》1997 年元月起就确立了付费阅读政策，是世界上第一家对网络数字版收费的主流日报。③《今日美国》在拓展数字用户方面着力较晚，2013 年 9 月发行人兼总裁拉里·克莱默（Larry Kramer）才透露该报正在开发"付费墙"。但该报后来居上，到 2014 年 9 月已有 140 万数字订户。④ 目前，该报母公

① 默多克《报纸产业的未来》，2006 年 3 月报告。http://www.neeu.com/blog/read.jsp?ID＝2061.
② 辜晓进《〈今日美国〉发行量暴增与 AAM 规则变迁》，《传媒评论》2014 年第 11 期。
③ 同上。
④ Lucia Moses，How USA Today nearly doubled its circulation，http://digiday.com/publishers/usa-today-nearly-doubled-circulation/，August 14，2015.

司甘尼特公司旗下 80％以上的日报都已建立了各种形式的"付费墙"。

2015 年 1 月,《今日美国》和《纽约时报》网站的访问量分别居于美国新闻网站访问量排名的第 6 位和第 8 位。[1] 除了建设付费阅读的报纸网站外,美国报业数字化转型的另外两个方向是:开发系列付费移动新闻客户端(APP);与 Facebook、Twitter、Buzzfeed(嗡嗡喂)和 Apple 等第三方平台合作进行内容分发,获取抽成。

美国广播电视业按其经营性质大体可以分为民营和公益两类。美国传统广播电视业的数字化转型方向与报业类似:一是 PC 端新闻网站的建设;二是移动端新闻客户端的开发;三是与 YouTube、Apple 和 Facebook 等第三方渠道进行跨平台合作。所有这些措施都要求对新闻编辑部门进行数字化革新。

2005 年,由政治评论人阿丽亚娜·赫芬顿等人创办的"第一份互联网报纸"《赫芬顿邮报》(*The Huffington Post*)是一家新闻聚合网站,主要内容来自知名博客和公民记者的免费提供。2011 年该网站被美国在线以 3.5 亿美元收购,现在该网站同时也重视原创新闻,并聘请了《纽约时报》等主流媒体的编辑记者加盟。

赫芬顿邮报 2015 年 8 月 25 日主页

---

① Pew Research Center,April,2015,"State of the News Media 2015".

第十章
加拿大新闻传播史

　　与美国相邻的加拿大,由于国家历史形成的差异,其社会发展呈典型的渐进模式,没有发生过革命和国内战争,政治上从殖民统治向民主代议制的过渡相当缓慢,但持续稳定地在渐变。这种情况也影响到加拿大新闻传播业,其发展的特点也是稳步发展,新闻体制方面的变化难以找出明显的年代变化的界线。

　　加拿大历史上多次大规模的移民,构成加拿大新闻传播业多民族和多种文化的特征;报业内向型发展,垄断程度仅次于澳大利亚;面对美国强大的文化渗透,加拿大既希望保持本民族的特征,又无法违背民主开放的传播方针,因而与美国形成了一种同中求异、接受中有抗拒的微妙的传播关系。

　　加拿大的现代历史只能追溯到 1608 年,当时法国人建立了第一个永久性的居民点魁北克,仅有 28 个人。从 1628 年起,英、法为争夺现在加拿大的东南部,相互进攻的战争持续了 140 年,最后,1756—1763 年的"七年战争",确立了英国对加拿大的统治。但是那时并没有"加拿大"这个名称,这块英国的北美殖民地是指现在加拿大东南部一块不大的地方。1867 年建立加拿大自治领,算是加拿大的正式开国,当时也只限于加拿大东南部的 95 万平方公里,面积是现在的 1/10,人口 400 万,外交和立法不独立。后来与西部的英国殖民地连接起来,购买北部的土地,1926 年获得外交权,1931 年获得立法权。1949 年东部的纽芬兰加入加拿大,最后形成现在加拿大的疆域。历史上发生多次向加拿大的移民,构成加拿大的多民族和多种文化的特征。

第一节　1752—1867 年:英国北美殖民时期
加拿大的新闻传播业

　　法国人在加拿大殖民时期,一方面担心报刊出版后难于控制,另一方面也由于人们对于报刊的需求很小(法国农村庄园式的生产模式,人口极为分散),因而百年内没有出现报纸。

英国人在其占领的现在加拿大领土内出版的报纸，是加拿大新闻业的开端。第一家为 1752 年 3 月 23 日由约翰·布谢尔在新科斯舍（后来加拿大的一个省）的哈利法克斯（后来的省府）出版的《哈利法克斯公报》（*Halifax Gazette*）。这是由英国殖民当局出版的官报，存在了 100 多年，内容类似英国在其他殖民地的皇家公报，只有当地的商业和官方信息，不承担报道外部世界的职责。第一家杂志也是在这个地方出版的，即约翰·豪 1789 年创办的

《哈利法克斯公报》创刊号上半部

《新科斯舍杂志与文学、政治、新闻综合评论》（*Nova Scotia Magazine and Comprehensive Review of Literature Political and News*），只存在了三年。

1760 年英国人攻占了魁北克城以后，法国的政治统治退出了北美，从而开始了英属加拿大时期。当时随着英军来到英国新领地的两位费城出版商，于 1764 年在魁北克创办了该城第一家报纸《公报》（*Gazette*），为适应当地以法国人后裔为主的状况，用英、法两种文字刊行。18 世纪末，魁北克的第一家杂志《魁北克杂志》在魁北克城出版，也是用英、法两种文字刊行。

英国最初统治的 30 年，逐渐在加拿大东南部形成六个互不相干的殖民省，每个省都有了一两家规模很小的报纸。其中较重要的是当时最大的城市蒙特利尔出现的英、法文《公报》（*Gazette*），最初全称"商业与文学公报"，1778 年由弗·梅普莱创办，其英文版出版至今。早期加拿大报刊在经济上不得不依靠政府的资助。1815 年以后，由于加拿大经济得到发展，报纸逐渐在经济上具有了独立性。

18 世纪 70—80 年代美国独立战争对加拿大的影响是独特的。加拿大人多数不支持美国，而且大批效忠派从美国逃亡到加拿大定居，于是加拿大更多地在政治上继承了英国保守、妥协的传统。已经出现的报纸虽然有改革派和反改革派的划分，都是以对政府负责程度作为标准，谈不上革命。

1812—1814 年美英（加）间发生战争，美军开进加拿大，烧了约翰城的议会大厅；英（加）军则直逼华盛顿，烧了白宫，加剧了双方观念的分歧。只是随着美国影响的扩大，加拿大才出现了对出版自由的不大强烈的追求。1817 年起，加拿大的报纸得以报道议会新闻。1835 年记者约瑟夫·豪（后来成为政治家）在新科斯舍省的报纸上发表了一封批评某官员的信而以诽谤罪受到审判，但获得胜利。尽管还有不少英国的法律威胁着言论自由，但是此案例开创了加拿大报

业自由发展、监督政府的传统。加拿大报纸在政治上的表现一般并不激烈,政府对此的干预也有限,历史上关于出版自由的纠纷不多。

1814年美英(加)停战,大湖区被规定为和平区,此后加拿大进入第一次经济发展时期,形成第一次移民高潮。持续到建国时,共有125万欧洲人,主要是讲英语的人移民加拿大。1809年起加拿大开通魁北克-蒙特利尔的蒸汽船航班,1833年加拿大的轮船首次横渡大西洋,1836年第一条铁路(木轨包铁皮,仅23公里)开通。到了50年代,加拿大已有了长达2 250公里的铁路,"商业革命"启动。与此同时,加拿大形成了从小学到大学的教育体系,加拿大人文化水平普遍提高,政党活动也开始活跃。全地区已有121个城镇的人口超过1 000人,形成所谓四大城市:蒙特利尔(10万人)、魁北克(6万人)、多伦多(5.6万人)、哈利法克斯(3万人)。

19世纪上半叶加拿大出现的较重要的报纸,有1843年创办的英文《渥太华公民报》(The Ottawa Citizen)、在多伦多1844年由乔治·布朗(后来成为自由党领袖)创办的英文《环球报》(The Globe)等。在尚未与东部贯通的西部太平洋沿岸,英属不列颠哥伦比亚地区也于1858年在维多利亚城由阿伯特创办了最早的报纸《维多利亚报与英属美洲》(周二刊)。

城市的形成和交通的便利,为报业的发展提供了较好的条件。1813年时,加拿大有报纸20家,而到1857年,已经发展到291家(大多数是周报)。加拿大的报纸曾经长期使用落后的木制印刷机,1832年《哈洛韦尔自由报》首次引进铁制印刷机。

加拿大的报纸,不像美国那样经历了明显的党报时期,报纸通常情况下党派色彩与商业利益是混在一起的。虽然有些报纸有政党背景,但党派特色没有美国那样强烈。这一时期的加拿大报界,出现了几位以舆论监督为己任的著名记者,例如从苏格兰移民来的记者罗伯特·古尔利,收集了许多材料,在报纸上批评地主、牧师专用地对移民的排斥,无形中造就了后来加拿大的改革运动;记者威廉·里昂·麦肯齐以对特权集团的抨击而闻名。1859年,加拿大报刊协会成立。

在美国南北战争威胁加拿大的情况下,英国决定加拿大各省联合起来建立自治领,于是出现了加拿大报纸史上少有的一次共同的政治热情:所有报纸都在讨论是否联合和如何联合的问题,报纸为全民讨论提供了论坛。

第二节　1867—1945年:历经繁荣与萧条、和平与战争的加拿大新闻传播业

加拿大从殖民地走向自治和独立,在某种程度上如一位加拿大新闻学者所

言,更多的是英国人"推给(thrust us)我们的而不是自己争取的"①。没有国内战争,也没有激烈的阶级斗争,其新闻业的发展,主要驱动力是国家经济发展的刺激,利益驱动使报刊自然而然地随着交通线的推进、人口的流动与集中,而较为均匀地分布于全国,并出现新的媒介形式。

一、建国之初报刊随领土的扩大和连通而分布到全国

美国独立后,美国以北的英属殖民地于 1867 年形成加拿大自治领。六年内,加拿大从东南部几个省扩展到西部太平洋和北部北冰洋。1873 年的加拿大,面积扩大近十倍。为了贯通东西部,19 世纪 70—80 年代修建了长达近 3 000 公里的太平洋铁路。正是这条铁路,使得加拿大中部、西部随着铁路的延伸而出现了新的重要报纸,例如在位于铁路沿线的新兴城市温尼伯,拉克斯顿(William Fisher Luxton)和肯尼(John A. Kenny)于 1872 年 11 月 30 日创刊《马尼托巴自由新闻报》,后改名《温尼伯自由新闻报》(*Winnipeg Free Press*);在另一铁路沿线的新兴城市埃德蒙顿,弗兰克·奥利弗(Frank Oliver,1853 - 1933)于 1880 年 12 月 6 日创办了《埃德蒙顿公告》(*Edmonton Bulletin*,1880 - 1951);在铁路的西部终点城市温哥华,1886 年创刊了《新闻-广告报》(即《温哥华太阳报》的前身)。靠近北极圈附近人烟稀少的育空地区,也在这一时期出现了第一家报纸《育空河午夜太阳报》。

弗兰克·奥利弗(加拿大早期新闻工作者,晚年曾任加拿大内务部长,加拿大第一个国家森林公园——班夫的创立者)

加拿大建国前后,美国文化对加拿大的影响,主要表现在美国杂志在加国中等阶级中的广泛传播。英属加拿大的杂志虽然只比报纸晚出现几年,但发展缓慢。直到建国后的 19 世纪 80 年代,三种类型的加国杂志才初具规模,即文学和知识分子杂志、乡村和宗教杂志、时政评论杂志。但是,这些杂志多数存在时间不长,只有 1887 年创刊的《星期六之夜》(*Saturday Night*)和 1896 年创刊的《忙人杂志》(*Busy Man's Magazine*,1911 年改名《麦克莱恩斯》,即"*Maclean's*")出了名,并且出版到现在。这第一批成熟的杂志,对加拿大民族意识的最初形成,起了一些作用。

---

① Vipond,M. *The Mass Media in Canada*,James Lorimer & Company Ltd. 1992,Px.

也是在这个时期，新闻传播的技术也有所进展。1844 年，创办仅两个月的《环球报》购买了加国第一台滚动印刷机；1853 年开始使用新式轮转印刷机。1871 年，《加拿大图片新闻》第一次刊登新闻照片，图为蒙特利尔新海关。70 年代起，打字机在记者中普及。1888 年，温哥华《新闻-广告报》率先在西部使用轮转印刷机。

二、加拿大报刊大众化时代的来临

早在 1839 年，加拿大便出现了第一家便士报《晨报》，但这只是就价格而言，该报三个星期才出一期。由于条件不成熟，加拿大的大众报纸时期开始于 19 世纪 70—80 年代。第一家成功的大众日报是 1869 年在蒙特利尔创刊的《明星报》（Star）。接着，加拿大其他较大的城市陆续出现大众报纸，例如多伦多于 1876 年出现《电讯报》（Telegram）、1880 年出现《世界报》（World）、1887 年出现《新闻报》（News）；蒙特利尔于 1884 年出现法文《新闻报》（La Presse，威廉·埃·布卢姆哈特创办）；渥太华于 1885 年出现《日报》（Journal）；汉密尔顿于 1889 年出现《先驱报》（Herald）等。再晚些时候，出现大众化杂志，例如 1889 年创刊的法文《星期六》杂志（Le Samedi）、1928 年创刊的《主妇》杂志（Chatelaine）等。

虽然加拿大的第一家日报《广告者日报》是于 1833 年创刊的，但当时的多数报纸还是周报。日报的普及则要到四五十年以后，即 90 年代末，当时出现了加拿大历史上的第二次移民高潮。到第一次世界大战前，加拿大共从美国和欧洲移民约 300 万，人口达到 800 万，成为世界上经济发展速度最快的国家之一。在这种情况下，大部份周报进入 20 世纪后变成了日报；一些报纸实行合并，从小报变成较大的报纸；报纸种数减少，发行量增大；多数报纸摆脱了对政党的一定程度的依附，开始采用完全的商业经营方式。1900 年，加国日报的总发行量增长到 65 万份，超过了人口的增长率。蒙特利尔的法文大众报纸《新闻报》，在这一年成为加拿大发行量最大的报纸（6.7 万份）。当时的报纸和各种传单，在美国和欧洲造成相当的影响力，为招徕移民、建设加拿大作出了贡献。

在经济繁荣的背景下，又有一些重要的新报刊诞生。例如 1895 年多伦多《邮报》（1872 年创办）与《帝国报》（1887 年创办）合并成的新报纸《帝国邮报》（1936 年该报又与《环球报》合并为《环球邮报》，即"The Globe and Mail"）、1899 年约瑟夫·阿特金森在一家破产报纸的基础上创办的《多伦多明星报》（Toronto Star）、1898 年休伊特·博斯托克在温哥华创办的《省报》（The Province）、约翰·贝恩·麦克莱恩于 1907 年在多伦多创办的《金融邮报》（The Financial Post，周报）、1910 年由亨利·鲍拉萨在魁北克创办的法文《义务报》（Le Devoir）等。1911 年，加拿大的日报种数达到历史最高记录：143 家。

经济繁荣和加拿大人文化水平的普遍提高，给报业的发展带来了机遇，几乎

所有报纸的发行量都在增长。下面将当时加拿大主要报纸发行量的增长情况，
编制表格如下：

报 纸	不同年代与发行量					
蒙特利尔《明星报》	80 年代中期	2 万	1900 年	5.7 万	1920 年	10.6 万
蒙城法文《新闻报》	80 年代中期	2 万	1900 年	6.7 万	1920 年	12.5 万
多伦多《电讯报》	1878 年	0.5 万	1889 年	2.5 万	1920 年	9.4 万
多伦多《环球报》	70 年代	2 万	1900 年	4.7 万	1920 年	8.8 万
多伦多《帝国邮报》			1900 年	4.1 万	1920 年	8 万

显然，报纸的发行量随着时间的推移，在成倍地增长。1872 年，加拿大一半
以上的家庭买不起一份日报；1900 年，日报的发行数量已经超过了加拿大的家
庭总数；1911 年，大城市的家庭平均每家已拥有日报 2.5 份。

伴随着加拿大报业的发展，通讯社应运而生。1917 年 9 月 1 日，多家报纸
出资，建立了报联社体制的加拿大联合通讯社，1923 年改称加拿大通讯社（CP）。
该社最初得到政府的一定资助，1925 年后经济上完全独立。

从 20 世纪中叶开始，《环球邮报》和《多伦多明星报》在加拿大日报中显露头
角。前者在 A. 麦金托什主编下已颇具高级报纸的特征；后者在阿特金森和 H.
C. 欣德马什主持下，较多地关注下层居民的生活，多少具有美国大众报纸的
特征。

三、广播电台在加拿大的创立

1919 年 9 月，马可尼无线电报公司在蒙特利尔的 XWA 实验电台，获得第一
张营业执照。1920 年 5 月 20 日，该台首次向外播音，即向渥太华的皇家学会播
出讲演和音乐会节目。这年底，该台开始每天定时播出节目。1922 年起，加拿
大海洋渔业部向商业性广播电台颁发执照，当年发出 34 份。到 1927 年，全国已
有广播电台 75 座，遍布各省。其中有省办、大学办的公营电台，更多的是民营
台。皇家铁路公司于 1928 年建成了第一个全国广播网（1931 年停办）。

30 年代，伴随着世界性经济危机的到来，加拿大经济受到沉重打击，1/4 的
工人失业。与此同时，报刊的发行量急剧下降，一些报刊因经济原因停办。但是
广播却发展很快，1931 年加拿大 1/3 的家庭拥有收音机；40 年代，3/4 的家庭拥
有收音机；到 50 年代初，几乎所有家庭拥有了收音机。

也是在 30 年代，加拿大形成了自己的广播体制。1932 年，加拿大成立了无
线电广播委员会（CRBC），既是全国广播电台的管理机构，同时也负责播出公营

CBC 多伦多总部

的全国性节目。由于国家的力量有限，于是借助民营广播转播台作为覆盖方式，从而将民营电台纳入公营体制。这是一种世界上很独特的公私合璧、公营统治的"单一"广播模式（single system）。1936 年 11 月，建立向全国进行广播服务的公营机构加拿大广播公司（CBC），它以提供公共广播节目为主，继续原 CRBC 的做法，通过民营广播转播台来覆盖全国；该公司的广播电台一定程度上实行商营（关于"程度"的辩论旷日持久），接纳广告和部分美国娱乐性节目。但是公司的运作是独立于政府的，只接受议会的监督。

　　由于加拿大与美国有 8 892 公里的共同边界，并且 75％的人口集中在沿这条边界 150 公里的宽幅内。虽然加拿大二战前没有出现电视台，但在 1949 年，加拿大人却已拥有了 3 600 台电视机，美国的电视节目越过边界被加拿大人免费接收。

　　加拿大 1867 年建国至二战结束，遇到了几次经济发展的大好时机，报刊随着疆域的开拓，得到了较快的发展，不仅出现在人口较密集的城市，也出现在边远的育空地区、西北地区；广播电台几年内就迅速占据了全部省区的空间。

第三节　二战后至 21 世纪初加拿大新闻传播业发展的特点

　　加拿大经历了 20 世纪 30 年代的巨大经济危机；经历了残酷的两次世界大战，一战死伤 23 万军人，二战死伤 10 万军人，每次动员了全国 1/10 的人口参战。这样的历史造就了加拿大作为一个新组合民族的民族意识；新闻传播业历经了战争和经济危机，实力较弱的报刊消失了，剩下的报刊的所有权无形中开始集中。这些当时尚不够清晰的特点，在二战后，逐渐显现。

　　战后加拿大赢得了持久的和平发展的环境，迅速成为世界主要的工业发达国家之一。与这个国家政治经济制度渐变的特点相适应，加拿大的新闻传播业也呈现这一特点。在短期内，较难看出明显的变化，但是如果在一个较长的时间跨度内观察，便能够看到它的变化特点。

　　加拿大的新闻政策长期参照英国的法律制度，同时一定程度受到美国的影响，基本上属于自由主义体制，但有自己的一些特点。1982 年，加拿大有了独立宪法权,通过了《加拿大权利和自由宪章》。这部宪法保障加拿大公民享有信仰、思想、言论、出版、集会、结社等自由,以及独特的选择语言的自由。

一、报刊业趋向所有权的垄断

与拥有最强大的影响世界的报刊群体的美国为邻,加拿大的报刊业显得微不足道,只能走内向型发展的道路。福利型的经济发展环境、自由主义的新闻政策,使得加拿大某一地方一旦出现了某几家报刊,只要经营有方,占领了市场,就会长期存在和发展下去,新的报刊难以与其竞争。这种情况随着加拿大的疆域在 1949 年最后确定,报刊的分布也就大体尘埃落定。于是,新的竞争主要表现在报刊所有权的转移和集中方面。自 20 世纪 30 年代起,加拿大的日报种数大体保持在 100 家出头,半个多世纪内,只有少量的报刊消失和少量的报刊诞生,没有发生伤筋动骨的变动。但是,报业主却不知不觉地在减少。1930 年时,99 位报业主拥有 116 家日报;到 90 年代,两大报业集团则控制着加拿大七成以上的日报和大量期刊。

加拿大出现报团,早在 20 世纪初已经有所萌芽。1904 年,在安大略省伦敦市起家、经营了二十几年报业的威廉·索瑟姆(W. Southam),成为加拿大第一个报团的业主,拥有两家日报,以及一些小报刊,在工业方面也有些投资。1923 年,索瑟姆还为他的报团成立了服务于内部的索瑟姆通讯社。1944 年,这个报团(索瑟姆报业公司)的股票上市,从而转变为一个较大的报团,当时拥有 7 家日报和许多小报刊。

另一位加拿大人罗伊·赫伯特·汤姆森(R. H. Thomson),30 年代初在安大略省偏僻的乡镇,默默无闻地经营一家小电台和一家乡镇报纸。但到 1953 年,他已拥有约 30 家地方性报刊。70 年代,汤姆森报业公司发展成为跨国的世界级大报团;在加拿大,则是拥有最大数量的地方性小报刊的报团。

20 世纪 30 年代显露头角的还有一家以期刊为主的集团,即麦克莱恩-亨特公司(Maclean-Hunter Ltd.)。该公司拥有加国最大的新闻周刊和许多高发行量的畅销休闲杂志,后来在加拿大的有线电视业方面也拥有很大的股份。

二战后,加拿大像这样的较大报团,陆续出现了十几个。例如由几个家族组成的托尔斯塔公司(Torstar Co.)、1959 年形成的 F. P. 出版有限公司(F. P. Publication Ltd.)、1965 年形成的强力公司(Power Co. of Canada)、70 年代形成的魁北克尔公司(Quebecor Inc.)、1978 年形成的多伦多太阳出版公司(Toronto Sun Publishing Co.)等。多伦多太阳出版公司在加拿大已经基本定格了的报业中,硬是成功地在几个大城市各出版了一家“太阳报”字头的小型新报纸,并于 1988 年将买到手的《金融邮报》改成了日报。魁北克尔公司已成为加拿大法语区最大的报团,拥有发行量最大的法文《蒙特利尔日报》(*Le Journal de*

Montreal，1964 年创刊)。托尔斯塔公司拥有加拿大发行量最大的日报《多伦多明星报》。

20 世纪 80 年代末，加拿大的主要报刊基本上被以上的报团瓜分完毕。最大的索瑟姆报团掌握着《渥太华公民报》、温哥华《太阳报》和《省报》、蒙特利尔《公报》等 17 家较大的日报、几十家杂志和一批小报纸、加拿大最大的图书连锁店，以及广播电视业方面的一些投资。位居第二的汤姆森报团，1980 年兼并了 F. P. 出版公司的印刷媒介，包括加拿大唯一的全国性报纸《环球邮报》，实力也有所加强。为了防止被更大的集团吞并，这两个报团曾在 1980 年签定协议，相互停掉了在对方主要势力范围内的各自的一家加拿大的主要报纸，即汤姆森报团的《温尼伯论坛报》和索瑟姆报团的多伦多《日报》。

然而，媒介集团之间的竞争还在继续。一个叫康拉德•布莱克(Conrad Black，1944 -)的加拿大人和他的两个伙伴，1968 年凑钱收购了一家小镇的报纸，成功后一发不可收拾。他们先是以斯特林公司(Stering Co.)的名义收购了一系列地方性小报刊；到 80 年代中期，布莱克以霍林格公司(Hollinger Inc.)的名义开始收购加拿大的主要报刊，同时在英国、以色列、澳大利亚和美国以不同的公司名义买下了许多著名报刊。1993 年 1 月，霍林格公司几经周折，成为索瑟姆报团的最大股东，1996 年 5 月实际掌握该报团的股份上升到 41%，从而使经历五代的索瑟姆报团最后改换了控制者。此前，霍林格公司已经收购了加拿大法语区的第三大报团"联合报业公司"；于 1995 年 7 月从汤姆森报团手中买下加拿大的 19 家地方性日报。这样，布莱克报团就成为加拿大最大的报团，拥有 59 家日报和许多周报与杂志，只有汤姆森报团勉强能够与之相对，但已经处于下风。其他的报团，与布莱克报团相比就小多了。

但是，布莱克在第一大城市多伦多却没有一份大报纸。于是，几经谈判和筹划，霍林格公司于 1998 年通过交换，用自己旗下的四家小日报换得了太阳出版公司的《金融邮报》，并于同年 10 月 28 日在多伦多创办了一家新报纸《全国邮报》(National Post)。这样，多伦多这个城市就有了五家日报(《环球邮报》《明星报》《太阳报》《金融邮报》《全国邮报》)，这是近年很少见到的竞争现象了。

霍林格公司在全世界拥有或合股经营的日报总数一度超过 500 家。1999 年，该公司在加拿大再度购入 45 家日报、180 家周报和 106 家杂志，花费 3 亿多美元。2000 年霍林格公司将其在加拿大的大多数报纸出售，其中包括《全国邮报》在内的大部分报纸卖给了加拿大最大的媒介集团加西环球传播公司 (CanWest Global Communications Co.)。2001 年霍林格国际公司又出售了旗下 28 家加拿大日报，该公司称此举的目的是为了腾出资金发展多媒体媒介。

与霍林格公司的交易使加西环球传播公司登上了加拿大最大报团的宝座。除了曼尼托巴省和新不伦瑞省两省外，它在每省都拥有大型日报，控制了大约

2/3 的加拿大日报市场。它还拥有 136 份小型报、85 份专业期刊以及自己的电视网、互联网新闻业务。1996 年,该公司开始向海外发展,在不到两年的时间里拥有了澳大利亚悉尼十频道 57.7% 的股份,并在新西兰建立了两家电视台。

2000 年 9 月,在美国媒介大兼并风潮的影响下,加拿大最大的民营电视网公司 CTV 的母公司 BCI 电信公司,与汤姆森集团合作创建一家新公司,将 CTV、《环球邮报》以及所属的 9 个网站、加拿大的主要网站之一 Sympatico-Lycos 组合为一个新的媒介集团——贝尔企业(Bell Canada Enterprises),股权分别为七成和三成。为了偿还债务和将业务重点转移到电子信息服务方面,汤姆森集团于 2000 年 6 月出售了其拥有的美国的 38 家报纸,总售价 16 亿美元。这个新集团,集加拿大最大的民营电视公司、最大的全国性报纸和主要的网络传播网站为一体。

加拿大报刊之间的竞争开始于第一次世界大战时期。但是渐渐地,首先在小镇出现一镇一报,接着在小城市出现一城一报,最后在较大的城市出现一城一报。到 1970 年,真正的报刊(不是媒介集团)之间的竞争,只在加拿大的五个大城市存在,在这几个城市参与竞争的报纸也大大减少,例如加拿大第一家成功的大众日报蒙特利尔《明星报》,便于 1970 年在竞争中停刊。1980—1981 年度的皇家报纸委员会的产业报告(Kent 报告)得出的结论是:"报纸竞争……在加拿大事实上死亡了。"[1]集团之间的竞争替代了具体媒介之间的竞争。加拿大报刊业的垄断程度,达到 80%,仅次于澳大利亚,在西方发达国家居第二位。

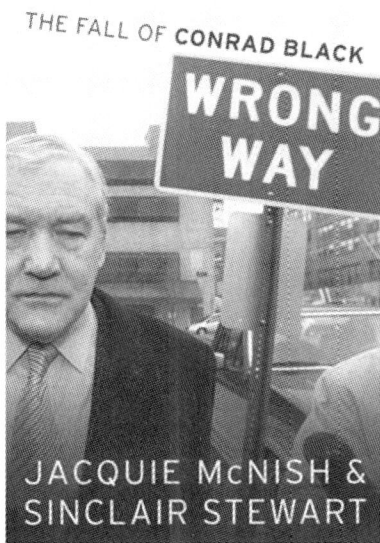

分析康拉德·布莱克报团垮台的一本书的封面 *Wrong Way: The Fall of Conrad Blaek*

伴随着报团竞争,加拿大报刊业的商业色彩更加浓重。索瑟姆报团从第一代起就具有敬业的精神,办报不以赚钱为最高原则,而以服务为本,注重报纸质量。它的资本利润率只有 18%,而汤姆森报团的利润率则高达 33%。老汤姆森曾直言不讳地说:"我们经营的是一个生意集团,只不过碰巧是在做报纸的生意罢了。"[2]而布莱克也是这个思路,他的主要合作者拉德勒(D. Radler)有句半开玩笑的

---

① Vipond,M. *The Mass Media in Canada*,James Lorimer & Company Ltd. 1992,P68.

② 黄晓南《多种体制并存的加拿大新闻业》,《国际新闻界》1996 年第 3 期 77 页。

话:"三人编辑部,两人拉广告。"①布莱克在强化报刊业管理、提高经济效益、注重发展传播科技方面,取得了明显的成效;他对加拿大的文化保护主义不以为然,主张信息自由流通。布莱克领导加拿大报刊业的新潮流,一定程度上意味着加拿大报风的变化,是好是坏,依认识的差异而很难评价。

二、民营广播电视业在与 CBC 的竞争中逐渐占上风

加拿大的首家电视台,即加拿大广播公司的蒙特利尔 CBFT 电视台于 1952 年 9 月 6 日开播,接着是该公司的多伦多 CBLT 电视台于 9 月 8 日开播,均实行商业经营;首家民营电视台是安大略省萨德伯里的 CKSO 电视台,于 1953 年 10 月 20 日开播。与广播相同,CBC 的电视台也依赖民营电视台转播台发展电视网。战后大约 10 年内,CBC 在加拿大在广播电视业中占据绝对的主导地位,它与民营广电的关系,既是竞争者,又是管理者,这显然不够公正。民营广电在与CBC 的抗争中,结果通常都有利于 CBC。

但是,战后 CBC 的劣势已经有所显现,由于公众长期免费收看美国电视,加拿大公众把 CBC 的收听(视)费视为"乱收费",意见很大,政府不得不于 1953 年取消这项收费。从 1951 年政府开始补贴 CBC。1974 年以后,CBC 的广播电台改为完全非商营。该公司的经费一直困难,而民营广电对事业的投资和利润远远高于它。

1958 年,成立专门管理民营广电的广播理事会(BBG),CBC 不再承担管理广电业的职责,成为纯粹的公营广电公司,这意味着加拿大实现了公营、民营并行的广电体制。1961 年 10 月,民营的加拿大电视网有限公司(CTV)获得批准,两年后在全国实现直播联网,打破了 CBC 的垄断地位。1962 年,加拿大成为世界上拥有太空卫星的第三个国家。1968 年,新成立的加拿大广播电视委员会(CRTC)替代了 BBG,同时管理各民营台和 CBC,使公营、民营两大系统实际上完全对等。

20 世纪 80 年代,付费有线电视和卫星电视蓬勃发展,占有了电视市场的相当部分。现在加拿大拥有有线电视系统的台站 1 800 多个,入户约 830 万,已达到电视机拥有户的 80% 以上。

1997 年 3 月,加拿大开始出现数字卫星电视台,首家电视台在五个月后倒闭。现存的两家较大的台是多伦多的 Express Vu 公司(同年 9 月开播,属于贝尔企业)和圣约翰的"卫星选择频道"(4 月开播,属于肖传播公司),2005 年,这两家公司分别拥有 150 万和 80 万用户。另有约 30 万人使用假地址收看来自美国的数字卫星电视节目。

---

① 希克洛什《报业大兼并》第 51 页,光明日报出版社 1998 年版。

由于对 CBC 拨款越来越成为政府的沉重负担,从 1986 年起,政府开始削减 CBC 的经费。1995 年,经费的绝对值削减了 1/10(约 1 亿加元)。2002 年,加拿大国会给 CBC 的拨款已经减少到每年 8.5 亿加元(不包括用于国际广播方面的 1 500 万加元)。CBC 的广告收入在总经费中所占比例已经上升到 30%。这导致 CBC 体制的萎缩,节目质量下降,受到的公众批评增多,甚至已有人提出 CBC 的英语电视网部分私有化的建议;而民营系统的广电业则获得更大的发展机遇。CBC 在与民营广电系统的竞争中,已经显得不那么重要了,其广播只占有听众市场的 13%,其电视也不过占有观众市场的 27%。尽管有人提出用"综合体制"来概括加拿大的广播业,但在法律上,最新的广播法(1991 年)仍然说加拿大的广播体系是公共的"单一广播体制",只是对于这个概念的解释与以往不大相同,特别是关于"公共"的理解,不是指所有制,而是指为公众服务的目的和内容,这在掌握上有相当的灵活性。

三、加拿大与美国的文化冲突

经历了 20 世纪的两次世界大战和 20 世纪 30 年代的经济危机,加拿大逐渐形成了民族意识。面对美国文化对加拿大的强大影响,早在 20 年代,就有人在杂志上发表文章,谈到美国文化对加拿大的"入侵";50 年代初,开始有议员在议会提出这个问题,但是当时响应者很少。1960 年,加拿大首次规定广电节目中加拿大内容的比例为 55%。1976 年,著名的"C‐58 法",加重了从美国向加拿大播放广告的税收,从而使流向美国的广告转向国内,因而引发美制定对策性法律,这场斗争持续了 10 年,最后似乎加拿大方面略胜。

较为系统的保护加拿大文化的措施主要发生在皮埃尔·特鲁多总理的任期 (1968—1984)内,他宣布实行"多元文化政策"。70 年代,政府规定广电 60%(公营)或 55%(民营)的节目必须是加拿大编制的,任何一个外国的节目在时间比例上不得超过 30%。在加拿大发行量很大的美国新闻周刊《时代》,由于不能按规定突出加拿大的内容而被迫停刊,另一家美国的著名杂志《读者文摘》,则在修改内容的比例后才得以在加使用英、法两种语言继续发行。

另外,在加拿大国内,英语居民与法语居民从建国时起就存在文化冲突,因而政府规定英语和法语同为国语,广电媒介主要使用这两种语言,并同等看待;在报刊方面,法语报刊也有相当重要的地位。加拿大是个被称为"马赛克社会"的国家,有 100 多个民族(现代民族 70 多个,土著民族 20 多个),几个人口超过 1% 的少数民族,例如讲意大利语、德语、汉语的加拿大人,也出版了自己语言的报刊。

但是,问题似乎很难有个圆满的结局。悖论在于:加拿大作为民主的、开放的国家,不能完全阻止美国文化产品的进口,而它又希望保持本民族的特征;它不想接受美国文化对加拿大文化的冲击,但又在一定程度上需要美国的节目为加拿大媒介带来利润。随着布莱克报团 20 世纪 90 年代挺进加拿大传媒业,他的文化无边界的观念对加拿大新闻传播业的发展也带来了新的观念。

第四节　加拿大新闻传播业目前的格局

加拿大的新闻传播业以内向型为主,目前的基本格局如下:

一、传媒集团

在美国 1996 年新电信法的冲击下,加拿大的传媒集团开始了新一轮的兼并。2000 年,形成集加拿大最大的民营电视公司(CTV)、最大的全国性报纸(《环球邮报》)和主要的网络传播网站 Sympatico-Lycos 为一体的贝尔企业(Bell Canada Enterprises)。多伦多的数字卫星台 Express Vu,1997 年 9 月开播,亦属于现在的贝尔企业。较老的汤姆森集团(Thomson)在贝尔企业中拥有三成股份。

位于蒙特利尔的贝尔公司办公大楼

2000 年,在一度是加国最大的报刊集团霍林格集团把大部分报刊卖给了加西环球传播公司(CanWest Global Communications Co.)以后,加西环球传播公司成为加国最大的以报刊为主的传媒集团,同时它在海外和国内,还拥有相当多的电子传媒。然而仅 10 年,即 2010 年加西环球申请破产保护,将报纸业务卖给了邮报媒体网络公司,后者是《全国邮报》主编史蒂芬·莫里斯(Stephen Meurice)成立的一家新公司。20 世纪 90 年代兴起的霍林格集团(Hollinger Inc.),一度称霸加国的报刊市场,并在在国际上有相当的影响力,但在其董事长康拉德·布莱克 2007 年被美国法院以欺诈和妨碍司法公正等罪名而判罪刑后,霍林格集团宣布破产。

加拿大目前最大的电信传媒公司是肖传公司(Shaw Communications),肖传公司从有线电视业务起家,现在的业务范围包括电话、互联网、大众传媒等。2010 年,肖传收购了加西环球的电视媒体部分。

加拿大的罗杰斯传播公司(RCI)是加国最大的有线电视公司,在它收购了出版加国最大的新闻周刊《麦克莱恩斯》后,亦算是加国的一个较大的综合性传媒集团了。

另外,加拿大法语区的魁北克尔公司(Quebecor Inc.),在 2001 年将魁北克电视网并入后,成为加拿大法语区最大的综合性传媒集团。

二、报纸

加拿大的报纸绝大多数是地方性的。全国有 110 家日报,分散在 90 多个城市,日发行量 580 余万份。下面是几家主要日报的情况:

(1)《环球邮报》(*The Globe and Mail*),加拿大原来唯一的全国性综合日报,英文。该报的历史可以追溯到 1844 年的《环球报》,经过两次合并,在 1936 年才有了现在的报名,此后该报每期报头下均有一行小字:"加拿大的全国性报纸。"该报的产权几经转手,现在属贝尔全球传媒公司。该报的读者主要是社会上层,政府官员、商界人士、知识分子和驻加外交人员。每天几十版,均有经济专版,周末增加文艺版和杂论版。该报总部设在加拿大现在最大的城市多伦多,国内有 11 个分社,国外在 6 个世界主要城市驻有记者(包括北京)。2010 年《环球邮报》实行了大胆的改革,在内容、版式和网站上多有创新。2013 年发行量平日版 29.1 万份。

现在的《环球邮报》　　　　　　现在的《全国邮报》

(2)《全国邮报》(*National Post*),全国性综合日报,1998 年 10 月由霍林格公司创办,总部在多伦多。创刊号达到创纪录的 50 万份,但由于投入资金过大,在头 21 个月就损失了近 9 900 万美元。2001 年加西环球通信公司买下了《全国邮报》。

(3)《金融邮报》,曾是加拿大唯一的全国性金融日报,英文,总部多伦多。该报长期是周报,由麦克莱恩-亨特公司出版。1987 年太阳出版公司买下该报后于 1988 年 2 月将其改为日报(但周报照出)。该报的金融消息丰富,反映加拿大商界各方面的观点。1997 年布莱克买下该报,《全国邮报》创刊后它作为其财经部分一起发行。2000 年,布莱克又将该报卖给加西环球集团。2010 年,加西环球的报纸业务被邮报媒体网络公司买下。2013 年,该报日发行量 14.3 万份。

(4)《多伦多明星报》(*Toronto Star*),加拿大发行量最大的英文日报,平日版发行量 38 万份。该报比较适合市民的口味,消息丰富多样,较为活泼。现在该报属于历史较为悠久的托尔斯塔公司。

(5)《蒙特利尔日报》(*Le Journal de Montréal*),加拿大最大的法文报纸,小型报,平日版发行量约 27 万份。该报属于魁北克尔公司。另外,历史悠久的蒙特利尔《新闻报》,曾经很长时间内是加拿大最大的法文日报,现在该报平日版发行量 20 万份,属于强力公司。

(6)《温哥华太阳报》(*The Vancouver Sun*),加拿大第三大英文报纸,西海岸最大的日报,其历史可追溯到 1886 年,报名两度变化,现名确定于 1944 年。该报现在属于邮报媒体网络公司的子公司——太平洋报业集团(the Pacific Newspaper Group),平日版发行量 15.6 万份。

作为一个小政府、大社会的国家,加拿大拥有世界上较为发达的社区报体系。加拿大社区报纸协会(CCNA)的社区报纸,88.9%为免费发行,每周总发行量 1 120 万份。邮发费用由加拿大政府承担。

三、杂志

加拿大目前有各种杂志约 1 300 种,年发行量 4.2 亿本,有代表性的主要是以下几家:

(1)《麦克莱恩斯》,加拿大最大的新闻周刊,英文,总部多伦多,发行量大约在 65 万份左右。该刊定位于报道"关乎加拿大人的一切",内容和版面很像美国的新闻周刊,对加国内和世界上的重大事件分析较有水平,报道面也较宽。该刊一直属于麦克莱恩-亨特公司。1994 年,罗杰斯传播公司(Rogers Communications Inc.)收购了麦克莱恩-亨特公司,利用其媒介资源组建了子公司罗杰斯媒介公司(Rogers Media Inc.)。1995 年《麦克莱恩斯》出版中文版。

(2)《星期六之夜》,加拿大历史最悠久的文学与政治月刊,加国获文学奖最多的杂志,英文,总部多伦多。所有权多次转移。1987 年霍林格公司将其买下,1994 年发行量为 11.5 万,1999 年降至 7 万份。2000年 1 月,为了使《全国邮报》在与《环球邮报》的发行量大战中占优势,《星期六之夜》由月刊变为周刊,作为《全国邮报》的一部分发行。此举在增加了广告收入的同时也带来了巨额的印刷费用,于是从 2002 年 4 月开始又变为独立发行的双月刊。2003 年 11 月,《星期六之夜》被多景出版公司(Multi-Vision Publishing Inc.)买下。

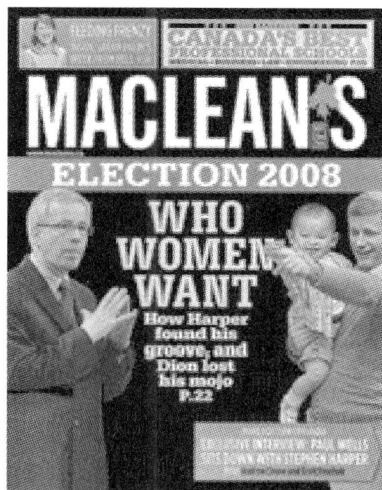

《麦克莱恩斯》杂志

(3)《主妇》,加拿大著名的女性月刊,有英文和法文两种版本,英文版发行 68 万份,法文版发行 19 万份,总部多伦多。该刊现在属于罗杰斯传播公司。

四、广播电视

由于加拿大的广播电视名义上实行公营"单一体制",而对"公营"的理解,自然首先想到的是公营的加拿大广播公司。CBC 在传统和形式上依然居主导地位,虽然民营广电的总和实力超出 CBC,但由于较为分散,未达到 CBC 那样的垄断程度,因而整体控制局面的能力较弱。例如只有 133 家广播电台属于相对大一些 13 家民营广播公司(规模最大的是拥有 33 家广播电台的 Chum 公司);80%的民营电视台属于只有一二家电视台的小公司。

加拿大全国有广播电台 676 座,其中公营台 78 座、纯粹的商业台 487 座,其余的是大学台、社区台和多元文化台;电视台 141 座,其中公营台 40 座、民营台101 座。全国最大的广播听众市场依次是多伦多、温哥华、蒙特利尔。全国有电视网四个,两个属于 CBC,另外两个分别是民营的加拿大电视网有限公司(CTV)和民营的魁北克法语电视网(TVA)。全国收音机电视机的社会拥有量早已饱和。加拿大拥有 830 万有线电视用户、140 万卫星电视用户,电视覆盖率和入户率几乎是 100%。该国主要的广播电视公司情况如下:

(1)加拿大广播公司(英文缩写 CBC,法文缩写 MRC),加拿大最大的广播电视公司。该公司拥有四个全国性无线电广播网(英语和法语各两个)、两个电视网(英语和法语各一个),以及四个地方教育电视网和面对土著居民的加拿大北方网。公司领导机构设在渥太华,英语广播(广义)总部设在多伦多,法语广播总部设在蒙特利尔。该公司联合公营和民营的 975 座广播转播台和 1 296 座电视转播台，使自己的广播、电视对全国的覆盖率达到几乎100％。公司共有职工近万人，其中采编人员3 800人。除了英法语节目外，还用8种少数民族语言为北部土著居民服务。属于该公司的加拿大国际广播电台成立于1945年，使用11种语言对外广播。

（2）加拿大电视网有限公司（CTV），加拿大第一家，也是加国最大的民营电视公司，由25家民营电视台联合投资组建，总部多伦多，现在属于贝尔全球传媒公司（Bell Globe media），它是贝尔企业的子公司。国内有8个分部，在世界8个主要城市驻有记者（包括北京）。覆盖加拿大99％的人口。

CTV 电视台标示

（3）罗杰斯传播公司（RCI），加拿大最大的有线电视公司，属爱德华·罗杰斯家族所有，总部多伦多。1986年收购了加拿大唯一全国性的无线电话公司（坎特公司）。2004年底，RCI在加拿大拥有226万有线电视用户，占全国有线电视用户的29％，还拥有67万数字电视用户和93万因特网用户。该公司在美国也拥有几十万用户。

（4）魁北克电视网（TVA），北美地区最大的法语电视网。1971年9月成立，由10家民营地方电视台联合组建，主要为讲法语的加拿大人提供节目，收视率达到34％。公司总部蒙特利尔。2001年9月，TVA并入魁北克尔公司。

五、通讯社

加拿大的通讯社多数很小，现在唯一的大通讯社即加拿大通讯社（CP）。它成立于1917年，由110家日报共同拥有。在国内有300余名记者，13个分社。原来在国外6个城市驻有记者，现在只在纽约、华盛顿和伦敦三个城市驻有记者。该社用英、法两种文字为国内98家日报、500多家广播电台和电视台提供新闻稿。

第十一章
墨西哥新闻传播史

拉丁美洲西班牙语国家中，无论是古代还是现代，墨西哥新闻传播的历史最为悠久，也是现在新闻传播业最发达的国家。在不断的战争、革命、政变以及和平时期民主与专制的斗争中，墨西哥的现代新闻业历经磨难，这也是多数拉丁美洲西班牙语国家新闻业发展的大体历程。在这个意义上，墨西哥的新闻传播史是拉美西班牙语国家新闻传播史的缩影。

西班牙人未到来之前，印第安人在美洲已经存在了大约 1.5 万年。在美洲广袤的土地上，大部分印第安部落尚处于原始和半原始状态，但已有了两个文明的核心地带，即墨西哥城一带（包括尤卡坦半岛）的托尔蒂克-阿兹特克文明和玛雅文明、秘鲁一带的印加文明。前者已经进入、后者正在进入奴隶社会，有了较为发达的古代商业，这显然是需要相当的社会交往才能够维持的社会。这两个文明区域中，墨西哥处于更高的发展阶段，因为阿兹特克人和玛雅人使用图画文字和象形文字已经有数百年了（印加文明尚基本没有文字），一代一代的祭司们在榕皮纸和兽皮上记载着本部落的传说和发生的大事件，数千本这样的"书"，存放在铁诺支第特兰（现在的墨西哥城）巨大的图书馆内。但西班牙人出于宗教狂热毁坏了大部分印第安人留下的古代文献，但保存下来的少量珍贵文献能够说明，他们平常有征税的记录、逐年的大事记。当然，那时的历史记载和新闻传播尚难以区分。

如果说古代印第安人的文字传播尚不发达的话，当时口传消息的组织系统却是很发达的。1519 年西班牙人首次在墨西哥登陆后，"阿兹特克执政者蒙特苏玛收到了有关西班牙人的全部行为的详细情报。这些消息是很少可以宽慰的：驿使报道了外来人的可怕的火器，它能射击很远的距离；报道了从未见过的动物——马，并把它误作神了"①。这些口头报道的象形文字记录被保留了下来，成为古代墨西哥的最后新闻文献。显然，最聪明的印第安人的失败不在于他

---

① 叶菲莫夫、托卡列夫主编《拉丁美洲各族人民》上册第 128 页，三联书店 1978 年中文版。

们传播新闻的能力,而在于他们闭塞的视野和思维结构。

第一节　1521—1810 年:西班牙殖民时期的新闻传播业

1521 年,阿兹特克人的都城铁诺支第特兰被西班牙人攻陷,改名墨西哥城,标志着西班牙人统治的开始。随后的几十年内,先是墨西哥城附近一带被征服,接着向北征服了包括现在美国西部至佛罗里达半岛的广大荒漠地区,加上早先征服的加勒比海的一些较大岛屿,西班牙人建立了第一个总督区新西班牙,首府墨西哥城。在这片广大的区域内只有数千西班牙人,并且一半以上集中在墨西哥城,因而墨西哥早期的新闻传播,几乎仅限于墨西哥城和附近地区,而且对新闻的需求很小,传播手段也很原始。

一、16—17 世纪的新闻传播

墨西哥被征服的同时,大批传教士来到这里。1539 年,胡安·帕布罗斯(Juan Pablos)将首台印刷机运到墨西哥,主要用于印一些传教的小册子。16—17 世纪墨西哥所谓的新闻传播媒介,主要是不定期的传单式的印刷新闻纸,以及主要由传教士写的少量带有新闻性的书籍。

1541 年 9 月 10 日,在墨西哥城诞生了美洲第一张印刷新闻纸,内容是报道危地马拉地震情况,共 4 页。此后这类印刷新闻纸在墨西哥流行了大约 200 年,被称为"社交动态"、"新闻纸"等,内容大都是某条社会新闻、商情、船期、灾害等的报道,也有的是西班牙王室的动态,墨西哥总督的公告、训令等。

当时多少带有新闻性的书籍,算是相对高级的新闻传播了。最早的是首次登陆的探险队最高指挥官埃尔南·科尔特斯(Hernán Cortés,1485 - 1540)于 1520 年写的《上查理五世书》,它"保留了对其正在倾覆的那种文明的理解和透彻的记载"[1]。该探险队的士兵贝尔纳尔·迪亚斯(Bernal Diaz,1496 - 1580),被称为"西班牙最有魅力的纪事者"[2]。他一边参战一边写下了《征服新西班牙信史》。这本书描绘了科尔特斯率军征服墨西哥的过程,同时讲述了阿兹特克国王蒙特苏玛的英勇抵抗。全书特别记述了一些重大史实:最初两次远征墨西哥的尝试,科尔特斯舰队的到达及焚烧舰船,进入铁诺支第特兰,最终该城陷落。整部书脉络清晰,详略得当,场面壮阔,真实感强。这本新闻书流传了数百年,影响很大。迪亚斯在宏大场面描述时,还不失时机地插入人物细节,如第一个被印

---

[1] 艾·巴·托马斯《拉丁美洲史》第 1 册第 111 页,商务印书馆 1973 年中文版。
[2] 同上,254 页。

第安人俘虏的西班牙人贡萨洛·盖雷洛的故事,还有印第安姑娘马丽娜的故事。这些故事娓娓动听,生动且细致。该书已被列入商务印书馆汉译世界学术名著。另外,德奥维耶夫-巴尔德斯(1478—1557)所写的《西印度通史与自然史》、萨阿贡(Sahagun)神父写的《新西班牙实事通载》,既是历史性的书,也带有一定的新闻性。

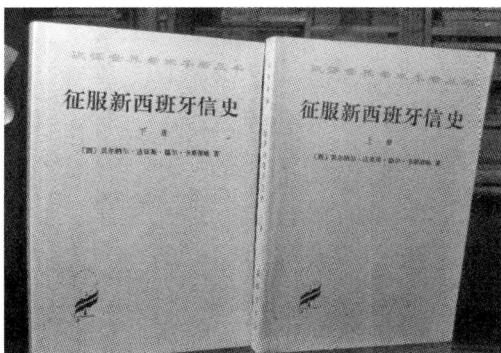

贝尔纳尔·迪亚斯的雕像和其著作《征服新西班牙信使》(中文版)

1679 年,有些西班牙殖民当局的公告、训令等印刷新闻纸,开始使用"墨西哥公报"的标题。在这前后,成为墨西哥现代新闻业先驱的是 17 世纪身兼墨西哥文学家、历史学家、诗人为一身的西甘萨-冈戈拉(Sigueza y Congora),他首次将从海外收到的具有新闻价值的信件,在墨西哥以小册子的形式刊行,分送给友人。

二、18 世纪典型的官报时期

1722 年 1 月 1 日,神父卡斯多莱纳(Castorena)在墨西哥城创办了墨西哥第一家定期出版的报纸《墨西哥公报》(*La Gaceta de Mexico*)。该报经总督批准,作为官报得以持续出版,每五天出版一期,月六刊。创刊号就其宗旨写道:"根据欧洲各国宫廷及主要首都的惯例,将发生的大事定期汇编成册,印行公布,俾世人得知天下大事。"此后,首府附近的省份,陆续出现地方性的官方"公报",宗主国的《马德里公报》也在墨西哥发行。1722 年 1 月 10 日,在玛雅文明所在地尤

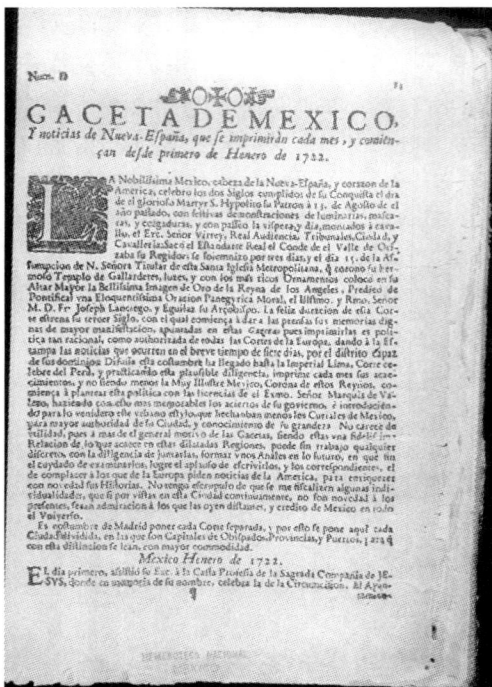

1722 年的《墨西哥公报》

卡坦半岛的城市梅里达，主教胡安·伊格纳西奥创办定期报纸《墨西哥和新西班牙消息报》，报纸两易其名，只存在了半年。由于是地方报纸，影响不大。1788 年，安东尼奥·德·阿尔萨特（Antonio de Alzate）创办了第一家文学报刊《墨西哥文学公报》（*Gaceta de Literatura de Mexico*）。

由于西班牙把美洲的领地只看作资源基地，而不以"殖民"为主，它在墨西哥统治的 300 年，阻挠西班牙本土的农民、手工业业者、小商贩等迁到"新西班牙"，因此在新西班牙总督区，西班牙人数最多的 1646 年，也不过 1.38 万人，他们或是定期来当官吏的人，或是来做奴隶主的有权势的家族成员。他们不同于到英属北美殖民地的欧洲移民，缺乏创业精神，对于新闻的需要量始终不大；当时西班牙文化在欧洲已经不占主导地位，而墨西哥的少量大学、印刷所和文学社团，只反映舶来的西班牙文化，不多的新闻传播的内容更显得枯燥无味；加上西班牙对美洲殖民地实行书报检查制度，不仅查禁任何自由主义的信息，也排斥新教徒的著作，这使得墨西哥在西班牙统治下的前 200 年，没有成形的定期新闻刊物。而西班牙统治的后 100 年，虽然出现了定期报刊，但基本上是欧洲封建王权官报的翻版。

三、19 世纪初新型报刊的萌芽

进入 19 世纪后，墨西哥的新闻业开始出现些微变化。尽管西班牙当局竭力查禁法国大革命的文献，但还是有许多报刊书籍通过走私进入墨西哥，影响着少数在墨西哥的西班牙和土生西班牙的知识分子；同时，墨西哥经济也开始有所发展，出现了对于经济信息的需求。于是，多少带有新思想的报刊出现了。这里首推历史学家布斯塔曼特（Carlos Maria Bustamante）于 1805 年 10 月 1 日创办的墨西哥第一家日报《墨西哥经济、思想日报》，简称《墨西哥日报》（*Diari de Mexico*），该报每天四版，内容为行政、社会、经济、科学和文艺消息与文章，初期发行量 400 份,后来增加到 800 份。它打破了官方公报的一统天下,该报创刊号宣称,其目的是"取代迄今为止五天一期的可怜的《公报》,俾公众对日常生活中发生的一切,从欧洲政治到市场价格,有更及时的了解"。从新闻传播技术方面讲,日报的出现也是墨西哥新闻业发展的一个转折点,使它更具有现代报业的特征。该报出版到 1817 年。

同时期在墨西哥的一些省也出现了这类带有新气象的报纸,例如 1806 年在韦拉克鲁斯港创刊的《经济工作报》和 1807 年创刊的《商业报》;这一时期在墨西哥第二大城市瓜达拉哈拉出现的《爱国周报》、另一小城瓜那华托出现的《墨西哥政治、商业邮报》等。19 世纪初的这些报纸,无形中为墨西哥的独立做了舆论准备。

第二节 1810—1928 年:动荡的墨西哥党报时期

一、活跃的政党报刊初期

1810 年 9 月,墨西哥爆发独立战争。战争前期的领导人、一个南部印第安村庄的神父米格尔·伊达尔戈(Miguel Hidalgo),于当年 12 月 20 日创办《美洲觉醒者报》(*El Despertador Americano*),这是墨西哥第一张具有明确革命思想的政党报纸,尽管"党"处于雏形。伊达尔戈在报纸上提出了一系列具有社会革命性质的政治要求。报纸只存在了两个月,但发挥了很大的宣传鼓动作用,当时发行 2 000 份,这个数字已相当可观。这张报纸至今仍然是墨西哥,乃至美洲国家新闻界的骄傲。

1813 年,墨西哥宣布独立。面临未来国家道路的抉择,各派政治力量展开了复杂的政治、军事斗争。1820 年国内正式形成自由

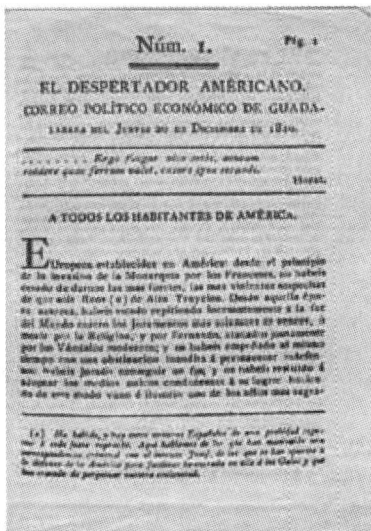

1810 年《美洲觉醒者报》创刊号

派和保守派两大派别,前者拥护共和民主制,后者赞成恢复西班牙君主统治。直到 1824 年,墨西哥才确立为联邦共和国。1821 年 9 月 21 日创刊的《墨西哥政治、军事日报》,作为自由派的主要报纸,在揭露和推翻一度自封为皇帝的伊图维德的斗争中,发挥了重要的舆论作用。

1824 年制定的墨西哥宪法,是拉丁美洲历史上第一部共和国宪法,宪法赋予了公民言论、出版等自由,废除异教裁判所,确定发展农业、工业和教育。因此,从这部宪法颁布起,墨西哥人民形式上获得了新闻自由。基于这部宪法,各政党的报刊得以自由出版,于是各政党都有了自己机关报。建国初期,墨西哥从首都到各省,出现了约 40 家报刊,大多属于各个党派,因为人们的热情在于政治。

但是,由于 300 年来西班牙封闭式的殖民统治,这个国家缺乏实行民主制度的政治经验和市场化的经济基础,以及必要的实行民主制的公众的文化素养,国家在此后的近百年,陷入长期的混乱之中:多达 200 次的叛乱或军事政变、美墨战争后丧失北部的大片领土、法国军队的入侵,最后是迪亚斯 30 年的军事独裁。鉴于这个背景,墨西哥的报刊很不稳定。其中存在时间较长而且较为著名的自由派报纸是《十九世纪报》(1841 年创办)和《共和国箴言报》(1850 年创办),前者是自由派政治上的代表;后者以报道国内外新闻详尽、及时著称。保守派的报纸以《墨西哥政府报》为代表,另外还有《秩序报》《国民思想报》等。政治论战是报纸的主要内容之一。

阿尔塔米拉诺

在经历了一系列的自由派和保守派的斗争之后,1855 年,自由派的老战士、印第安人贝托尼·胡亚雷斯担任总统。在他的主持下,1857 年制定了一部更为民主的宪法,这部宪法专门设立了一项"权利法案",以保障公民的言论和出版自由以及其他各项自由的权利。该宪法还有一个特别的第 128 条,申言如果这一文献遭到废弃,那么当其恢复之时,凡是犯有废弃宪法罪行的人,都将依照宪法条款予以审讯。在这部宪法下,言论性的期刊得到了发展,其中有代表性是墨西哥作家、新闻工作者阿尔塔米拉诺(Ignacio Manuel Altamirano, 1834 – 1893)主办的《文艺复兴》(El Renacimiento,1867 年创刊)、《联邦党人》(El Federalista)、《论坛》(La Tribuna)和墨西哥作家、新闻工作者纳胡拉(Manuel Gutierrez Najera,1859 – 1895)主办的《蔚蓝评论》,这几家期刊将篇幅开放给各种思想人士,包括自由派、保守派,甚至包括支持法国帝政的人,力求将各种对抗派别融合为单一的墨西哥民族的主流思想。

二、迪亚斯独裁引发的对新闻自由的思考

1872 年胡亚雷斯逝世。经过几番较量,曾经是胡亚雷斯战友的印第安人波

菲里奥·迪亚斯(Porfirio Diaz，1830－1915)靠武力于 1876 年当上了总统。他的谋士们主张以科学来发展经济，所以有"科学家派"一说。他们认为，墨西哥要前进，就需要和平，而和平意味着减少政治而加强行政管理。迪亚斯继续了胡亚雷斯发展经济的进程，但是中断了国家的政治民主进程。为了维持社会的"稳定"，组织旧日的匪徒建立了"乡警"，用残酷的手段维持秩序、对付反对他的人；当报刊批评他的政策时，便停止宪法规定的出版自由。他强行修改宪法，使自己得以连选连任六届总统。1896 年，自由派的主要报纸《十九世纪报》和《共和国箴言报》都被迫停刊；就连首都生活类的《家庭日报》，也因批评了其独裁，负责人于 1907 年被抓进监狱。

国家经济在迪亚斯的领导下确实取得了很大的发展，偿清了大部分债务；墨政府说服欧洲发达国家大量投资墨西哥，给墨西哥带来了工业革命。仅铁路一项，1876 年时全国只有 740 公里，而到 1911 年他下台时已有 2.655 万公里。他把报业也作为一种产业，从美国引进技术，于 1896 年创办了官方的综合性报纸《公正日报》。该报政治上用于对付自由派的批评，经营上实行企业化管理，主要内容适应市民口味。由于采用先进的设备，降低了成本，报纸第二年发行量就达到 4 万份，1905 年上升到 7.5 万份，这在当时是其他报纸望尘莫及的。1892 年，墨西哥有日报 28 种，周报 147 种，发展还是相当快的。但是报刊要生存，只能谈经济和社会新闻，不得批评政府。

迪亚斯统治时期为墨西哥后来的经济发展奠定了基础，而付出的社会及政治代价却实在太高了：整个国家变成了一部服从于他的政治机器，从上到下造就了一小撮形同僵尸的官僚、一群依附于官方的学者、一个被收买而保持沉默的新闻界①。经济改革与政治僵化两者的绝对失衡，终于爆发了 1910 年旨在政治改革的全国性民主革命。第二年迪亚斯被迫流亡巴黎，四年后去逝。临死他也不理解自己为国家经济发展作出了贡献，为什么人民会背弃他。革命中，"有效选举，不得连任"替代了当时所有官方信函结尾"您忠实的"字样，可见人们对于这种政治独裁的痛恨。

三、从政党报刊时期向商业报刊时期的转变

经过一段政治动荡，1917 年新宪法的颁布标志着墨西哥进入了一个历史时期。这部宪法吸取迪亚斯独裁的教训，照顾到墨西哥各阶层，包括广大工人和印第安人的利益，重申不得侵犯人民的言论、出版等各项基本的自由权利。该法第六章规定："思想的自由表达不受任何司法、行政的干预，除非这种表达有害于道德及他人的权利、引起纠纷或妨碍公共秩序。"

---

① 霍·弗·克莱因《墨西哥现代史》第 41 页，天津人民出版社 1978 年版。

现在的《宇宙报》

革命爆发后,涌现出一批新的报纸,其中至今仍在出版的报纸有1916年由革命参加者菲里克斯·巴拉维西(Felix Palavicini)创办的《宇宙报》(*El Universal*)、1917年由拉法埃尔·阿尔杜辛(Rafael Alducin)创办的《至上报》(*Excelsior*)。现在墨西哥的报纸,一般最远只能追溯到1910—1917年民主革命时期。此前出版的报刊,自由派的被迪亚斯扼杀,迪亚斯的官方报刊(包括《公正日报》)因发生革命而停刊。只有少数地方报纸,可以追溯到19世纪末,例如1898年创刊的《韦拉克鲁斯舆论报》。

随着恢复出版自由,墨西哥各地的报刊得以重新组合或新办。其中1919年在北部最大城市蒙特雷创刊的《前途报》、1922年在北部第二大城市托雷翁创刊的《托雷翁世纪报》,标志着较大报纸向北部不发达地区的推进。

民主革命时期以及其后一段时间,由于人们还要讨论许多政治话题,墨西哥仍处于政党报刊时期。然而,随着民主政体的最后确立,墨西哥的报业开始逐渐进入商业报刊时期,报刊的党派色彩渐渐淡化,商业色彩显现。这个转折点可以1928年由巴勃罗·朗卡利卡创办的小型报纸《新闻报》(*La Prensa*)为标志。该报这时为私人所有,仿照美国便士报的传统,文字通俗易懂,以社会新闻为主,当时就达每期52版,很快吸引了大量市民读者。

墨西哥历史上的三部宪法,即1824年宪法、1857年宪法和1917年宪法,被视为对拉丁美洲政治革命的重大贡献。就新闻业体制而言,这三部宪法所确定的言论和出版自由,既具有一般人权的内涵,也具有拉丁美洲国家新闻史的特色。然而,为这三部宪法,墨西哥人民付出的社会及政治代价太大了。墨西哥的政党报刊时期持续了100多年,新闻业历经磨难,才逐渐进入商业报刊时期;即使在商业报刊时期,还长时间地保留着政党报刊时期的许多传统遗痕。

第三节　1928 年以后，走向市场的墨西哥新闻传播业

一、新闻业走向市场的前期发展

《至上报》的发刊词表达了新时期墨西哥正直的报人理想:本报"既着眼于国家的振兴又关心人们的精神建设;换言之,它既起着推动国家物质发展的作用,又担当着重振民族精神、代表舆论、启迪思想、维护道德的作用。本报有志办成能起双重作用的报纸。为达此目的,本报需要清醒而又果敢地介入社会生活,反映各种不同意见,正视种种社会问题,揭露时弊。对于批评,哪怕是来自敌对方面的,只要切中要害,都应听取。总之,要自觉地按照报纸应肩负的使命去做"。显然,在对报纸职责认识上,客观报道的职业意识替代了党派意识,社会监督的责任意识高于政见方面的论战了。

以前,报刊主要由各党派出资养活;现在报刊作为企业,需要依靠一定的发行量支持。然而,墨西哥的文盲太多,报业的发展受到了很大的限制。从奥夫雷贡总统(1920—1924)开始,墨西哥的一些当政总统较为关注扫除文盲的工作。特别在卡德纳斯总统(1934—1940)当政时期,半数成人得以识字。这不仅对于国家的经济发展具有重大意义,而且也给报业带来了发展机遇。在这种新的环境下,又有一些较重要的报纸诞生,其中有代表性的是 1936 年创刊的《消息报》(*Novedades*)和 1947 年创刊的《欢呼报》(*Ovaciones*)。前者适应经济建设的新形势,以报道商业新闻为主,并首先打破了传统的八栏排版法,将新闻照片上了头版;后者是小型体育日报,在和平时期拥有了众多的读者。大众化的杂志也在这一时期出现,发行较广的如《一切》(*Todo*,1933 年创刊)、《冲击》(*Impaco*,1949 年创刊)等。

1945 年到 50 年代,是墨西哥报刊的发展期。1954 年全国有日报 184 家,而到 1958 年,增加到 241 家;1954 年有周报(刊)458 家,而到 1958 年,增加到851 家。

与此同时,墨西哥的广播业开始崭露头角。早在 1921 年 10 月 9 日,在墨西哥北部城市蒙特雷,民营的试验电台取得成功,主要播送商业信息,也编排一些社会新闻和文化节目。1923 年,政府开始批准开办民营商业台。起初,广播电台尚不引人注意,由于在政治大选中广播发挥了宣传作用,这一媒介迅速得到发展。墨西哥广播电台大都为民营,公营台最早建于 1924 年,主要是教育台,较有名的是 1937 年创办的墨西哥国立自治大学管理的"大学电台"。卡德纳斯总统对电视提出的职责是:开展教育,提供消息,进行宣传。初期的广播电台中,最著

名的是埃米尔·阿斯卡拉卡(Emilio Azcarraga)1930 年创办的"拉丁美洲之声电台"(XEW)。到 1956 年,全国所有城镇均有了广播电台,共有商业电台 266座,短波台 20 座,调频台 2 座。

墨西哥电视首次较大规模的试验播出,是 1946 年转播阿莱曼总统的就职实况,当时颇为轰动。1950 年,阿斯卡拉卡首先在墨西哥城创办电视四台。接着,《消息报》的所有人罗慕洛·奥法利尔(Romulo O' Farril)于 1951 年创办电视二台;发明家冈萨雷斯·卡马利纳(Gonzalez Camarenal)于 1952 年创办电视五台。到 1959 年,全国的电视台已有 20 座。

根据 1960 年的规定,所有民营广播电台和电视台,都要提供 32.5％的时间替代税款,播送政府编排的节目,这些节目包括公告文件,也有艺术表演和短剧。1969 年这项规定减为 12.5％。

这一时期,墨西哥第一家通讯社诞生,即 1935 年建立的美洲通讯社。由于墨西哥的报刊业规模尚小,新闻稿需求量小,又有美国、西班牙的较大通讯社的竞争,该社于 1943 年停办。但负责向地方性报纸提供新闻稿的小通讯社尚有几家。一些报业组织也负责向其成员报社提供新闻稿。

二、媒介集团及报纸合作制的形成

随着墨西哥新闻媒介的市场化,媒介的垄断集团开始出现。较早的报团是 20 世纪 40 年代由预备役上校加西亚·巴尔塞卡(Garcia Valsaca)组建的报团"墨西哥出版组织",该报团拥有 36 家地方性日报,以及体育报《此地》(Esto)。

电视台的集中开始于 1955 年,这年墨西哥电视二台、四台和五台联合组建为墨西哥电视网(Telesystema)。这个公司的实际控制者是 1946—1952 年在位的总统米格尔·阿莱曼(M. Aleman)所控制的财团。阿莱曼是促进墨西哥民营电视业的主要人物,因而他的财团也就成为控制墨西哥电视业的最大财团。

墨西哥电视公司办公楼

1968 年,墨西哥的蒙特雷财团创办独立电视台,这就与阿莱曼财团的墨西哥电视网发生利益冲突。1973 年 1月,在政府的调解下,双方合并为"墨西哥电视公司"(Televisa, SA)。该公司在其后的发展中,成为墨西哥,也是西班牙语世界最大的媒介集团。

20 世纪 60 年代墨西哥又出现一次创办新日报的高潮,在这批新日报中,崭露头角的主要报纸是 1965 年同年出现的《墨西哥太阳报》(*EI Sol de*

mexico)、《墨西哥先驱报》(*El Herado de mexico*)。前者由墨西哥出版组织创办,原来该报团的地方性报纸均以地名＋"太阳"为报名,形成一个体系。后者是由阿拉尔贡(Alarcon)家族创办的。

1974年,由于加西亚·巴尔塞卡拖欠政府纸张贷款,在政府的干预下,"墨西哥出版组织"进行了改组,从而为后来阿拉尔贡家族控制墨西哥出版组织铺平了道路。在以后的竞争中,阿拉尔贡家族通过购买许多报纸的部分股份,实际上控制着墨西哥1/3的报纸,从而形成墨西哥最大的报团。它曾在80年代一度还拥有美国的合众国际社。

阿莱曼(Aleman)集团和阿拉尔贡集团在媒介方面又是相互渗透的。阿拉尔贡集团拥有墨西哥广播电视业总股份的1/4;阿莱曼集团也拥有墨西哥的主要报纸《消息报》和50多种期刊。

墨西哥原有的公营电视台,即电视七台和十三台(这是主要的公营台),由于经营不善,不得不在1993年拍卖给了墨西哥主要经营廉价零售连锁店的阿兹特卡(Azteca)公司。于是,该公司成为墨西哥电视公司的主要竞争对手,1997年,它的媒介产业占有墨西哥电视广告收入的33%。由于有阿兹特卡公司加盟媒介产业,打破了墨西哥电视公司的绝对垄断。1995年电视公司占有全国观众市场的81%,到1998年已经下降到70%。

现在公营的墨西哥电视组织(Imevision)之下,只剩下教育专门频道电视二十二台和面向偏僻地方的墨西哥地方台(TRM)。另外,还有一个从属于文化部的教育电视联合网(电视十台)和墨西哥工科大学主办的电视十一台。

除了以上与其他国家相近的媒介集团的形成历史外,墨西哥的主要报纸中有的采用了较为独特的"合作所有制"经营形式。20世纪30年代,因报社内部劳资冲突,《至上报》和《新闻报》根据"墨西哥合作企业法",先后改为合作所有制,即报社全体职工参与投资和分红,享有平等的权利,不以追求利润为目的。当然,实际上这种合作制的报纸,主要领导人是握有实权的。此后,采取这种体制的报纸还有《日报》(*El Dia*)、《一加一报》(*Uno Mas Uno*)。

三、20世纪下半叶新闻传播的发展

上面已谈到,墨西哥报业在20世纪60年代有过一次创办新报纸的高潮。另外值得一提的是1981年创刊的《金融报》(*EI Financiero*),该报为独立报纸。出现专门的金融报纸,标志着墨西哥经济发展对于信息的需要达到了一个新的层次。该报日发行10多万份。

墨西哥曾经长期无较大的通讯社。直到20世纪80年代,墨西哥通讯社(简称NOTIMEX,1968年建立)逐渐在众多小通讯中脱颖而出,成为墨西哥最大的通讯社。该社在美洲、欧洲和亚洲主要城市聘任的记者、新闻评论员等400多

人,使用卫星通信,美洲国家的订户 500 多家。

20 世纪 80 年代起,有线电视进入墨西哥。其中最大的是墨西哥电视公司的"有线电视网"(Cablevision),居第二位的是"多视像电视网"(Multivision)。

1993 年,以报业为主的墨西哥改革集团(Grupo Reforma)兴起,在总裁兼首席执行官维加(Alejandro Junco de la Vega)的带领下,发展非常迅猛,从北方的省城蒙特雷排名第二的报纸《北方报》(El Norte)做起,进而进军墨西哥城,于1993 年创办《改革报》(Reforma),使该报一跃成为全国名列前茅的大报之一。目前该公司在全国四个大城市各拥有一家日报(2004 年总发行量 45 万份),以及新闻周刊《进程》(Proceso)、《塞塔》(Zeta)。《改革报》向它的工作人员支付高薪,在政治上不倾向于某种特定观点,为发展墨西哥现代的、客观的和有操守的新闻业开辟了一条新路。改革报集团在同各种政府腐败、社会犯罪集团的斗争中赢得了声誉,建立和推行了读者评议会制度。

1996 年 12 月,墨西哥电视公司参股的跨国"拉丁美洲空中电视公司"(SLA)在墨开播直接卫星电视节目,当时就有 131 个频道,其中 40 多个为数字广播频道。而阿兹特卡公司在 1998 年也与另一跨国的"拉丁美洲银河电视公司"(GLA)联营开办了同类的卫星节目。

四、墨西哥新闻界的一些问题

谈到墨西哥的出版自由,美国学者 H. F. 克莱因写道:"墨西哥人能够而且也确实很自豪地表明他们有出版自由。在最近 30 年里(20 世纪 40—60 年代)尚未发生过一件以命令查禁报纸的事例。同时,他们认为遗憾的是,在工业化给该新兴国家所带来的许多利益之中,报刊作为一项实业,可能是以牺牲了维护人们自由的私人报刊为代价而繁荣起来的。在墨西哥,无论如何,实业界很少出现过愿为崇高目标而战斗的英雄"。[①] 他这段话总的来说,很切中墨西哥新闻界的要害;但若说墨西哥的这种出版自由值得"自豪",只能就自由的形式而言。

的确,民主革命后的墨西哥几乎没有发生过以强权查禁报纸的事件,但是新闻界监督政府的职能发挥得很差。历届墨西哥政府惯常用三种硬软兼顾的方法控制媒介,一是通过国家控制的"全墨纸张进口公司"对报纸施加压力;一是通过取消国营公司的广告威胁媒介;一是通过支付记者对政府的采访费以拉拢媒介。自 1929 年以来,墨西哥的执政党始终是"组织革命党"(PRI),长期的一党执政造成一种对意识形态的实际上的控制,正如一位研究者指出的,墨西哥新闻界普遍形成了一种"自我审查制度",他们"都明白哪条界限不可逾越,或者说他们都

---

① 霍·弗·克莱因《墨西哥现代史》第 337 - 338 页,天津人民出版社 1978 年版。

知道当局可以允许他们走到哪一步"①。

新闻从业人员的素质,以及新闻传播业过分的商业化也是墨西哥新闻界舆论监督职责履行较差的原因。墨西哥媒介的采编人员半数以上达不到大学文化,缺乏必要的专业知识和职业道德教育,失实新闻较多,一些媒介鼓励采编者拉广告、拿回扣;记者工资普遍低下,索取或接受"红包"相当普遍。墨西哥有经验的记者一个月可收入 1 800 美元,而他的工资约为 425 美元。1992 年 12 月,墨西哥政府发言人宣布,结束政府长期以来支付随总统访问记者的费用这个一贯做法。一些正直的记者认为:"政府和报纸经营者还必须走得更远:应当把新闻与付钱的广告区别开来,不能把广告装扮成新闻刊登;提高记者工资,以能够养家糊口;报纸应自给自足、自负盈亏。"②

尽管大量存在着"贿赂新闻"现象和贩毒集团对新闻工作者的威逼利诱,但仍然有一些勇敢的记者们在重重压力下对联邦和地方政府滥用权力以及各种犯罪行为进行了大胆揭露,其中包括总统萨利纳斯(1988—1994)涉嫌贪污巨额公款、总统埃内斯托·塞迪略(1994—2000)雇佣童工和挥霍公款、4 名州长在国外观看脱衣舞、莫雷洛斯州州长和墨西哥市市长涉嫌包庇毒贩、神父性丑闻等重大事件。

2000 年,执政达 70 年的组织革命党终于在大选中下野。墨西哥的新闻传播业在民主化的政治变动中获得了长足的发展,各种变相限制新闻传播发展的措施被逐步取消,新闻传播业得到较快的发展,传媒监督政府的力度加大。

2002 年 6 月,福克斯总统签署了国会通过的《联邦接近公共政府自由法》,公开了 9 000 页 1952—1985 年间编纂的秘密情报档案,以表明同以往政府保密内容过多的传统决裂。就这部法律具有历史意义,墨西哥学者罗森塔尔·阿尔维斯指出,此前记者是很难获取公共信息的。例如有一个记者花费数月,要弄清总统的薪金数字,总统新闻秘书告诉他该信息为"机密"。记者于是向他索要书面声明,新闻秘书给他的一张写着"不行"的纸条。③

该法律将所有政府信息界定为公共信息,要求将所有政府合同和招标内容上网,并特别禁止政府在任何情况下扣压这种信息,规定公民有权就官方扣压档案的行为进行投诉。根据该法律成立了一个五人委员会,它负责训练、教育、裁决争端和决定信息的接近权。该法律实施一年后,接到 4 万项要求获得公共档案的请求,其中 36 000 项通过电子邮件给予了回复。

---

① 刘晓陆《墨西哥新闻传播事业》,《七国新闻传播事业》第 160 页,重庆出版社 1988 年版。

② 梅杰里·米勒《墨西哥试图制止记者暗中收取好处》,《洛杉矶时报》1993 年 2 月 9 日;《参考消息》1993 年 3 月 5 日译文。

③ http://www.globaljournalist.org/magazine/2004-3/latinamerica.html

根据美国 CBS"60 分钟"前节目制片人查尔斯·刘易斯(Charles Lewis)创办的"公共诚信中心"2004 年 11 月对 25 个国家进行的"公共诚信指数"测定,墨西哥的总体得分为 75,属于"中",其中"公民社会、公共信息与媒体"得分为 77,属于"中"(其中"公民社会组织"项得分为 85,属于"强","接近的信息法律"得分为 82,属于"强","媒体自由"项得分为 65,属于"弱")。[①] 也就是说,墨西哥的传媒在公众信任度和协调社会的能力上,属于中等水平;传媒的社会监督能量接近上等水平;墨西哥关于传媒的法律体系较为完善,但在保障新闻自由的力度不算很强,属于及格的水平。

第四节　墨西哥新闻传播业目前的格局

如果把 1722 年的《墨西哥公报》作为墨西哥新闻业的起点,墨西哥的新闻史应该是十分悠久的。但是,由于当初的宗主国西班牙,向来只把这块土地作为可供掠夺的资源产地而不是作为工业建设的基地,并且长期实行专制制度,从而使得墨西哥新闻业走向现代化的道路相当漫长。新闻业本身缺乏独立性,人员素质、职业规范、受众的文化和接受层次都只能以十分缓慢的速度获得进展。直到 20 世纪 80—90 年代,墨西哥的新闻传播业才不知不觉地一定程度上实现了现代化,成为拉丁美洲 18 个西班牙语国家中发展最成熟的国家。2014 年,墨西哥的互联网用户 4 950 万,占总人口的 41.1%,排世界第 12 位。普及率在拉丁美洲国家中是较高的。

现在墨西哥新闻业的大体格局是:两个最大的媒介集团、一个闻名世界的大电视公司、一个较大的通讯社和一个在西班牙语国家有影响的日报群。

墨西哥电视公司的标示

两个最大的媒介集团,一个以电视业为主,兼顾其他新闻媒介和体育、娱乐产业的阿莱曼集团;一个是以报业为主,兼顾其他新闻媒介的阿拉尔贡集团。

阿莱曼集团控制的主要媒介公司,便是近年来开始闻名于世界的"墨西哥电视公司"(有的文章音译为"特莱维萨公司")。特莱维萨公司是西班牙语世界最大的传媒公司,也是世界上制作西班牙语节目最多的公司。

---

① http://www.public-i.org/ga/scores.aspx?cc=mx&act=scores

拉美地区的女首富玛丽亚·亚松森·阿兰布鲁萨瓦拉拥有该公司大量的股份。该公司拥有四个无线电视台（二、四、五、九台，前三个台面向全国）和 298 座地方电视台、一个有线电视网和一个卫星数字电视网、17 家广播电台、几十家报刊（主要是杂志）、三家唱片公司，以及大型体育场、斗牛场、广告公司、广播艺校、足球队等产业，触角伸向社会生活的各个领域。该公司从 1988 年起，滚动播出有线电视新闻频道 ECO，被称为西班牙语世界的 CNN。该公司一年制作 5 万小时的节目，1996 年，公司节目用 40 种语言销售到了 98 个国家。近几年来，墨西哥电视公司的节目出口量大于美国 CBS、ABC 和 NBC 出口节目量的总和。

墨西哥电视公司的肥皂剧在世界上较为著名，演员都是公司雇员，所以制作成本较低，仅为美国电视剧的 1/4。由于制作成本较低，所以在国际和国内的市场上都占有很大的价格优势。该公司竭力拓展海外市场，每年仅发行肥皂剧的总收入就为 4 亿美元，其中 50% 的销售收入来自欧洲，20% 来自澳大利亚和非洲，剩余的销售收入来自南美和亚洲等地区。该公司的肥皂剧出口到了世界 80 多个国家（包括中国，但不多）。该公司的节目销售方式灵活多样，除了的大量的广告宣传外，他们可以根据买方的需要对电视节目进行改编、缩编等。

墨西哥现有的广播电台中，最大的仍然是"拉丁美洲之声"电视台，属于阿莱曼集团。它拥有 30 多个附属台，形成覆盖全国的广播电视网，收听率居全国首位。而有代表性的教育文化台是墨西哥自治大学的"大学广播电台"。

墨西哥现有广播电台 1 763 家、电视台 1 087 家（截至 2015 年 2 月）。[①] 首都有 9 家全国性电视台，其中特莱维萨电视公司所属的 4 个电视台规模较大，最大的电视台二台俗称"明星频道"，覆盖全国 98% 的观众，平均收视率高达 32%。播出的几乎全部是墨西哥电视公司的首播节目，包括电视剧、新闻、综艺、竞猜、体育等方面的节目。该台的广告年收占墨西哥电视公司广告收入的一半。重要性占第二位的是电视十三台。

墨西哥最大的通讯社是 1968 年建立的墨西哥通讯社，当时在众多的小通讯社中尚不起眼，20 世纪 80 年代以后发展成为墨国唯一的大通讯社。

像其他拉丁美洲国家的情形一样，由于长期的文化接受传统，即使是当代公众的文化水准已经大大提高，养成阅读印刷媒介习惯的人仍然不够多。所以在墨西哥，发行 20 万份以上的报纸和 10 万份以上的杂志，就算是大型的了。报纸种数很多，但比较有名的几家，都集中在首都墨西哥城。在墨西哥，电子媒介，特别是电视观众的数量，远远超过印刷媒介的读者。

---

① 参见该西班牙文网站表格的右下角：http://portalanterior. ift. org. mx/iftweb/wp-content/uploads/2015/02/CuadroEstadisticodeDistribuci%C3%B3ndeEstaciones-Febrero-2015. pdf.

墨西哥现有杂志 1 600 多种,除了跨国的西班牙语杂志《读者文摘》《视点》拥有较多的读者外,墨本国的杂志中有两家较为特殊的高发行量的杂志,即普及文化的《农村之光》(EI Sol de campo)和工具性周刊《电视导报》(Tele-Guia)。前者由于通过行政系统推广而达到 100 万份的发行量;后者是观看电视的辅助工具,因而发行量在 60 万份以上。有思想、代表墨西哥认识水平的杂志目前是《进程》(Proceso)和《时代》(Epoca)。前者 1976 年创刊,后者 1991 年创刊,主要内容均是时事政治、经济、文化、社会方面的综合性报道和分析,有一定的独创见解,在墨国政界和知识界影响很大。

墨西哥有日报约 300 家。从影响力和发行量两方面来衡量,以下报纸属于墨西哥的主要报纸:

(1)《至上报》是墨西哥全国影响最大的报纸。1917 年在墨西哥资产阶级革命后期创办,是墨西哥历史最长和发行量最大的报纸之一。原为私营,后改为合作经营。发行量 20 多万份。每日分为晨报、午报和晚报三次出版。另外,每周还出版"星期一副刊"。《至上报》版面较多,分为要闻版、金融版、文艺版、体育版、国际版和美州版,多达 100 版。2006 年 1 月,该报由原射击运动员、墨西哥企业家瑞奈(Olegario Vazquez Raña,1935 -)独资收购,对报纸进行了改革,报纸的主要作者也为广播电台和电视台撰稿。《至上报》与新华社签有供稿协议,是新华社在墨西哥的主要用户之一。

(2)《改革报》隶属于改革报业集团,是后起的一张大报,发行量 20 万份左右。该报经常批评各种腐败行为;经营上,致力于恢复诚信和道德,雇用大批年轻、有理想、有经验的记者,报纸内容突出读者的兴趣爱好,广告和编辑并重。同时,禁止由来已久的贿赂及送礼的传媒恶习。报纸注重读者的参与,让读者监督报纸内部的编辑过程,提高报纸的透明度,保证报道的客观公正。

现在的《至上报》

（3）《宇宙报》是现存墨西哥历史最悠久的在首都出版的日报，创办于 1916 年，拥有的读者数量超过 20 万，由墨西哥全国报业公司经营。

（4）《墨西哥先驱报》由于资本雄厚，与大财团联系密切，因而是一份很有影响力的报纸，属于阿拉尔贡集团。每天几十个版，发行量 20 多万份。

（5）《新闻报》是最早的大众化报纸，以市民为主要读者对象。现为合作经营性质，发行量 30 万份。

（6）《墨西哥太阳报》是 20 世纪 60 年代以后新一轮大众化报纸的代表，每天出两次，即晨报和午报，发行量 20 多万份，属于阿拉尔贡集团。

（7）《消息报》是侧重于经济新闻的综合性报纸，发行量 20 多万份，属于阿莱曼集团。但它本身亦是个报刊集团，另出版一份晚报、一份英文《消息报》（*The News* 也是墨国唯一的英文报纸），在地方上拥有 6 家报纸和 18 家杂志。

（8）《欢呼报》是侧重于体育新闻的综合性报纸，畅销全国，发行量早刊 20 万份、晚刊 30 万份，由墨西哥出版印刷股份公司经营。

随着 2000 年墨西哥组织革命党在大选中下野，该党 1929 年创刊的机关报《国民报》（*El Nacional*）对社会的影响力已经很小。

1977 年从《至上报》分裂出来的编辑记者创办的《一加一报》，代表左派知识分子的观点，一度有影响，现在影响力很小。

墨西哥城内还有几家发行量几万份的综合性日报，如《日报》《墨西哥日报》（*La Jornada*）（1984 年创办，报纸采取左翼的立场，批评福克斯总统的经济自由化政策，对左翼的民主革命党表示同情），但影响力有限。

第十二章

巴西新闻传播史

　　巴西不同于拉丁美洲的墨西哥或秘鲁,那里在欧洲人到来之前就已经存在较高形态的印第安文明。巴西这块辽阔的土地上,散居着的印第安人部落当时处于原始状态,没有进入文明发展阶段,没有墨西哥的阿兹特克王国那样已有专事新闻传播的人,只能猜测可能会有原始的新闻传播。人们经常引用这样一件发生在巴西的故事,说明那里古代的新闻传播:一位人类学家在巴西一条河的沙岸上看到了土人所画的一幅表现本地一种鱼的图画。他于是命令伴随他的印第安人撒下网去,他们便捞出了几条同沙岸上所画的鱼一样的鱼。普列汉诺夫引证了这件事实,接着写道:"显然,土人在画这幅图画的时候,是想向自己的伙伴们报告,在这个地点可以找到什么鱼。"[1]然而,我们都忽略了这件事实发生的时间,它不是在巴西被葡萄牙人发现之前,而是发生在此后 400 年,当时巴西已经是一个拥有现代主权的共和国。这个事例出自德国人类学家斯坦恩(Karl von Den Steinen,1855 - 1929)的著作《在巴西中部的原始民族中间》。

第一节　葡萄牙统治时期的新闻传播

　　1500 年 3 月 9 日,葡萄牙探险家卡布拉尔(Pedro Álvares Cabral,1467 - 1520)率领的一支船队本来是要东去印度,却无意中在 40 天后(4 月 23 日),到达了现在巴西东端的塞古鲁港一带,发现了这块大陆(当时以为是一个大岛)。他在岸边竖起刻有葡萄牙王室徽章的十字架,宣布该地区为葡王所有,并派一条船回国报讯。随船的"史官"(又译"记事者")佩德罗·瓦斯·德·卡米尼亚发出的第一封关于这次发现的信,可以说是现代巴西最早的新闻传播。他详尽地描述了船队与印第安人的接触,报道了这里印第安人的生活,并且及时地传播了这条新闻。

---

① 普列汉诺夫《论艺术》第 137 页,三联书店 1973 年中文版。

葡萄牙纪念币,正面图案是卡布拉尔的船以及巴西陆地和
当地土著,背面图案是当地土著和树木、珍禽,还有葡萄牙
文字 Terra Brasilys(巴西土地)

后来葡萄牙人在海岸附近的热带森林中发现了可以提炼贵重的红色染料的树木,并将它定名为"Pau-brasil"。于是这个地方被称为"Brasil"(英语 Brazil)并沿用至今,中文音译为"巴西"。

虽然巴西属于葡萄牙了,但此后整整 300 年,巴西一直没有出现报刊这种现代传媒。葡萄牙当时掌握着东方的广大领地,当权者既没有力量,也不愿认真地开发巴西。1530 年前,只是在巴西沿海某些点上建立了商站;1532 年首次在巴西南部圣保罗一带建立了两块殖民地;1549 年才派出第一任巴西总督,首府在现在东部巴伊亚州萨尔瓦多市。1615 年,即葡萄牙发现巴西后 100 多年,在巴西数千公里的沿海居民点,总共只有 3 000 名葡萄牙人。政府不鼓励农民移民巴西,到这里来的主要是官吏、商人、军人和其家属;而从非洲贩运来的黑奴和土著印第安人是不识字的。在这种情况下,社会交往显然不需要报刊这种较大范围内复制信息的传播媒介。

在这漫长的 300 年中,1580—1640 年葡萄牙一度被西班牙统治着,更没人关心巴西的文化发展了。只有少量传教士留下了关于那个时代巴西的多少带有新闻性的文字。例如 16 世纪中叶的传教士安基埃塔用图皮语(巴西印第安人的主要语种之一)写的 3 000 句宗教诗,对当时巴西的状况有生动的描述。1587 年加布里埃尔·苏亚雷斯·达·索萨(G. S. da Souza)写的文章《巴西纪事》,记载了巴西的行业分布和资源。17 世纪的土生巴西人马托斯·格拉(Mattos Guerra)作为抒情诗人,用诗报道了巴伊亚地区巴西人的社会生活,讽刺了腐败、狡猾和不道德行径。

1750 年后的若干年内,葡王派庞巴尔侯爵(Pombal)在巴西实行新政,初步建立了现代商业体系,给予印第安人平等权利。由于在巴西的白人很少,葡萄牙对其的统治较为松弛,这次印第安人的解放,以及后来黑奴的解放,造就了巴西种族同化的意识。美国历史学家艾·巴·托马斯评价庞巴尔时写道:他的社会措施创始了"伟大的巴西思想:把一切等级和肤色结合在以绝对平等为立足点的一个政治团体中。"①因此,巴西后来的新闻传播业,很少存在长期困扰其他国家的种族歧视问题。巴西文化是少有的印第安文化、黑非洲文化和欧洲文化和平融合的典型。

1788—1792 年,在米纳斯吉拉斯省,有一批受到法国启蒙思想影响的牙医(俗称"拔牙者")密谋建立共和国,他们提出了解放黑奴、兴建工厂和采用印刷机的要求。起义遭到残酷地镇压,但留下了巴西最早的对印刷传播需求的呼声。

1808 年的《里约热内卢公报》

1808 年,拿破仑军队占领葡萄牙。在英国舰队的护卫下,葡王室转移到巴西南部的沿海城市里约热内卢。这时巴西全国仅 300 万人,有色和混血人种占 3/5 以上;里约热内卢人口约 6 万。在里约,很快围绕王室的需要建设起一套文化设施,包括学校、博物馆、商业街;1808 年 9 月 10 日,葡王室用随船带到巴西的第一部印刷机,出版了巴西第一家报纸《里约热内卢报》(*Gazeta do Rio de Janeiro*)。当然,这是一份官报。巴西的新闻业没有经过漫长的发展过程,从零开始,一下子拥有了相当现代化的报纸。

同年,居住在伦敦的巴西商人、共和主义者何塞·马丁在那里创办了政治性的《巴西邮报》(*Correio Brasiliense*)和文学性的《文学艺术报》,秘密运回国内散发。《巴西邮报》1822 年转到国内出版,此前在巴西的影响不大。

作为对英国的答谢,葡萄牙开放了巴西的口岸。这对于巴西迅速纳入世界交往体系,以及后来巴西新闻传播业的发展,具有重要意义。

第二节　1822—1922 年:巴西的党报时期

1821 年葡王诺奥六世返回里斯本,其子于第二年宣布脱离葡萄牙,建立巴

---

① 艾·巴·托马斯《拉丁美洲史》第二册 404 页,商务印书馆 1973 年中文版。

西帝国,是为佩德罗一世,都城里约热内卢。由于他是在巴西资产阶级和知识界的拥戴下登基的,因而 1824 年制定的帝国宪法,在较广的幅度上允诺了言论和出版自由,甚至赞同宗教信仰自由。鉴于 300 年殖民统治时期巴西没有出版过一件印刷品,没有书报检查的经验;葡王室迁到巴西后的官报时期十分短暂,对新闻的管制也不严厉;巴西帝国从一开始就给予了相对多的言论和出版自由。这就无形中形成了巴西人自由阅读和思想的传统,以及报刊自由批评政府的传统,尽管后来巴西政治上相当动荡,经常出现压制新闻自由的现象。

也是由于巴西长期没有现代新闻传播,多数人是文盲,缺乏对民主的认识和实践,总体的国民素质较差,新闻自由在较长的时期内并没有给国家的发展带来多少明显的推动,甚至有时新闻界因短视而站在反动立场上。

一、巴西帝国时期的党报

巴西帝国的皇帝作为"家长",平衡着国内政治方面的保守与自由两派。这两派都有自己的报纸,在维护君主制的前提下经常发生着琐碎的争论,这便是巴西"党报时期"的特征。

1827 年,佩德罗一世下令废除新闻检查制度。1828 年,巴西已有报纸和期刊共 25 种,其中多数是党派报刊,15 种集中在里约热内卢;北部原来巴西殖民时期的政治经济中心地带,即巴伊亚省和伯南布哥省有四五种;圣保罗等其他几个城市各有一二种。

在佩德罗二世(1831—1889)前期,党派报刊之间的论战一度颇为热闹,其中有代表性的是自由派安德拉达(Andrada)兄弟(1823 年曾被佩德罗一世放逐)创办的《塔莫约报》(O Tamuyo),这原是 16 世纪聚集在圣保罗一带的印第安人部落的名称,因反抗葡萄牙而闻名,取这个刊名意在排除葡的残余势力。中间性质的如埃瓦里斯托·达维加创办的《曙光》(Aurora),主张有限王权。《巴西帝国》(Imperio do Brazil)则为国王辩护。圣保罗的自由派报刊主要有 1854 年创刊的《圣保罗邮报》《公理报》、1875 年创刊的《圣保罗州报》(O Estado de S. Paulo)。后者是由圣保罗的 17 位市民领袖人物共同创办的,还拟定了一句报训:"叙述与公正。"当时报纸公开批评皇家政府、地方当局和敌对党派的情形并不少见。19 世纪 50 和 60 年代,一批重要报纸先后问世,包括《里约热内卢日报》(Diario do Rio de Janeiro)和《商业日报》(Jornal do Comercio)。

由于当时巴西在文化方面非常落后,帝国前期报刊的文化意义比其党派倾向显得更为重要,巴西历史学家 J. M. 贝洛就此写道:"在一个精神生活十分贫乏,又没有书籍和文化刊物予以激励的国家里,报纸便成了传播思想的最好媒介。在报纸的荫庇之下,文人在探索着他们自己的道路。"不过,由于整体文化水平的低下,"甚至是最有名气和最为生动活泼的报纸,按照今天的标准来衡量,也要显得枯燥无味,版式拙劣"①。当时的巴西内地,信息的传播依然十分落后。反映那个时期的巴西电视剧《女奴》曾演到:通缉伊佐拉的布告刊登在报纸上后,她的朋友将当地小城市订阅的三份报纸扣下来,就封锁了消息。这段剧情真实地反映了当时新闻传播的落后状况。

1870 年,在巴西保守派和自由派之外,出现第三个党派,即共和派。第一张共和派机关报《祖国报》这年在圣保罗创刊,主编金蒂诺·博卡尤瓦(Quintino Bocaiuva,1936 - 1912)。随后,共和派报刊渐多,影响增大。其中较有名气的是里约热内卢的《共和国》(Republica)、《新闻日报》;圣保罗的《原野报》(Gazeta de Campinas,1878 年创刊)和南部阿雷格里港的《联邦报》(1884 年创刊)。1875 年 1 月 4 日,17 位主张共和的人士共同创办了《圣保罗州报》(O Estado de São Paulo)。到 1889 年,全国的共和派报纸达到 72 家,相当可观。而保守派有一部分则进一步变成了保皇派,其代表报纸是《论坛报》。以中立自居的是里约热内卢的《商业日报》,在它的"特约稿件"栏里,经常发表有报酬的文章,开展当代重大问题讨论,其他版则是一些琐碎的私人论战、无聊的诽谤和各种祝辞、贺帖。

巴西帝国后期的报刊得以发展较快,除了政治思想传播的刺激外,当时已经相对发展了的交通和通信也为其提供了物质基础。这一时期铁路达到 9 700 公里,电报线路 1.2 万公里,修通了若干条运河,创立瓦斯照明体系,邮政系统从 1880 年处理 5 000 万信件增加到 1889 年处理 2 亿信件,1872 年开辟了通往欧洲的海底电报线路。这些建设成就主要是在商业银行家毛阿子爵(Maua,1813 - 1889)倡导下完成的,而当时他遭到过许多墨守成规人的反对。另外,巴西的教育从零开始,迅速发展。1860 年有公立学校 3 000 所,到 1888 年增加到 6 000 所。这也为形成起码的报刊读者群奠定了基础。

帝国和平地废除了黑奴制度,也就挖掉了自身存在的基础;加上共和派报刊的长期影响,1889 年 11 月,一场不流血的军事政变悄悄地结束了帝国的历史。人民对如此重大的政治体制的变动竟无动于衷,于是巴西进入了共和国时期(当时叫巴西合众国,1969 年改称巴西联邦共和国)。共和初期的许多重要的当权人物,例如临时政府的外交部长金蒂诺·博卡尤瓦、财政部长鲁伊·巴尔博扎、内政部长阿里斯蒂德·洛博,以及后来当上总统的萨莱斯(Manuel Ferraz de Campos Sales),都是从共和派报刊记者起家的;另一位总统阿尔维斯(Rodrigues Alves)则曾是一位保守派报纸的编辑。在确立共和国新闻自由体制方面,被称为理论家的首任陆军部长和教育邮电部长本杰明·康斯坦特(Bejamin Constant)发挥了很大作用。他于 1891 年大选前夕不幸逝世,被赞誉为"完美无暇的共和主义者"和"共和国未来统治者光辉的道德典范"。

---

① 若·马·贝洛《巴西近代史》上册第 9 - 10 页,辽宁人民出版社 1975 年版。

二、巴西共和国初期的党报

由于对建国方略的意见分歧,巴西政党报刊间的论战依然相当激烈,以致发生过君主派报纸编辑部遭到暴力袭击的事件;报刊与当权者之间形成传统的监督态势。例如共和派的政治家鲁伊·巴尔博扎从财政部长的位置上退下来后进入议会,在 1891 年创刊的《巴西日报》(Jornal do Brasil)主管经营,该报成为他批评政府、宣传文官主义的重要媒介。即使在发生叛乱、实行戒严的时候,报刊依然对当权者不依不饶。贝洛就 1892 年时的情形写道:"反对派报纸的自由,不曾因戒严而被剥夺,这时公开地鼓吹赶走政府首脑本人。有两份报纸,以语言刻毒而闻名:一份是帕达尔·马莱特发行的《战斗报》,一份是属于废奴主义演说家若泽·多·帕特罗西尼奥的《都市报》。"[①]

19 世纪 90 年代,政府曾出版过《官方日报》,似乎这只是一张发布政府公告、文件的报纸,没有留下更多的历史记录。

在地方上,这一时期则开始兴起代表利益集团的报纸。1895 年在阿雷格里港创刊的《人民邮报》代表南部牲畜加工业的利益;而同一时期东北部萨尔瓦多的《巴伊亚新闻》,反映鱼业的利益;1825 年创刊的老报纸《伯南布哥日报》,代表北部农业区的利益。

共和派总统萨莱斯当政时(1898—1902),开始实行一条原则:政府的首脑决不可以是政党的首脑,他的职能和审判长的职能一样,必须与党派政治分开。"他自己也摆脱了受党派控制的任何可能性,他促使联邦共和党的残部……迅速地解体"[②]。大约持续到巴西独立 100 周年,巴西原来因政体意见的分歧而形成的政党消亡。

第三节　在政治混乱和经济建设中顽强发展的
巴西新闻传播业

很难说巴西党报时期什么时候结束的,但是商业报刊兴起在 20 世纪初,这是一个不争的事实。由于巴西的政治长期不稳定,民主和独裁统治交替出现,对于巴西新闻传播业的发展造成相当的影响。19 世纪与 20 世纪之交,巴西报业的管理和所有制模式发生变移,报纸从小型的、私人所有的企业转为家族所有的大型公司。许多小型报纸停刊或被大报兼并。20 世纪上半叶,报纸和新闻工作

① 若·马·贝洛《巴西近代史》上册第 210 页,辽宁人民出版社 1975 年版。
② 若·马·贝洛《巴西近代史》上册第 339、349 页,辽宁人民出版社 1975 年版。

读报纸的巴西人

者又再度卷入政党报刊传统,通常附属于政治集团和强势家族。

20 世纪初的几任文官总统着眼于经济建设,接着爆发的第一次世界大战,刺激了巴西的经济发展。如同贝洛所说:这时在巴西形成两个市场:一个物质商品的市场和一个精神商品的市场。[①] 这一时期出现了较多的新报纸,多以商业性为主,例如《圣保罗报》(晨报)和《晚报》(1921 年创刊)、《环球报》(O Globo,1925 年创办)、《米纳斯州报》(1928 年创办)、《莱维商报》(1929 年创办)、《首都人报》(1928 年创办)等。19 世纪的一些老报纸,特别是《商业日报》,仍然保持着威望。另一家是《纪事报》,在 19 世纪初成为很受欢迎的报纸,因为"它更有文学气味,更富于讽刺性,并且提供了最好的新闻报道"[②]。这些报纸现在不再像过去的党报那样只报道一党一派的观点,而是努力兼容并包,适合从极左到极右的各种观点,以赢得更多的读者。

1906 年,首批电影院出现在里约热内卢。1922 年,由政府出面建立第一家试验性广播电台,第二年该台命名为"索谢达广播电台",经费来自文化娱乐团体的捐款和小量广告收入。至 1930 年,巴西已有广播电台 18 家,多数为民营台,政府台即 1936 年由索谢达台改组而成的"梅克 - PRA - 2 台",属教育文化部。由于巴西形成了基于黑人文化的传统的狂欢节,从 1930 年起,广播开始服务于狂欢节,获得很大收益。这一点大大刺激了广播业的发展;以后出现的电视,其发展速度较为迅速,也与转播狂欢节,以及转播足球赛有关。

随着新闻传播业的发展,巴西于 1931 年首次出现通讯社。这是由 29 家报纸和 18 家广播电台联合建立的南方通讯社。后来在这个通讯社的基础上形成一个新闻业的联合社团——联合日报集团。1942—1951 年在巴西建立的南美洲通讯社(阿萨社),因为在二战中发挥了重要的通信作用,一度在国际上颇有影响。

一、巴西新闻界与政治的关系

新闻传播业虽然逐渐商业化,但是巴西历史上形成的媒介监督政府的传统,不论政治如何动荡,却难以被完全压抑住,而且一定程度上变成了吸引受众的一

---

① 若·马·贝洛《巴西近代史》下册第 481 页,辽宁人民出版社 1975 年版。
② 若·马·贝洛《巴西近代史》下册第 369 页,辽宁人民出版社 1975 年版。

种方法。不少新闻工作者都有过与政府斗争的光荣历史。在共和国的多数历史时期，总有或多或少的新闻记者遭到流放监禁。但是，也总有一些媒介敢于继续批评政府。例如《圣保罗州报》1891 年以后的所有人茹利欧·德·梅斯基塔（Julio de Mesguita），就曾在 1924 年因批评政府而被关进监狱。梅基斯塔二世在三四十年代也曾两次被迫逃亡。

但是，这类批评常常只以站在政府对立面而自居，水平并不高，有时存在商业背景。例如阿尔维斯总统（1902—1906 在位）领导的改造首都的工程建设，"每逢进行大规模工程时，公众舆论差不多总要普遍地起来反对他。……主要的反对意见来自商人，他们几乎都是粗俗和顽固的葡萄牙人。他们得到了报界的支持，因为报界渴望他们登广告。……新闻工作者和作家们，天天都在嘲笑他"，然而当街区焕然一新的事实摆在面前时，报纸又转变态度，称赞"里约变文明了"①。

巴西历史上不断发生军事政变，这与政治家、民众、军队缺乏民主政治的基本素养有关，其中也不乏媒介盲目煽动鼓噪这个因素。一旦形成专制独裁的局面，新闻界又首当其冲地受到各种压迫。历史上有过两次较大的对新闻自由的限制，一次是 1930—1954 年的所谓"瓦加斯独裁"时期，另一次是 1964—1984 年的军人政权时期。

由于路易斯总统（Washington Luís，1926－1930 年在位）没有处理好社会各集团的利益，于是瓦加斯（Getúlio Dornelles Vargas，1882－1954）在民众和多数报刊的支持下，得以推翻路易斯而上台。瓦加斯统治时期，一定程度上满足了下层民众的一些利益要求，大力发展了经济；加上遇到二战，巴西的参战再次刺激了国家的经济发展，使他在特殊情况下继续统治着巴西。但是，这是在对社会实行强力控制、牺牲新闻出版自由的条件下取得的。1945 年他在一次不流血的军事政变中被驱逐，民主制度被恢复；1950 年通过民选，瓦加斯再次担任总统，1954 年因手下人刺杀一名记者、议会要求他辞职而自杀。他在 30 年代建立了巴西新闻宣传部，除了实行新闻检查外，这个特殊的部门还承担政府通讯社的职能。1936 年政府规定，由交通部管辖的广播电台制作的节目，每周各个民营电台联播一次。

对瓦加斯作出全面评价比较困难，但贝洛关于他的新闻政策的批评，作为教训值得谨记："他让一切事情都处于一种固定的状态之中，对于他的这种倾向，有一句流行的话讽刺说：'不要去管它，等我们看看它的结果怎样再说吧。'他的对手和其他一些不信仰他的人，不止一次地被暴虐的法庭判处流放或者监禁，其情况的残酷，显然是警察国家的典型。别的人就设法适应这种局面。新闻出版和

① 若·马·贝洛《巴西近代史》下册第 373－382 页，辽宁人民出版社 1975 年版。

其他公共宣传机构，被时刻警戒着的检查员剥夺了自由之后，由一个特设的机构新闻宣传部（DIP）为'新国家'和它的独裁者大肆进行宣传。""任何事情出了毛病，他的宣传机构都归咎于他的主要助手们的疏忽或失职；任何事情成功了，则要归功于他"[①]。

1964 年巴西再次发生军事政变，此后开始了一个长达 20 年的军人政治专制统治时期。这个时期，执行新闻专制政策在代表性人物是军人总统梅迪契（Emílio Garrastazu Médici，1969—1974 年当政）。尽管国家经济一度发展速度相当快，但是当权的军人在政治上对于批评政府给予了相当严格地限制，法律规定了较为宽泛的事前书报检查，认定侵犯总统、副总统、参议院议长、最高法院院长荣誉和尊严的，构成犯罪。在一些媒体，官方还派驻检查官（这类人共有 90 多人）。法律禁止外国人在巴西开办大众传播业（科技艺术类除外），根据这一法律，48 家外国杂志被禁止在巴发行。1975 年 11 月，被监禁的圣保罗教育电视台新闻部主任赫佐格（V. Herzog）非正常死亡，引发了全国知识界的抗议运动和随后新闻界的"开放运动"。从 70 年代末起，巴西开始民主化进程，逐步开放新闻自由。1978 年取消对一些媒介的事前检查，1979 年废除书报检查。1984 年 1 月，全国民选文职总统，结束了军人统治。

军政府专制统治时期，巴西新闻传播业的发展受到了很大阻碍。但有些情况也是当权者意料之外的：军政府无意中使得巴西报纸在政治上成为独立的实体。由于那个时期政党被取缔，多党制被一种准官方的两党制度所取代，报纸得以不受政党的直接控制，直截了当地报道新闻。也是在 70 年代，大学开设了新闻学和大众传播学的课程。根据一项新法律，劳工部要求新记者必须有大学学位。70 年代末，大多数报纸摆脱政治集团得以独立存在。

1992 年底，巴西的传媒在揭露当权文职总统德梅洛（Fernando Collor de Mello，1949 -　）腐败案中，发挥了强大的舆论监督作用，最终迫使他在面临被弹劾的时候辞职。

巴西宪法第 5 条第 38 款规定："任何人都有权要求基于私人利益，或集体的或整体的利益，获得政府机关的信息，政府机关有责任在法定的期限内提供这些信息，但对于社会和国家安全至关重要的需要保密的信息，不在公开之列。"这一条款的后一句为政府的无限保密提供了借口，虽然宪法声称，应当有一部规范公众接近信息的法律。现在巴西还没有这方面的法律；相反，倒是有一部法律允许政府将某些文件保密 50 年，即使到期，还可以由政府决定延长保密期。公民和媒体要求政府提供信息如果被拒绝，无权进行申诉，而只能诉诸法庭。不过，这方面的公众接近权在部分领域还是得到了进展。1997 年通过的一部全国性的

---

① 若・马・贝洛《巴西近代史》下册第 613－615 页，辽宁人民出版社 1975 年版。

个人资料保护法，提供了某种程度的信息接近权。2003 年，通过了一部接近环境信息的法律①。

根据美国 CBS"60 分钟"前节目制片人查尔斯·刘易斯（Charles Lewis）创办的"公共诚信中心"2004 年 11 月对 25 个国家进行的"公共诚信指数"测定，2004 年巴西总体得分为 75，属于"中"，其中"公民社会、公共信息与媒体"得分为 74，属于"中"（其中"公民社会组织"项得分为 89，属于"强"，"接近信息的法律"和"媒体自由"项得分均为 67，属于"弱"）。② 也就是说，巴西的传媒在公众信任度和协调社会的能力上，属于中等水平；传媒的社会监督能量接近上等水平；巴西关于传媒的法律体系不够完善，保障新闻自由的力度不算很强，属于及格的水平。

二、巴西新闻传播业的进一步发展

巴西的新闻传播业经历了很多磨难，但由于历史上形成的新闻自由的传统，即使是最集权的政府，也没有做到绝对地限制新闻自由，限制最多的是对政府及其高官的批评，一定程度地谈论政治还是允许的。另外，媒介作为经营的企业，在经济的上的限制相对少些。因而，巴西新闻传播业还是在稳步发展。

在报刊方面，巴西 20 世纪 30 年代以后的版面编排大有改进，更加适应市民的口味，又一批新报刊诞生。其中有代表性的是 1951、1952 年在里约热内卢先后创刊的《日报》(O Dia)和新闻周刊《标题》(Manchete)。前者以下层市民为读者对象，讨论社会问题较多，一度是"巴西民主运动"组织的论坛；后者每期达 150 页，提供一周来的新闻及分析。

20 世纪 70 年代后，各大报纸开始新闻业务改革，出版次数增加、出版页数成倍地增长，恢复了报纸批评的传统，批评水平也有所提高。1968 年创刊的《阅读》(Jeva)，是新一代的新闻周刊，以专题报道为主，图文并茂，评点入理，很快压倒了老一代的杂志。

1950 年 9 月，巴西首家电视台——图皮电视台（Tupi）在圣保罗开播。该台是由报人阿希思·沙托布里安创办的。巴西的电视台多数为民营，国营的巴西电视台建于 1960 年（在新首都巴西利亚）。到 60 年代形成环球电视台、图皮电视台、标题电视台（Manchete）、骑士电视台（Bandeirantes）四大民营电视网。竞争中，图皮台于 1980 年倒闭。20 世纪 80 年代，形成国营教育电视网，即巴西电视台（SBT）。

巴西国营系统的新闻传播业，是在瓦加斯新闻宣传部（DIP）的基础上形成

---

① http://www.public-i.org/ga/scores.aspx?cc=br&intQuestionID=17&catID1=1&catID2=2.

② http://www.public-i.org/ga/scores.aspx?cc=br&act=scores.

的,这是一种独特的媒介体系。1945 年,DIP 转变为总统府向外界散发政府消息和材料的"国家通讯社",1979 年 9 月年改称"巴西新闻公司"。1976 年,巴西政府将联邦和州的教育广播台和电视台组建为公共广播网,即"布拉斯广播网"(Radio Bras)。1988 年这两个公司合并为国营"巴西通讯公司"(简称仍用 Radiobras 这个称呼)。实际工作上,仍然是通讯社、广播电台、电视台三套人马,各有自己的编辑部。1990 年,该公司的通讯社部分对外使用"巴西通讯社"(ABR)的电头发文字和音像新闻稿。根据规定,政府免费征用各地电台一小时,广播有关政府、法院和议会的新闻。

罗贝托·马里尼奥和巴西环球集团主要传媒标识

在诸多传播媒介的竞争中,环球集团公司 20 世纪 70 年代以后逐渐成为巴西最大的媒介集团。它最早起家于伊里内乌·马里尼奥(Irineu Marinho,1876－1925)1925 年创办的《环球报》(O Globo)以及他的儿子罗伯托·皮萨尼·马里尼奥(Roberto Pisani Marinho,1904－2003)1945 年创办的环球广播电台。1965 年马氏家族再建环球电视台后,逐渐形成一个强大的综合性媒介集团——环球集团(Grupo Globo)。

20 世纪 80 年代,该集团公司的总经理为中国国家副主席荣毅仁二哥荣尔仁的次子荣智宽。目前环球集团的总裁是马氏家族的第三代罗伯托·伊里内乌·马里尼奥(Roberto Irineu Marinho,1947－)。根据福布斯 2015 年 8 月的统计材料,他和两个弟弟拥有 64 亿美元的资产,为巴西三大富有家族之一。2013 年 5 月,环球集团在一项媒体发布的全球 30 个最具影响力的媒体集团的排名中居第 17 位(在拉美居第 1 位)。[①]

1989 年,巴西第一座有线电视网"四月电视网"开播。紧接着,环球集团也开发了有线电视和卫星数字电视,并占有了巴西的市场。由这个集团开办的还有"巴西有线电视网"(NET),以及该网与跨国的"拉美空中直播卫星电视"(SLA)联营的数字化"环球卫星频道"(Globosat)。

---

① http://www.zenithoptimedia.com/zenith/wp-content/uploads/2013/05/Top-30-Global-Media-Owners-2013-press-release.pdf.

第四节　目前巴西新闻传播业的基本格局

由于巴西在 20 世纪末和 21 世纪初的经济发展速度在全球居于前列,它的新闻传播业也获得较快的发展。巴西人传统的信息接受习惯以音像为主,尽管现代人的文化水准已经大大提高,但是阅读印刷媒介的依然有限,而电子媒介,特别是电视,却拥有最大限度的受众。因此,现在巴西媒介中得到最大发展的是电视。巴西最大的也是唯一的大型综合媒介集团,是以电视为龙头的环球集团公司。

很多传播媒体都正在寻找最适合本身的新技术,藉以改善其生产过程。电视台开始利用人造卫星传送节目,接收讯号涵盖全国,电视的收视品质大幅改善:电视台已经数字化,播放画面具有电影品质,声音具有与 CD 唱片同级的音效。

一、广播电台和电视台(网)

巴西有广播电台约 3 000 家,大部分是商业台,可覆盖全国 90％的家庭;巴西最大的几个媒介集团在其中 1 200 家中占有大量股份。对社会影响最大的广播电台是环球电台,该台作为一个广播系统,包括里约热内卢的 5 家广播电台和全国各地的 30 多家电台,较有名的是里约热内卢的"世界台"和圣保罗的"至上台"。其他较重要的民营电台有"当代台"(Contemporanea)"宇宙台"、"首都台"等。公共的"布拉斯广播网"(意译巴西广播网)所属的台中,最重要的是"梅克台"和"文化台"。

巴西与墨西哥、阿根廷为拉美三大电视强国。电视媒体是巴西主要的传播工具,带给人们充分的新闻和娱乐资讯。根据 2013 年的统计,97.2％和 75.7％的巴西家庭拥有电视机和收音机(家庭总数 6 525.8 万户)。截至 2012 年 5 月,数字电视信号已覆盖巴西总人口的 46.8％;2015 年 7 月,巴西付费电视用户超过 1 960 万户。

巴西现有全国性电视台网 5 个,商业电视台 227 座,教育电视台 20 座。巴西的广播电视台绝大多数民营,仅巴西广播公司为官方电台,国家电视台和教育电视台由政府管理。国营电视台主要通过各州的教育台和商业台,组成覆盖全国的网络。播出的节目,主要是新闻和教育节目,也有一些电视剧和电影,该网络的影响力不大。

巴西现有的五大私人全国性电视网,按美国模式运作,它们是:①环球电视网(Rede Globo),隶属于环球电视公司,从 20 世纪 90 年代初起成为世界第四大电视网;②巴西电视公司(SBT);③记录电视网(Rede Record);④班德兰特斯电视网(Rede Bandeirantes);⑤标题电视网(TV Manchete)。

巴西最大的电视台(也是电视网)是环球台。该台在全国拥有 50 多个发射台和数百个转播台,每天 24 个小时向全国广播,覆盖率接近 100%。节目分为娱乐、新闻、教育三块。从 1983 年起通过卫星在全国范围广播,节目制作和演播方面的员工 1 500 人。

该台历史上政治观点随风倒。20 个世纪 60—70 年代,该台长期迎合政变军人政府,在军人独裁统治的最后阶段,又一反"政府附庸"的形象,号召直选总统,结束军人专制,充当了 20 世纪 80 年代的"政治公开化"运动的开路先锋,影响了巴西的政治进程。环球电视网主张总统直选之所以出人意料,是因为它是在军人统治期间诞生和发展起来的,受其恩惠多多。1984 年,反对军政府的示威者高喊"打倒独裁"的同时,也喊出"打倒环球"的口号。此时,直选总统已经成为多数人的主张,环球电视网也开始批评政府和支持直选。环球电视网的参与,令政治局面急转直下。环球电视网大张旗鼓地支持"政治公开化"运动的开创者盖泽尔,支持"巴西民主运动"领导人坦克雷多·内维斯竞选总统,最终获得了成功。

在卫星和有线电视领域,巴西最大的有线电视系统是环球集团公司所属的"巴西电视网"(Net Brazil)。居第二位的是阿布里尔出版集团所属的"四月电视网"(TVA)。它们都通过卫星并经由电缆将节目传送到用户家中。

这两个相互竞争的系统分别参与了泛拉美地区两家数字卫星直播电视台的角逐。如此一来,接收讯号的涵盖面积将遍及全国。电视的收视品质亦将大幅改善。两家数字卫星直播电视台先后问世于 1996 年,一家叫拉丁美洲空中电视台(Sky Latin America),有默多克集团、墨西哥电视公司(特莱维萨)、环球集团等合股创办;一家叫拉丁美洲银河台(Galaxy Latin America),由委内瑞拉的媒介巨头、巴西的 TVA、墨西哥的多视像公司等合伙创建。他们分别采用数字方式传送多频道的节目。

二、通讯社

巴西有几十家通讯社,但规模都较小。目前勉强能够作为巴西通讯社代表的,只有官方的巴西通讯社(ABR)。该社每天多次播发供电台和电视台使用的简明新闻,有 60 家报社和 300 多家电台的订户,大报纸有自己的通讯社,采用巴西通讯社的新闻稿较少。

三、报刊

巴西国民的识字率为 90.4%,城市化的比率为 84.35%,巴西的日报共 465

份(另外还有 2 020 家非日报),总发行量为 452 万份(2013 年),比较 2002 年减少了 40％多。9 种报纸的发行量超过 10 万份,大都集中在圣保罗-里约地区。尽管没有全国性报纸,但发行量最大的报纸具有超越所在地区的影响力。东南部地区是巴西报纸发行的集中地,其次是南部地区。巴西报纸绝大部为私营,官方只有极少数公报性刊物。圣保罗、里约热内卢,以及新首都巴西利亚为三大报业中心。主要报纸有:

(1)《圣保罗州报》(*O Estado de São Paulo*)。1875 年 1 月 4 日由资产阶级民主运动中一个 17 人团体创办,距今已有 130 年的历史,是公认的巴西的首位综合性日报,也是拉美地区资格最老的报纸,该报曾是南美洲发行量最大的报纸,立场较为保守、传统。广告量多而稳定,深受一般读者重视,2015 年发行量为 25 万份。目前全社共有 1 500 名员工,其中采编人员 300 余名,在不少国家还派有常驻记者。原来在北京也有常驻记者,1990 年撤回后未再补派。

报纸非常注重满足广大读者的不同需求,增加信息量,扩大覆盖面。平日一般每天出 50 到 80 个版,星期天出 100 多个版。重点是发布新闻,办好综合消息版,同时精心编好含有政治、国际、经济、城市、科技、体育、文艺、旅游等各类专版。报纸非常重视评论工作,报纸的第二、第三版就辟为时评、社论、读者论坛专版,每天均有专家和读者对国内外重大事件发表评论。"

《圣保罗州报》因为国际报道篇幅多,内容广泛,背景材料和专栏文章有分量,体育报道也很出色。有"拉丁美洲的《纽约时报》"之称。读者对象主要为政界、工商界、文化界人士。此外,报社还办有一家《圣保罗晚报》、一家电台和每天都要对外播发新闻的通讯社。

(2)《圣保罗页报》(*Folha de São Paulo*)。由 1921 年创刊的晨报《圣保罗报》和《晚报》合并而来的一家综合性大报,接近市民心理,标题醒目,有较多的连续报道,一度发行量达到 100 万份,曾是南美洲发行量最大的报纸。该报立场较为自由、激进,不受政府控制。2015 年平日发行量 36 万份。版面上,平日 60 版,星期日 200 版。版面内容包括:政治、经济、社会、体育、文化,以及大圣保罗地区新闻,在每个城市都有地方版。

(3)《环球报》(*O Globe*)。1925 年创刊于里约热内卢的商业报纸,为马里尼奥家族的媒体集团中最知名的印刷媒体,立场保守,但报道翔实。该报每天刊登漫画家契克的漫画,专栏"斯旺"所透露的新闻经常引起轰动。1991 年还出版信息周刊,随报发行。2015 年该报平日版发行 32 万份,除了全国以外,还出十二种地区专刊版。就发行量而言,该报居巴西报纸的第三位。

(4)《日报》(*Dia*)。里约热内卢的第二大报,1983 年被老记者兼企业家阿里•卡尔瓦柳(Ary Carvalho)买下后,实行严格的企业化管理,着力为下层读者服务,有许多适于琐碎需要的专版。平日版发行 20 万份,星期日版 30 万份。

现在的《圣保罗州报》和《环球报》

（5）《商报》（*Gateza Mercantil*）。巴西最大的经济信息报纸，在圣保罗出版。该报可以追溯到莱维（Levy）兄弟 1920 年在圣保罗创刊的一份专门刊登商品交易行情的小报《工商报》，1929 年他们在此基础上改组为《莱维商报》。1931年他们将所属的其他几家经济类杂志与该报再合并，即为现在的《商报》。《商报》每天 60 版，发行量 10.4 万份。

（6）《巴西日报》（*Jornal do Brasil*）。1891 年由鲁道夫·丹塔斯等四人于里约热内卢创刊的葡文报纸。政治性较强，版面严肃，国际新闻较多，调查性报道对社会黑暗进行了尖锐的批判，特稿和评论很受欢迎，以言论水平较高而著称。定位于中产阶级和精英，现为商人内尔松·塔努雷控有。2010 年 8 月 31日，该报印刷版停止发行，但仍然继续发行网络版。

另外，新首都巴西利亚最大的两家报纸是《巴西邮报》和《巴西利亚报》。前者的前身就是 1808 年在伦敦创刊的那份反对派报纸，巴西独立后迁到里约热内卢；60 年代随着新都的建立，又迁到新首都。该报是"联合日报集团"的成员报，平日版发行 5 万份。后者 1972 年创刊，属于卡马拉兄弟集团，这是一个地方性的媒介集团。该报平日发行 2.5 万份。

巴西全国计有 295 家出版社，发行的杂志超过 1 500 种，以零售或订阅方式贩卖。根据巴西大使馆网站《中巴之页》的统计，目前每一位巴西国民平均一年买 2 本杂志，这个数字显然偏低；美国 17 本，法国更高达 20 本。阿布里尔出版集团（Abril）出版的杂志种数占全国的 54％。巴西的杂志，除了国际性的葡文《读者文摘》《视点》颇有影响外，比较重要的杂志有《阅读》（Veja，111 万）、《时代》（Época，27 万）、《这是》（IstoÉ，30 万）和《考试》（Exame）。其中 1968 年创办的《阅读》为世界第五大和巴西第一大新闻周刊，隶属于 Abril。居于第二位的另一新闻周刊是《标题》（Manchete），在里约热内卢发行，发行量约 30 万份，属于布洛什家族（Bloch）。《这是》创刊于

Exame 杂志 2014 年 5 月刊封面（访问中国德瑞集团董事局主席姚天二）。

1976 年 5 月，隶属于 Abril。《时代》隶属于《环球报》媒体集团。Exame 为财经杂志，隶属于 Abril。它们都分国内版、国际版。

巴西有两大新闻从业者的组织，在巴西向民主政治的转型过程中扮演了重要角色。它们是巴西报业协会（ABI）和全国新闻工作者联合会（FENAL）。前者的成员不仅包括记者，还包括主编、发行人和报纸业主；后者是巴西最重要的记者职业组织。

第四篇

第十三章
亚洲(西亚除外)新闻传播业历史发展概述

亚洲不像美洲、大洋洲和黑非洲,在世界地理大发现之时,亚洲各国有千年至数千年的文明史。亚细亚社会与西方社会之间存在较大的文化差异,因而,当西方文化(包括新闻传播文化)来到亚洲的时候,东西方文化的碰撞是不可避免的。经过较长时间的磨合,西方新闻传播的形式和内容,无形中融入适当的东方内容,才逐步在亚洲生根。同时,东方古代的传播文化的某些要素也给予西方传播文化以影响。长期以来,亚洲新闻媒体的发展水平落后于欧美,但进入21世纪之后,世界报业格局出现明显变化,亚洲日报的发行量增速远超欧美。根据世界报业与新闻出版者协会2012年公布的数据,世界日报发行量前100名(包括免费报纸)的前三甲国家分别是:中国、印度和日本。广电媒体的发展也同样迅速,当然,由于人口基数大、经济发展很不均衡,亚洲国家新闻媒体的总体发展水平和人均占有量仍然是比较低的。

鉴于亚洲各地区发展的不平衡和复杂性,需要分别不同的地区来概述。

一、东南亚

在西方人16世纪初到来之前,东南亚存在着许多历史悠久的较小的文明国家。例如现在印度尼西亚境内的加里曼丹岛上,公元4—5世纪有古戴王国,爪哇岛西部有多罗磨王国。公元七世纪,苏门答腊岛上有室利佛逝王朝(当时是东南亚佛教文化的中心),留下了6块石刻碑文,有些可以视为印尼古代的新闻传播。最早的古戴王国第一碑文记载了公元4世纪的事情,上面写道:"至高无上的大王昆东加陛下,有个有名的王子,名阿湿婆跋摩陛下,他像太阳一样。阿湿婆跋摩生有三个王子,犹如圣火之三光。三王子中最出名的是牟罗跋摩。他是有优秀教养的和强大而有力的国王。牟罗跋摩王在举行命名祭祀的时候,捐献了许多金子。为纪念这个祭祀,由众婆罗门建立这块石碑。"公元七世纪的室利佛逝王朝的第一碑文,更像一则新闻报道:"维塞迦 605 年(公元 683 年)吉祥之年。吠舍人＋去月白分之十一日。大头领希扬登上了船舶,为获得通神力,作了一次神圣的远征。在逝瑟口＋宅口＋毛月,白分之七日,大统领希扬自来南加塔出发。率领两万军队和 200 件行囊,用船载运,另有 1 312 名兵士,循陆而行,在安＋页沙荼月白分之十五,欣然到了马塔耶普⋯⋯由于胜任愉快地到达,乃筑一城⋯⋯并且因为神圣的远征获得胜利和使之繁荣,命名曰室利佛逝⋯⋯"[①]

由于印尼是通向东亚的必经海路,因而成为西方新闻传播文化最早在亚洲的落脚点。16 世纪初,葡萄牙人首批来到这一带,但是在多数地方没有站住脚,随后来的是荷兰人和西班牙人。荷兰人 1602 年将荷属东印度公司设在印度尼西亚,1615 年,他们在爪哇岛的巴达维亚(今雅加达)出版官方"公报"性质的荷兰文《新闻纪要》(*Memorie des Nouvelles*),是为亚洲最早的现代新闻刊物。西班牙人早在 16 世纪末就将印刷机带到了菲律宾,除了偶然出现几页零散的印刷新闻纸外,200 多年也没有在那里出版过较正规的新闻性期刊。在东南亚活动的葡萄牙、荷兰和西班牙(当时荷兰是西班牙的一部分)作为商业民族,他们缺少主动传播新闻文化的意识。直到 18 世纪,才在印尼出现面向社会的报纸《巴达维亚新闻》(*Bataviaise Nouvelles*);到 19 世纪初,才在菲律宾出现定期新闻刊物,而葡萄牙人 1807 年在中国领土澳门创办的第一家葡文报纸《消息报》(*Diário Noticioso*)(1807—1834),仅仅是为了丰富修道院内的精神生活。后来澳门又出现一家葡文报纸《蜜蜂华报》,则是葡人内部党派斗争的产物,与社会性的新闻传播关系不大。如果将东南亚和东亚比喻为一张白纸,荷兰商人以荷属东印度公司为基地在东南亚和东亚广泛开展贸易活动时,无意中将在印尼点下的这滴现代新闻传播的"墨点",缓慢地在这一带散开了。

随着西班牙、荷兰、葡萄牙势力的衰落,英国从 18 世纪,法国从 19 世纪,美国从 19 世纪末开始,插手到东南亚和东亚。特别是英国,逐渐排挤荷兰、西班牙、葡萄牙,以各种形式进入到这一带。这个地区的各国,大多在 19 世纪陆续出现最早的新闻业。马来半岛的第一家报纸(英文)出现于 1805 年,最早的现代中文期刊也是在同一时期(1815)由英国传教士在这里创办。泰国最早的报纸(英文)由一位美国传教医生创办于 1844 年。越南最早的报纸(法文)是法国人于 1861 年创办的。西班牙控制的菲律宾,直到 19 世纪中叶,才出现较为像样的报纸。1898 年美国人从西班牙人手中接管菲律宾后,那里的新闻传播业一度发展较快(1908—1941)。

这个地区的广播出现很早,大多是在 20 世纪 20 年代,但发展很慢,电视则

[①] 梁立基《印度尼西亚文学史》上册第 70、74 页,昆仑出版社 2003 年 9 月版。

出现于 60 年代以后。这个地区的国家都是"东盟"成员国,经济的总体发展居世界前位,但也不够平衡,其中柬埔寨由于连年战争、老挝由于所处的内陆封闭环境,不仅经济发展较弱,新闻传播业也很弱。越南正处于经济改革的运动中,新闻传播业发展相对好些。其他多数国家的经济发展(包括新闻传播业)则处于高涨时期。

第二次世界大战期间,东南亚各国大多被日本侵占,日本迅速在占领地建立了法西斯主义的新闻传播业,其中泰国成为法西斯轴心国成员。日本投降后,各国人民要独立,于是又与原来的西方宗主国之间发生战争或冲突,20 世纪 50—60 年代,这一地区各国才陆续获得独立(其中仅泰国只受到英、法的间接统治而不是直接统治)。

鉴于这些历史的因素,东南亚新闻传播业的发展有以下一些特点:

1. 新闻传播政策呈现自由主义＋权威主义的特色,经常不断地在自由主义与专制统治之间摆动

历史给东南亚国家留下了西方新闻自由的传统政策,报刊以民营为主,但是殖民者出于政治的需要,给予报刊的自由是十分有限的。而这些国家原来的文化传统则属于东方专制主义,因而除了越南等成为社会主义国家,其他东南亚国家独立后的新闻传播政策,形式上大多保留自由主义,实质上不同程度地实行的是权威主义的强力控制。

例如在印尼,1960 年总统苏加诺对媒介实行所谓"指导性民主",全国一半报纸消失,华人报纸受到特别限制;1965 年"九卅事变"后,苏哈托军人政权上台,共产党人和同情分子被杀害 30 多万,华人报纸全部被封闭,安塔拉通讯社的四成工作人员被清除,一度停办,建立由官方指导的新闻委员会监视媒介,专制统治持续 30 多年。在菲律宾,1972 年马科斯总统以内乱为由宣布实行军事管制,持续十年,除了马科斯家族控制的媒介集团外,几乎所有反对派媒介不复存在。在泰国,1957 年沙立·他纳叻发动军事政变后,各派军事势力的政变经常发生,宪法随意被停止实行,泰国的媒介长期处于军事管制下,许多媒介停业,许多记者被投入监狱或被迫离开工作岗位。1973 年发生学生民主运动后,一度获得新闻自由的环境。1976 年又一场政变,所有报刊停止出版若干天。其他国家的当权者,例如马来西亚、新加坡等,对媒介的控制也都较为严厉。

这个地区多数国家存在种族、宗教、语言的矛盾,为防止因这些问题引发的社会动荡,各国当权者在这方面对于媒介的控制均很严格。但是,这种控制本身也为统治者的独裁和腐败提供了便利,这是东南亚新闻政策呈现的二律背反。例如马来西亚要求媒介必须"信奉真主、忠于苏丹、遵纪守法、文明自律",因而监督政府不是媒介的职责,媒介应回避消极问题和敏感问题。印尼要求媒介实行所谓建国五原则:信仰神道、人道主义、民族主义、社会贤达指导下的民主、社会

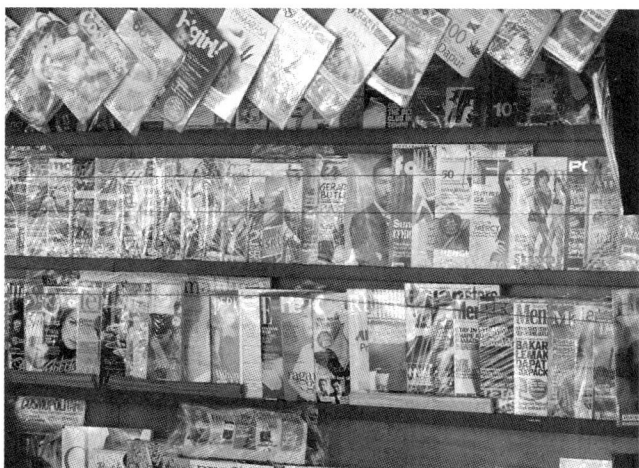

雅加达街头的报刊亭

公平,凡被认为不符合这些原则的媒介即被吊销许可证。这里的标准明显地带有主观色彩,伸缩度很大,既可为自由主义,也可为专制主义开辟道路。从媒介角度看,问题也不小,在获得新闻自由环境的时候,各种违反职业道德的现象相当普遍,而这又成为再次被管制的理由。这种恶性循环,需要整个社会提高文明程度才能解决。

　　20世纪90年代末,随着这个地区经济(包括信息经济)的飞速发展、民主化潮流的兴起(例如菲律宾、印尼)、领导人的年轻化和更迭(例如新加坡),新闻传播政策开始较多地趋向于自由主义。

　　基于这个地区的文化传统,各媒介集团与当权者、政党之间的关系剪不断,理还乱,对于当权者已经形成一种谨慎对待的习惯,不会像西方社会那样呈现明显的对峙,而多少带有合作的性质。在这个意义上,即使民主化潮流席卷东南亚,新闻传播政策的自由主义,与西方还会有所不同。

　　2. 广播电视业和通讯社以国家控制为主

　　这个地区的广播业在殖民地时期就是政府直接控制,电视业大多也是独立后由政府出面创办的。通讯社有一些民营的,但是主要的新闻源,还是由国家控制。这种情形,部分原因也是基于这个地区的文化传统。20世纪80—90年代,多数国家开始允许广电业民营。但是现在广电的主导方面还是国营广电(有的采取了公营形式)。这里菲律宾是个例外,该国的广电是国营与民营并行,而且以民营为主。这与美国20世纪上半叶留下的传统有关。

　　3. 引人瞩目的新闻传播业的发展速度

　　东南亚原来的经济发展较为滞后,20世纪70年代以后,这里的经济发展呈现飞速发展的趋势,新闻传播业也因此受惠。以新加坡为中心,各国报刊业、广播电视业(包括卫星电视)发展都较快。报业竞争激烈,尽管仍有一些政策上的限制,新崛起的民营广电业也显示出实力。除越南、柬埔寨、老挝外,其他国家的日报千人拥有量接近或超过 100 份,新加坡的日报千人拥有量超过 300 份,各个跨国的卫星电视网在这个地区大城市的落地率接近发达国家。1976 年以来印尼通过卫星转播广电节目,为该国广电较快的发展奠定了基础。但是,各国之间,以及各国城市与农村之间的发展不平衡。这个地区人口近 5 亿,收音机社会拥有量约 1 亿台,电视为 5 000 万台,主要集中在大城市。平均每 5 个人一台收音机,每 2.5 个家庭一台电视机,继续发展的余地还相当大。

4. 当权者控制华人新闻传播业

华人和华侨为东南亚国家的独立和经济发展作出了显而易见的贡献。英语、法语、西班牙语等外来语言的媒介在东南亚国家可以自由出版发行,而已经成为一种社会性语言的华语和各国民族文化一部分的中华文化,却受到一些国家官方的限制,不仅限制华语媒介,甚至禁止或限制华语教育。20 世纪 50 年代,成批的华语报刊因此消失。从 50 年代到 80 年代,中国陆续与东南亚各国确定了一人一个国籍的原则,在多数华人加入当地国国籍之后,以往的"华侨报刊"几乎不存在了,而只有数量不大的"华人报刊"。后者获得相对稳定的发展,但由于以往的传统,强迫"同化"的环境对其生存依然是一种不利条件。将华人主办的华语媒介与本国其他语种的媒介同视为本国新闻传播文化的一部分,有些国家正在朝这个方向努力,有的已经做到了,例如在新加坡。

二、南亚

南亚次大陆的文明比东南亚要悠久,但是基本不存在古代的新闻传播。西方国家中,于 16 世纪最早到来的是葡萄牙人,随后是荷兰人,其中葡萄牙人还带来了印刷机,但是都没有想到创办新闻业。法国人来了,只是在印度半岛东南端马德拉斯一带停留了一段时间,仓促出版过报刊,不久就被英国人挤走了。南亚的新闻业,以当时英属东印度公司所在的两个大城市,即印度半岛东侧的加尔各答和西侧的孟买为中心,后来东南部的马德拉斯成为第三个中心。从 18 世纪末开始,现代报刊和广播电台逐渐在整个次大陆散开。这个地区的内陆国家尼泊尔,1850 年该国首相出访欧洲,带回来一台印刷机,得以印刷法律和军事文件,但直到 1901 年才有了一家报纸《廓尔喀新闻》(*Gorakhapatra*)。

这个地区的主要国家在 20 世纪中叶独立时,基本上完整地接收了英国人留下的新闻传播文化遗产。这个地区的多数国家,尽管矛盾冲突较多,在新闻传播文化的表现特点方面,还是有不少相近之处。后来各国的新闻政策和媒介发展,与其自身的传统、宗教、语言分布和经济发展、政治变动直接相关。

1. 各国新闻政策差异较大

印度自 20 世纪 70 年代形成多党轮流执政的政治局面后,新闻自由的政策较为平稳,主要矛盾已经是各个财团控制的媒介集团与大量分散的小报刊之间争夺市场。其广播电视业,从 20 世纪 90 年代开始发生了较大的改变,形成了公营广播电视、本土私营广播电视和外资广播电视三足鼎立的格局。

巴基斯坦与印度之间发生过多次战争,1971 年巴基斯坦战败后被肢解,原东巴省独立为孟加拉国,现在的巴基斯坦是原来的西巴省。这个国家军事政变不断,军人执政时间远比文官执政长久,因而新闻政策不够稳定,对媒介的官方控制较为严厉。广播电视由国家直接控制,报刊半数实际上官办,另一半民营(大多有党派背景)。

孟加拉国(原东巴省)独立后,新闻自由政策相对稳定,广电国营,报刊大多民营(同样大多有党派背景)。就这方面而言,尼泊尔的情形与孟加拉国相近。孟加拉国的联合通讯社在联合国教科文组织的帮助下,于 1988 年就实现了计算机控制,在亚洲国家中是相当早的。

南亚国家中,新闻政策最为自由的是斯里兰卡(原名锡兰)。该国 1967 年起将国营广播改为公营制,现在形成公营与民营并行的广播电视体制。其报刊完全民营,有 200 多家,商业化程度相对高些,分别由几个较大的报团控制。1973 年因党派斗争,曾发生过执政党以政府名义接管最大的报业公司(俗称"滨湖大厦")事件,1977 年恢复原状。

缅甸的新闻政策曾经十分严厉(该国地理上主要部分位于中南半岛而不是印度半岛,但是历史上是英属印度的一部分,故从文化传统角度将其算到南亚)。只在独立后最初的几年,媒介得到较平稳的发展。1958 年至 2011 年,缅甸基本上处于政变军人的控制下。1963 年,政变上台的奈温将军以缅甸社会主义纲领党的名义宣布实行"社会主义",将所有报刊收归国有。此前广播电台和通讯社已经是国有。该国的报纸不到 10 家,绝大部分在首都仰光出版,总发行量只有几十万份。该国电视直到 1980 年才开播,现在每天平均播出时间总共 3 个多小时。目前 5 300 万人口,电视机社会拥有量仅 30 万台。广播电台只有缅甸广播公司台和陆军广播电台两个,前者每天用 12 种语言对国内总共播出 17 小时 30 分钟(其中缅甸语 10 小时 30 分钟,英语 2 小时 30 分钟,其他 9 种少数民族语言各 30 分钟)。收音机社会拥有量 500 万架。早在 1996 年,缅甸政府就规定,未经政府批准,禁止使用、拥有或进口传真机或调制解调器。违反者判处 15 年监禁。2000 年 1 月 20 日,缅甸邮电部规定,互联网账号不得共享;创办网页需经政府批准,并且不得有任何政治内容。2000 年 5 月,缅甸政府又规定,所有的电子邮件都要经过缅甸邮电部的系统,上网者不得使用外国公司提供的私人电子邮件服务。这些措施主要是为了防范政治对手利用互联网开展活动和宣传。至

2000 年，缅甸的互联网用户只有约 1 000 人。[①]

　　2005 年，开放网络促进会（OpenNet Initiative）将缅甸列为全球"最广泛"使用互联网屏蔽手段的国家之一，该国屏蔽了 84％的网页和过滤了 85％的电子邮件。但从 2011 年 3 月缅甸半文官的新政府主政以来，缅甸的新闻政策较为平稳地发生了变化。2011 年 10 月 27 日，新政府宣布正式解除对 Facebook、Twitter、BBC、Youtube、VOA 等网站的封锁。2012 年 6 月开始，取消了新闻审查制度。2013 年 4 月 1 日起，缅甸政府宣布允许私营日报出版，当日有 16 种报纸获准出版。

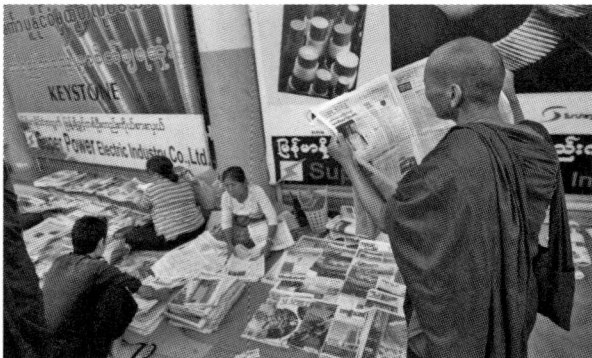

2013 年 4 月 1 日，缅甸民营报纸获准出版

2. 新闻传播业总体水平落后

　　这个地区人口过于密集，在近 500 万平方公里的土地上集中了 15.64 亿人口，民族众多，语言复杂，宗教纷争较多，加上地形复杂，除了大城市，交通通信落后，因而即使新闻传播有所发展，收音机、电视机社会拥有两较高，被巨大的人口一除，便显得微不足道了。

　　各国发展缓慢的原因，差异较大。印度新闻传播由于种族繁多、缺乏能够流通全国的共同语言，而受到较大限制，但是区域小媒介发展较快，作为信息产业主要成品的电脑软件的生产，在世界居领先地位。巴基斯坦、斯里兰卡，新闻传播业发展不那么快，与国内外冲突较多、经济发展受到制约有关；尼泊尔受到处于内陆深处的地理条件的限制，2 100 万人口中收音机和电视机拥有量低于周边国家；孟加拉国连年自然灾害，极为贫穷，收音机和电视机拥有量是这个地区最少的。缅甸则与其经济发展过于落后和长期的政治高压有关。不过，最近若干年，缅甸的电视机社会拥有量在成倍地增长。

---

① http://www.rsf.fr/uk/home.html.

三、东亚

东亚包括中国(含香港、澳门、中国台湾)、日本、朝鲜、韩国等,这个地区是西方现代新闻传播文化最晚到达亚洲的区域,并且没有任何一个西方国家完全占领一个国家,倒是位于这个地区的日本,成为占领邻国的头号侵略者。因为这里存在较东南亚、南亚更为稳定的亚细亚文明(中国文化圈),文化积淀深厚,西方的新闻传播文化与之碰撞和磨合的过程相对长些,因而各国出现现代报刊晚一些,均在19世纪。但是一旦开放,原有政权的解体也较快,这就如马克思叙述中国时所说:"与外界完全隔绝曾是保存旧中国的首要条件,而当这种隔绝状态在英国的努力之下被暴力所打破的时候,接踵而来的必然是解体的过程,正如小心保存在密闭棺木里的木乃伊一接触新鲜空气便必然要解体一样。""野蛮的、闭关自守的、与文明世界隔绝的状态被打破了,开始建立起联系,这些联系从那时起就在加利福尼亚和澳大利亚黄金的吸引之下迅速地发展了起来。"① 由于纳入了世界贸易和交往体系,东亚国家的现代新闻传播业起步晚,但发展快。也由于文化积淀深厚,与其他地区的发展中国家相比,这个地区的媒介具有更多的本国文化的特色。

东亚出现现代新闻传播,从地理上看,来源于东南亚。中文最早的现代期刊不是出现于本土,而是在东南亚的马来半岛和爪哇岛。日本的现代新闻传播业,直接来源于印尼出版的荷兰文报纸。中国在19世纪上半叶出现现代报刊后,又影响到日本(19世纪中叶)和朝鲜半岛(19世纪末),后两者的早期报刊中,有一部分是从中国传过去的。经过一二百年曲折的历史,20世纪60年代以来(中国大陆是80年代以来),东亚(除了朝鲜)成为世界新闻传播业又一个快速发展的地区。中国在改革开放的背景下,新闻传播业的发展速度极快。此前,日本、韩国、中国的台湾、香港地区,伴随着经济腾飞,新闻传播业也进入了高速发展时期。

1. 总体较为发达的新闻传播业

这个地区的日本,1.29亿人口,日报总发行量20世纪70年代以后持续保持每千人500份的记录,是世界上日报发行最密集的发达国家之一;收音机和电视机已经饱和。韩国人口4 500万,日报的总发行量超过每千人250份;收音机和电视机也已经饱和。中国台湾和香港,日报总发行量分别达到每千人200份和300份,收音机和电视机也基本饱和。中国大陆最近30多年经济飞速发展,日报发行量每千人70份,2011年全国有线广播电视入户率达49.43%,其中数字电视用户首次突破1亿户。

东亚各国家和地区的发展如此之快,各有具体原因,其中较为共同的,是这

---

① 《马克思恩格斯全集》第9卷110-112页,人民出版社1961年版。

个地区的民族较为单一(中国虽是多民族国家,但汉族占 92%)、主要语言的覆盖面在一个国家或地区内几乎是百分之百。因而只要获得机遇和自由发展的条件,媒介产品的生产可以做到规模化,信息易于广泛而迅速地传播。

2. 两种不同的新闻体制

中国大陆、朝鲜实行的是社会主义新闻体制,坚持共产党对新闻传播业的领导;其他国家和地区实行的基本属于自由主义的体制。但是情况又有所差异。日本报刊业完全民营,广播电视业公营与民营并行。韩国 80 年代末以后,与日本的新闻大体相同,而此前的新闻政策,自由主义基本停留在字面上,政府对报刊业的控制十分严厉,广播电视实际上国营。中国香港一向是自由主义体制,只有一家属于政府的广播电视机构。中国台湾 80 年代末以后的新闻传播业实行自由主义政策。

不论何种体制,东亚各国媒介与政府之间有传统的联系。社会主义国家的联系是直接的,主要责任是宣传党和政府的方针。日本、韩国表现为间接联系,媒介监督政府的职能并不显著。中国台湾和香港的媒介对当权者的监督则带有较多的商业炒作成分。

四、中亚

中亚各国(哈萨克、乌兹别克、塔吉克、吉尔吉斯、土库曼)原来是前苏联的加盟共和国,这里把靠近中亚的蒙古也算在中亚(严格说它地理上应算东亚,考虑到它原来属于前苏联的势力范围的历史)。这些国家处于亚洲腹部,前者原来分别是哈萨克汗国、浩罕汗国、布哈拉汗国、希瓦汗国等。19 世纪陆续并入沙皇俄国。现在哈、塔、吉等国的部分领土(共 150 万平方公里)原来是中国的一部分,19 世纪末被俄国强行割占。蒙古原是中国的一部分,1921 年宣布独立,成为前苏联的势力范围,1949 年中华人民共和国与其建立外交关系。这些国家现在的新闻传播业,是西方文化间接传播的结果,大多不是直接由西方人创办的。中亚地区最早的报纸,是 1870 年由俄国地方当局在现乌兹别克斯坦首府塔什干出版的《突厥斯坦新闻》,最早的广播电台 1923 年出现在哈萨克斯坦的大城市阿拉木图。蒙古最早的报纸出现于中华民国初年,但真正对社会产生影响的新闻媒介是宣布独立前于 1920 年创办的《蒙古真理报》和 1921 年建立的蒙古通讯社,广播开始于 1934 年。这个地区的电视均是在 20 世纪 60 年代以后出现的。

1991 年前,中亚各国都颁布了语言法,确立主体民族语言的国语地位,将俄语作为族际交际语。1991 年以后,这个地区的新闻政策总体上从斯大林式社会主义逐渐转向自由主义,报刊多数转变为独立报刊;广播电视和通讯社允许民营,但发展缓慢,依然以国营为主。

这几个国家中,哈萨克斯坦发展相对较快,2011 年登记注册的媒体 8 248 家

(含报纸、杂志、广播、电视),真正发行或运作的为 2 513 家。吉尔吉斯斯坦登记注册的媒体为 900 多家,同样只有约 1/4 的媒体实际运作。塔吉克斯坦各地区定期发行的国营报纸有 69 家,大多数发行量 500～1 000 份,多数为半月刊,只有 2 家报纸发行量超过 5 000 份,略有盈利。乌兹别克斯坦 2010 年有 468 万网络用户,占总人口的 16.8%。土库曼斯坦目前的收音机拥有量为千人 266 台,也是世界上互联网接入率最低的国家之一,只有 6.48 万网络用户,占人口的 1.3%。[①]这个地区的新闻传播业虽然已经进入了现代社会,但总体不发达。其中费尔干纳盆地地区,以及塔什干、阿拉木图等大城市,是中亚新闻传播的中心地带。

阿富汗属于中亚国家,长期战乱。阿富汗 1965 年有了电视,但 1992 年北方联盟执政以来,特别是 1996 年塔利班直接统治以来,他们所到之处电视迅速消失了,民间也没有了电话、电脑。女子学校被关闭,首都喀布尔学校教师 70% 为女性,医院医生护士 40% 为女性,塔利班统治时期所有女性被剥夺了工作的权利,所有女孩不得接受教育。这也意味着很多男孩也得不到教育和医疗。2001 年美国对阿富汗的战争后,阿富汗逐渐回到了文明轨道,电视得以恢复,很多女性新闻工作者出现在电视主播人的岗位上。

2002 年阿富汗战后恢复电视

亚洲现代新闻传播业的发展所呈现的复杂状况,从在世界的地位和对周边的影响力角度考虑,这里以亚洲最发达的国家日本、世界人口最多的国家中国,以及人口居第二位的国家印度作为详尽研究的对象。东南亚国家整体上对世界已经产生影响,但若选出单独研究的国家,哪个代表性都有限,故这里暂略去对东南单独国家的研究。

---

① 赵永华《中亚转型国家的新闻体制与媒介发展》第 5、61、127、240－242 页,中国书籍出版社 2013 年版。

第十四章

印度新闻传播史[①]

　　有实物可考的印度文明史可以追溯到公元前 2500 年的哈拉帕文化（在今印度和巴基斯坦交界的旁遮普地区），除了较为发达的生产水平外，出土的 2 000 多枚印章上的文字，是印度最早的文字（至今没有完全译出）。印度有文字可考的历史开始于用印欧文字体系的吠陀梵文写的"吠陀"（意"知识总汇"），共四部。最早的《梨俱吠陀》（又译"颂赞吠陀"），产生时期为公元前 1500 年左右，内容为祭祀时朗诵的赞美神的诗。公元前 5 世纪起，逐渐形成的印度民间口头创作的史诗《摩诃婆罗多》《罗摩衍那》在社会传诵，到公元前后得以有人编订。16 世纪《罗摩衍那》被改写为印地文，传播更为广泛。这两部史诗前者长达 20 万行，包括许多神话故事、宗教和法律方面的论述、两支雅利安人部族之间的战争故事（此故事占 4 万行）等。后者有 4.8 万行，集中讲述了英雄罗摩远征锡兰的故事。公元前数世纪由佛教和尚积累而成的《佛本生经》，用巴利文汇集了 546 个远古佛教民间故事和寓言。以宗教内容、诗和散文的形式为主的信息传播，在上古时期，就已经成为印度社会信息传播的主要形式，并且佛教传播对亚洲广大地区（包括中国）均产生过重要影响。诗和散文的传播传统，至今对印度的社会信息传播（包括新闻传播）仍有影响。

　　印度本身的历史发展较为复杂，从公元前 4 世纪的孔雀帝国，历经多个王朝，到公元后的笈多王朝，以及曷利沙帝国（606—647，只有一代国王，即接待过中国玄奘和尚讲佛学的戒日王），上古印度的社会传播内容与佛教联系较为密切，著名的四次佛教经典结集，均发生在这个时期。其中较为典型的古代新闻传播，历史上只有阿育王时期（前 268—232）留下了记录，这就是铭刻在山岩和石柱（这种石柱高达 15 米，重 50 吨，柱顶雕刻有精美狮像）上的阿育王关于以佛治国的诏书（现存共 34 份），他要求臣民们祈求社会和谐，禁止节目聚会。

---

① 含斯里兰卡、缅甸、巴基斯坦、孟加拉国早期新闻传播史。

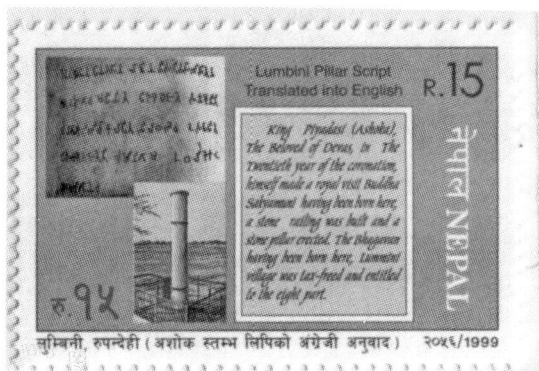

邮票上的阿育王石柱和铭文

7—11世纪，印度没有较大的相对统一的王朝，处于长期分裂状态。8世纪起，在公元前7世纪婆罗门教的基础上形成的印度教替代了佛教，成为印度社会传播最广的宗教。11世纪起，几个外族从西部和北部侵入印度，成为统治民族，前后建立了德里苏丹国（1206—1526）和莫卧儿帝国（1526—1858），伊斯兰教传入印度，阿拉伯语和波斯语先后成为宫廷语言。随着数千年几十个不同种族、不同宗教的较大王朝在印度的统治，造成印度的语言文字和宗教繁多，不同人群之间的沟通十分困难，这是印度产生现代新闻业最为直接的障碍。

最后一个印度古代王朝莫卧儿帝国，受到西方现代传播的影响，在其宫廷和贵族间开始流传手抄新闻信。伦敦皇家亚洲协会存有皇帝奥朗则布在位（1658—1707）时期的这类新闻信（我国有的研究者称之为"印度邸报"）散页数百张。

印度的最终统一是由英国人用血与火在19世纪完成的。此前历史上没有一个王朝完全统一过印度。因而在全印度实现新闻传播，是直接从外部植入的一种传播文化。印度的现代新闻传播业发展较为缓慢。20世纪90年代后，随着印度经济政策的改革，媒体市场焕发出巨大的活力，报业发展趋于多元化，电视发展异军突起，增势迅猛。

第一节　1780年至19世纪50年代，印度现代报刊的初创时期

早在16世纪，葡萄牙商人就曾将欧式印刷机带到了印度半岛西海岸，但并没有用于出版报刊。随后，荷兰、英国、法国等西方列强也来到印度，经过他们之间（主要是英法之间）的争夺，英国在印度取得了几乎独占的利益。1757年，英

国人与印度人在印度西部的普拉西展开了一次决战——普拉西战役,此后,胜利了的英国人开始在印度站住了脚,占领了印度东部恒河口一带的富饶土地(孟加拉地区),以英国东印度公司的名义,进行殖民统治(首府加尔各答的威廉斯堡)。此前英国人已经控制了印度半岛西海岸的商业城市孟买和东南海岸的商业城市马德拉斯。因此,印度最早的现代报刊,便是在这三个城市首先出现的。随着英国在印度进一步扩大殖民范围,1857—1859 年全国性的印度土著士兵起义失败后,英军占领了名存实亡的莫卧儿帝国的首都德里,此后英国不再以东印度公司的名义,而实行直接统治(英国国王为印度国王,印度总督称"副王")。此后的"英属印度"包括现在的印度、巴基斯坦、孟加拉国、斯里兰卡、缅甸,以及阿富汗的一部分。英属印度的现代报刊也随着英国人统治的扩张而出现在几乎所有英国实现统治的地区。换句话说,现在南亚次大陆主要国家的现代新闻业,都是英国人直接引入的。

《希基氏孟加拉公报》1781 年报头

1766 年,英国人博尔茨(William Bolts)在孟买出版了一份没有报名的报纸,其中包含一些抨击殖民当局的内容。该报存在时间不长,可算是印度新闻业的一个序曲。1780 年 1 月 29 日,另一个英国人(加尔各答东印度公司的印刷工人)希基(James Augustus Hickey)在加尔各答创办了印度第一家较正规的报纸《希基氏孟加拉公报或加尔各答大众广知者报》(*Hickey's Bengal Gazette or Calcutta General Advertiser*,1780 - 1782)。该报为英文周报,每期两页,主要报道政治和商业新闻。该报宣布:"这张关于政治和经济的周报向所有党派敞开,不受任何党派的影响。"随后希基还出版供英国本土人阅读的《孟加拉公报. 大陆新闻摘要双月刊》。这两家报刊之后,几年内出现了多家英文报纸,较早的如 1784 年作为英国孟加拉管区的官方机关报《加尔各答公报》(*The Calcutta Gazette*)、1785 年创办的《孟加拉新闻》、1785 年创办的《马德拉斯信使报》(*Madras Courier*)、1786 年创办的《加尔各答纪事报》、1789 年创办的《孟买先驱报》(*Bombay Herald*)、1790 年作为英国孟买管区机关报的《孟买信使报》(*The Bombay Courier*)、1791 年创办的《孟买公报》(*The Bombay Gazette*)等。1785 年加尔各答出版的《东方杂志》,是印度第一家杂志。

1802 年作为英国锡兰管区的官方机关报《政府公报》(*Goverment Gazette*),是为现在斯里兰卡最早的现代报纸。1836 年,英国人在缅甸毛淡棉(现在缅甸南部较大的城市)创办《晨星报》(*Morning Star*)和《毛淡棉纪事报》(*Moulmein Chronicle*),是为缅甸最早的现代报纸。1845 年,在英属印度西部沿海城市卡拉奇，英国人纳皮尔爵士（Sir Charls Napier）创办官方报纸《卡拉奇广知报》（*Kurrachee Advertiser*），是为现在巴基斯坦最早的现代报纸。1850 年英国在达卡创办的《达卡新闻》，是为现在孟加拉国最早的现代报纸。

这些报刊全部为英文，以在印度的英国人为主要读者对象。一出现报刊，在英国本土发生的新闻工作者争取新闻自由的斗争也再现于作为殖民地的印度，由于殖民当局采取的新闻政策总体上落后于本国，因而在英国人的圈子里出现这方面的自由派和保守派。

第一家报纸《孟加拉公报》出版后不久，就由于触犯了东印度公司的官员，出版者希基一度被关进监狱。印度远离英国本土，英国中央政权对其鞭长莫及，殖民当局的新闻政策常常因总督个人观点的变化而变化。1799 年，当时的总督威莱斯莱（Wellesley）发布法令，实行事先的新闻检查；不经许可不得举行公众集会。1818 年时的总督哈斯丁斯（Hastings）取消了预查制度，但批评殖民当局编辑要负法律责任。面对这种规定，一位军队的前大尉白金汉（J. S. Buckingham）于 1818 年创办《加尔各答报》（*Calcutta Journal*），对官员采取批评立场，维护印度人的利益，结果他在 1923 年被逐回英国，同年一项新法令替代了原来的，除了广告性报刊，其他报刊的创办实行申请许可证制。白金汉在英国创办《东方先驱报》，依然批评印度的殖民政策，一些内容《加尔各答报》予以转载，于是该报 1824 年被停刊。1818 年在孟加拉管区还出现一家温和自由主义的《印度之友报》（*The Freind of India*），该报被恩格斯称为"一家权威报纸"。[1] 1835 年，代理总督查尔斯·梅特卡弗（Charles Metcalfe）宣布废除书报检查，实行新闻自由，但当政不到一年便被解职。马克思在《印度史编年稿》中用着重号记载了这件事情，称赞他是"在印度最好的官员之一"[2]。

英国殖民当局对印度的多年统治，逐渐产生了印度本地的新型知识分子。他们中最早创办报纸的是印度人巴塔查基（G. Bhattacharjee），他于 1816 年创办了英文周报《孟加拉公报》（*Bengal Gazette*），但只出版了约一年。印度当地文字的报纸，首家是由英国传教士们创办的，即 1818 年在加尔各答出版的印地文报纸《新闻之镜》（*Samachar-Darpan*），创办人是传教士瓦德（Ward）、凯里（Carey）和马希曼（Marshman）。第二家印地文报纸于 1822 年在孟买创刊，即《孟买新闻》（*Bombay Samachar*），创办人马兹班，他同年还在孟买创办同名的第一家古吉拉特文报纸。

在最早创办本地文字报刊的历史中，印度早期现代社会活动家和哲学家罗易（Ram Mohan Roy）占有重要地位。他创办了印度第一个现代类型的社会组

① 《马克思恩格斯全集》12 卷 335 页，人民出版社 1962 年版。
② 马克思《印度史编年稿》第 54 页，人民出版社 1961 年版。

织"梵社"和第一所现代类型的学校"印度学院"。1821 年,他在加尔各答创办了第一家孟加拉文的报纸《明月报》,以及孟文期刊《孟加拉使者》;1822 年创办最早的波斯文报纸《镜报》(*Mirat-ul-Akhbar*)和《波斯文周刊》。其后几年,他还创办过数种英、孟文对照的期刊。他也是最早在报刊上从事政治和社会宣传的印度名人,他主张天赋人权、公民的各种政治权利、对异教宽容,反对种姓制度、寡妇殉夫、多妻、童婚等野蛮风俗。另一位印度作家伊绍钱德拉·古普塔 1831 年创办的《仁爱报》,以随后再出版《仁爱杂志》,也较有名。到 1833 年,印度已有大约 20 种用本地文字出版的报刊。

英属印度 1780 年以后较集中地出现现代报刊,主要原因在于英印商业贸易对于信息的需求,其次才是实行政治统治的需要。19 世纪 20 年代起,印度沿海孟买、马德拉斯、加尔各答等城市原来传统的印度商人种姓办的商馆,受到世界贸易的刺激,学习现代管理和银行业技术,逐渐发展为现代商业公司。对于英国各商业公司和印度本地的商馆来说,政治、经济的各种信息是一种必要的资源。除了经常出现和消失的政治性报刊外,当时的商业报刊也悄然地发展起来,例如 1818 年创刊的《加尔各答行情报》(*Calcutta Price Current*)、1838 年由爱尔兰人布伦南(J. E. Brennan)创办的《孟买时报》(*The Bombay Times*)。

印度早期的报刊特征是:以英国人办报为主,印度本地人办报为辅;以英文报刊为主,本地文字报刊为辅。英文报刊的主要功能是为商业利益而沟通信息,其次是发布殖民当局的政令。一些英国自由派人士创办的报刊,对殖民当局实行监督和争取新闻自由的斗争,则是另一道风景线。本地文字报刊的主要职能,除了部分服务于商业沟通外,相当程度上在于从事现代启蒙教育,与殖民当局的斗争尚没有提上日程。

第二节　19 世纪 50 年代至 20 世纪 40 年代,印度新闻传播业的民族斗争和党派斗争时期

作为殖民者来到印度的英国人是侵略者,他们为了满足贪欲而肆无忌惮地攫取印度的各种物质资源。但是他们无意中带来的现代文明与科学,也给予了印度人与殖民者进行斗争、走向现代社会的武器,这其中便包括现代新闻传播媒介——报刊、通讯社和广播。

英国在印度殖民统治 100 年的时候,即使从发展经济和巩固统治的出发,也需要考虑要在印度建立普遍的通讯网,实现初步的普及教育。这样的国家基本建设,19 世纪 50 年代有意无意地由当时的总督大贺胥侯爵(James Andrew Broun-Ramsay, Marquess of Dalhousie, 1812 - 1860,1848 - 1856 年在任)着手

进行了。他建立了公共工程部,修建铁路、公路、港口和灌溉设施,建立了全印度与欧洲之间的电报线、改进邮政;同时在孟买、加尔各答和马德拉斯建立了五所技术与医科大学,而全印度由传教士办的学校,在校学生已逾 30 万人。当时在印度现代经济最后出现的西北地区,也有三四十家英文和本地文字的报刊。

正是基于这种情况,马克思 1853 年谈到印度复兴的三个条件时,其中两个条件与传播有关,一个是电报,一个是报刊。他写道:"使印度达到比以前大莫卧儿统治下更加牢固和占地更广的政治统一,是使印度复兴的首要前提。英国人用宝剑实现

大贺胥侯爵,Sir William Lee-Warner 作

的这种统一,现在将被电报巩固起来,永远地存在下去。……在亚洲社会里第一出现的并且主要由印度人和欧洲人的共同子孙所领导的自由报刊,是改建这个社会的新的强有力的因素。……土著居民中间,正在成长起一个具有管理国家的必要知识并且接触了欧洲科学的新的阶层。蒸汽使印度能够同欧洲经常地、迅速地来往,把印度的主要海港同东南海洋上的海洋上的港口联系了起来,使印度摆脱了孤立状态,而孤立状态是它过去处于停滞状态的主要原因。"[1]

正是这些文明因素给印度人民带来了民族解放的意识,随着英国人对印度全境的占领,英印之间的民族矛盾也日益深化,不断发生的局部冲突到 19 世纪 50 年代中期,逐渐酿成了全国性的反英大起义。起义失败后,民族矛盾上升为社会主要矛盾,因而,19 世纪下半叶的印度报刊界,以使用的文字划界,出现一种奇特的现象:英文报刊不论是自由派还是保守派,基本上倾向于维护英国的统治(当然也有少数英文报刊支持印度民族解放);而各种本地文字的报刊,不论有多少内部的分歧,基本上倾向于反英(也有少数商业报刊从商人利益出发不同意反英)。此后的近百年印度新闻史,商业性报刊与政治性报刊同在发展,但不同报刊间的民族、党派性斗争是印度报刊发展的主线。

一、印度民族运动报刊在各地的出现

印度民族运动的报刊首先出现在英国在印度的行政中心加尔各答,19 世纪 50 年代那里就建立了温和派的英属印度协会,其政治纲领第一条是:"在国内确立社会舆论。"[2]从 50 年代起陆续出现一批较有影响的本地文报刊,例如由哈里

---

[1]《马克思恩格斯全集》9 卷 247 - 248 页,人民出版社 1961 年版。

[2] 安东诺娃等主编《印度近代史》下册 689 页,三联书店 1978 年版。

什钱德拉·穆克尔吉编辑的《印度爱国者报》（该报从 1861 年起为印度协会机关报，编辑克利斯托·达斯·帕尔）、由高希（Ghosh）兄弟 1868 年创办的《甘露市场报》（*Amrita Bazar Patrika*）、由孟加拉文作家邦基姆·钱德拉·查特吉 1872 年创办的《孟加拉评论》杂志，以及《印度镜报》《考察》杂志、《月光报》《孟加拉人报》《婆罗门舆论报》等。在 70 年代，英属孟加拉管区已经有约 80 种本地文字的报刊。

在西海岸的孟买附近，这一时期出现了马拉提文的《马哈拉施特拉之友报》《德干明星报》等主张民族独立的报纸。著名的印度民族运动领袖提拉克（B. G. Tilak）从 19 世纪 70 年代开始在这一带创办学校，并于 1881 年在浦那（孟买东南 60 公里的一个城市）创办马拉提文《猛狮报》（*Kesari*，对象是广大马拉提语的公众）和英文《月光报》（对象是印度知识分子）。

在印度北部，印度士兵起义失败后受到最严厉的控制，1861 年仍然出版着 17 家印地文和乌尔都文报纸。19 世纪 60—70 年代，著名印地文作家婆罗丹都·哈利什钱德拉在贝拿勒斯创办《贝拿勒斯报》和《觉醒者报》，以及一些文学杂志，广泛讨论政治、宗教、文学和历史问题，影响较大。

印度西北部存在印度教和伊斯兰教两大教派，但在对英民族运动方面有共同的利益。1870 年，出现首家穆斯林复兴运动的乌尔都文周报《阿门新闻》（*Akhbar-i-Aam*），创办人拉尔（M. Lall）。1881 年，在《孟加拉人报》工作的民族运动领袖奥罗宾多·高希（Aurobindo Ghosh）来到拉合尔（现巴基斯坦东部城市），用印地文、旁遮普文和英文出版《论坛报》（*The Tribune*），该报成为印度西北部民族报刊的中心。

在南部的马德拉斯，1878 年苏布拉马尼亚（G. Subramania）等六人创办英文周报《印度教徒报》（*The Hindu*），虽然创刊号仅有 80 份，但该报编辑部成为后来当地民族主义组织"马德拉斯士绅会"的中心。

这一时期，印度知识分子为从事民族运动而创办报刊，已经成为自觉行动，将民族报刊视为民族产业的一部分。19 世纪 70 年代初，民族运动左翼领袖博隆纳特.钱德拉在阐述经济纲领时说："我们应该用自己的双手建立起民族的学校和学院、民族的报刊、民族银行和商会、自己的大小工厂、市场、农场和造船厂等等。"①

二、民族运动的报刊向全国的发展

1885 年 12 月印度召开第一次国民大会（此后形成国大党），以及 1906 年穆斯林教联盟和印度教大会党的成立，标志着印度的民族运动从地方性的活动转

---

① 安东诺娃等主编《印度近代史》下册 691 页，三联书店 1978 年版。

向了全国规模活动。此后报刊的民族主义宣传,尽管出版是地方性的,但主要报刊的影响则是全国性的,因为有了全国性的团体。民族运动的领袖中,甘地(M. K. Gandhi)和提拉克的报刊活动影响深远。

被称为"圣雄"的甘地,从 1904 年就开始了通过报刊从事民族宣传活动,他担任在南非德班用英、印地、泰米尔、古吉拉特等文字出版的《印度舆论》周刊的经营者和发行人达 10 年,几乎每期刊物上都有他的文章。他 1915 年回国后实际上成为国大党的领袖。两位在国内掌握刊物的出版者分别将自己的英文周刊《青年印度》(*Weekly Young India*)和古吉拉特文月刊《新生活》交给了甘地。他在古吉拉特邦的大城市艾哈迈达巴德编辑出版这两份期刊,提出了"为反对强权争取权利而战"的口号,多次被因言治罪。1933 年,他创办印地文周报《贱民》,为社会最下层的贱民(不可接触者)争取公正的社会权利。

19 世纪 90 年代,提拉克逐渐从民族运动的温和派转向激进派,成为国大党的主要领导人之一,多次因反英斗争而被判罪,而其主编的《猛狮报》和《月光报》因他的崇高声望而非常畅销。

国大党的其他领袖,例如担任过国大党主席的阿萨德,1912—1916 年间创办多家英文和乌尔都文报刊,后均被查封,本人入狱 4 年。另一位领袖苏巴思·昌德拉·包斯于 1922 年创办《前进报》,两年后也被查封,本人入狱。办报较为成功的是贾瓦哈拉尔·尼赫鲁(J. Nehru, 1889 - 1964),他于 1938 年在印度北部城市勒克瑙创办国大党机关报《国民先驱报》(*National Herald*),这与当时国际环境和国大党的力量相对强大有关。

这一时期著名的来自爱尔兰的女社会活动家安妮·白山特夫人,在马德拉斯开展了一系列自治宣传活动,1913 年她创办的《新印度报》是这一活动的中心。

这一时期穆斯林报刊的发展也较快,1910 年,著名诗人卡恩(Z. A. Khan)创办乌尔都文《柴明达尔报》(*Zamindar*,该词指英殖民下的一种印度土地制度)。穆斯林教联盟领袖真纳(M. A. Jinnah),也于 1934 年创办印度东方通讯社(POI),并协助创办了多家英文和乌尔都文报刊,其中最著名的是该联盟机关报《黎明报》(乌尔都文)。

20 世纪初,印度的反英情绪日渐高涨,除了上述领袖人物创办的报刊外,孟加拉地区的几家报刊表现出更为激进的倾向,其代表是 1906 年一个秘密社团出版的孟文《新时代报》、20 世纪 10 年代的孟文《晚报》,以及老报纸《印度爱国者报》。

到 20 世纪 30 年代,绝大多数的印度本地文字的报刊都表现出要求国家独立的倾向。第二次世界大战期间,多数本地文字报刊也积极支持英国抗击法西斯,成为英国的同盟者。作为一种回报,但直到抗战胜利之时,面对整个印度舆论要求独立的呼声,英国才不得不承诺印度独立。

三、悄然发展的商业报刊

正当政治性的本地文字报刊积极从事民族运动的时候,已经成为世界市场一部分的印度,经济发展的需要也造就着商业报刊发展的契机,并且原来属于英资的政治或商业报刊的所有权,逐渐转移到印度本地的金融、工商业家族手中。其中最为重要的当属《孟买时报》。该报原为周二刊报纸,1850 年改为日报,1861 年与其他两家报纸合并,改名《印度时报》(*The Times of India*),由贝内特·科莱曼公司经营。20 世纪初,印度大银行财团之一的达尔米亚(Dalmia)财团看上了该公司从事黄麻贸易的势力而购买下该公司,顺手也就接下了该公司的另一项资产——《印度时报》。该报当时在英属印度是商业大报,报道新闻较为全面和客观,印度现代历史著作对它的引证较多。达尔米亚接手后的该报基本亲英,也多少有一些温和的印度民族主义倾向。

1891 年的《印度时报》

带有较强烈的民族主义色彩的《甘露市场报》,后来以加尔各答的这家母报为基础,又创办了几家同名的其他城市版,不断扩展自己的发行范围;1937 年高希家族再创办孟加拉文《划时代报》(*Jugantar*),成为印度东北部的一个较大的民族报团。

1875 年英国人罗伯特·奈茨(Robert Knights)在加尔各答创办大众化的英文《政治家报》(*The Statesman*),售价是当时印度报纸中最低的(仅为普通报纸价格的 1/4),政治上亲英。1922 年,印度最大的经营中介贸易、钢铁、纺织等工业的塔塔(Tata)财团购买了该报,以后又在该报的基础上创办了一些新报刊,形成印度东北部的一个较大的报团。政治上依然倾向英国,但经营上完全商业化。

英国在印度殖民统治的政治、经济和文化中心是加尔各答,因此行业的商业化转变很快扩展到报业。1922 年,萨卡尔(Sarkar)家族在已经报刊云集的加尔各答再创办孟加拉文《喜欢市场报》(*Ananda Bazar Patrika*),以大众化的内容吸引了相当的本地人读者。1937 年,该家族又创办英文《印度斯坦旗帜报》

（*Hindustan Standard*），从而成为印度东北部最大的民族报团。

印度南部的《印度教徒报》，原为周报，1883 年改为周三刊，1889 年成为每日出版的晚报，后来又改为日报。1919 年该报由卡斯图里·斯里尼瓦桑（Kasturi. Srinivasan）买下，一方面依然是南部民族主义的喉舌，一方面向商业化报纸发展，成为在全国有影响的报纸之一。

《印度斯坦时报》（*The Hindustan Times*）本来是一家在印度北部古老城市巴特那（孔雀帝国都城）的英文报纸，创办于 1918 年。1923 年创办首都德里（英国人 1911 年从加尔各答迁都德里）版后开始闻名。第二次世界大战后，该报成为印度最大的财阀之一比尔拉家族（Birla，经营银行和各种工业）买下的大报刊之一。

在印度独立前，民族独立越来越成为社会的主要呼声，因而政治性报刊或报刊的民族色彩更为人们所关注。而一旦独立了，报刊的商业性质和垄断程度就以印度特有的传统形式显现出来了。

四、通讯社和广播的出现

面对分布在 300 多万平方公里的英属印度的众多报刊，加之语言种类的繁多，报刊新闻稿的批量供应提上了日程。一些印度本地报刊开始考虑建立通讯社。1908 年，印度联合新闻社（Associated Press of India）成立。但是由于印度语言、宗教过多而分散，通讯社经营困难，于 1919 年成为路透社的附属机构。英国通过路透社，也就控制了印度新闻流通的主导方向。印度独立前，路透社一直是印度各报刊的主要新闻来源。

1923 年 11 月，加尔各答的一群无线电爱好者建立了一个广播俱乐部，他们开办的广播，是为印度最早的广播事业。第二年，在孟买、马德拉斯也出现了类似的广播俱乐部。这些俱乐部一般每天广播 2.5 小时，属于实验性质。1927 年 7 月，获得英国殖民当局颁发的特许经营证书的印度广播公司（Indian Broadcasting Company），开始同时在加尔各答和孟买定时播音。这是一家英国人的私营公司，经费 4/5 来自收听费，其他为无线电材料的销售收入，主要听众是欧洲人社区的西方人和西化印度人。

1930 年 4 月，由于该公司经营困难而被殖民政府的劳工部接管，更名为印度国家广播服务处（Indian State Broadcasting Service），又增设了马德拉斯、德里两个广播电台。1936 年 6 月，殖民当局仿照英国 BBC 的管理模式，将印度国家广播服务处改组为全印广播公司（All India Radio），专设一个政府部来管理，1939 年 10 月开设了对外的国际广播节目，当时主要服务于反法西斯战争。该公司此后又在中部的海德拉巴、北部的勒克瑙和南部的迈索尔等较大城市建立了广播电台。到印度独立时，全国仅有 9 家广播电台，面积覆盖率只有 25%，持有收听证的听众 24.8 万,对于全社会的影响力很小。

五、英国殖民当局对本地文报刊的箝制性新闻政策

在英国人的圈子里,批评官方尚要进行斗争,但总的说已经赢得了一定的自由权利。而面对印度人用各种本地文字出版的报刊,殖民当局的控制一向相当严厉,于是形成了一系列本地文字的报刊与当局斗争的历史。

19 世纪 50 年代的全印起义失败后,英国殖民当局制定了各种法律,对印度本地文字的报刊实行控制。本地文字的报刊或者必须缴纳高额保证金,或者必须将出版的内容全部交付审查。只要各管区的警官判断报刊刊载了反政府的和"教唆"性质的材料,就有权以行政方式停止报刊的出版,出版者和编辑可能判处巨额罚款和遭到监禁。这一政策的倡导者之一孟加拉省的总督阿•艾登(阿希利勋爵)曾与《甘露市场报》创办人之一什什尔•库尔马•高希(Sisir Kumar Ghose)会见,他说:如果您准备刊登批评政府的文章预先交给我看看的话,我将支持您的报纸,将同您商讨有关治理本省的问题。高希感谢总督的高贵的建议,同时谦逊地说:印度至少应该有一个忠实的新闻记者。为此,高希紧急把英文和孟加拉文的《甘露市场报》,变成完全的英文报纸,逃避了出版法规的范围,才使他的报纸免于被查封。① 1882 年,由于《月光报》刊登的一篇文章批评了一个土邦的大臣,提拉克和另一位编辑被监禁四个月。1883 年,《孟加拉人报》编辑苏伦德兰纳特•班纳吉以刊登"教唆性"材料被投入监狱。

到 19 世纪末和 20 世纪初,面对高涨的民族运动,殖民当局两度扩大了"国家机密法"的适用范围,使得报刊上对当局的批评,可以轻易判定为造成对政府的"怀疑和仇恨",从而当事人被判罪。还有 1907 年公布的"防止聚众暴乱法",几家东孟加拉的日报的编辑,就是依据这个法律被控"煽动叛乱罪"的。1908 年 6 月,政府又公布了"取缔教唆犯罪报刊法",根据这一法律,全印激进派的合法报刊几乎全部被封闭。1910 年,新公布的出版法又将"教唆犯罪"的范围扩大到对于印度王公、法官和行政官员行为的评论,违犯者不由法院,而由地方当局审理,从而为地方官员进一步的逞凶肆虐提供了条件。此后的 10 年间,依照该法被查禁的出版物 500 种,遭受迫害的报刊 300 多家。1931 年公布的报业有害材料法案,规定了数种主观性质的报刊罪行,诸如"煽动仇恨和蔑视政府"、"煽动阶级不和"等等,第二年许多从事民族运动的报刊编辑和撰稿人就是以此被判罪的。

英属印度的出版法律属于英吉利法系,虽然废除事先的新闻检查较早,形式上似乎实现了新闻自由,但可以依据其他许多涉及新闻出版的法律条文,依习惯

---

① 安东诺娃等主编《印度近代史》下册 741－742 页,三联书店 1978 年版。

和惯例的不确定性行事。如果整体环境处于严厉控制时期,这就可以给主观判断的定罪创造充分的条件。所以恩格斯 1844 年关于英国早期法律特征的论述,适用于说明英属印度的情况。他说:"英国这种自由也还是很有限的。诽谤法、叛国法和渎神法都沉重地压在出版事业身上;如果说对出版事业的迫害还不算多,那末这并不是由于法律,而是由于政府害怕因采取压制出版事业的措施而丧失民心。英国各党派的报纸每天都在违反出版法,……但人们对这一切都假装没有看见,等到时机成熟便来一场政治诉讼,那时再连出版物一起拿来算总账。"[①]英国统治下的印度,对报刊(特别是非英文报刊)的控制要比英国本土严厉得多,其形式上宣布的自由和实际上对自由的剥夺,微妙之处就在于它的法律的"灵活性"。

　　为了形成某种报刊界与当局的沟通与平衡,印度的报业主们 1939 年成立了印度报业公会,1940 年接着成立全印报纸主编大会,前者协调经营和财物方面的共同问题,后者协调政治法律方面的共同问题,同时负有代表报界与政府就经济、政治问题进行交涉的义务。1942 年以后,一些邦还成立了地方性的报刊咨询评议机构。这些组织在某些不大的问题上维护了新闻界的权益,但在总体上是与殖民当局合作的。

第三节　英属印度各部分独立后的新闻传播业

　　英属印度的各个部分在 1947—1948 年间各自独立为印度、巴基斯坦、锡兰(现在称"斯里兰卡")和缅甸。1971 年的印巴战争又将巴基斯坦肢解为现在的巴基斯坦(原西巴基斯坦省)和孟加拉国(原东巴基斯坦省)。因而,此后本文关于印度新闻史的论述,是现在的印度。为衔接起见,这里分别说明一下英属印度其他部分走向独立时的新闻史。

　　巴基斯坦与印度同时宣布独立。现在的巴国是独立时巴国的西巴省。巴国独立时一些在现在印度境内出版的穆斯林报纸纷纷迁到巴境内继续出版,其中较重要的是《黎明报》《晨报》。巴国境内原来英属全印广播公司的三个地方广播电台(白沙瓦、拉合尔、达卡电台),成为巴国国家广播公司的起家电台。巴国境内附属于路透社的印度联合新闻社分社,1949 年改组为巴国报业托拉斯,是为当时巴国最大的通讯社。

　　斯里兰卡 1848 年独立时,英国人在斯的报纸所有权大多转到当地财阀手中,其中最重要的是英国人维吉瓦德尼(D. R. Wijewardene)原来所有的《锡兰

---

① 《马克思恩格斯全集》第 1 卷 695 页,人民出版社 1956 年版。

时报》(*The Times of Ceylon*)。1925年英国人建立的长波锡兰电台,成为该国的国家广播电台,归新闻广播部领导。

缅甸1948年独立前,已经于1937年脱离英属印度,由英国总督直接管辖。缅甸独立时,英国人和缅甸人办的报刊多数在日本占领时被封闭,只有《太阳报》(*The Sun*)和《新缅甸之光》(*New Light of Burma*)维持到光复之后。独立后原来的缅甸报刊到1950年均由于经济原因不复存在。1938年由英属缅甸政府建立的政府广播电台,后被日本人接收,光复后盟军东南亚总部将该台改组为仰光电台,后改名缅甸电台。独立后该台成为政府的官方广播电台。

孟加拉国1971年建国,原巴基斯坦在东巴的官方报纸撤回西巴,原巴基斯坦时期于1953年创刊的孟文《团结报》(*Ittefaq*)成为主要报纸。原巴基斯坦地方性的达卡广播电台(1929年最早由英国人开办)改为国家广播电台,原巴基斯坦联合通讯社东巴分社改为孟加拉国家通讯社。

现在回到独立时的印度。印度的独立,对于印度新闻界来说并没有立即发生很大的变化,也没有带来很大的震动。在此前数年,甚至几十年,印度资本购买英资报刊的财权转移活动就悄然开始了。当宣布独立的时候,新闻界的英资已经基本退出,让位给印资。新闻界从殖民地时期过渡到独立,不是打破,而是基本继承了英国人留下的文化传统。不同的是,印度报人有了主人意识,由于少了英国殖民者这一层的控制,报刊的自由度似乎较殖民地时期要多些。

独立后,基本私营的印度报刊依然照常运转,唯一需要交接的是通讯社与广播公司;以及将基本继承的殖民地时期的新闻出版法规进行某些不大的词汇改动。

1947年,印度的几家主要报纸,联合组建印度报业托拉斯(Press Trust of India),几年内逐步接收了路透社和附属的印度联合新闻社在印的资产和业务。"印报托"为私人通讯社,凡是购买印报托新闻稿的印度新闻媒介均可购买该社股票。此后该社一直是印度最大的通讯社。

全印广播公司移交给独立后的印度政府信息和广播部,根据当时的印度电信法,只有国家有权建立广播电台。1959年9月,在联合国教科文组织的协助下,印度进行了电视播出实验,同年年底在联邦德国援助下面向社会试验性播出节目。当时全国仅有21架电视机(联合国教科文组织很快又送了50架,一年后美国福特基金会送了250架)。直到1965年,印度正式开办电视台,该台属于全印广播公司。

独立之时的印度报业中,又出现一个较大的报系,这就是戈恩卡(Goenka)家族的以《印度快报》(*Indian Express*)为主的报系。戈恩卡家族是印度从事工矿业和金融业的大财阀之一(控制报团的是两个有宗族关系的戈恩卡家族),1940年创办《孟买快报》时,报纸尚没有多大名气,但1953年出版德里版《印度快报》以后，快报集团开始迅速向全国扩展，出版了 12 个城市版，在国外 10 个城市设立办事处。这样，印度独立后各个财团报系之间的竞争明显地加剧了。

独立之初的原英属印度的各个部分，新闻业没有发生根本性变化，和平过渡，但是原来英国人统治时期尚不明显的各种内部矛盾，也开始逐渐显露出来。虽然历史上英属印度的新闻界为自己的生存进行过斗争，但是斗争基本的和平性质，以及不对抗不合作的"斗争"传统，使得新闻自由本身很脆弱，缺少真正法治化的保障，各种社会集团的私利都以新闻业中的自由或限制的方式，留下了自己明显的印记，独立后的印度新闻业尤其如此。

第四节　独立后印度新闻传播业的发展特征和变化

理解了印度新闻业内部的，以及与政府与执政党的种种利益冲突，是理解印度新闻业发展的钥匙。

一、从不稳定到相对稳定的新闻政策

印度 1949 年的宪法规定了新闻自由，并规定关于议会和立法会议进程的报道，只要属实，不受民法或刑法的追究。这比殖民地时期前进了一步，等于承认了媒介监督的权利。但宪法关于紧急状态下可以停止执行包括新闻自由在内的各项人权的条款，也给后来印度历史上多次以宣布紧急状态为由迫害报刊埋下了伏笔。具体的关于新闻出版的法律，独立初期的印度多数保留了下来，只是对其中一些主观性标准的表述作了某些靠近法治化的改动。这也为后来某种程度再现殖民者压制新闻业的做法，提供了法统依据。

由于印度的大报刊独立时就已经形成了家族财团控制的局面，因而新闻界与政府的关系，主要表现为这些财团与政府的利益关系。对于独立后的政府首脑尼赫鲁来说，巩固权力比尊重新闻工作者的权利重要。例如他在 1951 年 5 月提议修改宪法第 19 条，要求取消"言论自由"这项公民的权利，理由是防止利用言论自由危害国家安全和对外邦交。尽管他解释这不是针对新闻界的，并作出一些保证，但这个建议一直受到全印主编大会的抵制。7 月，议会通过关于这个建议的提案，新闻界大哗。印度所有报纸在 12 日停刊一天以示抗议，主编大会举行特别会议决定停止各地报刊咨询委员会的工作。这是印度历史上少有的一次全印新闻界的统一行动，显示出新闻行业权利意识的增强。此次事件也首次显现出当政的国大党与家族财团的报阀们之间的利益冲突。

1950 年 10 月，印度新闻工作者联合会（India Federation of Working Journalists）成立，如果说全印主编大会是报刊老板们的组织的话，这个组织则

是全印普通新闻工作者的组织,带有行业工会的性质,主要责任是维护新闻工作者的权益和保障言论自由。这个组织的建立标志着独立后印度新闻工作者自身权利意识的增强。

1952年9月,为对新闻业有一个全面的回顾和现状调查,仿照英国的传统,政府与报业间协调后成立了第一届新闻委员会,对此做出报告。1954年,该委员会提出一个报告,提出废除殖民时期各种关于新闻工作的法令,制定新的法律法规、建立全国性新闻自律组织印度新闻评议会(Press Council of India)等建议。这个文件被视为印度独立后维护新闻自由的权威性文件。但由于各种分歧,评议会直到1965年才成立。

独立后,原来与英国殖民者的民族矛盾弱化,报阀们在许多问题上与国大党的"印度社会主义"政策的矛盾显现,冲突不断;新闻界内部也发生不少冲突。所有这些矛盾主要在于对报业垄断的限制与反限制。而在报阀们与政府的冲突中,报阀们的利益中也有部分新闻工作者的利益,显示出矛盾的复杂性。

1974年,反对派发起全国性的反政府运动,政治形势恶化,大报刊与政府的关系也越来越紧张,100多家报刊被取消了政府刊登的广告。甘地的国大党政府突然于1975年6月宣布全国进入紧急状态,印度报刊遭受到全面的迫害,主要表现为:实行新闻检查,报刊稿件必须事先送审;报纸的用纸实行配给制,以此作为一种操纵的经济压力;将当时的四家通讯社合并,在新闻源上实行集中控制;取缔一批报刊,以警示其他存在的报刊。主要反对派报纸《印度快报》和《政治家报》成为重点打击对象,以《印度快报》评论家J. P. 拉扬为首的250多名新闻工作者被逮捕。紧急状态持续了9个月,仅前7个月全国就有2 522家报刊(208家日报、1 434家周报、362家双周报和518家月刊)被迫停刊。

紧急状态时期政府还公布了防止发表有害材料的法规,禁止对从邦长以上直至总统的各级官员的批评,授权政府对由于报刊引发的麻烦事件采取措施,包括封闭报馆以及印厂、没收风险基金和罚款,直至将发行人和编辑投入监狱。这几乎是英国殖民时期某些新闻政策的再现,不过当权者不是英国人,而是本国人的政府。

1978年人民党上台执政,从此结束了国大党一党长期执政的局面,多元政治使得家族财团报业与当权者的冲突得到缓解,新闻自由得以恢复,被合并的通讯社也重新各自运转。由于出现一些新情况和某些政策的调整,例如各邦的权力加大,出现与中央执政者不同党派执政的现象,各个邦较大的地方性语言文字的流通得到鼓励,在纸张、广告的分配上多少照顾到小报刊的利益(小报刊日渐增多客观上则抑制了财团报业的独占地位),广播公司从国营转变为公营,允许私营有线电视,允许外资在卫星电视业方面与内资合作、投资等,于是一种照顾到各方利益的印度特色的自由主义新闻业的模式得以逐渐稳定下来。

2002 年印度出台全国性法律《信息自由法》。"信息自由"指的是从任何政府部门获取信息的权利。2004 年 6 月,印度政府放宽 1955 年规定的对外国人办报的限制,有条件地开放报业市场。外国投资者最高可持有非新闻性印刷品74％的股份和新闻性报刊 26％的股份。2005 年 5 月人民院通过《知情权法案》,知情权被视为公民的基本权利。2005 年,印度出台《信息权利法》。该法律是在2002 年《信息自由法》的基础上进行的修改。该法的出台使印度成为第 55 个颁布保护公众信息权利法案的国家。该法规定公众享有获取信息的权利,公共管理机构具有提供信息的义务,并制定了具体的获取信息的流程。

上面谈到印度独立后新闻政策演变,基于印度独立后显现的矛盾,主要是家族财团对报业的垄断、语言文字繁多等引起的种种印度特有的新闻业景观。

二、印度报业家族财团的垄断

印度的种姓制度虽然在名义上废除,但是传统的刹帝利种姓(商人种姓)的经商活动的传统优势,是不大可能消失的,它们与西方现代市场经济很快就结合了起来,在印度经济生活中形成一种具有印度特色的各种行业垄断,报业也是如此。在独立前,印资逐步接收英资报业时,印度的报业私人垄断就已经形成,独立初期党派报刊一度较为抢眼,但是真正掌握报业实际权力的是印度几个最大的金融和工商业的家族巨头。因而在独立后,掌握大报刊的大财阀们的利益与政府之间就形成了相互利用和相互斗争的局面。印度报业家族财团垄断成为印度报刊独立后显现的第一个显著特征。10 个左右的较大报团始终左右着印度的报业,其中由印度三个最大的全国性家族财团控制的报系,实际上控制着局势,即以下三家:

(1)达尔米亚家族财团+贾殷(Jain)家族财团控制(其中达尔米亚家族控股约 25％,主管经营;贾殷控股 12％,主管编务)的印度时报系。这是历史最为悠久的报系,共有 41 种报刊,旗舰报纸是英文《印度时报》,副旗舰报纸是印地文《新印度时报》。

(2)比尔拉家族财团控制的印度斯坦时报系。该报系在印度报业中居第二位,有 13 种报刊,旗舰报纸英文《印度斯坦时报》在新德里和巴特那出版。

(3)卡斯图里家族财团的印度教徒报系,这是印度南部对全国有影响的报系,有报刊 4 种,旗舰报纸英文《印度教徒报》。

(4)两个戈恩卡家族财团控制的印度快报系。这是印度历史最短、一度实力最强的财团报系,本来有 36 种报刊,旗舰报纸是英文《印度快报》。1999 年,因家族内部矛盾报纸分成《新印度快报》和《印度快报》两个体系,该财团在报业的影响力下降。

另外,英国殖民统治时期印度政治、经济和文化中心加尔各答(在印度东北

部的孟加拉地区)还有三个地方性家族财团控制的报系,他们的报刊在全国报业中有明显优势,即:

(1)高希家族财团的甘露市场报系,这是印度东北部地方性报系中历史最悠久的,有报刊5种,旗舰报纸英文《甘露市场报》,副旗舰报纸孟文《划时代报》。

(2)萨卡尔家族财团的喜欢市场报系,有10多种报刊,旗舰报纸孟文《喜欢市场报》。

(3)塔塔家族财团的政治家报系,有报刊5种,旗舰报纸英文《政治家报》。

印度独立后由于国大党长期一党执政,该党的《国民先驱报》一度较有影响,并形成报团(有4种报刊),由几个北方地方性财团以及该党出资经营,在全国19个城市设有办事处。现在影响渐弱。

20世纪90年代,印度媒体包括报业在内经历了一次整体性改变。新经济政策的实行进一步搞活了媒介市场、地方势力的加强、持不同语种的人民文化水平的提高、印地语等印度本土语种报刊的增长势头超过英文报刊等因素使得印度报业在近年来朝着多元化的趋势发展。过去垄断全国的大报团的实际影响力在下降。根据印度报刊登记局的统计,2001年度,全印共有51 960份报刊,其中有40 215份是个人所有,5 095份是社会团体所有,2 334份是股份公司所有,1 775份是同人报刊。中央政府控制的报刊有404种,地方政府控制的报刊有379种。剩余1 758种报刊的所有权则分别归属信托公司、合作社、教育协会等。从发行量上看,个人所有的报刊占有的份额最大,达到45. 68%,股份公司所有的报刊发行量紧随其后,份额占到了43.51%。在这些所有者中,资产排名的前171家出版了817种报刊,总发行量也只占整个市场份额的40.69%。

三、语言文字的繁多给印度报刊带来的问题

由于历史的原因,印度数千年来成为许多不同的民族、种族和宗教交融的地区,古代信息的闭塞造成语言的地方性流通占主导地位,缺乏全国性的通行语言。独立时起草宪法,就不得不同时使用15种语言。而在报刊统计中,从20世纪50年代开始也不得不以18种主要地方性文字来划分报刊种类。英国殖民统治时期英语成为唯一流通全国的语言,但是懂英语的人大都是社会上层人士和知识分子,占总人口的比例小于1/10。印度本地语言中,只有北方的印地语占人口比例相对明显地高些(40%,但其中许多不同的部族语言依然差别很大),但讲其他十几种较主要的地方语言的,每种至少也有数千万人。这种特殊的国情造成以下一些印度报刊的特点:

(1)处于具体部族的印度人,除了会讲本部族的语言外,能够通晓一种部族外的文字,哪怕是一种较大的地方性文字,亦属于当地的"高级"知识分子了。因

而在印度,阅读报刊一向被看作是社会上层的事情。报刊的种数和发行量被庞大的人口一除不难发现,报刊读者的人数长期以来占人口比例是很小的,总体上也没有明显的高级报纸和大众报纸之分(只在少数大城市会有这种自然的划分)。

不过,近年来印度政府大力推行的文化普及教育收到了显著的成效,全国有阅读能力的人口比重大大增加了。2003 年,印度 15 周岁以上公民的识字率为59.5%,男性成年公民的识字率是 70.2%,女性的识字率是 48.3%。2011 年,印度国民识字率上升到 74%,其中男性识字率 84%,女性 65%。识字率的提高使报刊的受众人数和在总人口中的比例都有了显著的增长。

(2)2001 年,印度出版的报刊使用了 101 种语言,除了英语和宪法上列明的18 种主要语言外,还有 82 种其他语言、方言和外语。语种繁多造成沟通的障碍确实从整体上影响了印度新闻业的发展速度,还有许多诸如各种文字间的翻译、电讯传播的耗费的时间等问题。印度学者恩派(K. E. Eapen)博士在 70 年代谈到孟买时写道:"就以'报纸城'闻名的孟买城为例,居民 400 万人,使用方言达222 种,却缺少一种全城居民通用的语言。一个英文报纸的记者,如果兼任一家古吉拉特语报纸的通讯员,当他报道有关一个说马拉特语的省份的法院或立法会议新闻时,必须经过多次翻译手续,才能完成工作。这样的复杂语文,当然牵涉到有关翻译、电讯传递以及排印等等许多技术问题,阻碍了印度报纸的进步。"①

(3)在前面这些情况的基础上,唯一能够在全印度社会流通的只有英文报刊,但即使是全国性英文报纸,在十几个大城市发行,平均到每个城市的发行量也是有限的。最大的 5 份英文报刊,除了《印度时报》外,其他的四份全国性英文日报是《印度斯坦时报》《印度教徒报》《印度快报》和《经济时报》。对于绝大多数读者来说,英语是他们的第二种语言(印度以英语为第一语言的人不到人口的千分之二),这类读者的数量随着全民文化程度的普遍提高在增加着,但也是有限的。而且随着印地语、孟加拉语等本土报刊质量的提高,英文报刊面临的竞争压力会越来越大。

(4)印度的权力中心在北方,北方讲印地语的人在印度人中的比例又最高,因而形成两种竞争:印地文报刊与英文报刊间的竞争、印地文报刊与其他印度文字报刊间的竞争。

到 1979 年,由于印地语拥有政治权力话语,以及最大比例的多数话语的权力优势,终于开始超过英文报刊,成为印度报刊发行总量中使用最多的文字。北方地区在印地语基础上发生了多种方言和地方语言的融合,这是近年来新出现

① [印]巴派《印度报业现状》,李瞻主编《外国新闻史》第 491 页,中国台湾学生书局 1979 年版。

的一个现象,印度本土私营电视台 Zee 的很多电视节目,就是用这种融合了其他
方言的新印地语播出的。从某种程度上说,印地语已经成为北方地区的通用语
言,这当然大大扩大了印地语报刊的发展空间。例如,2004 年发行量排名前两
位的日报都是印地语日报,发行数都超过了 200 万份。

20 世纪 90 年代初印度贫困地区居民看黑白电视

语言是文化的载体,印度的多样性文化在平等交流的过程中发生融合、借鉴
和吸收的现象是十分自然的,而一旦国家采取强制方式统一语言时,则不可避免
会带来文化撕裂的痛苦。例如,1973 年印度政府试图用印地语替代英语,规定
为唯一通行的公共语言,结果爆发了其他语言种族(主要在南方)大规模的"反对
印地语公共化"的群众运动。20 世纪 70 年代后期人民党执政后主张多元化,给
其他地方文字报刊的发展提供了契机。1998 年到 2000 年,发行量增长最快的
是马拉雅拉姆语和孟加拉语的日报,分别增长了 12.9% 和 12.8%。印地语日报
增长了 5%,英语日报增长了 4.7%。

其实,讲某种语言最为集中的地区,识字率高,那里的报刊才会拥有很大的
发行量。最南端的喀拉拉邦早在 15 世纪就开始与海外交流,识字率居全国第一
位。邦首府戈德亚姆(中等城市)出版的马拉雅姆文日报《美丽的马拉雅拉报》
(*Malayala Manorama*,1888 年创刊)有 8 个地方版,2012 年时的总发行量 160
万份。

(5)印度报刊使用的文字种数太多,因而尽管报业的家族财团垄断程度相
当高,但是所谓全国性的大报(多数是英文报刊)和有影响的地方性家族财团的
主要报纸,对于全国的影响就像撒胡椒面,极为分散,而众多的各种文字的报刊,
形成一种自然的与全国性报纸和个别地方大报对应的格局。这是一种无形的削
弱财团报业垄断的力量。

从 1952 年起,印度日报种数稳步地缓慢增加,下面是几个年头的数字:

	1952 年	1960 年	1970 年	1975 年	1981 年	1994 年	2001 年
日报种数	330	495	755	905	1 362	3 502	5 638
总发行量	252 万	531 万	842 万	949 万	1 539 万	2 700 万	5 784 万

显然,从日报的发展看,报纸的种数增加了 17 倍,而日报的平均发行量的增长较为缓慢,一直在每种 1 万份左右徘徊。报刊总的情况也大致如此,若加上印度的非日报定期刊物(含杂志),1956 年以来印度报刊业发展的整体情况如下:

1956 年　报刊总数 3 050 家　总发行量 1 095 万份
1994 年　报刊总数 41 000 家　总发行量 7 230 万份
1997 年　报刊总数 55 550 家　总发行量 1. 152 5 亿份
2012 年　报刊总数 82 237 家　其中日报总发行量 1. 1 亿

这只是统计了注册的报刊,如果把没有统计的更小的报刊(俗称"一人报纸")算在内,恐怕会更多。从 1956 年到 1996 年这 40 年间,印度的报刊总数增加了 12 倍,而大报刊只多了有限的几家;40 年间,印度报刊的总发行量增长了 5.6 倍,而大报刊的发行量只增加了 1～2 倍,各种文字的小报刊种数的增加速度要比大报刊快得多。2010—2011 年间,就有 4 853 种报刊登记,2011 年报刊读者总数近 3.8 亿。

从 20 世纪 90 年代中期开始,由于新经济政策已经取得一定的成效、软件业的飞速发展,大大增加了印度中产阶级的人数、文化教育的普及提高了有阅读能力的人口比重、外资的进入加速了印度报业市场的洗牌和重整,无论是传统大报还是新兴的报纸都获得了更大的发展空间,也面临着更大的竞争压力和挑战。

四、近年快速发展的广播电视业

鉴于印度人口中文盲比例较高,独立后虽然大大减少了文盲率,但是印度的多数人没有养成阅读报纸的习惯,因而印度政府较重视发展对于农村地区公众的广播。全印广播电台新闻部使用总共约 230 种语言(23 种语言和 200 多种部族方言)对内广播,而其对外广播仅使用 17 种外国语言和 8 种印度语言,这种现象在全世界是少见的。

全印广播公司独立后是国营性质,直到 1979 年,经过一系列政治斗争,印度的新闻政策重新贯彻自由主义原则之后,国营的广播电视台才转变为公营性质

(一定程度的自治),国家不再直接干预节目内容,此后广播电台的发展较快,在4个大城市开办调频广播;仅20世纪90年代中期,就在全国建立了186个调频台。

引人注目的是印度近年电视的快速发展。印度国家电视台(Doordarshan India,简称DD)长期以来直接隶属于中央政府的信息广播部,播出的节目宣传腔浓重,很不受观众的欢迎,在和报纸的竞争中一直处于弱势地位。从20世纪60年代后期开始,印度国内关于国家电视台体制改革的呼声渐起,经过了多次议会争论和法案修订,直到1997年才真正按照《印度广播公司法》组建了印度广播公司。这个公司脱离了信息与广播部,由相对独立的委员会负责印度国家电视台和全印广播电台的运行。

苏巴斯·钱德拉和Zee电视台标识

早在20世纪80年代初期,印度就开始致力于用通信卫星向偏远地区传送电视信号,但传送的只是DD一家电视台的节目。90年代初印度悄然发展起小型私人或社区性质的有线电视,1990年时有3 500家。1991年第一次海湾战争时期,为接收美国有线电视新闻频道CNN有关的战争报道,城市中无管理的抛物面天线越来越多,共计有2.5万个。

随着CNN的成功登陆,香港富豪李嘉诚麾下的和记黄埔集团(Hutchison Wahmpoa Group)也迅速抢滩印度电视市场。1990年,和记黄埔购买了ASIASAT1号卫星,这是当时印度洋上空唯一的地球同步卫星。李氏家族自己的星空卫视(Star TV,现已归传媒大亨默多克所有)顺理成章地成为最早开拓印度市场的外国卫星电视频道。同样依靠ASIASAT1号卫星,印度传媒大亨苏巴斯·钱德拉(Subhash Chandra)于1992年10月创办了Zee TV,这是印度国内第一家私营卫星电视。到了90年代中期,私营有线电视经营商可以通过蝶型接收器收到数十家海外和本土卫星电视频道的节目,并利用有线网络传输给用户。面对令人眼花缭乱的选择,印度有线电视用户激增。1993年,全国能够收看卫星电视节目的有线用户有300万户,2002年底这一数字已增长为4 200万户,印度成为仅次于中国和美国的有线电视第三大国家。2012年达到1.5亿户,每年以10%的速度递增。现在印度的有线电视和卫星电视可以服务国内5亿观众和居住在海外的2 500万印度观众。

1994年,印度颁布了《有线电视管理法规》,终于在有线电视实际出现的10年后首次承认了有线电视频道的合法地位。1997年,又颁布《印度广播法令》,正式确定了"开放天空"的政策。

第五节　印度目前新闻传播业的基本格局

印度的现代新闻业历史悠久,但是原来的殖民者并不关心广大民众的新闻需求,加上印度人民的文化程度长期普遍低下,部族、种姓、宗教、语言的繁多,独立后地方利益与中央权力之间、各种政治经济势力之间的矛盾纵横交错,其新闻业的发展较为缓慢,报刊读者的人数虽然在不断增长,却与人口增长的幅度差不多。然而,报刊种数的增长速度明显地快与人口的增长,这说明接触报刊的人群开始呈均化发展,许多小语种的人群有了较多的报刊,这是一种可喜的现象。广播电视的普及也给印度未来的大众传播带来大发展的希望。

另外,印度的网络传播业的发展也很快,2012 年的网络渗透率 12%,虽然很低,但 2000 年至 2010 年间已经增加了 15.2 倍,发展前景看好[①]。

现在印度大众媒介的格局,以媒介分类大体如下:

一、报纸

一位美国作家在 20 世纪 80 年代曾说的:"在印度,一旦离开大城市以后,便很难找到报业的痕迹。……印度有很多大地方找不到一份有影响力的报纸。……6 亿人口中只有 1.5% 曾经购买过报纸,也就是 900 万人会看报,不管是任何报纸。因此,任何与报纸有关的,或者是与报纸沾上一点边的,都算是最高级的知识分子,使得印度报业水涨船高,卓然超群。……各地方的报纸品质高于全球任何一个地方。印度报纸没有所谓中等品质、中层市场的报纸。"[②]不过,由于识字人口比重的增加和生活水准的提高,近年来印度报刊阅读率的增长迅速。根据印度全国读者调查(National Readership Survey)的数据,每周印度的印刷媒体能接触到的印度本土受众人数有 2.42 亿人次。现在印度成年人阅读报纸或杂志的比例已经从 45% 上升到 49%。由于印度有 6.2 亿多的 15 岁以上的成年人,增长的 4 个百分点即意味着近 2 500 万的印度成年人在近 5 年内首次阅读报纸和杂志。但是,印度目前仍有约 2.8 亿有阅读能力的人从来不购买任何出版物,其中妇女为多数。

世界报业协会(World Association of Newspapers)2010 年发布的调查报告称,2005 年以来,印度收费日报的种类激增 44%,达 2 700 种,这个数字多于世界上其他任何国家。

---

① ［英］Daya Thussu《付费新闻? 印度新闻业的变化》,《全球媒体学刊》2014 年第 1 期。
② ［美］尼·柯瑞奇《纸老虎》340 页,广东教育出版社 1997 年版。

在印地语和其他印度语言报纸咄咄逼人的挑战下,英文报纸近年来的发展势头显得不那么抢眼了。2001 年时英文日报有 407 种,不仅大大落后于印地语日报(2 507 种),也不及乌尔都语的日报(534 种)。日报发行量也是印地语日报以 2 300 万的总发行量占据了日报总发行量的近半壁江山,排名第一。英语日报的发行量位列第二,870 万份,是印地语日报发行总量的 37.8%。不过,英文报纸是唯一能够在全印范围流通和对外传播的报纸,而英文日报的读者也是印度社会和政治生活中最有影响力的精英阶层,因此英文日报,尤其是一些传统的英文大报,依然是印度的代表性报纸。

依历史和现实的影响力,首推仍是《印度时报》。该报在每个出版的城市都有编辑部,但新德里和孟买的编辑部通常被视为总部,报纸的总经理和总编辑,经常在两地飞来飞去。强调市场占有率,是该报的传统。印度时报系 20 世纪 80 年代的总经营沙米尔·贾殷有一句名言:"市场是接受或驳回我们提供的产品,完全取决于读者。没有卖出去的产品,就如同没有卖出去的飞机座位或旅馆的床位,第二天就没有卖出的价值了。机会会永久消失。"①《印度时报》的发行量在近年来有很大的增长,远远地把印度国内的其他英文日报甩在了后面。《印度时报》隶属于印度最大的媒介集团班尼特·科尔曼公司(Bennett Coleman & Co.)该集团在印刷媒体领域有《印度时报》,在新媒体领域有时报网络公司、在广播电视领域有 Mirchi 电台和 Zoom 电视公司。目前维奈特·贾殷(Vineet Jain)是董事会的主席。《印度时报》的发行量虽然很大,但是近年来这份报纸表现出过于追求商业利益、用一些耸人听闻的煽情报道招徕读者的作法,也遭到了一些读者,尤其是知识分子读者的批评。目前该报每天在 8 个大城市同时出版,发行量近年有很大增长,达 332.2 万份。

另外两家较有威望的英文日报是《印度教徒报》(The Hindu)和《印度斯坦时报》(Hindustan Times),发行量分别为 151 万和 132 万份。后者是印度斯坦时报媒介有限公司(HT)的旗舰日报,该公司旗下还有一份印地文日报《印度斯坦报》,一份少儿杂志和一份文学杂志。

《印度快报》(India Express)秉持严肃新闻的报道理念,有较多的披露政府腐败的调查性报道,曾在印度报界享有很高的声望。但老戈恩卡逝世后,其家族 1999 年将报纸分成《新印度快报》(The New Indian Express)和《印度快报》(The India Express),影响力因此下降。

印度地方语言报纸中实力最强的是印地文日报。从发行量上看,目前居第一位的是印地语《印度时报》,排名第二位的是古吉拉特语的《天眼太阳报》(Divya Bhaskar),发行量 299 万份。这是印度西部持古吉拉特语言地区的最大

① [美]尼·柯瑞奇《纸老虎》346 页,广东教育出版社 1997 年版。

现在的《印度时报》

现在的《印度教徒报》

的报纸。发行量第三位的是印地语的《觉醒日报》(*Dainik Jagran*),279 万份,以及发行量 190 万份的马拉雅拉姆文报刊《美丽马拉雅拉报》。

马拉雅拉姆文《美丽马拉雅拉报》版面

印地文《觉醒日报》版面

二、杂志

印度的杂志在统计上一向与报纸视为一类产品（定期刊物）。印度的杂志多达 49 814 种，其中印地文杂志 19 422 种，英文杂志 7 704 种。目前印度发行量最大的杂志是马拉亚拉姆文的《美丽的马拉雅拉》周刊，现在发行量 115 万份，创刊于 1937 年。孟买出版的英文、印地文、马拉的文、乌尔都文的《闪电新闻杂志》（*Blits News Magazine*）也有些名气，总发行量 42 万份，创办于 1941 年。

世界上产生影响的能够代表印度杂志水准的是新闻周刊《今日印度》（*India Today*），该刊 1975 年创办，总部新德里。样式和内容模仿美国《时代》周刊，发行量 160 万份（2012 年），另外还有印地文和泰米尔文版各 20 多万份。该刊曾被评为"亚洲最佳刊物"。

非新闻类的杂志中较有影响的，还有孟买出版的美国英文《读者文摘》（38 万份）和古吉拉特文《电影世界》（33 万份）、新德里的英文《妇女时代》（24 万份）和印地文《星期日邮报》（16 万份）、英文、印地和乌尔都三种文字的《就业新闻》（41 万份）等。

三、通讯社

印度通讯社中，印度报业托拉斯依然是最大的通讯社。国大党一党长期执政时期，该通讯社带有半官方性质。现在是较为独立的印度各报社组成的非盈利性合作组织。该社有职工 1 300 人，其中记者 400 人，在全国 114 个城市设有分社，国外 11 个城市设有分社。该社每天发稿英文 10 万字，印地文 4 万字。

第二大通讯社是印度联合新闻社（UNI）。这是由于报界内部矛盾，于 1961 年由印度时报、印度斯坦时报、政治家报、印度教徒报联合发起的一家通讯社。1975 年紧急状态时被强行并入印报托，1978 年重新独立经营，属于合股企业。该社在现有 1 000 多家订户，遍布全球 100 多个地区。印联社在印度所有的主要城市都有记者站，国内记者 325 人，驻外记者、通讯员 250 人。新闻稿中较突出经济金融新闻。

印度的其他通讯社规模较小，均是私人经营。

四、广播电台

印度的广播基本上仍是公营全印广播电台（AIR）的天下。该台在中央和地方共有 205 个台，其中 18 个以播送商业新闻为主。每天使用长波、中波、短波和调频共 306 个波段播出节目。全国分为五个广播区域，每天分别从新德里（北区）、加尔各答（东区）、高哈蒂（东北区）、孟买（西区）、马德拉斯（南区）播出节目。另外，该台 1957 年在孟买创办的全印娱乐广播电台，用印地语播出各种音乐节目。到 70 年代,各个大城市均设立了用当地语言播出的娱乐广播电台。2005年,广播听众在全体成年人中的比重是 23.1%,农村地区的比重稍高,为23.5%,相比飞速发展的印度电视和发展较快的报刊,印度的广播电台处于弱势媒介的地位,发展停滞。

五、电视台

印度电视是 20 多年来发展速度最快的媒介,也是印度普及率最高的媒介。1998 年,媒介研究者评议会在印度 2 965 个城镇和村庄进行了历时一年的媒介使用情况调查,结果显示,电视无论在城市还是在农村都已成为第一媒体。截至2015 年 1 月,印度 2.34 亿户家庭中 1.67 亿户家庭拥有电视机;其中接入有线电视和卫星电视的家庭 1.61 亿户,接入数字电视的家庭 8 400 万户,后者较 2014年同期增长 8%。[①] 但是,仍有 8 500 万户人家没有电视。印度各类媒体仍然有很大的增长空间。

现在印度电视已经完成了从国有电视一家垄断到多元竞争的体制转变,电视市场已形成公营印度国家电视台(DD)、本国私营电视频道和外国电视频道三足鼎立的竞争格局。DD 在真正的市场压力面前大刀阔斧地革新,改革措施得力,不仅没有被挤出电视市场,反而增强了自己的竞争实力,现在拥有122 个频道、56 个节目制作中心和 1 314 个地面转播站,人口覆盖率 89%,每周播出的总时数 1 485 小时,是世界上规模最大的电视传播机构之一。

DD 高清频道台标

卫星电视台(Star TV)通过在香港上星成功,打入印度市场后,成为许多外资电视公司效仿的榜样。1995 年,Star TV 归入默多克旗下,变为新闻集团的子公司,每天用 8 种语言对亚洲 53 个国家播出节目,观众人数超过 7 000 万,而印度是 Star TV 最大的观众源。

日本索尼公司旗下的 SONY 娱乐电视台于 1995 年开始对印度广播,虽然登场较晚,但它一开始就致力于开发印地语节目,很快就成为印度最受欢迎的商业电视台之一。

---

① (TAM),Television Audience Measurement. "TAM Annual Universe Update-2015"(PDF). TAM India. http://www. tamindia. com/ref _ pdf/Overview _ Universe _ Update _ 2015. pdf. Retrieved 20 August 2015.

现在印度观众能收看到 CNN、BBC、MTV、Discovery 等 40 余家外国卫星频道的节目。此外,随着印度政府电视政策的进一步放宽,很多外国电视公司已经不仅仅满足从海外对印度本土传播节目了,他们纷纷组建印度分公司,开发适合印度人口味的本土节目。

然而,外国电视频道也尝到了印度本土电视的厉害:以 Zee 电视网为代表的本土私营电视以更强的文化接近性很快就抢走了大批观众。1999 年,Zee TV 的广告收入是 9 000 万美元,和 DD 持平,是 Star TV 在印度收入的近一倍。Zee 电视网不仅限于在印度本土发展,而是迅速进行全球扩张。截至 2005 年 3 月,Zee 电视网在加勒比海地区有 8 万多用户,在非洲和加拿大各有近 5 万用户,在欧洲市场上有 15 万用户。除 Zee 电视台之外,使用 13 种主要地方语言的几十个本土商业电视频道的涌现,也显示了印度本土电视的活力。

最大的民营电视台 Zee TV 不仅在本土发展,还落地英国、美国和非洲,并覆盖全球 120 个国家,观众超过 5 亿。该台现属于 Zee 集团的 Zee 娱乐公司,与 Zee 娱乐公司并行是 Zee 新闻公司。

现在的印度观众能收看到 40 多家外国卫星频道节目。很多外国电视公司纷纷组建印度分公司,开发适合印度人口味的本土节目。目前印度电视共有 18 家新闻频道,最主要的 4 家是:隶属于 Zee 集团的 Zee 新闻、国家电视台新闻频道、卫星电视新闻频道和隶属于印度今日集团的今日新闻频道(Aaj Tak)。

第十五章
中国新闻传播史

鉴于中华文明（黄河文明）是人类四大文明中唯一持续至今的文明，因而考察中国的新闻传播史（特别是古代的新闻传播史），需要从理论上认识中国传统的社会结构。

马克思谈到中国古代的社会传播特征时写道："就像皇帝通常被尊为全国的君父一样，皇帝的每一个官吏也都在他所管辖的地区内被看作是这种父权的代表。"这是"这个广大的国家机器的各部分间的唯一的精神联系"①。显然，这种社会形态下的社会内部交往，主要表现为上下的联系，并且这种联系完全服从于至高无上的权力。

中国的文化传统，重视精神灌输远远超过了信息的传播。由于这个原因，中国社会内部有系统的新闻传播出现较晚，且不成规模。中国现代的新闻传播，直接借鉴了西方的新闻文化，由于新闻业发展的历史阶段与西方错位，中国的现代新闻传播业同时带有较多的中国传统社会的特色。

第一节 中国古代的新闻传播

中国古代典籍中近似于新闻传播的事例很多，仅就已经得到证实的而言，至晚到商、周之际，已经出现官方有意识的信息传播，但非常规性行为，而是王权的专属行为。这类情形有两种，第一种如《牧誓》《康诰》《文侯之命》这样记载重大事件的统治阶层内部公布的文告，大多由周天子，或代行天下职权的王室成员、重臣颁布，后来部分被收录于《尚书》（中国古代保留下来的最早的文献）。第二种如《毛公鼎铭文》《史密簋文》《虢季子白盘铭文》等铸于金属器具上的铭文，虽留存至今，却没有证据表明它们曾被广为传布。至于《诗经》收录的雅、颂两部，

---

① 《马克思恩格斯全集》第 9 卷 110 页，人民出版社 1961 年版。

1986 年出土于陕西省安康市汉滨区王家坝的史密簋

成文年代不详，只是在祭祀之类的空间范围传播，场合很小。

中国古代社会内部有系统的新闻信息传递，远没有古罗马发达（参见意大利章），这是由中国古代亚细亚社会的结构决定的。关于中国古代有系统的新闻传播，以往通常追溯到公元 8 世纪唐代的"开元杂报"；而现存最早的古代报纸，经方汉奇教授认定，是公元 9 世纪的"敦煌邸报"（现分别存于巴黎和伦敦）。

1998—2003 年间张涛教授研究了 20 世纪 80 年代在敦煌、马圈出土的大量木简，其中一部分，根据出土木简上"府下制书"的行文，他定名为"府报"。这些木简的年代从汉武帝一直延续到王莽的新朝，历时 100 多年，是由地方太守府、都尉府、县令府层层转抄到侯官、亭燧长的皇帝的制书和诏书。制书是有皇帝"制曰可"批示的臣僚的奏章，诏书是皇帝的行政命令。张教授认为这些文书是中国现存最早的古代"报纸"，尽管当时的载体不是纸。其理由如下：

（1）这些制书、诏书不是仅供各级官员看的官方文书，而是要求"具写檄传喻扁亭燧高显处，令吏卒明"、"书到，明白扁显处，令吏民尽知之"（出土木简行文）。这些情形与唐代孙樵"读开元杂报"篇所记载的高悬于街市的"幅书"、"条报"很相像，目的在于广泛传播，内容是新近皇帝的活动和指令。公开，这是新闻传播的一个基本特征。

（2）从内容看，所涉及的事实多数完全与边燧事务无关，是一些发生在中原地区、东南沿海地区和中央政权内部的政治、经济事件，甚至还有汉武帝的养老诏书。显然，传播的目的不在于发布命令和指导工作，而在于通过告之官方认为重要的新近发生的事实而形成某种舆论。告之事实，这也是新闻传播的特点之一。

（3）从发行范围看，这种木简报发送到亭燧，已经到了汉代最基层的治安单位，比明代邸报发到县府还要广泛。既然邸报被视为古代报纸，那么比它发送范围更广的府报更有这个资格被视为古代报纸（尽管载体不是纸）。

关于这个问题，反对意见认为这仍是一种层层转发的文件，不能视为中国的古代报纸。

而证明中国古代邸报最早开始于唐代的证据，即孙樵《经纬集》"开元杂报"篇，现在亦有文章认为不是一种历史记载，而是作者的"咏史怀古"。作者认为，孙樵以他的进士身份，对唐代官方报纸并不陌生，没有必要使用"杂报"而不用

"报"、"报状"等当时通用的概念。"读开元杂报"的标题说明,重点在"读"而不是记载。孙樵是在借追忆昔日辉煌以抒发末世伤感。"他最急于表现的不是历史,而是自我,是身处悲剧时代的'我'充满于胸中的悲凉情结"。作者的结论是:"读开元杂报"篇不是信史,而是笔记体小说之类。但他仍然认为:"文学也是社会生活的反映,倘若当时没有唐代的进奏院状,则孙樵也不可能杜撰出开元杂报来。开元杂报的无,并不能证明开元年间唐代古代报纸的无。"①

关于"敦煌邸报",反对意见认为,这只是唐代归义军节度使的驻京官员给节度使的工作汇报,给一个人看的信件不能视为报纸。

无论如何,中国宋代有邸报,学术界没有异议。邸报这个概念,也明确出自宋代。古籍对邸报的解释是:"国朝置进奏院于京师,而诸路州郡亦各有进奏吏,凡朝廷已行之命令,已定之差除,皆以达于四方,谓之邸报。"②

从这个定义看,至少宋代的邸报,传达的是中央和地方政权的方针政策和传递官方人员变动、任务派送的信息。宋代的文人诗句中,开始出现较多的读邸报的内容。例如苏轼在《与王元直书》(作于1080年)中,提到"黄州真在井底,杳不闻乡国信息",但通过"每见一邸报",获知有"数人下狱得罪"的信息③。当时他被贬官为黄州的团练副使,是个实权的散官,级别也只有从八品。五年后,苏轼从邸报上获知司马光被召入京拜相,此时的他正在从黄州调任汝州的途中,官职没有变化。由此可见,宋代邸报在体制内已经能达到很低的层级。

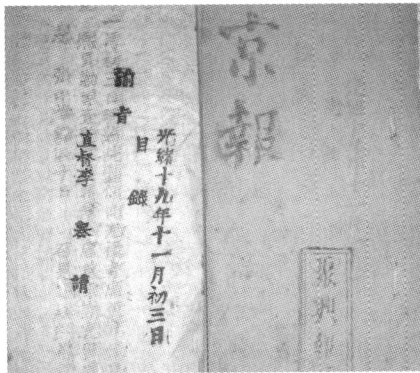

清光绪十九年的《京报》

关于邸报的编辑和管理。从宋代起,已有"定本"制度,这是一种内容的检查。进奏官采集来的各种材料,经枢密院或当权的宰相审查通过后产生邸报样本。进奏官们必须根据这一样本发报。这恐怕就是中国古代的书报检查了。

由于中国古代的报纸是皇帝的报纸,皇帝被认为是不可能有错误的,因而马克思讽刺性地写道:"请给我们一种完善的报刊吧,这只要你们下一道命令就行了;几个世纪以来中国一直在提供这种报刊的范本。"④

---

① 杨立新《"读开元杂报"是史实的记载吗?》,《新闻大学》2003 年春季号。

② 《宋会要辑稿》第 166 册。

③ 《东坡续集》,卷五。

④ 《马克思恩格斯全集》第 2 版第 1 卷 129 页,人民出版社 1995 年版。

　　中国现存古代的邸报,最早为明万历年代(16 世纪),还是抄本,只有万历年代的几份关于科举信息的《急选报》可能是真本,距今仅 400 多年。明、清两代的邸报,在发行方面已经规模化,有一套发行系统,允许私人原样翻刻邸报出售。

　　尽管受到官方的压制,中国古代民间新闻传播以一种时效很差的"笔记"的形式存在了 1 600 多年,最早的笔记《西京杂记》(东晋),较近的是《阅微草堂笔记》(清),流传下来 1 000 多种,记载了许多民间和官方发生的事情。

　　唐代尉迟枢有笔记《南楚新闻》(今不存),首次在书名上出现"新闻"一词。唐代李咸用的诗句中使用的"新闻"概念,是中国古籍中较早使用的,已接近现代"新闻"的内涵,与官方的邸报内容有明显的不同:

> 故人不见五春风,异地相逢岳影中。
> 旧业久抛耕钓侣,新闻多说战争功。
> 生民有恨将谁诉,花木无情只自红。
> 莫把少年愁过日,一尊须对夕阳空。①

　　根据中国古代官方的批判性记载,宋代民间的"小报"、元代的"小本"的内容,大体属于政治社会新闻之类,带有一定的传闻性质。这是由于对政治信息的过分封闭而产生的社会对这类信息的需求所致。

　　在西方新闻文化传播到中国之前,古代邸报始终没有改变皇帝报纸的性质。清代在大兴文字狱的背景下,对邸报内容的控制是极为严格的。孟德斯鸠 1748 年出版的《论法的精神》,在"大逆罪"的小标题下记载了中国邸报编辑被斩首的事实,他写道:"有两个编辑邸报的人,因为关于某一事件所述情况失实,人们便说在朝廷的邸报上撒谎就是对朝廷的不敬,二人就被处死。""如果大逆罪含义不明,便足以使一个政府堕落到专制主义中去。"②这件事情发生在 1726 年(雍正四年)。何遇恩、邵两山③所编小报称:皇帝在圆明园登龙舟作乐。因并无此事,两人被斩首。

　　1750 年,江西抚州卫千总卢鲁生与南昌守备刘时达商议,编写了一个奏稿,历陈乾隆下江南"五不解、十大过",充作吏部尚书孙嘉淦的奏梳,伪造了乾隆皇帝的"砂批",假借是内阁发抄的邸钞,交给提塘传播。一年后事情被揭发。1752 年卢鲁生被凌迟处死,他的两个儿子和刘时达被斩首。

---

① 《全唐诗》19 册 7408 页。
② 孟德斯鸠《论法的精神》上册 194 页,商务印书馆 1959 年版。
③ 原在各新闻史论著里为"邵南山",根据雍正朝实录改。

第二节　18—19 世纪中外新闻文化的交流

最早的中国和西方之间新闻文化的交流,开始于外国人在自己的国家或殖民地介绍中国的邸报。接着是外国人在中国的较为特殊的领土——澳门创办外国人圈内的现代报纸(外文)。此后,才是西方的新闻文化以融合中国文化的方式逐步进入中国。

一、18—19 世纪外国人介绍、翻译中国的邸报

外国人介绍中国的邸报,最早见于法国人雅克·苏尔热的《杂录与奇谈》(18 世纪 20 年代末)。其中谈到 1726 年两位邸报的编辑因报道不实被雍正处死的事情。紧接着,法国人弗朗索瓦·魁奈在他的《中华帝国的专制制度》中,全文摘录了苏热尔的介绍。孟德斯鸠《论法的精神》中谈到两位邸报编辑被处死的事实,其事实来源,可能依据的是魁奈《中华帝国的专制制度》一书。

俄译本的中国邸报,出现于 1741 年。译者是从中国回去的俄国东正教传教士伊·罗索欣,标题是《1730 年京报摘抄》,记载了雍正 8 年中国邸报记载的日食、月食、地震和黄河泛滥等事情。

英国人介绍中国的邸报,最早见于《英使谒见乾隆纪实》,作者是东印度公司的译员斯当东(Gorge Staunton)。该书写于 18 世纪,具体年代不详。1815 年,英国传教士马礼逊(Robert Morrison,1782 - 1834)在澳门出版英语著作《中文原本翻译笔记》(*Ttanslation from the Original Chinese,with Note*),是为最早的中国清代邸报(《京报》)的英译本。记载了 1813 年 11 月 5 日至 1814 年 3 月 6 日(嘉庆十八—十九年)北京《京报》内容。

二、19 世纪初外国人在澳门出版葡文报纸

1807 年 6 月 4 日—1834 年 10 月,若阿金·若泽·赖特(Joaquim Jeso Leite,? - 1852)在澳门主办葡文《消息报》(*Diário Noticioso*),记述了澳门和修道院里的日常生活。他 1801 年到澳门,在澳门生活了 52 年。《消息报》是为中国领土上第一家外文报纸。这是一家传播范围很小,只在修道院内流通的报纸。1822—1823 年,葡文《蜜蜂华报》(*A Abelha da China*)在澳门出版,是为中国领土上第二家外文报纸。这是在葡萄牙国内发生民主革命背景下的共和派党报,发行圈子仅限于生活在澳门的很少的葡萄牙人。

这两家报纸虽然在中国的领土上出版,但至今没有看到任何中国当时知晓和受到其影响的记载。后来在澳门出版的英文、葡文报刊,除了少数内容被林则

徐手下人翻译收录到他个人的内参(后人称"澳门新闻纸")外,澳门的外文报刊对中国内地的影响很小。

三、外国人在中国周边出版中文报刊

就在马礼逊翻译出版介绍中国邸报那本书的 1815 年,他向中国广州当局申请出版中文报刊遭到拒绝。于是,他采取迂回的方式,退而在中国人聚集的马来半岛的马六甲市出版了第一家中文的报刊(这时报与刊无法区分,故采用含糊的"报刊"概念)《察世俗每月统纪传》(1815.8—1821.12,刻板印刷)。马礼逊委托传教士米怜(William Milne,1785-1822)创办并主编该刊,英国传教士麦都思(Walter Henry Medhurst,1796-1856)参与撰稿和编务,中国教徒、刻工梁发是米怜的主要助手。该刊存在了 7 年,出版 70 多期,总页数 574 页、发表大小文章244 篇,其中 84.5% 为直接的宗教宣传,科学文化方面的文章近 12%。1820 年,才设置"全国各地记略"栏目,这个栏目属于新闻类。1821 年 5 月的一期刊登图画新闻《事痘娘娘悬人环运图》,报道了马六甲东街祭祀痘神的情形,是为中文期刊上最早的新闻图画。1821 年该刊因米怜重病而停刊。此时,其印数已从初期的 500 册上升到 2 000 册。

马礼逊(右一)编报刊(画)

《察世俗每月统纪传》终刊后,麦都思于 1823 年 7 月在巴达维亚(今雅加达)创办并主编中文月刊《特选撮要每月统纪传》(1823—1826,刻板印刷),内容除了宗教宣传外,时事、历史及杂俎比《察世俗每月统纪传》多。

1828 年,英国传教士纪德(Sammual Kidd,1799-1843)在马六甲创办了中国周边的第三家中文月刊《天下新闻》(活字印刷)。由于有两位英国商人资助,因而该刊的宗教内容再度减少,已经退居次要地位,以欧洲和中国的新闻、科学、历史等内容为主。该刊存在了一年,1829 年停刊。该刊见于记载,但刊物本身

存留极少。

　　这些中文刊物主要在东南亚华侨聚集区散发,每年广东省县府乡试院试时,批量地随着宗教书籍分送到广东。为了达到较好的传播目的,这些刊物从名称到内容,都尽可能中国化。例如将英文"中国"一词"China"的广东发音,谐音为具有宗教内涵的中国文字"察世俗"(用天国的眼睛看世界)。"统纪传"(当时记、纪通用)中的"纪"、"传"是中国司马迁《史记》中分别记录皇帝、大臣或名人的体例名称。将这样典型的中国记叙体例统合为现代报刊的体例,也是马礼逊、米怜、麦都思等人的精心设想。《察世俗每月统纪传》封面使用孔子的名言"多闻择其善者而从之",也是对中国传统的传播思想的挖掘,直接运用到了现代报刊上。

四、外国人在中国内地创办外文报刊和通讯社、广播电台

　　在中国当局拒绝马礼逊在内地创办中文报刊以后 12 年,英国鸦片商人马地臣(James Matheson,1796－1878)申请出资创办英文报纸《广州记录报》(*Canton Register*,1827－1845)成功,主要传播商务新闻,同时也有时政新闻。该报初期为双周报,后来为周报,马礼逊是该报的撰稿人和编辑之一。马礼逊原退而在中国周边办中文报刊,现在进而回到了广东编英文报纸。一旦中国打开了允许在华创办外文报刊的大门,外文报刊纷至沓来。1757—1842 年,广州是清政府开放的唯一通商口岸,早期的外人报刊大多集中于此。其中对中国知识界影响较大的是英文月刊《中国丛报》(*Chinese Repository*,1835－1852),美国传教士裨治文(Elijah Coleman Bridgman,1801－1861)在广州创办并主编,以传播商务新闻为主,同时刊登大量科学知识。

　　在中国出版时间最长的英文报纸是在上海出版的《字林西报》(*North China Daily News*,1864 年起使用这个名称),如果从它的前身《北华捷报》(*North China Herald*)算起,达 102 年(1850—1951)。该报 1859 年起受上海工部局资助,所以一定程度代表英国政府观点。该报也以商务新闻为主。

　　1870 年,欧洲路透社、哈瓦斯社、沃尔夫社达成在世界划分报道区域的协议,远东属于路透社的报道范围。于是,1872 年路透社建立了中国上海分社,此为中国最早的通讯社。当然,该社当时发稿使用英文。

　　中国的广播电台,最初也是外国人创办的。1923 年 1 月 23 日,美国人奥斯邦(E. G. Osborn)以中国无线电公司的名义与英文《大陆报》合作,创办"大陆报—中国无线电公司广播电台"。呼号 XRO,功率 50 瓦。内容包括音乐、新闻、市场信息和大陆报刊载的消息。1 月 25 日,该台播出孙中山的《和平统一宣言》和他祝贺中国引进广播的消息。但是,当时的上海市当局不知广播为何物,不予批准,于是该台在 4 月停播。

五、外国人在中国内地创办中文报刊

当外文报刊在中国内地批量出现以后,随着中外通商的日益频繁,拒绝外国人在中国内地出版中文报刊的理由越来越难以成立。1833 年,普鲁士传教士郭士立(Karl Friedrich Gutzlaff,1803 - 1851)终于成为在中国内地创办中文报刊的第一人。这年 8 月 1 日,他以"爱汉者"的笔名创办的《东西洋考每月统纪传》第 1 期在广州出版,封面刊有中国格言"人无远虑,必有近忧"。该刊以传播各种知识为主,很少有直接传教的内容,设有新闻栏目,而且首次刊登了东南亚地图、大清全图。该刊在 1834 年 1 月的那期,发表了郭士立 331 字的小文章《新闻纸略论》,首次在中国介绍了西方新闻业发展的历史与现状。《东西洋考》以后,外国人在中国内地创办报刊成为一种潮流,直到 19 世纪末被中国人办报刊的潮流替代。

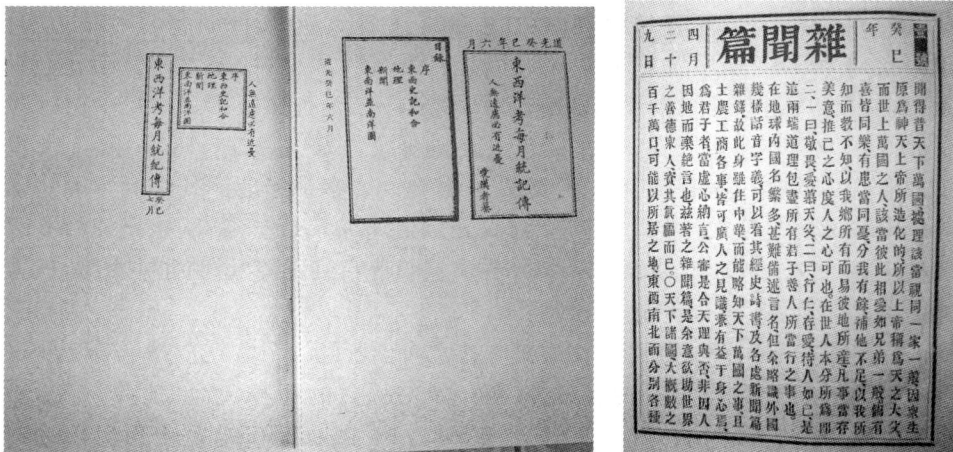

《东西洋考每月统纪传》两期的封面("记"和"纪"当时不分)　　1833 年 4 月 29 日《杂文篇》第 1 号

此前四个月,即 1833 年 4 月,英国传教士马礼逊在澳门出版中文不定期刊物《杂闻篇》,当年共出版 3 期,每期印刷 2 万份,这在当时,印刷数量可算"极大"。可以说在中国领土上最早的中文刊物是《杂文篇》,它早于《东西洋考每月统纪传》3 个月,但它出版于中国当局不能管辖的中国领土澳门,情况比较特殊。

外国人在中国内地出版历史最长的中文期刊,当属《万国公报》,存在 39 年;出版历史最长的中文报纸,当属《申报》,达 77 年,外资控制 37 年,后来中国民间资本控制 40 年。

《万国公报》是一份以宗教名义创办的刊物,1868 年 9 月 5 日由美国传教士林乐知(Young John Allen,1836 - 1907)集资创刊于上海,最初叫《中国教会新

报》，后来多次改换名称，1874 年定现名。该刊刊期、开本多次变化。该刊在传播科学知识方面对中国产生了深远的影响。该刊最早在中国介绍了马克思的学说；支持维新变法。1876 年该刊发表杨鉴堂的文章《总论新闻纸有十益说》，鼓吹办报纸。后期的主要撰稿人和代主编李提摩太（Timothy Richard，1845 -1919），曾向中国当局建议"广行日报"。1907 年该刊出至 977 期终刊。

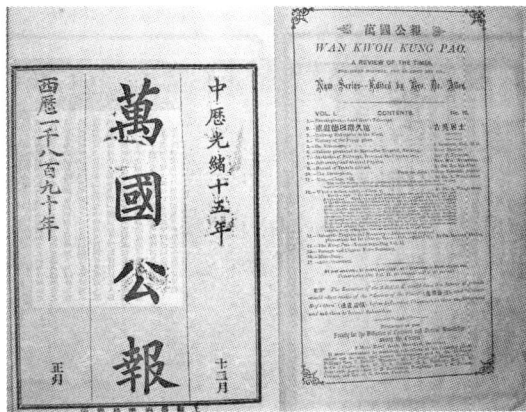

1890 年的《万国公报》　　　　　　　　《申报》1872 年创刊号

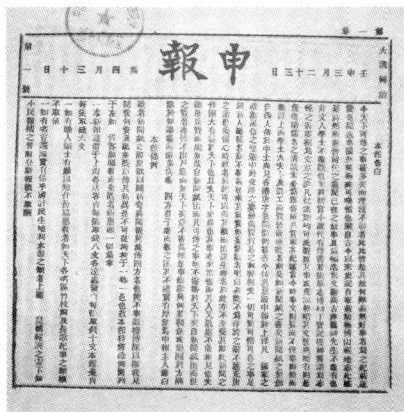

　　《申报》是英国商人美查（Ernest Major）和其他三位外商投资 1 600 两白银创办的中文报纸，1872 年 4 月 30 日起在上海出版。这份报纸没有政治、宗教背景，只是商人办报而已，首任主笔蒋芷湘、买办（经理）赵逸如。外资的报纸始终由中国人主持笔政的，《申报》为第一家。该报发刊词宣布："凡国家之政治、风俗之变迁、中外交涉之要务，商贾贸易之利弊，与夫一切可惊可愕可喜之事，足以新人听闻者，靡不毕载"。《申报》在新闻业务方面为中国的报业创造了很多第一：

　　创办当年首创刊载言论、文学作品。

　　创刊当年 7 月 17 日起，雇用报童街头售报。

　　创刊当年 10 月起，出版"聚珍版丛书"（至 1895 年出版了 160 多本）。

　　创刊当年 11 月创办《瀛寰琐记》月刊，是为我国最早的文艺杂志。

　　1873 年起，在外埠聘请当地人建立分销处。

　　1874 年刊登最早的战地采访（台湾抗日）。

　　1874 年开始连载社会新闻报道（其中包括著名的杨乃武与小白菜案报道，1874 年 4 月 18 日—1877 年 4 月 11 日）。

　　1875 年起，在全国各地首创聘请驻站记者（当年 8 个城市，至 1882 年达到 19 个城市）。

1876 年 6 月 7 日,首次连载国际旅游通讯(《东行日记》)。

1876 年出版中国最早的白话报《民报》。

1877 年创办《寰瀛画报》,是为中国最早的知识和消遣画报。

1881 年 12 月 24 日最早使用电报新闻(来自天津)。

1884 年 5 月创办《点石斋画报》,是为中国最早的新闻画报(手绘画)。

1884 年 8 月 22 日,出版第一张中文报纸号外(关于福建战况)。

······

六、外资商业报纸在中国内地的竞争

1861 年 11 月,外商字林洋行创办中文报纸《上海新报》,为上海商业报纸之始,初为周报,后来改为周三刊,1872 年 7 月改为日报。《申报》1872 年 4 月创刊后,首创刊登文学作品,《上海新报》效仿。《申报》开创言论栏,鼓吹现代化,《上海新报》只有新闻和广告。《申报》每份 8 文(趸售 6 文),而《上海新报》用的是瑞典进口白报纸,价格每份 30 文,为了竞争,不得不也卖每份 8 文。同年年底,《上海新报》与《申报》竞争失败停刊。

1882 年 5 月,字林洋行再出版《字林沪报》,1893 年 2 月英商丹福士(A. W. Danforth)等合组公司出版《新闻报》,与《申报》形成三足鼎立局面。

《字林沪报》创刊前七日免费赠送。1885 年该报连载乾隆年间的长篇小说《野叟曝言》,作者夏敬渠(1705—1787)。1870 年戏曲作家余治编纂《得一录》的《计毁淫书目单》中,将其列入。1895 年,该报出版我国最早的晚刊《晚报》,1897 年出版我国报纸的第一个副刊《消闲报》。而然,该报终因销路不好于 1900 年转卖出去。

《新闻报》创刊后售价每份 7 文,比《申报》价低 1 文。创刊当年 12 月首开定期附送画页先例。每月加送总目一张。第二年 4 月创办《新闻报馆画报》。1899 年《新闻报》转手美商福开森(John C. Ferguson)。他聘请汪汉溪为总理,金熙生为主编。该报与《申报》竞争激烈,不相上下。竞争中该报形成经济、金融报道的优势,成为上海闻名的店铺柜头报,终于立住了脚跟。

第三节 中国对西方新闻文化的反应与跟进

西方新闻文化的传播,刺激的不是新闻在中国的规模化传播,而是中国政党报刊(主要是言论纸,而不是新闻纸)的兴起,以及后来的思想纸、科学知识纸。因为中国报刊业的发展与西方发生历史阶段的错位。西方已经从政党报刊时期转入商业报刊时期,中国受西方现代新闻文化影响后,必然要先经历政党报刊的

发展时期。

西方国家新闻学形成于政党报刊时期向商业报刊时期(19世纪中叶)转变中,这是形成学术性新闻学的环境条件。当中国的新闻学研究起步的时候,中国的报刊恰恰处于政党报刊兴起的时期,于是,西方刚刚形成的新闻学学术理念,到了中国发生变形,成为政党为取得政治宣传自由的合法性思想武器。新闻学理念是作为工具使用的,因而一旦取得政权,这些思想武器便刀枪入库,自己不再使用,当然也时刻防备着别人使用。于是,政治新闻学在中国居于主导地位。

一、中国文人初期仰慕西方报刊的心态

对于西方的报刊,从19世纪70年代到90年代,中国著名文化人发表的评论和意见,例如王韬的小论文《论日报渐行于中土》(1876)和《论各省会城宜设新报馆》(1878)、郑观应的《日报》(前半部1892,后半部1895)、陈炽的《报馆》(1893)和陈衍的《论中国宜设洋文报馆》(1896)等,都不同程度地表现出对西方现代报刊的仰慕。文人们关注报刊,主要在于对主笔的权威之仰慕,想象成分较大。后来他们关于报刊的文章,理性成分逐渐多起来。这里以王韬的《论日报渐行于中土》中的段落为例,窥见当时文人们的心态:

> "西国之为日报主笔者,必精其选,非绝伦超群者,不得预其列。今日云蒸霞蔚,持论蜂起,无一不为庶人之请议。其立论一秉公平,其居心务期诚正。如英国之泰晤士,人仰之几如泰山北斗,国家有大事,皆视其所言以为准则,盖主笔之所持衡,人心之所趋向也。"

王韬1874年起在香港主持《循环日报》(该报被视为最早的中国人办的报纸之一),该报以言论为主,似乎带有实现其理想的性质,但10年之后他还是回江南老家了,报纸的力量远没有他想象的那样大。

二、古代形态的《京报》主动转变为现代官报

在维新运动的影响下,1896年《官书局报》《官书局汇报》创办,这是清王朝创办的最早的现代官报。1898年7月,光绪皇帝同意将维新派在上海的刊物《时务报》改为官报(此事后来因内部矛盾未成)。此后,清王朝的各个部门、地方政权,陆续出版现代官报。从1896年到1911年清王朝结束,中央、总督辖区、省、县四级出版的官报至少有106家。其中代表性官报,当属《北洋官报》。该报1902年由直隶总督兼署理北洋大臣袁世凯在天津创办,双日刊,附带发行《北洋学报》和《北洋政学旬报》。随后,两江总督兼南洋大臣魏光

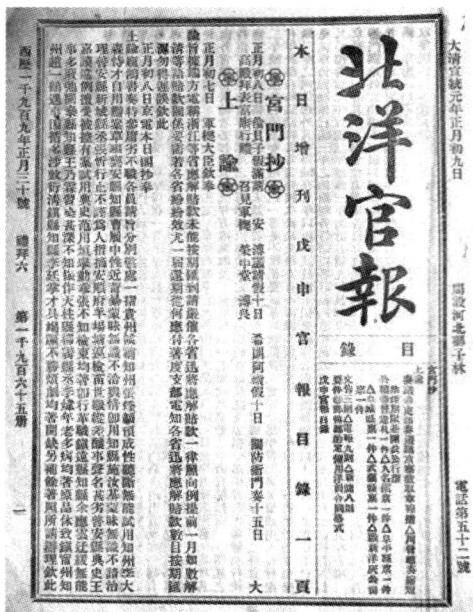

1909 年 1 月 30 日《北洋官报》

焘督办创立《南洋官报》，各地亦纷纷根据自己的政务和经济力量大办各种官报。

1907 年，清朝廷正式设立官报局，由宪政编查馆主办中央政府官报《政治官报》。1911 年，在清廷垮台前夕，清政府成立第一任责任内阁，出版《内阁官报》作为传达政令的工具，此外，此前已设立的农工商部和学部还办起《商务官报》和《学务官报》。这些报纸大多用于公布法律、文案等，是公报之类的免费报纸。

三、西方新闻法治意识影响中国官方

在维新运动的背景下，1898 年 7 月 26 日，光绪皇帝发布上谕，准许官民办报，他宣布："报馆之设，所以宣国是而达民情，必应官为倡办。……天津、上海、湖北、广东等处报馆，凡有报章，著该督抚咨送都察院及大学堂各一份。择其有关时务者，由大学堂一律呈览。至各报体例，自应以胪陈利弊，开扩见闻为主，中外时事，均许据实昌言，不必意存忌讳，用副朝廷明目达聪，勤求治理之至意。"这是中国历史上首次宣布开放报禁的法令。

1898 年 8 月 9 日，光绪皇帝发布制定报律（新闻法）的上谕："泰西律例，专有报律一门，应由康有为详细译出，参以中国情形，定位报律。"随着这年维新运动的失败，慈禧太后主持的朝廷实行残酷的以言治罪。但为了维持统治，清廷后来实际上成为维新运动在新闻法方面的遗嘱执行人。1905 年起，准许记者采访军事演习；1907 年起，准许记者采访审判，准许旁听各省谘议局会议。1908 年颁布《钦定宪法大纲》，宣布："臣民于法律范围内，所有言论、著作、出版及集会、结社等事，均准其自由。"这是中国历史上第一次以法律文件形式明确国民言论出版自由的权利，尽管"臣民"之上还有皇太后和皇帝。

1906 年《大清印刷物品专律》规定报刊实行登记批准制。1908 年的《大清报律》改为注册登记制，外加保证金。但学术、艺事、物价报告等免缴。用于开启民智的白话报刊，经官方鉴定后可不缴纳保证金。这一报律，除保证金问题外，已经初步具备现代新闻法的框架结构。

四、维新派开创中国政党报刊的历史

1895 年康有为等在北京组建强学会,创办强学会机关刊物《万国公报》(后因与上海的《万国公报》同名而改名《中外纪闻》),此为中国第一家现代政党机关刊物;1896 年黄遵宪、汪康年、梁启超等在上海创办维新派的同仁刊物《时务报》。随后出现的维新派的报刊很多。

孙中山领导的兴中会,1900 年在香港出版《中国日报》,这是为所谓"资产阶级革命派"的第一家日报,该报前期主编陈少白。《中国日报》开创了中国报纸现代版面样式。此前的中国,版面很像刻板印刷的书页,早期的《申报》《新闻报》虽然行文已经不是邸报的模式,但是版面编排、开本依旧。此后的中国报纸,才逐渐改变了陈旧的样式。

1900 年以后至袁世凯当权时期,"资产阶级革命派"或"国民党革命派"团体的报刊有数百家,以东京出版的同盟会的机关刊《民报》(1905—1910)为代表。这些"革命派"报刊如何与所谓"资产阶级保皇派"梁启超创办的《清议报》(1898—1901)、《新民丛报》(1902—1907)展开政治论战,在冠以政治标签后,成为以往中国新闻史的重要内容。其实,这些思想斗争与"新闻传播"无关。

清末最著名的报刊事件当属"苏报案"。1900 年,《苏报》由陈范在上海公共租界出版,章士钊 1903 年主持笔政后,报纸逐渐公开反清。1903 年,租界当局应清政府之请,逮捕了该报的评论作者章太炎、邹容,陈范逃走。按照清政府原本的设想,是要将他们引渡给清廷以大逆罪判处死刑。但在舆论压力下,租界当局自行以诽谤罪判章太炎监禁三年、邹容监禁两年。邹容因病死于狱中。

国人初创的报刊大多是党报党刊或有明显党派倾向的报刊,因为中国新闻传播业的发展,处于类似西方曾经经历过的党报时期。这类报刊从 19 世纪末开始,到 20 世纪初呈现创办高潮,各种政党团体的报刊前后出现的有 700 多家(后来有些自然消亡),多数先是反清的,后来反袁世凯。

袁世凯为了维持他的统治,从 1912 年至 1916 年,查封报纸 71 家、捣毁报纸 9 家,传讯报纸 49 家,至少有 24 位报人被杀,60 人被捕,全国报纸减少了约 2/3,从 500 多家减到 130 多家。这一阶段袁世凯政权对报刊的迫害,被称为"癸丑报灾",因为 1913 年(癸丑年)是袁政权迫害报刊的高峰年头。另外,袁政权用软的一手来收买报纸,达 125 家以上。袁世凯企图让他的机关报《亚细亚日报》(1912.6—1916.3,主编薛大可)统领全国舆论,但在政党报刊云集的背景下,这种思想专制梦是难以实现的。

袁世凯制造"癸丑报灾"的实质,是执政党采用暴力手段消灭反对党报刊和政治报人。不过,那些被整肃的政党报刊,不少确实内容不真实,耸动视听,无基本的职业道德,不要说令当权者恼怒,就是读者也讨厌。

五、西方新闻观念在中国的遭遇:政党新闻学抢先于学术新闻学

中国文化人接受西方新闻观念时,正处于创办政党报刊的时期。梁启超在《时务报》创刊号上的文章《论报馆有益于国事》,标志着中国"政党新闻学"的开端。这篇文章伊始云:

> "觇国之强弱则于其通塞而已,血脉不通则病,学术不同则陋,……上有所措置不能喻之民,下有所苦患不能告之君,则有喉舌而无喉舌。其有助耳目喉舌之用而起天下之废疾者,则报馆之为也。"

本来,现代新闻传播是服务于社会公众的,并不是皇帝、国王宣达政令和获得下层信息的通道。然而,从王韬到梁启超、严复等关于报刊的职能,均是从如何可以贯通皇帝与百姓信息沟通角度来论证现代报刊的作用。梁启超等围绕报馆展开的"通上下"(这是主要的)、"通中外"、"开民智"、"造新民"、"监督政府"、"出版自由"、"第四种族"(即现在的"第四权力")等议论,无不直接服务于维新运动。他们看到了世界大通,却只想到这种世界性精神交往的趋势与"国事"的关系,给予现代报纸以不堪承受的重大责任。梁归纳了"尽报馆之天职"的"八德",计有忠告、向导、浸润、强聒、见大、主一、旁通、下逮。[1] 这些无不是进行政治灌输的技术,而非新闻职业的功能。

北京大学新闻学研究会第一届会员合影

---

[1] 梁启超《〈国风报〉叙例》。

　　在五四新文化运动的背景下,北京大学新闻学研究会于 1918 年 10 月成立。它标志着中国学术新闻学的诞生。该会由著名记者、京报馆主邵飘萍发起,由邵飘萍和在美国学习过新闻学的归国留学生、北京大学政治学系教授徐宝璜为授课导师。① 成立会上,北大校长蔡元培、图书馆馆长李大钊发言,徐宝璜做了题为"新闻纸之职务及尽职之方法"的报告。会员有毛泽东、罗章龙、谭平山、陈公博、高君宇、杨晦等 50 多人。

　　研究会成立的意义在于新闻学回归到了学科建设自身,邵飘萍以一语概括之:"以新闻为本位。"学术新闻学的代表作是:徐宝璜的《新闻学》(1919)、邵飘萍的《实际应用新闻学》(1923)和《新闻学总论》(1924)、任白涛的《应用新闻学》(1922)、戈公振的《中国报学史》(1927)。

　　徐宝璜要求记者认识"供真正新闻之天职"。《应用新闻学》的序亦云:"报纸第一的要务,乃是明确地把新闻记事报告于读者。"稍后出书的戈公振,对问题看得更深一些。他指出:"(报纸)所应承认为功者,为世界之缩小,将人类之种种意识及活动,在同一时间内,可以互相交换而响应。如劳韦尔所言,人类生活之过程,在极小极速之进化内发展,至不许有时间之停留,此均报纸之功。"他的见解已经接近现在关于"地球村"的认识。戈公振从 1914 年开始,就在上海的各家商业报刊工作。他对新闻学很感兴趣,又具有相当扎实的文史功底。1927 年他出版了《中国报学史》,该书以媒介与社会、媒介与民意表达的关系为线索,记录和评述了中国报刊从上古到民国初年的演变历程。由于客观原因,该书引证材料的错漏不在少数,但从整体上看,仍是中国报刊史研究的经典之作。

　　"五四"后救亡压倒启蒙,中国的新闻学术研究变得狭小了。后来在中国主政的党派,基本继承的是梁启超的思维传统。中国共产党同时从列宁那里继承了用于政党报刊间、党内不同派别报刊间的报刊斗争策略。列宁关于党报的党性要求,便是在这种情形下提出的。

　　中国新闻教育的诞生,与学术新闻学研究的开展基本同步。北大新闻学研究会曾开办两期培训班,考核合格的会员获得结业证书,毛泽东获连续半年听课证书。1920 年,上海圣约翰大学在普通文科(相当于现代的本科教育)下设报学专业,这也是中国第一个正式的新闻专业。中国高校曾开办新闻学专科、本科专业有将近 20 家。其中最知名的是燕京大学(1924 年创办)、复旦大学(1924 年设报学组,1929 年设新闻学系)、中央政治学校(1935 年开办新闻专业,1946 年该校升级为国立政治大学)三家。除政大迁台湾外,其他各高校新闻系、新闻专业在 20 世纪 50 年代先后归并入中国人民大学新闻系或复旦

――――――――――

① 根据徐宝璜等人的回忆修订。

大学新闻系。

六、五四新文化运动时期的知识、思想期刊群体与商业报纸的特征

1916—1927 年,中国处于两大强权(袁世凯、蒋介石)之间的政治控制相对真空时期,思想文化界获得了少有的发展空间,于是发生了"五四新文化运动"。五四新文化运动因这个时期的高峰事件 1919 年的"五四运动"而得名。众多思想文化、科学知识期刊的涌现,这是西方报刊文化影响的另一种结果。五四期刊的历史应属于思想史,而不是新闻史,这里仅简单涉及。这个时期的代表性期刊有:

《新青年》(1915 年 9 月至 1922 年 7 月),陈独秀主编的思想刊物,在五四新文化运动的整个时期,它是中国思想文化界的晴雨表和动态指针,对于解放国人的思想禁锢起到了振聋发聩的作用。

《每周评论》,时评性质的周报,1918 年 12 月至 1919 年 8 月在北京出版,共37 期。前 25 期陈独秀主编,后 12 期胡适主编。李大钊是主要撰稿人之一。这家周报在传播马克思主义方面发挥了很大作用。

《公言报》,1916 年创办,段祺瑞资助的报纸,当时被认为一定程度代表北方当权者。

《国故》(刘师培等 1919 年创办)和《甲寅》日刊,这是五四时期重要的文化期刊,具有较强的学术性,被认为是守旧派观点的代表。

因社会处于政治、思想的活跃和激情时期,因而这个时期的商业性报纸,多数也带有较明显的思想倾向,甚至具有政治、思想的激情。其代表报纸便是北京邵飘萍的《京报》。上海《申报》、天津《益世报》等也在总体上支持活跃着的五四新思潮。

中国五四新文化运动时期的商业报纸的情形,很像西方国家政党报刊时期向商业报刊时期过渡年代的商业报纸。但它们后来无力超越党报时期,因为中国的政治、文化发展与西方存在较大的差异。具体而言,从民国初年到五四前后的商业报刊出现了以下三点显著的变化:

第一,报刊比以前更加重视新闻。一方面是因为读者的需要,另一方面是民国对报刊实行邮电优惠,降低了远距离、经常性传送通讯(当时称为通信)和消息的成本。

第二,与之相应,职业记者群体兴起。由于社会环境,民初的著名记者大多有一些政界背景。例如名记者黄远生是 1904 年清代(也是中国历史上)最后一科的进士,民国后成为各大报的特约记者,以"能想"、"能奔走"、"能听"、"能写"自勉,他所写《三日观天记》《外交部之厨子》《北京之新年》等通讯,对民国初年政局的黑暗和新官僚们的丑态,作了忠实的记录和辛辣的嘲讽。他拥有其他记者

难以企及的人脉，能采访到袁世凯、孙中山、汪大燮等人物。1915 年在旧金山被革命党误杀。成名稍晚一些的邵飘萍与黄远生类似，袁世凯专政时期，他因为主编国民党报刊《汉民日报》（杭州）被捕，出狱后流亡日本，创办东京通讯社。袁世凯死后，邵飘萍返回国内，被《申报》聘为驻京特约记者，并于 1918 年自设《京报》。他为《申报》写了 200 篇、22 万字的《北京特别通讯》，均是来自第一线的报道，文章真实、犀利，分析在理。在京期间，邵飘萍与各方政治势力来往密切，据罗章龙的回忆，他曾秘密加入中国共产党。邵飘萍被人称为"新闻全才"，他有办法令官员不得不见，见且不得不谈。他风流倜傥，善于言辞，广泛交游，上至总统、总理，下至仆役百姓，都靠得拢，谈得来。1926 年 4 月，邵飘萍被有积怨的奉系军阀杀害于北京，是年 8 月，另一位北京名报人林白水遭到同样的厄运。两人遇难相去不足百日，所以在新闻史上被称为"萍水相逢百日间"。

第三，副刊的形式和内容发生变化。五四前后上海《时事新报》的《学灯》，《民国日报》的《觉悟》，北京《晨报》的《晨报副镌》、《京报》的《京报副刊》被合称为"四大副刊"。它们主要以知识分子为目标受众，所刊学术、文艺类文章的水准都相当高。

第四节　中国商业性传媒的兴起和演变

中国人的商业性报纸是在政党报刊发展的后期逐渐兴起的，在主要大城市得到发展（商业报刊本来就是现代城市的产物）。鉴于中国社会依然存在政党报刊发展的很大空间，中国人开办的商业报纸只能在政党报刊兴起之后，生存于政治与商业之间的夹缝中。

《申报》1909 年起转归国人主持，所有人席子佩。1912 年该报转手给张謇等人，由史量才承办，几年后完全为史氏所有。此前的《申报》已经创造了中国新闻传播史上的若干个"第一"。史量才继承了老《申报》的传统，30 年代初在一批文化人的协助下，努力开创中国现代商业大报的传统。该报在全国 29 个城市设立分馆，增加各地通讯；改革副刊《自由谈》和其他内容，从文艺到医疗，适应各类读者的需要；出版系列书刊，从月刊、年鉴到地图，品种多样；兴办社会文化事业，例如流动图书馆、新闻函授学校、业余补习学

史量才

校、申报服务部等。这使得申报馆成为一个以报纸为中心的文化群体。史量才有一个组建中国报业托拉斯的宏大规划。他 1927 年购进《时事新报》部分股份，1929 年购进《新闻报》股份受阻。1934 年 11 月 13 日被蒋介石派特务枪杀于沪杭路上。《申报》在日本占领上海后一度停刊。1938 年双十节假托美商名义在租界复刊。在出刊中，报馆遭到炸弹袭击，日伪特务枪杀该报记者金华亭、绑架编辑翟绍伊，经理马荫良、记者伍特公等十位从业人员上了汪伪通缉的黑名单。1941 年太平洋战争爆发后，该报被改组为附逆报纸。1945 年光复后，国民党同意沿用《申报》名称，但由国民党人潘公展担任报务委员会主任，后来又加入官股改变纯民营性质。

　　1926 年 9 月 1 日，新记《大公报》在天津创刊，成为中国北方的代表性商业报纸。该报的前身是 1902 年英敛之创办的《大公报》，1925 年停刊。新记《大公报》创刊号宣布办报的"四不方针"：不党、不私、不卖、不盲，即"原则上等视各党，纯以公民之地位发表意见"；"不以言论做交易"；"报纸并无私用，愿向全国开放，使为公众喉舌"；"随声附和是谓盲从，吾人诚不明，而不愿自陷于盲"。1935 年建立上海分馆，总部实际上搬迁至此。在强大的政治、军事集权的政治氛围中，该报企图走出一条中国人办商业日报的道路。该报的"三驾马车"（新记公司）领导结构是：吴鼎昌（银行家）任董事长，胡政之（名记者）任总经理，张季鸾（名记者）任总编辑。他们配合得当，各自发挥专长，报纸很快获得公誉。该报在抗日战争中表现出色，退出天津、上海后，该报在武汉、重庆、桂林、香港各地建立分馆。1941 年该报获美国密苏里新闻学院荣誉奖章。1946 年 1 月，报纸的总管理处统管上海、天津、重庆分社及台湾办事处，随后恢复香港版。

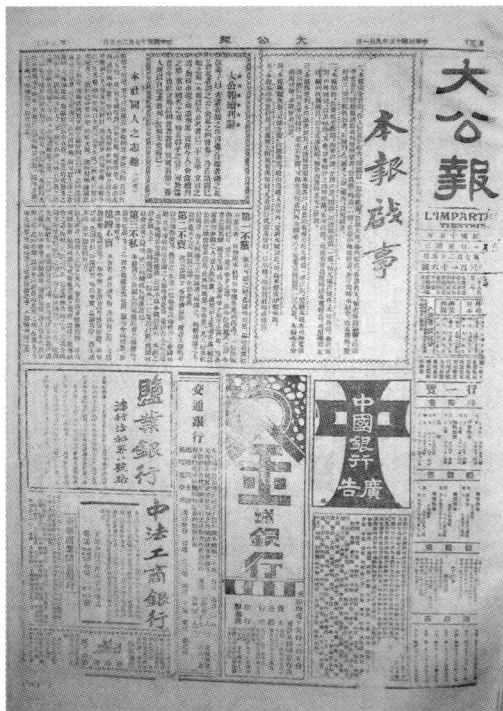

新记《大公报》创刊号

　　上海《新闻报》创刊后，逐渐成为以经济、金融新闻为主的报纸。1906 年起，国人的股份占到七成。1929 年起，《新闻报》股权完全为国人所有。20 世纪 20 年代，已经属于中国民间资本的《新闻报》与《申报》势均力敌，发行量相互攀升，几乎同为国内发行量最大的报纸（1924—1925 年均达到 10 万份），1928 年《新闻报》的发行量 15 万，居全国第一。该报总经理汪汉溪表现出他的经营才能。日本占领上海后，该报于 1938 年 9 月请回原来的老板福开森出任"监督"，以美商的名义出版。这期间该报编辑倪澜深被日伪特务绑架。1941 年太平洋战争爆发后，该报被强行改组为附逆报纸。1945 年光复后，国民党同意沿用《新闻报》名称，但由国民党人肖同兹（后来是程沧波）担任报务委员会主任，后来又加入官股改变纯民营性质。

1932 年，原《申报》经理张竹平脱离该报到《时事新报》工作，他尝试组建中国最早的报团"四社"，即由《时事新报》《大陆报》《大晚报》和申报电讯社（该社不属于《申报》）组成的一个新闻业务和新闻经营的联合体。1935 年随着《时事新报》转让给孔祥熙，四社瓦解。

在北平，"世界报系"（1924—1937）是北方重要的商业报系。该系的老板成舍我（1898—1991），五四时期小有名气，因他 1919 年 5 月 23 日发表《安福与强盗》的社论，他所服务的北京《益世报》主编潘云超被判一年，成舍我不但没有被革职，反而代行了一年主编职务。1924 年 4 月 16 日，成氏用 200 大洋创办了《世界晚报》。他给晚报立了四项宗旨：言论公正、不畏强暴、不受津贴、消息灵确。随后，他又创办《世界日报》《世界画报》，创办北平新闻专科学校。世界报系在北平存在了 13 年，影响很大，直到日军占领北平时撤离。而此前的 1928 年和 1935 年，他还在南京创办《民生报》、在上海创办抗日小型报《立报》。1945 年抗战胜利，他立即飞回北平，恢复出版世界报系的报纸。

成舍我

陈铭德、邓季惺夫妇

南京的陈铭德、邓季惺夫妇 1929 年在南京创办《新民报》。抗战中该报影响力渐大，在重庆、成都两地同时出版。战后报社的总管理处迁回南京，成为拥有 5 个城市分社（南京、上海、北平、重庆、成都）和 8 种报刊的报团。

天津《益世报》1915 年由比利时天主教传教士雷鸣远（Fr. Vincent Lebbe）创办，原是宗教类报纸，但在以后的发展中，成为天津最大的综合性商业日报。

该报 1920—1922 年发表周恩来寄来的欧洲通讯约 100 篇,也发表过谢冰心的许多作品。1937 年因日寇占领天津而撤到西南出版昆明版和重庆版。光复后返回天津出版,发展成为在天津、北平、南京、上海、重庆出版报纸的报团。1949 年 1 月,人民解放军攻克天津后该报停刊。

生活类商业报刊中,邹韬奋 1926—1933 年在上海主编的《生活》周刊最为著名,1932 年,该刊创造了 15.5 万份的全国期刊最高期发量,他为读者服务的办刊理念受到社会赞誉。《生活》被国民党查封后,他还创办过五六家报刊,存在时间均很短,但为读者服务的传统依旧。

《文汇报》作为民营的抗日报纸和反对派报纸的经历颇为曲折。1938 年 1 月 25 日,沪杭铁路局高级职员严宝礼等多位抗日人士集资在上海租界创办《文汇报》,经理严宝礼,总编胡惠生。名义上请英国人克明(H. M. Cumine)为董事长和总主笔。《大公报》捐助该报 1 万元,并委派记者徐铸成担任主笔和主持编务,徐铸成邀魏友棐主撰经济评论。该报坚持到 1939 年 5 月 18 日被勒令停刊。抗战胜利后《文汇报》在上海恢复出版,1947 年 5 月被国民党当局查封,该报转移至香港于第二年在那里出版。

《大刚报》1937 年 11 月 9 日由国民党员毛健吾创刊于郑州,本是国民党资助的地方报纸。该报随战事一年后退至衡阳时经济来源断绝,转为毛健吾个人的报纸。该报坚持抗战,成为西南后方有影响的报纸之一。光复后,分别在汉口和南京出版。南京版为国民党控制而在 1949 年被查封;汉口版受到共产党的影响,存在到解放后,1952 年更名为《新武汉报》,成为中共武汉市委机关报。毛健吾本人 1948 年加入民革,1950 年从香港回到内地,在政协任职。

《东南日报》,前身是 1927 年创刊于杭州的国民党浙江省党部机关报《杭州民国日报》。1934 年经过改组,吸纳民间资本,成为公私合营的报纸(与国民党仍然关系非常密切)。抗战爆发后,先迁金华,后分两路落脚在丽水和福建的南平。在抗战期间,它是在战区省份出版的唯一一份大报。抗战胜利后在杭州、南京两地出版,1949 年 4 月停刊。

国人主办的商业性电台,最早的是 1927 年 3 月创办的上海新新公司广播电台,该台坚持播音到 1941 年被日本人占据。存在时间最长的,是上海的亚美广播电台(1929—1952)。

第五节　国民党的政党传媒转变为"党国"传媒

国民党最早的全党性质的传媒机构是中央通讯社,1924 年创办于广州。1927 年 5 月迁南京,从政党的通讯社转变为官方通讯社。1932 年,萧同兹被任命为社长。他决定改革中央社,将通讯社迁出中央党部大楼,对外独立经营,确定三条方针:工作专业化、业务社会化、经营企业化。至 1937 年,中央社在全国建立 20 多个"通讯员办事处"(记者站),在东京、日内瓦、新德里设立办事处,与美联社、路透社、哈瓦斯社交换新闻,切断了国内各报直接从外国通讯社取得新闻来源的渠道。至此,中央社控制了全国的主要新闻源。抗战后,中央通讯社的国内分社发展到 43 个,分社下属的办事处还有 9 个;国外分社从战时的 12 个发展到 25 个。

国民党中央机关报《中央日报》1928 年创办于上海,1929 年迁到南京出版。1932 年 3 月,程沧波被任命为社长。他决定改革《中央日报》,提出四化方针:经理部充分经营化、编辑部充分学术化、整个事业制度化、效率化。有人归纳其改革的性质为先"日报",而后再"中央"。同年 9 月和 11 月,该报增出《中央夜报》和《中央时事周报》。1935 年建造中央日报大楼。这一年的报纸销量增至 3 万份(1932 年改版时为 6 000 份)。1938 年 9 月 1 日随国民党政府迁往重庆出版。1945 年抗战胜利后,《中央日报》在旧址重新出版,由马星野出任社长。1946 年,该报在南京出版《中央晚报》。1947 年该报按照《公司法》改组为企业组织,成立中央日报股份有限

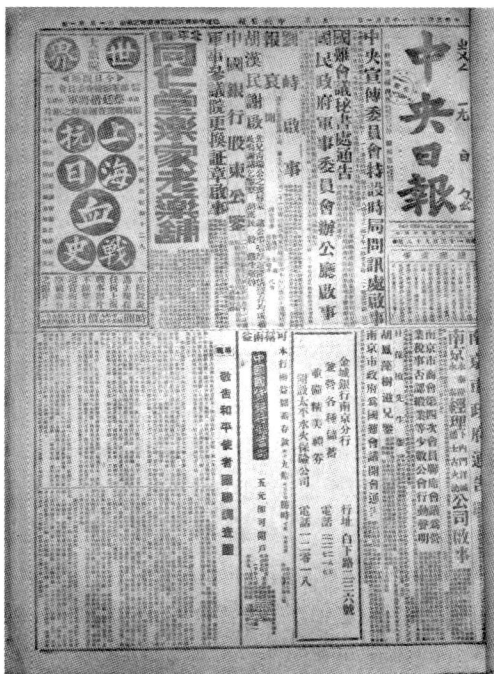

《中央日报》1932 年 4 月 1 日头版

公司及董事会,发展为报团,拥有 12 个分社。该报 1949 年 3 月迁往台湾。

国民党大区的党报有四家:《华北日报》《福建日报》《西京日报》《武汉日报》,由国民党中宣部领导。1946 年,国民党中央直辖的党报发展到 23 家,省级党部主办的党报有 27 家。

国民党军队的报纸《扫荡报》1932 年 6 月创刊于南昌,该报原是为围剿红军的国民党军队办的。1935 年迁武汉出版,向社会公开发行,成为军队系统的全国性报纸。抗日期间该报基本持抗战立场。1945 年抗战胜利后,改名《和平日报》,国民党元老于右任为其题写报头,当时该报在全国各地拥有 9 个分社。

哈尔滨无线广播电台是中国人最早创办的广播电台,技术创办人刘瀚,当时

属于地方政府的电台(1926 年 10 月)。

国民党的中央广播电台 1928 年 8 月 1 日创办于南京,当时只有 7 个人,500 瓦功率。主要创办人陈立夫、叶楚沧等。当年起,该台陆续在各省建立省台。1932 年,中央广播电台建成新台,功率增至 75 万千瓦,可以传播到全国,并覆盖整个远东地区。[①] 中央广播电台最初由国民党中央宣传部直接领导,后来改由中央广播事业管理处管理。1945 年以后,中央广播电台大量接收敌伪台,使得全国广播电台的 98% 为国民党控制。1938 年,中央广播电台开办对外广播。

随着国民党失去在大陆的政权,1949 年,以上国民党"党国"的中央级传媒和小部分国民党掌握的其他传媒陆续迁到台湾省。留下的不动产,以及国民党掌握的大部分省级以下的传媒则被共产党作为官僚资产阶级的资产予以没收。

第六节　日伪在中国领土上的新闻传播业

1931 年至 1945 年,日本陆续占领大片中国领土;1940 年,汪精卫在日本的导演下建立伪中华民国国民政府。在日伪占据的中国领土上,其新闻业虽然存在时间不长,但是作为历史,应当有所记载。

伪满洲国时期的中国东北地区,主要新闻传媒直接由日本人创办和主管。1940 年时,这个地区有报纸 39 种,主要出版地为长春(伪"新京")、沈阳、大连。根据伪满当局的《新闻社法》,1942 年实行新闻社(报社)体制,建立三大新闻社。于是,18 家中文报纸合并为《康德新闻》(康德为伪满州国"皇帝"溥仪的年号),最大的中文报纸沈阳《盛京时报》亦变成《康德新闻》奉天分社。3 家日文报纸合并为《满洲日日新闻》;4 家日文报纸合并为《满洲新闻》。1944 年 5 月,这两家日文报纸再合并为《满洲日报》。九·一八是事变后,日本劫收哈尔滨、沈阳的中国广播电台,建立殖民化的广播系统,完全由日本人管理,其管理机构的名称数次变动,1941 年以后叫"新京放送总局",管辖 25 座电台。1932 年 12 月,伪满洲国通信社成立。1937 年 4 月,该社成为日本同盟社的分支机构。

华北地区,日伪的新闻业主要集中在北平、天津两个大城市。北平的主要报纸《新民报》,是日伪组织"新民会"抢夺成舍我《世界日报》的资产,于 1938 年创办的。《华北日报》原是国民党中央宣传部直属的大区党报,被日寇劫收。《实报》原是华北地区较为有名的小型日报,发行量 10 万份。北平沦陷后,社长管翼

---

① 根据 1947 年中华民国行政院新闻局《广播事业》。

贤(著有新闻学著作)附逆日寇,这家报纸成为汉奸报纸。《庸报》原是天津第三大报纸(仅次于《大公报》《益世报》),日寇占领天津后该报直接由日本人控制,成为"北支派遣军"机关报。1944 年 5 月,日寇将北平的《新民报》《华北日报》《实报》和天津的《庸报》等合并为《华北新报》,由伪华北政务委员会情报局主办。1938 年元旦,伪中华民国临时政府在北平成立的当天,伪中央广播电台播音。这个电台下辖北平、天津、济南、青岛、石门、唐山、太原、徐州八个广播电台。1939 年 9 月成立的伪蒙疆政府,先后在张家口、大同、绥化、包头建立广播电台。日本同盟社的华文部,是日寇统治时期沦陷区唯一的新闻来源。

华东地区,日伪新闻业的主要集中地点是上海、南京。在上海,《新申报》创办于 1937 年 10 月,是直接由驻沪日军指挥部创办的对开日报,后来改为日文《大陆新报》的中文版。汪伪的主要报纸是《中华日报》,原来就是汪派的报纸,后来停刊。1939 年 7 月汪精卫投敌后复刊,成为汪伪南京政府的机关报。原中共一大代表、曾任国民党宣传部副部长和代部长的周佛海,汪伪时期任"行政副院长"、"行政院长",并兼任"上海特别市市长",他指使金雄白主办的《平报》是那个时期上海的主要附逆报纸之一。汪伪行政院宣传部部长为林柏生,副部长兼社论委员会主任为江世俊。汪伪宣传部先后建立伪"中央通讯社"、"中央报业经理处"、"中国广播事业建设协会"、"电影检查委员会"、"国际宣传局"等机构,钳制沦陷区舆论。在南京,主要报纸《民国日报》直属汪伪政府宣传部。周佛海为董事长的《中报》也是汪伪在南京的重要报纸之一。1937 年 11 月上海沦陷后,日本劫收国民党政府在沪的两座电台,建立大上海广播电台。1938 年 3 月,伪上海广播电台监督处强令上海民营电台向该处登记。在南京,1937 年 12 月日本强占南京后建立南京广播电台,汪伪政府成立后改为伪中央广播电台。汪伪政府控制着上海、南京、汉口、杭州、苏州、蚌埠等城市的广播电台。汪伪政府 1940 年 5 月再建中华电讯社,隶属伪宣传部,下辖 6 个分社。光复后,周佛海以汉奸罪被判死刑,后改为无期徒刑,1948 年死于狱中。被称为汪伪政权"一支笔"、"戈培尔第二"的林柏生,于 1946 年 10 月 8 日以汉奸罪处决。

华南地区日伪新闻业集中的城市是广州、香港。广州的主要报纸是《中山日报》,创刊于 1940 年 1 月。第二大报纸《迅报》为日本"南支派遣军"机关报,创办于 1938 年。香港的主要日伪报纸有《南华日报》等。

日本占领上海后,那里的西方国家的租界,成为被日占区包围的"孤岛"。很多报纸、广播电台、通讯社迁到这个特殊的地区,请西方人担任名义上的发行人,继续艰苦、智慧的抗日宣传。抗日倾向明显的传媒遭到日伪特务的炸弹袭击,编辑记者被枪杀、绑架。1941 年太平洋战争爆发后,孤岛中的传媒或被取缔或被改组为附逆传媒。

第七节　共产党形成党的传媒系统

中国共产党在形成期间，其主要媒体是 1920 年 11 月至 1921 年 7 月出版的《共产党》月刊，主编李达，这是一份理论刊物。党成立后领导创办了一系列工人报刊。1922 年 9 月 13 日创办中央机关刊物《向导》周报，内有部分工人运动通讯，但以政论为主。该刊的发刊词首次论证了中国共产党争取言论出版自由的要求：

> "十余年来的中国，产业也开始发达了，人口也渐渐集中到都市了，因此，至少在沿海沿铁路交通便利的市民，若工人，若学生，若新闻记者，若著作家，若工商家，若政党，对于言论、集会、结社、出版、宗教信仰，这几项自由，已经是生活必需品，不是奢侈品了。在共和国的名义之下，国家若不给人民以这几项自由，依政治进化的自然律，人民必须以革命的手段取得之，因为这几项自由是我们的生活必需品，不是可有可无的奢侈品。可是现在的状况，我们的自由，不但在事实上为军阀剥夺净尽，而且在法律上为袁世凯私造的治安警察条例所束缚，所以我们一般国民尤其是全国市民，对于这几项生活必需的自由，断然要有誓死必争的决心。'不自由毋宁死'这句话，只有感觉到这几项自由的确是生活必需品才有意义。"

该刊主编蔡和森，后期较短时间内的编辑，依次是彭述之、瞿秋白，总书记陈独秀实际上始终主持该刊。1927 年 7 月停刊，共出版 201 期。

1925 年在上海发生五卅运动，党于 6 月 4—27 日出版《热血日报》，是为共产党出版的第一家日报，主编瞿秋白。

1930 年 8 月—1931 年 3 月，党中央在上海出版第一家中央机关日报《红旗日报》。该报受到"左"倾路线的影响；由于是秘密出版，对社会的影响甚微。

1931 年 11 月 7 日，党在瑞金成立中华苏维埃共和国中央人民政府，当天红色中华通讯社开始工作。12 月 11 日，中华苏维埃中央政府机关报《红色中华》（周报）创刊，当天还创刊了红军的机关报《红星报》。1934 年 10 月红军长征，红中社停止工作，《红色中华》停刊，《红星报》成为长征途中唯一坚持出版的党的报纸（后期油印），1935 年 8 月 3 日停刊。邓小平 1933 年 8 月至 1935 年 1 月主编该报。

长征结束后，红中社于 1935 年 11 月恢复工作，《红色中华》同时在陕北复刊。在抗战的背景下，《红色中华》1937 年 1 月 29 日改名《新中华报》，红中社同时改名新华通讯社。1939 年 2 月 7 日，《新中华报》周报改组为中共中央机关报。

《红旗日报》

《红色中华》

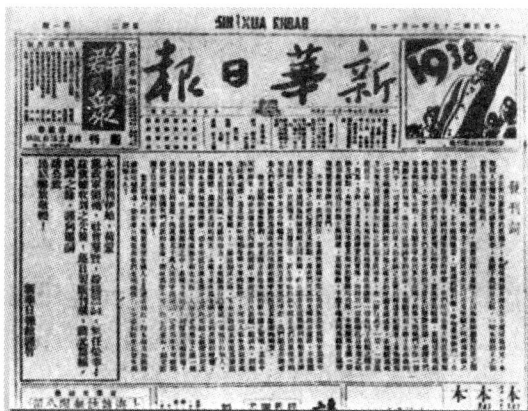

《新华日报》创刊号头版上部

　　1938 年 1 月 11 日，中国共产党在汉口出版中央机关报《新华日报》，[①]社长兼总经理潘梓年（几个月后熊瑾汀为总经理），总编辑华岗，王明作为长江局书记担任该报董事长。1938 年 10 月该报迁重庆出版，南方局书记周恩来为董事长。

_____

① 根据 1938 年中央要求各地阅读《新华日报》的通告，《新华日报》明确称为中央机关报。

该报是抗战时期共产党在国统区唯一合法出版的党直接领导的报纸。1941年初发生皖南事变,9 000多新四军将士遭到国民党屠杀。1月18日,周恩来在国民党检查官造成的《新华日报》开天窗处题词:"为江南死国难者致哀!""千古奇冤,江南一叶;同室操戈,相煎何急?!"1947年2月28日,在国共和谈破裂的情形下,该报被国民党封闭,工作人员撤回解放区。

1940年3月25日《边区群众报》创刊,是为抗日根据地第一份为基层百姓办的报纸,主编胡绩伟。1941年,该报改组为中共中央西北局机关报。1948年更名为《群众日报》。该报是现在《陕西日报》的前身。

抗日战争时期,共产党在所领导的各抗日根据地出版了大量报刊,新华社的分社遍布各地,地方党报同时即是新华社的分社,有数百个。解放战争时期,党领导的解放区还建立了一些广播电台。

延安新华广播电台播音员钱佳楣

《解放日报》创刊号头版

1940年12月30日,延安新华广播电台播音,周恩来任广播委员会主任。周恩来赴重庆工作后,朱德继任广播委员会主任。由于根据地被封锁,广播零件得不到配给,广播于1943年春停播。日本投降后,该台于1945年9月11日恢复播音。1949年3月,该台迁入北平,改称北平新华广播电台。

1941年5月16日,中共中央机关报《解放日报》创刊,延安多家党报党刊编辑部合并改组为该报编辑部,社长博古(秦邦宪),总编辑杨松(吴绍镒)。该报原来各版的内容的定位是:一版欧洲,二版远东,三版国统区,四版陕甘宁边区,且只占半个版。这种办报的指导思想不符合根据地的实际情况。1942年3月31

日,毛泽东在改版座谈会上说:"利用《解放日报》,应当是各机关经常的业务之一。经过报纸把一个部门的经验传播出去,就可推动其他部门工作的改造。"4月1日,该报在整风的背景下实行改版,各版的内容定位是:一版是以根据地消息为主的要闻版;二版是边区版,详细报道边区军民战斗、生产的消息;三版为国际版,报道国内外敌占区的情况动态;第四版为副刊版。报纸确立了党性、群众性、战斗性、组织性的工作原则。

1942年4月30日延安《解放日报》头版头条通讯《模范农村劳动英雄吴满有/连年开荒收粮特多/影响群众积极春耕》,受到毛泽东的表扬,吴满有成为边区第一大典型人物。此后形成"典型报道"的传统,该报共宣传了600多个典型人物和单位。

1947年3月,国民党胡宗南军队占领延安。《解放日报》于1947年3月27日在转战陕北途中停刊,新华社暂时成为党中央唯一的中央级传媒,通过电讯稿的播出,传达党中央的声音。1948年4月,毛泽东在《对晋绥日报编辑人员的谈话》中指出:"报纸的作用和力量,就在它能使党的纲领路线,方针政策,工作任务和工作方法,最迅速最广泛地同群众见面。"[1]

根据毛泽东在华北地区创办"大党报"的指示,1948年6月15日,晋察冀解放区的机关报《晋察冀日报》和晋冀鲁豫解放区的机关报《人民日报》合并为中共中央华北局机关报《人民日报》,毛泽东为新的报纸题写了报名。该报社长兼总编张磐石。根据党中央的决定,从1949年8月1日起,《人民日报》升格为中共中央机关报(一度仍兼华北局机关报),社长胡乔木、总编辑邓拓。

第八节 1949年至"文革"时期的中国新闻传播业

1949年10月1日中华人民共和国成立。在此之前,地区性的党领导的报刊已经公开出现,例如沈阳的《东北日报》、石家庄的《新石门日报》、乌兰浩特的《内蒙古日报》以及城市的人民广播电台。

一、中国共产党的传媒转变为党和国家的传媒

1949年10月19日,中央人民政府新闻总署成立,作为管理全国传媒和新闻工作的行政机构。该署制定了一系列关于报纸、广播的行政规章。1949年年底在新闻总署召开的全国报纸经营会议上,首次提出报纸"企业化经营",但是没有实行。1952年8月7日该署撤销。

---

[1]《毛泽东选集》第2版4卷1318页,人民出版社1991年版。

党中央机关报《人民日报》自新中国成立起,实际上成为全国指导性的综合报纸。以后各大行政区、省、地级市的党报,均为各行政区内的单一主要报纸。各大行政区的党报分别是东北区机关报《东北日报》、西北区机关报《群众日报》、华东区机关报《解放日报》、中南区机关报《长江日报》、西南区机关报《新华日报》;中共华南分局出版机关报《南方日报》①。1954 年撤销大区后,各大区党的机关报也撤销,并入所在地的省级党报。

1949 年 12 月中宣部发出指示:"今后各行政区、省、区的主要报纸,都不必公开宣传是中共机关报,也不必说是政府机关报,只称某地某报即可。"②但是,这个要求没有被贯彻,并在 1968 年被批判为"刘少奇反革命修正主义新闻路线"的最初表现③。

1949 年 10 月成立中央广播事业局,管辖全国的广播业,最初属于中央人民政府新闻总署,1954 年 11 月成为国务院直属机构。延安新华广播电台进城以后先后改为北平、北京新华广播电台,于 1949 年 12 月 5 日开始使用"中央人民广播电台"的呼号。此后,各大行政区、省逐步建立"当地地名+人民"的广播电台,建立广播在各行政区内的单一体制。1954 年大区撤销,大区人民广播电台也跟着撤销,并入所在地的省级台。

1950 年时的新华社和新闻总署大门

1958 年北京电视台的播出现场

1950 年 3 月,新华社被宣布为统一集中的国家通讯社。战争时期以新华社分社名义活动的多数分社,其人员归并(本来多数就是当地党报人员)到所在地

---

① 华南不是大区,但是设立了相当于大局党委的华南分局。

② 《中国共产党新闻工作文献汇编》上册第 328 页,新华出版社 1980 年版。

③ 人民日报、红旗杂志、解放军报编辑部《把新闻战线的大革命进行到底》,《人民日报》1968 年 9 月 1 日。

党报内。同年,新华社建立起包括国外分社在内的 6 个总分社和 28 个分社,分社的通讯稿上传到总社统一外发。新华社驻外分社,随着中国外交关系的扩大而逐渐增多。

1958 年 5 月 1 日,北京电视台(中央电视台的前身)试播;9 月 2 日正式播出。1959—1961 年,有 19 个省级行政区建立电视台,但在经济困难时期,大部分停掉。后来又有一些新开办,至"文革"前,全国的电视台 13 座。由于缺乏综合国力,电视机社会拥有量极少。

二、悄然进行的民营传媒国有化

全国解放后,绝大多数原来与国民党有各种关系的传媒或被查封或停刊,包括一些民营报刊和广播电台。少数有共产党员在其中工作的进步报刊和个别立场中立的外报得以保留。1950 年 3 月,全国有民营报纸 58 家(其中上海 14 家),代表性报纸如《大公报》上海版、《新民报》《文汇报》《大美晚报》(美商拥有)、《大刚报》武汉版;英文《字林西报》《密勒氏评论报》。民营广播电台 34 家(其中上海 22 家),代表性电台亚美台(上海)。

随着形势的发展,这些传媒多数严重亏损。由于规定不得采用西方通讯社稿、新闻不得超党派、不得搞内幕新闻等等,部分民营传媒因为违反这样的规定被查封,剩下的传媒,因为不是党的传媒,记者的采访经常被拒,基本断了新闻源。按照预定的计划,1952 年 12 月 31 日之前,全国不多的民营传媒(包括出版社)全部公私合营(此前 1950 年 7 月,《大公报》上海版最早实行公私合营,接着是《新民报》《文汇报》),完成对新闻出版业的社会主义改造。随后在很短的时间内,政府赎买原所有人的股份,合并于国营传媒中,民营传媒完全消失。这是新中国成立后最早进行社会主义改造的领域,但当时没有做任何宣传,后来也从不提起。

三、新中国成立初期的报纸批评运动

1950 年 4 月 19 日,中共中央发布《关于在报纸刊物上展开批评和自我批评的决定》,赋予报纸刊物对党政人员腐败和渎职批评的权力,并且凡是被批评的人员必须在报刊上回复如何改正的。1951—1953 年,《人民日报》刊登批评稿日均 4 篇以上,反映了共产党刚进城时的朝气,以及不怕批评和自我批评的勇气。

1953 年 4 月,中宣部就广西《宜山农民报》批评宜山地委一事发出指示:"不经请示不能擅自在报纸上批评党委会,或利用报纸来进行自己与党委会的争论。"①这即"报纸不得批评同级党委"的由来。

---

① 《中国共产党新闻工作文献汇编》中卷第 279 页,新华出版社 1980 年版。

1954 年 7 月,党中央发布《关于改进报纸工作的决议》,要求在报纸上展开批评,但是要求批评正确,强调在当地党委和报刊党委的领导下进行。于是,报纸批评稿的数量急遽下降,当年《人民日报》的批评稿 210 篇,仅是 1952 年 (1 750 篇)的 12%。

四、1954 年前后新闻界全面学习苏联

新中国成立初期,在向苏联"一边倒"的背景下,从 1952 年起,中国的传媒就开始了学习苏联同行的活动。1954 年,这种学习达到高潮,延续到 1956 年。各种传媒(报纸、通讯社、广播、出版社、杂志社)、各地的传媒均对口、对级别地到苏联参观访问,苏联方面的各种新闻界的代表团,也被请到中国来传经送宝。各传媒内部制定出各种学习苏联同行的文件。机械地学习造成较大的偏差。例如《人民日报》学习《真理报》,要求做"一张没有错误的报纸",甚至提出"为没有错误的报纸奋斗"的口号,为了达到这种表面现象,出了错误报纸也拒绝更正,因为指导工作的报纸不能也不会有错误。再如,学习苏联每天一篇社论,无论题目是什么,一律 2 500 字,放在头版头条。还有,完全模仿《真理报》的写作和标题风格,新闻模式化。

《真理报》不登广告,于是中国的报纸也基本不刊登广告。从苏联还学来一种不客观的报道原则,特别在国际新闻方面。对社会主义国家,一概只报好消息;对资本主义国家一概只报不好的消息,他们批评我国的内容一律不得发表。

大学新闻系也学习苏联,以苏联的课本为基本教材。这些教材套话空话连篇,不忍卒读,却印成当时最好的硬壳精装本。于是,造成新中国的新闻学教材直到改革开放以后才出现国人写的教材的尴尬局面(当然还有其他更重要的原因)。

五、刘少奇 1956 年论新闻工作

1956 年 4 月毛泽东提出"双百方针"。在这个背景下,中央主要领导同志分别与各部委谈话,了解情况。5 月 28 日上午和下午、6 月 19 日,中共中央政治局委员、书记处书记、全国人大常委会委员长刘少奇与新华社、广播事业局同志的三次谈话。他的谈话要点如下:

1. 批评机械地全面学习苏联

刘少奇:"学习塔斯社,同时也要学习资产阶级通讯社。马克思曾经说过,对资产阶级的工厂要接受下来,对资产阶级的政治经验也要接受下来。"他注意到资产阶级新闻记者的工作经验,提出"要学习资产阶级通讯社的报道技巧"。[①]

---

① 《中国共产党新闻工作文献汇编》下卷第 359、360 页,新华出版社 1980 年版。

2. 主张新闻在有立场前提下做到客观、公正、真实、全面

刘少奇说:"对美联社、路透社等外国通讯社的消息,我们应该有选择地登一些。有些报刊登国际新闻只登说我们好的,骂我们的或者说一句美国好的都被删去,这种做法是不好的。""为什么资产阶级报纸敢于把骂他们的东西登在报纸上,而我们的报纸却不敢发表人家骂我们的东西呢? 这是我们的弱点,不是我们的优点。""新华社要成为世界性通讯社,新华社的新闻就必须是客观的、真实的、公正的、全面的,同时必须是有立场的。"①

3. 要求传媒为受众服务

刘少奇说:"要很好地研究报纸的需要。……适合报纸,自然最后是适合读者的需要。你们要调查报纸的读者对象,究竟某一家报纸的读者是些什么人,他们的要求是什么。"广播"老是政治大题目,听了没有什么味道。广播要跟人民建立联系,但是总不能只限于政治上的,人民关心的事情是很多的,想听的事情也是很多的。这方面也应该关心到。"他谈到广播可以考虑的内容包括时装、天气、传染病的流行、副食品供应、百货商场购物、听戏等,"总之,应该从多方面和人民建设密切的联系"②。

4. 设想党和国家的传媒向社会性传媒的转变

刘少奇就新华社是否以国家通讯社的名义出现,发表了个人的看法。他说:"新华社做国家通讯社好,还是当老百姓好。我看,不做国家通讯社,当老百姓好;新华社干部不作为国家干部,不受行政级别限制,记者的薪水也可以比毛主席的薪水高。新华社的评论,不是代表国家发言。新华社也不要学塔斯社那样代表政府辟谣。"③当时马连良、梅兰芳等不少艺术界人士的工资比国家领导人高,刘少奇的意思应该就是记者要比照他们,成为专业人士,而非行政干部。

5. 让记者出名,形成个人风格

刘少奇设想,记者"不受行政级别限制,记者的薪水可以比毛主席的薪水高","应该让记者出名,要他对报道负责;如果犯了错误,他也要作检讨。""记者各有个性,各有风格,有些人就喜欢某一记者的报道,只要是他的报道就愿意看。在稿件上署名,这是给与记者荣誉,也是给予压力。"④

六、《人民日报》1956 年改版

1956 年 5 月 15 日,人民日报编委会向党中央送交改版报告,这个报告有几

---

① 《中国共产党新闻工作文献汇编》中卷第 359 - 361 页,新华出版社 1980 年版。

② 同上,下卷第 379 - 380、376 页。

③ 同上,第 367 - 368 页。

④ 同上,下卷第 364、380 - 381 页。

十页,各版面、报社的各方面,都提出了详尽的改革的方案,还参考了《真理报》《纽约时报》《泰晤士报》《朝日新闻》四家报纸的经验(这是中国共产党党报首次正式借鉴西方报纸的经验)。两天后邓小平批复:"刘、周已阅。同意。退邓拓同志。"[①]

根据党中央的指示,《人民日报》从7月1日起改版。6月30日晚,毛泽东批示同意发表改版社论。社论《致读者》说明改版的三个方面:扩大报道范围,多发新闻1.5倍;开展自由讨论,阐明社会言论;改进文风,活泼空气。社论指出:《人民日报》是"社会的言论机关","人民的公共的武器,公共的财产,人民群众是它的主人。"

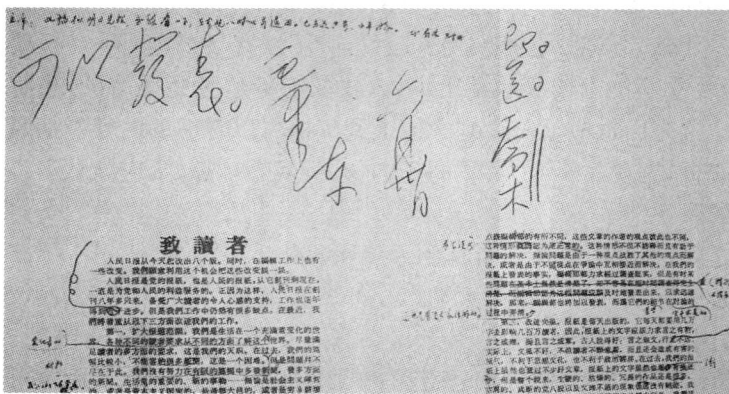

毛泽东批示发表改版社论

1956年8月1日,中共中央下发第124号文件,批转人民日报的改版报告。文件指出:"今后人民日报发表的文章,除了少数的中央负责同志的文章和少数社论以外,一般地可以不代表党中央的意见;而且可以允许一些作者在人民日报上发表同我们共产党人见解相反的文章。这样做就会使思想界更加活跃,马克思主义的真理愈辩愈明。""我们党的各种报纸,都是人民群众的报纸,它们应该发表党的指示,同时尽量反映人民群众的意见;如果片面强调它们是党的机关报,反而容易在宣传上处于被动地位。"[②]这个文件下发后,新华社、广播事业局所属各电台,以及不是正式党报的《文汇报》等,都以这一精神进行了改革。1985年胡乔木回顾说:"1956年中央对《人民日报》改版报告的批语,反映的是当时中央、主要是毛主席的想法,但他并没有坚持下去。"[③]

---

① 谭一《毛泽东新闻活动》第261页,当代中国出版社1999年版。
② 《中国共产党新闻工作文献汇编》中卷第483—484页,新华出版社1980年版。
③ 《胡乔木文集》第3卷193页,人民出版社1992年版。

《人民日报》改版获得了明显的效果。七八两个月的头版头条 62 个,经济新闻 31 个,会议新闻仅 2 条。批评性报道从 6 月的 29 条上升到 7 月的 150 条。读者来信 7 月 3.1 万封,8 月 4.07 万封,而 6 月是 2 万封。8 月,相对客观地报道了波兰的"波茨南事件";10 月,相对客观地报道了震惊东欧的"匈牙利事件"。较为客观地报道这些社会主义阵营的"坏事",以前是不可想象的。1957 年 2 月以后,《人民日报》的批评报道基本绝迹。

《人民日报》的改版,是试图从战争时期一个党的报纸,部分地向社会性报纸转变的尝试,但是由于 1957 年以后党中央的指导思想发生"左"倾错误而夭折。

七、1956—1966 年的全国三大报纸

在全国生产资料的社会主义改造完成以后的 1956 年,需要一张全国性的经济类报纸。于是经中央同意,《大公报》1956 年 10 月从天津迁入北京,成为全国经济类报纸。地址在光明日报社斜对面,前门饭店东侧。《大公报》上海版(该报总管理处光复后设在上海)1949 年起义,《大公报》天津版在解放军 1949 年攻克天津后停刊,改组为《进步日报》。1953 年上海《大公报》北迁天津,与《进步报》合并为新的《大公报》。

《光明日报》创刊号　　　　　　　　《大公报》进京出版第 1 号

与此同时,党中央 1956 年 12 月 18 日发出扩大《参考消息》订阅范围的通知,从 2 000 份扩大到 40 万份,使得更多的干部能够及时了解变幻的国际形势。

《光明日报》是 1949 年 6 月 16 日民盟创办的机关报,1953 年起改为全国各民主党派、工商联、无党派民主人士联合主办的报纸,1957 年反右以后再改为中

共中央领导下的全国性知识界报纸。

1956—1966 年"文革"发生前,北京街头的公共报栏,除了《北京日报》和1958 年创办的《北京晚报》外,中共中央机关报《人民日报》(它的实际作用是全国政治性报纸)和经济类报纸《大公报》、文化类《光明日报》这三张全国性报纸是必不可少的。

八、党中央指导思想的"左"倾错误对传媒的影响(至"文革"前)

根据中共中央 1981 年关于建国以来若干历史问题的决议,党中央 1957 年至 1978 年在指导思想上出现了"左"倾错误。这对中国传媒 20 年的发展有直接的影响。

1957 年 4 月,毛泽东对《人民日报》主要负责人邓拓没有及时贯彻他的讲话表示极为不满,随后调吴冷西接替邓拓。在 1957 年反右扩大化错误中,传媒一方面充当了大批判的先锋,一方自身也有很多人被打成右派。6 月和 7 月,《人民日报》以社论的名义两次发表毛泽东批判《文汇报》的资产阶级方向的文章,断定存在一个"民盟右派系统"。由《人民日报》公开点名批判另一家党领导的报纸,开创了新中国成立以来新闻界大批判的先例。当年 6 月至 9 月,仅《人民日报》点名批判的新闻界右派分子达 104 人。上海新闻界被划右派分子 129 人,其中《文汇报》被划 21 人,占了报社人员的相当比重。1958 年在新闻界还补划了一批右派分子。后来的历史证明,绝大多数为错划。

《人民日报》1958 年 8 月 16 日头版

1958 年《人民日报》元旦社论《乘风破浪》宣传大跃进,受到毛泽东的赞扬。1958 年 5 月党的八大二次会议正式提出总路线、大跃进,8 月的北戴河会议决议建立人民公社。传媒在"一手高指标,一手右倾帽"的压力下开始浮夸报道农业的高产"卫星",报道小麦亩产最高的达到 8 586 斤、水稻 130 435 斤、红薯 251 822 斤,超过实际可能的百倍。《人民日报》8 月 27 日的文章出现"人有多大胆,地有多大产"的标题,《工人日报》跟进提出"人有多大胆,钢有多大产"。在工业方面,报道大炼钢铁,一个省每月产钢上万吨,年底全国超额完成 1 070 万吨钢(实际上绝大部分是废铁）。传媒还大力宣传人民公社的公共食堂可以敞开肚皮吃饭,共产主义近在眼前。新闻界本身也搞工作成绩的大跃进,山西省的广播电台8个月内召开现场广播大会36次,在浪费人力物力方面创下了纪录。

1958年底,毛泽东发现了虚夸的问题,他提出:"干劲不可不鼓,假话一定不要说。"①但是,他不允许对此公开进行批评。1959年1月毛泽东就中宣部代拟的《中央关于目前报刊宣传工作的几项通知》批示,认为这是十个指头中的一个指头,甚至还不到一个指头的问题,"有些人大惊小怪,惊惶失措,是一种右倾情绪的表现"②。在总的路线不得怀疑的背景下,加上1959年错误地批判彭德怀等的"右倾",使得这种虚夸只是程度上减少,无法得到纠正。

1958年6月中央创办《红旗》杂志,主编陈伯达。该刊直到"文革"结束,在理论上贯彻了党中央指导思想的"左"倾错误。

1962年党的八届十中全会发出"千万不要忘记阶级斗争"的号召。毛泽东多次批示《人民日报》批判昆剧《李慧娘》、小说《刘志丹》等。在他的严词批评下,《人民日报》和全国各地的报刊接连批判一系列的电影和戏剧,在哲学、史学、经济学领域展开对代表性学者的批判。毛泽东指责国务院副总理、中宣部长陆定一是阎王殿的阎王,号召"打倒阎王,解放小鬼"。1965年,毛泽东组织报刊对新编历史剧《海瑞罢官》的批判,传达了他决定发动"无产阶级文化大革命"意图。

九、"无产阶级文化大革命"时期的中国新闻传播业

毛泽东错误地认为包括新闻出版界在内的文化领域是资产阶级的一统天下,因此要"高举无产阶级文化大革命的大旗,彻底揭露那些反党反社会主义的所谓'学术权威'的资产阶级反动立场,彻底批判学术界、教育界、新闻界、文化界、出版界的资产阶级反动思想,夺取在这些文化领域的中的领导权。"③

1966年5月9日,新组建的中央文革小组组长陈伯达宣布《人民日报》主要负责人吴冷西停职反省。接着,全国各种传媒铺天盖地批判邓拓(1958年调北京市委任文教书记)在《北京晚报》的"燕山夜话"专栏和他与吴晗、廖沫沙在《前线》杂志的"三家村札记"专栏,5月17日邓拓含冤去世。7月,《北京晚报》和《前线》停刊。"文革"中被迫害致死的著名的党的新闻工作者还有范长江、金仲华、孟秋江、章汉夫、潘梓年等。

1966年5月中旬,党中央关于发动"无产阶级文化大革命"的《5.16通知》传

① 《毛泽东新闻工作文选》第214页,新华出版社1983年版。
② 《建国以来毛泽东文稿》第8册8页,中央文献出版社1993年版。
③ 中国共产党中央委员会《5.16通知》。

达。5月31日陈伯达率领工作组进驻《人民日报》，6月1日，《人民日报》发表社论《横扫一切牛鬼蛇神》，下达了"文革"的总动员令。

1966年9月10日，《大公报》内部的造反派造反，报纸停刊。由于人员已经分散，报社资料完全流失，"文革"结束后《大公报》难以复刊。

1967年1月，中共中央发出《关于报纸问题的通知》，宣布省市报纸可以停刊闹革命。于是，全国的报刊从700多家，变成了约40家（这种情形维持了五年），而且几乎同一个面孔，"两报一刊"（《人民日报》《红旗》杂志、《解放军报》）的社论和文章成为全国人民必须学习领会的文件性内容，形成"报纸治国"、"社论治国"的无序现象。与此同时，传媒上对毛泽东的个人崇拜宣传达到顶点。

1967年1月，中共中央发出《关于广播电台问题的通知》，对广播电台实行军管。电视台一度短时间停播（1月6日—2月4日），也实行军管。

1967年1月，毛泽东支持《文汇报》《解放日报》造反派夺权，指示全文发表造反派的《告上海市人民书》，此后夺权运动蔓延到全国。

1966年下半年至1967年年中，各种红卫兵报纸（多数为4开报纸，俗称"红卫兵小报"）盛行，从大学到中学，从学校到企业和机关，造反派纷纷出版报纸，全国这类报纸7 000种以上。1967年5月中共中央发出《关于革命群众组织报刊宣传的几点意见》，这类报纸逐渐衰亡。

1968年9月1日《人民日报》头版上部

1968年9月1日，"两报一刊"编辑部发表毛泽东批示"此件可发"的编辑部文章《把新闻战线的大革命进行到底——批判中国赫鲁晓夫反革命修正主义的新闻路线》（三个整版，2万多字），全面批判刘少奇的新闻思想。

1970年中国人民大学解散，原人大新闻系合并到北京大学中文系。1971年，北大中文系新闻专业和复旦大学新闻系开始招收"工农兵学员"。1974年，北京广播学院开始招生。那时几乎没有课程，天天"斗私批修"，批判"反动学术权"，参加批林批孔运动、"批邓、反击右倾翻案风"运动，学习"无产阶级专政下继续革命理论"，或到工厂、农村、部队锻炼。

"文革"中，中央文革小组组织了一系列典型报道，前期的一些典型报道是毛泽东亲自批示发表的。较著名的如 1969 年"六厂两校"经验报道、1970 年以后的大寨报道、1973 年"白卷英雄"张铁生、五年级小学生黄帅反"师道尊严"等。另外，影射报道在"文革"中盛行，例如 1974 年风庆轮的报道、1976 年初关于周恩来逝世的报道，实际上是"四人帮"影射批判邓小平。

"文革"中，各地各主要单位成立的写作组，在"四人帮"的操纵下成为法西斯舆论的别动队，例如梁效（北大、清华两校）、洪广思（北京市委）、唐晓文（中央党校）、罗思鼎（上海市委）、初澜（文化部）、池恒（红旗杂志）等。被它们点名的所谓"黑帮"、"反动权威"，顷刻遭到迫害甚至迫害致死；它们的文章掀起一次又一次邪恶的思想运动，怂恿群众斗群众。毛泽东的话"八亿人民，不斗行吗?"被广泛传播。

1971 年"9.13"事件以后，报纸的种数缓慢增多。至 1976 年"文革"结束，达到 186 家，但千篇一律的现象依旧。

第九节　1976 年以后中国的新闻传播业

1976 年 10 月 6 日夜间，华国锋、叶剑英、李先念、汪东兴等逮捕"四人帮"，迅速派工作组进驻中央广播事业局、《人民日报》、新华社、《光明日报》等中央新闻单位。当时在任的各媒体主要负责人全部停职接受审查（后来多数逐步解脱）。党中央成立"中央宣传口"（汪东兴负责），统一领导全国的新闻传播业。报纸的大样在开印前送中央宣传口（驻地钓鱼台），这种情况持续数月。1977 年中央宣传口改组为新的中央宣传部，首任部长张平化。根据中央宣传口的通知，华国锋的报道规格完全与毛泽东相同。

基于经济建设的需要，1978 年创刊《财贸战线》，1981 年改名《中国财贸报》，1982 年再改为《经济日报》。该报实际上替代了"文革"中停刊的《大公报》的职能。

1978 年 7 月，文革后第一家新闻学刊物《外国新闻事业资料》（复旦大学新闻系编，主编郑北渭）出版，在中国大陆首次发表传播学译文。1978 年 9 月，中国社会科学院研究生院、中国人民大学、复旦大学招收的中国第一批新闻学研究生入学。

1978 年财政部批转人民日报等 9 家新闻单位实行"事业单位，企业化管理"的报告。这一政策影响到后来 20 多年中国传媒业的发展。1987 年，国家科委首次将"新闻事业"、"广播电视业"纳入"中国信息商品化产业"序列。

1979年3月,中宣部召开自1957年以后的首次全国新闻工作座谈会,150人参加议会,原计划开会7天,实际上开了15天。中宣部长胡耀邦主持会议并两次发表讲话,为新时期的新闻工作指出了发展方向。

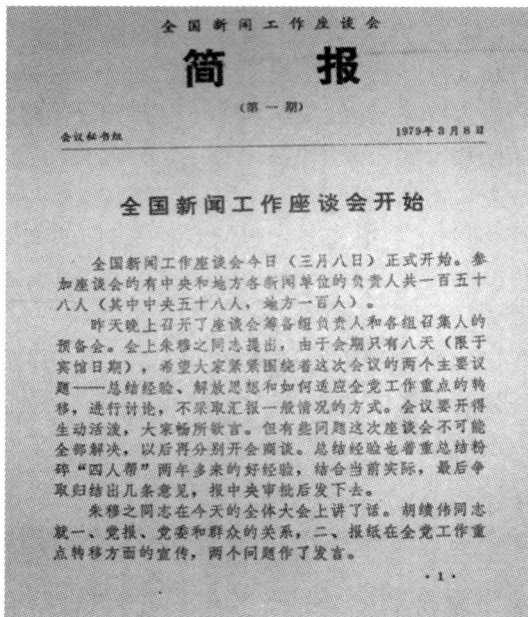

1979年全国新闻工作座谈会简报第1期

1979年10月1日,在中国社会科学院新闻研究所所长、《人民日报》副总编辑安岗的倡议下,《市场报》创刊,是为中国改革开放后第一家经济信息报纸。这年,报纸、电视首次出现广告。1979年1月14日《文汇报》发表《为广告正名》的文章。1979年11月中宣部发出《关于报刊、广播、电台刊播外国商品广告的通知》,要求各地调动各方面的积极因素,开展广告业务,推动了广告行业的恢复和发展。1979年的广告流行语是:西铁城领导钟表新潮流,石英技术誉满全球。

1980年,"文革"前深受读者欢迎的《北京晚报》《羊城晚报》复刊。

1980年10月29日晚上北京站发生爆炸事件,《人民日报》在10月31日头版中心位置客观报道了北京站发生的突发事件;接着在11月13日头版,报道案件的结果、公布9位死难者名单和所在单位。这是1949年以后党中央机关报首次在头版及时报道突发暴力事件,公布死难者名单也为首次。

1980年以后,中国的传媒连续发表舆论监督的报道,引起关注。例如,1980

年 6 月 14 日新华社关于昔阳县"西水东调"的批评性报道;7 月 22 日《人民日报》和《工人日报》关于"渤海 2 号"钻井船翻船事件的报道;①1980 年 10 月《人民日报》关于商业部长王磊吃饭不交钱的报道;1983 年中央人民广播台关于黑龙江双城堡火车站野蛮装卸的报道。

1980 年 1 月党中央下发关于报纸、广播、新闻工作的 7 号文件,强调坚持党性原则,传媒要无条件宣传党的方针政策。同月,邓小平指出:"要使我们党的报刊成为全国安定团结的思想上的中心。报刊、广播、电视都要把促进安定团结,提高青年的社会主义觉悟,作为自己的一项经常性的、基本的任务。"②1980—1983 年,新闻业界和新闻学术界讨论《人民日报》主要负责人胡继伟同志提出的党报的党性和人民性关系的观点。多数人认为,党报的党性和人民性应当是一致的。此后胡继伟被调离《人民日报》的工作岗位。

1982 年,中国社会科学院新闻研究所首次通过计算机统计进行受众调查(北京调查)。

20 世纪 80 年代,国务院各部委纷纷办报,形成官办的各级行业报系统。

1983 年,广播电视部确立四级办广播、电视的方针。90 年代末,根据新情况改变四级办广电的结构。

1984 年 1 月,全国人大常委会委员长彭真在中宣部新闻局《关于着手制定新闻法的请示报告》上批示"同意"。随后,全国人大常委会做出决定,启动制定新闻法的工作。1987 年 10 月,党的十三大政治报告指出:"必须抓紧制定新闻出版……等法律,……使宪法规定的公民权利和自由得到保障,同时依法制止滥用权利和自由的行为。"1989 年 3 月,邓小平指出:"特别要抓紧立法,包括集会、结社、游行、示威、新闻、出版等方面

1984 年第 6 期《新闻学会通讯》消息《制定新闻法是建设高度社会主义民主的重要内容》

---

① 何建明《部长与国家》(新世界出版社 2009 年版)谈到此事:"石油部内部坚持认为是不可抗拒的客观原因及环境气候所致才出现的沉船与伤亡事故——后来证明石油部的意见基本是正确的。"

② 《邓小平文选》第 2 版 2 卷 255 页,人民出版社 1994 年版。

的法律和法规。"①

1978年至1985年是报纸发展的高涨期,1 900天内平均每1.5天就诞生一家报纸,以党报为核心的多层次、多样化的报纸结构形成。20世纪80年代中期,电视开始在中国普及,逐渐成为第一传媒。80年代末开始,有线电视和随后的卫星电视开始逐渐普及。

1987年党的十三大政治报告提出建立协商对话制度的问题,首次出现"舆论监督"的概念。报告还提出:"重大情况让人民知道、重大问题经人民讨论。"从十三大政治报告到十八大政治报告,均出现"舆论监督"的概念。

1985年,《洛阳日报》首次实行自办发行,在报纸发行改革方面迈出第一步。

1987年6月24日、6月27日和7月4日,《中国青年报》连续发表由雷收麦等四位记者关于大兴安岭火灾的深度报道"三色"(《红色的警告》《黑色的悲哀》《绿色的咏叹》),引发新闻界的业务改革,兴起深度报道之风。

1988年7月,中共中央委托中央党校主办《求是》杂志,替代原《红旗》杂志。1989年8月,《求是》改为中共中央主办、委托中宣部代管的全党理论刊物。

1989年4月15日胡耀邦的逝世引发悼念活动,传媒纷纷做了报道。4月26日《人民日报》发表坚决制止动乱的社论。5月至6月初,很多传媒发生舆论导向错误。

1989—1991年,新闻传播业界和学术界开展清查运动。《人民日报》撤换大部分报社级和部门领导,以保障舆论导向的正确。学术界批判资产阶级自由化,新闻学研究生暂时停招。1994年1月,江泽民提出"以科学的理论武装人,以正确的舆论引导人,以高尚的精神塑造人,以优秀的作品鼓舞人"②。

1990年以后的几年内,新闻业界提倡"现场短新闻",显现新的活力。1992年以后,中国媒体响应邓小平南巡讲话精神,实行社会主义市场经济,各传媒形成为利益单元,从自身利益出发的各种改革不断翻新,扩版、增加各种娱乐、信息性副刊成为一时的潮流。20世纪90年代,出现了很多新创办的传媒,出现了又消失,这是一个尝试新闻改革但又缺少经验的时代。

1996年,中国第一个报业集团"广州日报集团"成立。同年,由省级党报创办的大众化报纸《华西都市报》创刊,开创了"都市报"与各省会城市晚报的竞争局面。

2000年,湖南广电集团成立,是为中国首家省级广电集团。此前1999年成立的无锡广播电视集团是中国首家城市广电集团。

2003年3月,中央电视台等众多的传媒(包括网络)直播伊拉克战争,出现

---

① 《邓小平文选》第3卷286页,人民出版社1993年版。

② 《中国新闻年鉴》1995年版卷前1页。

立体化的整合传播现象。

2003 年 3 月 28 日,胡锦涛主持中共中央政治局召开会议,讨论《关于进一步改进会议和领导同志活动新闻报道的意见》。《意见》指出,中央领导同志出席部门召开的会议,一般不做报道。中央领导同志题词、作序、写贺信、发贺电、参观展览、观看演出、给部门或地方的指示或批示、出席地方和部门举办的颁奖、剪彩、奠基、首发、首映等仪式和接见、照相、联欢、探望、纪念会、联谊会、研讨会等活动,一般不作公开报道。除了具有全局性的重大会议外,会议报道不应把中央领导同志是否出席作为报道与否和报道规格的唯一标准,不应完全依照职务安排报纸版面和电视时段。

同年 7 月,中央对 1 452 家全国省级行业报刊、县级党报整顿,停办 677 家。提出“三脱钩”(人员、财务和发行与挂靠单位脱钩)、“一挂钩”(与依法纳税挂钩)原则。

同年下半年开始,“三项教育运动”在全国新闻出版界展开 即马克思主义新闻观、“三个代表”理论和新闻职业道德三方面的教育。2005 年 3 月 22 日,中宣部、新闻出版总署、广电总局公布《关于新闻采编人员从业管理的规定(试行)》,进一步落实第三项教育。

从 2005 年开始,中国报刊广告额下滑。这年上半年全国报刊广告额平均增长 7.08%(6 月增长只有 3%),首次低于全国 GDP 的增长幅度(9.5%);而此前十几年,报刊广告收入年平均增速高达 20%～30%。这一年成为中国纸质媒体发展的转折年。与此同时,网络广告迅速增长。

2007 年党的十七大召开,胡锦涛总书记所做的政治报告提出:“保障人民的知情权、参与权、表达权、监督权”的要求,“确保权力正确行使,必须让权力在阳光下运行”。2012 年党的十八大召开,胡锦涛总书记所做的政治报告再次重申“保障人民知情权、参与权、表达权、监督权,是权力正确运行的重要保证……推进权力运行公开化、规范化,完善党务公开、政务公开、司法公开和各领域办事公开制度”。

2008 年 1 月 1 日至 2008 年 10 月 17 日,中国在北京奥运会期间实行《北京奥运会及其筹备期间外国记者在华采访规定》,给予外国记者较多的宽松政策,受到欢迎。2008 年 5 月 12 日,中国发生 7.8 级汶川地震,死亡和失踪人数超过 10 万。中央电视台震后一小时内即开始持续多天的现场直播,很多外国记者也参与了地震报道,及时提供了必要的灾难信息。5 月 24 日上午,温家宝总理在震中汶川县映秀镇召开露天中外记者会,联合国秘书长潘基文出席。温家宝指出:“地震不仅是中国人民的灾害,而且是人类的灾害”,“我们欢迎世界各国记者前来采访,我们相信你们会用记者的良知和人道主义精神,公正、客观、实事求是报道灾情和我们所做的工作。”

2008 年 6 月,胡锦涛考察人民日报工作时要求"按照新闻传播规律办事"。"认真研究新闻传播的现状和趋势,深入研究各类受众群体的心理特点和接受习惯,加强舆情分析,主动设置议题,善于因势利导。"2009 年 10 月 9 日,他在世界媒体峰会开幕式上的致辞,指出:"各类媒体要被公众广泛接受、受社会广泛尊重,不断提高公信力和影响力,就应该遵守新闻从业基本准则。"

2009 年 3 月 1 日,时任中共中央政治局常委、中央党校校长的习近平在党校发表讲话指出:"要提高同媒体打交道的能力,尊重新闻舆论的传播规律,正确引导社会舆论,要与媒体保持密切联系,自觉接受舆论监督。"

2012 年 12 月 4 日,习近平主持中共中央政治局会议,通过关于改进工作作风、密切联系群众的八项规定。其中第六项规定主要纠正宣传领域的问题,要求"改进新闻报道,中央政治局同志出席会议和活动应根据工作需要、新闻价值、社会效果决定是否报道,进一步压缩报道的数量、字数、时长"。

2013 年 8 月 19 日,习近平总书记在全国宣传思想政治工作会议发表长达 1.5 万字的讲话,他引用古语"不日新者必日退"、"明者因时而变,知者随事而制",要求宣传理念创新、宣传手段创新和基层工作创新。他指出:"宣传思想工作一定要把围绕中心、服务大局作为基本职责,胸怀大局、把握大势、着眼大事,找准工作切入点和着力点,做到因势而谋、应势而动、顺势而为。"习近平强调,党性和人民性从来都是一致的、统一的,要"树立以人民为中心的工作导向","坚决克服有些宣传报道脱离生活、不接地气、同群众贴得不够紧的问题",检查一下思想深处"为了谁、依靠谁、我是谁"这个根本问题。

2014 年 8 月 18 日,习近平作为党的总书记主持召开中央全面深化改革领导小组第四次会议,审议通过了《关于推动传统媒体和新兴媒体融合发展的指导意见》并发表讲话。他指出:"推动传统媒体和新兴媒体融合发展,要遵循新闻传播规律和新兴媒体发展规律,强化互联网思维,坚持传统媒体和新兴媒体优势互补、一体发展,坚持先进技术为支撑、内容建设为根本,推动传统媒体和新兴媒体在内容、渠道、平台、经营、管理等方面的深度融合,着力打造一批形态多样、手段先进、具有竞争力的新型主流媒体,建成几家拥有强大实力和传播力、公信力、影响力的新型媒体集团,形成立体多样、融合发展的现代传播体系。"

第十节　澳门、香港、台湾新闻传播史

一、澳门新闻传播史

澳门 16 世纪中叶被葡萄牙人占据。1584 年 11 月下旬在澳门出版的《新编

西竺天主实录》,为有记载的澳门最早的中文印刷出版物(刻本),印刷者神父罗明坚(S. J. Ruggieri)。

整个 17 世纪,在澳门出版了 100 多种宗教书籍。但在 1737 年葡萄牙颁布法令严禁海外领地出版书籍以后,澳门的活字印刷品出现空白,但雕版印刷没有受限。

1815 年马礼逊在澳出版《中文原版翻译笔记》,内容为京报摘译。全书 11 章,第 3～10 章的标题均是 Peking Gazette(京报)。这是迄今为止发现的欧洲人最早系统翻译京报内容的出版物。

1807—1834 年,若阿金·若泽·赖特在澳门主办葡文《消息报》(*Diário Noticioso*),该报是为中国领土上第一家外文报纸。1822 年 9 月 12 日,葡人改革派在澳门创办葡文《蜜蜂华报》,是为中国领土上出现的第二家外文报纸。19 世纪 20 年代前后澳门出版了 8 种葡文报刊。

1833 年 4 月至 10 月,英国传教士马礼逊在澳门出版中文不定期印刷纸《杂闻篇》,共出版 3 期,是为中国领土上最早的完全中文的印刷纸。

我国多种中国新闻史的论著提到的《依泾杂说》,系根据魏源《海国图志》的不准确的记载。此刊即是 1833 年 5 月至 6 月在澳门出版的《传教者与中国杂报》(*The Evangelist and Miscellanea Sinica*),同时有中文和英文。该刊编辑是马礼逊的儿子马儒翰。

1893—1894 年,孙中山参与编务的《镜海丛报》(中、葡文)在澳门出版。

1897—1901 年维新派的刊物《知新报》在澳门出版,创办人康有为的弟弟康广仁。

20 世纪初澳门出现大众化报纸。现存澳门报纸中,其历史最早的是 1933 年创办的《大众报》,其次是 1937 年创办的《华侨报》,发行量分别居澳门报纸的第三、第二位。

目前澳门发行量和影响力最大的报纸是《澳门日报》,1958 年在《新园地》杂志的基础上创办,该报实际上由中共控制。《澳门日报》的发行量占全澳报纸发行量的八成,10 万

2013 年 3 月 18 日《澳门日报》头版

份左右（含大陆的订数）。

葡文报刊现在有五六种，例如《今日澳门》（日报）、《号角》（宗教周刊）等，每期发行数百份。葡文报刊的总期发量 2 000 份。

1933 年澳门出现广播电台（试验性质），1948 年澳门官方办电台。1982 年澳门广播电视公司成立，1984 年出现电视台，1999 年开播卫星电视。澳门广播公司公私联合投资，广播电视台由特区政府主办。

二、香港新闻传播史

1842 年香港划归英国之前，英国人已于 1841 年 5 月创办《香港公报》（*Hongkong Gazette*），是为香港最早的报纸。

1842 年 3 月《中国之友报》在香港出版，这是马克思唯一引证过的在中国领土上出版的现代报刊。

《德臣报》

香港历史上有名的两家英文报纸是《中国邮报》（*China Mail*）和《每日新闻》（*Daily Press*）。前者 1845—1974 年出版，存在了 129 年。它的第二任老板叫 A. Dixson，因而当地人称该报为《德臣报》。后者 1857—1941 年出版，存在了 85 年。它的第二任老板叫 Y. Murrow，因而当地人称该报为《孖剌报》。

1853—1856 年麦都思主办《遐迩贯珍》，是为香港最早的中文杂志（铅印月刊，因为办刊的英华书院正好有中文铅字）。

1857 年 11 月 3 日，孖剌报馆出版《香港船头货价纸》（周三刊），是为我国历史上最早的商业中文报纸。该报 1865 年改名《中外新报》，1873 年改为日报，1919 年停刊。1872 年德臣报馆出版中文《华字日报》，与《中外新报》竞争。《华字日报》出版至 1941 年，是香港早期持续出版时间最长的中文报纸（69 年）。

香港现存历史最为悠久的报纸是英文《南华早报》。1903 年出版至今。该报创办者是谢缵泰和英国人肯明罕，现在的控股者为嘉里传媒有限公司。1949 年胡文虎创办的英文《虎报》为香港第二大英文日报。

1954—1977年，香港发行量最大的日报是《成报》（1939年创刊），大约20万份。目前香港发行量最大的日报是《东方日报》和《苹果日报》，以及《太阳报》，分别发行20～30万份。

《东方日报》1969年1月创刊，创办人马惜珍。1977年该报成为香港第一大报，发行量30万份，风格属于世界第二代大众化报纸。1995年《苹果日报》创刊，创办人黎智英。该报风格属于世界第三代大众化报纸。《东方日报》随即与之展开减价大战。1999年，东方日报公司出版《太阳报》，以青少年为主要读者，风格也是第三代大众化报纸。同时，《东方日报》也从第二代大众化的风格转变为第三代的风格。

《东方日报》

《苹果日报》

被视为香港知识界的报纸《明报》，1959年由查良镛创办。1993年该报股份出售给予品海。香港经济类的专业报纸是《信报》（1973年创刊）、《经济日报》（1988年创刊），后者现在居主导地位。

《大公报》为中共香港工委机关报。该报原来是天津《大公报》的香港版，1938年创办。香港《文汇报》是党领导的香港文化方面的报纸，1948年创办。《新晚报》是党领导的香港娱乐报纸，1999年停刊，该报是香港最后一家晚报。

香港每千人报纸拥有量300多份，在华人社会中是最高的。其中八成是大众化报纸。20世纪90年代起，香港的免费报纸逐渐占据了一部分报纸市场，目前主要的免费报纸有《am730》和《头条新闻》。

"香港广播"是香港最早的广播电台,1928 年 6 月开播,1929 年起被宣布为官方电台。最初只有英语,1935 年起开办广东话节目。该台由香港特区政府经费支持,但是经常发表批评政府的评论。

"香港商台"1959 年 8 月开播,是香港的民营电台。"新城台"1990 年 12 月开播,是香港第三个广播台,服务于英语青年人群,主要是歌曲,其次是新闻。

香港的电视台,最早的是 1957 年"丽的"有线电视台,几经变化,1982 年该台转变成现在的"亚视",下有若干频道。2015 年 4 月香港政府不再续发免费电视牌照予亚洲电视。6 月,新投资者购买了原有股东黄炳均约 52%的股份,因而暂时渡过危机。1967 年 11 月,"无线"电视台开播,下有若干频道。1991 年 4 月起,香港"卫视"开播,开始了卫星电视的时代。1996 年,面向大陆的凤凰卫视开播,获得相当的成功。

三、台湾新闻传播史

台湾是中国最早的现代邮政诞生地,1888 年 3 月 12 日,第一任巡抚刘铭传毅然将驿站改为邮政,成立了台湾省邮政总局。[①] 1885 年 7 月 12 日英国传教士巴塞莱(T. Barcelay)创办《台湾府教会公报》(月刊,活版印刷),是为台湾最早的现代报刊。

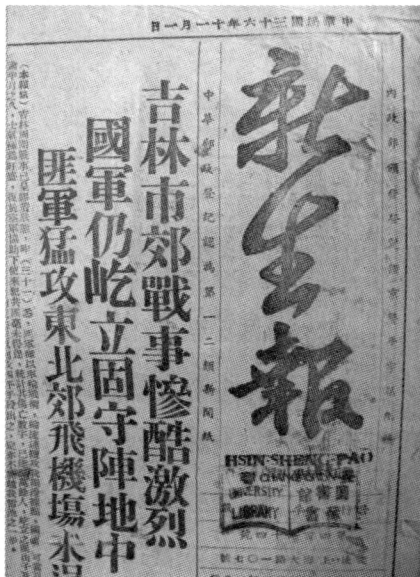

1947 年 11 月 1 日台湾《新生报》报头

日本占领台湾后,于 1896 年 6 月 17 日创办总督府报纸《台湾新报》(日文),是为台湾第一家现代报纸。1915 年,日本人建立台湾通讯社,主要向日文报纸供稿。1926 年 8 月 1 日《台湾民报》出版,是为台湾第一家国人办的报纸。1928 年 12 月 22 日,日本人创办的台北广播电台开播。1937 年以后,日本当局禁止所有的中文报刊出版。

1945 年 10 月 25 日,第一家光复后的报纸台湾《新生报》在台北出版,社长李万居,副社长黎烈文,于右任题写报头。第二年起该报作为台湾省政府机关报。

1945 年 10 月 25 日,"台湾广播电台"播音,该台归中央广播事业管理处管辖。

---

① 郑游主编《中国的邮驿与邮政》第 123 页,人民出版社 1988 年版。

1949 年 11 月,从大陆迁到台湾的中央广播电台改组为"中国"广播公司。

1950 年 9 月,从大陆迁到台湾的"中央"通讯社改组为企业管理,1973 年进一步改组为股份公司制。

1949 年 12 月台湾宣布戒严,1951 年 6 月起实行"报禁"政策(即不再增加报纸的种数,限制在当时 31 家报纸的数量内)。对党公军营报纸(当时有 14 家),政策上给予经济方面的优惠。20 世纪 60 年代台湾经济起飞后,党公军营报纸减少到 7 家,民营报纸数量增加。

20 世纪 50 年代台湾发生"雷诺事件"(美国军人雷诺枪杀中国平民刘自然),《联合报》记者林振霆因报道该事件而被长期监禁;60 年代发生"雷震事件",《自由中国》杂志社长雷震被送交军事法庭判刑 10 年;70 年代发生《美丽岛》杂志事件(该刊组织万人游行集会反对国民党),152 人被捕,8 位杂志工作人员被判刑,其中施明德无期徒刑,其他人刑期均在 10 年以上。

"报禁"政策 1988 年元旦解除。1 月 21 日,第一家解禁后的新报纸《自立早报》出版。此时,两大民营报纸《联合报》(1951 年由王惕吾组办)、《中国时报》(1950 年由余纪忠组办)和国民党中央机关报《中央日报》呈三足鼎立局面。这两家民营报纸均号称发行量 100 万,《中央日报》发行量 55 万。王和余与蒋经国有密切的私人关系。

1962 年 10 月 10 日,台湾第一家电视台"台湾电视台"建立。接着是 1969 年建立的"中国电视台"、1971 年建立的"中华电视台"。

目前台湾的三大报纸是:《联合报》《中国时报》《自由时报》。《自由时报》的前身是林荣三 1980 年 4 月承购的台中《自强日报》,1981 年改名《自由日报》,1986 年迁台北,1988 年 1 月改名《自由时报》,改竖排为横排。该报是倾向台独的代表性报纸。

解除报禁后的国民党中央机关报《中央日报》,努力办成面向社会的报纸,但随着国民党下野,该报逐渐退出主流报纸的行列。2006 年 6 月 1 日,该报自动停刊。

2001 年,港人黎智英掌控的《壹周刊》登录台湾出版。2003 年,他再携《苹果日报》以另类的方式进驻台湾报业市场。这年 5 月 2 日,《苹果日报》台湾版创刊号以 27 张全彩印刷,发行 60 万份,每份仅为新台币 5 元(约合人民币 1.2 元),随报附送大型钟丽缇裸体海报。这天该报零售量超出当天台湾所有报纸零售量的总数。两年后,《苹果日报》发行量超越当时发行最高的《自由时报》,台湾报业格局重新洗牌,进入"四雄争霸"时代,即原三大报纸＋《苹果日报》。四报的发行量大体为:《苹果日报》约 50 万份,《自由时报》约 40 万份,《联合报》约 20 多万份,《中国时报》近 20 万份。2006 年 10 月,《苹果日报》率先创办台北首家免费报《爽报》。

《联合报》

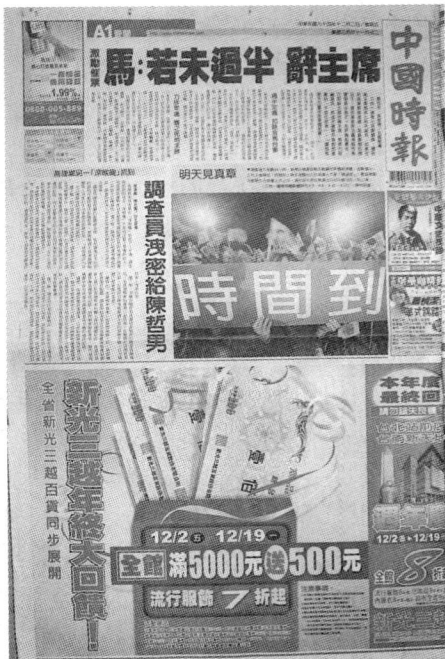

《中国时报》

目前台湾的四大电视台是:台视、中视、华视、全民电视台。还有一家公共电视台(Public Television Service,PTS),1998 年 7 月开播,属于财团法人公共电视文化事业基金会。民视 1997 年 6 月 11 日开播,为台湾第一家完全民营的电视台。1997 年建立的东森台经过多年奋斗,2002 年起成为台湾最大的有线电视台,2003 年实现数字化播出。2006 年 7 月 1 日,公视与中华电视公司合组为台湾公共广播电视集团(TBS),但实际上华视基本独立运作。其他略有名气电视台还有:超视、三立、中天、八大、年代、华山、大爱、纬来、非凡、采风、人间卫视、goodTV、momo 亲子、TVBS 等。

台湾台视和民视新闻节目画面

台湾通讯社中,仍然以"中央"社为独大的综合性通讯社。广播电台中,仍以"中国"广播公司为最大,其次为警察广播电台(交通台)。

20世纪90年代以后,日本、香港的卫星电视越来越多地进入台湾家庭,成为台湾人民生活的一部分。

台湾面积3.6万平方公里,人口2 300万。根据注册的数字,有报纸2 000家出头,出版社6 000家出头,通讯社近1 400家,广播电台和电视台172家。但是,真正运作的报纸仅约50家,出版社100多家,通讯社独大的仅"中央"社一家,广播电视台几十家。

第十六章
日本新闻传播史

日本是个岛国，由于与外来种族融合的机遇较少，在原始时期就形成了几乎单一的种族和语言，因而历史上没有发生过种族和民族冲突，甚至王室的血统从6世纪至今，也是一脉单传，这在亚洲主要国家形成的历史中，较为少见。

日本于公元6世纪进入文明社会，此前几乎没有留下可考的原始文字材料。最早关于日本的历史记载，是中国公元前后编就的《汉书》和《后汉书》，显然当时日本处于原始部落时期，从上百个部落逐渐联合为几十个。日本早期的两个已经进入文明时代的国家，分别是邪马台国和"王权具有强烈军事性格"①的大和国。现在日本天皇的血统是大和国"大王"单一的血统。最早关于大和国"大王"称"天皇"的记载，只能追溯到608年。645年的"大化革新"，确立了日本以天皇为中心的中央集权制。12—19世纪，日本最高军事长官（征夷大将军）的幕府实际上控制政权达700年。1 400年的中央集权（其中又有长久的军事中央集权），以及作为意识形态与政治、军事上的中央集权相伴的神道教、中国儒学、佛学的广泛传播等，巩固了日本历史上逐渐世袭化了的社会等级制度（士、农、工、商）和忠于主君的意识，这对日本民族心理和性格的形成，影响是巨大的。日本传统的国家主义、集团主义（或称团队精神），同样也贯穿于它的现代新闻业史中。

日本文明的发展在18世纪前较多地受到中国文明的影响，因而它最早的文字记载带有一定中国文化的特色。712年和720年，根据天武天皇的敕令而修成历史和文学著作《古事记》、朝廷历史著作《日本书记》，加上同一时期成书的《万叶集》（共收录诗歌4 516首），形成日本最早的文字记录材料。《古事记》为日本8世纪以来的"皇国史观"和"神道教"提供了杜撰的所谓神武天皇元年（公元前660年）的神话。由于民众的生活一代又一代地依附于庄园主、藩阀、大名，文书由武士管理，日本古代民众很少有对于新闻信息的需求，只有一些诸如《万叶集》浦岛歌一类十分简单的客观叙事的歌；幕府时期，将军为防止大名之间的

---

① 叶渭渠主编《日本文明》第13页，中国社会科学出版社1999年版。

横向沟通,还特别设置障碍,因而日本古代基本不存在中国古代那样的官方新闻传播系统。

16 世纪起,西班牙、葡萄牙、荷兰、英国等西方国家与日本通商,并有一些现代科技通过"兰学"(以印尼的荷兰人作为中介传播过来的各种西方科学知识的总称)传播过来。尽管从 16 世纪末起,日本实行了近 300 年的"锁国令",驱逐传教士,残杀教徒,只在指定港口与中国、荷兰有限地通商,日本社会还是在最后一朝幕府(德川幕府,1603—1867)时期出现了简单的新闻传播形式,即所谓"读卖瓦版"。这是一种通过烧制瓦版而拓印的单页新闻纸,内容大多是各种突发事情,如地震、火灾、战争、自杀、殉情等,除了文字,还配上图画,印好后拿到街叫卖。现存最早的读卖瓦版是 1615 年的《大阪夏之阵图》,记载了这年夏天发生在大阪的一次战争。1818 年,这种简陋的古代社会性质的新闻传播最终消失,而官方"洋书调所"(外国事务研究所)的手抄译的荷兰洋报(俗称"传闻书")则在幕府高级官员中流传。

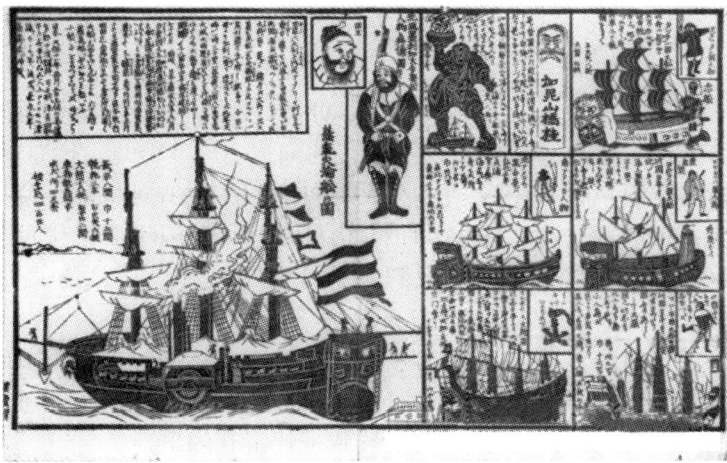

1854 年的读卖瓦版:蒸汽火轮船

第一节　日本现代新闻传播的起点

1854 年,美国海军准将培里率领的舰队第二次开进东京湾,德川幕府被迫同意开放门户。同年。"传闻书"的阅读资格降到地方"大名"一级。在日本最早出现的报纸,是 1858 年从中国翻刻传入日本《官版中外新报》,此报系由在中国宁波活动的传教士发行。接着,英国商人 A. W. 汉萨德于 1861 年 6 月创办的英文

1861 年英文《日本先驱报》

《长崎船舶新闻》(*The Nagasaki Ship News*)、11 月在横滨创办的英文《日本先驱报》(*The Japan Herald*)。

而在日本出版的最早的日文报纸，是 1862 年 1 月由官方"洋书调所"的工作人员竖川三之桥、万屋兵四郎印刷发行的《官版巴达维亚新闻》，"新闻"一词系日文"报纸"。此报翻译自在荷属印尼巴达维亚（今雅加达）出版的荷兰文报纸。由于"攘夷论"在政府内部占上风，日本官方刻印出版的报刊大多在 1863 年停刊，又倒退回到翻译、手抄传播。这些报刊的读者，主要是幕府要员。

日本最早的杂志一般认为是幕府洋学研究者柳河春三 1867 年初创办的《西洋杂志》，"杂志"也是他创造的词汇。

自和平开放门户后，外国人办的外文和日文报刊没有被禁止出版。1864 年美籍日本人滨田彦藏在横滨创办半月刊《海外新闻》，英国牧师贝利创办日文《万国新闻纸》(1867 年 1 月)，后者首次刊登了日本商人的广告（关于面包、饼干等食品）。

日本的现代新闻传播，是在西方新闻文化的直接影响下产生的，中国成为日本出现报纸的最早中介，接着是印尼，成为日本出现报纸的相对持续的中介。日本德川幕府时期的"读卖瓦版"，不可能导致现代报刊的出现。

第二节　明治维新后日本急速发展的新闻传播业

1867—1868 年明治维新运动中，官方提出了文明开化、殖产兴业、富国强兵的三大政策。在热闹的政治争论和斗争、面向西方学习的过程中，国民整体处于兴奋状态，新闻业在这种大环境的刺激下，发展极为迅猛。很短的时间内，日本的现代新闻业形式上走过了西方国家"官报-党报"的发展阶段，转向商报时期。但是，这一发展过程始终处于官方有效的控制之下，日本固有的文化传统和国家主义意识，最终使日本形成不久的现代新闻业，走上了服务于日本军国主义-法

西斯主义的道路。关于这段历史的准备阶段,下面从不同的侧面予以叙述和
说明。

一、日本的"党报时期"和"官报时期"

同西方国家资产阶级革命后的情况有些相似,日本明治维新后,政治斗争很
快就导致出现尊王派和佐幕派,1868 年 2 月以后,这两派都分别出版了系列代
表自身观点的报刊,尊王派的代表报刊是《太政官日志》,佐幕派的代表报刊是
《中外新闻》。从新闻业务角度看,由柳河春三主办的《中外新闻》,其水准代表了
日本党报时期报刊的较高水平,当时该报发行 1 500 份。

几个月后,随着幕府的彻底垮台,明治政府研究了西方的报纸法,于 1869 年
公布了第一个关于报业的法规《报纸印行条例》,实行出版许可制。佐幕派的报
刊被查禁(当事人没有受到处罚)。1871 年 12 月,由横滨富商原善三郎等多人
出资,在神奈川县令井关盛艮的支持下,《横滨每日新闻》出版,这是日本第一家
日报,新闻与广告各占一半篇幅,呈现出一定的商报倾向。然而,它的诞生本身
就决定了不可能成为纯粹的商业报纸。

19 世纪 70 年代日本妇女看报纸的摆拍照片

在政治改革的基础上建立的中央集权制的明治政府,造就了一个短暂而奇
特的"官报时期"。通过学习西方,政府对报纸的作用有了新认识,1871 发给报
纸发行人的文件中有这样的话:"新闻纸应以开启人们的知识为目的。而开启人
们的知识,就是要打破顽固狭隘的思想,担任文明开化的先导。"[①]因此,在此前

———————————

① [日]内川芳美、新井直之《日本新闻事业史》第 3 页,新华出版社 1986 年中文版。

后出版的报刊,除了《横滨每日新闻》,还有 1872 年创办的《东京日日新闻》《邮便报知新闻》《新闻杂志》(报纸)等,它们都有不同的官方支持背景,可称"民办官助"。1873 年 3 月,大藏省通知各县府,向每府县送以上几种报纸各三份,这等于公费订阅。于此同时,政府组织读报会、报纸阅览所,免费让民众阅读,报纸成为传达政府信息的工具。当时报纸以能够为新政府传达信息而自豪,《读卖新闻》刊登的一首歌曲写道:"引导开化靠报纸,阅读贵报是捷径。抛弃陋习要彻底,天天开化不停步。"(1876 年 4 月 21 日读者来信)然而,这一报刊与政府的蜜月很快就过去了,一旦报刊,特别是政论性报刊开始批评政府,实行下情上传,政府对报刊的态度立即转变。每次修订报纸条例,都在控制力度方面有所强化和完善。

19 世纪 70—80 年代,官方内部出现的矛盾逐渐影响到报刊,于是出现所谓"官权派"(立宪改进党)、"民权派"(自由党)、"帝政派",各种报刊多少都卷入到党派斗争中,成为各个党派的机关报或附庸。这些在集权制度下的党派很快就被当权者采用离间、劝说等方法,使其在 80 年代不复存在。1875 年 6 月和 1882 年 4 月修订的报纸条例和 1875 年制定的"诽谤律"(包括"不敬罪"、"侮辱官吏罪"等),实际上取缔了言论自由。1875 年 7 月,《东京曙新闻》的末广重恭成为第一个牺牲者,他因上书反映对条例的意见和在社论中引证了其上书的内容,被判监禁两个月和罚款。此后便开始了日本新闻史上持续不断的当权者对记者和媒介进行迫害的事件。不过,这些事件大多数属于媒介或记者"忠"得不够而出现的"违法"事件,真正触动官方新闻政策的争取新闻自由和言论自由的抗争事件,为数有限。

大正天皇时期(1912—1926)发生新的自由民权运动,日本报刊再次卷入国内政治斗争,因为实际上不允许政党的存在,因而表现形式是各报刊通过掀起一系列的政治运动而干预政治,这里有报人自身的政治热情,也有相当明显的商业性的职业炒作因素。这些运动后来均被镇压。

日本新闻史上的官报时期是官方和报人都处于幼稚阶段的独特现象;而基本处于当权者有效控制下的党报时期,则仅仅是其传统专制体制的一种自由主义外形。

二、不完全的"商报时期"

很难说什么时候日本出现了商业报纸,因为商业性报刊的出现发生在官报和党报时期。就在一些报刊热衷于政论的时候,1873 年出现了版面小、不刊登政论、以社会和娱乐新闻为主的"小报",一般把《东京假名书新闻》视为最早的典型报纸。但是后来在竞争中存在下来并闻名的,则是 1874 年创刊于东京的《读卖新闻》和 1879 年创办于大阪的《朝日新闻》。前者的创办人是安子峻等三人,最初为双日刊,第一期仅发行 200 份,但是半年后改为日报,发行量达到 1 万份;后者的创办人是木村滕、村山龙平。小报受到党派斗争的感染,很快也不同程度地卷入其中。

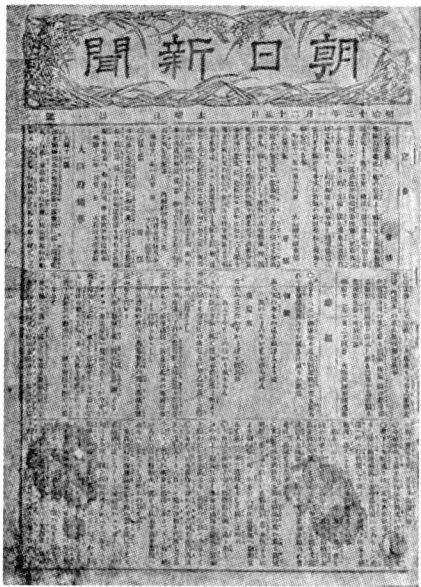

《朝日新闻》创刊号(大阪)

在经历了较多的因参与政治而受到查处的事件之后,一种与政治保持距离的新闻职业意识开始形成,政论报刊衰落,报刊的商业化发展成为一种趋势。这其中可以《朝日新闻》和《时事新报》主持人的认识作为代表。《朝日》1886 年确立的"通则"第一条写道:"以公平无私为宗旨,以作世人耳目为本职。"曾经在 1876 年出版《文明论概略》一书而闻名的福泽谕吉(该书在当时只有 3 000 万人口的日本印行了 340 万册),1882 年创办《时事新报》,确立了一种"独立不羁"的办报方针,争取到不同派别的读者。实际上从这时起,日本的所有报纸都转向了大众,由于不存在西方意义的高级报纸,所有日本报纸就内容和水平而言,当时介于西方的高级报纸与大众报纸之间。

当政论性报刊因当权者的压制而没落时,明治政府"殖产兴业"的政策并没有变化,随着工商业突飞猛进的发展,与政治保持距离的商业报刊也迅速发展了起来。1886 年,《邮便报知新闻》的主持人矢野文雄从欧美考察回来后,最早在编辑、经营、发行等各方面对报纸实行现代产业化管理,以报纸家庭化为目标,两年内使报纸的发行量从 6 700 份上升到 2.2 万份,居当时东京报纸的第一位。在几家报纸试行早、晚刊出版制失败后,该报于 1889 年最早使这种出版方式得以成功,从而成为日本日报的一种出版传统。

其他报纸也紧跟着实行产业化管理,1888 年,《朝日新闻》打进东京出版。同年,《大阪每日新闻》(原名《大阪日报》)在当地六位实业家出资下创办,该报早期的主笔渡边治宣布的办报方针是:"政治上不偏不党,实为大阪实业团体之工具,本报将迅速及时登载经济政治通信,刊登小说、商业行情,并将削减报价。"①

与报业的发展相应,1887 年,日本第一家通讯社东京急报社成立,创办人六角正太郎。此后,许多通讯社纷纷建立。其中 1903 年建立的帝国通讯社和

① 〔日〕山本文雄等编《日本大众传播工具史》第 62 页,青海人民出版社 1984 年中文版。

1911 年建立的日本电报通讯社(电通)是主要的两大竞争对手。

　　受美国黄色新闻潮的影响,1892 年由黑岩周六创办的《万朝报》,以及 1900 年出版的《二六新报》成为典型的煽情报纸。它们在东京炒作社会新闻,甚至政治新闻,以大众的名义对官员和经济暴发户进行揭丑,得到读者的青睐,发行量大增,1903 年,两报日发行量均超过 10 万份。而在大阪,19 世纪末 20 世纪初,《大阪朝日新闻》和《大阪每日新闻》形成激烈的竞争局面。1904 年,两报的发行量均达到 20 万份。1911 年,《大阪每日新闻》买下《东京日日新闻》,使之成为它在东京的替身。1918 年和 1919 年,《每日》和《朝日》分别改为股份公司制。其他较大的报纸也在这个时期从个人拥有报纸改变为股份公司制。报纸运转中形成编辑、经营两个中心。1924 年正力松太郎买下《读卖新闻》后,该报获得了快速发展,1930 年前后,与先后从大阪"杀"进东京的《朝日新闻》《每日新闻》在东京形成三报第一次鼎立竞争的局面。也正是 1930 年前后,以《读卖新闻》起始,其他主要报纸跟进,形成了各报的宅配发行制度(各自独立的发行网络和专卖店)。在东方特有的以人际关系为纽带的文化传统中,这种发行体制对于稳定各自的读者群,起着相当重要的作用。

　　然而,商业性发展的报刊是不能触及国内政治问题的。明治末年和大正时代,一些报纸再次掀起政治运动,包括弹核内阁,最终均遭到镇压。较为典型的迫害报纸事例是 1918 年的"白虹贯日"笔祸。《朝日》8 月 26 日晚刊,在报道关西记者大会时写道:"新闻记者不能安安稳稳履行自己的使命,以金瓯无损而自豪的我大日本帝国,岂不面临最后受审的日子了吗?'白虹贯日'的不祥之兆正雷电一般闪过头顶。"政府以"破坏安定秩序"的罪名起诉执笔者和编辑,硬说"日"代表天子,此矛头指向天皇,罪过非浅。右翼势力将社长村山龙平毒打后绑在公园的石柱上示众,头部缠着写有"替天诛国贼"的布条。其实,从字面上看,报纸同样持有狂热的国家主义观念,只是在具体问题上提醒当局不要过分自信而已,即使这样也不能被容忍。此后该报于 12 月 1 日发表社论低头认错:"我社就此反省,自觉近年言论颇欠稳健,且有偏向。这种偏向,实际上是违反我社信条的,……我社已自知其过,焉能执迷不悟。"日本新闻学者内川芳美就此分析说:"通过'白虹'事件,明治末期以来实际上行进在企业化道路上的报纸,幡然醒悟其企业性。迄今关于报纸力量的幻想被打破了,对政论新闻事业以及发动群众运动的最后留恋被丢弃了。从此,报社更加致力于企业发展。"[①]

　　这种情形下的日本报业的产业化,是一种畸形发展。作为产业,报刊要生存就必须找到读者感兴趣的话题和进行适当的炒作,以争取更多的读者。而要炒作硬新闻,就只能顺着当权者提倡、允许的方向,显然,就国内政治问题提出反面

---

① 〔日〕内川芳美、新井直之《日本新闻事业史》第 38 页,新华出版社 1986 年中文版。

议论是危险的,而炒作对外战争则会引起官方和民众举国一致的关注,带来利润。于是,借助日本武士征战的传统和民族"耻感文化"①的心理特征,以及明治维新以来不断增强的对天皇"忠"(传统的对各自主君的忠诚,是日本千年社会结构的思想基础,将对各自主君的忠诚,转移到最高而唯一的人神天皇身上是较为容易的,并且做到了)的观念,日本报刊和通讯社从 19 世纪对日本侵略朝鲜、中国的战争,到 20 世纪初在中国领土上进行的日俄战争,以及第一次世界大战,不管它们在其他观点有多少差异,都是主动、积极地鼓动战争,通过组织大规模的战争报道,强化了记者新闻业务的训练。主战的观念,甚至超越当权政府把握的分寸,例如 1905 年反对日俄媾和,《朝日》社长村山龙平说:"只要坚持主张,即使报社垮了也在所不惜。"②成为穷凶极恶的战争叫嚣者。反战的媒介或反战的言论很少见,即使偶然出现,立即会遭到右翼势力的暴力袭击,同时也受到绝大多数同行的谴责和蔑视。

日本媒介营造的这种舆论环境,大大推动了日本对其他民族的战争,同时也为媒介自身带来了巨大的经济利益。物质上的商业利益+精神上的国家主义,这是驱动日本媒介从明治到大正时代产业化的两个轮子。

三、明治-大正时代的新闻政策

日本的明治维新虽然一般被视为一场资产阶级革命,但这是在"王政复古"的名义下进行的,建立的是只是具有开明色彩的新型专制政体,并未建立起新的文化价值体系,而是将神道国教化,武士道被泛化全民的道德行为准则。每一次官方掀起的欧化风潮之后,便有一次也是官方发动的保存国粹运动,各种媒介既为欧化制造了舆论,更为张扬国权论叫嚣尘上。基于日本长期中央集权、军事化统制的传统,保存国粹、弘扬国威的国家主义渐占上风。经过对西方各国经验的比较鉴别,日本的当权者在 19 世纪末,将吸收西方文化定位在德国国家主义与传统儒学道德的结合上,凡是英法系统的思想均受到排斥。因为德国的国家主义与日本的国权论是最为相近的。"东洋道德西洋艺"、"士魂商才"、"和魂洋才"等口号,反映了这场维新运动的不彻底性。在这种本质上没有彻底改革的政治体制基础上,"殖产兴业"与"富国强兵"政策并提,那么工商业的振兴就可能为军国主义勃兴和发动侵略战争奠定物质基础。而从明治时代开始,到大正时代,对新闻的越来越严厉的控制,则在精神上为此作了准备。

经过多年的考察和比较,1889 年颁布的《大日本帝国宪法》,大量照搬 1850 年普鲁士王国宪法和 1871 年德意志帝国宪法,除了规定"大日本帝国由万世一

---

① [美]本尼迪克特《菊与刀》第 106 页,商务印书馆 1990 年中文版。
② [日]山本文雄等编《日本大众传播工具史》第 84 页,青海人民出版社 1984 年中文版。

系之天皇统治之"外,日本臣民(而非公民)的权利必须服从德国那种"法律限度"(Gesetzevorbehalt)。因此,宪法强调的是"日本臣民在法律范围之内有言论、出版和集会的自由"。也就是说,这些权利是在宪法法律框架内给予的暂时的权利,天皇制政府有权根据需要,以简单的立法形式撤回给予的权利。对于德国这种宪法的性质,马克思当年曾作过分析。1850 年普鲁士宪法颁布后,马克思引证了其中的条文:"每一个普鲁士人都有权利以口述、书写和印刷的方式自由表达自己的意见。"接着他写道:"理想和现实之间、理论和实践之间存在着何等惊人的矛盾。……没有当局的许可,你……不能思想、不能出版、……什么都不能做。为什么会有这个矛盾呢?原来普鲁士宪章的恩准的这一切自由受到一个重大的保留条件限制。这些自由只是'在法律范围内'被恩准。但现行的法律恰好是专制独裁的法律"。[①] 在日本,撤回出版自由的具体法规便是经常修订报纸条例和其他各种涉及报刊传播的法规,使之越来越苛刻。自 1875 年末广重恭案件以后,每年都有几十件迫害媒介和记者的事件发生。

从实际上不允许存在政党报刊,到颁布和修订一系列管理法规,以及惩处一批又一批的媒介和记者,日本当权者有效地限定了媒介的言论和报道范围。日本的媒介本来就没有与当权者抗争到底的传统,经过几个不大的斗争回合,便基本上被纳入了天皇专制制度的轨道,在鼓吹国家主义方面,不少媒介充当了自觉的工具。

第三节 "九·一八事变"后日本媒介法西斯化的过程

当日本军部干预政权过于明显时,日本的媒介开始对此多少有些微词。但是,日本的媒介在 19 世纪末 20 世纪初一系列局部对外侵略战争中,大多相当自觉地充当了侵略的宣传工具。基于半个多世纪天皇制政府在新闻政策方面对媒介的"调教",一旦 1931 年发生"九·一八事变"这一带有全面侵略战争先兆的事件发生,即使战前对军部有些微词的报刊,又再次卷入了战争叫嚣中。报刊和通讯社采用无线电发报、传真和飞机运送稿件等当时最先进的传播方式,极为快速地报道日军进攻中国东北、攻打上海(1932 年"一·二八事变")的战况,支持政府的侵略方针。报上随处可见诸如"冰天雪地中激战的皇军"、"保卫帝国的生命线"等煽动战争的新闻标题。1932 年 9 月 16 日,日本全国 132 家报社联名发表共同宣言,讴歌伪满洲国成立。

为促进政府快速法西斯化,多批军方的青年将校们自 1932 年起,连续刺杀

---

① 《马克思恩格斯全集》第 12 卷 655 页,人民出版社 1962 年版。

他们认为促进法西斯化不得力的政府文官,从大臣到首相,直至 1936 年最终确立起完全法西斯化的军政府。对于这种惨烈的暴力行动,媒介最初谨慎批评时,却对他们的梦想改造国家的动机持一定的同情。而到后来,即使想批评,也不可能了,因为这种法西斯暴力也降临到一些主要媒介和其工作人员身上。例如,1934 年 3 月《时事新报》的一位记者被法西斯暴徒刺杀、同年 4 月《朝日新闻》编辑总务被刺重伤、1935 年 2 月《读卖新闻》社长被刺受伤、1936 年 2 月《朝日新闻》社遭法西斯暴徒袭击等等,当事媒介不敢言,其他多数媒介对此也保持沉默。

例如 1937 年"七七事变"后,《朝日新闻》派驻中国的战地记者几百人,发回了大批鼓吹军国主义的战场照片及报道,并出版系列临时增刊《支那事变画报》,在日本及日军前线、汪伪政权高层传播。该系列画报 1937 年刊创刊号名为《北支事变画报》,第 4 期起改为《支那事变画报》,出版了 35 期,最后一期出版于 1940 年 8 月 30 日。

《支那事变画报》创刊号　　　庆贺占领中国首都南京的日本新闻图片

日本军部自"九·一八事变"后,一步一步将日本的各种新闻媒介牢牢地绑在了侵略战争的战车上。回顾和研究这段历史,对于防止法西斯主义新闻政策的卷土重来,亦有重要的现实意义。

一、大规模的思想和人员整肃

从 1932 年起,日本政府对各种出版物(包括报刊)实行了空前严厉的检查和取缔,仅当年就有 5 000 起,而平常年这类事件一般为几十起。其中真正直言反对战争的极少,主要是禁止那些可能不利于军部直接统制的新闻报道和言论。例如仙台的地方报纸《河北新报》发表社论,要求内阁以军阀为中心吸收政党参加。由于提及让政党参加,仙台军区司令官亲自带领宪兵和特务闯进报社进行威胁。1932—1933 年,日本政府逮捕文化人多达 3.4 万人,仅 1932 年 10 月 30 日一天就抓了 1 400 多人。军部对已经相当支持战争的媒介仍旧不放心,要求发动全面侵略战争的"国策"与"国论"必须完全一致,国论与国策保持距离也不被允许。陆军省的新闻负责人本间雅春发表谈话:"国策与国论毫不相干的时期持续了相当长的时间。近年来,舆论虽然不断增长着可贵的力量,但还没有像日中事变这样发挥过威力。一旦我们的报道机关阐明正义观念、统一国内舆论、指出前进方向,使国民紧密团结、燃烧起火一般的爱国热情,即使以整个世界为敌也毫不畏惧,那就是为国家立了大功,无论谁在它面前都不能不脱帽致敬。"①这基本反映了军部以后进一步钳制媒介的立场和出发点。

二、"国体明征运动"和精神统制

为了使舆论进一步法西斯化,日本政府 1935 年发起"国体明征运动","明征"即"明确"之意,目的是彻底消除明治维新时期传入的自由民主思想,完全回归到神权天皇制绝对主义的"国权论"。在这一运动下,教育和国民教化再次被"刷新",反对偏重智育,禁止高级享乐,电影中只有行军、射击、高呼万岁的镜头,连一些一向被看作是吹捧天皇制的书籍,也由于军方极端派认为不够彻底,以破坏国体观念、提倡多元化、主张思想自由等罪名,将当事的教授们赶出大学。接着,1938 年发动"国家总动员运动",全面实行经济统制、国民统制和精神统制。政党被完全禁止,议员不属于政党,而被纳入"大政翼赞会"会议局领导。该会对所有的施政演说、军事战况报告、致出征将士的感谢决议和答前线电,都以热烈掌声通过。原有的各种社会团体解散,按职业、年龄、性别分别被纳入官方直接控制的全国性单一社团,如大日本言论报国会、大日本青少年团、大日本妇人会、日本文学报国会、大日本产业报国会等。高压政策还蔓延到宗教,许多宗教,包括基督教受到迫害,数千人被捕。在这种精神统制下,对新闻传播一步进一步的控制,更是无以复加。

三、情报局对新闻传播的法西斯统制

早在 1932 年,为控制舆论就成立了尚没有列入编制的情报委员会,由外务、陆军、文部、内务、邮政等省派出委员和干事,统一协调对舆论的控制。1937 年该机构列入编制,名为内阁情报部,直属首相。1940 年,内阁各省和军队各兵种的情报部门合并为统一的新设"情报局",对所有涉及传播的载体,包括报刊、广播、通讯社、电话、电影、戏剧、曲艺、绘画、唱片等实行直接控制。该局成立之后,

---

① [日]内川芳美、新井直之《日本新闻事业史》第 51 页,新华出版社 1986 年中文版。

1937 年 12 月日本占领南京时的《读卖新闻》

立即向各出版单位发出了一大批被禁止写作的人员名单。情报委员会时期，各主要媒介的领导人尚作为委员，1942 年太平洋战争爆发后，现役军人在情报局的各级领导岗位占了多一半。战争失败前夕，政府指定成立的新闻界自主统制的御用团体"日本新闻会"也被解散，改由情报局直接向报刊发出具体指令。这个机构凌驾于与传播业相关的各个部门之上，参与制定了一系列钳制舆论的法规，例如取缔危险文件法、思想犯监护法、报纸等揭载限制令、言论出版集会结社临时取缔法，以及广播、电影方面的一系列"指导方针"和"纲要"。至此，日本法西斯从思想到体制，编织了一张完全笼罩新闻传播的大而密的罗网。

四、国家直接管制广播业

日本最早的广播电台是 1925 年 3 月 1 日东京高等工艺学校的试验广播电台。接着，主要由报纸出资，同年 3 月至 6 月间分别成立了社团法人的东京广播电台、大阪广播电台和名古屋广播电台。然而在 1926 年，政府就发出指示将三家广播电台合并为社团法人日本广播协会（1946 年以后的缩写"NHK"），实际上成为政府直接掌握的垄断事业，当年的广播听众达到 36 万人。

当权者意识到通过广播控制民众思想的重要性，迅速发展广播业。两年后，即 1928 年就建立了全国广播网和设立全国新闻联播节目。政府对所有消息和演讲，以及讲演人选都进行严格审查。1931 年"九·一八事变"中，广播煽动战争的作用远比报纸广泛，极大地刺激了收音机销售，1932 年听众就达到 132 万人，到战争结束前夕的 1944 年，听众超过 750 万人。

1934 年,为强化对广播的控制,进行了一次广播协会的改组,邮政省的无线电科、内务省保警局和文教省社会教育局负责人均参加进来,现役军人主持的煽动战争和进行法西斯教育的节目越来越多。太平洋战争爆发后,广播中越来越多的是首相、军界和其他官界首脑的鼓动演讲,以及经过特别甄别的御用民间知名人士的讲话,主题均为"作为大东亚指导者的日本"、"美国侵略东亚史"等。为了防止受到西方思想的影响,1942 年起,甚至连外来词汇都不准使用,例如"播音员"改为"放送员"、"消息"改为"报道",同时开列了禁止播送的 1 000 首外国歌曲的单子。

由于报刊受到纸张和传递空间的限制,日本的广播在战争期间对日本民众的精神灌输几乎是无处不在的。美国女社会学家本尼迪克特谈到广播时写道:"日本的广播更为极端,甚至说在战斗中,精神可以战胜死亡这种生理上的现实。"接着她全文记录了广播中关于一个空军英雄事迹的通讯。这位先降落的大尉数完了随后降落的他部下的飞机,写了报告,向司令官汇报完毕就倒下了。后来发现他胸口中弹,身体冰一样冷。"大尉肯定是早就死了,是他的精神支持他作了这次汇报。可以肯定,是已逝的大尉所怀抱的强烈责任感创造了这样的奇迹。"她接着写道:"受过教育的日本人对这种广播却并不发笑。他们相信,日本的听众肯定不会认为这是荒诞无稽的故事。他们首先指出这一点,即这个广播如实地说明,这位大尉的英雄事迹是一个奇迹般的事实。"在战争后期,直至战火烧到本土,"收音机仍然在进行夸张的宣传,显然指望日本人继续相信,他们仍然居住在一个全部预计到的世界之中。"①

五、合并通讯社,全面控制报刊的新闻源

通讯社是所有媒介的主要新闻源,集中力量控制了通讯社,一定程度上也就控制了报刊、广播。战争爆发时日本的通讯社多达 200 家以上。为了强化对新闻传播的控制,日本政府 1935 年着手合并通讯社。经过反复协调,最终于 1936 年 11 月在"联合新闻社"(1926 年建立)和"电通"两大通讯社的基础上(帝国社在竞争中衰落)建立社团法人同盟通讯社。该社实际上完全由军部控制,其他通讯社以加盟的形式归到该社名下(当时共 189 家),凡新闻传播之电报,不论发稿还是受稿,只授权与该社。同盟社还直接负责对外国际广播,从成立的当年起,使用英、法、德、西、汉语对欧洲、北美、亚太地区广播,随后扩大到使用 24 种语言全天候广播,积极参与法西斯轴心国与同盟国的电波战,其宣传的广度和强度毫不逊色于德国法西斯。

---

① [美]本尼迪克特《菊与刀》第 18‐19 页,商务印书馆 1990 年中文版。

六、报刊大合并

太平洋战争爆发后第五天,政府即颁布新闻业令,宣布首相和内阁有权下对新闻业的合并经营、转让和废止作出决定,违抗者将进行处置。为了便于更好地实行控制,宣布除了几家全国性大报外,其他报纸一律按照一县一报的原则实行合并。几个月内,除了《朝日新闻》(东京、大阪两地的朝日系报纸 1940 年起统一用这个名称)、《每日新闻》(1936 年《时事新报》并入《东京日日》,1943 年起《东京日日》与《大阪每日》统一用《每日新闻》的名称)、《读卖新闻》(合并掉《报知新闻》,一度称《读卖报知》)变动较小外,将 11 家产业报纸合并为在东京出版的《日本产业经济新闻》(即现在《日本经济新闻》)、将爱知县以西的产业报纸合并为在大阪出版的《产业经济新闻》(即现在《产经新闻》),另外还合并了若干报纸形成中部地区的《中日本新闻》(即现在《中日新闻》)、西部地区的《西日本新闻》和东北部地区的《北海道新闻》等,其他为各府、县的一份日报。至此,日本全国只剩下 53 家报社(57 家日报)。而 1937 年"七.七事变"时,日本全国有日报 848 家。

杂志也没逃过大合并的命运。"九·一八事变"后,遭到查禁的社会主义的杂志每年都有几十种。仅 1939 年,日本全国的杂志被禁止出版的就有 4 000 种,包括警视厅管辖的 500 种。再经 1941 年和 1942 年的两次整顿与合并,原来数千种杂志剩下 996 种,综合性杂志只保留了《中央公论》(创刊于 1899 年)等 3 种、时事性杂志只保留了《改造》(1919 年创刊)等 7 种。此后《中央公论》《改造》的文章再次被挑出莫须有的问题和纸张供应方面的卡压、有关编辑被特高科抓走,这两家在全国最有影响的刊物于 1944 年被迫停刊。两刊战时被禁止发表的件数达 1 300 件。

七、日本新闻界为什么追随法西斯

明治时代初期,日本的媒介为自由民权运动的传播作出过贡献,但几经"欧化"与"国权论"的较量,后者渐占上风,并且发展到极端日本特有的军国主义-法西斯主义。明治时代末期起,日本的媒介追随国权论,在煽动战争方面一向是积极主动的。所以,当日本军国主义发动全面侵略战争时,主流媒介虽然对军部多少持批判态度,然而战争一旦爆发,国权论勃发,依然追随其后,反对意见只是在大方向一致的前提下,提出一些对过分极端做法的意见。当这类意见也遭到镇压之时,只剩下服从,甚至积极配合了。太平洋战争期间,新闻虚假的程度是:关于日方战果的报道,是实际情况的六倍;关于损失情况,是实际情况的 1/5;关于商船损失的情况,是实际情况的 1/16。

关于言论自由,几乎成为一个反面的概念,最多在顺从方向的角度偶然被提到,例如 1944 年 7 月一次有记者参加的大政翼赞会的座谈会上,一位发言者说:

"我以为振奋日本民心的方法很多,但其中最主要的一条就是言论自由。……言论自由完全被否定了,这确实不是一种激发人们斗志的好办法。"①其实,限定范围的言论自由并不是自由,最终只能导致否定这种自由本身。

不过,新闻界的少数反抗,依然值得在日本新闻史上记录下一笔:

1932年,《福冈日日新闻》编辑局长菊竹淳发表文章《勇敢行动起来,促进国民觉悟》,对军队的暴行直接了当地进行了批判。该报因此被查封。1933年,《信浓每日新闻》主笔桐生政次发表社论,对防空大演习进行了少有的嘲笑,他本人因此被迫离职,后忧郁而死。1936年法西斯军人袭击内阁要员后,东京大学教授河合荣一挺身而出,在《帝国大学新闻》发表文章《二.二六事件批判》,这是当时唯一一篇正面批判法西斯军人暴行的文章。1943年元旦,《朝日新闻》发表中野正刚的文章《战时宰相论》,委婉批评了东条英机,当天的报纸被查禁,作者在遭到宪兵队审讯后自杀。1944年2月,《每日新闻》发表记者新名丈夫的述评《战争至此,决定胜负的已不是竹枪,而是飞机、军舰》,因站在海军的背景下而使陆军和东条英机恼怒,当天报纸被查禁,作者被充军。此即日本新闻史上的"竹枪事件"。

正是由于日本的媒介忠诚于军国主义已经成为常规,一旦天皇宣布战败,它们便处于不知所措的境地。《每日新闻》发表文章说:"这对最终解救日本是大有好处的。"《朝日新闻》说:"过去的态度使我们几乎一无所获而损失惨重。"《读卖新闻》说:"我们必须坚定地相信,军事的失败与一个民族的文化价值是两回事,应当把军事的失败作为一种动力。"广播中则一再强调"从消沉中站起来","把别人从消沉中唤醒","全世界的目光正在注视着我们"。② 显然,媒介主持者考虑的只是日本民族的荣誉和新的未来发展,对于军国主义本身的反省是很有限的,尽管日本新闻工作者在战争中死亡了很多人。例如《读卖新闻》1937—1945年在国外战场死亡记者45人,国内工作中死亡22人,应征参军死在战场的110人。至于受伤的人,更是一个很高的数字。

第四节　联合国军对日本新闻传播业的自由主义改造

1945年9月,根据《波茨坦公告》,同盟国对日占领军(主要是美军,以美、英、中、苏等十一国组成的远东委员会的名义)占领日本。为防止日本再次成为战争策源地,通过间接的方式对日本军国主义—法西斯主义的政治、军事、经济、

①［美］本尼迪克特《菊与刀》第24-25页,商务印书馆1990年中文版。
②［美］本尼迪克特《菊与刀》第210-211、118页,商务印书馆1990年中文版。

文化进行全面的自由主义改造,而从开始了日本历史上继明治维新之后的第二次社会大转折。但对新闻传播业,占领军采取了"直接支配"的方式。关于对日本大众传播业的自由主义改造过程,可从以下几个方面来概述和评论:

一、关于大众传播的一批纲领性文件

1945—1946 年,同盟国(后为联合国)占领军最高统帅司令部(盟总或联总,本文统称盟总)发布了一批与大众传播相关的文件,如 1945 年 9 月 10 日和 27 日发布的《关于言论和新闻自由备忘录》、《关于新闻言论自由追加措施》,9 月 19 日《日本报纸准则》,9 月 22 日《日本广播准则》,9 月 27 日《政府与新闻业分开备忘录》,9 月 29 日《关于撤销一切限制报刊、电影、通讯社的法令》,10 月 4 日《解除限制政治、公民、宗教自由的备忘录》,以及 11 月《关于撤销非民主主义电影的备忘录》,1946 年 2 月《关于被禁图书和其他出版物的备忘录》,3 月《关于没收宣传出版物的备忘录》。这些文件果断地废除了战时法西斯政府所有关于大众传播的法律法规,因为这些法律法规确立的都是政府与媒介间支配和被支配的关系,都是以扼杀新闻出版自由为目的。在 1945 年 10 月 4 日文件要求的期限之前,战时统制大众传播的主要机构情报局于 9 月底撤销,至此,日本政府对大众传播的统制完全解体。

同时,这些文件为保证有效地清算法西斯,在解除战时被禁出版物、销毁和没收宣传法西斯主义的出版物的同时,规定了占领时期的新闻检查,对广播的检查持续到 1948 年,对报刊和电影持续到 1949 年。对于刚刚占领日本的美军来说,这是一种必要的措施,有损占领军和联合国形象的、美化封建主义和军国主义的内容被禁止,这为日本转向民主化社会提供了一种和平过渡的舆论环境。这种必要性可从一件小事说起。1945 年 9 月,尚没有被撤销的情报局仍

1945 年 9 月裕仁天皇和联合国军司令麦克阿瑟合影

然在行使权力,仅仅因为天皇的个头比麦氏矮了一截,似乎有损天皇形象,便扣压三家报纸裕仁天皇和联合国军司令麦克阿瑟在一起的照片。可见,过去的皇权观念已经成为一种习惯势力,需要认真对待。在盟总的干预下,照片得以发表。但是,关于美军士兵在日本的犯罪行为完全不得报道,甚至一些似乎有损美

国形象的社会新闻也被禁止,则反映了新当权者的一种霸道。

二、新宪法确立表达自由权

在要求天皇发布《人间宣言》(即宣布自己是人而非神)之后,盟总直接参与起草日本新宪法。1946年10月日本议会通过了新宪法。这部宪法第二十一条规定:"保障集会、结社、言论、出版及其他一切表达的自由。不得对之进行审查。"新宪法对新闻传播政策的意义,如日本新闻学者内川芳美所说:由于宪法宣布主权在民而不在君神,由于"规定了对表达自由的保障,这与旧帝国宪法第29条(对日本臣民来说)'在法律许可的范围内'才有表达自由的规定比较,是性质完全不同的新的自由。从这个意义上说,新宪法所保障的表达的自由,并非自由的恢复,而是自由的开始。"①

三、通讯社的重新创建

通讯社是报刊和广播的主要新闻源,而同盟社是唯一拥有发稿特权的由法西斯组建的通讯社,各报要求建立民间通讯社的呼声颇高。当9月24日盟总发布"政府与新闻业分开备忘录"之后,该社社长很明白这一文件的意义,通知盟总同盟社将解散。根据全体工作人员大会通过的决议,该社于10月30日正式解散。由14家主要报纸和广播协会筹备,报联社体制的社团法人"共同通讯社"于11月1日成立,同一天成立的还有以提供经济新闻为主的株式会社"时事通讯社"。

四、改组日本广播协会,确立广播公营和民营并行的体制

日本广播协会战时是日本法西斯的主要宣传工具,而盟总1945年9月对日指令附属第一号令便是确保对广播电台的使用。盟总于当月(9月)就对广播节目直接进行了改革,广播中第一次听到街头采访;广播讨论会和"这就是真相"的专题节目颇受欢迎。1945年12月11日盟总致邮政省领导人的备忘录确定了改组广播委员会的意向。1946年3月启用NHK("日本广播协会"日文发音的拉丁文拼写是Nihon Hoso Kiokai)的缩写作为对外呼号;同年,由盟总推荐的17人组成新的NHK广播委员会,战时竭力宣传法西斯主义的广播委员会成员全部下台。

1947年10月,盟总对日本的广播体制作出指示:确立广播公正、自由、服务公众和遵守技术标准等原则;确立NHK真正公营的性质,脱离政府、政党而作为独立机构运作;明确允许民营广播业;建立一个民间性质的电波委员会管理频道。1950年4月,议会依据这个指示的精神通过了电波法、广播法和电波管理

---

① [日]内川芳美、新井直之《日本新闻事业史》第83页,新华出版社1986年版。

NHK 办公大楼

委员会设置法。电波法涉及的广播和电波的技术性问题；广播法确立了公营和民营并行的体制；第三个法实际上取消了政府对电波的分配权。为保证第三个法律的通过和实施，麦克阿瑟直接给内阁首相写了态度强硬的信件。

盟总对日本广播业自上而下的改革，目的在于建立竞争机制，摧毁法西斯主义广播体制再生的基础。1951 年 4 月，作为自治机构的电波管理委员会颁发了第一批 16 家广播公司的营业执照。这年 9 月 1 日早晨 6 时 30 分，设在名古屋的"中部日本广播"电台首次播出民营广播电台节目，第一个商业节目是某店提供的"服装讲座"。中午 12 时，设在大阪的"新日本广播"电台第二个播音，首次播出了 60 秒的广告（一首关于照相机的儿歌"我是业余摄影师"，立即家喻户晓）。日本新闻学者山田实写道：当时"洋溢着 NHK 垄断时期所没有的活跃气氛。民间广播的诞生确实是一个划时代的事件，可以说，不仅在日本广播史上，在整个大众传播业史上，也有着无法估量的意义。"①此后不久，即 1952 年 2 月 1 日，NHK 恢复国际广播，但这已是作为国际社会的一个成员的正常的对外广播，不再是法西斯的声音了。

然而，美国人的设想并没有完全实现。1952 年夏天，占领军结束统制没几天，日本政府就将电波委员会改为政府直接控制。不过，NHK 公营，以及公营与民营并行的广播体制，大势所趋，已经确立。

五、各报的民主运动、"编辑权"的确立和战时报刊业格局的延续

盟总关于大众传播的文件陆续发布后，大部分报社自发地展开了民主运动，

---

① ［日］山本文雄等编《日本大众传播工具史》第 252 页，青海人民出版社 1984 年版。

批判战争期间主要负责人追随法西斯的罪行,有的报社工会实际上控制了报社。50多家报社中有44家报社发生了这样的变动。盟总于1945年12月2日公布的战犯嫌疑者中,包括新闻界的4名主要领导人。4人中《读卖新闻》社长正力松太郎一度被拘捕。根据盟总的《解除公职条例》,战争期间鼓吹国家主义和煽动战争的新闻界骨干分子,总共有351人,于1947—1948年陆续被解除公职。初期,报社的民主运动与盟总清查战犯、实现报纸民主化的目的大体是一致的,因而总体上得到盟总的支持,各报的工作显示出面貌一新的感觉。例如《朝日新闻》在民主运动中社长、董事长退居二线,以向天下谢罪,报纸于1945年11月7日发表《与国民在一起》的宣言,写道:"今后,朝日新闻的运营,当以全体从业人员的总意志为基础,时刻与国民在一起,以国民的声音为声音。现正值惊涛骇浪之秋。日本民主主义确立之途中,面对将遇到的诸多困难,我们在这里宣布,说到底朝日新闻应成为国民的机关。"

但是,当在具体的编辑业务中发生意见分歧时,谁拥有编辑权便是一个很现实的问题。各报社内部的冲突,特别是《读卖新闻》内部的多次工会与报社所有者之间的冲突,不得不由盟总出面表态来解决。1948年3月3日,盟总经济科学局劳动科发布了关于"编辑权"的声明,该文件的主要精神是:在决定新闻出版业编辑内容的问题上,经营者负单独、完全的责任。将新闻自由仅仅归结为媒介资本家的经营自由的一部分,这对民主运动中的工会活动是个很大的打击。这一文件的精神也给以后日本新闻业发展中的矛盾冲突埋下了伏笔。

盟总从他们关于新闻自由的理念出发,鼓励老报纸复刊和创办新报刊。于是到1947年年底,日本出现了约180家复刊或新创办的报纸、约12家新通讯社。恢复和新出版的杂志、新建的出版社多如牛毛,出版社从300家变成4 500多家,杂志从不到1 000种,变成7 000多种。但是纸张供应极为紧张,有些不得不使用质量很差的再生"花仙纸"。1947年至1949年初的经济不景气,严重打击了新出现的杂志和出版社,1949年初倒闭的就有1 500家,剩下的出版社和杂志依然是老牌的,出版社200多家、杂志1 000家出头。新报纸除了遭遇经济不景气外,读者不认同更是致命的问题,因而或停刊,或被1942年形成的"老"报纸合并掉,几乎全部消失了。

1947年9月时事通讯社的一次秘密调查显示,96％的读者希望订阅名牌报纸,其中想订阅每日、朝日、读卖三大报的占60％。在这种民意下,日本战后的报刊基本保持了1942年报纸期刊大合并的格局。综合性日报直到现在仍然是当初的五十几家,杂志品种和数量有所变化,但是老杂志依然拥有较多的传统读者。不论由于什么外部原因,既然1942年合并后形成的新的报社,在最为困难的战争环境和美军的新闻统制下共患难,日本人传统的团队精神和民族性格就会予以认同,再回到原位反而可能性不大了。

六、从清查法西斯分子到"清共"的转变

1950 年 6 月爆发朝鲜战争,美苏之间的利害冲突上升为主要矛盾。盟总将"清共"作为统制日本新闻传播的主要工作之一。这年 6 月,盟总通知日本政府解除日本共产党全体 24 名中央委员和 17 名该党机关报《赤旗报》编辑人员公职(人员有部分重合),报纸先宣布停刊一周,后宣布无限期停刊。接着,7—11 月,根据麦克阿瑟致日本首相书简的要求,各媒介陆续开除共产党员和党的同情分子。这场清共运动中,全国各媒介共清除 1 040 人。全国各产业的平均解雇率为 0.38%,而在大众传播界高达 2.3%。在这种背景下,1950—1951 年间,原来从各媒介清除的法西斯分子,陆续得到赦免,重返媒介的共有 202 人。

本来日本大众媒介中一些人对于长期宣扬军国主义-法西斯主义的罪行,只承认失败,但不做反省,现在将他们请回来,等于种下恶劣的种子,后来日本新闻界长期在总体上对侵略战争问题暧昧、回避。尽管有不少新闻界人士和少数媒介批判那段侵略的历史,但是多数媒介对历史问题暧昧和回避的态度,对日本舆论的影响是巨大的。

不过,从总体上看,盟总对日本新闻传播业的自由主义改造是成功的。它基本摧毁了日本军国主义在新闻传播方面得以生存的基础,确立了自由主义的新闻体制,使得新闻自由的观念深入人心,为日本 20 世纪 50 年代以后新闻传播市场化发展铺平了道路。

盟总能够较为顺利地对日本进行全面的自由主义改造(包括直接对新闻传播进行的改造),除了国际环境的背景外,日本民族的"耻感文化"一定程度上也帮了美国人的忙。失败这种耻辱对于日本人来说是一种新的激励因素,而保持名誉则是目的。既然失败了就说明以前的路子不通,那么另选择一条道路对于他们来说不存在道德障碍。美国女社会学家本尼迪克惊讶地谈到,日本人以非常友善的态度接受了战败和一切后果,因为"日本人持久不变的目标是名誉,这是博得普遍尊敬的必要条件。至于为了实现这一目标而使用的手段则根据情况而决定取舍。情况发生变化,日本人就会改变态度,这算不上道德问题。"[①]对待美国人的新闻统制,日本媒介就像战时服从法西斯统制一样,相当恭顺,因而自由主义的新闻政策得以顺利落实,但是真正对侵略战争的理性反省,则需要时日。

---

① [美]本尼迪克特《菊与刀》第 118 页,商务印书馆 1990 年中文版。

第五节 最近 70 年来日本新闻传播业的和平发展

1952 年 5 月 1 日，以联合国军名义占领日本的美军结束了对日本的统制，日本新闻传播界进入了独立自主的发展阶段。这时的日本，心理距离上与欧美缩短、完全的市场经济和 60 年代以来的经济腾飞、传播科技的迅速传入，使得日本的大众传播较迅速地走进大众化时代。

一、日本式新闻自由的确立

即使在法律上确立了新闻出版自由，日本传统的社会结构和文化、多年专制统治的惯性等，仍然会无形中发挥作用。经过政府、媒介（所有者与媒介工作者之间还有斗争）、公众之间多年的斗争、妥协、磨合，而形成一种多少与西方有所差别的日本式新闻自由。

美军刚撤走，统制时期从军事上限制新闻自由的各种盟总的文件失效，日本政府担心出现权力控制的真空，几经反复而提出"防止破坏活动法"，其中关于教唆、煽动暴力主义破坏活动的条文界定是含糊的，因而给政府随意处罚媒介提供了依据。日本新闻界第一次以新闻界整体的名义对这样的法规提出反对意见，全国各界为此举行了各种形式的抗议活动。虽然法规还是在议会通过，但是有关内容修改为"仅教唆或煽动暴力之文件而无行动者不加处罚"。因而该法后来没有直接损害新闻界。1958 年，日本政府提出"警察职务执行法"，其中关于在人员过度集中引起混乱时赋予警察采取行动的权力的条款，危机到人身自由（包括采访自由）。多数媒体的所有者态度暧昧，处于第一线的新闻记者们通过连续报道而左右了舆论，最终使这个法规没有通过。但是，各主要媒介的所有者从自身利益考虑而在内部就此实行纠偏运动。

1962 年，《中央公论》因发表的梦幻小说涉及天皇死的情节，该社社长（本人不在）的妻子和女佣遭到暴力袭击，死伤各一。该刊一方面抗议，另一方面又"道歉"。1987 年，《朝日新闻》阪神分社遭到极右翼的袭击，死伤记者各一，媒体的谴责比以前要强烈。在媒体所有者与新闻工作者之间，1962 年发生"山阳新闻事件"，该报的一些新闻工作者因揭露媒体所有者与当地政府勾结损害民众利益而被开除。但是法庭从维护民众利益角度判决所有者的开除无效。

在国际政治方面，日本媒体报道越南战争一方面较为全面和真实，在世界新闻流通中占有一席之地，另一方面又受到日本政府（背后还有美国政府）、媒体所有者的牵制，表现出相当的不真实。20 世纪 70—80 年代，日本媒体在揭露首相田中角荣的"洛克希德"受贿案、揭露首相竹下登等的"里库路特"献金案上显示出媒介监督的威力。然而,在过分热衷于皇室新闻(例如 1959 年的关于皇妃美智子、1989 年裕仁天皇逝世的报道)的背后,除了商业利益,仍然能够看到日本媒体的皇权观和对历史反省的不足。90 年代在涉及侵略历史的问题上,虽然存在一些正视历史的媒体或媒介上的文章,但新闻界整体的暧昧和回避态度也是显而易见的。

　　几十年来日本新闻传播史上发生的许多事件各有具体的情境,不论结果是怎样的,总体上从各个方面反映出日本政府、媒体所有者、新闻工作者相互间的关系。由于日本历史上政府对媒体的长期控制,虽然法律上确立了新闻自由,但是政府影响媒体的惯性力量还是相当大的。编辑权的确立,使得媒体所有者对新闻报道拥有相当大的决定权,出于利益和传统观念的考虑,他们往往较多地接近政府和财阀而忽略民众利益。新闻工作者从职业追求和维护自身利益方面做了不少努力,但也受到传统的等级观念、团队意识的影响,往往并不坚决。于是,当出现新的问题或矛盾的时候,就要看具体的环境氛围、相互力量的对比、各自利益的权衡而作出一种往往是妥协的结果。不过,几十年来,日本新闻界在争取自身权利方面还是渐进地有所发展,例如 20 世纪 60 年代在涉及编辑权的"山阳新闻事件"上的胜利、70 年代在揭露政治丑闻方面的明显结果(媒体所有者最终在利益权衡中看到了对自己有利)、80 年代起政府逐步实行信息公开制度等,都显示出新闻自由逐步完善的脚步。

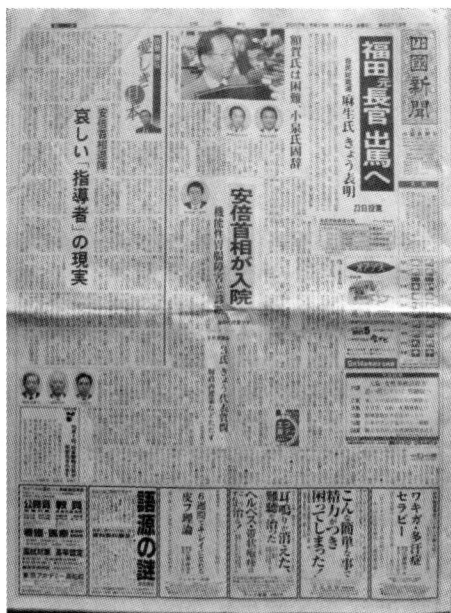

日本现在的代表性报纸《朝日新闻》和最小的区域性报纸《四国新闻》版面

二、报业的竞争与垄断

战后日本报刊的商业竞争中,政府的行政干预基本上消失,呈现一种较为正常而激烈的竞争态势。1951 年 5 月取消新闻纸的配给制以后,9 月,《北国新闻》首先恢复日报早晚刊的配套发行,接着全国相当多的报纸也恢复这种出版传统。在宅配发行方面,战前各报的发行网络开始重新建立,1951 年 8 月,第一家着手这样做的是《产经新闻》。到 1953 年前后,报刊的发行规模恢复到 1937 年的水平,全国报纸的发行总量达到 2 300 万份左右。与此同时,全国涌动着各种刺激发行量的有奖销售活动,很快就形成一种不正常的过度竞争,以致读者都感到厌倦,使得这种商业刺激逐渐地消退。1954 年报界制定了《报纸贩卖伦理纲领》,但这毕竟是个没有约束力的文件,不正当竞争还偶有发生。

1951 年 1 月,《日经》也同时在大阪出版;8 月,《产经》宣布在东京设立专卖店。1952 年 11 月,《读卖》打入大阪出版。至此,《每日》《朝日》《读卖》《日经》《产经》奠定了全国性报纸的基础,并形成这几家大报对全国报业的垄断局面,五报的发行量占全国总发行量的一半以上。同样出于利益的考虑,1952 年《每日》《朝日》《读卖》宣布退出共同社,因为它们感到在其中按发行量承担的通讯费用太高。直到 1957 年才与共同社重新订约,恢复原来的关系。

20 世纪 50 年代初,形成日本三大综合性日报新的三足鼎立局面,这种现象延续至今。最初,《每日新闻》居第一位,其次是《朝日》《读卖》发行量大约分别为 500 万、400 万和 300 万;60 年代,形成《朝日》《读卖》《每日》的次序,大约分别是 600 多万、600 万和 500 万。1977 年起,《读卖》开始超过《朝日》,至今居日本报纸发行量的第一位,而《每日》则明显地下滑。

三报发行量的变化发展,除了各自经营方面的问题外,日本社会结构的变化明显地影响到各报读者的构成。《每日》的主要读者是战前的农民,随着工业化的进程,农民大多进城了,日本较强烈的人际关系的情感作用,会影响到第二代,但再影响第三代是不大可能了。而与此同时,日本民众的文化层次明显地上升,知识分子群体发展很快,于是,以知识分子为主要读者的《朝日》,其发行量开始上升,并较为稳定地发展。日本人口的多数已经逐渐地转化为现代市民,随着他们人数的增加和文化水准的提高,以市民为主要读者对象的《读卖》最终会成为日本发行量最高的报纸,也是意料之中的事情。事实上,日本大报纸现在的读者都已是中产阶级,读者成分的区分一定程度上只是传统的阅读习惯和阶层分布造成的。

日本报业在传播技术引进和创新方面一般早于发展中国家一代时间,这也是促进日本报业迅速发展的因素之一。20 世纪 50 年代发生第一次技术革命,1951 年《每日》率先使用自动排铸机;1955 年《朝日》率先使用汉字电传自动排铸机。随后很快普及到全行业。60 年代发生第二次技术革命中,1968 年《佐贺新闻》率先实现报纸生产全过程的电脑控制。随后也很快普及到全行业。90 年代初开始,各报陆续普及全部编务和管理的网络化。

随着社会的世俗化,以综合性杂志为领头羊的状况转为大众化杂志领导新潮流。20 世纪 50—60 年代,以《新潮周刊》为代表的娱乐性和新闻性的周刊越来越有市场;70 年代以后,月刊的总发行量在新层次上又超过了周刊,相对高雅的月刊和相对通俗的周刊开始有了各自稳定的读者市场。近年杂志种数的流动较快,每年都有约 200 种诞生,也有相当于这个数量的老杂志消失。50 年代《中央公论》《文艺春秋》(1925 年创刊的以文学为主的综合性杂志)较有社会影响。随着杂志流动性的加强,很难有哪种杂志能够长久地影响社会,但它们数量很多。非盈利性的《家之光》是由一个全国性产业社团通过社会组织系统发行的,曾在 20 年代发行量超过百万份,50—60 年代发行量再次超过百万份。

三、广播业体制的完善,电视成为主要传播媒体

自 1951 年日本形成公营和民营两个系列的广播电台以来,电子媒介的发展速度超过了印刷媒介。1953 年 2 月 1 日,NHK 所属的"东京电视"成为日本第一家开播的电视台;接着由《读卖》的正力松太郎主办的民营"日本电视"于 8 月 28 日开播。电视开办之时,日本只有电视机 866 台。为了推广电视,正力松太郎采用街头电视的方式吸引了大量观众。经过几件大事的实况转播(特别是 1959 年关于皇太子结婚和 1964 年奥运会的电视转播),以及电视机价格的下降,日本电视机的社会拥有量,50—60 年代每年以翻几番的速度增长,1960 年超过 500 万台,1961 年超过 1 000 万台,1967 年超过 2 000 万台。电视的出现,进一步带动了大众媒介的娱乐化,人们对政论的关注减少,以致有的日本新闻学者提出新的问题:"关键是怎样确定新闻业的概念。如果说,只要不是报道性节目,就不能发挥新闻业的作用,那么,电视的报道性节目确实很少见,能否成为新闻业是有疑问的。"[1]然而,电视业的迅速发展迫使人们必须正视它,1975 年,日本电视业的广告费首次超过报刊业,这标志着电视开始成为大众传播的首要媒介。1980 年,日本人看电视的行为率(每天接触至少一次的机遇)超过 95%,看的时间每天超过 3 小时(广播是 26%,报纸是 50%),[2]电视日常化已经成为现实。

借助新传播技术,日本电视巩固了其在大众传媒中的老大地位。1983 年开始在社区推广有线电视。1963 年实现洲际卫星电视转播。1984 年 NHK 实现卫星电视转播,同年成立民营的日本卫星广播公司(JSB)。1989 年试验播出高

---

① [日]内川芳美、新井直之《日本新闻事业史》第 135 页,新华出版社 1986 年版。

② [日]内川芳美、新井直之《日本新闻事业史》第 150 页,新华出版社 1986 年版。

清晰度电视。1997 年实现卫星电视数字化播出，200 多个电视频道可供选择。2003 年底，在东京、大阪和名古屋三大城市开播地面数字电视。以上技术的应用，均领先世界新潮流。2009 年底，日本全部完成地面数字电视转换，2011 年关闭模拟电视。由于日本电视数字化全面转换遇到多种问题，宽带电视一时又成为一种新的发展趋势，2003 年 6 月，宽带电视订户 218.3 万，同年开播光缆有线电视服务。2004 年底，数字电视的家庭用户开始大幅度上升。

日本的民营广播和电视，其最初的财力支持相当程度上借助了大报纸的力量，因而形成了一种报业与广电业之间的特殊关系，西方国家曾经出现的广电与报业之间的对立，在日本并不明显。民营无线广播的全国网最早建于 1965 年，随后形成两大体系：日本广播网（JRN）和全国广播网（NRN）。1974 年，为了理顺民营广播电视公司与各大报纸之间的股权关系，提高效率，各报社对于在各广电公司的股份进行了适当的交换，将五大广播电视公司中的报社股份分别集中于一家报社。由于日本不存在全国性的民营电视台，于是以这五家位于东京的较大公司的电视台为中心，再联合各地的电视台，形成全国民营系统的电视网，其格局如下：

东京广播公司（TBS，全国网 JNN，入网台 28 家）——《每日新闻》
日本电视网公司（NTV，全国网 NNN，入网台 30 家）——《读卖新闻》
全朝日广播公司（ANB，全国网 ANN，入网台 26 家）——《朝日新闻》
富士电视网公司（FTV，全国网 FNN，入网台 28 家）——《产经新闻》
东京十二台（IZ，全国网 TXN，入网台 6 家）——《日经新闻》

经过 20 几年的发展，这些广电公司基本上独立运作，与各大报只存在传统的合作关系，各大报对其经济上的控制力很小（一般只在百分之十左右），掌握其股份的还有其他许多非传媒公司。

日本民营广播的播音员

日本的互联网产业，在经历了网络泡沫破灭的沉重打击、低迷数年之后，得益于宽带相对低廉的费用及其迅速普及，自 2000 年起开始快速发展，到 2002 年底，互联网用户已达 6 942 万人，几乎饱和。日本的宽带用户 2000 年不到 1 万个（DSL），第二年日本政府推出"e-Japan 战略"，2003 年 3 月，宽带用户已近 940 万。2005 年 3 000 万家庭能够高速接入,至少 1 000 万家庭能够超高速接入。2004 年 2 月,日本移动电话用户数总计 8 054 万多个,其中 6 871 万个可以移动上网。此外,日本互联网面临来自有线电视的竞争。在宽带接入的起始阶段,有线电视上网远高于 ADSL 上网的比例。随着宽带电视的兴起,2004 年初,在 528 个有线电视运营商中,有 301 个提供宽带服务,其低收费、高速度使电信 DSL 运营商面临强劲挑战。

四、大众传播媒介的团队特征

同样是市场经济下的媒介,日本不像西方国家那样存在明显的单一家族的媒介集团,这与这个国家民众的以下四方面情形有关:

(1)团队精神至上、家族观念(日本人的家族观念和"孝"只限于个人有限记忆的范围)其次的传统。

(2)大众传播的受众与媒介的关系,作为一个个具体的人,一旦与媒介建立联系,往往表现为长期认同感。独特的报纸宅配制巩固了这种特殊的联系。

(3)日本人中具有较高的学历的比例越来越高,单一民族和语言统一,其信息的需求在稳定和富裕的生活条件下,维持在一个较高的水平上。

(4)较大媒介往往与政府有着各种传统的非正式联系(其中精神联系似乎更为重要),既承担了一定社会认定的监督责任,又受到权力组织的控制和得到它们的一定保护。

这种情形下,日本的大众媒介与政府之间虽然存在着一定的职业上的监督关系,但是不像西方国家的媒介,较多地和较尖锐地表现为明显的对立,"合作"似乎更多一些。

由于历史的原因,日本形成了以大报纸为核心的股份公司制的媒介集团,而且媒体的受众群一般都相当庞大,拥有世界上稳定的单家报纸最高发行量的群体,广电的受众群也相对集中。在媒介集团内部,主要领导者虽然拥有较大的权力,但也要为公司的名誉承担责任。公司的名誉高于个人的利益。1989 年和 1990 年,《朝日新闻》和 NHK 的主要领导人,仅仅由于一些不大的有损公司面子的事情而辞职谢罪,便是典型事例。前者因为两名摄影记者制造了一张假新闻照片,后者因为法国阿利亚那火箭发射卫星失败(这本来是该火箭公司的责任)。

鉴于广播电视业的形成与报纸的历史关系,日本的报纸一定程度上是其的创建者和合作者(指民营部分),因而两类媒介形成一种松散的系列关系。虽然存在两类媒介之间的竞争,但是相互关系的经常调节使得竞争的结果,总是双方或多方适当变化,以某种适应新的环境变化。日本的杂志一部分与出版社形成一个系统,一部分本身就是以大报纸为核心的媒介集团出版的。

第六节 日本新闻传播业目前的格局

20世纪50年代以后日本的媒介格局,总体变化不大,较小的媒体出现和消失得多一些,但是较大的媒体几乎没有变化。因而关于现在的媒介格局,可简单概述如下:

一、报刊

日本是世界上报纸发行量最大,发行体制最先进的国家。它的报纸种数不多,但发行量惊人,现在每天的总发行量4 800万份(历史上总发行量7 000万份这个数字保持了很多年)。根据世界报业协会2011年公布的数据,日本阅读日报的比例高达92%,仅次于冰岛(96%);报纸平均发行量46万份,高居全球之首。《朝日新闻》《读卖新闻》和《每日新闻》常年稳居全球发行量的前三甲。日本目前全国有50多家报社,半数已经形成报团,旗下还有很多子报子刊。五大全国性报纸中,《朝日新闻》《读卖新闻》和《每日新闻》是综合性报纸,《日本经济新闻》和《产经新闻》是财经类报纸。另外还有一些大区域报纸,如《中日新闻》(名古屋)、《西日本新闻》(福冈)、《北海道新闻》(札幌)、《南日本新闻》(鹿儿岛)、《四国新闻》(高松)。

日本地铁站的报亭

(1)《朝日新闻》,日本的代表性报纸,在知识界和社会中上层影响较大。报头系中国隋末唐初的文化人欧阳询的手书笔迹。1879年创刊于大阪,1888年进入东京。1919 年实行股份公司制,现任社主村山美知子和上野淳一。在全国有四个总社(东京、大阪、北九洲、名古屋),国外有四个总局(华盛顿、伦敦、开罗、曼谷)。该报早刊通常 40 个版,2014 年日发行量约 710 万份,晚刊 16 版,日发行量约 240 万份。在伦敦、海牙、纽约等地发行卫星国际版。各地的版面,主要新闻通过统一编排基本相同,其他消息各个总社、支社各自采访和编排。共有记者和编辑 3 500 人。作为媒介集团的"朝日",还出版一系列其他报纸、杂志和书籍,拥有许多企业。

(2)《读卖新闻》,是日本,也是世界上发行量最大的报纸,以市民和中小企业主为读者对象。1874 年创刊于东京,在以后的历程中,合并了多家报纸,1950 年实行股份公司制,1952 年进入大阪,现任社主白石兴二郎。该报与《朝日》在国内同样地点设有四个总社,国外有三个总局(华盛顿、伦敦和曼谷)。2014 年该报早刊通常 40 版,约 956 万份,晚刊 16 版,约 321 万份。1986 年以后在纽约发行卫星版。1991 年 7 月 8 日,当时的读卖新闻社主渡边恒雄提出"贩卖第一主义"他认为,纵使报纸办得再好,如果仅重视编采、轻忽贩卖流通,报馆的基盘迟早会土崩瓦解。1994 年元旦,渡边恒雄主张以"自由主义"、"国际主义"和"人间主义"(人本思想),取代 1946 年提出的不偏不倚的"真实、公平、友爱"理念。2002 年 7 月 1 日,包括《中央公论》杂志、巨人棒球队和日本电视放送网在内的"读卖集团"成立,有各类记者和编辑 3 600 人,资本额 6.132 亿日元。2003 年度读卖集团旗下的营业额 4 790 亿日元。

(3)《每日新闻》,日本全国性大报之一,现任社主朝比奈丰。该报最早的历史可追溯到 1872 年创办的《东京日日新闻》和 1888 年创办的《大阪每日新闻》。1911 年后者兼并前者,仍以各自的名称在两地分别出版。在以后的历程中几经合并,1943 年元旦起使用现报名。该报原来的读者对象是农民,现在转为争取市民读者,原来市场的消失和新市场的拥挤,使得这家在 20 世纪 50 年代日本发行量第一的报纸遇到了较多的困难。该报 1918 年实行股份公司制。与《朝日》和《读卖》在国内同样地点设有四个总社,国外有两个总局(华盛顿、伦敦)。2014 年该报早晚刊合计发行约 425 万份。共有记者和编辑 1 200 多人。作为媒介集团的"每日"公司,出版一系列其他报纸、杂志和书籍,拥有许多企业。

(4)《日本经济新闻》,日本最大的经济类报纸,也是世界发行量最大的经济类报纸。1942 年由关东地区的多家经济类报纸合并而成,其中最早的报纸可追溯到 1876 年。该报为股份公司制。在东京和大阪设有两个总社,国外设有两个总局(纽约、伦敦)。2014 年该报早刊约 277 万份,晚刊约 139 万份。共有记者和编辑 1 200 多人。其信息数据库在日本很闻名。作为媒介集团的"日经",出版其他报纸、杂志超过百家,拥有一系列经济研究机构。2015 年 7 月 23 日,日本经济新闻社以 13.1 亿美元收购英国百年老报《金融时报》(*Financial Times*)。

（5）《产经新闻》，日本最大的财经类报纸。1942 年由关西地区的多家经济类报纸合并而成，其中最早的报纸可追溯到 1893 年。1958 年将东京支社改为总社，从而重心转到东京，成为全国性报纸。该报为股份公司制。在东京、大阪设有两个总社。该报早晚刊合计约 213 万份。共有记者和编辑 700 人。作为媒介集团的"产经"，出版一系列其他报纸和杂志，涉足电视传播网，拥有一些其他文化信息产业。

日本的区域性报纸有五家：《中日新闻》（总部名古屋）、《西日本新闻》（总部福冈）、《北海道新闻》（总部札幌）、《南日本新闻》（总部鹿儿岛）、《四国新闻》（总部高松）。其中规模最大的是《中日新闻》，发行量 300 万份。其他综合性的报纸为一县（府）一报，基本保持着 1942 年二战时报纸大合并的格局，总共 50 多家。

创办或复刊于战后而没有消失的报纸，主要是体育类报纸和专业、行业类报纸。前者最大的是总部东京的《体育日报》（*Nikkan Sports*），发行量 170 万份。后者最大的是总部东京的《日本工业日报》，发行量 55 万份。

日本一些党派拥有为数不多的机关报刊，社会影响十分有限，例如日本共产党的《赤旗报》。

日本的杂志 2 万余种，年总发行量超过 50 亿册。社团和专业性的杂志占大多数，发行量有限。面向社会发行的约 3 000 种，发行量很大。这类杂志一部分是由以大报纸为核心的媒介集团出版的，一部分是由出版社或单独的杂志社出版的，娱乐性、大众化的居多数，能够代表日本的仍然是几家老杂志，例如《文艺春秋》。

在日本，免费报纸被称为"生活信息纸"，有 1 500 多种，但是多数每月才出版一次，发行量有逐年增加的趋势。1998 年 4 月，日本成立了日本生活信息纸协会。

二、通讯社

日本战后通讯社林立，但是全国性的始终是 1945 年形成的报联社性质的社团法人通讯社共同社，以及以提供经济新闻为主的株式会社性质的时事社。共同社（Kyodo News）为日本最大的通讯社，现在加盟的报纸有 60 多家，另外与广播电台和电视台订有供稿合同。它的"KK 编辑本部"专门向银行、证券部门和企业提供金融信息。该社共有工作人员 1 600 人，总部分为六个部门，国内共有 46 个分局，海外则分别在纽约、华盛顿、伦敦、巴黎、北京、莫斯科、曼谷、开罗等世界 42 座主要城市设有总局或分局。共同社作为"立足于亚洲的国际通讯社"，在原有的日语和英语服务基础上，于 2001 年设立了日本媒体中唯一一家综合性中文新闻网站"共同网"。

时事社（Jiji Press）为日本第二大通讯社，现在已不是"以提供经济新闻为主"了,同样是综合性通讯社,向各种媒体、企业、团体、政府部门提供不同领域的消息。该社还经常做市场调查、舆论调查,以及出版资料性书籍。该社有工作人员 1 400 人,总部分为五个部门,国内共有 82 个分支机构,国外有约 30 个分支机构。

共同社办公大楼

三、广播电视

日本的广播电视业分为公营和民营两大系列。收音机和电视机的社会拥有量已经饱和。

日本广播协会(NHK)作为公营广播公司的运作实际开始于 1946 年,此前一直为政府直接控制,长期服务于法西斯宣传。协会的历史可追溯到 1926 年。目前 NHK 除总部外,还有 7 个地区局、62 个地方广播机构和一个服务性公司——日本媒介传播中心。NHK 拥有三个全国性无线广播电台,即综合性的广播一台、教育节目的广播二台和调频音乐台;拥有一个卫星音乐广播台;拥有二个全国性无线电视台,一个播出综合性节目,一个是电视教育台;拥有二个卫星电视台,卫星一台主要是国际新闻,二台主要是娱乐节目。NHK 不播广告,经费来源主要是收听和收视费,以及国民的自愿捐款。现在收听费已经合并到收视费中,每台电视机年收费约 1 万日元。卫星广播电视节目另行收费。2005 年,由于自愿捐款减少,日本国会为 NHK 拨款 72 亿日元。NHK 的最高管理机构是 12 人的经营委员会,由首相征得参众两院同意后任命,会长由委员会选举产生。

日本民营的各种波段的广播电台共有 126 家,其中中波 77 家(含广播、电视兼营台)、短波 1 家、调频台 40 家、超短波电台 8 家。中波形成日本广播(JRN,34 家成员台)和全国广播(NRN,40 家成员台)两大全国性民营广播网。全国调频协会(JFN,35 家成员台)和日本调频广播联盟(JFN,5 家成员台)形成全国性调频网。

日本民营无线电视台共有 180 家(含广播、电视兼营台),大部分纳入了五大全国性民营电视网。

民营日本卫星电视台 15 个台,其中最大的也是最早经营模拟卫星电视的,是日本卫星广播公司(JSB),属于日本经济团体联合会。最早经营卫星数字电视的是完善电视台(Perfect TV),该台 1998 年和日本空中广播公司(JskyB)合并为空中/完善传播公司(Sky Perfect Communications),主要股东是索尼公司、富士电视公司和伊藤忠商事。

第十七章
韩国新闻传播史

本章虽然名为"韩国新闻传播史",但是韩国古代和19世纪末以来出现现代新闻业,必然要以整个朝鲜民族国家为背景,因为自14世纪以来,朝鲜半岛是同一个民族国家的区域。只是由于受到二战结束之时国际政治格局的影响,才形成半岛南部的大韩民国和北部的朝鲜民主主义人民共和国两个政权。

从公元前1世纪起,中国的西汉王朝在朝鲜半岛西北部置乐浪郡,郡府乐浪即现在的平壤。朝鲜半岛的西北部或北部在明代以前,是中国古代各统一王朝的一部分。今日朝鲜民族的祖先,是《后汉书》和《三国志》记载的"三韩",即公元1世纪半岛南部逐渐形成的马韩、辰韩和弁韩三个部落集团。其中以辰韩(现在庆州一带)经济最发达,从事建房、织绸、使用铁器、养蚕和役使牛马等活动。14世纪明灭元后,中国的统一王朝明朝与朝鲜民族国家开始以鸭绿江、图们江为界。公元前37年,中国东北地区的夫余人朱蒙在鸭绿江、浑江一带建立高句丽国。4—5世纪,高句丽占领乐浪郡,一度领有现在中国的辽东平原并至朝鲜半岛中部的汉江流域,朝鲜民族国家为朝鲜半岛南部的百济、新罗两国。7世纪,新罗统一朝鲜半岛南部。公元918年,王建在开京(今开城)创立高丽国,随后灭新罗。1392年,高丽国的大将军李成桂废高丽国幼主,建立朝鲜国。1897年,李氏朝鲜国改国号为大韩。

历史上,中国与朝鲜民族国家有频繁的商业往来,古代朝鲜属于中国的文化圈,古代朝鲜的新闻传播,有些地方与中国很相像,但同时,朝鲜民族的传播亦有自身的文化特征。

在王氏高丽国时期,朝鲜开始出现仿中国史官文化的典籍《三国史记》(50卷,1145年)。李氏朝鲜国时期,完成《高丽史》(139卷,1452年),同一时期,仿中国唐代实录体的《李朝实录》,持续近500年,记载了从开国至1863年的历代国王的活动,达1700多卷。

早在692年,新罗国出现"寄别报",这是一种类似新闻书信的手抄件。韩国有世界上现存最古老的雕版印刷品原件(高丽国时期,704—751年间),比中国现存的同类原件早 100 年。1234 年,高丽国开始采用金属活字印刷术。1392 年,朝鲜国官方出版过朝鲜历史上最早的古代官报《朝报》(类似中国的邸报)。15 世纪中叶,朝鲜国国王世宗在位时期,推行彦文,建立邮政驿站,用于传送政府公告。1578 年,首尔(前译"汉城")一些市民舆论领袖出版过名为"朝报"的民间新闻剪报,有些像中国民间的"小报",但持续时间不长。

第一节 朝鲜国现代新闻业的萌芽

尽管已经掌握了当时较高的传播技术,但是李氏朝鲜国固守封闭的传统,极力限制工商业的发展,使得朝鲜国长期处于超稳定的农业经济社会。1876 年 2 月 26 日,日本胁迫朝鲜国签订了开放门户的《日朝修好条约》(江华岛条约),朝鲜政府被迫打开大门。这是朝鲜首次按国际法签订的条约。1882 年,朝鲜与美国签订了《商业航海和平条约》,向西方打开了大门。其后,英、法、德、俄各国纷纷踏着美国脚步进入。从此,朝鲜从"隐士之国"走向文明开化。这是朝鲜从传统社会进入现代历史的开端。

19 世纪后期,朝鲜国夹在中国、日本和俄罗斯中间,不时受到来自某一方面的制约,朝廷中的官员分为亲华、亲日、亲俄几大派,外交政策实行"侍大主义"(侍奉大国,哪一个国家势力大,亲哪国的一派官员便占优势,并推行与那个国家交好的政策),政治格局变化频仍。1895 年,日本取得甲午战争的胜利,从中国清王朝手中夺得对朝鲜国的控制权;1904 年,日本在日俄战争中获胜,取得对大韩国(1897 年朝鲜国改国号为"大韩")的"保护权"。1910 年 8 月 22 日,日本强迫大韩国签订"合邦条约",大韩国灭亡,被并入日本。1945 年日本在二战中战败,朝鲜半岛形成南部的大韩民国和北部的朝鲜民主主义人民共和国。

朝鲜的现代新闻业就是在这种社会从封闭走向开放的背景下诞生的,同时,日本灭绝民族文化的殖民统治,使得朝鲜民族现代新闻业的继续发展遭受到灭顶之灾。

从时间上来说,在朝鲜最早出现的现代报纸是一群日本商人于 1881 年 12 月在釜山创办的《朝鲜申报》,印刷设备是从日本引进的。但这张日文报纸主要服务于日商的信息需求,与朝鲜的文化传播关系不大。

第一家朝鲜人创办的现代报纸是《汉城旬报》。1883 年 10 月 31 日,李氏王朝统理衙门下属的博文局(相当于现在的出版署)创办《汉城旬报》,该报是当局接受开化党人朴泳孝(曾任汉城判尹,即市长)的建议而创办的,其性质与中国清末官报类似,它是由王朝官方出版的现代性质的报纸,有 4 名编辑,全部采用汉文,主要翻译来自外国报纸的消息,编辑谨慎,言论平和,是一份官员必订、供知

识分子阅读的报纸。1884 年 12 月 4 日,在甲申政变①中,《汉城旬报》的设施被
烧毁。

　　1886 年 1 月 25 日,博文局再创办《汉城周报》,该报有 14 名编辑,汉文与彦
文混用。这是朝鲜报纸采用本民族文字的起点。从复旦大学新闻学院资料室发
现的该报第 16 期看,其编辑体例很像中国光绪年间的《北京日报》《中华报》。该
报每期 18 页,内容以时政新闻为主。国内新闻仍然带有类似中国邸报的性质,
如启状、牒报、谕旨之类;国外新闻大多抄自上海的报纸,是现代报纸的模式。该
报接受广告,可以订阅,但是价格很高。1888 年 7 月 7 日,《汉城周报》由于经济
困难而停办。

　　1896 年 4 月 7 日,朝鲜旅美医学博士徐载弼
创办了朝鲜最早的民办报纸《独立新闻》。该报旗
帜鲜明地表达了传媒的社会责任。徐载弼在自传
中就此写道:"我确信我国的独立在于教育,特别在
于启发民众,因此首先计划刊发报纸。"该报为周三
刊,每期 4 版,采用彦文、英文两种文字(彦文 3 版,
英文 1 版),采用彦文而不用汉字的用意主要是为
了唤起普通民众。读者包括市民、知识界和王朝内
的外国人。该报创刊号只发行了 300 份,但后来增
长到每期 3 000 份。徐载弼办报采用从美国学来的
经验,提倡西方新闻价值观。1899 年 12 月,徐被朝
廷中人排挤而去国,报纸停刊。《独立新闻》共发行
彦文版 776 期,英文版 442 期。为了纪念这份报纸,
1957 年,韩国新闻界将该报的创刊日 4 月 7 日确定
为"新闻日"。

《独立新闻》创办人徐载弼博士

　　1898 年 4 月 9 日,大韩国第一份日报《每日新闻》创刊,后来的大韩民国首
任总统李承晚,当时 23 岁,为该报主笔,社长梁弘默。该报的前身是学生会的周
刊《协成会会报》。《每日新闻》每期 4 版,完全采用彦文,主张改革维新。但是该
报存在时间较短,同年 10 月 8 日停刊。

　　在《独立新闻》《每日新闻》的带动下,大韩国的民族报刊进入了创办高峰。
《帝国新闻》《皇城新闻》《万岁报》《庆南日报》(当时唯一的地方报纸,1909 年在
庆州出版)等,都是当时很有名气的报纸。与此同时,一些外国人创办的报纸也

---

① 甲申政变,1884 年 12 月 4 日,由金玉均领导的一群主张变革、效法日本的开化党人发动的宫廷政变,
　幕后支持者是日本政府,目的之一是摆脱中国清政府对朝鲜的控制。政变被清朝军队粉碎,配合政变
　的若干日本武士被杀,朝鲜的起事者大多逃亡日本。

推动了大韩国的舆论变革。其中较为著名的有英国记者贝瑟尔（Ernest Thomas Bethell）1904 年创办的《大韩每日申报》和英文《朝鲜每日新闻》（*The Korea Daily News*）、法国传教士德芒热（Florian Demange）创办的《京乡新闻》。1898 年 8 月创办的《帝国新闻》，曾与日本经营的《汉城新报》展开过论战，李承晚当时在《帝国新闻》任主笔，主张谋求韩国的强大，同其他国家平等相处，不受耻辱，培养人民的爱国热情。

最初，多数民办报纸的主持人（包括徐哉弼）是亲日的改革派，他们希望效法日本的榜样使大韩国尽快富强起来，希望通过办报来推动大韩国的现代化，还希望与亲日本的当权者合作来实现他们的理想。其后，他们感觉到日本灭亡大韩国的野心，又与日本决裂。其代表性事件便是 1905 年 11 月 20 日《皇城新闻》发表社论《是日也放声大哭》。这篇社论由社长张志渊撰写，强烈谴责日本强迫大韩国签订的《乙巳保护条约》。社论写道："呜呼！痛哉！我两千万为人奴隶之同胞！生乎，死乎？檀箕以来，四千年国民精神一夜之间猝然灭亡而止乎？痛哉，痛哉！同胞，同胞！"这天的报纸未经日本人检查就发行了，结果张志渊被捕，报纸停刊。但是《大韩每日申报》和英文报纸《朝鲜每日新闻》转载了这篇文章，并译成汉文和英文，被广泛传播。

第二节　日本统治时期顽强斗争的朝鲜民族新闻业

日本灭亡李氏大韩国以后，其文化政策是最终摧毁朝鲜民族的语言、文字和报刊。因而，除了日本驻韩总督的机关报《每日新闻》外，禁止任何彦文报刊。境内面向社会的报纸，总共 24 家，全部是日文。

1919 年 3 月 1 日，在为前李氏大韩国最后一个国王李熙举行葬礼的时候，爆发了三·一独立运动。运动中，原《帝国新闻》社长李钟一等 39 人发起起草《独立宣言书》，并与李钟麟、尹益善秘密出版报纸《朝鲜独立新闻》。日本殖民当局残酷镇压了运动，7 500 人被杀害，1.5 万人受伤，4 万人被捕。事后，日方被迫采取了一些怀柔政策，略微放宽了新闻政策。给三家民营彦文日报发出了执照，于是，1920 年 3 月 5 日《朝鲜日报》创刊，4 月 1 日《东亚日报》创刊，第三家报纸是《时事新闻》（该报后来自然停刊）。但是，主流报纸依然是日文报纸。

朝鲜民族报纸在自身的建设和对日斗争方面都作出了努力。1921 年，《东亚日报》首次引进轮转印刷机，组织了报业俱乐部"无名会"。1924 年，《朝鲜日报》首次同日出版早报和晚报，首次刊登连载漫画和关于妇女的新闻。1925 年 4 月，700 多位新闻记者在首尔召开了首届报人大会。

1936 年 7 月，朝鲜运动员孙基祯在柏林奥运会上获得马拉松金牌，他是被

1940 年 1 月 1 日的《朝鲜日报》头版

迫代表日本参赛的。8 月 1 日,《东亚日报》刊登照片时抹去了他运动服上的日本国旗徽记。结果,该报 16 人被捕,8 位与此有关的记者被开除,社长和主编被迫辞职,《东亚日报》停刊 279 天,《新东亚》杂志停刊。1920—1940 年的 20 年里,《东亚日报》被停刊四次,总共 569 天,被没收报纸 489 次,禁止出售报纸 634 次,日本总督撤销该报社论 393 次;《朝鲜日报》被停刊四次,总共 240 天,日本总督撤销该报社论 414 次。日本人还经常要求报纸自行撤销报道。

　　1939 年 11 月,警方通知这两家报纸自动停刊,它们违抗命令数月,1940 年 8 月被强行封闭。从 1940 年起,日本殖民当局以纸张统制为由,将所有彦文朝鲜报纸尽行废止,每条道(一级行政区划)只允许办一种日文报纸;在学校和政府机构,所有的人都必须讲日语;要求朝鲜人采用日本姓名模式取名。1940 年至 1945 年日本投降,朝鲜民族的新闻传播陷入沉寂状态。

　　在日本统治期间,广播电台完全是日本殖民当局的喉舌。1927 年朝鲜建立无线广播电台,1933 年出现单频道的韩语广播。1945 年日本投降时,朝鲜半岛有 21 个广播电台(中央和地方的广播电台 17 个、移动广播中继台 1 个、3 个简易广播站),广播能力 50 千瓦。

第三节　控制和反控制中成长的大韩民国新闻传播业

　　战后韩国报业的发展,初期受到朝鲜战争的影响,随后长期受到东西方"冷战"的政治影响,发展是曲折的。

　　1945 年 8 月,韩国第一家通讯社解放通讯社宣布成立。1945 年 10 月,进驻朝鲜南部的美军废除日本统治时期的出版法,宣布新闻出版自由。这时新出现的或恢复出版的报纸中,以左派报纸为主,有大约 70 家。当时的报业可分为三个集团:亲共的《解放日报》《自由新闻》《努力人民》等;左倾进步党人的《朝鲜人民报》《现代日报》《中央新闻》等;商业经营的《东亚日报》和《朝鲜日报》等。美国军事当局出于全球战略的考虑,在韩国实行的并非自由主义报业政策。1946 年 5 月《解放日报》被停刊,美军颁布 88 号法令,实行出版许可制度,很多报刊不得出版。随着半岛南北两部分的政治分歧加深,双方各自建立了政权。1948 年 8 月 15 日,大韩民国成立。美军占领在韩国,没有像在西德和日本一样建立一个形式上民主的国家,遗留下一个权威主义的国家体制和过度发达的镇压机器,从而影响了未来 40 年韩国市民社会的形成及民主制度的发展。在当时的韩国,"新闻自由"并非现实,而只是一种口号。在依次经历了李承晚、朴正熙、全斗焕三个独裁者统治时期以后,韩国的新闻传播业才迎来了新闻出版自由的曙光。

一、李承晚时期(1948—1960 年)

首任总统李承晚当政时期爆发朝鲜战争,他继续实行出版许可制度,对报刊采取高度集权控制。尽管李承晚在美国流亡近 40 年,但他并没有真正变为西方式的民主主义者,而是继承了朝鲜王朝和日本统治者的专制主义传统。例如,1949 月 6 月,李承晚当局一下子停掉了 58 家左倾报刊。1953 年 9 月以"颠覆政府阴谋罪"判处《联合新闻》驻日本记者郑国殷死刑。这是韩国新闻史上首例处死记者事件。1955 年《东亚日报》曾因在"政府高级官员"前面加有"傀儡"字样,而一度被"无限期停刊"。1958 年 12 月,李承晚将有争议的反报业条款塞进了《国家安全法》实施。1959 年,又取缔了天主教会的《京乡新闻》。

不过,李承晚时期开始允许出现民营广播电台。1954 年出现首家宗教广播电台,1956 年出现首家商业电视台,1959 年出现首家商业广播电台。

在 1960 年的"4.19 舆论革命"中,李承晚无法继续执政而倒台。一家宗教广播电台——基督教广播公司(CBS)夜以继日地传播《美国之音》的声音,对运动起到推波助澜的作用。

二、朴正熙时期(1961—1979 年)

李承晚倒台后,新的民主党政府废除了 88 号法令,实行完全的新闻出版自由。一时间报纸的创办又变得极为容易,冒牌记者和发行人到处可见,新闻敲诈和制造假新闻盛行。这种混乱的"自由"存在了一年,1961 年 5 月 16 日,朴正熙发动政变夺得政权。他当政时期,共宣布过 15 次"戒严"和"紧急状态"。

除了政变初期的两年,朴正熙时期可以分为 1963—1972 年、1972—1979 年两个时期。前一时期,政府着重发展经济的政策是比较积极的;后一时期,朴正熙建立了垄断性的"维新体制",以确保其独裁地位和终身统治。"为了发展而独裁",成为韩国特有的意识形态。

起初,他允许报纸对议会政治所有评论,但不允许报纸批评他的经济政策、军事独裁当局和他本人。朴正熙的媒介政策表现为两个方面:一个是加强对新闻业的经营管理;第二是强调大众媒介的"社会责任"。

朴正熙政府直接开放了私营广播电视,允许亲政府的集团开办。1961年12月给予私营文化广播公司(MBC)执照,允许报业跨界经营,同时拥有报纸、广播电台、电视台和出版社,开办电视机制造厂,实行纵向和横向集中的所有权。1963年,批准《东亚日报》开办民营东亚广播公司,1964年批准三星等企业集团开办民营汉城广播电台。在政府的控制和扶植下,传媒界重新组合,反对派报纸有的破产,有的变节,传媒整体上成为统治集团一部分,享受长期低息贷款、减免税和延期付息的各项政策优惠。在繁荣的经济和优越的环境中,这些媒体发展迅速。

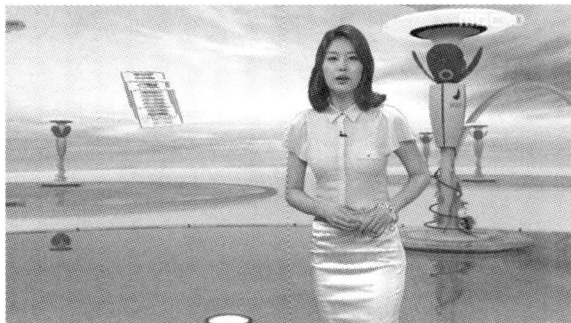

MBC 天气播报

与此同时,朴正熙政府滥用"社会责任"的名义,迫害新闻工作者。政变后的几个月内,有1 000多名新闻工作者被解雇。政府还随意关押、监禁和折磨新闻工作者,新成立的情报机构则随时监视着新闻传播业。朴正熙政府实行"采访证制度",从而剥夺了600多名当局认为"不合作"、"不听话"记者的工作。后来,采访证的发放范围一再缩减。报纸总数减少从他上台前的85家减少到34家。1961年,《民族日报》社长赵容寿被判处死刑。1964年,《朝鲜日报》记者李泳槽因报道联合国讨论朝鲜问题的提案而被捕;同年11月,文化广播电台台长因发表关于"统韩论"的文章被捕。《新东亚》杂志因刊登了标题为"北朝鲜傀儡政权与中苏分裂"的文章,违反了不得提及北部的规定,主编撤职,两名记者开除。

不过,1964年朴正熙政府颁布的《报业委员会法》,几经反复,最终未能实行。这个法规定,可以惩罚"不负责任"的报纸。韩国编辑联合会全力抵制这一危害新闻自由的法律,社会上成立了一个名为"全国取消报业委员会法斗争委员会"的组织,下层新闻工作者也组成了全国新闻工作者联合会(JAK)。联合会是韩国新闻界的自律常设组织,组织了一系列的新闻奖项,维护新闻工作者的正当权益。

1974 年 1 月 18 日,朴正熙颁布"总统紧急措施",不准传播关于修改宪法的一切信息,宣布政府可以撤销报道,同时预先限制或者检查相关的其他报道。《东亚日报》管理层事前受到政府情报部门的调查,因而不同意编辑部刊登"报业自由宣言",编辑部成员与报纸老板形成对立状态。在面临罢工危险时,报社妥协,关于报业自由宣言的内容刊登了三个整版。面对这种情况,朴正熙政府迫使广告客户停止在《东亚日报》刊登广告长达 3 个月;随后,管理层向政府屈服,解雇了 35 名强硬派记者,雇人驱散静坐罢工的 160 名新闻工作者。《朝鲜日报》的员工抗议这种控制,也被集体解雇。此后,韩国的传媒趋向娱乐轻松的内容,商业化倾向成为主流。

韩国垄断性的新闻业,在朴正熙政府"硬""软"两手的压制和庇护下得到长足的发展。当时国民经济增长 6%～8%,而媒介行业的增长是 20%。于是,新闻传播业成为创造价值的产业,传媒的主导力量不再是主编,而是经理,新闻工作者成为一种单纯的劳动力。在这种政策下,韩国的报业得到了发展,1977 年全国报纸发行量达到 600 万份,汉城的一些大报宣称有 70 万～80 万的发行量。这是一种畸形的发展。

三、全斗焕时期(1979—1987 年)

朴正熙 1979 年 10 月 26 日被刺以后,全斗焕通过军事政变上台。1980 年 5 月,他制造了"光州惨案"(通过军队的坦克、大炮、伞兵镇压光州的学生运动,死亡 2 000 人),以铁腕手段镇压民主抗议,巩固自己的统治。全斗焕采用各种方法迫使新闻传媒就范,主要采取三项措施:第一,大规模解雇新闻工作者甚至将其投入监狱;第二,合并、关闭传媒。宣布首尔只能有 6 家报纸,地方实行一地一报,与日本统治时期相似;第三,通过并实施压制性的《言论基本法》。

1980 年 12 月,全斗焕颁布《言论基本法》,表面目的是保持新闻工作者的忠诚和正直,实际效果却是阻止他们接触敏感的社会问题。同年,他以"反腐败"(主要指传媒的唯利是图和低级趣味。当时,民众对传媒商业化有很多批评,当局利用了民众的正当要求)名义对新闻界实行了一次大清洗,40 多家报纸的 700 多名新闻工作者被解雇或者停职。在全斗焕时期,日报从 28 家减少到 11 家,通讯社从 6 家减少到 1 家,广播电视机构从 29 个减少到 27 个,虽然电台数目削减得不多,但节目品种日益单调。

全斗焕成立了"公共信息协调办公室",每日向媒介发布报道指南,详细规定对各种报道的种种要求,什么可以刊登,什么不可以刊登,什么绝对不可以刊登。1986 年 9 月,民主言论运行委员会公布了 1985—1986 年间 292 天该办公室提出的"报道要求",包括持什么态度、发不发照片、放在什么位置等细节。公开这些材料的三位当事人以"泄露外交机密"、"违反国家安全法"的罪名遭到逮捕。

对广播电视,1973年全斗焕将1952年形成的国营"韩国广播系统"转变为韩国广播公司(KBS),并且将所有广播电视机构都合并到国营的韩国广播公司(KBS)体系中,实行统一控制;议会通过的法律规定KBS是公营体制,但实际上长期直接由政府控制。肃整后的广电系统,全斗焕实行怀柔政策,给予充裕的财力支持,从业人员福利待遇很高,进修、出国、购房等受到优惠,子女就读均由官方支付学费。其财源来自KBS和MBC(此时的MBC 65%的股份由KBS控制)征收的代理广播广告手续费。

全斗焕时期对广电的娱乐节目、新闻节目和宗教节目加以种种限制。政府曾规定,晚间12点到早晨6点、上午10点到下午5点30分等时段不允许播出电视,因为按照统一的作息时间,此时应该睡觉或者工作,而不应该看电视。政府对进口节目严加限制,播出的进口节目不得超出整体的20%。每天电视节目的开始,都有5~10分钟关于全斗焕活动的报道,令观众厌恶。广播电视很快便失去了民心。民众从开始时的支持,到最终厌倦了这种"负责任"的媒介。

传媒在被训练成权力组织驯服工具的同时,由于垄断性经营、跨媒介经营,加上政府的资助,大媒体保持着丰厚的利润。全斗焕时期,在"发展第一"的环境里,韩国的主要大报都位居国内经济100强之列。但到他的统治后期,全国掀起了拒绝缴纳官办KBS的收视费并拒绝收看其节目的运动。

第四节 1987年《6.29宣言》:韩国新闻政策的转折点

全斗焕当政时期,韩国的经济发展令世界瞩目。然而,经济发展与全斗焕的高压独裁之间的紧张关系始终不得解决,终于导致1987年春天爆发了全国性的大规模抗议运动。《汉城新闻》等26家报社发表宣言,要求维护言论自由,废除《言论基本法》,释放被捕的新闻界人士。1987年6月,在全国一片声讨浪潮下,全斗焕退居幕后,指定他的同乡、同学、曾积极支持他政变的军人卢泰愚担任执政的民主正义党主席,竞选下一任总统。面对国家即将主办奥运会的尴尬局面,在各方面的强大压力下,6月29日,卢泰愚发布了《八点民主化宣言》(即《6.29宣言》),同意反对派提出的直接选举总统的要求,紧急宣布了一系列民主改革的措施。其中第五点的内容是:促进新闻自由,迅速改善相关体制与措施。

于是,形势急转直下,11月,议会通过决议废除《言论基本法》,取而代之的是《定期出版物登记法》,同时,通过了新的《广播电视法》。《定期出版物登记法》规定其法律目标是"努力实现报业的健康发展",引人注目地删去了"社会责任"

的字样。修改后的广播法允许民办广播电视,规定政府不得干涉广播电视的内容。新闻检查取消了,公共信息部下属的"公共信息协调办公室"被撤销,废除了政府颁发记者证的制度。

1987年底通过的一系列法律标志着韩国的新闻自由体制得到确认。本来,为了稳妥,开放需要一定的过程,但是1988年韩国举办奥运会,迎来了数千采访奥运会的记者,这个转变的进程一下子被大大缩短了。1988年成为韩国完全开放新闻出版自由的年头。

1988年卢泰愚执政,基本执行了他在新闻出版方面的承诺。报纸的发展迅速,广播电视不再直接受政府控制,KBS真正实行公营制,全斗焕时期被KBS兼并的民营广电重新独立出来。媒介开始批评政府,公布不利于当局的民意调查结果,并公开讨论与北朝鲜的关系等过去被禁止的话题。新闻自由的状况有了明显的改善。1993年,金泳三接任总统,出现了战后韩国第一次平静地移交权力的现象。

当然,40多年对传媒的专制控制造成的观念和习惯不会很快消退。有的新闻工作者仍然习惯于自认为是"政府的工具",并自愿采纳从官方信息部获得的关于如何报道敏感问题的种种暗示。政府机构也会习惯性地采用一些间接的方式动员舆论,或对传媒进行收买,实行软控制。郭镇之教授总结了韩国当权者40年来的控制手法,她写道:

> 韩国媒介工作者,不论是印刷媒介还是电子媒介,在40年的时间里都受到了各种各样的控制,合法的和不合法的控制,软的或者硬的控制。韩国有漫长的专制统治历史,韩国的历届独裁者创造性发展出了政治控制媒介的方法:一种是压制性的,一种是引导性的。其中,以压迫性的控制为主。

韩国学者总结如下:

① 指挥媒体所有者以"清洁内部"等名义开除持批评态度的、不合作的媒介工作者;

② 由文化和公共信息部的官员以合作的名义发出或长或短的指令以控制新闻;

③ 在新闻工作者中设置情报人员,以了解情况,掌握动向;

④ 经常质问并威胁媒介人;

⑤ 实行"采访证"制度,以限制不忠于政府的人采访新闻;

⑥ 在各个部门引进发言人制度,以制造宣传性的传播;

⑦ 以宣传性的方式上演"假事件";

⑧ 以选择性地透露保密信息、优先接近新闻来源、操纵新闻背景、非正式吹

风会和简报的方式操纵新闻媒介；

⑨ 经常以国家安全的借口撤销新闻；

⑩ 对新闻工作者诉诸身体的暴力威胁；

⑪ 在新闻圈里寻找合作伙伴和替罪羊；

⑫ 以象征性的口号和国家目标——现代化、经济发展、改革、社会正义、祖国的统一、国家安全、法律和秩序——为控制的目的辩护①。

硬的以外，还有软的，大棒加胡萝卜。政府总是着力培养与"友好"新闻工作者的密切关系，向他们提供独家新闻，各个政府部门也建立各种各样的俱乐部，用好酒好饭招待新闻记者，逐步建立合作关系，以寻求他们支持那个部的政策。特别是在朴正熙、全斗焕和卢泰愚三个体制下，对新闻界的重组、动员和引诱是史无前例的。据说，韩国议会中，前新闻工作者占据了9％的名额②。

第五节　韩国新闻政策的演变脉络

古代朝鲜民族国家属于典型的亚细亚社会，实际上不存在西方意义的土地私有制，王国是唯一的地主。这就造成了社会精神交往的高度集中，王国与官吏的交往是国家机器各部分间的唯一的精神联系。因而，朝鲜的古代报纸、历史记载等等交往手段，都完全服从于最高权力，用以维护这种精神联系，各王朝的交往政策自然都是专制的。

日本的殖民统治以消灭朝鲜民族文化为精神目的，因而不可能给朝鲜真正带来自由、民主的意识，早期，朝鲜的不少仁人志士试图通过"师日"达到强国的目的，但是他们后来都醒悟了。倒是日本的倒行逆施在反向的意义上激发了朝鲜的民族新闻传播业对新闻自由的追求。

美军原想直接在韩国移植西方的政治自由制度。然而，在"两大阵营"对峙的国际背景下，他们的实际政策与空洞的"自由"许诺形成鲜明的对照。李承晚青年时代是朝鲜第一家日报的主笔和记者，为争取民主制度斗争了很多年；一旦当上了民国的总统，实行的却是典型的专制主义新闻政策，这是一种莫大的历史性讽刺。美国支持的大韩民国自然应当是民主的国家，但是却在李承晚之后，仍然任由前后两个政变上台的军人实行独裁统治近30年，所谓新闻自由荡然无存。只是在韩国人民和新闻界进行了许多年的顽强斗争之后，才从20世纪80

---

① Park，Kee-soon，Lee Jae-won and Kim，Chie-woon（1994），*Elite Pressmen and their Dubious Roles in the Repressive Regimes*，pp. 276 - 7. In Kim，Chie-Woon，etc. pp. 273 - 95.

② Heuvel，Jon Vanden and Dennis，Everette E.，p. 8. In Kim，Chie-Woon，etc. pp. 1 - 26.

年代后期开始，走向较为稳定的新闻出版自由的制度。

其中最明显的原因是国际大背景。然而，若没有这种国际背景，韩国会不会在 1948 年美军将权力移交韩国人掌控以后顺利地实行新闻自由的体制？从韩国历史上几个强权间短暂的过渡时期看，在国民没有经过政治自由的训练、国家没有经历一段较长时间的市场经济的熔炼的情形下，直接从西方移植的新闻自由会立即变成一种混乱的局面。因为韩国的传统文化与西方文化完全不同，它处于中国传统文化的圈内。正如韩国学者黄秉泰在他的专著《儒学与现代化》中所说，这种传统文化未能产生导向现代化的精神动力，也妨碍了功利主义和民主政治等条件的产生。特别是朝鲜，当西方现代文化浪潮波及这里的时候，它还深深地迷恋于传统学说和思想的咒语，尚未觉醒就被日本吞并了，以致错过了适应市场经济和政治民主的过渡时机。

除了国际大背景的影响外，制约韩国的新闻政策很快从专制走向自由的原因还有两个。第一，它的社会交往结构深深地根植于传统文化之中，这种结构以人伦为中心，并且十分牢固，与西方现代交往的价值观有较大的差距。韩国新闻界的腐败现象（从专制控制时期到开放自由以后 10 几年内，寸志，即红包新闻十分普遍），相当程度上不是新闻政策带来的，而是传统社会的交往结构与之结合产生的。所以，韩国的各种新闻传媒与政府机构、企业和大的社会集团之间，有千丝万缕的联系，请客送礼盛行，收受礼金普遍，传媒的独立性较为脆弱。第二，它需要较为规范的市场经济作为基础，而这个基础由于战争、国际政治的影响，较长时期内处于不完善、不成熟的状态。在这种情形下，指望新闻传媒在自由状态下具备规范的意识，亦是不可能的。

由于这些原因，韩国新闻政策走向民主化，经历了相当漫长的道路，给了李、朴、全三代独裁者实行专制主义新闻政策以机会，新闻业饱受磨难。只是随着国家经济的现代化和政治民主化的逐步到来，韩国的新闻政策才随着发生较大的变化。政府与传媒的关系，从严格控制到减少控制，从直接控制到间接控制，从指令管理到法治管理。这种变化并不是卢泰愚个人的意志在起作用，而是大势所趋，人民斗争的结果。

即使现在，西方新闻自由的表现形式，由于韩国自身的传统，亦同西方不大一样。例如传媒与政府的关系，既不是过去传统的依附关系、隶属关系，也不是西方那样的形式上的对立关系，而是既合作又批评、以合作为主的一种特殊关系。在最近 20 年的新闻自由的环境中，韩国的传媒趋向成熟了，至少过去经常看到的"寸志"很少见到了，政府对传媒的影响日渐减少，传媒的独立意识和舆论监督的功能得到了加强；但是同时，西方传媒存在的种种新闻职业的弊端（过分追求耸人听闻和娱乐化）也有所显露。

2001 年，韩国税务部门经过 142 天的税收调查，揭发 23 家首尔的传媒公司有 13 594 亿韩元收入未予申报,税务人员对这些公司征补税款 5 056 亿韩元;同时控告 3 家报纸——《朝鲜日报》《东亚日报》和《国民日报》逃税。8 月 17 日,三家报纸的负责人被逮捕。与此同时,韩国公平贸易委员会公布了调查结果:发现四年期间(从 1997 年 4 月到 2001 年 3 月),首尔的 13 家传媒公司有未经申报的内部交易额 5 434 亿韩元,为此,委员会对之罚款 242 亿韩元。为此,报业、广播电视的网络、政治团体、学术团体和公众,纷纷表示支持或反对的态度。有的认为整顿报业长期存在的弊端必不可少,而另外的观点认为,这是政府对新闻自由的镇压。接着,文化广播公司(MBC)加入争论,播出每周一次评论报业的《传媒批评》新栏目。冲突抹上了党派斗争的色彩。2001 年 5 月 16 日,国际报业协会(IPI,报纸发行人的国际团体)向韩国领导人表达了该协会对韩国政府针对传媒公司采取措施的深切不安。9 月 5 日,IPI 的调查组得出结论,宣称将韩国列入涉嫌压制新闻自由而必须予以监督的国家名单。与之立场相反的是国际记者联盟。该联盟在 6 月 11 日举办的首尔会议上宣布,全力支持有良心的记者和市民团体发起的媒介改革运动。在各种因素的作用下,2001 年 10 月 25 日、11 月 6日和 8 日,《东亚日报》《朝鲜日报》和《国民日报》的负责人分别获得缓刑和保释。

2004 年,总统卢武铉向议会提交《大众传媒改革法》草案,规定一家报纸的市场占有率不能超过 30%,排名前三位的报社市场总占有率不能超过 60%。而现行韩国公平交易法规定分别是 50% 和 75%。报纸版面的广告不能超过50%,报纸的财政情况每年报送政府文化观光部,建立报纸流通的专门法人,建立由劳资双方组成的编委会,政府出资建立报业发展基金,支持非垄断的传媒发展。卢武铉的解释是:传媒具有很强的公共性,所以限制应当更加严格。

以上事件反映了韩国传媒与政府间的关系十分复杂,已经不再是原来前者直接间接依附后者了,不过党派因素仍然在其中起到很大的作用,不像美国传媒,党派因素在传媒与政府的关系中不是主要的。

即使公营的 KBS,以及含有公营股份的 MBC,其领导人的任命与行政机关现在已经没有直接联系了。一位在中国学习的韩国留学硕士生写道:“政府(卢武铉政府)比较好感的候选人没有被选上 KBS 的社长,被选上的是郑渊珠社长,就是说,政府没有起作用。现在的 MBC 的社长也不是政府喜欢的人,前任 MBC的社长金重培,他跟金大中政府也没有直接的联系。……所有这些人事变动,跟政府的意志没有多大的关系,是被独立任命的。……因此韩国传媒的言论自由,是可以跟世界上任何一个国家相媲美的。韩国已经确保了这方面的自由和权利。”①

---

① 温基映《韩国的新闻与传播发展史》,中国人民大学新闻传播史课程论文,2006 年 1 月 16 日。

第六节　韩国新闻传播业的格局

　　韩国自从进入新闻自由政策的平稳期以后,新闻传播业的发展较快。报刊品种增多,广告在各传媒中的比重加大,竞争激烈。1995 年 8 月,韩国的人造的卫星上天,成为世界上第 22 个拥有商业卫星的国家,韩国的卫星电视频道的内容趋向多样化。

　　1997 年韩国发生金融危机,传媒产业大萧条,造成 1998 年 1.7 万从业人员下岗。经过大众传播内部的结构调整,互联网的兴起、广播电视传播的数字化(包括数字卫星电视时代的来临),韩国的大众传媒业 21 世纪进入了一个较快的发展期。现在韩国的新闻从业人员约 4 万人,其中在报社工作的 37.5%,在广电系统工作的人员占 61%。

现在的《朝鲜日报》和《东亚日报》

一、报纸

　　目前,韩国有日报 126 家,其中总部设在首尔的全国性综合日报 10 家、地方综合性报纸 46 家、经济类 7 家、体育类报纸 5 家,英文报纸 3 家,其他各种专业或行

业报纸 53 家。另外,韩国的杂志共有 7 000 多种。较为重要的韩国报纸是:

(1)《朝鲜日报》。1920 年 3 月 5 日创办。韩国三大日报之首,发行量 2011 年为 230 万份,居世界日报发行量第 13 位。该报每天 64 个版,广告占全部版面的 47.1%。

(2)《中央日报》。1965 年 9 月 22 日创办。韩国三大日报之一,发行量 2011 年为 220 万份,居世界日报发行量第 14 位。

(3)《东亚日报》。1920 年 4 月 1 日由金性洙、朴泳孝、金弘祚、高厦柱等 77 人发起主办。当时提出的报纸的宗旨是:"支持民主,提倡文化。"原为韩国日报发行首位,现居第三,发行量 2011 年为 210 万份,居世界日报发行量第 17 位。

这三份日报发行量接近,排名经常发生变化。

二、广播电视

目前韩国有 2 家全国性公营电视台(KBS 和教育台 EBC),1 家全国性的民营电视台(MBC),7 个其他全国性的商业广播电视机构。另有地方广播公司 59 家,有线广播公司 81 家。2001—2002 年是韩国广电数字化的开发年。2001 年 10 月,韩国开办数字广播电视。2002 年 5 月直播世界杯足球赛大大促进了数字卫星电视的发展。

韩国最大的广播机构是公营的韩国广播公司(KBS),建立于 1973 年。拥有 3 个电视频道、4 个广播频道。该公司的广播电台和电视台同一系统中居主导地位。KBS 电视台的三个无线频道中,第一频道(新闻频道)占韩国电视播出时间的 32.8%,比重最高。该公司拥有下属无线广播局 26 个、电视广播局 17 个。总资产 3.8 亿美元。

KBS 新闻演播室

文化广播公司(MBC)是最大的民营广电公司(含有部分公营股份),建立于 1961 年 12 月。它的电视台成立于 1969 年 8 月,现在拥有三套电视节目,电视节目占韩国电视播出时间的 16％;拥有一个全国性的广播电台,下属地方广播电 19 个。

首尔地区于 1990 年建立了首尔广播公司,拥有自己的电视台和广播电台。

其他较重要的民营广播电台还有:1990 年以前建立的基督教广播电台(1954 年)以及后来的基督教电视台、远东广播电台(1956 年)、亚洲广播电台;1990 年以后建立的交通广播电台和电视台、和平广播电台、佛教广播电台。

三、通讯社

韩国主要通讯社是联合通讯社,1980 年 12 月由合同通讯社、东洋通讯社合并而成,1999 年再合并内外通讯社,是韩国报联社体制的通讯社。该社在华盛顿、纽约、洛杉矶、东京、巴黎、伦敦、曼谷、布宜诺斯艾利斯、布鲁塞尔、开罗、香港、莫斯科和北京设有分社。

四、公民新闻网

现在的 Ohmynews 网站

韩国是公民最早通过互联网参与新闻生产的地区。2000 年,韩国记者吴连镐创立了 Ohmynews 网站,并提出了"人人都是记者"的口号。该网站也是世界上第一家公民新闻网站,在 2002 年韩国大选期间,网站日点击率达到 2 500 万人次。2000—2005 年,Ohmynews 连续入选"韩国最有影响力媒体"的前十位,网站流量在顶峰时期进入世界前 100 强。但在达到顶峰后,Ohmynews 的影响力就持续下滑了,网站流量排名现已跌到 6 000 之外,2009 年网站自身的财政也出现了较大困难。出现困难的原因包括,公民新闻品质良莠不齐、传统新闻业大力开发网络业务等。Ohmynews 是世界公民新闻领域最具代表性的实践之一,它显示了网络时代新闻生产可能发生的巨大变化,而它自身面临的问题也启发人们重新思考新闻职业的价值与意义。

第五篇

第十八章
西亚北非新闻传播业历史发展概述

　　这个地区包括伊朗高原以西的亚洲和撒哈拉沙漠以北的非洲,共20多个国家,主要是阿拉伯国家,其他国家至少在信仰伊斯兰教方面与阿拉伯国家是一致的。由于民族、宗教、语言、地理、历史的原因,它们具有较多的文化和利益的联系。如果从公元7世纪伊斯兰教的兴起和传播、阿拉伯帝国的建立算起,这个无形中形成的区域,在世界上已经存在了1 400年。16—20世纪初,这个地区又相当于以土耳其为中心的奥斯曼帝国的版图。不论统治者是谁,其文化中心主要位于地中海东岸的中东走廊地带和尼罗三角洲。这里原是世界上人类文明最早的发祥地。但是,当年的民族已经消失,现在的传统只能追溯到7世纪从其他地方进入这个地区的阿拉伯人和他们的穆斯林文化。由于地理上与欧洲海连路通,其现代新闻传播业是直接从欧洲传入的。但是,由于伊斯兰教较强的排他性、人民生活方式的流动性和当时较为落后的经济发展状况,现代新闻业出现较晚。只有少数国家的现代新闻传播业出现在19世纪,多数国家在20世纪才出现新闻传播业。

　　早在18世纪初,在叙利亚的北部城市阿勒颇(Halab)和黎巴嫩的贝鲁特,先后出现印刷机,但那只是为了印刷宗教书籍。直到1798年,拿破仑帅军入侵埃及,所带的印刷机才开始用于出版法文和阿拉伯文报刊。致力于开放强邦的埃及总督穆罕默德・阿里(Muharomad'Ali, 1769 - 1849),在向欧洲国家学习,引进工业技术的同时,于1827年创办了报纸。而在奥斯曼帝国的中心地带土耳其,苏丹对这类事物是不以为然的,虽然1831年那里出现了第一家报纸。真正成为西亚北非新闻传播业策源地的是贝鲁特。黎巴嫩和叙利亚一带,由于历史传统而聚集着许多带有西方色彩的阿拉伯文化人。1858年元旦,卡利尔・埃克里(Khalil al-Khoury)在贝鲁特出版黎巴嫩的第一家报纸《新闻花园》(*Hadikat*

Al-Akhbar),该报一直由他刊行到 1911 年。1860 年,布特斯·埃巴士达尼 (Butrus Al-bustani,1819－1883 年)创办报纸《叙利亚之声》(*Nafeer Souria*), 除了这份报纸,他还创办了一种周刊和一种双周刊,编辑了第一部六大本的阿拉 伯百科全书,他编写了文法教本、数学教本和两卷的阿拉伯字典,被认为当时最 博学、多产的人。1860 年,报纸《旅行新闻》(*Aj-Jawaib*)在黎巴嫩发行,印刷地 在君士坦丁堡(Istanbul),另一家《巴黎啡讯》(*Barid Paris*)在法国印刷。随后, 贝鲁特出现十几家报刊,影响颇大。奥斯曼帝国苏丹最初对此管制相对松弛,19 世纪 70 年代,阿布杜·哈米德二世(Abdul-Hamid)继位,废除宪法,对黎巴嫩的 新闻业施行严厉的管制。当时报纸的首页,都要有对苏丹的祝福文字,批评社 会、宗教、政治的文章被全面禁止,只余商业、农业报道。这一时期,很多黎巴嫩 文化人逃往埃及和周边行省,转而在西亚北非各地创办新的报刊,无形中传播了 现代新闻文化。后来对这个地区新闻传播业形成产生较大影响的是英国和法 国。它们在渗透到这个地区的过程中,直接或间接地参与了不少报刊的出版和 广播电台的初创。当代影响这个地区新闻传播业的,除了欧洲国家外,主要是 美国。

一位美国新闻学者威廉·阿·鲁曾经写过一本《阿拉伯报刊》的著作,将西 亚北非地区的国家按照新闻政策的差异划分为三种类型:开放型、保守型和社会 动员型。20 多年过去了,这种划分在政治经济形势发生很大变化的情况下,不 易把握了。随着 20 世纪 60—70 年代石油的开发为这个地区带来滚滚财源,阿 拉伯的社会上层在推动文化发展方面做了较多的事情。应该说,这一地区多数 国家的新闻传播业,多少都较以往开放了,很难说哪个国家是绝对保守的。特别 是一些海湾国家,如阿联酋、巴林、阿曼、卡塔尔等,广播电视业发展很快,收音机 和电视机的社会拥有量已经达到发达国家的水平。

由于在印刷媒介传播时期发展缓慢,民众缺少阅读习惯,这一地区的报刊业 总体不够发达;但是广播电视业普遍后来居上,即使一些较为保守的国家,这方 面的发展速度也并不慢。

一、三种新闻政策类型的划分

根据现在的情况,西亚北非地区仍然可以按照新闻政策的松严作一大致划 分,但是很难把一些处于变化中的国家划到这一边或那一边,这里只是举出代表 性国家说明其特征。

1. 自由主义新闻政策的国家

这方面的主要代表是黎巴嫩。这个只有 1 万多平方公里的小国,由于具有 顽强的现代新闻传播文化的传统,成为现在阿拉伯世界中新闻传播业最发达的 国家之一。第一次世界大战后黎国由法国托管,1946 年独立后,在新闻政策方面经过新闻界的斗争,1952 年起基本确立了新闻自由的体制。该国的报刊完全为民营,可供选择种类较多。如果以其日报的发行总量与人口对照,每千人拥有报纸超过 250 份。该国的广播电视实行国营与民营并行的体制,收音机和电视机的社会拥有量接近发达国家的水平。通讯社除一家国营外,均为民营。该国通行阿拉伯语、英语、法语,因而成为联系欧洲与阿拉伯世界的桥梁。即使在 20 世纪 70—80 年代的战乱时期,媒体的老板们转移到欧洲国家继续出版,其出版物采用多种文字,不仅为了满足本国公众,相当程度是向整个阿拉伯世界发送。

科威特可视为实行这种体制的后来者代表。它于 1961 年独立后当年就出版了两家日报,实行民营体制,一定程度允许不同意见存在,政府给予适当补贴。其广播电视由国家直接控制。尽管受到伊拉克侵略的影响,现在广电恢复得相当快,电视机社会拥有量 1998 年达到 62.5 万台(人口 169 万)。与科威特情况相当的还有北非的摩洛哥。

伊朗的新闻政策经过了一次较大的变化。该国 7 世纪以后长期在外族统治下,20 世纪初在英国支持下建立巴列维王朝,二战后该国实行自由主义新闻政策,形成三个较大的报团。不过,在自由主义的形式下,穆·礼萨·巴列维国王对于媒介的控制也是较为严厉的。由于王朝的腐败,以及过快过多地引进西方文化为伊斯兰传统所不容,1979 年发生伊斯兰革命,巴列维王朝被推翻。随后是对新闻传播业的大规模整肃,数十家媒介被查封,数百名记者被逮捕。原来的民营报团不复存在,被"穷人基金会"接管,实际上以伊斯兰教的名义国有化。现在的报刊大多是各个允许存在的教派的机关报。随着近年领导人的更迭,伊朗的新闻传播在内容上呈现一定的开放趋势。

卡塔尔新闻传播体制,可以归到相对自由主义的新闻政策的国家之列。现在一般说该国的媒体享有新闻自由。但也有材料指出,"对哈马德及其政策的批评却不在半岛电视台日程表上。'维基解密'披露的电文显示,美国外交官根本不相信所谓的半岛电视台编播独立,而是认为该电视台被哈马德用做外交谈判工具,帮助卡塔尔在与沙特、约旦、叙利亚以及其它国家谈判时占据主动。"①卡塔尔的新闻体制,是开明君主制下新闻最自由的一种特殊体制,底线是可以适度批评,但不触及王室的根本利益。能够营造这样一种宽松的探讨政治的舆论氛围,毕竟是好事。君主政体因血缘继承关系而可能存在人治复辟。不过,一种自由的新闻体制如果持续较长的年头,形成新的传统,反过来也会制约后来因血缘而当政的新君主。

---

① 胡默元:《哈马德:卡塔尔改革的先行者》. http://doc. qkzz. net/article/98636375-0485-4936-a6dc-e18fc1dc975e_2. htm.

2. 严格控制新闻传播的国家

阿拉伯国家对于媒介的控制总得说是严厉的,2003年第二次伊拉克战争前的伊拉克,是最为典型的严格新闻控制的国家。该国1932年独立,主要受英国的影响。1958年实行共和制后短期内新闻政策相当开放。发生多次军事政变后,当权者对于媒介的控制越来越严厉,1969年对媒介实行全面国有化。第一次海湾战争后,伊拉克的传播媒介完全实行军事化管制。沙特阿拉伯在文化传统上较为保守,1963年公布新闻法,允许民营报刊,但是对于内容的控制相当严厉。阿尔及利亚原是法国殖民地,1962年独立后政变不断,媒介或国营或是政党机关报,控制较也严厉。北非国家除埃及、摩洛哥、突尼斯,多少都有些保守倾向。但是近年也都不同程度地有所开放。

伊拉克书店出售关于萨达姆消息的报纸

3. 处于折中状态的国家

形式上尊重传统的阿拉伯文化,管理上较为宽松,给予媒介以相当的自由经营权,这种情况较为典型的是埃及。该国1960年对媒介实行国有化,与当时多数阿拉伯国家相仿。但是随着领导人的更迭,1980年以后的政策趋向自由主义,逐渐放松对媒介的控制,媒介报道相对灵活,经营方面市场化。虽然名义上仍然国营,但是各个国营媒介集团已有很大的自主权,成为一种特殊的社会利益集团。这方面,叙利亚、60—70年代独立的海湾诸国、突尼斯,多少有这种倾向。

二、较为特殊的土耳其和以色列

这一地区除了传统的以伊斯兰教义为指导的阿拉伯国家外,有两个例外。一个是土耳其,1923年爆发资产阶级革命后,以渐进的方式进行了西方式的改革,它属于伊斯兰教国家,但是政治上是北约成员国,与传统的阿拉伯国家有明显的差异。其新闻政策基本上属于自由主义的,新闻传播的发展如果放在欧洲的范围内(其部分领土在欧洲),属于一般发展水平,如果算在西亚国家中,属于发达水平。以色列于1948年建国,由于特殊的历史,它既有中古时期中东文化的传统,又有当代的西方背景,很快就成为一个特殊的发达国家。其新闻体制完全是自由主义的,无论报刊还是电子媒介,均处于较高的发展水平。

三、泛阿新闻传播业

西亚北非多数国家的主要民族和所使用的语言大体相同,因而这为跨国的新闻传播提供了条件。这一地区有经济能力和新闻业基础的国家,其主要媒介一定程度是跨国传播的,例如黎巴嫩和埃及的报刊、沙特的卫星电视,以及卡塔尔卫星电视台。在这个地区上空,较早的有 20 世纪 80 年代建立的海湾国家电视台;较近的如 90 年代由沙特的公司建立的如"轨道卫星电视网"和阿拉伯广播电视(ART)、中东广播中心(MBC,非收费电视台)、自由之岛卫星电视台(即半岛电视台)等。埃及、阿联酋的电视台也在进军泛阿卫星电视业。而阿拉伯国家广播联盟,则是一个协调的区域性组织(总部苏丹首都喀土穆)。

这里特别谈一下所谓"半岛电视台"(本书使用"自由之岛"电视台的正确译法)。1996 年 11 月,卡塔尔国埃米尔哈马德斥资 1.37 亿美元组建"自由之岛"卫星电视台,当时有员工 250 人,相当部分来自 1995 年解散的 BBC"中东频道"。该台英文名称"Al-Jazeera Satellite TV Channel"是阿拉伯语的音义,本意"岛屿",懂得一点阿拉伯语的人都知道,它的引申义是"汪洋大海中的自由之岛"。该台台标下"意见及其异见"这行字,可以进一步佐证"自由之岛"的含义。现在我国翻译为"半岛电视台"是错译,该台曾就这个翻译的错误问题向中国外交部反映过,但答复是已经约定俗成。

自由之岛电视台 1999 年 2 月开始 24 小时滚动播出新闻,覆盖全球。2001 年"9.11"事件之前,该台就已经是拥有 4 000 万观众、500 名职员、在 31 个国家驻有记者的阿拉伯世界第一大电视台。伊拉克战争中和战后,该台经常发布西方传媒不愿发布的或无法获得的敌方新闻,多次播出拉登和其他基地领导人的音像资料。这不是由于它与美国在价值观、制度观方面不一致,而在于这些材料具有重大新闻价值,可以提升自身的声望。

自由之岛(半岛)电视台标示

从新闻政策和业务角度看,自由之岛电视台是阿拉伯世界少有的不经当局新闻审查自主播出新闻、发表评论的电视台。不过,这种自由是埃米尔个人给予的。该台的中坚力量是受过良好欧美大学新闻教育的、在 BBC 工作过的阿拉伯人,因而该台被视为是全球化在阿拉伯世界的两个成果之一(另一个是麦当劳)。自由之岛电视台的新闻选择标准是新闻专业主义的,不具备冲突性的话题一般被排除在外。2013 年 1 月,半岛电视台收购美国前副总统戈尔创立的 Current 有线电视台,于是半岛电视台美国频道于 2013 年 8 月 20 日开播。

半岛台悄然影响着阿拉伯国家的传媒体系,一些阿拉伯国家媒体有意无意地模仿半岛电视台的经营风格,积极尝试半岛台的新闻自由理念。2014 年世界经济论坛发布的评价国家信息传播技术水平的指数 NRI(网络灵敏指数)排名,卡塔尔居中东国家之首,全球第 23 位。

新媒体、新技术的发展给中东国家的传媒格局带来了转变。许多传媒机构采用新技术,挑战当地政府独营传媒一统天下的局面,减少了对西方通讯社的依赖,传媒的内容更加多元。半岛电视台等国际传媒开始向世界其他地区提供新闻,扭转了世界新闻流通的方向。此前,新闻的流动是从西方流向东方;随着社交媒体、新媒体的发展,西方不再总是信息中心。

尽管卡塔尔拥有自由之岛电视台这个世界闻名的传媒,但该国仅此一家传媒有影响,国家也毕竟太小了;黎巴嫩就新闻传播业自身的悠久历史、发达程度和新闻自由的体制而言,应该列在阿拉伯世界首位,但它也同样太小了,影响力有限。从这个地区选择典型国家进行详尽研究,非埃及莫属。埃及不仅地理上居中,其新闻传播业对世界的影响,也是阿拉伯世界中最重要的和具有代表性的;在国际事务中,埃及是阿拉伯国家稳健的代表,尽管在 2011 年"阿拉伯之春"之后这个国家经历了动荡。

第十九章
埃及新闻传播史

　　埃及是最古老的人类文明的发祥地,公元前 5000 年,那里已经出现了象形文字。公元前 4500 年,埃及出现城镇,这是人类规模人际传播的最早的发生地点。公元前 3200 年,古埃及人开始使用尼罗河边一种植物茎的切片,制成纸草(papyrus),在上面书写文字。公元前 3000 年,埃及出现学校,这是专门知识集中传播的开始。

　　古埃及第五王朝(公元前 2500 年)起,就有了文字记载的编年史,这是人类最早的编年史。当时设有档案大臣的官职,主要使用泥板(在潮湿的泥板上划写文字,烘干后得以长期保存)和纸草记载。以年为时间单位记载发生的事实,这既是历史记录,也可视为当时时效下的新闻传播,历史与新闻合二而一。那时,埃及使用的由各种符号组成的词组有 600 多个,出现音节、指意符号和 24 个一音一符的字母。公元前 2200 年,古埃及人开始使用简化易写的草书体。

　　古埃及留下的文字,最古老的是金字塔题词和残留陶片,稍后的保存在纸草和泥板上。现存最早的纸草书是第十一王朝时期的(公元前 2134—1991),内容为昭告天下,全国和平,可以安全地到各地旅行。人类流传下来的最古老的具备长度的文字记载,也出现在埃及,即十二王朝时期(公元前 1991—1777 年)的诗《死亡之书》,共有 18 行,表达了作者厌倦人生的心态。

留存下来的古埃及纸草书

　　现存古埃及的泥板文字,记载较多的是关于经济和政府信息的内容,均是公元前一两千年前的。公元前 3 世纪埃及托勒密王朝建立了藏书 70 万卷的亚历山大图书馆,可惜毁于公元前一世纪罗马执政

收集制备纸莎草用于制造莎草纸。来自底比斯的墓葬,约公元前 1500 年

官凯撒之手。

公元前 1 世纪至公元后 7 世纪,埃及是古罗马帝国(西罗马灭亡后属于东罗马帝国)的一个行省,被视为帝国的"粮仓"。由于它不处于帝国的政治、文化中心,偏于一隅,社会信息传播处于相对落后状态。

公元 7 世纪中叶,阿拉伯人侵入埃及,开始成为这块土地的新主人。7 世纪末,在位的阿拉伯王朝哈里发阿布杜·马立克极力推行阿拉伯化,改变使用希腊文字和帕莱威文字登记文书的惯例,因而学习阿拉伯文字和传播《古兰经》,成为公务人员、学者、诗人、作家和新归信者的主要任务。同时,他还建立了较为完善的马驿制度,用于传递官方的信息。从此,原来的古埃及人逐渐消失,古埃及文化也随之消亡。现在埃及文化和信息传播的传统,只能追溯到 1300 年前的阿拉伯文明,与在那之前 5700 年的古老的埃及文明基本无缘。研究埃及新闻传播的文化特征,需要探讨的,主要是阿拉伯人的伊斯兰宗教文化对传播的影响。

7—16 世纪初,埃及经历了八个阿拉伯王朝,前期它先后属于三个阿拉伯大帝国的一部分,帝国的政治中心均在阿拉伯半岛。从九世纪开始,埃及连续成为五个独立的阿拉伯王朝政治、经济和文化中心,因而社会信息传播重新繁荣。10 世纪,当欧洲处于沉闷的中世纪时,埃及成为可与中国唐宋文化相媲美的另一个世界文化繁荣地区。那里出现了著名的艾资哈尔大学,长久以来一直是学术和文化交流的中心;建立了开罗皇家图书馆,藏书 20 多万册。伊斯兰最早带装饰的图书封面,就出现在 8—11 世纪的埃及,相当精美。这说明书籍的传播在埃及,那时已经是社会生活的一部分。12 世纪,埃及艾尤卜王朝第一任苏丹萨拉丁主政时期,开始出现朝廷公报,这是埃及有文字可考的、明确的古代官方新闻传播。他的书记官、私人秘书兼军队法官都是作家和学者。

以文学形式进行世俗信息传播,是古代阿拉伯世界社会信息传播的方式之一。《一千零一夜》就是以写实的笔法,主要记述了中世纪埃及的市井生活,"可谓古代埃及生活的百科全书"。① 传播的地点被称为"玛卡梅"(意即"集会"),意思就是在众人聚集之处讲述文学。玛卡梅到处受到处于乱世而无精神寄托的民

---

① 秦惠彬主编《伊斯兰文明》第 298 页,中国社会科学出版社 1999 年版。

众的欢迎。

14—15 世纪，蒙古人占领阿拉伯半岛，抵抗住蒙军西进的埃及，显示出正在衰落的阿拉伯帝国文明的最后辉煌。这个时期出现了一批著名的著作，包括《人类史纲》《埃及志》，百科全书《夜盲者的曙光》《名人传》《陆海珍奇》等，为欧洲文艺复兴提供了部分精神营养。虽然没有留下专门的新闻传播记载，但是这种文化传播的繁荣，可以映衬出当时埃及社会信息传播的繁荣。

1517 年起，埃及成为以土耳其为中心的奥斯曼帝国的一个行省，文化传播衰落。直到 18 世纪末，随着拿破仑军队入侵埃及，现代新闻传播才开始在埃及萌芽。

第一节　埃及半殖民地时期的新闻传播业

从 19 世纪末开始，埃及名义上是奥斯曼帝国的一个行省，但实际上不断地受到法国、英国直接间接的控制，因而一定程度上是这两个西方国家，特别是英国的半殖民地。埃及的现代新闻传播业即出现在这个时期。

一、埃及现代新闻传播业的开端

1798 年 7 月，法国借口帮助奥斯曼帝国平定埃及马木留克人的叛乱，由拿破仑率领军队入侵埃及。他在埃及组建学术委员会协同执政，大力宣传科学和文明的生活方式。同年，埃及出现了第一家现代出版社"布拉格出版社"。学术委员会利用随军带去的印刷机，同年在埃及创办了法文期刊《埃及信使》(*Courrierd Egypte*)和《埃及旬报》(*La Decade Egyptiennt*)，前者初期主要用于法国军队传递消息，互通情报，后来转向面对公众；后者的目的在于交流对埃及经济、文化、历史和社会问题研究的情况。这是在埃及领土上最早出现的现代新闻性期刊。这两家期刊在 1801 年法军被迫撤走以后，继续出版了几年。

1800 年，已经在法国成为第一执政的拿破仑，指示占领军的莫努将军，出版阿文报纸《短评》，以便使埃及人与法国人的思想接近起来。该报还发往东部阿拉伯半岛的也门、叙利亚和西部的北非其他地区。其作用是报道每日的重要事件与政府各部门的决定。"在它的影响下，国民办报兴起。"[①]

法国的入侵是为了攫取财富，但是无形中也给埃及带来了现代文明之光，包括现代新闻业的萌芽。有些阿拉伯学者认为，法国的学术委员会在埃及的工作，为地中海沿岸的阿拉伯民族树立了一个讲究科学管理与卫生健康的样板，无疑

---

① 秦惠彬主编《伊斯兰文明》第 104 页，中国社会科学出版社 1999 年版。

19 世纪 90 年代的《埃及事件报》

成为阿拉伯民族现代复兴的一个重要因素。

1805 年，奥斯曼帝国在埃及的驻军军官、阿尔巴尼亚人穆罕默德·阿里（1769—1849）在人民和军队的拥戴下成为埃及总督（至 1848）。他着手在埃及实行多少有些西方色彩的经济、政治和文化的改革，引进科学技术，建立新型学校，促进阿拉伯文学的发展（现在的阿拉伯标准语即开始于当时的文学运动），埃及综合国力一度得到复兴。

19 世纪 20 年代，开罗布拉格区出现了埃及第一家印刷厂。阿里于 1827 年创办《总督报》（*Jueal al Khadyu*），第二年该报改名《埃及事件报》（*Al Waqa'i' Masriyah*）。初期这家报纸是月报，后来期距逐渐缩短，60 年代以后才定期出版。最初是土耳其文，很快就改为土文与阿拉伯文两种文字并行，后来改为只使用阿拉伯文。这家由官方出版的报纸主要发布官方新闻、政府通令和公告，但是也带有浓厚的阿拉伯文化传播的传统，即有较多的"讲故事"内容，例如刊登《一千零一夜》的故事。

该报第一任主编拉法阿·布克·塔哈塔维（1801—1873）是艾资哈尔大学的留法毕业生，精通法文、历史、地理和现代科学知识，翻译了大量西方科技书籍。由于当时埃及的文化人稀少，报纸编辑部就成为他们的聚集地之一，后来的几任主编，也是较为著名的阿拉伯文化人。在总督阿里和他身后几任世袭总督的维新思想下，虽然这份报纸是官办的，但对思想的控制相对宽松，在许可的范围内，展开过一些思想探讨，在文学和社会问题研究方面也有一些成就。

二、19 世纪六七十年代的文化复兴与新闻传播业

1863 年，埃及总督升为埃米尔（副国王），埃及实现了内部自治，但由于高额国债，英法开始实际控制埃及。资本主义因素与阿拉伯传统政治的碰撞，使得埃及的新闻业出现官办、民办报刊的混合状态。

19 世纪六七十年代，奥斯曼帝国苏丹阿布杜·哈米德二世实行思想专制政策，叙利亚、黎巴嫩一带的阿拉伯文化人和报人被迫逃亡到帝国鞭长莫及的埃及

和其他地区,无形中给埃及新闻业带来了进一步发展的契机。1860 年以后,在埃及出现官报以外的报纸,例如 1860 年出版的《埃及报》和《商业报》、1867 年出版的《尼罗河流域报》(*Wadi al Nil*)。这些报纸中,后来闻名的是《金字塔报》,以及《穆盖塔木报》(*Al Muqattam*)。1875 年 12 月,黎巴嫩的两位文化人塔克拉(Takala)兄弟来到埃及第二大城市亚历山大,先是出版《金字塔杂志》,1876 年 8 月 5 日出版周报《金字塔报》(*Al Abram*)。1881 年,该报从周报改为日报,并迁到开罗出版。《穆盖塔木报》是由三位叙利亚新闻工作者 19 世纪 80 年代在开罗创办的每日出版的晚报,这是埃及第一家城市晚报。他们后来还到埃及南部的苏丹首都喀土木创办过报纸。

欧洲的外国人也开始在埃及创办报纸。1880 年,英国人在亚历山大创办英文版报纸《埃及公报》(*The Egyptian Gazette*),后迁开罗出版;法国人稍后在开罗创办《巴斯福尔报》,并于 1890 年创办法文《埃及市场报》和《埃及进步报》(*Le Progres Egyptien*)。

埃及的杂志业也开始于 19 世纪六七十年代的文化复兴时期。1865 年,《蜂王》月刊出版,这是最早提倡阿拉伯文学的刊物。到埃及最后脱离奥斯曼帝国之前,埃及的杂志有十余种,涉及政治、经济、社会、文学、医学、宗教、妇女等诸方面。

非官方的阿文报刊由于经济力有限,根据政府鼓励文化业的政策,大都申请政府资助。《金字塔报》也曾申请资助,只是当时政府财政困难而未予资助。鉴于这种情况,非官方报刊从一出现,就不是作为政府对立面,而是与阿拉伯主流文化传统基本一致的。如同官方报纸那样,埃及的报纸可以适当程度上讨论政治问题,传播文学更是各报刊的传统。例如《金字塔报》的办报宗旨是:"积极发表政见,及时报道商情,摆脱宗教束缚,传播现代科学文化,多方争取读者,努力销售报纸。"已经显示出商业性报纸的性质。在英国人统治时期诞生的报纸中,最重要的面向公众的报纸是 1895 年创办的《埃及人报》(*Al Misri*),它在一个较长时期,发行量居埃及报纸的首位。

三、埃及党派报刊的萌芽

1879 年 1 月,埃及成立第一个民族主义的党派祖国党,同年该党出版报纸《祖国报》和杂志《埃及是埃及人的》。1882 年英国实际上占领埃及,1884 年,曾客居埃及多年的伊朗人、泛伊斯兰主义者哲马鲁丁·阿福汗尼与他的学生和弟子埃及人穆罕默德·阿布杜,在法国巴黎共同创办《团结报》(周报,又译"坚柄报"),向阿拉伯地区广泛传播,宣传泛伊斯兰主义,反对殖民主义和封建君主制。以上几家报刊是埃及政党报刊的雏形。1889 年,又一家政治性报纸《坚强报》在埃及创刊,它的创办人是后来成为立宪改革派领袖的阿里·优素福。该报团结了许多埃及文化人,并向阿拉伯各国传播。

穆罕默德·阿布杜 1888 年得以返回埃及,转而给《坚强报》撰稿,倾向于教育救国,以合法身份从事复兴阿拉伯文化、改革伊斯兰教法以适应现代要求的工作,后来成为艾资哈尔大学的领导人。他提倡利用新闻刊物与腐败作斗争,激发民族觉悟。

这一时期的埃及政党报刊尚不成熟,一般是先有报刊,后形成党派(尚不是组织严密的政党)。英国人对于党派报刊比对有组织的党派要宽容,因而 19 世纪末 20 世纪初,出现了不少这类存在时间不长的报刊和党派,例如《支持者报》(它之后形成立宪改革党)、《旗帜报》(它之后形成新祖国党)、《新闻报》(它之后形成民族党)等等。而居于中间地位的商业性报纸,例如《金字塔报》和《穆盖塔木报》,则得到较快的发展。

四、半殖民地时期的新闻政策和报刊的文化特点

埃及半殖民地时期的新闻政策显示出多重的复杂性。阿里家族在埃及实际上成为独立于奥斯曼帝国的一个王族,但是它要巩固统治地位,必须强国,引进欧洲工业国家先进的科学技术和教育方式,方能与奥斯曼帝国的中央政权抗衡,因而它不能对内实行"极权主义",只能实行相对温和的"权力主义"新闻政策。然而英、法等国向埃及提供科学技术和教育,只是希望埃及成为它们的附庸,为的是攫取财富,并不关心,甚至限制阿拉伯文化的复兴。因此,埃及的王权利益、埃及的伊斯兰宗教意识和民族意识、英法利益(它们之间也存在矛盾)和民营报刊的自身利益之间,有冲突,也有需要协调一致的方面。

所以,在阿里王族实权统治时期,他们不允许报刊对政府的实质性批评,但允许报刊进行关于社会、政治、经济、文化等问题的讨论,以及世俗世界的保守与改良的争论。在伊斯梅尔埃米尔当权时期(1863—1879),他为推动公众关心政府从中央政权那里得到更多自治权,还支持过报纸对奥斯曼帝国的批评。英国人占领埃及后,实际上统治着埃及,他们采取了相近的作法,允许那些不涉及其根本利益的讨论和批评,例如关于英国作用的讨论。与此同时,已经成为英国人傀儡的埃及埃米尔,则从自己的利益出发,利用一些党派报纸反对英国人的统治。不同利益的冲突,造成埃及殖民地时期新闻政策的多重性。

无论如何,一旦触及当权者的根本利益,就会发生迫害报纸或报人的事件,不过处理相对温和。例如 1879 年,《金字塔报》发表文章批评封建制度的弊端,批评伊斯梅尔盘剥人民,结果该报一度被查封,作者巴夏尔·塔克拉被逮捕。迫于舆论的压力,不久报纸复刊,塔克拉也被释放。1885 年,法国人的《巴斯福尔报》因批评代表英国利益的埃及政府而被封闭,在法国外交部提出抗议后,英国指示埃及政府恢复该报。当英国利益受到严重威胁的时候,他们对报刊的禁令

是严厉的。例如 19 世纪 80 年代中期对巴黎出版的《团结报》,通令禁止入境,居民凡藏匿者罚款 5~25 英镑。最后,英国通过法国政府封闭了该报。然而,就在英国人统治时期,开罗人民还能够举行公开的抗议活动,例如 1909 年 3 月就举行过一次大规模的争取出版自由的示威游行。

从半殖民地时期开始,埃及就形成了一种独特的报刊风格。美国新闻学者威廉·鲁写道:"深奥复杂的阿拉伯文化,早在大众媒介出现以前数百年就已经发展起来,因此,大众媒介从一开始就必然受到丰富的阿拉伯文学、宗教、哲学、音乐等方面的遗产的影响。……19 世纪许多最早的阿拉伯报纸与当时在欧洲出版的政治-文学杂志很类似,后者如果不是在内容上、至少是在形式上被模仿。这样,阿拉伯作家和诗人便在报刊上为他们的创造力找到了出路。"[①]

鉴于这种传统的影响,埃及早期报刊的内容,相当部分不是由专门的新闻记者,而是由记者以外的文化人提供的。像《团结报》的创办人阿布杜,最初就是因为在《金字塔报》的专栏上发表文章而闻名的。

第二节　埃及新闻传播的宗派-党派时期

第一次世界大战中,埃及于 1916 年宣布脱离奥斯曼帝国,埃米尔改称苏丹。大战结束后,英国在埃及人民的不断反抗下,被迫于 1922 年宣布埃及独立,建立埃及王国,苏丹改称国王。于是,埃及的新闻传播业进入一个特别的时期,即宗派-党派时期。如果说半殖民地时期的埃及新闻政策的基本特征是权力主义的话,这一时期由于埃及政治权力呈现三方面鼎立局面、报刊的市场化程度不够发展、宗派-党派众多而又不具备形成成熟政党的条件,因而埃及的新闻政策表现为分散的权力主义,有一定的权力主义控制,但力度小于半殖民地时期。这一时期,各种宗派-党派对于媒介的影响力,尚大于商业对媒介的影响,不少媒介融政治性与商业性为一体。

1923 年颁布的埃及宪法宣布保障新闻自由,但同时允许政府为保护"社会利益"而没收报纸。然而,真正决定埃及新闻政策的是现实的多种政治力量的平衡。当时埃及存在如下的政治力量:国王及其拥戴王室的党派、多少带有资产阶级色彩的"华夫脱党"(意即"代表团",1918 年向巴黎和会提出民族主义要求的代表团,此后以他们为核心形成一派政治力量)、英国人(根据英埃条约,他们在埃及仍保留着一些权利和特权)。华夫脱党给予当时发行量最大的报纸《埃及人报》较多的资金援助,因而主要以从事政治宣传为主的这个党派,相当程度上掌

---

① 威廉·A·鲁《阿拉伯报刊》第 37 页,新华出版社 1987 年版。

握着埃及舆论。王室拥有官报《埃及事件报》,以及许多拥戴王室的党派小报刊。英国人拥有以《埃及公报》为代表的一系列英文报刊和少量依附于英国人的阿文报刊。此外,还存在着几家较大的无党派日报,以《金字塔报》为代表。

尽管这一时期埃及新闻媒体的主导方面还是对政治问题的关注,但媒介向商业化方面的发展趋势,也在不知不觉地明朗起来,其标志是大众化刊物的兴盛。1924 年,《图画》(*Al Mussawar*)周刊在开罗创刊;1925 年 10 月,旅居埃及的沙姆(指黎巴嫩、叙利亚一带)女演员法蒂玛·优素福在开罗创办了以她父亲名字命名的艺术周刊《鲁兹·优素福》(*Rose el-Yousuf*)。创办五年后,该刊从单一的艺术性刊物转变为以时政为主的政治性综合杂志。《鲁兹·优素福》至今都是埃及,乃至阿拉伯世界享有盛誉的综合性周刊,发行量 10 万份。该刊创刊时资本仅有 5 埃镑,这是法蒂玛·优素福多年演出的积蓄。她后来还发行了同名日报。在《鲁兹·优素福》杂志和日报发行量达到顶峰时,她激流勇退,重返舞台。1934 年,又一家周刊《最后一点钟》(*Akher Saa*)在开罗出现,该刊虽然以政治话题为主,但也有较多的文学内容。

埃及王国时期新创办的媒介中最主要的,是 1943 年由阿明(Amin)孪生兄弟创办的大众化报纸《消息报》(*Al Akhbar*)。其中穆斯塔法·阿明毕业于美国的新闻学校,是报纸的主要作者,他把美国式大众报纸的风格带到了埃及,报纸的主要读者是市民,有较多的社会新闻和知识性内容。该报受到在位国王法鲁克的支持和美国的资助,因而对外亲美,对内政治上倾向于正统王朝。由美国援建的消息报大楼,是当时中东地区最高大的建筑,报社使用的印刷设备,也是最先进的。该报以其独特的风格吸引了年轻一代的市民读者,发行量很快就在埃及报纸中居于前位。因此,埃及新闻业呈现越来越多的国际化风格,在自身阿拉伯文化的基础上,先后了接受法、英、美新闻文化的影响。

王国时期,由于媒介市场发育不完善,即使商业性的报刊也多少要依靠一定的政治势力。因而,为了更好地生存而变化政治态度,是常有的事情。例如著名的《鲁兹·优素福》周刊,本来是艺术性刊物,为当时发展埃及的艺术作用了贡献。初期支持华夫脱党,后来又支持由该党派分离出来的"赛义德党"(该党部分青年成员仿效法西斯成立"蓝衫队"),转而攻击华夫脱党,又攻击国王,成为政治性为主、艺术性为辅的刊物。1945 年,该刊接受国王的津贴,转而支持国王。1951 年,该刊又与左翼社会主义派别接近,因揭露当时的一起军火舞弊案而轰动一时。

王国时期政治上允许多种党派存在,因而那一时期各主要党派都办有自己的报纸,例如接近王室的埃及党 1944 年办有《胜利埃及报》、华夫脱党 1946 年办有《乌玛之声》、赛义德党 1947 年办有《基本报》等。这些均不是严格意义的党报,可算是准党报,影响力微小,存在时间都不长。

1928 年,埃及开始出现广播电台,主要是一些商人和无线电爱好者开办的,内容为音乐节目和商业信息,均为民营。政府从政治方面对广播电台并未予以更多的注意。1933 年,政府与英国马可尼公司签定协议,委托该公司在埃及建立非商业性的广播体系。于是 1934 年 5 月 31 日,马可尼公司经营的广播电台开播。平民收听广播的主要场所是饭馆和咖啡馆,收音机持有者每年要缴纳收听费 4 英镑。鉴于民族主义的压力,1947 年政府终止了与马可尼公司的合同,将广播电台交予一个半自治的董事会管理。这种管理形式有些与英国广播公司相似,董事会的监督并不严格。

王国时期的所有报刊都不是革命的,即使倾向华夫脱党的报刊,也只是在既定体制的范围内,对政府和英国人进行尖锐的批评和揭露。相当多的报刊由于缺少经费而接受政治宗派-党派的资助,因而带有不同程度的政治倾向。

这个时期发生过多起压制新闻自由的事件,在第二次世界大战、第一次中东战争时期对新闻实行过一定程度的行政限制。一般来说只是针对具体事情和个别报刊的,政府总体上没有改变各个报刊既定的办报方针,也没有力量改变。较大一次压制报刊的事件,发生在 1946 年 2～3 月,由于爆发了反对英国的广泛起义,埃及政府在英国的压力下封闭了 8 家报纸。第二年新一届政府对英国持较为强硬的态度,封闭的报纸大多恢复。这个时期埃及的新闻政策就如威廉·鲁所说:"出现这种情况的主要原因是,在政治制度中存在着一种平衡的因素,政府面对着它不能直接控制的各种政治力量,这在实际上保证了对政府持批评态度的各种报刊能继续发行。"[1]

如果埃及继续沿着这种新闻体制走下去,也许新闻传播业会较快地趋向于由市场化替代政治化。但是,埃及是世界政治、经济矛盾的聚焦点之一,国际上的各种利益和多种内部矛盾使得埃及无法赢得和平发展的外部环境;埃及实际上是公认的阿拉伯世界政治、文化的中心,阿拉伯民族主义和伊斯兰的文化传统也难以使它很快接受西方式的现代新闻传播业。埃及必然要经过许多曲折,才能找到适合于自己国情的独特的新闻体制模式。

第三节　埃及社会动员型新闻传播业体制的形成和发展

1952 年 7 月 23 日,由埃及军队的秘密组织自由军官团发动的政变取得成功,腐败无能的国王法鲁克被迫退位,暂时由其子福阿德继位。革命后成立的革命指挥委员会经过不到一年的准备,于 1953 年 6 月成立埃及共和国,废除君主

---

[1]　威廉·A·鲁《阿拉伯报刊》第 92 页,新华出版社 1987 年版。

制。纳吉布将军任总统兼总理,纳赛尔上校任副总理兼内政部长(7个月后为总理)。一年多后,由于内部意见分歧,纳吉布被解除一切职务,纳赛尔从1954年11月以后成为代总统、总统。

按照自由军官团的革命理想,1953年1月革命指挥委员会宣布解散所有政党,新成立的"解放大会"为唯一的政治组织(后来这个唯一政治组织先后改名为"民族联盟"、"阿拉伯社会主义联盟"等)。这样,王国时期的所有党派报刊被视为"有损民族利益"而不得存在。为了使新的领导人和他们的思想迅速为世人所知,新政权在1952年9月就成立了解放出版社,出版《解放》杂志(Al Tahrir);同年12月,以内政部长纳赛尔的名义颁发了革命指挥委员会机关报《共和国报》(Al Gomhouria)的出版许可证,首任主编即后来的埃及总统萨达特(Mohamed Anwar el-Sadat,1918–1981)。

埃及共和的新闻体制和新闻政策经过一段调整,才得以确立。

一、报刊"无党派"时期

当时对于大多数私营报刊,政府并没有采取行动,但是从1952年革命成功后便实行新闻检查。1954年2月纳赛尔试图取消检查,后来感到无法压制报刊批评而恢复新闻检查。另外,采取处理个别报刊、个别报人的办法,以警示其他报刊。1954年年初,在大多数报刊不再发表反对意见的情况下,原来倾向于华夫脱党的《埃及人报》要求实行真正的议会治国,发表了尖锐批评纳赛尔和革命指挥委员会的文章。于是,这家当时在阿拉伯世界发行量最大的报纸(12万多份)于1954年4月被封闭,出版商法蒂赫兄弟,以"企图推翻政府"、"散布敌意宣传言论"的罪名,分别被判处15年和10年徒刑,包括其他一些报刊在内的整个埃及人报企业被没收。《鲁兹·优素福》的编辑伊桑·库杜什,也因其较极端的左翼意见被监禁一年。同时,政府解散了报业协会。这些措施使得埃及的新闻工作者看到,如果他们想要继续写作和出版,就必须使言论保持在某种限度之内。

自由军官团的政变,是通过占领广播电台宣布的,因而王国时期公营性质的广播电台是最早变成新政权的国营的新闻机构。为了便于广泛宣传,政府取消了收听费。1953年7月3日和4日分别建立了短波的国际台和对阿拉伯世界广播的"阿拉伯之声"电台。鉴于当时埃及在阿拉伯世界中的地位和其较高的广播水平,20世纪50年代,整个阿拉伯地区都在收听埃及的广播。埃及广播电台的主要语言是阿拉伯世界共同的阿语,宗教信仰相同,因而埃及用阿语的广播,在这个地区很难分清楚对内、对外广播,听众相当程度是整个阿拉伯地区性的。考虑到广播对于动员民众参加对以色列战争的重要意义,埃及政府对广播的投入较大,发射功率从1956年的560千瓦增加到1967年的3 888千瓦。

　　1956 年 2 月,开罗的几家私营出版社联合创办了中东通讯社,目的是补充西方通讯社新闻稿内容的不足,反映阿拉伯世界的观点。这是埃及的第一家通讯社,首任社长哈利法(Hosni Khalifa)。

二、动员型报刊体制的形成

　　埃及新的掌权者在强国、民族独立方面赢得了声誉。他门控制着军队、除掉了可能与之争夺权力的所有政党,仍然感到其权力合法化尚未完成,对于任何批评均很敏感,对于自己的机关报影响力不如历史悠久的私营报纸、报刊还没有一致而积极地宣传当权者的主张感到不安。1956 年中东战争后前苏联的影响渗入埃及,纳赛尔在苏联社会主义的启发下,1957 年在纲领中提出了“阿拉伯社会主义”的设想,找到了解除这种不安的办法。

　　1960 年,在准备对经济部门实行国有化之前,他首先对全国的新闻传播业进行改组。这年 5 月 24 日,根据发布的第 156 号法令,未经唯一的政治组织民族联盟的许可,不得出版报刊。法令将四个私营出版社——出版《金字塔报》的金字塔出版社、出版《消息报》的今日消息出版社、出版《图画》周刊的新月出版社、出版《鲁兹·优素福》周刊的鲁兹·优素福出版社——的所有权,移交给已经拥有解放出版社的民族联盟。联盟拥有任命董事会、发放许可证、提供经济资助和配备工作人员的权力。外界一般把这一事件称为埃及新闻业的“国有化”,但是埃及方面认为这并不是国家收回新闻传播业的所有权,民族联盟不是国家机构,这是将新闻业交给人民的一种形式。这次对新闻传播业的改组,仅有一家 1936 年由前埃及国王的法律顾问、法国人加拉德(E. Gallad)创办的法文报纸《埃及日报》(*Le Journal d'Egypt*),保留了私营性质。该报影响力微小,读者是开罗外交使团和法属非洲国家。

　　同年,中东通讯社也被收归国有,变成国家通讯社。

　　同年 7 月革命八周年之际,埃及电视台开始播放节目,这是阿拉伯国家继伊拉克之后的第二家电视台,鉴于埃及的影响力,当时称“阿拉伯电视台”。创办初期只有一个频道,很快就增加了对开罗市的第二个频道和对在埃居住外国人的第三个频道。电视台与广播电台一样,是由国家直接控制的媒介。为充分发挥电视的社会动员作用,20 世纪 60 年代,埃及集中一定财力建设了 29 座电视发射台,用最新设备装备了 11 个电视节目制作室,通过向贫困地区提供补贴以集体购买电视机,以较快的速度使得电视覆盖了人口集中的地区。1965 年,通过广播电台和电视台播出了对穆斯林兄弟会的冗长审判和他们的陈述,使得政府在中东战争中赢得了人民的广泛支持。

　　60 年代初埃及新闻法的附加说明,表明了当时纳赛尔在新闻传播业方面的“社会主义”理想:“对社会的和政治的引导工具实行公有制,是为了在新社会里禁止资本家对引导工具的控制,是为了建立民主政体。这个引导工具就是报刊。"①

至此,埃及的新闻传播业体制发生了一次根本的变化。这种新闻传播业体制的发明与运用,与当时埃及和其他阿拉伯国家同以色列长期处于战争状态有关,国家需要最大限度地发挥媒介动员民众的功能。因而,埃及的这种新闻体制被称为"动员型"。大众媒介所有权的形式,被西方研究者称为"政治代理人所有"。

由于此前几年内对大众媒介已经存在较多的控制,因而这一体制性的变化并没有引起强烈反抗。与西方历史上集权主义的新闻政策有些不同的是,动员型大众媒介与政府的关系基本是合作性质的,而不是对立的,它们在既定体制内还可以有一些自己的风格、有一些与大局关系不大的其他内容。这与埃及半殖民地时期形成的媒介与政府的特殊关系有些相近,与阿拉伯政治文化的传统也是一致的。当然,这时来自政治权力的控制更严格些。由于代理人所有制(拥有对人员委派、解职和奖励的权力),加上经常的战争状态,媒介与统治者之间有一种默契,言论和报道通常不会超越限度。因而新闻检查平常基本不实行,战时派到各媒介的检查员与编辑的关系也是良好的,尽管编辑会对一些命令提出异议。观念上,媒体编辑并不认为他们有义务发表国家领导人的讲话全文,尽管他们经常全文发表这类讲话。

在这种体制下,多数媒介的主要领导者与统治集团有较密切的关系。例如《金字塔报》自 1957 年海卡尔(Muhammad Hassanein Heikal,1957-1974)被任命为总编辑以来,他与纳赛尔的微妙关系,就是一种典型。海卡尔的文章分析水平高,且有文采,由于他与纳赛尔的思想很接近,于是纳赛尔就使海氏发表的意见成为他的"共鸣板";而海卡尔能够洞察领导人的计划,使文章具有前瞻性。许多人看他的文章,与其说是获知新闻,不如说是想得到最高领导人在想什么和要做什么的信息,因而很吸引人,报纸因此拥有更多的订户。由于双方思想接近、关系很好,有时海卡尔会不顾纳赛尔的处境,发表一些比纳赛尔还纳赛尔的痛快文章;或发表一些不触犯根本体制的批评意见。这种关系持续到 1970 年纳赛尔逝世。

但是,当控制媒体的当权者不受监督的时候,也造成了灾难。纳赛尔晚年大规模迫害文化人(包括一些新闻工作者),大众媒介的处境如履薄冰,弥漫着思想恐怖。在这种背景下,1965 年,《消息报》的创始人阿明兄弟,阿·阿明被迫离职,穆·阿明以美国特务的罪名被捕入狱,1974 年才被释放,恢复名誉。

---

① 威廉·A·鲁《阿拉伯报刊》第 102 页,新华出版社 1987 年版。

三、动员型新闻体制的完善

继任总统萨达特,在不改变基本体制的情况下逐步调整新闻政策,给予大众媒介越来越宽松的工作环境,最终完善了现在埃及独特的动员型新闻体制。

1970年8月,埃及政府建立了管理广播电视台的国家机构——广播电视联盟(Egyptian Radio and Television Union),将全国的广播电视台置于严格的国家控制之下。该机构设有总书记处、总工程部、财经部,以及一些直属公司。根据1979年的广播法,凡在广播电视中反对阿拉伯社会的基本原则、悖逆国家政策和目标、使用下流语言和形象、亵渎宗教信仰、煽动违章犯法、诋毁民族英雄、诽谤埃及传统价值观念、干预私人或家庭事务等,都是违法行为。联合会鼓励自由地表达真实观点,向民众提供广播服务;同时也向国内外销售广播电视节目产品。1972年,政府公布了《报业工作和伦理准则章程》。

在强调新闻职业道德的基础上,1974年,政府取消了旧的新闻法,取消新闻检查,允许就恢复党派、纳赛尔主义以及报刊自由问题进行讨论。1975年,萨达特下令成立最高新闻会议(Supreme Press Council)。由改名为"阿拉伯社会主义联盟"的唯一政治组织领导人担任会议主席,埃及各主要报刊的主编、中东社社长、报界工会代表和一些指定的社会知名人士是该会议成员。根据当时新的新闻法,这个机构隶属总统,由它对报刊实行监督,协助总统制定新闻发展规划和政策,指导媒介发挥潜力实现国家的目标,保障遵守社会道德准则的新闻从业人员的权利,对违反职业道德的新闻从业人员提出控告和处罚。各报刊的所有权和经营收入的49%归本部职工,51%归阿拉伯社会主义联盟。

1977年,埃及党派法允许党派存在和出版党派报纸(党派报纸领导人参加最高新闻会议)。20世纪70年代,萨达特释放了许多在纳赛尔晚年遭受迫害的新闻工作者,重新启用。例如当过报纸编辑和新闻官员的哈米斯(A. Khamis),1971年被释放,后来担任鲁兹·优素福出版社董事长。

1980年,阿拉伯社会主义联盟解散,该联盟享有的报刊51%的所有权由政治协商会议接收。同年的新宪法规定,新闻机构是独立于国家立法、行政、司法的"第四权力机构"。根据当年7月通过的新的新闻法,政治协商会议主席兼任最高新闻会议主席,由政治协商会议任命各新闻机构的董事会主席、总编辑和40%的管理委员会成员(其他由新闻机构职工选举产生)。该法律规定:"新闻工作者是独立的人士,他们在工作中不受非法律权力的约束。""在法律范围内,新闻工作者有权从各方面获取新闻、材料和数据,并有权加以发表。"①

鉴于上述较为宽松的新闻政策,媒介发表的批评和揭露性报道增多。萨达

---

① 陶涵主编《世界十国新闻史纲要》第248页,文津出版社1989年版。

萨达特

特对于报刊的各种批评意见,他认为超出限度的,采用了较为温和的压制办法。1973年,他一下子责令100多名新闻工作者停止工作(保留薪金),六个月后恢复了他们的工作。他就此说:"我过去是为了而且现在仍然是为了给一个警告。损害任何人的工作、职业或生活都不是我的目的,也并非我的本性。……我需要报刊的自由,同时我也需要它成为竭忠效力的报刊。"[①]1974年,他因不满意海卡尔对其中东政策的批评,免去了海卡尔在金字塔报担任了17年的主要领导职务,但是海氏仍然可以在埃及连续出版自己的著述,包括批评性著述。在消除了纳赛尔晚年造成的思想恐怖之后,萨达特主要通过调换不满意的媒体领导人,以及通过这种相对温和的警告和处罚,使新闻工作者们在比纳赛尔时期大很多的活动空间中,"自觉"把握言论的分寸。

1981年萨达特遇刺身亡后,新总统穆巴拉克继续执行萨达特的宽松的新闻政策。在报刊公有的前提下,各报刊49%的所有权,变成了职工股份。金字塔、今日消息、解放等主要出版社逐渐演变为以一两家大报刊为核心的大型媒介集团,成为很有实力的大企业,报刊实际向商业化方向发展。在萨达特时期新出现的党派报刊,由于经济原因多数很快就消失了。穆巴拉克当政以后,一批新的有实力的党派报刊再次出现。但是,党派报刊对社会的影响力,再不能回到埃及历史上的宗派-党派报刊占主导地位的时期了,商业性大报刊无可阻挡地成为印刷媒介的主体。

至此,埃及动员型新闻业体制进入成熟期,较为完善和变得适合自身的国情。其特点是:政府不直接干预媒介的具体业务,主要通过对通讯社和广播电视台的直接控制,以及对媒介领导人的调整,使得大众媒介在整体上不会越出当权者内定的限度(这种限度最近十几年内放宽了许多),同时各媒介尚有较大的活动余地。但有一点是不言而喻的,在评论和新闻处理中批评当权的最高领导人是不允许的,他的品行、私生活方面的反面消息绝对不能触及,即使公众对此已经很了解。

埃及报刊"第四种权力"的观念,与西方的同一概念含义有所差别,它是当权者以人民的名义对大众媒介间接控制方式的表述。但是既然是间接控制,承认与行政、立法、司法的性质差异,那么当权者干预报刊具体业务会受到限制,报刊因此赢得一定的自由度。这种自由度(一定程度上是指当权者能够容忍的批评

---

① 威廉·A·鲁《阿拉伯报刊》第78页,新华出版社1987年版。

程度和范围)现在随着外部环境的变化,特别是市场经济的发展,不可逆转地获得扩展;同时,这种体制本身对市场经济带来的某些过分商业化倾向,则会有所限制。

随着 20 世纪 90 年代阿拉伯国家和以色列开始和平进程,埃及报刊的社会动员性质正在减弱,各个出版社、广播电视台和通讯社的内容编排有了更大的自由度,社会新闻信息的流通基本采取商业型运转方式。这种自 1960 年以来建立的特殊新闻体制本身没有发生根本的变化,但是以和平为主调的政治环境和市场经济条件造就的非政治化新闻观念,已经使得体制内允许的自由得到了充分的利用。例如 1995 年埃及官方颁布了一项关于"出版罪行"的法规,规定在紧急状态下可将记者无限期地拘留;如果记者被认定撰写了有偏见的文章,法院又判定有罪,就要服刑。媒介已经敢于公开批评它,各报主要负责人出面写文章或发社论公开表示反对。[①] 现行新闻体制的"名分"显得不那么重要了,重要的是新闻工作者观念、媒介的内部结构和内容发生了悄然变化。

另外,埃及主流文化人创办和主持媒介的传统,也使得新闻工作者在社会中的地位较高。这种较高的传统威望,即使在控制最为严厉的纳赛尔晚年时期,媒介中文化人的意见依然具有体制本身难以压制的社会影响力,这是当权者无法完全封闭和必须重视的一种无形精神力量。

第四节　埃及目前新闻传播业的基本格局

埃及的新闻传播业在阿拉伯世界中是较为发达的,经过几十年的调整,现在主要报刊采用的是"公营＋合作制"的混合体制,少量报刊是私营和党营。通讯社和广播电视台则是国营。成立于 1954 年的埃及新闻总署,是全国性的综合性的新闻机构,同时也是国家公共关系机构、政治与新闻研究中心、信息银行以及最大的文化馆与出版社,每年出版约 200 万册新闻印刷品与新闻材料。该总署设有舆论调查研究中心、媒体生产记录中心、信息与研究部门与互联网、国内、国外新闻部门等。

2011 年 2 月发生"茉莉花革命",穆巴拉克辞职,埃及的新闻传播业在民主化的政治氛围中进一步开放,但新闻体制形式上没有变化。

埃及共有报纸 492 种,其中日报 17 种。公营性质的 39 种、党派报纸 32 种、独立报纸 26 种、地区性报纸 37 种、科学报纸 123 种、文化报纸 22 种、社会报纸 67 种、专业报纸 128 种、体育报纸 18 种。开罗出版的期刊有 70 种。经政府负

---

① 马赫兹《世界传播概览》第 331－332 页,中国对外翻译出版公司 1999 年版。

责部门同意,允许在埃及境内发行的境外报纸 183 种,记者协会中的在职新闻工作者约 5 000 人。

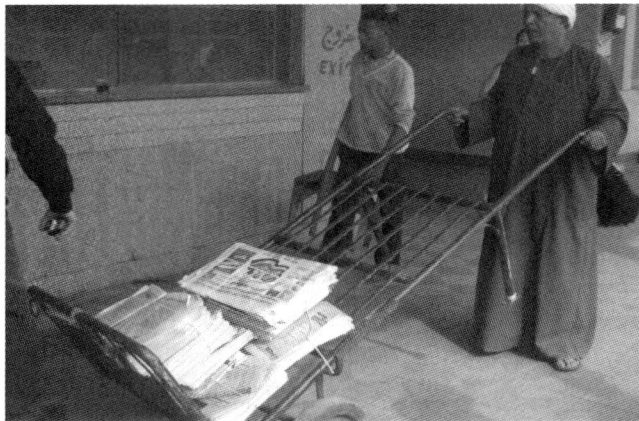

南方城市阿斯旺的火车站收到开罗运来的报纸(2010 年 2 月)
陈力丹摄

埃及大众媒介的日常运作,包括广播电视节目的制作,基本采用商业经营模式。现在埃及新闻业的格局大体是:五个较大的印刷媒介集团(出版社)、一家国营大型通讯社和一个国营广播电视联合会。近年,埃及还运用卫星频道进行规模化的传播,主要的数字化传媒机构包括埃及宣传生产城公司、埃及纳伊勒•萨特卫星公司、埃及 CNE 卫星频道公司、NCN 尼罗河网络通信公司和埃及专有频道公司。

一、印刷媒介集团

埃及的新闻类报刊集团是以"出版社"的名义存在的报业托拉斯,出版社当然也出版非新闻类的杂志和大量书籍,还投资其他产业。这类集团通常以一二家大型报纸或杂志为核心,辅以出版其他出版物。这种出版社中较大是如下五家:

(1)金字塔出版社。该社是埃及最大的印刷媒介集团,共有员工 1.2 万人(但编辑记者约千人),已经介入多种其他产业,年收入超过 1 亿美元。

该社主要出版《金字塔报》,它不仅是埃及第一大报纸,也是阿拉伯世界第一大报,一般被视为代表阿拉伯国家的主要媒介。在该报的当代历史上,海卡尔和纳菲(I. Nafie, 1979 - 1994)主持工作时期,获得了较快的发展。该报现在分国内和国际两个版。国内版每天 20 多个版,全国有 5 500 多个发行点。为了及时报道最新的新闻,每天出版三次,发行量 110 万份。国际版在伦敦出版(后增设纽约印刷点），向欧洲和北美发行，平日每天 14 个版，通过卫星发往国外印刷地点，总发行量近 20 万份。许多阿拉伯国家也订阅该报。它以消息及时、信息量大、文字简短、标题醒目、内容广泛为特征。该报在国内各省和国外 11 个大城市设有分支机构。

在持续和平的条件下，经济建设越来越成为新闻报道的主要方面，该社还出版《金字塔晚报》，用阿、英、法等文字出版 10 多种周刊杂志，内容涉及政治、经济、文化、社会、家庭、军事、体育等诸多领域。其出版的《金字塔经济学家》(*Al Ahram Economist*)逐渐成为很重要的经济新闻和经济学研究周刊，现在发行达到 50 多万份。该刊 1959 年创刊，最初为月刊，1970 年改为双月刊，1980 年起成为周刊。

2015 年 8 月 16 日金字塔报网站首页

（2）今日消息出版社。该社主要出版《消息报》，尽管多次更换主持人，该报的大众化风格没有发生根本变化，市民、学生和下层官员是其主要读者对象。现在每天 20 个版，发行量 60 万份，是在开罗市内销量最大的报纸。周日该社则出版《今日消息报》，版面更多些，发行量超过 100 万份。

有些名气的老杂志《最后一点钟》周刊（发行量 13 万份），也属于该出版社。

（3）解放出版社。该社主要出版《共和国报》，该报一般被认为代表左派人士的观点。在改进报纸工作，现在也注重社会新闻和知识性内容，发行量 40 万份。

埃及唯一的阿文《晚报》(*Al Masaa*，1956 年创刊)，以及英文《埃及公报》、法文《埃及进步报》也属于该出版社。后两家报纸是 1960 年被收归国有的。

（4）鲁兹·优素福出版社。该社主要出版《鲁兹·优素福》周刊，现在是埃及很有权威的综合性周刊，有编辑记者 120 人，分为调查、新闻、经济、社会、文体五个部门，每期 82 页，发行量 10 万份。这家出版社还出版其他一些期刊，例如颇受青年人欢迎的《早安》杂志。

（5）新月出版社，这是目前埃及历史最悠久的出版社（1892 年）。该社主要出版《图画》周刊，发行量 8 万份。除刊登重要的国内外重要新闻外，图片方面只采用本社记者拍摄的图片，不用外国的。该社还出版其他一些期刊，如妇女杂志《夏娃》、电影杂志《众星》、儿童杂志《米老鼠》等。

埃及其他出版新闻类期刊的出版社还有知识出版社、合作出版社等，影响不大。专门出版书籍的出版社也不少，其中最大的是"达·阿尔-阿拉姆穆斯林世界出版公司"，其业务范围遍布伊斯兰世界，在黎巴嫩、摩洛哥、印度尼西亚、马来西亚设有分公司。

埃及的党派报刊现在均无多大社会影响。

二、通讯社

埃及唯一的大通讯社即中东通讯社，该社 1960 年收归国有，成为国家通讯社后，在财力和人员配置方面得到特别的支持，发展较快，被视为代表阿拉伯世界的通讯社，在联合国教科文组织的排名中居第 11 位。现在有工作人员 1 200人，其中编辑记者 400 人。有 50 位在其他阿拉伯国家通讯社兼职的记者。该社在国内各省份分布有通讯社网络，国外拥有 40 余家办事处。该社采用较先进的通信设备，1996 年起通过 3 颗人造卫星传送服务，分别是覆盖亚洲、东非的亚洲通信卫星、覆盖欧洲、地中海国家及北非的大西洋通信卫星，以及欧洲通信卫星，用阿、英、法三种文字发稿（包括电视新闻稿），平均每天 25 万字，在世界主要媒介上的落地率较高。1997 年 6 月该通讯社在国际互联网上使用阿、英、法三种语言建立官方网站。该社在国内各省和国外五个城市派有常驻记者，还出版一些专题性新闻刊物，例如英文和法文版的《开罗报刊综览》、阿文和英文并用的《经济周刊》等。该社使用英语出版大量专题印刷品，最重要的是每日出版的 $C.$ $P. R$ 报，每半周出版的英文 $P. P. R$ 报，以及每周出版的经济周刊 $M. E. N$；同时该通讯社出版 16 种阿拉伯文专题报纸。

三、广播电视

国营埃及广播电视联盟是埃及各广播电视台的最高机构，既是政府的一个部门，也是经营机构。经费来源有三方面：国家拨款、广告费、销售广播电视节目的收入。该机构下属全国性的开罗广播电台、埃及电视台、埃及卫星电视台。

埃及全国性的广播电台是开罗广播电台，它有九套广播网（或叫"电台"）、115 个工作室，年总广播时间约 20 万小时。这些台包括阿语综合电台、古兰经电台、青年和教育电台、文化娱乐电台等。其中 1964 年建立的中东广播电台（现在称"传播广播网"），是政府开办的商业广播电台，以播出广告（特别是国外的广告）和商业信息为主。对外广播台，使用 38 种语言（非洲民族语言 13 种）向非洲、欧洲、美洲、亚洲播出，这是各国对外广播中使用非洲语言最多的广播电台。

开罗城内林立的卫星接收器　陈力丹摄

8个新的专项广播开始通过位于开罗、亚历山大、吉尔达卡的调频波段播送节目。地方电台共有9个,其中最早和最大的是亚历山大电台。

　　埃及电视台现在有两套面向全国的电视节目、三套面向首都开罗的节目、四套面向不同地区的节目。地方性电视台现在有5个,建于20世纪80年代末和90年代初。就频道而言,埃及的电视频道包括2个中央频道、6个区域性频道、3个主要卫星频道和多个专题频道。电视播放平均每天约400小时,电视发射台总数255座。埃及电视节目中,除了新闻类外,电影和电视剧较为丰富,题材多样化,现在每年举办国际性的埃及电视节。

　　联盟开办的独立于政府的"开罗电视节目制片中心"是一个利润丰厚的企业,现在每年可为埃及的电视台提供数千小时的电视节目,占所有节目的七成。除了这个制作中心外,埃及还有许多独立制片人。

　　1990年,埃及开通了卫星电视节目,现在有三套卫星电视节目,即体育频道、电影频道和教育频道,覆盖整个阿拉伯世界,以及欧洲、非洲、俄罗斯的部分地区。埃及第一人造卫星(尼罗河卫星101)与第二卫星(尼罗河卫星102)每颗发送24个压缩卫星频道,发送超过180个电视频道和800个广播频道。3个主要卫星电视频道为:埃及卫星一频道,每天24小时播放,播送范围覆盖所有阿拉伯国家,非洲、欧洲和亚洲的绝大部分国家,并通过人造卫星"阿尔法斯塔"在美国和法国播出;埃及卫星二频道,每天24小时提供须输入密码收看的特别节目,播送范围覆盖阿拉伯国家、非洲、欧洲及美洲;尼罗河国际频道,每天大约播放20小时,是第一个以英法双语播放节目的频道,覆盖整个阿拉伯国家与中东地区、北非部分地区、美国及所有欧洲国家。

第六篇

第二十章
黑非洲新闻传播业历史发展概述

　　黑非洲是指撒哈拉以南的非洲,由于与北非在文化和种族方面有明显的差异,因而这里将黑非洲(不是纯地理上的非洲)作为一个概述单元。这里是目前世界上新闻传播业最不发达的地区。当西方国家向全世界拓展之前,这里尚处于原始社会末期,其最早的现代新闻传播业,是各西方宗主国殖民者直接移植过来的,而且时间上多数非洲国家的新闻业也较拉美、亚洲和大洋洲国家要晚些。西方殖民者早期只是把非洲作为资源和人力(黑奴贸易)的掠夺对象,很少关注新闻传播业的建设。只是出于偶然,1795年一个英国人在南非开普敦出版的一张公报,成为非洲大陆最早的报纸。而绝大多数非洲大陆国家的报纸,是在一百多年后,即20世纪上半叶和中叶创办的。倒是印度洋上的几个非洲的小岛国,其新闻传播业不仅出现时间早,也比大陆的大国要发达些。

一、黑非洲新闻传播业的几个特点

1. 新闻体制由国营逐渐转向民营或混合体制

　　在20世纪60—70年代非洲多数国家独立前,原宗主国的报团在那里创办了一些民营报纸,国家独立后,除少数国家外,多数国家将报纸以不同方式收归国有。因而在以后的二三十年里,黑非洲国家中半数以上,报业体制是以国营为主,约1/3的国家有民营报刊,只有几个国家的报刊基本民营。但是从20世纪90年代起,黑非洲的多数国家走向政治民主化,民营报刊逐渐居主导。独立后,各国接管了原宗主国留下的电台,大多数国家的广播为国营,少数为国营与民营并行体制(例如尼日利亚、塞内加尔、冈比亚、几内亚比绍、莫桑比克等)。电视台的建设几乎全是在独立以后,各国的情况不同,多数由国家出面建立于70—80年代,少数国家实行电视台国营与民营并行的体制(例如尼日利亚、加蓬、肯尼亚)。90 年代以后,民营的广播电台和电视的比重开始增长。90 年代中期以后,南非的民营多选卫星电视台,已经覆盖整个非洲,可以提供丰富的世界所有重要电视台、网(包括中国的 CCTV 第四台)的节目。但即使采用的语言已经有多种,也只能照顾相对广泛一些的语种。

2. 逐渐从政党报刊转向社会性新闻传播业

非洲的新闻传播,多数国家初创时期的背景是民族独立,因而以政治性报刊为主。不少国家的主要政治家,例如加纳总统恩克鲁玛、尼日利亚总统阿齐克韦、塞内加尔总统桑戈尔、象牙海岸(科特迪瓦)总统乌弗埃-博瓦尼、刚果(金)总统卢蒙巴和蒙博托、坦桑尼亚总统尼雷尔、肯尼亚总统肯雅塔、马拉维总统班达等,在当上总统之前,都是政治性机关报主编出身。随着非洲国家逐渐转向经济建设,新闻传播业开始以面传播社会信息为主。但是,这种发展趋势也常被打断,因为一些国家军事政变频繁或爆发内战,但从总体的发展趋势看,发生政变和内战的国家数量现在明显减少。

3. 文字传播发展较慢,声音广播发展较快;网络发展缓慢

由于非洲有数千种语言,大多数没有文字,民众识字率低,只有 1/10 的人会讲原宗主国的语言,因而印刷媒介的发展遇到了较大障碍。多数国家的日报发行量偏少,整个黑非洲只占全世界日报发行量的 2%。近年文化普及虽然有所进展,但是报刊的发展还是相对缓慢,多数黑非洲国家只有几家,甚至一两家报纸。广播和电视不受文字的限制,较适合黑非洲的情况。各国在独立后,首先发展的是广播,因为它需要的财力不大。电视需要以综合经济国力为背景,只是在20 世纪的最后 10 年,得到较快的发展。据 2014 年 11 月在南非举办的非洲电视节估计,撒哈拉以南非洲地区约有 42 万个家庭拥有电视机,这相对于该地区8.4 亿的人口来说,还是很低的数字。但这个市场正在增长。

根据联合国国际电信联盟(ITU)发布的《2014 年信息与通信技术》报告,截至 2014 年年底,全球固定宽带用户在非洲所占的比例不到 0.5%,绝大多数国家的固网宽带普及率不到 2%,但移动宽带的普及率 19%。非洲现有 2 亿网民,互联网渗透率为 18%,90% 的网民通过智能手机上网。虽然远落后于欧洲、美国甚至亚洲,但发展速度还是很快①。

黑非洲网络发展相对慢的原因主要在于三个问题:第一,基础设施薄弱。黑非洲的大部分服务器不在本地,而在美国。为了接入服务器,运营商们使用海底光缆且须途经欧洲,造成宽带使用价格很高,大约是东南亚的 6 倍。例如,1 兆带宽(可使 12 个用户高速上网)的月租在喀麦隆高达 361 欧元(500 美元),乍得无法直接联入海底光缆,喀麦隆国家电信公司(CAMTEL)向其提出 800 美元

---

① 199IT,http://www.199it.com/archives/tag/international-telecommunication-union.

(578.8 欧元)/兆带宽的月租费标准,使得乍得的网费之高世界第一。黑非洲最便宜的宽带价格是南非,2014 年为每月 27 欧元,其次为塞内加尔 36 欧元(2012年)。目前建设陆上网络设施应是方向,可以使用电力公司和自来水公司提供的网络服务,但进展较慢,只有 27% 的既有网络设施投入使用。第二、宽带管理的当地垄断。以刚果(金)为例,邮政公司享有光纤的独家运营权,但提供的服务很差,以至于整个金沙萨都需使用更为昂贵的卫星连接。在喀麦隆,转卖互联网连接业务已成为国家电信公司的主要经济支柱。非洲互联网接入供应商主要是电信运营商,他们在激烈竞争的同时相互结盟,共同阻止其他专业运营商的崛起。三、高额的进口税。在智能手机等终端设备迅速发展的背景下,很多黑非洲国家逆流而行,对此类设备征收高额进口税,例如科特迪瓦的此类税率为 39%,马里和塞内加尔约 30%[①]。

这方面做得比较好的国家如肯尼亚,全国 4 070 万人当中,近半数的居民通过各种方式接入互联网。2014 年全国约 3 000 辆中巴车免费 Wi-Fi 接入服务。

几内亚首例埃博拉康复者范塔通过手机向疫区民众传达卫生信息(2014 年)

二、三个发展地区

黑非洲的新闻传播可以根据地理区域划分为西非(含几内亚湾东岸国家)、东非和南非三个地区来概述。

---

① 中国驻喀麦隆经济参赞处《非洲互联网发展的主要问题》,http://www.mofcom.gov.cn/article/i/dxfw/gzzd/201405/20140500592073.shtml.

　　1. 西非及中非

　　这里是指以几内亚湾为中心地带向内陆腹地延伸的众多国家。这里原来主要是英国和法国的殖民地（还有一个美国影响的国家利比里亚和当年比利时的最大殖民地民主刚果），最早出现的报纸主要办给欧裔居民看。英国人相对重视办报，1801 年在塞拉利昂首府弗里敦出版的《皇家公报》(*Royal Gazette*)是为西非第一家报纸。然而法国人不鼓励在非洲办报，直到 1885 年，才在塞内加尔出现第一家法文报纸。比利时人只是由于在刚果加丹加省开采铜、铀矿，才于 1911 年创办了该国第一家报纸。英国人办报的实践给予西非一些黑人政治领袖以启发，后来不少黑人政治领袖就是以办报开始进行民族独立斗争的。

　　这一地区的新闻传播业真正有所发展还是在国家独立后，沿几内亚湾的各国较大城市，是发展的中心地带。其中代表性国家为尼日利亚。它是非洲人口最多的国家(1.7 亿)，也是除南非共和国外拥有报纸数量最多的国家(20 多家)，每千人拥有报纸为 17 份，这在西非国家与加蓬并列第二位(第一位的是利比里亚 24 份)；它是西非最早拥有电视台的国家(1959 年由一家英国私人公司提供)，其电视机社会拥有量也是黑非洲国家中最多的，但是以人口平均下来，每千人 50 台，排在南非、加纳、科特迪瓦之后，居黑非洲第四位，还算是多的。1992 年起，尼日利亚实行广播电视国营与民营并行体制，现有民营电视台 40 多家。民营广播电台"光能 100"的听众达到 2 800 万。1995 年开办的民营"非洲独立台"为继南非之后第二家泛非卫星电视台。尼日利亚的英文《每日时报》(*Daily Times*)，其历史可以追溯到 1928 年，由拉各斯(当时尼国的首府)商会创办，现在尼政府拥有该报最大的股份，为西非第一大日报，发行量 40 多万份。

　　这一地区出现广播相对早，尼日利亚、塞拉利昂、加纳和塞内加尔四国于 20 世纪 30 年代出现广播电台。电视机社会拥有量人均最高的是加纳，每千人近百台。除了尼日利亚的《每日时报》，法文报纸中首推科特迪瓦的《博爱晨报》(*Fraternite*)，其历史可以追溯到 1938 年，由法国报人创办，1964 年收归国有，现为西非最大的法文日报，发行量十几万份。

　　在这个地区，最早出现了黑非洲由黑人自己办的通讯社，即 1957 年加纳政府建立的加纳新闻社。此前，只有南非联合通讯社(可追溯到 1910 年)。

　　就报刊体制而言，利比里亚、尼日利亚、喀麦隆等国不同程度地实行多种经营方式(国营、民营、党营等)，其他国家正在从国营或执政党控制为主，转向新闻的多种经营体制。民主刚果名义上没有国营报刊，但是多数报刊都以各种形式接受国家补贴，从而一定程度受到政府控制。

　　2. 东非

　　这是指民主刚果以东的非洲中东部几个国家。这几个国家最后的宗主国是英国，此前它们的宗主国主要是德国。大约在 19 世纪末 20 世纪初，英国才开始实行统治。这时,英国的殖民政策已经从以掠夺资源为主,转变为开发建设为主。因而,英国人来到这里就开始办报,第一家英文报纸是 1899 年在现在肯尼亚的港口城市蒙巴萨出版的《东非与乌干达邮报》(*East Africa and Uganda Post*)。最早的德文报纸也是在 1899 年出版,即坦桑尼亚的《德属东非报》(*Deutsch-Ostafrikanische Zeitung*)。黑非洲国家独立前最早出现的广播电台,也在东非,即 1927 年由英国东非广播公司在内罗毕建立的短波电台。

2012 年 11 月肯尼亚《民族日报》关于奥巴马竞选获胜的版面

东非国家的新闻传播业,可以肯尼亚为代表。该国的报刊基本民营,拥有黑非洲除南非以外最大的民营报团群(四个报团,但规模较小),并且向周边国家发行或在当地出版报刊。现在发行量最大的报纸是大众化的报纸《民族日报》(*Daily Nation*,1960 年创刊),20 万份;历史最悠久是严肃报纸《旗帜报》(*The Banner*,1902 年创刊),发行量约 7 万份。报纸的社会拥有量每千人 17 份,在东非居第一位。该国的广播电视除了国营的台外,1990 年出现民营"肯尼亚电视网",其播出时间是国营台(55 小时/周)的三倍(168 小时/周)。国营肯尼亚广播电台较为活跃,有五套节目,使用 6 种语言对国内和周边广播。肯尼亚大众媒介的受众,集中在首都内罗毕和海港蒙巴萨这两个较大的城市,其乡村地区尚相当落后。

就媒介体制而言,东非其他国家的报刊,乌干达、坦桑尼亚等均是国营、民营和党营并行的体制。这个地区的总体发展水平,略逊于西非和南非。

3. 南部非洲

这是指南部非洲与南非共和国接壤的几个国家。南非共和国由于历史的原因,其新闻传播业是由荷兰、英国的非洲移民创建的。黑人和白人在数百年的共同生活中,尽管经历了许多不愉快的事情(种族歧视),现在的新闻传播文化已经趋向融合。南非黑人的文化程度也是黑非洲最高的,他们的新闻职业化水平也较高。20 世纪 90 年代南非实现民族和解,这个国家的新闻传播业获得了较快的发展,现在是黑非洲新闻传播业最发达的国家。拥有黑非洲最大的报团群,报纸发行每千人 40 份,居黑非洲大陆的第二位(次于纳米比亚);收音机和电视机的社会拥有量人均最多,还拥有非洲最大的卫星电视网。

南非共和国周边国家最早的报刊,大多出现在 19 世纪末,与南非的报业有历史的联系。鉴于南非拥有历史较为悠久的新闻传播业,实行自由主义的新闻政策,它对周边国家的影响较大。这些周边国家原来是英国和南非的殖民地或保护国、托管地,经济发展十分落后,荒漠区域广大,人口稀少。它们的一些报刊、电视台便是南非的媒介业主创办或与之联合创办的。南非带动了周边国家新闻传播业的发展。

津巴布韦独立后,由政府利用捐款收购了原来属于南非报团的主要报纸,建立大众传播托拉斯,实行国营下的市场化管理。博茨瓦纳独立后与南非在两国边境博方联合创办广播电台和电视台。现在这些国家中,纳米比亚的报纸社会拥有量达到每千人约 100 份,居非洲第一位。博茨瓦纳和津巴布韦分别为 26 份和 20 份,在黑非洲国家中也是较高的。纳、津、博三国的电视机社会拥有量也比周边国家高。现在较为落后是莫桑比克,该国电视机社会拥有量仅为每千人 4 台。

要选择黑非洲国家新闻传播业发展的代表国家进行详尽研究,非南共和国非莫属。尼日利亚尚可考虑在内。本书重点介绍南非共和国。

第二十一章
南非新闻传播史

南非共和国是非洲唯一的工业发达国家,也是古老非洲的文明发祥地之一。考古发现,4 万年前非洲四大人种之一的科伊桑人就已在南非生活。1 万年前,南非的原始人在许多山岩和住所的洞窟里留下了丰富的岩画。这些岩画以动物为最多,形象逼真,有些还是彩色的(当时已有用氧化铁粉、骨粉、动物粪、高岭土、植物汁等各种显示颜色的物质与牛奶、蛋清、蜂蜜等粘合剂制成的"画笔")。岩画生动地反映了当时南非人的生产和生活,例如围猎大象的场面、骑驴牧羊的场面和众人穿衣或戴面具舞蹈的场面等。它们传达着这样的信息:古代南非人以狩猎、饲养和驯化动物为主要生活方式,群居并且已经拥有了自己特殊的文化生活。这些岩画是南非最早的信息传播的遗迹。研究者指出:"创作岩壁画的动机,一方面可能是庆贺某一次重大的狩猎活动的成功,另一方面可能与原始宗教或巫术有关,但不是出于审美的需要。因为这些岩壁画实际上是一种语言符号,它向后人传递了原始人当时与自然的关系"。①

南非最近一二千年是几个黑人部族(科伊桑人、霍屯督人等)的散居地。17世纪最初与欧洲人开始接触的是西南部的霍屯督人(他们自称纳马人)。现在只有纳马人与白人的混血后裔,纯粹的纳马人在 18 世纪的一次天花瘟疫中几乎灭绝。

在南非最早形成黑人国家的是班图人中的一支——祖鲁人。15 世纪,非洲中东部的班图人陆续迁徙到现在的南非境内。他们经葡萄牙人引入美洲高产玉米,促进了农业的发展。班图人 18 世纪开始与西方殖民者接触,一方面受到他们的种族摧残,另一方面也开始接受现代文明。一位部落联盟的首领丁吉斯瓦约(Dinguiswayo)外出旅行,到过葡萄牙在印度的殖民地果阿和其他地方,回来后着手改革,发展轻工业和商业,建立了常备军同龄兵团,将氏族制向国家制度转变。丁吉斯瓦约之后,另一位黑人领袖恰卡(Tchaka),继续了他的改革事业,

---

① 艾周昌主编《非洲黑人文明》第 22 - 23 页,中国社会科学出版社 1999 年版。

经过黑人各部落之间的多次战争,到 18 世纪末 19 世纪初,在南非的东南部形成了以恰卡为国王的一个南非黑人国家祖鲁王国,并有了统一的阿马祖鲁语。另外,还有许多其他种族的黑人部落,主要是科伊桑族。

相对统一的语言对于南非黑人来说是信息传播史上的一大进步。但是,由于当时南非黑人没有文字,祖鲁王国的社会传播仍然是较为原始的口头的和简单声像符号(例如鼓声)的传播。研究者指出:"文化的流传,在很大程度上不是靠文字写成的书本,而是仰赖于贮藏于人们脑子里的语言,世世代代口耳相传,这是非洲黑人文明区别于世界上其他民族文明的一个重要特征。在这里,语言不仅是口头交流的工具,同时也是保留祖先智慧和民族文化的基本手段。"①直到 20 世纪,南非黑人才有了以拉丁字母为基础的几种自己的文字。1951 年,一位矿业主之子詹姆斯·R·A·贝利在南非创办月刊《鼓声》(Drum),用英文和三种黑人文字(祖鲁文、豪萨文和苏托文)出版,编辑是不分肤色、致力于民族团结的新闻工作者。现该刊还有西非版和东非版,成为泛非的著名刊物。

1497 年葡萄牙航海家达·伽马绕过好望角发现东印度。葡萄牙人曾在南非上岸,但没有殖民,只是把南非当作世界贸易的一个中转站。1652 年 4 月 6 日,荷属东印度公司的三艘船靠岸,几十个荷兰人(包括 4 名妇女)在好望角附近开埠,定居下来,于是出现了南非第一个现代城市开普敦的雏形(8 年后这里共有欧洲人 394 人)。1663 年,这些移民在开普敦建立小学,纳马人的儿童可以上学,这可能是非洲黑人接受现代教育(当然也是一种传播行为)的最早记录。此后除了较多的荷兰人外,还有少量德国、法国移民来到南非。在几百年的时间里,他们逐渐形成一个以荷兰人后裔为主的独特的非洲白人民族布尔人,他们当时与外界唯一的媒介联系,是阅读每月过往船只送来的信件和欧洲报纸。这个偏于一隅的地方本身,尚没有创办现代新闻媒介的需求。布尔人"除了圣经外不看什么书籍。……阅读圣经则使边境地带的布尔人不脱离有文字记载的文明。"②南非出现现代新闻媒介,只是出自一个偶然的情况。

第一节　英布战争前的南非新闻传播业

一、第一家报纸不经意中诞生

1795 年 6 月,荷兰国内发生革命,执政的奥兰治王子逃到英国。7 月,一支

---

① 艾周昌主编《非洲黑人文明》第 201 页,中国社会科学出版社 1999 年版。
② [法]路易·约斯《南非史》第 101 - 103 页,商务印书馆 1973 年版。

1800 年的《开普敦公报和非洲广告人报》

英国舰队带着王子致开普敦总督的一封信,要求将权力移交给英国人。总督斯吕斯肯斯(Sluyskens)友好地接待了舰队,但要求等待阿姆斯特丹的正式指示。一个月后,他才从英国人漏检的几份过往美国船上的荷兰文报纸和信件中获悉国内发生政治变动,王子投靠了英国。于是爆发了南非荷兰人和英国人的战争,南非荷兰人失败。一位随舰队来到南非的英国人,随身带来了一架简易印刷机上岸,试验性地出版了名为《开普敦公报和非洲广告人报》(*Cape Town Gazette and African Advertiser*)的单页英文和荷兰文并用的报纸(周报)。该报传播范围很小。现在回过头看,这不仅是南非的第一家报纸,也是非洲大陆最早的现代新闻媒介。该报是新的英国殖民当局的一种类似公告牌性质的印刷品,出版到 1819 年。

经过反复,1806 年英国人最终挤进了南非。此后南非出现持续百年的两两相对的冲突和战争。在白人之间,英国人与已在南非生活了 200 多年的布尔人,为争夺地盘和后来发现的钻石、黄金矿产资源进行战争;在黑人之间,不同种族、部落也为地盘和领导权进行着战争。白人和黑人之间,则发生着白人有计划地抢夺黑人生活空间和灭绝种族的战争。鉴于黑人仍处于口头传播阶段,南非早期现代新闻业,实际上只是在白人社会发生和发展着,而且由于英国国力正呈上升趋势,因而是以英国人为主发展起来的。

二、新闻自由传统无形中确立

随着英国移民的增多,1823 年底,当时在任的开普英国殖民区的总督萨默塞特勋爵(Lord Charles Somerset)遇到了一个新问题,即一位英国记者普林格尔(Thomas Pringle)与一位荷兰人牧师费拜恩(J. Fairbairn)向总督申请办一家报纸(月报)。他一口回绝了这个请求。另一位英国记者格雷格(Greig)认为,不论是当地法律还是英国法律,都没有规定办报纸要经过官方批准,于是他于 1824 年 1 月 7 日在开普敦创办了周报《南非商报》(*South African Commercial*

Advertiser）。这是南非第一家较正规的民营报纸，英文，但有非洲荷兰文提要。格雷格聘请普林格尔任主笔，另外还有两名助理编辑。总督看到出版的这份报纸感到很新奇，糊里糊涂地订了一份，这就使他无法再反对自由出版报纸了。

《南非商报》出版的当年，萨默塞特总督控告一位移民诽谤他。由于担心这位移民将对他的揭露刊登在这份唯一的报纸上，忽然提出要对该报实行预先检查。在英国已经形成牢固的新闻自由意识的格雷格，不能容忍对报纸权利的侵犯，以暂时停刊表示抗议，而总督一怒之下将格雷格驱逐出境。在这种情况下，普林格尔和费拜恩在这年另创办了一家英文《南非杂志》（The South African Journal），回头看，这应是南非第一家杂志。

商报的事情闹到了英国本土，议会里的反对派把格雷格当作维护新闻自由的英雄欢迎，殖民大臣也不得不接见了他。在国内舆论的压力下，萨默塞特只得允许格雷格重返开普敦。这次报纸风潮在很大程度上造成了萨默塞特1826年的下台。就在这一年，开普敦出现了一家非洲荷兰文的期刊《编者报》（De Verzamelaar），虽然是文学方面的，毕竟是第一家单独使用这种文字的刊物。由于英国的法律体系尊重习惯法，民营《南非商报》引发的不大的新闻官司，其结果奠定了南非新闻自由的传统。

三、南非报刊的最初发展

1830年，在开普敦又一家报纸创刊，这就是存在了整整100年的《南非人报》（The Zuid Afrikaan），该报由南非政治家布朗德爵士（Sir Christoffel Johan Brand，1797－1875）于1830年4月9日在开普敦创办，用英文和非洲荷兰文两种文字出版，这是南非历史上第一家对开的大型商业报纸。该报由开普敦尤塔出版社印刷，该社的创办人为马克思的妹夫、荷兰商人约翰·尤塔（Carl Juta），首任主编博尼费斯（Charles Etienne Boniface，1787－1853）。该报主张维护在开普敦的荷兰社区的利益和非洲荷兰语。1854年初，经尤塔介绍，马克思为该报撰稿。马克思在给恩格斯的信中多次谈到此事，并称这是"给好望角写东西"。[①] 马克思共为该报写了三篇通讯，总是抢在写作的那个星期最后一班开往好望角的定期航班之前赶出来。但是《南非人报》只在这年3月6日发表了其中关于克里木战争的长篇通讯《东方战

《南非人报》创办人布朗德爵士

---

① 《马克思恩格斯全集》第28卷525页，人民出版社1973年版。

争》(中译文大约 7 000 字)，虽然最后有待续之意，但不知何故该报没有接着发表。

1839 年起，布朗德直接主编《南非人报》，主张南非在普通法方面借鉴大陆法系，主张殖民地议会议员应是居住在本地的人，1853 年他成为开普敦议会的首席发言人。1852 年 4 月 6 日在开普敦开埠 200 周年之际，布朗德在报上发表社论，主张非洲荷兰语与英语平等。1930 年 4 月 9 日，该报在竞争中停刊，最后的社论仍然强调不可忽视非洲荷兰人的文化和语言。在该报担任主编持续时间最长的是霍夫迈耶(Jan Hendrik Hofmeyr)，他从 1870 年上任，直到 1904 年卸任。

19 世纪 30 年代以后，南非西南部一些较小的城镇陆续出现小型报刊，包括一些面向黑人读者的宗教刊物。1835 年以后，英国人开始排挤非洲荷兰人(布尔人)，迫使他们向南非东北方向迁徙，在南非中部和东北部建立了两个布尔人的共和国，即奥兰治和德兰士瓦。此后非洲荷兰文(Afrikaan，一种以荷兰文字为基础，没有"格"、"性"等印欧语言的语法变化、独立的非洲语言文字)开始在南非新闻传播中受到排挤。为了防止被英国人同化，1876 年，一批布尔人的新闻记者为提高南非荷兰语地位，在开普敦东部的城镇帕尔创办了《阿非里卡爱国者》(Di Patriot)杂志，他们的口号是："我们的语言，我们的民族，我们的国家。"1877 年英国兼并德兰士瓦之后，这家几乎是秘密出版的杂志，其发行量增加了十倍，从 400 份上升到 4 000 份。该刊出版到 1883 年英国人退出德兰士瓦。

英国人夺取开普敦以后，报纸得到了发展较快。除了《南非人报》外，1857 年，南非第一家晚报《开普守望报》(The Cape Argus)在这里创办；1876 年，又出现一家晨报《开普时报》(The Cape Times)。至此，开普敦的报业已具规模，成为南非第一个报业中心城市。这两家大型日报也为后来南非的两个英文报团奠定了基础。

1867 年和 1884 年，在南非中部和东北部先后发现了钻石和金矿，大批欧洲人拥向南非。利益的诱惑使得英国人也迅速向东北方向扩张，于是在金矿较集中德兰士瓦南部地区，迅速形成了南非第二个现代城市约翰内斯堡。1887 年，一家金矿公司出资在这里创办了英文晚报《明星报》(The Star)，由于该报面向蜂拥而来的欧洲淘金公众，很快就成为南非发行量最大的报纸，许多小报刊也在该城出现。于是，约翰内斯堡成为南非第二个报业中心城市，并在 20 世纪成为南非大众传播媒介最集中的城市。

19 世纪下半叶，许多亚洲移民，主要是印度人也来到南非，集中在东南沿海，于是逐渐形成了南非第三个现代城市德班。1887 年，英文《每日新闻报》(The Daily News)在德班创刊。随后，这里出现一批各种文字(包括亚洲文字)的小报刊，变成南非第三个报业中心城市。

19 世纪南非各大城市的报刊,数量不多,但相对稳定。读者对象基本是白人,其风格是欧洲式的,一定程度上可以说是把欧洲的报刊搬到南非再版。

南非黑人 1884 年起有了自己语言的报纸,这就是由约翰·顿果·贾巴武(J. T. Jabavu)编辑的《黑人之声报》(*Imvo Zabantsundeu*),他是第一位使用本民族语言写作的南非黑人记者。不过,这家报纸当时影响微小,南非黑人在政治生活中尚没有地位,引人注目的是英国人与布尔人之间不断加剧的冲突。

在积蓄了多年利益冲突之后,南非的英国人与布尔人终于在 1899 年爆发了全面战争,结束了南非百年来多种政治势力并存的局面。然而,正是由于南非的这种复杂的政治背景,当权者较少顾及的新闻传播业,反而获得了一定程度的发展。

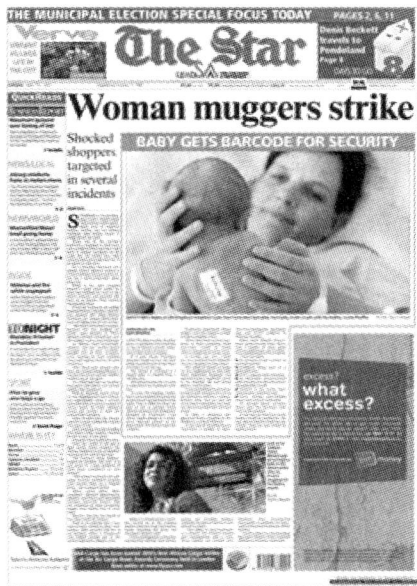

现在的《明星报》

第二节　20 世纪:近百年以语言划界的媒介发展

1902 年英国人战胜布尔人,布尔人的两个国家,以及黑人和有色人聚集的纳塔尔地区并入英国自治领"南非联邦",形成现在南非的疆域。在民主政体下,失败了的布尔人于 1912 年建立政党南非国民党,在议会中以合法的形式继续与英国人进行斗争;南非黑人也开始了自觉的争取民族解放的斗争,于 1912 年建立了非洲国民大会党。面对布尔人的政党活动,代表英国人利益的几个小党于 1934 年联合为"统一党"与之相对。于是,20 世纪南非的新闻业发展,开始出现一种新的现象,即已经发展了的商业性新闻媒介,基本以语言为分界线,带有了一定程度的种族党派性,特别在英文与非洲荷兰文报刊之间,这种分野十分明显。而土著民族文字的报刊,则是共同反对白人种族歧视和主张民族解放的。

20 世纪前 90 年的南非新闻史,可分为两个阶段。第一个阶段是从英布战争结束至 1948 年,可称为"英国化阶段",其任务是在南非基本建立英国模式的自由主义媒介体制。在这个阶段,主要矛盾是非洲荷兰文报刊代表布尔人的利益,与执政的南非英国人的统一党以及英文报刊的斗争。黑人和有色人种与白人的斗争已经开始,但暂时尚不是社会的主要矛盾。

第二个阶段是从 1948 年代表布尔人利益的南非国民党执政至 1989 年博塔总统被迫下台。可称为"布尔人化阶段",其特点是:着意加强非洲荷兰文报刊的影响,为抵制国内外反对种族隔离政策的浪潮,强化对通讯社、广播电台和电视台的控制,最后实施持续的新闻检查。在这个阶段,英文报刊与黑人、有色人种实际上结成了某种程度的"统一战线",以各种形式共同反对国民党的种族隔离政策和独裁统治。

一、1902 至 1948 年:英国化阶段

英布战争结束后,首先发展起来的是英文商业报纸。1902 年 9 月,黄金商人科恩(Harry Cohen)在约翰内斯堡创办《兰德每日邮报》(*Rand Daily Mail*),"兰德"是约翰内斯堡北郊一座金矿的名字。他聘请曾在英国《每日邮报》当过记者的埃德加·华莱士任主编。该报几经转变所有权,也换了几任主编,但是其高级报纸的风格基本没有变化,曾在国际上被视为南非的代表性报纸。1906 年,该报出版星期日报纸《星期时报》(*Sunday Times*),成为南非最大的星期日报纸。1935 年,约翰内斯堡又出现一家英文星期日报纸,即《星期快报》(*Sunday Express*)。

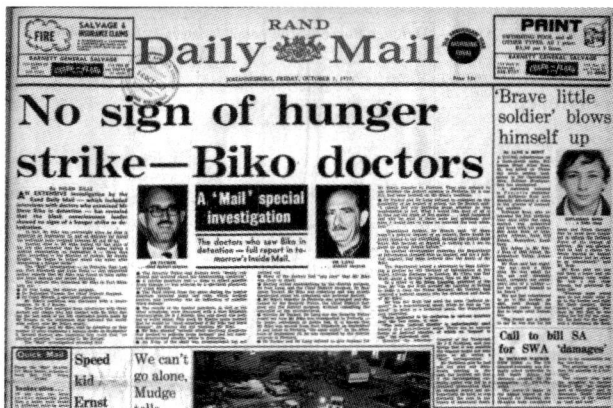

1977 年的《兰德每日邮报》

既然英国人胜利了,于是英国的路透社于 1910 年在南非建立分社,相对独立,名为南非路透社。这是南非第一家通讯社。1938 年,各大报在原路透分社的基础上组建报联社体制的南非联合新闻社(SAPA),总部设在约翰内斯堡。在统一党执政时期该社自然与路透社关系密切。

而卧薪尝胆的国民党,则于 1915 年资助在开普敦创办的非洲荷兰文《市民

报》（*Die Burger*），该报形式上是商业报纸，但一般被视为该党机关报。这个党为了加强宣传力量，接着又资助了于 1936 和和 1937 年在约翰内斯堡创办的非洲荷兰文晚报《祖国报》和晨报《德兰士瓦人报》（*Die Transvaler*）。而各英文报刊，诸如《明星报》《兰德每日邮报》《开普守望报》《开普时报》等，均站在统一党一边，支持英国在南非的政策，一般把《开普时报》视为该党的机关报。

现在的《市民报》

1923 年，南非铁路公司创办第一家广播电台约翰内斯堡广播电台；1924 年该公司又建立开普敦电台和德班电台。1927 年，这三家广播电台合并为南非广播公司，呼号为"非洲广播电台"。1936 年，在统一党执政的背景下，铁路公司所有的南非广播公司被改组为仿照英国 BBC 模式的公营南非广播公司（SABC）。1937 年，该公司开办非洲荷兰语的第二套广播节目，1942 年开办黑人语言的第三套节目。

虽然从总的情况看，当时种族歧视问题尚不是南非的主要社会矛盾，但南非的种族歧视由来已久。1912 年南非议会就通过了"土著人土地法"，限制黑人的居住地。黑人为争取自己的权利也进行着斗争，1916 年，在黑人记者贾巴武推动下建立了黑尔顿南非土著学院，使黑人第一次有了接受高等教育的机会。1903 年创刊的有非国大背景的《纳塔尔太阳报》（*The Natal Sun*），是当时对黑人最有影响力的报纸，但是在 1923 年被当局查禁。

这一时期，南非白人还掀起一场排斥有色人种的运动，强迫遣返在兰德的中国劳工，限制印度移民在纳塔尔的居留权。印度民族解放运动领导人莫·甘地，1904—1914 年在德班出版用三种印度文字印刷杂志《印度舆论》，一部分运往本国散发，一部分也用于在南非有色移民中宣传反对种族歧视。鉴于当时中国国民党政府与南非的外交关系，第一家中文报纸于 1931 年 6 月在约翰内斯堡创刊，即由中国驻南非总领事何瓒等人以民办的形式创办的《南非侨声报》（周三刊），报纸由蒋介石题写报头。这也是第一家在非洲大陆出版的中文报纸。

二、1948 至 1989 年:布尔人化阶段

1948 年,国民党通过议会选举的合法程序,取代统一党执政,开始逐步与英国传统分离,于 1961 年退出英联邦,建立南非共和国。从 1950 年起,该党和其控制的南非政府一步一步实行极端的种族隔离政策,颁布各种限制性法律,将占人口 80% 的黑人和有色人种驱逐到只占全国 12.6% 的保留地内;1960 年,宣布非国大党非法。这些暴行激起了全世界的反对,纷纷对其采取制裁措施。鉴于与布尔人的利益冲突,南非英国人的统一党(以及后来从中分裂出来的进步党)和英文报刊,大都不同程度地支持或同情黑人、有色人种争取自身权利的斗争。也是在这个时期,南非的商业报团格局成型,其政治方面的色彩也颇为鲜明:

英文报刊划分为两个报团。一个是以开普敦的老报纸《守望报》(*The Argus*)为基础形成的"守望出版发行公司",除了《守望报》外,它还拥有约翰内斯堡的《明星报》、德班的星期日报纸《星期论坛报》(*Sunday Tribune*),以及 60 年代在约翰内斯堡主要为黑人创办的日报《世界报》(*The World*)。该报被称为黑人报纸,发行量在 70 年代居南非报纸的第三位,1977 年被查封后在比勒陀利亚改名出版《邮报》,《邮报》1980 年被查封后,第二年初又在约翰内斯堡改名出版《索韦托人报》(*Sowetan*)。

另一个是以开普敦的老报纸《时报》为基础形成的"南非联合报业公司"。除了《时报》外,它还拥有当时被国际上视为南非代表性报纸的《兰德每日邮报》、南非最大的星期日报纸《星期时报》,以及《星期快报》。该公司在德班也拥有一份日报。《兰德每日邮报》自 1957 年由劳伦斯·甘达尔任主编后,较为明显地转向支持反种族隔离,发表了一系列揭露黑人劳工受到非人虐待的文章。受政府控制的南非广播公司为此掀起了一场反对甘达尔的宣传运动,而该报在黑人中的传阅率达到每份 10 几人次。80 年代初另一任主编特图伊斯·迈伯格面对政府的压力,表示仍然要为种族正义和人人参与政治而继续搜集报道材料。

以上两大报团同时还拥有许多小报刊,在舆论上均反对国民党南非政府的种族歧视政策(鉴于法律禁止直接反对种族歧视的言论,表明立场是间接的),同时相互间又有商业竞争。

非洲荷兰文报刊也划分为两个报团。一个是以开普敦《市民报》为基础形成的"市民报团",除了该报外,它还有一家主要报纸,即 1974 年在约翰内斯堡创刊的晨报《印象报》(*Beeld*)。另一个是以《德兰士瓦人报》为基础形成的"珀斯科报团"(Perskor),它的另一家主要报纸是《祖国报》。1970 年,这两家报团各停刊一家报纸,在约翰内斯堡联合创办了星期日报纸《报道报》(*Rapport*),各拥有一半股权。

这两个非洲荷兰文报团在其他城镇分别还拥有一些小报刊,舆论上均是支

持国民党的南非政府，主张种族隔离政策的。同时，它们之间也有商业竞争。例如在约翰内斯堡创办《印象报》，即是为了与《德兰士瓦人报》竞争。

这里以文字来划分是相对的，英文报团中有少量荷兰文小报刊；荷兰文报团中也有少量英文小报刊。

鉴于历史的原因。英文报刊总体上的力量大于南非荷兰文报刊。1976 年，为了抵制英文报刊的自由主义倾向，由南非政府秘密资助，让白人实业家路易斯·卢伊特出面创办了一家大型英文日报《公民报》（*The Citizen*），在舆论上支持政府的政策。该报由于有较强大的财力后盾，对于同在约翰内斯堡的英文老报纸《兰德每日邮报》形成竞争局面，最终迫使《兰德每日邮报》于 1985 年 4 月 30 日停刊。

南非广播公司从 1952 年 8 月起，才开办几种班图语广播。对黑人广播，主要渠道是在保留地发展数量很大的广播喇叭。由于出版登记制对黑人办报有一定限制，不多的以黑人为主要读者对象的报纸，发行量虽然较大，但经常被以各种理由封闭，例如前述的《世界报》。

为了加强对舆论的控制，南非当权者在 70 年代通过议会立法，规定南非联合新闻社在宣传上为要官方服务。同时，逐步使社会公营的南非广播公司，实际上变成了政府直接管辖的国营机构，以便强化对广播电视网的控制。1965 年 10 月，南非开办对全世界的国际广播，使用 7 种西方语言宣传它们的政策。

20 世纪 50 年代，南非的大城市就有了有线闭路电视，但只为白人家庭提供服务。并非国家没有经济实力办电视，而是由于 1960 年南非议会辩论中得出结论：电视会对国民精神和社会生活造成危害。当时有线电视已经基本满足了城市白人的需要，而开办无线电视相当程度是为黑人。为了控制舆论，直到 1976 年南非才开办无线电视，一开办就是彩色的，其新闻节目也是支持政府和国民党的。电视开办六年后（1982 年）才开设了黑人语言的电视二台和电视三台。

1983 年，由博茨瓦纳政府出资，南非广播公司提供技术，在博国与南非交界处建立了一家地区性民营电视台"博普塔茨瓦纳电视台"（BOP－TV）。该台收视范围主要是南非东北部黑人住区，可以进入博茨瓦纳语地区。约翰内斯堡郊区的白人住区也可以收看到。1986 年 10 月，由南非四大报团共同出资建立了商业性的"媒介电视网"（M－Net），这是一家为广大市民服务的付费有线电视台，除不播新闻外，在其他广泛的领域（主要是电影和电视剧、娱乐节目）成为南非广播公司电视台的竞争对手，创办一个月后，用户就从 6 000 户猛增到 10 万户。

1986 年起，面对越来越强烈的反对种族隔离的运动，南非当局持续三年实行紧急状态法，进行新闻检查，禁止许多党派和社会团体的活动，连续封闭多家黑人报纸。连美国刊有"南非内战"封面的《时代》周刊也不得进入南非，开天窗进入南非后受到当局警告，多名西方记者因报道了反种族歧视运动的新闻而被驱逐出境。

第三节　新南非的新闻传播业

一、新闻政策的变化

1989 年，国民党改革派总统德·克勒克上台，开始与非国大党谈判，启动了南非民族和解进程。此后，南非进入了以民族和解为特征的新闻传播业发展阶段，其特点是：较全面地恢复自由主义新闻政策，强调法律对媒体主要是规范而不是限制，报刊的党派色彩自然弱化，黑人和有色人种获得同白人同等的新闻自由权利。

鉴于以民族和解为目的实施废除种族隔离的总政策，以纳尔逊·曼德拉为代表的非国大新政府，于 1994 年 11 月废除了出版登记法。此后，任何公民、侨民，不分种族肤色，只要有实力，都可以自由办报和向独立广播局申请创办广播电台和电视台。南非的报刊业进入了正常的商业化运转时期，各自为争取阅读英文、非洲荷兰文和其他土著文字的读者而竞争，报刊的党派意识明显地衰退。通讯社恢复了独立经营的报联社体制，广播电视业实行公营和民营并行的体制。

新政府没有对曾经支持种族隔离政策的媒介进行处分，但是在新的舆论氛围下，原来支持种族隔离政策的媒介大都改变了调子，即使从商业角度考虑，为了赢得受众，也要不同程度地转而赞同民族和解政策。在相互斗争的目标逐渐变得模糊的时候，南非的报刊业进入了正常的商业化运转时期，各自为争取阅读英文、非洲荷兰文和其他土著文字的读者而竞争，报刊的党派意识明显地衰退。通讯社恢复了独立经营的报联社体制，广播电视业实行公营和民营并行的体制。

从 1995 年起，为了监督社会团体和政党在选举期享有平等接触媒介的机会，成立了一个新的社会性管理组织独立媒介委员会。2000 年，南非电讯管理局和南非独立广播管理局合并，成立了南非独立通讯管理局，负责发放广播和电视许可证，同时也处理交叉媒体以及外国投资问题。根据规定，外资在私营电台和电视台占有股份不超过 20%；在某个地区的读者占有率达到 20% 并控制一份报纸的公司，不能在该地区同时拥有广播和电视的许可证。南非的大众传播媒介，200 多年来历经无数次白人与白人、白人与黑人、有色人种的冲突和斗争，现在终于朝着自由、公正、和平竞争与经济高效率的方向发展了，希望在前。

二、新传媒集团的形成及报业格局

在新形势下,南非原来的四大报团,在构成和产权方面发生了较大的变动。1993 年,守望公司一分为二,其主要股权为爱尔兰的"独立报业集团"(Independent Newspapers Group)所有。现在该报团在南非拥有全国性和地方性报纸 14 家,在南非上网媒介中,拥有最大的网络分类新闻系统。

原来"守望公司"所属的《索韦托人报》,同时让与黑人企业公司下属的"新非洲投资集团"(简称 Nail)。

1996 年,联合报业公司采用现名"时代媒介集团"(Times Media Group),其92％的股份为公共媒体公司(Omni Media)控制。现在该公司拥有南非历史最悠久的日报《明星报》,南非最大的星期日报纸《星期时报》,以及《金融邮报》等重要报刊。

"市民报团"现名"纳斯派斯集团"(Naspers),其结构变化不大。它的立场在实现种族和解前夕,与种族隔离政策保持距离,不再维护这一政策。现在它除了日报《市民报》和《印象报》、星期日报《报道报》(非洲荷兰文)等重要报纸外,还拥有 34 种社区报纸和一些杂志。

珀斯科报团在竞争中几经沉浮,原来所属的几家非洲荷兰文报纸不复存在,其资产 1996 年转移到"卡克斯顿集团"(Caxton)。现在该集团是英文报纸《公民报》的所有者,另外还拥有 18 家地方和社区报纸和一些杂志。

这样,就构成了现在南非的五大报团:独立报业集团、时代媒介集团、纳斯派斯集团、卡克斯顿集团、新非洲投资集团。

现在的纳斯派斯集团(Naspers),已经是南非主要的多媒体集团,业务范围包括付费电视、互联网业务、平面媒体、图书出版、私营教育及互联网和电视技术。集团的业务是通过下设分支机构或与其他公司合作、联合发展起来的,遍及南非、中国、泰国、希腊、塞浦路斯、非洲大陆、荷兰和美国。据 2004 年 3 月底统计的年度财政情况,公司年营业额 166.45 亿人民币,营业利润 16.76 人民币,净利润 4.82 亿人民币。

20 世纪 80 年代,Naspers 将其业务拓展至付费电视,后来又扩展到互联网媒体平台。Naspers 和南非的另外几家媒体公司在 1985 年组建的付费电子媒体公司 M-Net,于 1990 年在南非 JSE 证券交易市场上市。1993 年 10 月,M-Net 中的订户管理、信号分配和手机等业务部门,及其在 FilmNet(欧洲的一家付费电视运营商)所持有的股权,都被注入了新的"多种选择股份有限公司",即MIH 控股公司。

2002 年 12 月,Naspers 进行重组,把 MIH Holdings 和 MIH Limited 的少部分股权交换为 Naspers 自己的股份。Naspers 公司作为跨国公司,其业务范围扩展至北美、欧洲、非洲、东南亚和东亚。它分成 5 个子公司：Media24，负责报纸与印刷杂志；Nasbook，负责图书出版；M-Net，仍然是 Naspers 控股的付费电视台；M-Web，是网络服务供应商；MIH 是 Naspers 其海外分公司。

国际社会对南非的制裁解除后，随着对外交往的扩大，以及多数青年一代黑人学习英文这一背景情况，非洲荷兰文报刊的发展处于停滞状态，目前只有约翰内斯堡出版的日报《印象报》保持了相当的读者，并建了网络版，其他非洲荷兰文报刊影响不够大。而南非各土著文字的报刊则得到发展，例如祖鲁文和英文的《伊加兰报》、豪萨文和英文的《伊姆沃报》等开始进入南非的代表性报纸行列。

伴随着国内民族和解的进程，人们的注意力开始转向经济生活，经济类报纸日渐受到人们重视，发展较快，较有影响的如 BDFM 出版公司的日报《商日》（Business Day）和时代媒介集团的《金融邮报》，以及独立经济类日报《WOZA》。

由英国《金融时报》和南非约翰内斯堡媒体集团联合参股的《商报》，是约翰内斯堡媒体集团内的主要报纸，也是南非发行量最大的经济类报纸，日发行量4.4 万份。《商报》主要面向银行家、企业家、外交官和政府高级官员，以刊登政治、经济重大新闻为主，分析国内国际政策以及公司、实时信息等为重点。原来每天 34 个版，后来改为 24 个版。报纸收入的 60% 来自广告，40% 是来自报纸的零售收入。现在国际版的新闻来源都是用外电稿件，其中路透社的稿件居多。

1999 年 2 月，由南非五大华侨团体出面创办的又一家中文报纸《南非华人报》（日报）在约翰内斯堡的中兰德（Midrand）区创刊。该报以祖国大陆为依托，宗旨是"传递南非、中国和国际信息，弘扬中华文化，促进中南文化交流和两国人民的友谊"。

南非定期出版物的数量居黑非洲之首，大概有 5 000 种。根据 2006 年的数据，南非共有 20 份日报、13 份周报，其中多数为英文报刊。

《每日太阳报》（Daily Sun），创刊于 2000 年，是南非历史上第一份以黑人工人阶层为读者对象的小报，也是南非发行量最大的报纸，目前发行量 44 万份。

《索韦托人报》（The Sowetan），原名《世界报》，为黑人服务的报纸，20 世纪70 年代发行量位居南非第三位。曾两度被查封，1981 更名为《索韦托人》（Sowetan）出版。该报与《每日太阳报》为竞争对手，目前发行量 12.4 万份。该报隶属于 Avusa 集团，该集团旗下的《星期天时报》（Sunday Times）是南非发行量最大的星期天报纸，发行量 50.4 万份。Avusa 集团目前的业务涉及媒介、娱乐、图书出版、数字、零售业咨询五大部分。

《明星报》（The Star），是一份在约翰内斯堡出版但在全国发行的报纸，曾经仅面向白人市场，但现在超过 50% 的读者是黑人，发行量 17 万份。该报隶属于爱尔兰的独立媒体集团（Independent News & Media），该集团是南非第一大出版商，拥有全国性和地方性报纸 14 家。

《每日太阳报》

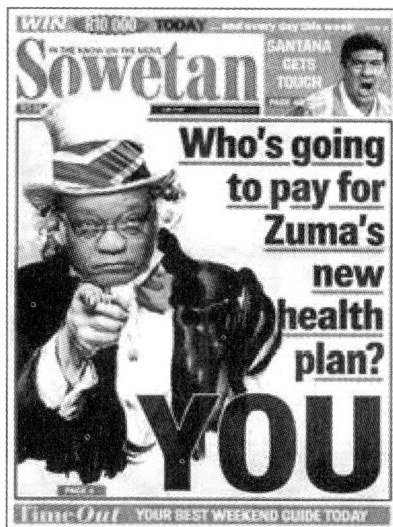

《索韦托人报》

　　《公民报》是一份全国性发行的小报，1998 年被卡克斯通和 CTP 出版公司 (Caxton and CTP Publishers and Printers Limited)收购，发行量 7.3 万份。

　　如前所述，随着对外交往的扩大，以及多数青年一代黑人学习英文这一背景 情况，非洲荷兰语(亦称阿非利斯堪语)报刊的发展处于停滞状态。目前比较重 要的非洲荷兰文日报是《印象报》(*Beeld*)和《市民报》，这两份报纸同属纳斯帕斯 (Naspers)集团。《印象报》创刊于 1974 年，是南非发行量最大的非洲荷兰文报 纸，目前的发行量为 10 万份。《市民报》最初以荷兰文印刷，1921 年报头由荷兰 文的"*De Burger*"改为非洲荷兰文的"*Die Burger*"，该报 2008 年的发行量为 9 万份。

三、广播电视公营与民营并行体制的完善

　　从 1992 年起，南非的广播电视体制着手改革。原南非广播公司(SABC)的 电视二台、三台、四台合并为"当代社区价值"台(CCV‑TV)，主要为多种文化的 信息和教育节目，使用英语、非洲荷兰语和 9 种土著语言，首次任命了一位黑人 担任该台的主要负责人。而使用各种土著语言播出电视节目，使得黑人观众对 节目表现出极大兴趣，收视率明显上升。电视一台(TV 1)为面向全国的高收视 率的节目台，包括体育节目。另外，新设了电视教育台(TSS)。这一改革是基于 新南非宪法规定英语、非洲荷兰语和其他 9 种土著民族语言同为官方语言。因 此，南非广播公司需要依据语言、文化和地理的尺度重塑公司的形象。

　　1994 年 4 月，南非政府为广播电视民营化而成立独立广播局(IBA)。其主

要工作是发放营业执照、制定管理法规，管理和调控整个电视市场。同时，公营的南非广播公司从人员结构上进行改革，裁减人员15％（800多人），逐渐使黑人职工达到一半。在电视节目内容方面，成倍增加了新闻类节目。1995年10月1日，以M-Net为基础，扩张成南非最大的民营卫星电视公司"多种选择集团"，该公司在海外以"MIH"活动。

1998年，南非广播公司出售一个电视频道而换取卫星电视频道，开办了付费卫星电视台（共有6个频道），为管理这些频道而成立了一个联合公司太空卫星系统，向社会开放60％股份。同时，出售7家属于该公司的地方性广播电台，一家全国性广播电台（森泰克台）另行成立一个公营公司，形成与南非广播电台的竞争局面。

现在南非的广播电视业，形成了公营与民营并行、多种文化和睦并存的局面。公营的南非广播公司（SABC）有23个电台和3个电视频道，其新闻和娱乐节目全部用南非11种官方语言播送。

南非广播公司约翰内斯堡总部

电视方面，存在着两大系统，即民营多选集团下属的M-Net有线电视台和卫星电视台（除一个综合频道外，有7个专门频道，以及可供选择的100多个卫星频道）；公营的南非广播公司的电视系统（有三个全国性频道和一个卫星付费电视台）。其他民营无线电视台主要有BOP台、特兰斯凯台、西斯凯广播网等。

目前，南非大部分城区在使用普通电视天线情况下可以收到5个台：SABC 1，综合频道，大部分时间播放非英语节目；SABC 2，综合频道，部分时间播放英语节目；SABC 3，综合频道，大部分时间播放英语节目；E. TV，综合娱乐频道，播放晚7点新闻，大多数使用英语，少量南非本地电视剧中穿插南非荷兰语，同时显示英文字幕；M-net电影台，全英语节目，播放电影和少量娱乐节目。

南非电视节目都有分级提示，节目开始前均会提示适合观看的最小年龄，提示 18 岁以上的均含有成人内容，例如 E. TV 周六、M－net 周五晚 11 点左右均有成人电影。

广播系统，民营电台近年发展较快，已从 20 世纪 80 年代末的 19 家发展到 2000 年初的 120 多家，但总体影响力仍较小，还是南非广播公司的广播电台占主导地位。现在该公司的广播电台分为对特定对象广播（Home Services）和对全国广播（National Services）两大部门。前者共 5 个台，通过中波使用多种土著语言广播；后者有 6 个台，通过短波使用英语和南非荷兰语广播。民营台中，80 年代初创办的"702 谈话电台"较有名气，702 控股公司在约翰内斯堡和开普敦分别开设 702 谈话电台和 FM 音乐姊妹台，由于节目的接近性较强，因而拥有广泛的城市听众。

多选集团发射的 APS－4 卫星，可以覆盖整个非洲大陆。现在其卫星电视平台有 100 多个频道，其中转播外国的著名频道 40 多个（包括 CNN、BBC、英国的 BSkyB、美国全国广播公司的 CNBC、体育频道 ESPN、音乐频道 MTV、阿拉伯广播电视 ART、德国电视一台和二台、卢森堡电视台 RTL、印地语频道 Zee TV、中国的 CCTV－4 频道等），成为南非观众最多的电视台。M－Net 电视公司还借助这颗卫星向非洲 44 个国家传送节目。相形之下，单纯无线电视台和地面有线电视台显得黯然失色。

多选集团旗下包括全资附属公司 M－Net 电视公司、实施传播技术开发的易得图公司（TRDETO，总部在荷兰）、实施技术管理的多选公司（MCC）、频道传讯公司（Orbicom）和其他市场营销、技术传输、节目制作公司，以及一些非全资的控股公司。现任集团执行董事库斯·贝克（Koos Bekker）。由于大部分节目委托独立制片公司完成，M－Net 付费电视公司的正式工作人员只有 320 人（不同程度地持有本公司的股份），兼职人员 120 人，因而运营成本很低。

纳斯派斯在中国的业务始于 1997 年。它帮助中央四台利用 MIH 的付费电视平台，将其节目覆盖整个欧洲和非洲，参与并完成了众多国家广电总局、中央电视台以及其他公司的项目。

多选公司现在也是腾讯的最大股东。

第七篇

第二十二章
大洋洲新闻传播业历史发展概述

  大洋洲是指澳大利亚大陆,以及菲律宾群岛(不含)、新几内亚岛以东浩瀚太平洋上分布的岛屿国家。这一地区的澳大利亚、新西兰,属于新闻传播业的发达国家,19世纪初和中叶英国人就在那里创办报纸。其他国家分散在太平洋中,均为发展中国家,而且大多是在20世纪中叶以后独立的,因而除个别老报刊外,报纸、广播、电视等大众媒介,大多创办于独立以后。特别是电视,由于岛屿分布过广,人口稀少,投入产出难以平衡,建立的时间更晚。这一地区的土著居民在西方人到来前,尚处于原始社会末期,新闻传播文化是西方国家直接带过去来的。由于这个地区地理上偏于一隅,与其他地区的新闻交流有限,澳大利亚的新闻传播业在长期的发展过程中,形成高达95%的垄断程度,这在发达国家中是最高的。鉴于地理上接近,澳大利亚、新西兰这两个发达国家对周边一些国家也输出新闻业。

新西兰公营电视台TVNZ办公大楼

　　总的来说,这个洲发展中国家的新闻传播业近年发展速度相当快。特别是广电媒介,在浩瀚的太平洋进行传播,需要先进的技术和材料,而传播效果由于人口的分散,又是有限的。这说明太平洋的多数岛国已具备一定的综合经济实力。以人口与接收器的比例看,现在大洋洲的水平不亚于拉美和亚洲。

一、平稳的新闻政策

　　这一地区从殖民地或托管地向国家独立或自治的过渡,是和平的,因而其新闻政策也保持了平稳过渡的状态。其特点可以归纳为三点:

　　(1)以自由主义为基础。除了澳大利亚和新西兰实行自由主义新闻政策外,太平洋的各岛国基本上也实行这种政策。这些岛屿上共有各种报纸约70种(其中日报十几种),2/3为民营。广播电视业多数国家实行国营(或公营)与民营并行的体制。少数太分散、人口太少的岛国,广电完全国营,并非不允许民营,而是民营在经济上得不偿失。在媒介与政府的关系上,相对和谐,没有发生过重大冲突。

　　(2)逐渐实现本地人管理媒介(民族化)。实现独立的多数国家,新政权没有采取收购或没收原有媒介的做法,而只是要求原有媒介培养本地人,逐步实现媒介的本地化。

　　(3)鼓励多种文化传播。澳大利亚20世纪70年代开始鼓励多种文化传播以来,一定程度带动了太平洋各岛国民族文化的传播。

　　以上三方面是一种有机结合的政策,既主张新闻自由,又维护民族利益,同时保持各民族之间的和睦相处,被国际上一些传播学者所肯定。

二、三个不同的发展地区

　　(1)澳大利亚和新西兰,这是大洋洲主要国家。其新闻体制基本效仿英国:报刊业基本民营,广播电视业实行公营与民营并行的体制。不论是报刊还是广播电视,其受众市场基本饱和。澳大利亚为巴布亚新几内亚、新西兰为斐济分别开办了商业电视台。太平洋各岛国的广播电视节目中,这两个国家提供的,所占比例较大。巴新的《信使邮报》、斐济的《斐济时报》,老板是世界报阀鲁伯特·默多克。

　　(2)美拉尼西亚,是大洋洲新闻传播业的次发达地区,以新月形远远地环绕澳洲大陆的东北部。其代表国家是巴新、斐济。巴新有约1 000个部族,语言较为复杂,现在主要使用英语、"洋泾浜英语"、莫茨语出版、广播,该国广播的第三套节目(多种文化节目),名为"大鼓"(Kundu),使用30多种部族语言广播。虽然现在不够发达,但是发展速度明显地较快。斐济是太平洋群岛中的一个出版中心,出版物使用主要使用英文、斐济文、印地文,10几家报纸竞争颇为激烈。斐济的广播业较为发达,81万人口,收音机拥有量基本饱和;考虑到经济效益,该国原来没有建立电视台的计划,1991年新西兰电视台在苏瓦建立了商业台,

1993 年底,转变为由新西兰电视公司、斐济开发银行和私人股东成立的斐济电视股份有限公司。这一地区法国属地新喀里多尼亚,新闻传播业也较发达。

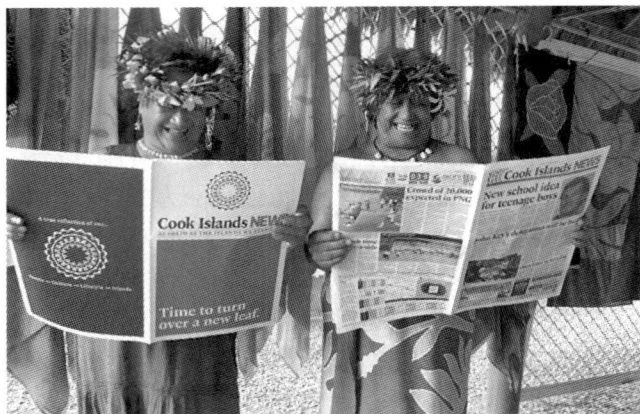

读报纸的库克群岛人

(3) 波利尼西亚和密克罗尼西亚,在美拉尼西亚东北,以更远的新月形环绕着澳洲大陆,是大洋洲新闻传播业相对不够发达的地区。其中位于东部的波利尼西亚比位于北部的密克罗尼西亚,发展程度要高一些。这一地区的代表国家西萨摩亚,即位于波利尼西亚。西萨摩亚是二战后第一个独立的太平洋岛国(1962 年),首都阿皮亚是又一个太平洋群岛中的出版中心,3 万多人口,却有 6 家报纸,版式各不相同。广播开办于独立前的 1948 年,收音机拥有量基本饱和;电视同斐济相似,原来没有计划,现在建立了一家商业电视台,目前电视机拥有量数万台。这个地区的汤加王国、法属塔希提岛、新西兰自治领库克群岛的新闻传播业也有一定规模。

三、独特的太平洋中的美国属地

太平洋中的美国属地,又分为本土和其他领地,属于本土的夏威夷群岛,以及美国的领地东萨摩亚、关岛等,由于其新闻文化直接来自美国,虽然起步晚,均在二战后,但新闻传播业很快达到了发达程度。这是大洋洲一个较为独特的情况。东萨摩亚只有 6.5 万人口,却有 3 家报纸,广播电台和电视台各两座,收音机和电视机拥有量饱和。关岛 15 万人口,出版两家日报,两家星期日报和数家杂志,收音机每人平均拥有 1.5 台,电视机平均每户两台。一些近年独立的原美国属地,如马绍尔群岛、密克罗尼西亚联邦,其广播的基础也较为雄厚,收音机人均一台。

大洋洲国家中,在世界上有影响的显然是澳大利亚,而且其对该洲的新闻传播的辐射也较广,因此,把澳大利亚作为详尽研究的国家是无可争议的。

第二十三章

澳大利亚新闻传播史

　　澳大利亚与美国有些相似,它没有悠久的历史和文化传统,当 17 世纪西方殖民者发现这块大陆时,770 万平方公里的广袤荒漠上只有二三十万处于原始状态的土著居民。他们分成约 500 个部落,每个部落又分为若干"群团",部落和群团之间彼此承认对方的领地,除了群团内的交往外,与外部交往极少。

　　荷兰人是最早到达这里的西方人。从 1616 年起,他们多次来到这块大陆,将该地称为"新荷兰"。但他们只在这块大陆的周边沿海地区活动,由于没有发现所需要的黄金、香料,放弃了对澳大利亚的开发,只留下了十分简单、明显曲解和不完整的文字记载。

　　最早关于澳大利亚的相对完整的记载出于英国冒险家威廉·皮尔丹之手。他于 1688 年和 1699 年两次到达澳大利亚西海岸,17 世纪末出版了他的探险日志,并连续再版五次,这本日志甚至对笛福写作小说《鲁滨逊漂流记》产生了影响。皮尔丹对陆地、植物和土著人作了详尽的描述,带有偏见地记述了土著人的外貌和生活习性。就当时的传播时效而言,他的日志可以说是最早的关于澳大利亚的新闻报道。

　　1770 年,英国政府派海军上校詹姆斯·库克(James Cook)来到澳大利亚东海岸,进行了四个月的考察和测量,从南端的塔斯马尼亚岛到北端的约克角,他将这里统称为"新南威尔士",并于同年宣布该地为英王乔治三世的属地。这块土地过于贫瘠,只是由于美国独立,英国不能再将罪犯流放到原来的英属弗吉尼亚州,于是当库克的报告送达伦敦时,他们想到了"新南威尔士",决定将其作为新的流放地。

　　1788 年 1 月 26 日,由悉尼勋爵任命的第一任总督、退役海军上校阿拓尔·菲利普(Arthur Philip)率领 11 艘船,几经周折,开进了"杰克逊湾"(菲利普为报答悉尼勋爵的知遇之恩,该地改名悉尼湾,沿海湾建立的城市当然叫悉尼),确定这里为整个"新南威尔士"的首府(后来是新南威尔士州的首府)。总共 1 030 人,其中男犯 534 人,女犯 192 人,其余为军人和随行人员,这就是澳大利亚最初所谓的现代"社会",国庆日后来就定在 1 月 26 日。为防止法国抢先在西部移民,1826 年,英国在西澳南部的珀斯登陆,三年后建立永久移民区。1829 年,整个澳洲大陆被正式宣布为英国领土,采用拉丁文"南方大陆"(Australis)的一词,统称澳洲大陆为"澳大利亚"(Australia)。

截至 19 世纪中叶停止流放罪犯,前后共有 16 万罪犯被送到这里,主要是一些小偷、流浪者等轻刑犯和少量爱尔兰政治犯。与流放罪犯同时迁来的正常移民,数量大体是其的二倍。社会人口的素质、英国直接的传统殖民地统治、土地的贫瘠、与欧洲距离的遥远和信息的闭塞,这就决定了澳大利亚早期社会化传播的"初级阶段"性质。随着 19 世纪中叶发现金矿后大批西方移民的涌入,澳大利亚社会逐渐形成对于新闻传播的具有自身特色的需求,新闻传播开始逐步走向现代化。

第一节　澳大利亚新闻传播业的初创

从英国到达澳洲大陆的第一批移民,登岸时就带了一台木制印刷机。总督菲利普曾命令一名原职业为印刷工人的犯人乔治·休斯(George Hughes),为当局印刷小册子《新南威尔士现行法令》,是为澳大利亚的第一本印刷品。

《悉尼公报和新南威尔士广告人报》创刊号

一、第一批报纸的诞生

1803 年,第三任总督菲利普·金(Philip King)到任,他较为看重办报,命令在当局办的印刷所工作的犯人乔治·豪(George Howe,1769－1821)于 1803 年 3 月 5 日为当局编辑和出版了《悉尼公报和新南威尔士广告人报》(*The Sydney Gazette ＆ New South Wales Advertiser*),是为澳大利亚第一家报纸。这份报纸的长宽仅为 29×19 厘米(相当于现在的 A4 复印纸大小),四版,每版三栏,售价 6 便士。报头有一幅椭圆形的当时建筑物的风景木刻画,椭圆四周写有一行字:这就是我们繁荣的寄托(thus we hope to prosper),报头下印有一行字:官方出版(published by authority)。报纸每逢星期六出版,编辑和印刷相当简陋,直到 1824 年才以英国小报纸的标准尺寸(50.8×38.1 厘米)出版。报纸的内容主要是政令、任免和其他事务性通告、商品广告、本地新闻(以审讯和判决报告为主,偶有农业、航运和事故新闻)、海外新闻;另外,从第 6 期起,豪设置了读者来信专栏,当然来信内容不涉及任何对官方的批评。第 1 期发行 100 份,以后逐渐升至每期三四百份。

这是一份由犯人(后来为自由人)按照官方意图编辑的官报。豪作为编辑和承印者,报纸盈亏自负。豪出生于西印度群岛,父亲是当地政府的印刷匠,他在父亲指导下掌握了印刷技术,博览了欧洲古典文学,有一定的知识基础。成人后在《泰晤士报》和其他伦敦的报纸印刷所工作过,发表过文章。1801 年因盗窃罪被判流放澳洲,1806 年获得自由人身份。1811 年起,为补贴他经营报纸的财政负担,经当时的总督麦奎尔(Macquarie)批准,得到 60 镑的年薪。

金对于他创办报纸的决定作了如下说明:"全体移民和居民都盼望能从传给他们的有用的信息中受益,一份周报可以大大推进这一构想,为此我批准一名能干的政府印刷业承办人每周搜集素材(这些素材要受到官员的审查),以周报和印刷品的形式出版……"。① 显然,殖民当局这时已经意识到信息的传播对于澳洲新社会的意义,但是作为官报,仍坚持实行英国本土已经过时了的新闻检查政策。豪在回忆中曾谈到他作为编者经常遭遇到的情形:有时总督会"拿起钢笔,莫名其妙地乱画一气,有时一个栏目、半个栏目甚至一篇文章会遭到删除",他"这个倒霉的印刷匠不得不从头再来"②。

在创刊号社论中,豪写道:该报是"可靠的消息提供者","传播消息是我们唯一的目的";这份报纸"不会给任何政治讨论或者个人谴责留一点空间"③。这里多少反映出殖民当局的新闻观,即认为只有官方传播的消息才是可靠的,并且是不容怀疑的,必须由官方决定公众需要知道什么,不容许任何其他意见的存在和传播。

1821 年豪逝世,报纸由其子罗伯特·豪接办。1825 年起变成周二刊;1827 年起改为日报,当年发行量达到 1 800 份。罗·豪也是澳大利亚第一家杂志《澳洲杂志》的创办者、澳大利亚第一位书籍出版商。《悉尼公报》于 1842 年停刊。

澳大利亚的第二和第三家报纸均创刊于塔斯马尼亚岛,即 1810 年和 1816 年在该岛东南德文特河口一带出版的《德文特明星和范迪门地信使报》(*Derwent Star & Van Diemen's Land Intelligencer*)和《霍巴特镇公报和南方记者报》(*Hobart Town Gazette & Southern Reporter*)。前者存在时间短暂,材

---

① 张威《澳大利亚报业溯源》,《国际新闻界》2000 年 4 期。
② 同上。
③ 同上。

料不详；后者存在时间长些，性质与《悉尼公报》相仿。这一带是英国在澳的第二个移民和罪犯流放区，建于1803—1804年，1810年时人口超过1 300人，其中犯人250人。当年受荷属东印度公司总裁范迪门派遣的航海家们发现了这一带，因而称"范迪门地"，霍巴特即是后来塔斯马尼亚州的首府。

其他各州最早的报纸分别是：西澳大利亚州首府珀斯，于1833年创刊《西澳大利亚人报》(*The West Australian*)，该报最初是官报《珀斯公报和西澳大利亚人报》，后来删除前半个报名，转变为民办报纸，出版至今。南澳大利亚州首府阿德莱德于1836年创刊《南澳大利亚公报和殖民地记录报》(*South Ausralian Gazette & Colonial Register*)，是为官报，后来停办。

昆士兰州从新南威尔士分出去晚些(1859年)，因而该州首府布里斯班在1872年才出现首家报纸《电讯报》(*The Telegraph*)，是为晚报。

二、新闻自由传统的确立

澳大利亚新闻史上，一般把1824年10月14日在悉尼创刊的《澳大利亚人报》(*The Australian*)视为该国第一家不受检查的民办报纸。创办人是当地一位法律界人士温特沃斯(William Charles Wentworth，1790-1872)和在曼彻斯特当过记者的沃德尔(Robert Wardell，1793-1834)博士。他们在发刊词中宣布：报纸将是"独立的，一致的，自由的，不受约束的，同时不因恩宠和恐惧而变化"。这对当时的新南威尔士总督布里斯班(Thomas Brisbane)爵士来说是一件没有先例的事情。由于在英国本土已经不存在政治上直接限制新闻自由的法律（经济上限制报刊的最后一项法律于1861年废除），在他请示伦敦只得到暧昧的答复后，开明的总督决定做一次新闻自由的试验，对它的出版没有管束。于是，又一家报纸民办的报纸《监督人》(*The Monitor*)于1826年由霍尔(Edward Smith Hall)在悉尼创刊。

就在这一年(1826年)，新总督达令(Ralph Darling，1772-1858)到任。10月，发生了驻军中两个士兵因开小差而被总督施以酷刑致死一人的事件，两报强烈谴责了总督的残暴。总督因此致电伦敦要求封闭这两家报纸，并向新南威尔士大法官福布斯(E. Forbes)施加压力，要求他立即取消民办报纸。英国殖民部没有同意他的要求，大法官也没有下达取消民办报纸的命令。于是达令利用掌握的权力对两家报纸课以很重的印花税，并以诽谤罪将霍尔和《澳大利亚人报》的一名编辑投入监狱。温特沃斯、沃德尔、霍尔和当地一些主张自由主义的社会人士向英国当局状告达令，各界对此反映强烈。1831年殖民事务部召达令回英国述职，宣布他对报刊所课的税无效，另派了一位自由主义的总督。达令沮丧地离开悉尼之日，温特沃斯在自己的宅邸举办了一个有5 000人参加的盛大宴会，庆祝新闻自由的胜利。

温特沃斯　　　　　　　　　　达令爵士

　　由于澳大利亚在成为自治领之前是几块自治的英国殖民地,相互的法律不通用,新南威尔士(最初的"新南威尔士"后来一分为三,北部为昆士兰州,中部为现在的新南威尔士州,南部为维多利亚州;塔斯马尼亚岛则从开始移民时起,就作为一个单独的地区,管辖权与大陆分开了)发生这个事件后,塔斯马尼亚州和西澳大利亚州也重复发生同类总督限制新闻自由的事件。其中 1838 年在西澳大利亚州首府珀斯创刊的民办《天鹅河卫报》,可能是澳大利亚新闻史上少有的由于政治原因被封闭的报纸。

　　但是,所有争取新闻自由的斗争,由于大势所趋,最终都获得了胜利。澳大利亚新闻业如此轻易地获得新闻自由,这是由于英国本土和其他西欧北美国家的新闻业已经基本获得这种自由,加上它不是世界的焦点,所以这里的斗争带有一些戏剧性,并没有承受多大的艰险。各州的官报,到 19 世纪 40 年代逐渐消失,澳大利亚从此自然形成报刊民营化的新闻体制。

三、澳大利亚早期的报业竞争格局

　　如果说澳大利亚最初的民办报纸多少出于在政治上尝试新闻自由的动机的话,那么 1831 年 4 月 18 日创刊的《悉尼先驱报》便是第一家商业性报纸,最初为四版周报。该报由约翰·费尔法克斯(John Fairfax,1804－1877)和查尔斯·肯普(Charles Kemp)创办,前者在英国沃里克郡因从事印刷和办报而破产,带着怀孕的妻子和三个孩子来到这块新大陆;后者在英国曾是法庭记者。该报最初为周报,1840 年改为日报。1841 年在报名上加了个"晨"字(*The Sydney Mornig Herald*),因为这一年悉尼出现了晚报《每日镜报》(*Daily Mirror*,1974 年被合并掉),它则以"晨报"的名义与之竞争。这也是澳大利亚报业竞争的开端。1850

年创刊的《帝国报》(*Empire*,1851 年改为日报,1875 年停刊),在其存在的 20 多年里,一度也是《先驱晨报》的主要竞争对手。

《悉尼先驱报》1831 年创刊号

该报创办人之一约翰·费尔法克斯

在当时新南威尔士的另一个城市墨尔本,与悉尼几乎同时出现报纸竞争。1835 年那里首先出现《墨尔本广告人报》(*Melbourne Advertiser*),接着于 1840 年出现澳大利亚的第一家晚报《先驱报》(*The Herald*),还有 1846 年创刊的《守望报》(*The Argus*,1975 年在竞争中停刊)。1851 年,墨尔本成为从新南威尔士分出去的维多利亚州的首府;1901 年成立澳大利亚联邦至 1927 年,这里是还是联邦的首都。因此,从 19 世纪 50 年代起,就形成了悉尼、墨尔本两大城市之间新闻竞争的传统,19 世纪中后期和 20 世纪初,墨尔本的新闻传播较悉尼发达;20 世纪中后期,悉尼较墨尔本更为发达。

第二节 1851 年至建国初期,新闻传播业的发展与新民族意识的形成

1851 年对于澳大利亚的发展来说是一个至关重要的年头,由于在新南威尔士南部山区发现金矿,原来被人们视为"囚犯与袋鼠之乡"的偏远之地,涌来了大批淘金者。整个澳大利亚的人口,从当时的 40 万,不到十年就增加到 110 万,流放罪犯的制度也于这时终止;到 1870 年前后,又增加到 160 万,人口的文化素质明显提高。1901 年澳大利亚联邦成立之时,全国人口已有 337 万。

一、报刊业的大发展及背景条件

澳大利亚开始成为世界的一个焦点,靠近金矿地区的墨尔本,以及相对近些的悉尼,报刊都得到迅速发展,种数增加,发行量更是急遽上升。

　　在墨尔本,由于工人数量的增长,这种商机使得一些具有自由主义倾向的商人联合起来,于 1854 年 10 月创办了《时代报》(*The Age*),主要创办者是约翰·库克、亨利·库克兄弟。该报认为,"每个月都在出现一些新的有利可图的企业领域、一些新的财富尚未开发出来的矿藏,这些财富充分说明人们对无限昌盛的希望信心十足"[①]。既然以工人为主要读者对象,主办者的政治倾向又与工人的利益有一定关系,因而在创办的之时遇到淘金工人起义("尤布卡栏栅事件"),报纸便站在工人一边,为他们的苦难申诉,谨慎地批评政府。当部分广告商因报纸的立场而退出后,40 名印刷和排字工人每人拿出 25 英镑,报纸成为工人合作社的财产,坚持了 18 个月。1856 年该报被工人们聘请的主编埃比尼泽·赛姆(E. Syme)和他的弟弟戴维·赛姆(David Syme,1827-1908)以个人名义买下。4 年后戴维接替因病逝世的哥哥主持该报。在以后的年代里,该报逐渐成为影响澳大利亚民主化舆论的主要报纸,其发行量到澳大利亚联邦成立时,也从创办时的 1 000 份达到了 12 万份。首任澳大利亚总理乔治·雷德谈到该报的影响力时说:戴维"是维多利亚州的真正独裁者"。[②] 墨尔本 19 世纪后半叶的报纸竞争,主要在《时代报》《先驱报》《守望报》之间展开。

戴维·塞姆

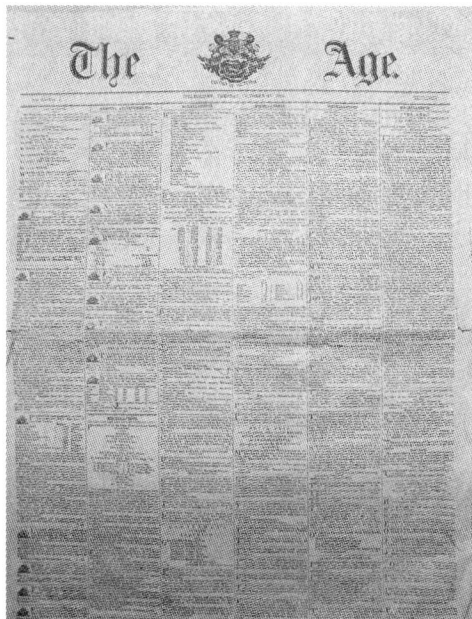

《时代报》创刊号

---

① ［美］马丁·沃克《报纸的力量》中文版第 326 页,新华出版社 1987 年版。
② 同上,第 331 页。

在悉尼，除了原先几家竞争的报纸外，1879 年又出现一家大众化的日报《每日电讯报》(*Daily Telegraph*)，形成一家严肃报纸（《先驱晨报》）、两家相对大众化报纸（《电讯报》与《镜报》）相互竞争的局面。悉尼也是澳大利亚的文化中心之一，在 19 世纪 80 年代创刊的《简报》(*Bulletin*)周围，聚集起澳大利亚新一代的职业文化人，包括作家、诗人、艺术家、民谣作者、漫画家等。而墨尔本，则是老一代文化人的聚集地。

在南澳大利亚州首府阿德莱德，1858 年创刊的《广告人报》(*Advertiser*)替代官报成为主要报纸。在塔斯马尼亚州首府霍巴特，早在 1842 年就有《考察者报》(*Examiner*)替代了官报。

1872 年，从南澳的阿德莱德到北澳的达尔文，长达 3 000 公里的大陆电报线架设完成；在达尔文，则有国际海底电话电缆通往世界各地。这一伟大的工程使得澳大利亚较快地纳入世界信息交往体系。从这年起，各报开始使用这条电报线接收国际新闻，第一家使用者是墨尔本的《时代报》。到 1901 年澳大利亚联邦建立时，全澳建有铁路 15 200 多公里。1870 年教育法案的实施，则为澳大利亚的新闻传播带来了更大的读者群。

随着大量人口涌入，澳大利亚的报纸逐渐趋向大众化。1862 年在阿德莱德创刊的《电讯报》(*Telegraph*)成为澳国第一家便士报，第二家是 1867 年在悉尼创刊的《晚间新闻》(*Evening News*)。但是，真正形成便士报的潮流，是在 19 世纪末。其标志，是最有影响力的《悉尼先驱晨报》于 1897 年将价格降为 1 便士。当时这些报纸只是价格方面大众化了，内容上适应有意识适应大众流行文化的，则是 1889 年在悉尼创办的星期日报纸《真理报》(*Truth*)、1910 年创办的大众化日报《太阳报》(*The Sun*)、1922 年在墨尔本创办的《太阳新闻画报》(*The Sun News Pictorial*)。

信息传播技术的革新和传输通道的畅通、读者识字率的普遍提高，是造就澳大利亚报刊大发展的另两个原因。

到 1886 年，澳大利亚各块殖民地的主要城市均有了日报，共 48 家。澳大利亚联邦成立后的 1905 年，全国有各类报纸 621 家（各州分布情况是：维多利亚 324 家、新南威尔士 95 家、昆士兰 118 家、西澳大利亚 22 家、南澳大利亚 46 家、塔斯马尼亚 16 家）。新增加的报纸中，主要是城市郊区和小城镇的周报。处于澳洲大陆中北部的"北部地方"联邦直辖区，由于人口太少且分散（134 万多平方公里，几乎全是荒漠，当时仅有五六万人），尚没有报纸。几家较大的报纸，先声夺人，则从创刊起就已经较为稳定地占据了大城市的读者市场。

二、报刊的发展与澳大利亚民族意识的形成

澳大利亚人从一群英国殖民统治下的移民，逐渐形成一个新的民族的过程，

大众媒介在其中起了重要的催生作用。最早提出民族意识的是第一家民办报纸《澳大利亚人报》,它将美国作为澳大利亚发展的榜样,并把澳大利亚描绘成另一个半球的美国。媒介为澳大利亚创造了一系列对外形象,例如 1858 年《墨尔本笨拙》(*Punch*)周刊提供的"前程远大的"丛林工人形象、1883 年《时代报》提供的"前程远大的"粗犷士兵的形象、1885 年《学报》提供的"曼利来的男孩"的形象、同一时期《笨拙》周刊提供的牵着袋鼠的"牧羊女"形象,等等。与美国同英国决裂后的独立性不同,澳大利亚民族的形成过程中充满着英国传统对澳的影响,这些形象一方面反映了澳大利亚人某种寻求独立的要求,同时也反映了一定的英国臣民意识。工人、士兵、男孩、牧羊女等,突出了澳大利亚人或物产的某方面特色,但均少了一点主人的味道。

　　然而,正是大众媒介日复一日地的影响,一种要建立新社会的新民族意识在缓慢地发展着。1887 年《学报》一段话代表了这种意识的萌芽:"所有那些离开暴政蹂躏的欧洲国家寻求言论自由以及个人自由权利的人,在踏上把他们带到这儿的船上之前就是澳大利亚人了。"①但是,几乎所有关于澳大利亚民族或澳大利亚人的观念,均以"白澳"作为前提,排除土著人和有色人(包括中国人),直到 20 世纪 70 年代以后,这种传统的"白澳"偏见才逐渐被摒弃。

　　一种强烈的以美国为榜样建立新社会的意识,使得澳大利亚 19 世纪的文化事业(包括报刊业)的发展速度远远超过英国本土。以下是 1881—1891 年间澳大利亚两个主要州的作家、编辑、新闻工作者人数统计②:

	1881 年	1891 年	1901 年	1911 年
新南威尔士州	—	530	595	955
维多利亚州	461	534	606	702

　　而英国本土的这类人员的数量,在 1911 年是 1.4 万,总人口为 4 480 万;而这两个州的文化人有 1 657,总人口则仅为约 300 万。不仅这两个州,从人口比例看,整个澳大利亚支撑着一个规模比本土大得多的文化层:英国这类文化人与总人口的比例为 1∶3 200;而澳大利亚是 1∶2 100。由于相当一部分各种文学作品的创作者当时很少有机会在新闻业之外谋生,于是大多进入了报刊界,这无形中为澳大利亚报刊的发展和质量的提高创造了条件。

　　悉尼大学历史系高级讲师怀特(R. White)在谈到澳大利亚 19 世纪的文化时写道:"澳大利亚购买了英国图书总发行量的三分之一,在殖民地出版的报纸

---

① ［澳］里查德·怀特《创造澳大利亚》第 101 页,云南人民出版社 1999 年中文版。
② 同上,第 110 - 111 页。

和杂志的数量非常之多,而且质量非常之高。特罗洛普认为澳大利亚有'我在英国之外看到的最好的日报'。不高的是创作的独立性作品的质量。"①的确,澳大利亚的报刊无形中为自己奠定了一个很好的质量基础,然而这种较高的报刊质量,在 20 世纪各类作家陆续脱离报刊而独立工作后,有一部分变得过分商业化,也为世界新闻传播开创了另一种低俗的传统。

第三节　20 世纪 20 年代至今,报刊的集团化兼并

1851 年澳大利亚金矿的发现确实一度使它成为世界的焦点。然而,随着黄金开采的枯竭,已经纳入世界交往体系的澳大利亚,由于地理位置的偏远、不处于世界政治和经济的战略中心,仍然多少偏于一隅。两次世界大战,澳大利亚作为英美战线的后方,经济得到了较快的发展,但是人口的发展相对停滞。这就造成了澳大利亚新闻传播业发展相对封闭的环境,以及以内向发展为主的特点。外部世界新闻传播业的发展与澳大利亚关联不多,而内部读者资源的挖掘是有限的,于是澳大利亚报刊业家族世代承办的情形较为显著,报刊业的垄断程度在西方国家处于第一位,达 95%。最近四十年,各家族报团相互兼并发生变化的频率之高,在全世界也是少见的。

从 20 年代起,在悉尼、墨尔本两个大城市已经立住脚跟的几家大报刊的所有者,逐渐扩张自身的媒介产业。

一、20 世纪 60 年代的五大报团

这五大报团依规模大小,分别是先驱与时代周刊集团、费尔法克斯报团、默多克新闻集团、帕克联合新闻公司、诺顿真理与运动员公司。

资格最老的报团是费尔法克斯报团。1853 年,《悉尼先驱晨报》所有人之一肯普以 1.75 万英镑的价格将自己的股份卖给了合伙人费尔法克斯。费氏建立的约翰·费尔法克斯公司 20 世纪中期以后迅速扩张。30 年代起投资新南威尔士州的广播业,1949 年创办《星期日先驱报》,1951 年创办《澳大利亚金融评论》(*Australian Financial Review*),1953 年买下世纪初形成的休·丹尼森(Hugh Denison)爵士创建的小报团的全部产业(其中最重要的是 1910 年创办的悉尼《太阳报》),1956 年该公司股票上市,随后于 1958 年买下诺顿报团(悉尼真理与运动员公司)的三家报纸(其中最重要的是《每日镜报》),1967 年买下墨尔本《时代报》55%的股份(1973 年基本买下该报),1965 年买下在首都出版的老报纸《堪

---

① [澳]里查德·怀特《创造澳大利亚》第 78 页,云南人民出版社 1999 年中文版。

培拉时报》(*The Camberra Times*)。不断地扩张后,这家公司到 60 年代成为澳大利亚居第二位的大报团。

在墨尔本,1921 年以《先驱报》和一家较大的周刊《时代》为核心,形成一个报刊业股份公司"先驱与时代周刊公司"。1925 年,该公司买下 1922 年由丹尼森创办的大众化报纸《太阳新闻画报》,1926 年,该公司与三个财团组成辛迪加,在当时的董事长、现在世界报业主鲁伯特·默多克(Keith Rupper Murdoch)的父亲基思·默多克的主持下,30 年代连续购买下一系列的报刊:《西澳大利亚人报》、阿德莱德的《广告人报》《新闻报》、布里斯班的《电讯报》《每日邮报》《信使报》、霍巴特的《信使报》等。另外,该公司还参与了几个州的广播业投资。到 60 年代,这个公司成为澳大利亚最大的报团。该报团的最大股东是贝利厄家族。

在悉尼,还曾有一个较大的报团"帕克新闻联合公司"(Consolidated Press Group),它的创始人是记者弗兰克·帕克(F. Packer)。他于 1919 年与悉尼前市长史密斯共同创办《史密斯周刊》,提倡贸易保护主义。略有名气后,创办了澳大利亚发行量最大的杂志《澳大利亚妇女周刊》(*Australian Women's Weekly*),并拥有了文化人看重的悉尼《简报》和悉尼的老报纸《每日电讯报》,成为与费尔法克斯公司竞争的直接对手。在 60 年代,该公司是澳大利亚居于第四位的报团。

有的材料把默多克家族在澳大利亚形成报团时间定在 1902 年,[①]这是鲁珀特·默多克的父亲开始从事新闻工作的年代,当时其父只是墨尔本《时代报》的一个郊区记者。1921 年老默多克从欧洲记者站回国,出任先驱与时代周刊公司的"旗舰"墨尔本《先驱报》主笔,1926 年进一步为总编辑;1929 年,成为先驱与时代周刊公司常务董事,后来担任董事长。他为该公司的扩张立下汗马功劳。发展了的"先驱与时代周刊公司",几乎是老默多克一手建立起来的,但他主要是经营者,在集团内所持的股份很少。1953 年逝世时留给小默多克的可以由家族控制股份的报纸只有阿德莱德的《新闻报》(*Adelaide News*)和布里斯班的《信使邮报》(1933 年他将《每日邮报》和《信使报》合并而来),以及一家小电台。换句话说,所谓默多克报团(新闻公司),是在小默多克手里才成型的。

1956 年,默多克将《信使邮报》盘给父亲原来工作的老公司,同时买下西澳珀斯的《星期日时报》(*Sunday Times*)和墨尔本的《新思想》杂志。1964 年,他在首都堪培拉创办首家澳大利亚的全国性报纸《澳大利亚人报》(与 1824 年的同名报纸无关)。1960 年,他从费尔法克斯集团买下诺顿报团才卖出两年的《每日镜报》和《星期日镜报》,并拥有了悉尼和墨尔本商业广播电台的一些股份。这时,新闻军团才成为澳大利亚居第三位的报团,不过,其注册地点还是南澳大利亚州

① 本书编辑室编《外国新闻界概况》第 1332 页,新华出版社 1982 年版。

的阿德莱德。

诺顿(Norton)家族的"真理与运动员公司"(Truth and Sportsman Ltd.)原先有一定规模。约翰·诺顿1889年在悉尼创办星期日报纸《真理报》,采用大众化的编辑手法获得成功,以后盘进《每日镜报》并创办《星期日镜报》,由第二代埃兹拉·诺顿主持。1958年《每日镜报》和《星期日镜报》卖给了费尔法克斯集团,该报团衰落,只剩下《真理报》。

到70年代,形势发生一些变化,继诺顿报团衰落之后,帕克集团也衰落了。1972年,帕克新闻联合公司(主持人已经是第二代K·帕克)将《每日电讯报》卖与默多克,主要资产更多地投入广播电视业。1974年,默多克将镜报与电讯报合并为《每日电讯镜报》。接着,帕克集团将其在澳大利亚新闻造纸公司的股份卖给了先驱与时代周刊集团,从而这个集团在报刊业的影响力基本消失。默多克报团的地位有所加强,但依然居第三位。

二、20 世纪 80 年代以后两大报团相对的态势

80年代,兼并仍在继续。1987年2月,默多克一举买下先驱与时代周刊公司的主要股份(只有该公司在新南威尔士州的乡村报纸卖给了费尔法克斯公司),于是默多克的新闻公司成为在澳大利居于绝对第一位的媒介集团,它控制着全澳近七成的报刊。费尔法克斯公司是第二大媒介集团,控制着全澳二成多的报刊。原来的五大报团,二十年多年后变成了两大媒介集团!

事情还没有完,1991年12月,加拿大的报业主康拉德·布莱克(Conrad Black,1944－)又以16亿澳元的价格,一举收购了费尔法克斯公司的主要股份。1996年因澳大利亚政府禁止外国公司持有本国媒体25％以上的股权,布莱克被迫将控股权出售。[①]

其他多少有点名的小报团,尚有杰米·莱斯利主持的"澳大利亚独立报业集团",这是一个墨尔本市的地方报团;爱尔兰最大的报业主托尼·奥赖利(Tony O'Reilly,1936－),在澳大利亚拥有的"澳大利亚州报集团",它主要在昆士兰州,拥有13家地方报纸,总发行量仅25万份。

第四节 澳大利亚报刊的特点与新闻自由

进入20世纪以来,澳大利亚的报刊逐渐呈现两个显著的情况,一是过于狭隘的地方性与内容低俗的结合;一是报业的商业垄断对新闻自由的限制。这些

---

① 辜晓进《当代中外新闻传媒》第257页,中国人民大学出版社2012年版。

在其他西方国家都存在,但最具典型的是澳大利亚。前一点使它成为世界第三代大众化报纸的起源地,后一点使它成为研究报业商业垄断干预新闻自由的典型国家。

一、狭隘的地方性与第三代大众报纸格调的形成

澳大利亚19世纪的新闻传播曾因有较多的各类文学家参与而具有较高的质量,但从19世纪末开始,工业流程式的大众文化开始在新闻传播中蔓延,"标准的维多利亚王朝中期的小说正在让位与廉价插图版本的篇幅较短的小说、短篇故事以及通俗叙事诗歌。""以插图、广告、追求轰动效应和即时性为内容的新的新闻性也是如此。""他们的目的并不是对中产阶级说教,而是吸引一个大众市场并使其得到娱乐。"①这种情形在英国本土也存在,但是那里的公众是开放的,观念上几乎是世界公民,而在澳大利亚,由于历史的原因和地理的无法改变的偏僻位置,以及大荒漠造成的地大人稀、以城市为中心的生活方式,人们倾向于一种狭隘的地域主义,漠视外界关系,各自限于都市的小区域,对全国乃至世界的事务兴趣淡然。20世纪80年代美国前国防部长卡斯帕·温伯格与拥有昆士兰州一个地方报团的爱尔兰最大的报业主奥赖利相遇时,谈到昆士兰州的小城市罗克汉普顿的《晨报》(*Morning Bulletin*),后者说,恰好现在我是这家报纸的老板,于是便有了下面的对话:

> "你拥有的是份什么样的狗屁地方性报社呀!二次大战时,我们的诺曼底登陆训练就是在罗克汉普顿举行的,我们在那里呆了六个月……6月6日那天登上诺曼底的海滩,但是罗克汉普顿《晨报》居然足足忽视了四天,才刊载了这条世界历史上最重要的消息。最后的第六版还有这样一条消息,标题是:我们现在在哪里?报道开头说:你或许还记得一年前……"
>
> "我认为有本事忽视诺曼底登陆,对于任何报纸而言都是了不起的成就。我身为现任业主的责任就是确保这份报纸的地方性,但也不能错失诺曼底登陆!"②

看来,即使报纸属于外国老板,也不得不为赢得澳大利亚的读者而更多地考虑它的地方性。澳大利亚的报纸中,3/4以上是小型地方报。

这种地方性当然不会对严肃和高雅的内容感兴趣,正是由于这一点,以地方社会新闻和娱乐迎合读者的报刊,从《太阳新闻画报》开始,大多获得了成功。特

---

① [澳]里查德·怀特《创造澳大利亚》第110-111页,云南人民出版社1999年版。
② [美]尼古拉斯·柯瑞奇《纸老虎》第390-391页,广东教育出版社1997年版。

别是默多克在珀斯的《星期日时报》和悉尼的《每日镜报》,以他对读者心理的观察而改进得更为彻底。原来那家珀斯的报纸就像一个满口脏话、半醉的酒徒,自他买下后,报纸变成了一个见色流涎的活泼打手,同样是庸俗,但是版面生动,美工大胆。这就如一位美国评论家所言:"说他把珀斯往低格调的方向推动,严格说来是不正确的。他所做的,是为人口成长迅速的珀斯市的新一代重新诠释低格调的意义。"《每日镜报》的情形与此差不多:"它重新定义了低格调的可能性。……一切都是策略性的低格调,头条标题跟路标上的字一样;那些诱人的模特照片;吸引新读者的各种竞赛抽奖奖额越来越高……"。① 默多克在澳大利亚练就了这种格调后,1969 年又把它转移到伦敦《太阳报》,再从那里传染了全世界,继北岩勋爵(Northcliffe)开创第二代大众报刊格调之后,他成为第三代格调的开创者。

然而,正是同一个人,也创造了澳大利亚现代严肃报纸的格调,这就是《澳大利亚人报》的格调。该报十分严肃,以硬新闻为主,相当全面地报道了世界各地的重大消息,而且是澳大利亚广告最少的报纸。同一位评论家写道,如果用他主办的格调低下的报纸的印象来看这份报纸,那么就会有人说:"《澳大利亚人报》不是默多克所拥有的,它正是那种如果要出售,就会有许多善心人士出来大力呼吁政府干预,防止被默多克买去的报纸。"② 问题在于,默多克对澳大利亚的读者太了解了,作为一个报业主,他考虑的一是与传播对象相适应的专业性;二是发行量,只要对路,格调高低只是经营策略问题。

二、高度的报业垄断对新闻自由的威胁

20 世纪以后的澳大利亚新闻自由问题,虽然多少存在着政府干预的因素,例如从 1929 年到 1939 年十年间,澳政府追随英国的反共和反新芬党的政策,总共禁止了约 5 000 种书刊,包括《共产党宣言》、小说《尤利西斯》和一些被视为"淫秽"的书刊;但是总来说,政府干预不得人心已经是大势所趋,发生这类事件的频率越来越少。1940 年 6—11 月,老默多克曾出任无薪的二战时期的政府新闻部长,企图征用全国所有电台的黄金时间广播新闻部的稿件,并拟定政府文件,要求各报免费以同等篇幅刊登政府反驳报纸对其批评的文章,结果在一片反对声中被迫离职,他的这些计划均未能够实行。1980 年 11 月,《时代报》因政府下令禁止发表一篇关于政府十年前国防和外交的报道而开天窗,12 月,联邦最高法院关于该事件的判决实际上否定了政府拥有这种权力。

---

① [美]尼古拉斯·柯瑞奇《纸老虎》第 423 - 424 页,广东教育出版社 1997 年版。
② [美]同上,第 423 - 424 页。

　　1972—1975 年,澳当局实行"多种文化"政策,从此澳大利亚人承认生活在多种文化而不是"白澳"文化的社会里。这样,历史上澳大利亚排斥(包括在新闻传播方面)土著人和有色人种的问题在法律上也解决了。

　　但是,由于澳大利亚的新闻传播被极少的几个家族集团公司所掌握,对新闻自由造成新的威胁。费尔法克斯、帕克报团所属的报纸的新闻工作者,就曾因老板干预他们自由报道新闻,而与之发生冲突。默多克更是由于与他所属报刊的新闻工作者在新闻自由问题上发生冲突而著称。对这些大报业主们来说,谈不上政治信仰,他们通过自己的报刊所表达的政治态度和关于政治家的评价,变化无常,或出于利益关系,或纯粹出于个人的好恶和关系的亲疏。

　　默多克便是这样的典型报业主。1975 年 11 月,由于他的暗示,《澳大利亚人报》在大选中对两个候选人惠特拉姆、弗雷泽的态度没有保持平衡,转而攻击该报原来支持的惠特拉姆。澳大利亚记者协会将一封有 76 位记者签名的抗议信交给了默多克,认为这种显然一面之词的新闻报道是一种政治检查制度。在默多克不予理会的情况下,记者们以职业道德的理由罢工三天。最后默多克与八位记者代表见面了,但会见变成了一场针锋相对的人身攻击。据说,默多克在会见前说过一段话:"如果记者想自己决定写什么样的评论,那他们可以创办自己的报纸。"①记者们的斗争没有结果,班还是要上的,总要吃饭。一位曾在《澳大利亚人报》工作过的记者写道:"在默多克旗下报社的记者都没有记者应有的运作自由,有些题材就是不准你写,你不可以写关于土人的圣地保留区计划的报道,不可以以土人的观点看这事情。任何关于劳资纠纷的报道中都不可以有劳方的抱怨说辞。在海湾战争时,我们受到很大的压力,必须在全澳找到一个反对这次战争的人,写一篇关于他的报道。……他是不用交下备忘录告诉编辑们应该采取什么态度的。能够变成默多克的编辑的人,直觉上就能知道什么是可以接受的,什么是不可以接受的。"②

　　商业化垄断下,媒介集团本身成为一类强大的发言人,对于政治当权者的影响较大,这在社会力量制衡方面也许是有益的。但是,一个垄断性的媒介集团内部的新闻自由,如果只能依赖老板个人的脾气,缺乏制约,同样是一种危险。澳大利亚报刊业的高度垄断提出了这个问题,澳政府 1991 年对此进行过大规模调查,然而尚无解决的良策。

---

① [美]乔治・芝斯特《默多克》第 88 页,新华出版社 1991 年版。
② [美]尼古拉斯・柯瑞奇《纸老虎》第 417 – 418 页,广东教育出版社 1997 年版。

第五节 广播电视业公营与民营相对和谐的发展

澳大利亚的广播电台出现较早,1923 年 11 月 23 日,第一家广播电台 2SB 在悉尼播音,是为政府台。接着,政府又开办了 3 个台,即 2FC、3AR、6WF 台。1924 年 7 月,政府的文件将广播电台划分为两类,A 类不播广告,收听时要收取收听费(1929 年明确 A 类台为公营台);B 类以播出广告作为主要收入来源。这实际上就规定了两种广播体制。

公私并行的广播电视体制的形成。公营台的管理体制类似于英国广播公司(BBC)。1932 年 7 月设立了统管公营台的"澳大利亚广播委员会"(ABC);1983 年 7 月,澳大利亚广播委员会改称"澳大利亚广播公司",缩写依然是 ABC。这是一个相对独立于政府的机构,由一个从公司职员和社会人士中推选出来的九人经营委员会管理日常事务。1974 年取消无线广播电视的收听(视)费以后,公营广播电台和电视台的主要财政来源是政府拨款和公司的其他经营收入。2005 年 7 月,原政府机构"澳大利亚广播管理局"(ABA)与"澳大利亚通信管理局"(ACA)合并为新的政府机构"澳大利亚通信与媒介管理局"(ACMA),负责规范管理广播、通信、电信及互联网产业。

澳大利亚的民营商业台始于 1924 年,只比公营台晚几个月。这里没有走西欧、加拿大先公营一统天下、再民营与之抗衡的道路,一开始两者就各有自身的发展空间,较为和谐。公营广播覆盖面较大,而民营广播囿于财力大多是社区台,这种自然的分工一直延续的现在。1930 年,民营广播电台的经营者成立了"澳大利亚商业广播联盟",现在叫"澳大利亚无线广播业者联盟",本身构成了一个商业实体。

1939 年澳大利亚政府在墨尔本开办对外广播,但当时的影响力有限。现在澳大利亚的对外国际广播较有影响,特别在亚太地区。它每天使用英、法、西班牙、中国普通话和广东话、印尼、泰、越、高棉等语言播出。1993 年,ABC 再开办卫星对外电视节目,对东南亚、中国南部、巴布亚新几内亚播出电视节目。

1956 年出现电视台后,澳大利亚广播电视业的发展速度加快,其规模在亚太地区仅次于日本。第一家澳大利亚的电视台是于 9 月 16 日开播的悉尼 TCN 台(民营),接着,公营的悉尼电视台(ABN)于 11 月 5 日开播。各大报刊集团都在觊觎电视领域的经营权,但是根据澳大利亚限制传播垄断的法律,在同一运营区内,一个报业主只能占有一家电视市场的 15%;一个电视业主最多也只能占有一家主要报纸市场的 15%。因此,讲述澳大利亚新闻传播史,报刊业与广播电视业很难合在一起,只有分开论述。

一、广播电视业的商业竞争

事实上,自从出现电视台,澳大利亚的报业大王们就开始为控制民营商业电视台而展开了竞争。1957 年,费尔法克斯公司和先驱与时代周刊公司以各种间接公司的名义,控制了悉尼和墨尔本的"电视七频道";帕克集团与电子工业公司联手,控制着两个大城市的"电视九频道"。几经周折,默多克在 1981 年一定程度控制了新开辟的"电视十频道"。

现在,澳洲大陆五个州首府城市(悉尼、墨尔本、阿德莱德、布里斯班、珀斯)的民营电视台已经联网,各城市的七、九、十电视频道变成了七、九、十电视网。鉴于法律的限制,现在的默多克、布莱克两大报业集团应该在民营电视网中各占有比例小于 15% 的市场份额。默多克在七和十频道、布莱克在七频道占有份额,实际占有多少,不得而知,许多占有股份的公司与它们存在何种间接关系难以查明。只有帕克集团作为九频道电视网的主要所有者这一事实是明显的,因为该集团 80 年代基本退出了报刊业。帕克在九频道也一度失手,曾于 1987 年被迫将九频道的股权卖给邦德媒介集团,1991 年邦德集团垮台后恢复对九频道的控制权,并使该频道盈利。

澳大利亚的卫星电视播出开始于 1985 年,从那时起,国家已经发射了 5 颗通信卫星。国内的公营、民营广播电台和电视台,都通过这些卫星将自己的节目传输到偏远地区。1992 年起,澳大利亚实施允许利用付费电视台利用卫星播出节目的法案。1998 年实验播出高清晰度数字电视。2001 年,播出地面数字电视,到 2004 年,已覆盖 91% 的人口,但现在只有 10% 的人口拥有数字电视机。

澳大利亚付费电视和网络媒体的兴起给无线免费电视带来冲击。2002 年,家庭网络用户 390 万。2003 年,付费电视家庭订户 140 万,其受众占全部电视观众的比例近 19.5%。原来无线免费电视的上百万青年观众流失,观众占全部电视观众的比例下降到的 80.5%。但传统媒体仍然是人们获取新闻的主要渠道,88% 的人通过免费电视获取新闻,付费电视和网络媒体都只有 10% 左右。

二、从广播开始的"多种文化"政策

1978 年元旦设立的"特别广播机构"(Special Broadcasting Service,缩写 SBS,1979 年开始广播节目,1980 年 10 月开播电视节目),开创了澳大利亚广播电视的特色。广播电台每天用 60 种语言或方言向国内广播;电视每天在不同时间向国内播出英、法、德、俄、中、意、希腊等语言的节目,主要为国内的少数民族服务。SBS 是个独立的公营机构,用以体现 70 年代以来澳政府实行的"多种文化"政策。澳大利亚广播电视的这一特色已经闻名世界,得到联合国教科文组织和许多新闻传播学者的肯定。这个特殊的公营机构有广播、电视节目各一套。

为保障这个机构的经费,除了政府拨款外,1991 年起允许有限制地播出广告(每小时限 5 分钟)。为鼓励制作国产节目,政府对进口节目有一定的限制。

位于墨尔本的 SBS 办公楼及广场

第六节 澳大利亚新闻传播业目前的格局

一、报刊

虽然澳大利亚的报刊业大公司最近 40 年来竞争激烈,格局多次发生重大变化,但是具有代表性的较大的报刊,变化不大。现在有全国性和大都市日报 12家、地区性日报 38 家,城市郊区报纸 138 家,城镇和社区报纸 350 多家,总计约500 种。根据 2010 年 6 月的数据,发行量排名前 20 位的报纸中,新闻集团占 10家,其中包括发行量居前三位的《先驱太阳报》(*Herald Sun*)、《每日电讯报》(*The Daily Telegraph*)和《信使邮报》(*The Courier Mail*);费尔法克斯媒介公司占 9 家,前 20 位的报纸中只有一家《西澳大利亚人报》(排名第五),来自西澳大利亚人报公司。但是真正有影响的主要是以下几家:

(1)《澳大利亚人报》(*The Australian*),现在属于默多克集团。该报 1967年以后迁到悉尼出版。该报是澳大利亚唯一全国发行的报纸,该报培养了一代品位高雅的读者,发行量不高,目前平日版发行量 10.4 万份,周末版 23 万份,是代表澳国的主要报纸之一。该报平均每天 40 个版,在几个大城市同时出版。

(2)《悉尼先驱晨报》(*The Sydney Morning Herald*),现属于费尔法克斯传媒公司。作为澳大利亚历史最悠久的报纸,依然保持了高级报纸的风格,它的金融版、国际新闻和联邦首都新闻都较有特色。现在平均每天 50 个版，2013 年平日版发行量 13.2 万份，周六版发行 22.8 万份。

（3）《先驱—太阳报》（*Herald-Sun*），现在属于默多克集团。这是由原来历史悠久的《先驱报》和《太阳新闻画报》于 1990 年合并而成的一家"新"报，在墨尔本出版，尤其重视分类广告。它集《先驱报》的高雅与《太阳报》的通俗于一体，两种风格兼融，赢得了 50 多万的发行量，是目前澳大利亚发行量最大的日报。

（4）《时代报》（*The Age*），该报也属于费尔法克斯传媒公司。该报依然保持着高级报纸的风范，平日版发行量 13.1 万份，周六版、周日版发行量分别为 19.6 万份和 16.4 万份。该报同样是分类广告的接收大户。

墨尔本《先驱-太阳报》版面

《澳大利亚金融评论》版面

（5）《澳大利亚金融评论》（*The Australian Financial Review*），1951 年创办，原为周刊，1963 年改为日报，悉尼出版，全国发行，属于费尔法克斯传媒公司。这是澳大利亚主要的财经类报纸，在全球经济一体化的背景下发展较快，除了财经新闻外，兼顾政治和科技新闻，读者层次较高，对经济高层具有影响力，发行量约 8 万份。

澳大利亚的杂志有 1 400 种，绝大多数以小城镇为发行范围，几乎涉及社会的所有领域，但缺乏政治、经济类的严肃的新闻杂志，特别是新闻周刊类杂志，这方面能提得起来的仅有悉尼出版的老牌杂志《简报》（属于帕克集团)。全国发行量在 8 万份以上的杂志只有约 30 家,全是通俗类,其中《电视指南》发行量最大,129 万份,属于《星期日先驱太阳报》;妇女杂志中发行量最高的是《澳大利亚妇女周刊》,属于帕克集团,约 68 万份,该刊历史上的最高发行量曾达到过 200 万份。

二、通讯社

澳大利亚的多数报纸以地方性城镇为发行范围,又分别处于几个本来关系不密切、被荒漠隔开的州,"全国"的概念淡漠,而世界性新闻又可以从世界级大通讯社获得,因而本国综合性的较大通讯社,直到 1932 年才提上日程。最初是由几个很小的通讯社合并为澳大利亚统一通讯社;1935 年再由路透社出面,在统一社的基础上,联合 15 家较大的报纸成立澳大利亚联合通讯社(AAP),当时费尔法斯特所属的澳国最大的报纸《悉尼先驱晨报》还拒绝参加。现在这家通讯社仍然是澳最大的通讯社,在世界上属于区域性通讯社,只在周围国家和原宗主国英国设有分社,即伦敦、纽约、雅加达(印尼)、奥克兰(新西兰)、莫尔兹比港(巴布亚新几内亚)。全社有工作人员 300 人,其中编辑记者 175 名,社址悉尼。该社为新闻公司、费尔法克斯公司、西澳大利亚人报和哈里斯集团四家新闻机构所有。

三、广播电视

澳大利亚的人口 2014 年为 2 335 万,收音机和电视机的社会拥有量基本饱和。

现在澳大利亚全国共有各类广播电台 938 家。公营 ABC 的全国性电台有 6 家,即国家广播台(综合性的台)、新闻广播台、地方广播台(对不同地区的台)、

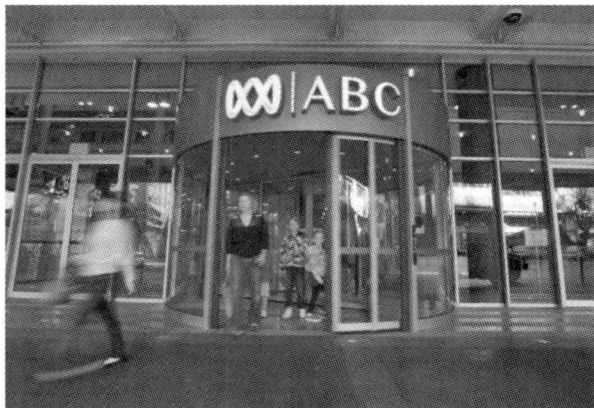

澳大利亚广播公司悉尼总部大门

音乐探索台、青少年立体声调频台和古典音乐调频台；SBS有一家面对全国的多种文化广播电台；澳大利亚的商业广播电台共274家（原则上是以地区为广播范围），社区台359家，其中由国家资助的转播全国性节目的电台、针对特种对象的电台（教育台、老年台等）53家，此外还有向有限地区范围播出的免费有线台245家。

　　澳大利亚的电视台，对全国播出的无线电视台有5个台，即ABC的1个台、SBS的1个台，以及商业性的七、九、十全国性联网电视台。全国共有商业性无线电视台54家，几乎都是城市电视台。澳大利亚的三个全国联网的商业电视台的收视率达到90％，而公营的全国电视台只占10％。现在澳大利亚全国用于特定对象（旅馆、俱乐部等）的付费有线电视台1 456家，对公众播出节目的卫星收费电视台3家。全国共有数字电视台11家，其中有ABC4个台、SBS的1个台以及七、九、十电视网的各1个台。

参考文献

主要英文著作

1. Budwing, N. Uzgiris, I. C. and Wertsch, J. V. (Ed). *Communication: An Arena of Development*. Ablex Publishing Corporation. 2000.

2. Corner, J. Schlesinger, P. and Silverstone, R. (Ed). *International Media Research*. Routledge. 1997.

3. Curran J. (Ed). *The British Press Manifesto*. Lowe and Brydone Printers Ltd. 1978.

4. Dennis, E. E. Merrill, J. C. *Media Debates Issues in Mass Communication*. Longman. 1991.

5. Dennis, E. E. (Ed). *World Media*. Gannett Center Journal. Fall 1990.

6. Dennis, E. E. (Ed). *Media at the Millennium*. Gannett Center Journal. Fall 1991.

7. Dennis, E. E. (Ed). *Media Wars*. Gannett Center Journal. Spring 1992.

8. Dennis, E. E. (Ed). *Global News After The Cold War*. Gannett Center Journal. Fall 1993.

9. Desmond, R. *The Information Process: World News Reporting to the Twentieth Century*. University of Lowa Press. 1978.

10. Dunnett, P. J. S. *The World Newspaper Industry*. Croom Helm. 1988.

11. Emery, M. Emery, E. and Roberts, N. L. *The Press and America: An Interpretive History of The Mass Media*. Allyn and Bacom. Ninth Edition 2000.

12. Hackett, R. H. Zhao, Y. *Sustaining Democracy? Jouralism and the Politics of Objectivity*. Garamond Press. 1997.

13. Heuvel, J. Dennis, E. E. (Ed). *The Unfolding Lotus: East Asia's Changing Media*. The Freedom Media Studies Center. 1993.

14. Kurian, G. T. (Ed). *World Press Encyclopedia*. Volume I – IV. Facts on File Inc. 1982.

15. Lasswell, H. D. Lerner, D. and Speier, H. (Ed). *Propaganda and Communication in World History*. Volume I – III. East-West Center of U. S. 1979.

16. Ritchie, D. A. *American Journalists*. Oxford University Press 1997.

17. Smith, A. *The Newspaper an International History*. Thames and Hudson Ltd. 1979.

18. Stephens, M. *A History of News*. Harcourt Brace College Publishers 1997.

19. Truner，B．（Ed）．*1998 - 99'Stateman's Yearbook*．Ian Jacobs（London）GanettKiely（New York）．

20. Tunstall，J．and Machin，D．*The Anglo-American Media Connection*．Oxford Uiversity Press 1999．

21. Turow，J．*Media Today*．Houghton Mifflin Company 1997．

22. UNESCO．*World Communications*．Gower Press/Unipub/The Unesco Press．1975．

23. Vipond，M．*The Mass Media in Canada*．James Lorimer & Company Ltd．1992．

24. Altick，R．，*The English Common reader*：*A Social History of the Mass Reading Public*，*1800 - 1900*（2rd Edition），Columbus：Ohio State University Press，1998．

25. Sommerville，J．，*The News Revolution in England*：*Cultural Dynamics of Daily Information*，Oxford：Oxford University Press，1996．

主要网站

http：//www．ipl．org/cgi-bin/reading/news．out．pl? co＝So

http：//www．bdav/index/dreact/1.3524.6138.-0.00．html

http：//news．24．com/afrikaans/beeld．asp

http：//www．suntimes．co．za/

http：//www．dispatch．co．za/

http：//www．wintness．co．za/

http：//www．iol．co．za/

http：//www．austemb．rog．cn/fact21．htm

http：//update．wsj．com

http：//frettabladid．is/

http：//ruv．is/sarpurinn/ruv/frettir/20150808

http：//www．rsf．fr/uk/home．html．

WAN-IFRA REPORT，World Press Trends 2014，http：//www．wan-ifra．org/microsites/world-press-trends

主要中文著作或文集

1. 山本文雄等编《日本大众传播工具史》，青海人民出版社 1984 年版。

2. 马庆平《外国广播电视史》，北京广播学院出版社 1997 年版。

3. 马克思《印度史编年稿》，人民出版社 1961 年版。

4. 马赫兹《世界传播概览》，中国对外翻译公司 1999 年版。

5. 王政挺《传播文化与理解》，人民出版社 1998 年版。

6. 王泰玄编著《外国著名报纸概略》，新华出版社 1985 年版。

7. 王德禄、蒋世和编《人权宣言》，求实出版社 1989 年版。

8. 马克斯·韦伯《文明的历史脚步》，上海三联书店 1988 年版。

9. 中国国际广播电台研究室等编《世界各国广播电视概况》，中国广播电视出版社 1997 年版。

10. 贝洛《巴西现代史》，上下册，辽宁人民出版社 1975 年版。

11. 内川芳美、新井直之《日本新闻事业史》，新华出版社 1986 年版。

12. 巴尔特《符号帝国》，商务印书馆 1994 年版。

13. 瓦耶纳《当代新闻学》，新华出版社 1986 年版。

14. 戈尔巴乔夫《改革与新思维》，世界知识出版社 1988 年版。

15. 本书编辑室编《外国新闻界概况》，新华出版社 1982 年版。

16. 本社编《批判王中反动的新闻理论》，上海人民出版社 1958 年版。

17. 本迪克特《菊与刀》，商务印书馆 1990 年版。

18. 布克哈特《意大利文艺复兴时期的文化》，商务印书馆 1979 年版。

19. 艾周昌主编《非洲黑人文明》，中国社会科学出版社 1999 年版。

20. 叶菲莫夫、托卡列夫主编《拉丁美洲各族人民史》，上下册，三联书店 1978 年版。

21. 叶渭渠主编《日本文明》，中国社会科学出版社 1999 年版。

22. 外交部情报司资料室《印度新闻事业概况》，1954 年内部版。

23. 宁新《日本新闻简史》，中国社会科学出版社 1980 年版。

24. 宁新等编《七国新闻事业》，重庆出版社 1988 年版。

25. 芝斯特《默多克》，新华出版社 1991 年版。

26. 托马斯《拉丁美洲史》，共四册，商务印书馆 1973 年版。

27. 竹内郁郎主编《大众传播社会学》，复旦大学出版社 1989 年版。

28. 朱学勤《道德理想国的覆灭》，上海三联出版社 1994 年版。

29. 纪宁《媒介新动向》，沈阳出版社 2001 年版。

30. 约斯，路易《南非史》，商务印书馆 1973 年版。

31. 孙宝玉等主编《世界新闻出版大典》，中国档案出版社 1994 年版。

32. 刘必权《世界列国志澳大利亚》，福建人民出版社 2000 年版。

33. 安东诺娃等主编《印度近代史》上下册，三联书店 1978 年版。

34. 李明水《世界新闻传播发展史》，大华晚报社 1985 年第 2 版。

35. 李瞻主编《外国新闻史》，学生书局 1979 年版。

36. 李瞻《世界新闻史》，三民书局 1983 年第 7 版。

37. 李瞻《比较新闻学》，政治大学新闻研究所 1981 年第 4 版。

38. 李瞻《国际传播》，政治大学新闻研究所 1984 年版。

39. 麦克布赖德主编《多种声音一个世界》，中国对外翻译公司 1981 年版。

40. 麦恩《联邦德国大众传播媒介》，联邦德国驻华大使馆 1994 年版。

41. 杜鲁瓦《虚伪者的狂欢节》，时事出版社 1998 年版。

42. 克莱因《墨西哥现代史》，天津人民出版社 1978 年版。

43. 怀特，里查德《创造澳大利亚》，云南人民出版社 1999 年版。

44. 张允若、高宁远《外国新闻事业史新编》，四川人民出版社 1996 年版。

45. 张国良《现代日本大众传播史》，学林出版社 1992 年版。

46. 张昆编著《简明世界新闻通史》，武汉大学出版社 1994 年版。

47. 张隆栋、傅显明编著《外国新闻事业史简编》，中国人民大学出版社 1988 年版。

48. 希克洛什《报业大兼并》，光明日报出版社 1998 年版。

49. 阿贝尔、泰鲁《世界新闻简史》，中国新闻出版社 1985 年版。

50. 陈力丹《世界新闻史纲》，福建人民出版社 1988 年版。

51. 陈世敏《大众传播与社会变迁》，三民书局 1983 年版。

52. 弥尔顿《论出版自由》，商务印书馆 1958 年版。

53. 汤林森《文化帝国主义》，上海人民出版社 1999 年版。

54. 沃克《报纸的力量》，新华出版社 1987 年版。

55. 宋昭勋《非言语传播学概论》，天地出版社 1999 年版。

56. 周有光《世界文字发展史》，上海教育出版社 1997 年版。

57. 和田洋一编《新闻学概论》，中国新闻出版社 1985 年版。

58. 明安香主编《信息高速公路与大众传播》，华夏出版社 1999 年版。

59. 柯瑞奇《纸老虎》，广东教育出版社 1997 年版。

60. 尤尔根·哈贝马斯《公共领域的结构转型》，学林出版社 1999 年版。

61. 饶宗颐《符号、初文与字母》，上海书店出版社 2000 年版。

62. 施拉姆《人类传播史》，远流出版公司 1994 年版。

63. 郭小凌等《北非各国》，北京语言文化大学出版社 1998 年版。

64. 郭小凌、汪连兴等《美国、加拿大》，北京语言文化大学出版社 1998 年版。

65. 郭镇之《北美传播研究》，北京广播学院出版社 1997 年版。

66. 秦惠彬主编《伊斯兰文明》，中国社会科学出版社 1999 年版。

67. 钱乘旦、陈意新《走向现代化国家之路》，四川人民出版社 1987 年版。

68. 徐通锵《历史语言学》，商务印书馆 1995 年版。

69. 高名凯《语言论》，商务印书馆 1995 年版。

70. 高名凯、石安石主编《语言学概论》，中华书局 1963 年版。

71. 陶涵主编《世界十国新闻史纲要》，文津出版社 1989 年版。

72. 萨丕尔《语言论》，商务印书馆 1997 年版。

73. 萨拉夫《印度社会》，商务印书馆 1977 年版。

74. 密尔《论自由》，商务印书馆 1959 年版。

75. 程之行《新闻传播史》，亚太图书出版社 1995 年版。

76. 梅里尔主编《世界新闻大观》，河南人民出版社 1988 年版。

77. 梁洪浩主编《外国新闻事业》，武汉大学出版社 1992 年版。

78. 黑格尔《历史哲学》，上海书店出版社 1999 年版。

79. 联合国教科文组织《世界交流报告》，上下册，中国华侨出版社 1992 年版。

80. 普列汉诺夫《论艺术》，三联书店 1973 年版。

81. 威廉·鲁《阿拉伯报刊》，新华出版社 1987 年版。

82. 斯皮罗《文化与人性》，社会科学文献出版社 1999 年版。

83. 福特纳《国际传播》，华夏出版社 2000 年版。

84. 傅显明、郑超然《苏联新闻史》，新华出版社 1994 年版。

85. Claude Baudez Sydney Picasso《玛雅古城》，上海书店出版社 1998 年版。

86. Georges Tate《十字军东征》，上海书店出版社 1998 年版。

87. Robert Etienne《庞培——掩埋在地下的荣华》，上海书店出版社 1998 年版。

88. 唐亚明《走进英国大报》，南方日报出版社 2004 年版。

89. 陆地《世界电视产业市场概论》，中国人民大学出版社 2003 年版。

90. 张勉之《世界广播趋势》，中国广播电视出版社 2005 年版。

91. 英国大使馆《UK 2005》。

92. 王立诚编《郭嵩焘等使西记六种》，上海中西书局 2012 年版。

93. 米切尔·斯蒂芬斯《新闻的历史》，北京大学出版社 2014 年版。

94. 阿尔维托·曼古埃尔《阅读史》，商务印书馆 2002 年版。

95. 陈力丹、王辰瑶《外国新闻传播史纲要》第 2 版，中国人民大学出版社 2014 年版。

96. 陈力丹、钱婕《外国新闻传播史教程》，中国人民大学出版社 2012 年版。

97. 陈力丹、赵永华、陈继静、王润泽、赵云泽《外国新闻传播史》，中国人民大学出版社 2015 年版。

98. 罗杰·菲德勒《媒介形态变化》，华夏出版社 2000 年中文版。

99. 董进泉《黑暗与愚昧的守护神——宗教裁判所》，浙江人民出版社 1988 年版。

100. 斯特劳巴哈、拉罗斯《信息时代的传播媒介》，清华大学出版社 2002 年版。

101. 梁立基《印度尼西亚文学史》上册，昆仑出版社 2003 年版。

102. 赵永华《中亚转型国家的新闻体制与媒介发展》，中国书籍出版社 2013 年版。

103. 辜晓进编著《当代中外新闻传媒》，中国人民大学出版社 2012 年版。

104. 凯文·威廉姆斯《一天给我一桩谋杀案——英国大众传播史》，上海人民出版社 2008 年版。

105. 李彬《全球新闻传播史》，清华大学出版社 2005 年版。

106. 郑超然、程曼丽、王泰玄《外国新闻传播史》，中国人民大学出版社 2000 年版。

主要中文文章

1. 王君超《南非侨报考略》，《国际新闻界》1999 年 3 期。

2. 于洪君《俄罗斯社会危机与大众传媒》，《国际新闻界》1999 年 1 期。

3. 兰塔宁《后共产主义俄国的通讯社》，《国际新闻界》1996 年 4 期。

4. 刘志明《日本的新闻传播事业》，打印稿，2000 年。

5. 刘富华《今日俄罗斯报纸》，《深圳特区报通讯》1997 年 3 期。

6. 张允若《今日俄罗斯的新闻事业》，《新闻传播》1996 年 4—5 期。

7. 张威《澳大利亚报业溯源》，《国际新闻界》2000 年 4—6 期连载。

8. 张威《兼并、新闻寡头和政府举措》，打印稿，2000 年。

9. 张威《澳大利亚新闻自由：阳光与阴影》，《国际新闻界》1997 年 5 期。

10. 张斌《南非埃及以色列广播业考察散记》，《南方广播研究》2000 年 2 期。

11. 张慧君《沧海桑田〈真理报〉》，《中国出版》2000 年 8 期。

12. 吴枚《加拿大报业由三足鼎立到两家垄断》，《新闻与传播研究》1996 年 3 期。

13. 陈力丹《日本报纸巨大销量现象简析》，《国际新闻界》1996 年 3 期。

14. 陈力丹《意大利不是现代报刊的起源地》，《新闻大学》1991 年秋季号。

15. 陈晓虹《澳洲新闻媒体的商业化运作》，《新闻记者》1999 年 3 期。

16. 周勇闯《澳洲归来话报业》，《新闻记者》1999 年 3 期。

17. 姜红《独树一帜的南非多选集团》，《电视研究》1999 年 3 期。

18. 姜红《特莱维萨：西班牙语世界最大的传媒公司》，《电视研究》1998 年 3—4 期。

19. 斋滕吉史《印度新闻事业概况》，《国际新闻界》1989 年 2 期。

20. 徐琴媛《传播媒介的垄断与公众利益的矛盾》，《现代传播》1997 年 4 期。

21. 唐绪军《加拿大报业硝烟骤起》，《国际新闻界》1998 年 5—6 期。

22. 黄晓南《多种体制并存的加拿大新闻业》，《国际新闻界》1996 年 3 期。

23. 甘险峰《英国的小报化改革》，《中国记者》2005 年 1 期。

24. 张弘《小开张大报：读者的选择——英国〈独立报〉〈泰晤士报〉访谈录》，《新闻记者》2004 年 8 期。

25. 《走近南非传媒业——非洲印刷媒体协会探析》新华网 03 - 4 - 9
http://news. xinhuanet. com/newmedia/2003-04/09/content_894554. htm.

26. 《4000多万人口 100多家报纸：看南非人办报》新华网 05-6-16www. xinhuanet. com.

27. 《南非概况》2004年06月25日11：04新华网 http：//www. sina. com. cn.

28. 《南非故事》http：//www. cooltang. com/sa/common/media/.

29. Mary Meeker《2015年互联网趋势报告》，http：//www. askci. com/chanye/2015/05/28/ 85554lpe0. shtml.

30. 国际电信联盟（ITU）《衡量信息社会报告》2014，http：//www. 199it. com/archives/ 295780. html.

31. 陈力丹、曾庆香《站在世界的视角观察新闻传播的历史》，《新闻传播评论》2002年卷。

32. 展江《英国早期出版专制和清教徒的抗争》，《南京社会科学》2011年第7期。